# Introducción a la lingüística hispánica

TERCERA EDICIÓN

Escrito enteramente en español, este libro es una introducción ideal a la lingüística hispánica para estudiantes. Las explicaciones son claras y el texto cubre todos los conceptos básicos necesarios en el estudio de la estructura de la lengua española (fonética y fonología, morfología, sintaxis y semántica), así como la historia del español, dialectología y variación lingüística en Latinoamérica, España y los Estados Unidos.

Algunos aspectos destacables de la presente edición son los siguientes:

- Un capítulo nuevo acerca de la enseñanza y adquisición del español como segunda lengua.
- Discusión más amplia de varios temas de sintaxis y explicación más detallada de conceptos de semántica y pragmática aplicados al español.
- Numerosos ejercicios a través del libro, innovativos en su concepción y actualizados para esta edición, que ayudan al estudiante a reflexionar sobre los temas y permiten al instructor comprobar si los estudiantes están aprendiendo la materia.
- El texto está escrito en un estilo simple y directo que permite a los lectores no-nativos entender el contenido al mismo tiempo que mejoran sus habilidades de lectura en español.

JOSÉ IGNACIO HUALDE es profesor en los departamentos de Español y Portugués y de Lingüística en la Universidad de Illinois en Urbana-Champaign.

ANTXON OLARREA es profesor en los departamentos de Español y Portugués, Lingüística y Adquisición y Enseñanza de Segundas Lenguas en la Universidad de Arizona.

ANNA MARÍA ESCOBAR es profesora en los departamentos de Español y Portugués, de Lingüística, de Francés e Italiano y en el programa de Adquisición y Enseñanza de Segundas Lenguas en la Universidad de Illinois en Urbana-Champaign.

CATHERINE E. TRAVIS es profesora en el departamento de Literatura, Lenguas y Lingüística en la Universidad Nacional de Australia.

CRISTINA SANZ es profesora en los departamentos de Español y Portugués y de Lingüística en la Universidad de Georgetown.

"The best textbook on the market for an introduction to Hispanic linguistics. Among its multiple strengths are its flexibility in instructional approaches, material for different levels of students, and a whole range of very useful exercises to help students master the content."

**Juan Martin, University of Toledo**

"The third edition of this beloved textbook – which I have successfully used in my courses since its first edition – is a golden addition to the current market. Not only does it add a much needed chapter on Spanish acquisition, it also updates and enriches all the other chapters and exercises, making it the ideal textbook for teaching this subject."

**Domnita Dumitrescu, California State University and Academia Norteamericana de la Lengua Española**

"An excellent and easy approach to Hispanic linguistics. It also includes several chapters on the history of the Spanish language (from its origins to the presence of Spanish in the USA), and different linguistic variations in the Hispanic world. It's a great opportunity for our students majors both in Linguistics and/or in Spanish. Congratulations on the third edition! Bravo!"

**Dr. Pablo Pintado-Casas, Kean University**

"A solid option for instructors looking for Spanish-language materials to teach undergraduate courses in Spanish linguistics. With chapters on all areas commonly taught in such courses, it could be used as the principal resource in a survey course, or paired with other texts in more specialized courses."

**Laura Callahan, Santa Clara University**

"Directo al grano es lo que describe la tercera edición de esta obra, que ahora incluye un capítulo dedicado a la enseñanza y adquisición de español como segunda lengua. Directo al grano porque no sobra nada, por la claridad de las explicaciones, por las actividades adecuadas que permiten a los estudiantes reflexionar y aplicar contenidos de lingüística y practicar español."

**María Jesús Leal, Hamline University**

"The third edition provides a comprehensive introduction to the study of linguistics and specifically the Spanish language, covering all the general areas of linguistics and the history of Spanish and its variations, with specific attention paid to Spanish and English contact in the United States. The chapter on language acquisition and teaching is a welcome addition to the previous edition. The many references to the more recent linguistic research greatly add to the value of this textbook."

**Professor Daniel J. Smith, Clemson University**

"This volume accomplishes a very difficult feat: to successfully present a comprehensive introduction to complex linguistic topics in an accessible and engaging manner. The authors establish a dialogue with the reader, providing invaluable examples and practical exercises to ensure full understanding of the content. Without a doubt, a must-have for teachers and students interested in the field of Hispanic linguistics."

**Professor Silvia Perez-Cortes, Rutgers University**

"This textbook provides an excellent introduction to the field of Hispanic linguistics. It covers a wide range of topics in formal and applied areas, with in-depth theoretical discussion and numerous examples found across the Spanish-speaking world. From introductory to more advanced discussion and exercises, it will challenge students to think deeper about linguistics while giving them the confidence to tackle linguistic analysis in Spanish."

**Dr. Lara Reglero, Florida State University**

# Introducción a la lingüística hispánica

TERCERA EDICIÓN

JOSÉ IGNACIO HUALDE

ANTXON OLARREA

ANNA MARÍA ESCOBAR

CATHERINE E. TRAVIS

CRISTINA SANZ

CAMBRIDGE
UNIVERSITY PRESS

# CAMBRIDGE
## UNIVERSITY PRESS

University Printing House, Cambridge CB2 8BS, United Kingdom

One Liberty Plaza, 20th Floor, New York, NY 10006, USA

477 Williamstown Road, Port Melbourne, VIC 3207, Australia

314–321, 3rd Floor, Plot 3, Splendor Forum, Jasola District Centre, New Delhi – 110025, India

79 Anson Road, #06-04/06, Singapore 079906

Cambridge University Press is part of the University of Cambridge.

It furthers the University's mission by disseminating knowledge in the pursuit of education, learning, and research at the highest international levels of excellence.

www.cambridge.org
Information on this title: www.cambridge.org/9781108488358
DOI: 10.1017/9781108770293

First edition © José Ignacio Hualde, Antxon Olarrea and Anna María Escobar 2001
Second edition © José Ignacio Hualde, Antxon Olarrea, Anna María Escobar and Catherine E. Travis 2010
Third edition © José Ignacio Hualde, Antxon Olarrea, Anna María Escobar, Catherine E. Travis and Cristina Sanz 2021

First published 2001
Reprinted 2006
Second edition 2010
11th printing 2018
Third edition 2021

Printed in the United Kingdom by TJ International Ltd, Padstow Cornwall, 2021

*A catalogue record for this publication is available from the British Library.*

*Library of Congress Cataloging-in-Publication Data*
Names: Hualde, José Ignacio, 1958- author. | Olarrea, Antxon, author. | Escobar, Anna María, author. | Travis, Catherine E., 1968- author. | Sanz, Cristina, author.
Title: Introducción a la lingüística hispánica / José Ignacio Hualde, Antxon Olarrea, Anna María Escobar, Catherine E. Travis, Cristina Sanz.
Description: Tercera edición. | New York : Cambridge University Press, 2020. | Includes bibliographical references and index.
Identifiers: LCCN 2020003302 (print) | LCCN 2020003303 (ebook) | ISBN 9781108488358 (hardback) | ISBN 9781108770293 (epub)
Subjects: LCSH: Spanish language–Handbooks, manuals, etc.
Classification: LCC PC4073 .H83 2020 (print) | LCC PC4073 (ebook) | DDC 460.9–dc23
LC record available at https://lccn.loc.gov/2020003302
LC ebook record available at https://lccn.loc.gov/2020003303

ISBN 978-1-108-48835-8 Hardback

Additional resources for this publication at www.cambridge.org/hualde3

# Índice

## 3 La estructura de las palabras: morfología          119

ANNA MARÍA ESCOBAR Y JOSÉ IGNACIO HUALDE

# Prefacio a la tercera edición

Este libro está concebido para servir como manual en un curso introductorio sobre lingüística hispánica. En un principio la idea de escribir el libro surgió de la experiencia de los tres primeros autores enseñando un curso de este tipo en las universidades de Illinois y Arizona. En su concepción inicial, este libro estaba, pues, dirigido en primer lugar a los estudiantes norteamericanos interesados en seguir estudios sobre lengua y literatura española a nivel avanzado. Sin embargo, para nuestra gran satisfacción, hemos comprobado que desde que se publicó la primera edición, hace ya casi dos décadas, el libro ha sido adoptado también como texto en otros contextos académicos, especialmente en el mundo hispano-hablante, pero también en otros países como Japón, la India o Noruega. Esto es algo que nos alegra profundamente y es motivo de agradecimiento para nosotros.

Esta tercera edición del texto contiene nueve capítulos. Ocho de estos capítulos aparecían ya en la segunda edición y han sido ahora revisados en mayor o menor medida y puestos al día. El noveno capítulo sobre enseñanza y aprendizaje del español, escrito por Cristina Sanz, es nuevo y ha sido agregado siguiendo las recomendaciones que hemos recibido de evaluadores anónimos para la editorial.

La estructura del libro es la que sigue. En el primer capítulo se discuten los objetivos y metodología de las ciencias del lenguaje. Los siguientes tres capítulos describen los principales aspectos de la estructura fónica, morfológica y sintáctica de la lengua española (sonidos, palabras y oraciones), al mismo tiempo que introducen y explican los conceptos básicos en estas áreas de la lingüística. El lector que haya utilizado ediciones anteriores comprobará que en el capítulo de sintaxis se ha actualizado el modelo teórico, incorporando las propuestas más recientes sobre los mecanismos fundamentales de la sintaxis en las lenguas humanas, además de haberse clarificado algunas otras nociones.

Los restantes cuatro capítulos contienen otras materias que suelen resultar de interés al alumno en cursos introductorios de lingüística hispánica. El capítulo quinto examina de manera concisa la evolución de la lengua española a partir del latín, incluyendo aspectos como la influencia de otras lenguas sobre el español y la estructura del castellano medieval.

El capítulo sexto se centra en el estudio del significado, incluyendo tanto aspectos semánticos como pragmáticos y haciendo hincapié en aquellos fenómenos y conceptos que son de particular relevancia para el estudiante de lingüística hispánica. Este capítulo ha sido también reorganizado con respecto a la segunda edición. Así, se ha eliminado la sección de los roles semánticos y se ha agregado una sección nueva sobre la cortesía y cómo se manifiesta en el español.

El capítulo séptimo examina la variación en la lengua española. Además de presentar un panorama de la variación lingüística existente entre zonas geográficas, se consideran las diversas situaciones de bilingüismo entre el español y otras lenguas tanto en la Península Ibérica como en Hispanoamérica. La situación del español en los Estados Unidos se trata en capítulo aparte, el octavo, al ser este un caso especial en que la lengua socialmente dominante es otra, el inglés.

Por último, como hemos indicado ya, el capítulo noveno y nuevo en esta tercera edición discute la teoría y práctica de la enseñanza y aprendizaje del español como segunda lengua.

Todos los capítulos van acompañados de ejercicios ideados para servir como práctica de las técnicas de análisis y conceptos estudiados. Algunos ejercicios, intercalados en el texto, contienen también materia nueva que nos ha parecido más oportuno, desde un punto de vista pedagógico, presentar en forma de problemas para resolver. Los ejercicios han sido revisados también para la tercera edición y hemos añadido ejercicios nuevos en muchos de los capítulos. En nuestra experiencia, hacer los ejercicios incluidos es muy útil para el aprendizaje de la materia por parte de los alumnos.

La presentación en clase de toda la materia incluida en los nueve capítulos de este libro de texto excedería con mucho el número de horas lectivas generalmente disponibles en un semestre académico. Por conversaciones con colegas que utilizan el libro y por nuestra propia práctica, sabemos que cada profesor suele seleccionar cuatro o cinco capítulos para estudiar en un curso de quince semanas, pero que estos capítulos son diferentes para diferentes instructores, según sus propios intereses y los de sus alumnos. Nuestro objetivo ha sido, pues, ofrecer al enseñante cierta flexibilidad para que pueda seleccionar aquellos capítulos y secciones que le parezcan más adecuados a sus fines específicos y para su alumnado.

En cuanto a la orientación teórica, en los capítulos que examinan la estructura de la lengua hemos optado por aquellas técnicas de análisis que nos han parecido que pueden ofrecer una descripción más clara para alumnos a este nivel, al mismo tiempo que pueden dar una base a aquellos alumnos que deseen continuar con otros cursos más avanzados de lingüística hispánica o general.

Queremos dar las gracias a todos los colegas y alumnos, demasiado numerosos para poderlos mencionar individualmente, que nos han ofrecido comentarios y correcciones desde que se publicó la primera edición de este libro. Estamos agradecidos también al equipo editorial de Cambridge University Press que ha guiado nuestros pasos en las tres ediciones del libro. Muchas gracias también a John Jacobs y Alison Tickner por su excelente trabajo en la corrección del manuscrito para esta tercera edición.

# Nota

Algunos capítulos contienen secciones que se apartan algo del contenido central del capítulo y contienen materia algo más avanzada que puede ser omitida. En el capítulo 2, las secciones 2.3 "¿Por qué tenemos fonemas?", 4 "Neutralización de contrastes fonológicos y concepto de archifonema" y 5.4 "¿Un fonema menos?" entran en esta categoría. En el capítulo 5, las secciones 4.1 "El alfabeto ibérico" y 4.2 "Vasco e ibero" se refieren no a la evolución histórica del español, sino a la antigua lengua ibera y su posible relación con la lengua vasca.

Los otros capítulos no contienen secciones más avanzadas o menos centrales que otras, pero también permiten al instructor seleccionar secciones determinadas según los intereses de sus estudiantes.

# 1 La lingüística: ciencia cognitiva

## Objetivos

Este capítulo es una breve introducción a la lingüística moderna y a los temas que se tratarán en más detalle en el resto de los capítulos del libro. Los principales temas que veremos son:

- Las diferentes concepciones históricas del lenguaje y de la gramática como objetos de estudio de la lingüística.
- Las características del lenguaje humano, que lo separan de los sistemas de comunicación de los animales.
- Las teorías sobre el mecanismo de adquisición del lenguaje en los niños.
- La relación entre la capacidad humana del lenguaje y la estructura del cerebro humano.
- Las críticas a algunos de los postulados básicos, tanto teóricos como metodológicos, de la lingüística moderna.
- La definición de las áreas centrales del estudio del lenguaje a las que dedicaremos cada uno de los capítulos del libro.

## 1    Introducción

La lingüística es la disciplina que estudia el lenguaje humano. El lenguaje es, posiblemente, el comportamiento estructurado más complejo que podemos encontrar en nuestro planeta. La facultad de lenguaje es responsable de nuestra historia, nuestra evolución cultural y nuestra diversidad, ha contribuido al desarrollo de la ciencia y la tecnología y a nuestra capacidad de modificar nuestro entorno al tiempo que nos ha permitido desarrollar formas de apreciación estética y artística y una enorme variedad de modos de comunicación interpersonal. El estudio del lenguaje es, para empezar, un reto intelectual y una actividad fascinante en sí misma, el intento de recomponer y de desentrañar el funcionamiento de un rompecabezas enormemente estructurado y complejo, responsable en gran parte de lo que los seres humanos somos como especie en el mundo natural. Por ello no resulta sorprendente que el análisis sistemático del lenguaje tenga varios milenios de antigüedad. Su análisis se remonta a la India y la Grecia clásicas y ha producido un cuerpo de conocimiento extenso y variado. Filósofos, filólogos, gramáticos, lingüistas, psicólogos, lógicos, matemáticos y biólogos han reflexionado durante siglos sobre la lengua y el lenguaje desde un número variado de perspectivas.

Pero además de estudiar el lenguaje en sí mismo, o de estudiar sus aspectos sociales o históricos, o la relación entre las unidades que lo forman y las categorías de la lógica, de intentar analizar los significados transmisibles por medio de él o cualquiera de las innumerables perspectivas de análisis desarrolladas durante siglos, podemos también estudiar el lenguaje porque el lenguaje constituye una ventana que nos permite describir la estructura de la mente humana. Esta manera de enfocar su estudio, que recibe el nombre de perspectiva cognitiva, aunque en cierta medida tiene también sus raíces en la antigüedad clásica, ha sufrido un enorme empuje en los últimos cincuenta años. En este capítulo de introducción vamos a prestar atención específica a esta manera de enfocar el objeto de estudio de la lingüística.

## 1.1    De la gramática tradicional a la lingüística moderna: gramáticas prescriptivas y descriptivas

Hasta el siglo XIX, la lingüística era una disciplina fundamentalmente prescriptiva, es decir, las gramáticas tradicionales, desde los tiempos de la antigüedad india y griega, primordialmente se han preocupado de describir y codificar la "manera correcta" de hablar una lengua. A pesar del cambio de punto de vista desarrollado en los últimos años en el estudio de la facultad humana del lenguaje, este tipo de gramáticas tradicionales, que en general intentaban clasificar los elementos de una lengua atendiendo a su relación con las categorías de la lógica, nos han proporcionado una larga lista de conceptos de uso evidente en análisis más modernos.

La lingüística tradicional, a pesar de haberse desarrollado durante varios siglos y a pesar de englobar un gran número de escuelas distintas y de perspectivas de análisis muy diferentes, ofrece un cuerpo de doctrina bastante homogéneo cuyos presupuestos teóricos comunes pueden resumirse del siguiente modo:

(1) Prioridad de la lengua escrita sobre la lengua hablada. El punto de vista tradicional mantiene que la lengua hablada, con sus imperfecciones e incorrecciones, es inferior a la lengua escrita. Por eso en la mayor parte de los casos los gramáticos confirman la veracidad de sus reglas y de sus propuestas gramaticales con testimonios sacados de la literatura clásica.

(2) Creencia de que la lengua alcanzó un momento de perfección máxima en el pasado, y que es preciso atenerse a ese estado de lengua a la hora de definir la lengua "correcta". Un gramático tradicional del español podría, por ejemplo, defender la idea de que nuestra lengua alcanzó su momento de máxima perfección en la literatura del Siglo de Oro y afirmar por un lado que desde entonces la lengua no ha hecho sino deteriorarse y por otro que todos deberíamos aspirar a usar la lengua como lo hacía Cervantes.

(3) Establecimiento de un paralelismo entre las categorías del pensamiento lógico y las del lenguaje, ya que los estudios gramaticales nacieron en Grecia identificados con la lógica. De ahí viene la tradición de hacer corresponder a la categoría lógica de "sustancia" la categoría gramatical de "sustantivo", a la de "accidente" la de "adjetivo", etc. La clasificación de las partes de la oración que nos resulta tan familiar hoy en día, por ejemplo, tiene su origen en la Grecia clásica.

(4) Convicción de que la función de los estudios lingüísticos y gramaticales es enseñar a hablar y a escribir correctamente una lengua. Esta concepción de la función de los estudios lingüísticos merece atención especial, pues establece un contraste entre los enfoques modernos y los tradicionales.

Las **reglas prescriptivas**, que a menudo encontramos en las gramáticas tradicionales y en los manuales de enseñanza de segundas lenguas, nos sirven para ayudar a los estudiantes a aprender a pronunciar palabras, cuándo usar el subjuntivo o el pretérito en español, por ejemplo, y a organizar de manera correcta las oraciones de la lengua que estudiamos. Un gramático prescriptivo se preguntaría cómo debería ser la lengua española, cómo deberían usarla sus hablantes y qué funciones y usos deberían tener los elementos que la componen. Los prescriptivistas siguen así la tradición de las gramáticas clásicas del sánscrito, el griego y el latín, cuyo objetivo era preservar manifestaciones más tempranas de esas lenguas para que los lectores de generaciones posteriores pudieran entender los textos sagrados y los documentos históricos.

Una gramática prescriptiva o tradicional del español nos señalaría, por ejemplo, que debemos decir "se me ha olvidado" y no "me se ha olvidado", que la oración "pienso que no tienes razón" es la correcta, en lugar de la frecuente "pienso de que tienes razón", que es más correcto decir "si dijera eso no lo creería" en lugar de "si diría eso no lo creería", que lo adecuado es decir "siéntense" en vez de "siéntensen". Dichas gramáticas intentan explicar cómo se habla la lengua con propiedad, empleando las palabras adecuadas con su sentido preciso, y con corrección, construyendo las oraciones de acuerdo con el uso normativo de la lengua.

Los lingüistas modernos, en cambio, intentan describir más que prescribir las formas lingüísticas y sus usos. A la hora de proponer **reglas descriptivas** adecuadas, el gramático debe identificar qué construcciones se usan en realidad, no qué construcciones deberían usarse. Por ello un lingüista descriptivo se preocupa en descubrir en qué circunstancias se usan "me se ha olvidado" o "siéntensen", por ejemplo, y en observar que hay distintos grupos sociales que favorecen una u otra expresión en la conversación, mientras que éstas, en general, no aparecen en la escritura. Por el contrario, un prescriptivista argumentaría por qué el uso de ellas es incorrecto.

La pregunta que surge entonces es: ¿quién tiene razón, los prescriptivistas o los gramáticos descriptivos? Y, sobre todo, ¿quién decide qué usos de la lengua son los correctos? Para muchos lingüistas descriptivos el problema de quién tiene razón se limita a decidir quién tiene poder de decisión sobre estas cuestiones y quién no.

Al ver el lenguaje como una forma de capital cultural nos damos cuenta de que las formas estigmatizadas, las declaradas impropias o incorrectas por las gramáticas prescriptivas, son las que usan típicamente grupos sociales distintos de las clases medias – profesionales, abogados, médicos, editores, profesores. Los lingüistas descriptivos, a diferencia de los prescriptivos en general, asumen que la lengua de la clase media educada no es ni mejor ni peor que el lenguaje usado por otros grupos sociales, de la misma manera que el español no es ni mejor ni peor, ni más simple ni más complicado, que el árabe o el turco, o que el español de la Península Ibérica no es ni mejor ni peor que el hablado en México, o que el dialecto australiano del inglés no es ni menos ni más correcto que el británico. Estos lingüistas insistirían también en que las expresiones que aparecen en los diccionarios o las gramáticas no son ni las únicas formas aceptables ni las expresiones idóneas para cualquier circunstancia.

¿Se deteriora el lenguaje con el paso de las generaciones, tal como afirman algunos prescriptivistas que intentan "recuperar la pureza de la lengua"? Los lingüistas descriptivos sostienen que, de hecho, el español está cambiando, tal como debe, pero que el cambio no es señal de debilitamiento. Probablemente el español está cambiando de la misma manera que ha hecho de nuestro idioma una lengua tan rica, flexible y popular en su uso.

Las lenguas están vivas, crecen, se adaptan. El cambio no es ni bueno ni malo sino simplemente inevitable. Las únicas lenguas que no cambian son aquellas que ya no se usan, las lenguas muertas. El trabajo del lingüista moderno es describir la lengua tal como existe en sus usos reales, no como debería ser sino como es, lo que incluye el análisis de las valoraciones positivas o negativas asociadas a usos concretos de la misma.

## 1.2   La lingüística moderna

Un giro crucial en el desarrollo de la lingüística tuvo lugar a fines del siglo XVIII, en una época de gran progreso en las ciencias naturales, cuando se descubrió que existía una conexión genealógica entre la mayor parte de los idiomas de Europa y el sánscrito y otras lenguas de la India y el Irán. Esto produjo un enorme desarrollo en estudios del lenguaje desde una perspectiva histórica, y un gran avance en los estudios comparativos entre lenguas próximas o remotas cuyos objetivos eran tanto definir parentescos entre las mismas como descubrir la existencia de familias de lenguas caracterizadas por rasgos comunes. Se propusieron, de esta forma, leyes de correspondencia entre unas lenguas y otras y leyes de evolución entre una lengua y sus dialectos. Las leyes de este tipo conferían a la lingüística un carácter científico que no estaba presente en las gramáticas tradicionales.

A principios del siglo XX muchos lingüistas trasladaron su atención, siguiendo el ejemplo del gramático suizo **Ferdinand de Saussure**, de los estudios históricos (o "**diacrónicos**") al **estudio sincrónico de la lengua**, es decir, a la descripción de una lengua en un momento determinado en el tiempo. Este énfasis en los estudios sincrónicos fomentó la investigación de lenguas que no poseían sistemas de escritura, mucho más difíciles de estudiar desde un punto de vista diacrónico puesto que no existían textos que evidenciaran su pasado. La principal contribución de este modelo de investigación fue señalar que toda lengua constituye un *sistema*, un conjunto de signos relacionados entre sí en el que cada unidad no existe de manera independiente, sino que encuentra su identidad y su validez dentro del sistema por relación y oposición a los demás elementos del mismo.

En los Estados Unidos este giro produjo un creciente interés en las lenguas indígenas nativas y en la enorme diversidad de lenguas en nuestro planeta, de las cuales las **lenguas indoeuropeas**, las más estudiadas hasta entonces, constituyen una fracción menor. Al ampliar la perspectiva del estudio fue necesario que la metodología lingüística ampliara también sus herramientas descriptivas ya que no era excesivamente productivo el imponer la estructura y las categorías de análisis de las lenguas conocidas y bien estudiadas (latín e inglés, por ejemplo) a lenguas cuya estructura era radicalmente diferente. Estos estudios contribuyeron a mostrar las debilidades que presentaban las categorías tradicionales de análisis y propusieron un modelo analítico y descriptivo para descomponer las unidades del lenguaje en sus elementos constituyentes. Algunos lingüistas, especialmente Edward Sapir y Benjamin Lee Whorf, exploraron la idea de que el estudio del lenguaje podía revelar cómo piensan sus hablantes, y centraron sus teorías en explicar cómo el estudio de las estructuras de una lengua podía ayudarnos a entender los procesos del pensamiento humano.

En la segunda mitad del siglo XX tanto la invención del ordenador como los avances en el estudio de la lógica matemática dotaron a nuestra disciplina de nuevas herramientas que parecían tener una aplicación clara en el estudio de las lenguas naturales. Un tercer paso en el desarrollo de los estudios del lenguaje en esta mitad del siglo fue el declive del modelo conductista (traducción del inglés *behaviorist*, de *behavior* "conducta") en las ciencias sociales. Al igual que ocurría en otras disciplinas, la lingüística, especialmente la norteamericana, estaba dominada por el **modelo conductista**, que asumía que el comportamiento humano, en cualquiera de sus manifestaciones, relacionadas o no con el lenguaje, no podía ser descrito apropiadamente proponiendo la existencia de estados o entidades mentales determinados que explicaran dicho comportamiento: el lenguaje humano no puede ser descrito mediante la creación de modelos que caractericen estados mentales sino que debe ser descrito simplemente como un conjunto de respuestas a un conjunto concreto de estímulos. Hacia 1950 varios psicólogos comenzaron a cuestionar esta idea y a criticar la restricción absoluta que imponía sobre la creación de modelos abstractos para describir lo que sucedía en el interior de la mente humana.

A principios de los años 50 del siglo XX, y en cierta medida basado en los desarrollos mencionados anteriormente, un joven lingüista, **Noam Chomsky**, publicó una serie de estudios que iban a tener un impacto revolucionario en el planteamiento de los objetivos y los métodos de las ciencias del lenguaje. Por un lado, Chomsky describió una serie de resultados matemáticos sobre el estudio de los lenguajes naturales que establecieron las bases de lo que conocemos como la "teoría formal del lenguaje". Por otro lado, este lingüista propuso un nuevo mecanismo formal para la descripción gramatical y analizó un conjunto de estructuras del inglés bajo este nuevo formalismo. Por último, Chomsky publicó una crítica del modelo conductista en el estudio del lenguaje, basándose en la idea de que la lengua no puede ser un mero conjunto de respuestas a un conjunto determinado de estímulos ya que una de las características de nuestro conocimiento de la lengua es que podemos entender y producir oraciones que jamás hemos oído con anterioridad.

A partir de la década de los 60 Chomsky ha sido la figura dominante en el campo de la lingüística, hasta tal punto que podemos afirmar que gran parte de los estudios modernos son, o bien una estricta defensa de sus ideas y de los formalismos por él propuestos, o bien estudios del lenguaje basados en un rechazo de los postulados básicos de su teoría. Por eso en este capítulo introductorio vamos a repasar cuáles son los postulados de su teoría y cuáles son las críticas que a menudo se han aducido en su contra.

Antes de discutir las ideas de Chomsky acerca del lenguaje, es útil considerar algunos de los conceptos básicos introducidos anteriormente por Ferdinand de Saussure, padre de la corriente conocida como estructuralismo lingüístico.

## 1.3   La lengua como sistema de signos

El lingüista suizo Ferdinand de Saussure (1857–1913), uno de los lingüistas que mayor influencia han tenido en el desarrollo de la lingüística moderna, definió las lenguas humanas como sistema de signos. El **signo lingüístico** tiene dos componentes: **significante** y **significado**. El significante es una secuencia de sonidos. El significado es el concepto. Por ejemplo, para expresar el concepto de árbol, en español empleamos la secuencia de sonidos /á-r-b-o-l/. Es importante notar que la relación entre significante y significado es esencialmente arbitraria. No hay ningún motivo por el cuál la secuencia de sonidos /á-r-b-o-l/ sea más apropiada que cualquier otra para expresar el concepto. Esto lo vemos claramente comparando lenguas diferentes. Lo que en español decimos *árbol* en inglés es *tree* y en vasco *zuhaitz*.

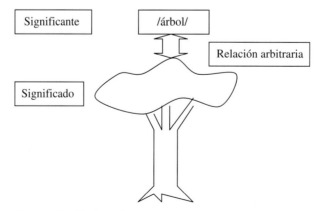

**Figura 1.1** El signo lingüístico

Una característica importante de las lenguas humanas es la **arbitrariedad del signo**, la falta de relación natural o intrínseca entre significante y significado.

Lo opuesto a arbitrario es motivado. Consideremos por un momento otros sistemas que utilizamos en la comunicación, el de las luces y señales de tráfico o tránsito. Algunas de estas señales son motivadas y otras son arbitrarias. Un dibujo de unos niños agarrados de la mano, para indicar que hay una escuela y hay que prestar atención al paso de niños es un signo motivado. Hay una relación natural entre el significante (la señal de tráfico) y el significado que expresa. Lo mismo podemos decir de una señal con un dibujo de una vaca para indicar que puede haber vacas cruzando la carretera. Hay una relación motivada o lógica entre el diseño de la señal y lo que significa. Por otra parte, una señal redonda roja con una raya blanca en medio no nos sugiere nada en cuanto a su significado. Aquí hay una relación puramente arbitraria. También es arbitraria la relación entre las luces de los semáforos y su significado. El motivo por el que estos sistemas de signos arbitrarios funcionan a pesar de su arbitrariedad es porque existe una convención que todos los miembros de la sociedad tenemos que aprender. La sociedad en que vivimos podría haber decidido que la luz roja significa avanzar en vez de detenerse. Lo importante es que todos obedezcamos la misma convención. Lo que está claro es que si cada uno de nosotros pudiera interpretar los semáforos y las otras señales arbitrarias a su manera esto resultaría en el caos total y el colapso de la circulación. Lo mismo ocurre con las lenguas humanas. Yo, como individuo, no puedo decidir que para expresar el concepto de "árbol" voy a decir /bórla/. Si hiciéramos esto, las lenguas no nos servirían para comunicarnos. De niños (o cuando aprendemos una lengua extranjera de adultos) aprendemos las convenciones, las relaciones arbitrarias entre significantes y significados que se utilizan en nuestra comunidad de hablantes.

Acabamos de decir que entre las señales de la circulación hay algunas que muestran una relación motivada entre diseño y concepto que expresan. En las lenguas humanas hay muy pocos signos motivados. En las onomatopeyas encontramos una relación motivada, pero incluso aquí suele haber un elemento de arbitrariedad y convencionalización. En inglés los perros hacen *bow-wow* y en español *guau-guau*. Volveremos sobre este tema en la sección 2.2 de este capítulo.

## 2     La lingüística como ciencia cognitiva

La ciencia cognitiva es el estudio de la inteligencia humana en todas sus manifestaciones y facetas, desde el estudio de la percepción y la acción al estudio del raciocinio y del lenguaje. Bajo esta rúbrica caen tanto la habilidad para reconocer la voz de un amigo por teléfono, como la lectura de una novela, el saltar de piedra en piedra para atravesar un arroyo, el explicar una idea a un compañero de clase o el recordar el camino de vuelta a casa.

La perspectiva cognitiva en el estudio del lenguaje asume que el lenguaje es un sistema cognitivo que es parte de la estructura mental o psicológica del ser humano. Frente a la perspectiva social del lenguaje, que estudia, por ejemplo, la relación entre la estructura social y las diferentes variedades o dialectos de una lengua determinada, la perspectiva cognitiva propone un cambio de perspectiva desde el estudio del comportamiento lingüístico y sus productos (los textos escritos, por ejemplo), a los mecanismos internos que entran a formar parte del pensamiento y el comportamiento humanos. La perspectiva cognitiva asume que el comportamiento lingüístico (los textos, las manifestaciones del habla) no debe ser el auténtico objeto de estudio de nuestra disciplina sino que no son nada más que un conjunto de datos que pueden aportar evidencia acerca de los mecanismos internos de la mente y los distintos métodos en que esos mecanismos operan a la hora de ejecutar acciones o interpretar nuestra experiencia. Una de las ideas básicas en el modelo chomskyano del estudio del lenguaje que ha sido mayor motivo de polémica en los últimos cuarenta años es precisamente esta, que el objetivo de nuestra disciplina debe ser el conocimiento tácito del lenguaje que posee el hablante y que subyace a su uso, más que el mero estudio de dicho uso. Este es un enfoque metodológico que va en contra de las ideas de los modelos anteriores de estudio del lenguaje, tanto modernos como tradicionales. Para Chomsky la gramática debe ser una teoría de la **competencia**, es decir, del conocimiento tácito que tiene el hablante de su propia lengua y que le permite cifrar y descifrar enunciados o mensajes, más que un modelo de la **actuación**, el uso concreto que el hablante hace de su competencia. El conocimiento de la lengua y la habilidad de usarla son dos cosas enteramente distintas según su teoría. Dos personas pueden tener el mismo conocimiento del idioma, del significado de las palabras, de su pronunciación o de la estructura de las oraciones, etc., pero pueden diferir en su habilidad a la hora de usarlo. Uno puede ser un poeta elocuente y el otro una persona que usa la lengua de manera coloquial. Del mismo modo, podemos perder temporalmente nuestra capacidad de hablar debido a una lesión o un accidente y más tarde recobrar el habla. Debemos pensar en este caso que hemos perdido temporalmente la habilidad pero hemos mantenido intacto nuestro conocimiento del idioma, lo que nos ha permitido recuperar luego su uso. El modelo cognitivo es, puesto que afirma que el lenguaje tiene su realidad en el cerebro humano, un modelo *mentalista*, está interesado en las operaciones de la mente que nos llevan a producir e interpretar enunciados lingüísticos.

Podemos resumir en cuatro las preguntas básicas acerca del lenguaje a las que el modelo cognitivo intenta responder:

(1) ¿Cuál es la naturaleza del sistema cognitivo que identificamos como el conocimiento de nuestra propia lengua?

(2) ¿Cómo se adquiere dicho sistema?

(3) ¿Cómo usamos dicho sistema en la comprensión y producción del lenguaje?

(4) ¿Cómo y dónde se halla este sistema localizado en nuestro cerebro?

En las próximas secciones vamos a repasar las respuestas que el modelo cognitivo en el estudio del lenguaje ofrece a estas preguntas.

## 2.1 La naturaleza del lenguaje: competencia y actuación

Los conceptos chomskyanos de competencia y actuación tienen una cierta relación con la dicotomía entre lengua y habla establecida por Ferdinand de Saussure. Saussure, de quien ya hemos hablado, estableció una distinción entre **lengua** (en francés *langue*) y **habla** (en francés *parole*). La lengua es el sistema de signos que se utiliza en una comunidad de hablantes. Así el español, el francés y el quechua son ejemplos de lenguas diferentes. Los lingüistas podemos investigar y describir las lenguas mediante el análisis de los actos de habla; es decir, observando el uso de la lengua por parte de los hablantes. El habla es, pues, el uso concreto de la lengua. Un tercer concepto que utiliza Saussure es el de **lenguaje** (en francés *langage*) que sería la capacidad que tenemos los seres humanos de aprender y utilizar una o más lenguas.

Chomsky identifica nuestro conocimiento del lenguaje o competencia con la posesión de una representación mental de una gramática. Esta gramática constituye la competencia del hablante nativo de dicha lengua. En otras palabras, la gramática es el conocimiento lingüístico de un hablante tal como está representado en su cerebro. Una gramática, entendida en este sentido, incluye todo lo que uno sabe acerca de la estructura de su lengua: su **léxico** o vocabulario mental, su fonética y **fonología**, los sonidos y la organización de estos en forma sistemática, su **morfología**, la estructura y las reglas de formación de las palabras, su **sintaxis**, la estructura de las oraciones y las restricciones sobre la correcta formación de las mismas, y su **semántica**, es decir, las reglas que rigen y explican el significado de palabras y oraciones. Pero debemos observar que este conocimiento que el hablante tiene de su propia lengua no es un conocimiento explícito. La mayor parte de nosotros no somos conscientes de la complejidad de dicho conocimiento porque el sistema lingüístico se adquiere de forma inconsciente, de la misma manera que aprendemos los mecanismos que nos permiten caminar o golpear un balón de fútbol. El uso normal del lenguaje presupone por tanto el dominio de un sistema complejo que no es directamente accesible de forma consciente.

Desde este punto de vista, entender nuestro conocimiento de una lengua es entender cómo funciona y cómo está estructurada esa gramática mental. La teoría lingüística se ocupa de revelar la naturaleza de la gramática mental que representa el conocimiento que tiene un hablante nativo de su propia lengua. Este conocimiento no es fácilmente accesible al estudio, puesto que la mayoría de los hablantes no son capaces de articular explícitamente las reglas de su propia lengua, de explicar, por ejemplo, por qué decimos *Lamento molestarte* pero no *Te lamento molestar*, mientras que podemos decir tanto *No quiero molestarte* como *No te quiero molestar*. El lingüista cognitivo debe, por tanto, encarar las propiedades de este sistema tácito de conocimiento indirectamente.

Los métodos que los lingüistas usan para inferir las propiedades sistemáticas de la lengua son variados. Algunos estudian las propiedades del cambio lingüístico mediante la comparación de etapas diferentes en el desarrollo de un idioma con el fin de deducir qué propiedades sistemáticas podrían explicar los cambios históricos. Otros analizan las propiedades del lenguaje en pacientes que presentan determinadas patologías e intentan encontrar las propiedades que pudieran explicar el uso irregular de la lengua debido a lesiones o traumas. Podemos también estudiar las propiedades comunes a todas las lenguas humanas para deducir las reglas que permiten explicar sus rasgos comunes. Con frecuencia, especialmente dentro de la escuela chomskyana, se intenta averiguar las propiedades regulares del lenguaje mediante la formulación de hipótesis y la evaluación de sus predicciones basadas en los juicios intuitivos del hablante acerca de la gramaticalidad de las oraciones. Esta metodología consiste en preguntar al hablante nativo cuestiones como: ¿Es aceptable en tu idioma la oración X? ¿Dadas dos oraciones aparentemente relacionadas, tienen ambas la misma interpretación? ¿Es ambigua la oración X, es decir, podemos interpretarla de más de una manera? ¿En la oración X, pueden la palabra A y la palabra B referirse a la misma entidad?

Prestemos atención a un ejemplo concreto. En la oración *El profesor piensa que él es inteligente*, ¿pueden "el profesor" y "él" referirse a la misma persona? Es indudable para un hablante nativo de español que la respuesta es afirmativa, aunque no es la única interpretación posible de la oración, puesto que "él" y "el profesor" pueden referirse a dos personas distintas también. ¿Y en la oración *Él piensa que el profesor es inteligente*? La respuesta en este caso es sorprendentemente distinta, aunque solo hemos cambiado el orden de los elementos oracionales: ahora solo es posible interpretar la oración de manera que ambos segmentos se refieran a dos personas distintas. Con datos de este tipo, el lingüista intenta formular hipótesis sobre las propiedades del sistema de conocimiento interno del hablante que pudieran explicar estos juicios sobre la correferencialidad de dos elementos en la misma oración, sobre la posibilidad de que ambos tengan el mismo referente. Podría proponer, por ejemplo, que es imposible que un pronombre como "él" sea correferente con una expresión que no le precede en el discurso. Esta hipótesis establece automáticamente una serie de predicciones sobre el comportamiento de los pronombres en una lengua determinada que deben ser contrastadas con nuevos datos, derivados de preguntas similares a las anteriores. Podemos preguntarnos no solo si este comportamiento se puede generalizar a todas las oraciones de una lengua en la que aparezcan pronombres como "él" y expresiones referenciales como "el profesor", sino también preguntarnos si este es un rasgo específico de la lengua que estudiamos o un rasgo común a todas las lenguas.

Hay que señalar dos características importantes de este tipo de investigación. Primero, que si el lingüista es un hablante nativo del idioma que se está estudiando, el propio lingüista realiza, en muchos casos, las funciones simultáneas de informante e investigador, usando sus propios juicios como datos para la investigación. Estos datos introspectivos reflejan una de las idealizaciones del modelo chomskyano, que asume la existencia del *hablante–oyente ideal*, que vive en una comunidad de habla perfectamente homogénea, que domina su lengua a la perfección, que no se ve afectado por "condiciones gramaticales irrelevantes" tales como pérdida de memoria o de atención, que no produce errores en el uso de su **competencia lingüística** y cuyos juicios de gramaticalidad han de ser la base para nuestra descripción de la gramática. Pero en muchos de los casos, es el propio lingüista el informante, el hablante–oyente ideal que se tiene más a mano. La validez y objetividad de este tipo de análisis se ha puesto en entredicho con frecuencia y su uso ha sido motivo de constante discusión entre lingüistas. Muchos de ellos piensan que otras herramientas de análisis más fiables, métodos experimentales cuantitativos y cualitativos más rigurosos, deberían ocupar el lugar de los datos derivados de la mera introspección. Y opinan asimismo que la idealización de un hablante ideal que no comete errores, aunque directamente ligada a la propuesta de que el objetivo de estudio de nuestra disciplina es la competencia y no la actuación, constituye una idealización no intuitiva que va en contra de los hechos observables.

En segundo lugar debemos señalar que el lingüista, al intentar describir las regularidades del sistema lingüístico de un hablante nativo, está en realidad intentando construir una teoría de un sistema que no es directamente observable basándose en datos observables; en este caso, los juicios de un hablante nativo. La distinción entre teorías y datos es de crucial importancia en cualquier tipo de estudio sistemático o científico. Muchos autores dudan de la validez de datos derivados única y exclusivamente de los juicios de gramaticalidad de los hablantes nativos.

Además de proponer que el estudio del lenguaje ha de ser fundamentalmente mentalista, es decir, que su objeto de estudio ha de ser el sistema psicológico inconsciente que nos permite producir e interpretar oraciones en nuestra lengua nativa, Chomsky propone que la mente humana es **modular**, es decir, que posee "órganos mentales" designados para realizar determinadas tareas en modos específicos. Existe un módulo específico en nuestro cerebro, un "órgano mental lingüístico" designado inequívocamente para realizar tareas lingüísticas. Este "órgano del lenguaje" es un fascinante objeto de estudio porque es único entre las especies animales y característico de la especie humana. Todos los seres humanos poseemos una lengua y ninguna otra especie animal es capaz de aprender una lengua humana. Por tanto, al estudiar la estructura de las lenguas humanas estamos investigando un aspecto central de nuestra naturaleza, un rasgo distintivo de nuestra especie.

Si estamos de acuerdo con esta manera de razonar, la lingüística es, en cierta medida, parte de la psicología, puesto que estudia el lenguaje como ventana al funcionamiento del pensamiento y parte de la biología, puesto que estudia el lenguaje como rasgo característico de una especie animal, la especie humana. El lingüista Steven Pinker explica de manera muy clara por qué, entonces, la lingüística cognitiva es descriptiva y no prescriptiva: supongamos que somos biólogos interesados en rodar un documental para un canal educativo de la televisión de nuestro país, y que nuestro objetivo es estudiar el canto de las ballenas, un método de comunicación complejo y exclusivo de esa especie animal. Probablemente, una de las afirmaciones más irrelevantes que podríamos proponer sería: "Esta ballena no canta correctamente". O, de la misma manera, "las ballenas del Pacífico Norte cantan peor que las del Pacífico Sur". O "las ballenas de esta generación no cantan tan bien como las ballenas de generaciones pasadas". De la misma manera, no tiene demasiado sentido decir que "esta persona no sabe hablar correctamente", que "el habla de Valladolid es más correcta que el habla de Tijuana" o que "los jóvenes no hablan español tan bien como sus abuelos". La lingüística moderna es, por la naturaleza de sus propuestas, fundamentalmente descriptiva.

## 2.2  Comunicación animal: características del lenguaje humano

La facultad del lenguaje es característica de la especie humana y la habilidad que tenemos de desarrollar la gramática de una lengua es única entre las especies animales. Durante siglos se ha pensado que solo los humanos somos capaces de pensamiento racional – solo los seres humanos tenemos un alma porque solo los humanos poseemos lenguaje, tal como afirmaba Descartes. Pero es indudable que en todas las especies animales existe la *comunicación*, entendiendo por comunicación toda acción por parte de un organismo que pueda alterar la conducta de otro organismo. También es evidente que muchas especies animales tienen sistemas de comunicación propios, e incluso que estos sistemas de comunicación son en determinados aspectos similares al lenguaje humano. Sabemos que las ballenas poseen uno de los sistemas de señales más complejos que existen en nuestro planeta, que determinados simios poseen la habilidad de transmitir llamadas de peligro de contenido variado y de cierta complejidad, que los delfines se comunican entre sí o que las abejas, por citar un último ejemplo, pueden transmitir información acerca de la distancia y de la orientación con respecto al sol de la fuente de alimento, así como de su riqueza.

¿Podemos por tanto afirmar que solo la especie humana posee la facultad del lenguaje? ¿Es el lenguaje humano especial, diferente de los demás sistemas de comunicación? El origen de la confusión parece estar en el uso más o menos restringido del término "lenguaje". ¿Qué es un lenguaje? ¿Es el sistema de comunicación de las abejas un lenguaje? ¿Y el sistema de llamadas de los simios? ¿Son las matemáticas un lenguaje? ¿Qué podemos afirmar de los intentos de enseñarles un lenguaje humano a los chimpancés o a los delfines?

Aunque la respuesta que la lingüística moderna pretende dar es que las diferencias entre las lenguas naturales y los sistemas de comunicación animal son cualitativas y no solo variaciones de grado, lo importante es recordar que la comparación entre los sistemas de comunicación animales y las lenguas humanas nos puede decir algo importante acerca del lenguaje humano. En particular, pueden servir como evidencia para afirmar o negar la idea de que para tener un lenguaje humano hay que estar biológicamente especializado para ello, que el lenguaje no es solo el resultado natural de obtener un cierto grado de inteligencia en el proceso de evolución de la especie.

El primer paso en esta línea de razonamiento es, entonces, examinar las semejanzas y las diferencias entre los sistemas de comunicación animal y la comunicación humana para aislar las características específicas del lenguaje. En segundo lugar examinaremos brevemente los intentos de enseñar algún tipo de comunicación humana a determinadas especies animales para comprobar o refutar la propuesta de que ningún animal puede adquirir una lengua natural.

Las características específicas del lenguaje humano (de todas las lenguas humanas), no compartidas por otros sistemas de comunicación, pueden ser resumidas del siguiente modo:

(1) *Arbitrariedad.* Cuando no existe una relación directa o una dependencia entre los elementos de un sistema de comunicación y la realidad a la que se refieren se dice que son *arbitrarios*. Los signos de la lengua son en su mayoría arbitrarios. No hay nada en la palabra *caballo* que se comporte, parezca o relinche como un caballo, del mismo modo que no hay una relación entre las palabras *horse* o *cheval* y el animal cuadrúpedo aunque ambas signifiquen "caballo" en inglés y en francés respectivamente.

Si hay motivación o relación directa entre señal/signo y referente se dice que la **comunicación** es icónica. En todos los sistemas lingüísticos hay un porcentaje de iconicidad, aunque este constituye una parte menor del lenguaje. Las onomatopeyas, por ejemplo, son esencialmente icónicas, aunque en un grado menor que el que podríamos esperar a primera vista. Vemos que las onomatopeyas no son totalmente icónicas en el hecho de que varían de lengua a lengua: los hablantes del inglés afirman que los gallos dicen *cock-a-doodle-doo* mientras que los de español sabemos perfectamente que lo que dicen es *kokorikó* en algunos dialectos y *kikirikí* en otros.

La frecuencia en el movimiento de la danza de las abejas es icónica puesto que es directamente proporcional a la distancia a la fuente de alimento. Las llamadas de alerta entre determinados primates, que permiten diferenciar el tipo de peligro según el animal que los amenaza son, en cambio, arbitrarias, puesto que no existe ninguna relación entre los sonidos producidos para expresar una alerta y los depredadores que los provocan.

(2) *Desplazamiento.* Hablamos de *desplazamiento* cuando las señales o signos pueden referirse a eventos lejanos en el tiempo o en el espacio con respecto a la situación del hablante. La mayor parte de las llamadas y señales en el mundo de la comunicación animal reflejan el estímulo de su entorno inmediato y no pueden referirse a nada en el futuro, en el pasado o a ningún lugar distinto del compartido entre emisor y receptor. Sería difícil pensar que nuestro perro pudiera comunicar la idea *"quiero salir de paseo mañana a las tres en Estambul"*. O, usando el ejemplo del filósofo Bertrand Russell, que un simio pudiera expresar la idea *"mi padre era pobre pero honrado"*. Uno de los rasgos predominantes de la comunicación animal es que no presenta desplazamiento.

(3) *Articulación dual.* Los sonidos de una lengua no tienen significado intrínseco pero se combinan entre sí de diferentes maneras para formar elementos (palabras, por ejemplo) que poseen significado. Como veremos en más detalle en el capítulo 2, en un enunciado como /megústaelpán/ podemos distinguir una serie de elementos con significante y significado, entre ellos la palabra /pán/. En otro nivel de análisis, podemos distinguir una serie de sonidos que utilizamos en español, que llamamos **fonemas**. En /pán/ tenemos tres fonemas. Lo que ya no tiene sentido es preguntarse qué significa el fonema /p/. Un sistema de comunicación que se organiza de acuerdo con dos niveles, uno en que los elementos mínimos carecen de significado y otro en que esas unidades se agrupan formando unidades significativas, es un *sistema dual.* Toda lengua humana posee esta propiedad. La dualidad en sentido estricto permite la combinación de palabras de forma ilimitada, y ello constituye un procedimiento que permite una gran simplicidad y economía característica de los sistemas lingüísticos. Los sonidos se organizan en sílabas y forman palabras. Estas se articulan o combinan en frases y oraciones, y estas se combinan entre sí formando textos, discursos, etc. Los signos en los sistemas de comunicación animal, en cambio, raramente se combinan entre sí para formar nuevos símbolos.

(4) *Productividad.* Existe en las lenguas humanas una capacidad infinita para expresar significados distintos, usando elementos conocidos para producir nuevos elementos. El sistema de la lengua nos permite formar un número infinito de oraciones. Los sistemas de comunicación animal presentan, por el contrario, un número finito y delimitado de enunciados posibles.

(5) *Prevaricación.* Consiste en la posibilidad de emitir mensajes que no sean verdaderos, en la posibilidad de mentir. En general ninguno de los sistemas animales de comunicación posee esa propiedad, aunque en años recientes se ha demostrado que algunos simios son capaces de producir la señal de alarma que significa la presencia próxima de un depredador, para asegurarse de que otros simios se mantengan alejados de la comida, lo que constituye un claro ejemplo de prevaricación. Es decir, hay simios que mienten como si fueran humanos.

(6) *Reflexividad.* Cuando un sistema de comunicación permite referirse a él mismo decimos que el sistema es reflexivo. El lingüista Roman Jakobson afirmó que una de las funciones del lenguaje es precisamente esta, la función metalingüística o reflexiva. Con la lengua podemos producir enunciados que tengan a la lengua como objeto: *"un" es un artículo indeterminado.* Los sistemas de comunicación animal no poseen esta propiedad.

(7) *Unidades discretas.* Las lenguas usan un conjunto reducido de elementos (sonidos) que contrastan claramente entre sí. Cuando las unidades de un sistema de comunicación son claramente separables en elementos distintos, decimos que *el sistema es discreto.* Los sonidos de la lengua son perceptibles por el oyente como unidades diferenciadoras. En los sistemas de comunicación animal las **señales** (gruñidos, por ejemplo) tienden a ser **analógicas**, es

decir, se presentan en escalas continuas de intensidad variable, de manera que la longitud, el **tono** o la intensidad de la señal puede variar con el grado de la emoción o el contenido informativo que se intenta expresar. Pero un "liiiibro" no es un objeto más grande o más pesado que un "libro" en ninguna lengua natural.

(8) *Creatividad.* El uso del lenguaje humano no está condicionado por estímulos exteriores ni interiores en la producción de un enunciado. Los enunciados son impredecibles en condiciones normales, mientras que la comunicación animal tiende a estar controlada mucho más rígidamente por estímulos externos que el comportamiento humano. Excepto en casos muy concretos, como las expresiones hechas tales como *Buenos días, Mi casa es su casa*, etc., no nos limitamos a repetir frases que ya hemos escuchado, sino que tenemos la capacidad de crear frases nuevas adecuadas a las necesidades cambiantes de cada momento. Y a la inversa, entendemos oraciones que otros producen a pesar de no haberlas leído o escuchado con anterioridad.

Estos rasgos, arbitrariedad, **desplazamiento**, articulación dual, **productividad**, **prevaricación**, reflexividad, uso de unidades discretas y creatividad, son compartidos por todas las lenguas humanas, definen el lenguaje humano y lo diferencian de los sistemas de comunicación animal. Podemos así defender la idea de que el lenguaje, caracterizado mediante estos rasgos, es único en el mundo animal y característico de nuestra especie. Pero la lingüística cognitiva defiende además la idea de que ningún animal no-humano es capaz de adquirir un lenguaje que presente dichos rasgos. Se ha intentado enseñar sistemas de comunicación similares al lenguaje humano a otras especies: delfines, loros, palomas, periquitos o leones marinos. Sin duda, los intentos más interesantes son aquellos que tienen como objeto enseñar un lenguaje a los simios, y especialmente a los chimpancés, puesto que es indudable que éstos son nuestros parientes más próximos en el mundo animal y que la distancia genética entre ellos y los humanos es muy pequeña (debemos tener en cuenta que nuestros genes son idénticos a los de los chimpancés en un porcentaje superior al 95%).

Los primeros intentos de enseñar a los chimpancés a usar una lengua se vieron frustrados por una limitación insalvable: el aparato fonador de los simios no está diseñado para producir los sonidos del habla. A partir de los experimentos iniciales con Vickie, un chimpancé que aprendió a pronunciar cuatro palabras en inglés en la década de los cuarenta, los investigadores se dieron cuenta de que, dadas las limitaciones fisiológicas para vocalizar que tienen los chimpancés, habría más posibilidades de que pudieran aprender una lengua de signos manuales. Las lenguas humanas no están limitadas a las modalidades orales, sino que existen también sistemas de signos manuales, empleados en comunidades de sordos. Los lenguajes de signos son lenguajes humanos plenos, simples modalidades gestuales de nuestra capacidad lingüística que presentan toda la complejidad y capacidad expresiva de los lenguajes orales. Por eso se intentó enseñar a varios chimpancés lenguajes de signos manuales, en particular el lenguaje de signos americano o ASL (American Sign Language). Los experimentos más conocidos son probablemente los intentos de enseñárselo a Washoe, Nim Chimpsky y Koko.

El chimpancé Washoe adquirió, entrenado por Allen y Beatrice Gardner, un vocabulario de 130 signos y enseñó 31 signos a otro chimpancé, Lulis. De acuerdo con sus entrenadores Washoe era capaz de identificarse a sí mismo en un espejo ("Yo, Washoe") y de establecer combinaciones de dos signos ("bebé mío", "más fruta"), lo que constituye un primer indicio de capacidad sintáctica y de productividad.

Nim Chimpsky fue educado como si fuera un niño por Herbert Terrace con la intención de determinar si un chimpancé podía producir una oración. Bajo condiciones experimentales estrictamente controladas, que incluían varias horas diarias de grabaciones en vídeo, Nim aprendió unas 125 señales de ASL. Sin embargo, jamás produjo combinaciones de más de dos signos que no fueran repetitivas o redundantes. Además, Nim nunca usó el sistema de comunicación aprendido de manera espontánea sino que la mayor parte de sus comunicaciones estaban relacionadas con la imitación directa de sus entrenadores (el 40% de los casos), respuestas directas a preguntas simples o señales relacionadas con la comida, la bebida o los juegos. Es decir, respuestas controladas por estímulos directos. Terrace llegó a la conclusión de que un chimpancé no puede producir una oración.

Koko era un gorila nacido en 1971 a quien Francine Patterson enseñó ASL por un período de once años. Según su entrenadora, Koko utilizaba señales para hablarse a sí misma, era capaz de combinar signos y podía usar nuevas combinaciones para producir significados nuevos ("pulsera-dedo" para expresar "anillo" o "tigre-blanco" para describir "cebra"). Según ella Koko usaba el sistema de signos del que disponía para mentir, cotillear o bromear, tal como usa el lenguaje un ser humano.

Más recientemente, Kanzi y Panbabisha, chimpancés pigmeos o bonobos que parecen ser mucho más inteligentes que los demás primates y que han sido entrenados por Savage-Rumbaugh, muestran habilidades lingüísticas equiparables a las de un niño de dos años y medio mediante el uso de un lenguaje simbólico que pueden producir usando las teclas de un ordenador. Su entrenador afirma que no solo son capaces de expresar conceptos nuevos sino que son capaces también de inventar reglas de combinación de signos que no les han sido enseñadas.

Existe una gran discrepancia sobre cómo interpretar los resultados de estos experimentos. Para muchos lingüistas estas habilidades no son mucho más relevantes que los trucos que aprenden los animales de circo, un ejemplo más de condicionamiento conductista, y los animales no comprenden lo que están diciendo ni usan sus signos simbólicamente. Según muchos lingüistas, por tanto, no deberíamos dar importancia a estos experimentos mientras que no tengamos evidencia irrefutable no solo de comprensión de lenguaje, sino de producción de estructuras complejas y creativas entre los animales involucrados en ellos.

Los investigadores encargados de entrenar a estos animales acusan a estos lingüistas de usar una escala de valoración doble: no le dan importancia a la adquisición de ciertas habilidades en primates, como la de combinar cadenas de dos signos (sustantivo-verbo para expresar una acción, por ejemplo), mientras que un ejemplo de dicha combinación se consideraría muestra de habilidad lingüística incipiente en un niño.

Es indudable que estos experimentos nos han ayudado a comprender muchos aspectos de las habilidades cognitivas en los simios, al tiempo que nos muestran de manera inequívoca la singularidad y la complejidad del lenguaje humano. También nos ayudan a reflexionar sobre lo notable que es el hecho de que los niños, sin ningún tipo de instrucción explícita similar a la usada en los intentos de enseñar una lengua a los chimpancés, puedan, a una edad temprana, crear nuevas oraciones complejas que jamás hayan oído con anterioridad.

## 2.3   Adquisición del lenguaje: la hipótesis innatista

Chomsky afirma que uno de los rasgos más sobresalientes de la lengua es la discrepancia entre su aparente complejidad y la facilidad con que los niños la adquieren, en un período muy corto de tiempo y tomando como base un conjunto de datos muy reducido. Las lenguas humanas son mucho más complejas que las lenguas artificiales que usamos para programar ordenadores, por ejemplo, o que los sistemas matemáticos más complicados. Sin embargo, aprender dichos lenguajes artificiales requiere instrucción explícita mientras que aparentemente los niños aprenden su lengua materna simplemente por estar expuestos a ella. Cualquier niño normal tiene la capacidad para convertirse en un hablante nativo de cualquier idioma (español, inglés, chino, guaraní, etc.). De la misma manera que la aparición del lenguaje en nuestra especie es probablemente el aspecto más importante de nuestra evolución, la adquisición de una lengua determinada es la proeza intelectual más importante en el individuo.

La explicación que propone la escuela chomskyana para dar cuenta de este hecho innegable es que la mayor parte de lo que sabemos sobre nuestra propia lengua no tiene que ser aprendido porque nacemos con ese conocimiento. Nuestro cerebro está "preprogramado" para adquirir una lengua. La hipótesis más razonable que podemos postular para explicar la uniformidad y la velocidad con la que adquirimos nuestra lengua es proponer que el desarrollo de la adquisición de una lengua está determinado por una facultad lingüística innata en nuestro cerebro, al igual que hay aspectos del comportamiento animal que son innatos, tales como la capacidad que tienen las arañas de tejer sus telas o ciertos patrones en la migración de las aves. Esta facultad se halla presente desde el nacimiento y nos dota de la habilidad para entender y producir oraciones en la lengua que adquirimos como hablantes nativos, a partir de los datos derivados de nuestra experiencia. Esta propuesta recibe el nombre de **hipótesis innatista**. El lenguaje es algo que la biología crea en los niños, de la misma manera que la biología hace que los murciélagos se cuelguen boca abajo y las termitas construyan casas comunales. La información lingüística innata debe ser parte de la información codificada en el código genético del niño que aprende una lengua. Esto significa que determinados aspectos del lenguaje se desarrollarán en el niño de la misma manera que se desarrollarán el cabello y las uñas en vez de aletas o alas. Adquirir una lengua es parte del ser humano, algo que no podemos evitar.

Del hecho de que los niños tengan la habilidad de adquirir cualquier lengua natural se deriva que la facultad humana de adquisición del lenguaje no debe ser específica con respecto a una lengua determinada. Si esta facultad es capaz de explicar la rapidez y la uniformidad en la adquisición de una lengua, el español, por ejemplo, debe ser capaz de explicar la rapidez en la adquisición de cualquier otro idioma como lengua materna, inglés, vasco, swahili, etc. Es generalmente aceptado que, mientras que los niños son capaces de convertirse en hablantes nativos de por lo menos una lengua, ningún adulto que estudie una segunda lengua es capaz de igualar dicha "proeza". Además, mientras que algunos idiomas extranjeros presentan mayor dificultad para su aprendizaje como segundas o terceras lenguas a hablantes de lenguas determinadas, todas las lenguas son igual de fáciles para un niño.

Hay miles de lenguas en el mundo, y la lengua que un niño aprende depende de la sociedad en la que nace. Es necesario aclarar que la hipótesis innatista no afirma que un niño está preprogramado para aprender específicamente la lengua de sus padres. Esto es obvio porque los padres pueden trasladarse a otro país de lengua distinta o el niño puede ser adoptado por otra familia y el niño va a aprender de todas formas la lengua de la sociedad en la que crece. Pero podemos suponer que aquello que es común a todas las lenguas humanas está presente en la mente del niño cuando este nace, por lo que hay determinados aspectos del lenguaje que no tiene que aprender. De aquí se deriva que la facultad humana del lenguaje debe incorporar un conjunto de reglas o principios universales que le permiten al niño procesar e interpretar oraciones de cualquier lengua. Lo que aprendemos mediante la experiencia no son estas reglas sino los hechos adicionales que diferencian unas lenguas de otras, la lengua de la sociedad en la que el niño crece de las demás. Esto le proporciona al niño una enorme ventaja inicial a la hora de aprender una lengua y permite explicar la rapidez en la adquisición. Al conjunto de reglas y principios comunes a todas las lenguas que la hipótesis innatista asume están presentes desde el nacimiento lo denominamos **gramática universal**. Entendemos como tal el estadio inicial de conocimiento de la estructura y funcionamiento del lenguaje que tiene el hablante desde el momento de su nacimiento, antes de ser expuesto a datos concretos de su idioma.

El lenguaje es uno de los primeros sistemas cognitivos que desarrollamos. Los niños, a una edad muy temprana, cuando aún no saben atarse los zapatos o hacer matemáticas, ya usan el lenguaje. Entender cómo funciona el lenguaje nos ayuda a entender cómo funciona la adquisición del conocimiento, y a contestar preguntas más complejas sobre la arquitectura cognitiva.

La cuestión de si el conocimiento es innato o adquirido es una de las cuestiones filosóficas tradicionales. Platón discute la idea de que el conocimiento es innato en los diálogos entre Sócrates y Menón. Este último se pregunta cómo podemos preguntar acerca de lo que desconocemos si no sabemos qué preguntas hacer. Sócrates responde que el conocimiento es innato porque el alma es inmortal. El alma de cada persona ha existido desde siempre: sabemos lo que sabemos porque nuestro saber proviene de una existencia anterior. Nuestro saber no es consciente pero podemos recordar las cosas que sabemos.

Hay que aclarar que los ejemplos del conocimiento innato del que habla Sócrates no están relacionados con el lenguaje, sino con la geometría y la virtud. Pero sus ideas pueden aplicarse al lenguaje. Nos puede parecer extraño en el siglo XXI el pensar que sabemos lo que sabemos porque nuestro conocimiento proviene de una existencia anterior. Pero usamos en la actualidad un tipo de explicación muy similar: parte de lo que sabemos está programado en nuestro código genético. Proviene, en ese sentido, de algo que ha existido antes, y que, en cierta medida "recordamos".

La idea de que el conocimiento es innato no es la única posible. Los empiricistas, cuyas ideas se remontan en este sentido a Aristóteles, creen que la mente, en el momento del nacimiento, es una *tabula rasa*, una tablilla en blanco en la que la experiencia de lo que nos rodea inscribirá nuestro conocimiento. De la misma manera, el pensamiento aristotélico afirma que el lenguaje es solo el producto de nuestra experiencia del mundo que nos rodea, de los datos lingüísticos a los que nos vemos expuestos y de los que aprendemos nuestra lengua por imitación o analogía.

Resulta evidente que no todo en el lenguaje es innato, y que para que exista el lenguaje necesitamos tanto "herencia" como "cultura"; debemos tanto a la naturaleza como a la experiencia de lo que nos rodea. Lo interesante es observar que el lenguaje constituye un área de estudio privilegiada para discernir qué parte de nuestro conocimiento está programada genéticamente y es, en ese sentido, similar a los instintos animales, y qué parte se deriva de la experiencia y del entorno. Es esta una cuestión que ha despertado el interés de pensadores en todo tipo de disciplinas desde los comienzos del pensamiento filosófico y que, desde la propuesta chomskyana a principios de los sesenta de que los seres humanos poseen un conocimiento innato de las lenguas naturales, ha intensificado el interés de filósofos y psicólogos sobre las cuestiones relacionadas con el aprendizaje y la adquisición del conocimiento.

El hecho de que parte de lo que sabemos acerca de nuestra lengua sea innato puede parecer una hipótesis razonable en mayor o menor medida. Pero cabe preguntarse qué tipo de evidencia empírica apoya esta hipótesis. La lingüística cognitiva encuentra datos para favorecer esta idea en los siguientes argumentos:

(1) *La universalidad del lenguaje*
    El hecho de que todos los grupos humanos posean un lenguaje no es indicio suficiente por sí mismo para afirmar que el lenguaje es innato, puesto que hay muchas cosas que son universales pero no innatas (la afición a

determinados refrescos o la televisión, por ejemplo, son universales pero no deberíamos afirmar que la televisión es parte de nuestro código genético, aunque a veces parece haber evidencia a favor de esta propuesta). Para los lingüistas de la escuela chomskyana lo crucial no es solo que todas las culturas posean un lenguaje, sino que las aparentemente grandes diferencias entre las lenguas no son tales. Ellos proponen que a determinado nivel de descripción y abstracción las lenguas poseen muchas más características similares que características diferenciadoras; en ese sentido el lenguaje presenta características universales. No solo el hecho de que todas las lenguas tengan sujetos y predicados, por ejemplo, sino fenómenos aún más curiosos como que la relación entre la posición de los pronombres y la interpretación del **antecedente** a que se refieren parecen ser comunes en todos los idiomas o que los mecanismos de formación de preguntas son compartidos por todas las lenguas conocidas. Por ejemplo, no hay lenguas en que, a partir de la oración *Toco la guitarra y el piano* podamos formular la pregunta *¿Qué tocas y el piano?*, aunque la pregunta es de una lógica impecable, sin recurrir a circunloquios como *¿Qué instrumento tocas además del piano?*

Si estamos de acuerdo en que las diversas lenguas del mundo tienen muchas cosas en común, el argumento de la universalidad del lenguaje es razonable. Si asumimos que estos rasgos comunes son innatos, podemos explicar por qué son comunes a lenguas diversas. Hay que considerar también que las lenguas han cambiado y evolucionado a lo largo de miles de años. Si no existieran límites innatos a lo que constituye una lengua humana, no podríamos explicar por qué las lenguas no se han desarrollado hasta convertirse en sistemas completamente diferentes, similares solo en el sentido de que sirven para comunicarse.

(2) *El argumento de la pobreza de estímulos*

Este es uno de los argumentos cruciales en el modelo chomskyano y en general, en los modelos que asumen que parte de nuestro conocimiento es innato. Dicho argumento está basado en la enorme separación entre la información acerca del mundo exterior que es accesible a nuestros sentidos y el conocimiento complejo que adquirimos acerca de él. Lo que sabemos es mucho más complejo que lo que podemos deducir de los meros datos de la experiencia.

En el caso de la adquisición del conocimiento lingüístico el argumento está relacionado con los datos fragmentarios que el niño recibe de su lengua materna y la distancia entre estos datos y la complejidad del sistema lingüístico que el niño adquiere en un período de tiempo asombrosamente corto. Según la escuela chomskyana, los datos lingüísticos que nos rodean son tan fragmentarios e incompletos que deberían hacer imposible el aprendizaje de una lengua. Evidentemente, el contexto y la experiencia juegan un papel crucial en la adquisición, pero es inconcebible dejar de lado la participación de la herencia y la naturaleza.

Por poner un ejemplo muy simple: ¿cómo se adquieren los significados de las palabras? Supongamos que alguien señala en una determinada dirección y pronuncia la palabra *puerta* o cualquier otra palabra que el niño oye por primera vez. ¿Cómo sabe el niño que la palabra *puerta* se refiere al objeto físico que nosotros intentamos describir, y no a su marco, o al picaporte, o a una sección específica de la misma, o a su color, a cualquier objeto que tenga forma rectangular, a un fragmento formado por la puerta y la pared? ¿Cómo sabe que lo que describimos no es una acción y sí un objeto? Podemos buscar distintas explicaciones para este ejemplo simplificado, y probablemente podamos asumir que hay toda suerte de indicios contextuales, tanto gramaticales como extragramaticales, de información repetida o de pistas en nuestra actitud o comportamiento que ayudan al niño a determinar el significado de la palabra. Pero las explicaciones que proporcionemos se verán sin duda debilitadas si pensamos que los niños aprenden el vocabulario a una velocidad sorprendente, entre nueve y diez palabras nuevas al día. De hecho sabemos muy poco sobre cómo los niños adquieren los significados de las palabras, o cómo adquieren las estructuras gramaticales de su lengua. La pregunta es fascinante, sin duda.

Numerosos estudios han demostrado que el desarrollo gramatical no depende de la instrucción explícita de la lengua, que los niños no aprenden la lengua porque estemos continuamente explicándoles qué oraciones son gramaticales y cuáles no. Podríamos pensar que si los padres o los demás adultos corrigieran la gramática de los niños, esta información podría ayudar en el proceso de adquisición. Pero a los padres no les preocupa en general la gramaticalidad o la corrección de las expresiones de sus hijos, tal como han demostrado centenares de horas de grabación de intercambios entre padres e hijos, sino que les preocupa más si lo que los niños dicen es cierto o falso. O que se porten bien.

Existen argumentos para apoyar la idea de que no solo no aprendemos mediante instrucción explícita, sino que tampoco lo hacemos ni por imitación de la lengua de nuestros padres ni por analogía. O al menos, puesto que tanto la imitación como la analogía son procesos que evidentemente forman parte de los mecanismos de adquisición, que hay numerosas áreas de nuestro conocimiento del lenguaje que no pueden ser explicadas de esta manera.

En primer lugar, si aprendiéramos únicamente por imitación no podríamos explicar determinados errores que cometen los niños pero que no cometen las personas a su alrededor. Las generalizaciones en los procesos de formación de palabras son un buen ejemplo: los niños tienden a decir *esté* en vez de *estuve* o *saliré* en vez de *saldré*. Al hacer esto, el niño aplica por analogía, y con mucha lógica y sentido común, reglas productivas de formación de palabras, ignorando que las formas verbales presentan irregularidades que aprenderá poco a poco. Lo interesante, además de la lógica impecable de los niños, es que, por mucho que corrijamos este tipo de error, el niño seguirá cometiéndolo hasta determinada edad, aquella en que se aprenden de manera uniforme las irregularidades de la lengua. La imitación del habla de los padres no es suficiente para adquirir el lenguaje en su totalidad.

El mismo ejemplo anterior plantea el problema del aprendizaje por analogía. Está claro que las generalizaciones de reglas de formación de palabras se pueden aprender por analogía con las reglas regulares de la lengua. Pero hay construcciones que no se pueden aprender por analogía. El ejemplo clásico es el siguiente: supongamos que la formación de oraciones interrogativas totales se produce mediante la anteposición del verbo auxiliar; es decir, que formamos la pregunta *¿Es Juan inteligente?* a partir de la oración *Juan es inteligente* colocando el primer verbo al principio de la oración. Este mecanismo debería ser fácil de observar y de adquirir mediante analogía, una propuesta razonable. Pero si aprendiéramos por analogía, esperaríamos que de la oración *El niño que está a mi lado es inteligente* el niño formara la pregunta *¿Está el niño que a mi lado es inteligente?*, un error que un niño jamás comete. El conocimiento necesario para formar la interrogativa correcta *¿Es el niño que está a mi lado inteligente?* es bastante complejo, tal como veremos en el capítulo de sintaxis, y no es fácilmente explicable por analogía con otros ejemplos ni es producto de instrucción explícita.

La explicación que ofrece la lingüística chomskyana del aprendizaje de la lengua, si este no se da como resultado de instrucción explícita, por imitación de nuestros padres o de las personas encargadas de cuidarnos o educarnos, o por medio de mecanismos generales de aprendizaje como son las generalizaciones por analogía, es la siguiente: existe en nuestra mente o cerebro un módulo cognitivo independiente especializado en la adquisición del lenguaje. El estado inicial de este módulo está formado por los principios comunes a todas las lenguas – referidos tanto a sonidos, como a significados o construcción de palabras y oraciones – que se hallan presentes en nuestra mente gracias a la herencia genética. Este módulo inicia un proceso de maduración cuando se ve expuesto a datos lingüísticos relevantes por medio de la experiencia y observación de la lengua que nos rodea. El resultado final de este proceso de maduración es un estado diferente de la inicial y que corresponde a la gramática de una lengua particular: español, inglés, vasco, etc. – según la lengua a la que haya sido expuesto el niño.

(3) *Las lenguas criollas*

Denominamos lengua **pidgin** a la desarrollada en la comunicación verbal entre hablantes que no comparten una lengua común. Estas lenguas surgen, en general, cuando dos o más personas entran en contacto en una situación de intercambio o comercio. Si estas personas no comparten una lengua común, desarrollan una lengua simplificada para facilitar el intercambio y la comunicación. Un par de ejemplos son la jerga chinook, usada por los indígenas americanos y los comerciantes franceses y británicos para comunicarse entre sí en la costa noroeste del Pacífico norteamericano en el siglo XIX, y el *pidgin* vasco-islandés del siglo XVII del que tenemos muestras como *for ju mala gisona* "eres un mal hombre" y *for mi presenta for ju bustana* "yo te daré la cola (de la ballena)". Similares ejemplos se encuentran en situaciones de contacto entre misioneros o comerciantes y las poblaciones nativas en otras partes del mundo. Estas lenguas se caracterizan por tener un conjunto muy limitado de palabras y reglas gramaticales muy simples, de manera que la comunicación depende en su mayor parte de la información que provee el contexto concreto de la comunicación para desambiguar los significados posibles o del uso de metáforas y circunloquios complejos. En general, en todas estas lenguas es imposible expresar morfológicamente la función gramatical de las palabras y el caso (sujeto, objeto, etc.), las diferencias temporales (**presente**, pasado o futuro), y las diferencias de aspecto (acción terminada o incompleta) o modo (subjuntivo o indicativo). Los *pidgin* carecen de preposiciones o presentan un número muy reducido de ellas. Una de sus características cruciales es que no existen hablantes nativos de una lengua *pidgin*. Ahora bien, cuando un *pidgin* es adoptado por una comunidad de hablantes, los niños de dicha comunidad pueden adquirirlo como lengua nativa. Decimos que esa lengua se ha convertido entonces en una **lengua criolla**, que se ha criollizado. Las lenguas criollas se convierten, en una sola generación, en lenguas totalmente desarrolladas que presentan un vocabulario extenso y una complejidad en sus estructuras idéntica a la de cualquier otra lengua humana. De alguna manera, en un espacio de tiempo muy reducido, los niños que se ven expuestos a una lengua *pidgin* como lengua materna la dotan automáticamente de complejidad estructural, de una gramática, y la consolidan en una lengua criolla. El lingüista Derek Bickerton sugiere que el estudio de las lenguas *pidgin* y las lenguas criollas puede ofrecer datos relevantes para las implicaciones de nuestras teorías acerca del lenguaje. Dos de los rasgos de estas lenguas plantean problemas interesantes a la hora de analizar los mecanismos de adquisición y aprendizaje de una lengua. Primero, la aparición de una lengua criolla a partir de una lengua *pidgin* supone que los hablantes son capaces de añadir a esta rasgos gramaticales que no estaban presentes históricamente en la lengua *pidgin* original. La criollización, incluso en un grado mayor que la adquisición normal de un idioma, presupone que es posible el aprendizaje sin instrucción explícita. En segundo lugar, según Bickerton y algunos otros lingüistas, muchas de las lenguas criollas del mundo presentan rasgos similares (todas marcan, por ejemplo, la diferencia entre la presencia y la ausencia de complementos directos mediante mecanismos gramaticales de **concordancia** y todas tienden a presentar el mismo orden de los elementos oracionales). Para Bickerton solo existe una hipótesis que pueda explicar estos datos: la existencia de un "bioprograma" innato para el lenguaje que especifica un conjunto de estructuras gramaticales específicas a las que el niño tiene acceso en el caso de que los datos de la lengua a la que se ve expuesto sean incompletos o inestables, evidencia de que parte de nuestra facultad de lenguaje es innata.

(4) *Las etapas en la adquisición de la lengua*

A pesar de que postulemos que el lenguaje es innato, los niños no nacen hablando. El conocimiento de su lengua se desarrolla en períodos o etapas muy delimitadas, de manera que cada etapa es sucesivamente más cercana a la gramática del lenguaje adulto. Al observar las etapas del desarrollo en distintas lenguas se ha notado que las etapas en la adquisición de la lengua por parte del niño son muy similares, y a juicio de algunos lingüistas, universales.

Estas etapas se dividen normalmente en períodos pre-lingüísticos y períodos lingüísticos. Los primeros ruidos, ronroneos o gritos no son más que respuestas a estímulos del entorno, hambre, incomodidad, etc., y podemos dudar de su carácter exclusivamente lingüístico. Alrededor de los seis o siete meses de edad, los niños comienzan a balbucear y producen sonidos reduplicativos como *babababa* o *dadadada*. Muchos de los sonidos que los niños producen en esta etapa no son sonidos característicos de la lengua de sus padres, pero a los diez meses de edad usan ya solo los sonidos de su lengua materna y no distinguen los fonemas de lenguas que no sean la propia. Al final del primer año los niños aprenden a cambiar el contenido de las sílabas, que dejan de ser necesariamente reduplicativas (*da-di*, *ne-ni*). Los mecanismos de aprendizaje de la lengua ya están en funcionamiento.

Los niños producen sus primeras palabras aisladas a los diez u once meses, aunque entienden ciertas palabras meses antes de llegar a este momento. Las clases más frecuentes de palabras que un niño produce en esta edad son nombres de individuos específicos (*papá*), de objetos (*mesa*) o de sustancias (*agua*). Estas palabras aparecen de forma uniforme en todas las lenguas y culturas. A partir de ahí los niños adquieren algunos verbos (*dar*) y adjetivos (*grande*). Las primeras palabras tienden a reflejar objetos que sobresalen en su entorno y no incluyen palabras que nombren objetos o acciones abstractas.

Alrededor de los dieciocho meses de edad se produce una explosión en el número de palabras que el niño usa y comprende. Esta explosión va acompañada de la aparición de combinaciones de dos palabras (*da agua* o *coche grande*), una primera muestra de productividad y creatividad en el uso del lenguaje. Existe en todas las lenguas una correlación entre el aumento del número de palabras y la aparición de frases rudimentarias formadas por dos elementos. Las frases que el niño produce parecen telegramas en los que se han dejado de lado las preposiciones y los morfemas de concordancia (*a*, *de*, la *-s* del plural o *-aba* para expresar pasado). Sin embargo, incluso en esta etapa inicial, los niños producen muy pocos errores en el orden de palabras (no dicen, por ejemplo, *grande coche* o *agua da*). Cuando estas palabras de contenido gramatical aparecen, tienden a hacerlo en un orden determinado (en inglés, los gerundios en *-ing* antes que la flexión de tercera persona, por ejemplo).

Alrededor de los dos años y medio de edad la etapa telegráfica termina abruptamente y empiezan a aparecer enunciados de longitud variable, al tiempo que aparecen de manera uniforme en su habla las palabras de contenido gramatical, la mayoría de las preposiciones que faltan en la etapa anterior, por ejemplo. Las estructuras que usa el niño se hacen más y más complejas: surgen oraciones interrogativas (*¿Tienes hambre?*), oraciones de relativo (*El coche que me gusta*) y cierto tipo de subordinadas (*Quiero comer*). Son frecuentes en este período las generalizaciones erróneas de procesos de formación de palabras (*andé* en lugar de *anduve*, *hací* en vez de *hice*). El vocabulario crece a un ritmo trepidante, un promedio de nueve palabras diarias entre los dieciocho meses y los seis años de edad.

Cualquier niño normal que es parte de una comunidad lingüística adquiere por lo menos una lengua a una edad temprana. Una vez llegada la pubertad, el desarrollo de su conocimiento lingüístico ha alcanzado un nivel estable que no difiere en términos generales del nivel alcanzado por otros niños de la misma edad en la misma comunidad. En este sentido, el desarrollo del lenguaje presenta las mismas características que todo comportamiento animal que esté condicionado biológicamente, tal como señaló por primera vez Eric Lenneberg, puesto que tanto uno como otro se desarrollan siguiendo etapas claramente diferenciadas y que además presentan un "**período crítico**" para la adquisición de dicho comportamiento. Así las neuronas visuales en los gatos se desarrollan y ajustan para percibir líneas horizontales, verticales y oblicuas solo si se ven expuestos a ellas antes de alcanzar determinada edad. Lo mismo sucede con el instinto de algunas aves para seguir a su madre o con la capacidad de algunos pájaros como los canarios para aprender a silbar como sus padres. ¿Existen períodos críticos en el aprendizaje de la lengua? Si la adquisición del lenguaje no solo se desarrolla en etapas bien diferenciadas e independientes de la lengua en cuestión, y si la adquisición presenta un período crítico para el aprendizaje, tenemos datos relevantes para deducir por analogía que el lenguaje está biológicamente condicionado al igual que lo están determinados instintos animales.

(5) *La hipótesis del período crítico*

Todos sabemos que es mucho más difícil aprender una segunda lengua durante la madurez que una lengua materna durante la infancia. Los adultos raras veces dominan una segunda lengua que han aprendido después de la pubertad, especialmente la fonética y la fonología de la nueva lengua. No tenemos más que pensar hasta qué punto está presente en cualquier cultura la noción de "acento extranjero".

Muchas explicaciones son posibles: en primer lugar se ha propuesto que hablamos a los niños de una manera especial, que curiosamente sería común a todas las lenguas, en habla lenta y pausada, en un tono muy alto y con exageraciones marcadas en la **entonación**. Este tipo de lengua característica del habla de la madre, que recibe a veces el nombre de "madreleño", presenta beneficios lingüísticos puesto que los límites de las construcciones sintácticas están marcados a menudo por un cambio en el tono o por una pausa que le confieren al niño información relevante para adquirir la estructura sintáctica de la lengua. Para explicar la diferencia entre la adquisición de primeras y segundas lenguas se ha propuesto que los adultos no obtienen este beneficio puesto que no nos dirigimos a ellos en "madreleño". Se ha propuesto también que los niños no tienen consciencia de sus propios errores, frente a los adultos que se cohíben al producirlos y eso detiene o dificulta el proceso de aprendizaje. Se ha dicho que los niños no tienen otra lengua que interfiera en el aprendizaje, a diferencia de los adultos. Pero sabemos que los niños adquieren su lengua aunque no se les hable en "madreleño" (hay culturas en las que no se les habla directamente a los niños hasta una edad bien madura y en las que, sin embargo, los niños presentan las mismas etapas en la adquisición que en el resto de las culturas), que cometen un número reducido de errores y que estos no son corregidos en la mayoría de los casos. La explicación auténtica de las diferencias en los procesos de aprendizaje de una lengua entre niños y adultos radica en la edad.

Se han hecho estudios en los que se compara la lengua de inmigrantes que han residido más de diez años en su país de adopción con la lengua de los nativos de ese país. Las personas que inmigraron entre los tres y los seis años obtienen los mismos resultados en las pruebas gramaticales propuestas y producen los mismos juicios de gramaticalidad que los hablantes nativos, mientras que los que inmigraron entre los ocho y los quince años de edad obtienen resultados mucho peores. Y los resultados de los que inmigraron cuando tenían más de diecisiete años son los peores desde un punto de vista gramatical. En este grupo, a pesar de las diferencias de edad entre las personas que lo constituyen, no existen curiosamente diferencias observables en cuanto al uso de la nueva lengua.

Parece evidente que existe un límite de edad para aprender una lengua materna, cierto plazo dentro del cual hay que aprenderla. Aunque los casos de hablantes que han alcanzado la pubertad sin haber aprendido una lengua son escasos, no son inexistentes, y su estudio es fundamental para corroborar la hipótesis de la edad crítica. El caso de Genie, una muchacha que, debido a trágicas circunstancias familiares, se vio completamente aislada del mundo exterior hasta alcanzar los trece años de edad, encerrada en una buhardilla y sin verse expuesta a ninguna lengua, es uno de los más famosos. Genie comenzó el proceso de adquisición del lenguaje durante la pubertad. Curiosamente, su desarrollo lingüístico contrastaba enormemente con su capacidad comunicativa. Mientras que las oraciones que Genie era capaz de producir, incluso varios años después de su liberación, estaban constituidas meramente por una sucesión de frases nominales muy simples, ella había creado un sistema de miradas, gestos y mecanismos para solicitar la atención que le permitían expresar sus ideas y sentimientos a pesar de que su sintaxis estaba muy poco desarrollada. Es difícil pensar por tanto cómo su falta de recursos gramaticales se podría explicar asumiendo una deficiencia intelectual, ya que

Tabla 1.1 *Etapas en la adquisición del lenguaje*

Etapas delimitadas entre el nacimiento y los 4 años:

### SONIDOS

(1) Los recién nacidos reconocen los ritmos y la melodía de su lengua materna.

(2) 3 meses: descenso de la laringe, apertura de la faringe => variedad de sonidos.

(3) Hasta los 6 meses los bebés son "fonólogos universales". Juegos con sonidos.

(4) 6–10 meses: balbuceo.

     7–8 meses: oclusivas sonoras, oclusivas sordas + vocal: ba-ba; ma-ma; pa-pa.

(5) 10 meses: reconocen solo los fonemas de su propia lengua, antes de usar palabras.

(6) 12 meses: combinación de sílabas distintas (ba-ma-gu).

### PALABRAS

(1) 18 meses: primeras palabras. Una palabra. No hay morfología.

     Nombres de objetos y personas / acciones y rutinas / relaciones sociales.

(2) 18–24 meses: crecimiento enorme de vocabulario; aprenden una palabra nueva cada dos horas, hasta la pubertad.

     Importante: *la comprensión precede a la producción.*

(3) Errores: generalizaciones morfológicas y semánticas. Todos los errores que cometen son lógicos, aunque incorrectos.

### ORACIONES

(1) 18–30 meses: combinaciones de dos palabras. Siempre en el orden correcto (agente, acción, complemento directo, complemento indirecto, lugar).

(2) 30–42 meses: cambio drástico en producción. Sin explicación. El tipo de oraciones crece exponencialmente: recursividad, pasivas, morfemas gramaticales, interrogativas, comparativas, doble negación, género, número.

sus mecanismos cognitivos estaban enormemente desarrollados pero no eran capaces de proporcionar los medios para adquirir ciertos aspectos del lenguaje. Las producciones lingüísticas de Genie jamás alcanzaron el nivel que correspondería ni siquiera a un niño normal de tres años.

El caso de Genie, muy estudiado, junto con otros casos en la historia de niños que por diversas circunstancias se han visto expuestos por primera vez a una lengua una vez pasada la pubertad, se ha usado como dato tanto para corroborar la hipótesis de que el lenguaje es un módulo cognitivo autónomo, independiente de la inteligencia y otras facultades cognoscitivas, como para apoyar la idea de que existe un período crítico en la adquisición del lenguaje, después del cual la adquisición plena de las facultades gramaticales es imposible.

Del mismo modo que el desarrollo de habilidades comunicativas puede ocupar el lugar de las capacidades puramente lingüísticas o gramaticales, el caso opuesto puede también ocurrir. Se han estudiado casos de niños de temprana edad que poseen un dominio admirable de las estructuras de su lengua pero que son incapaces de usarlas para la comunicación interpersonal, o de niños cuyo desarrollo cognitivo se había paralizado en todos sus aspectos excepto en la capacidad de usar el lenguaje. Se ha propuesto que estos casos demuestran no solo la existencia de un período crítico para la adquisición del lenguaje, sino que estos mecanismos son distintos de los mecanismos generales de aprendizaje que conforman el desarrollo de nuestra inteligencia.

Hay una cuestión crucial en la que los científicos cognitivos no están de acuerdo: si la naturaleza nos ha dotado con mecanismos generales de aprendizaje o con mecanismos que están diseñados específicamente para la adquisición y desarrollo de módulos independientes de la mente (el lenguaje, por ejemplo). Volveremos a esta cuestión más adelante.

## 2.4   Lenguaje y cerebro: neurolingüística

La **neurolingüística** es el estudio de las estructuras cerebrales que una persona debe poseer para procesar y comprender una lengua. La pregunta básica que la neurolingüística intenta contestar es esta: ¿cómo está representado el lenguaje en el cerebro humano? Las investigaciones sobre cerebros tanto humanos como animales, desde el punto de vista psicológico o desde el punto de vista anatómico, han ayudado a responder a algunas de las preguntas sobre los fundamentos neurológicos del lenguaje. Sabemos que hay zonas específicas del cerebro que parecen estar especializadas para el mismo. Bajo la hipótesis innatista esto no es el resultado de una coincidencia o un accidente: el cerebro, al igual que el resto del cuerpo, se desarrolla según un mapa genético que en parte determina cómo procesamos el lenguaje.

A la hora de estudiar el lenguaje, y hasta los últimos años, en los que se ha producido un creciente y espectacular desarrollo en las técnicas de estudio del cerebro, la neurolingüística se ha tenido que conformar con métodos indirectos como son el estudio de los trastornos del lenguaje que sufren determinados pacientes con lesiones cerebrales. Estos métodos son indirectos porque existen consideraciones éticas que nos impiden abrir el cráneo de un ser humano vivo. En muchos de estos casos de pacientes con lesiones, el alcance preciso de las mismas nos es desconocido, lo que inevitablemente ha contribuido a que las conclusiones de dichos estudios hayan sido tentativas.

El cerebro es un organismo extremadamente complejo, formado por aproximadamente diez millones de células nerviosas o *neuronas* y por miles de millones de fibras que las conectan. El cerebro está formado por varias capas o niveles organizadas en dos *hemisferios*, uno a la derecha y otro a la izquierda, conectados entre sí por un cuerpo de fibras nerviosas. El nivel del cerebro que se ha desarrollado en los primates es el que llamamos corteza cerebral o *córtex*, la superficie rugosa del cerebro que contiene lo que llamamos comúnmente *materia gris*. Es en el córtex donde se localizan las funciones intelectuales más elevadas o especializadas, incluido el lenguaje.

Desde mediados del siglo XIX se ha intentado establecer una correlación directa entre regiones específicas del cerebro y diferentes habilidades y comportamientos en los seres humanos. El estudio de lesiones cerebrales en varios pacientes nos ha revelado que distintas áreas controlan o al menos están relacionadas directamente con distintas funciones del cerebro. Existen varias maneras en las que el córtex puede sufrir lesiones (golpes, embolias, hemorragias internas, tumores, infecciones, etc.). Ya en 1861, el neurólogo francés Paul Broca afirmó que es el hemisferio izquierdo del cerebro el que está especializado para el lenguaje puesto que las lesiones en la parte frontal del mismo tienen una repercusión en el uso y procesamiento del lenguaje y dan como resultado, a menudo, la pérdida del habla, mientras que lesiones similares en el hemisferio derecho provocan trastornos de un tipo diferente y que, en general, tienen poco que ver con el uso del lenguaje. En la actualidad se asume que las funciones intelectuales más especializadas, el lenguaje entre ellas, están claramente **lateralizadas**, es decir, que residen de manera preponderante en uno u otro hemisferio cerebral.

Los trastornos del lenguaje que son el resultado de una lesión cerebral reciben el nombre genérico de **afasias**. Las afasias que derivan en una pérdida total del uso de la lengua reciben el nombre de **afasias globales** y, en la mayoría de los casos, aunque los daños producidos afectan a otras funciones intelectuales, los pacientes que sufren dichas afasias retienen gran parte de las funciones cognitivas que tenían antes de presentarse la lesión. Mientras que estos pacientes presentan problemas a la hora de usar y procesar el lenguaje pueden a menudo resolver otro tipo de problemas intelectuales siempre que estos no estén relacionados con el uso de la lengua. Esto se ha usado como argumento a favor de la idea de que la capacidad del lenguaje es una capacidad cognitiva autónoma e independiente y de que el cerebro es *modular*, tal como habíamos señalado en secciones anteriores.

Además de estas lesiones que afectan al uso del lenguaje en su totalidad es posible encontrar lesiones que afectan a tipos específicos de comportamiento lingüístico. La naturaleza de estas lesiones depende de las áreas concretas del córtex que se ven afectadas. Paul Broca describió a mediados del siglo XIX las lesiones de un paciente que podía articular tan solo una palabra, como resultado de una embolia. Después de la muerte del paciente, Broca estudió su cerebro y descubrió una lesión en el lóbulo frontal del hemisferio izquierdo, un área que desde entonces recibe el nombre de **área de Broca**. Él concluyó que esta área del cerebro es la responsable de controlar la producción del habla. Los pacientes con afasia de Broca tienen enormes dificultades en la producción de oraciones, se detienen a menudo para encontrar la palabra adecuada, y muestran una ausencia de palabras con función claramente gramatical (aquellas cuya función es marcar la concordancia entre el sujeto y el verbo, por ejemplo, o las preposiciones). Estos pacientes tienen problemas a la hora de procesar oraciones cuya interpretación depende de su estructura gramatical. Un buen ejemplo lo constituyen las oraciones activas y sus correspondientes **pasivas** (*Juan golpeó a Pedro* / *Pedro fue golpeado por Juan*), en las cuales la interpretación del agente de la acción y del objeto de la misma depende de factores gramaticales (la aparición de la preposición *por*, por ejemplo). Este tipo de oraciones les resulta muy difícil de interpretar a los pacientes con lesiones en el área de Broca.

*Área de Broca*

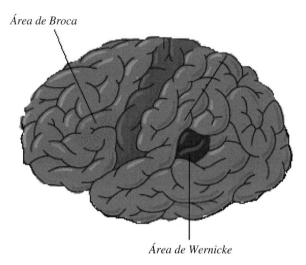

*Área de Wernicke*

**Figura 1.2** Localización en el cerebro de las áreas de Broca y Wernicke

Investigaciones posteriores a las realizadas por Broca revelaron que existe otro grupo de lesiones con un efecto directo en la producción y procesamiento del lenguaje. Estas lesiones se producen en un área diferente de la corteza cerebral, no en el lóbulo frontal como en los casos anteriormente estudiados, sino en la porción trasera del hemisferio izquierdo. A diferencia de los pacientes con afasia de Broca, estos pacientes tienen gran dificultad en comprender enunciados y cometen errores semánticos y léxicos en la comprensión de oraciones, pero no en su producción. Este tipo de lesión recibe el nombre de **afasia de Wernicke**, en honor al neurólogo alemán Karl Wernicke, quien la describió por primera vez a fines del siglo XIX. En la mayor parte de los casos estos pacientes son capaces de producir fragmentos de habla con perfecta entonación y pronunciación, y con aparente fluidez, pero con un número elevado de errores léxicos (en general, sustituciones de unas palabras por otras) y errores fonológicos.

Otro tipo de afasia es la que denominamos **anómica**, que se caracteriza porque los pacientes que sufren de ella no pueden encontrar determinadas palabras que necesitan para expresar sus ideas y tienen que sustituirlas por gestos u oraciones complicadas. Lo interesante en los tres casos es que ninguna de estas afasias deriva en una pérdida total de la facultad del lenguaje, sino en una pérdida de aspectos lingüísticos específicos. Las lesiones en pacientes con afasia no se deben en su mayoría a trastornos intelectuales o cognitivos generales sino que parecen estar relacionadas única y exclusivamente con la producción y comprensión de enunciados lingüísticos. Si esto es cierto, podríamos usar estos datos como evidencia para apoyar la idea de que la facultad del lenguaje en los seres humanos es un módulo cognitivo independiente.

Tabla 1.2 *Ejemplos de producciones afásicas*

(tomado de Belinchón, Riviere e Igoa 1992: 713 y reproducido con permiso de la editorial)

---

**Afasia de Broca (agramatismo)**

El caballo está galop... galo... galopando por el... desde el cercado aquí el caballo quiero saltar la cerca y este este está galop... galopando el está esto parado.

**Afasia de Wernicke**

Un *poro*... *poro* (TORO) está *presigando* (PERSIGUIENDO) a un niño o un *scurt* (UN NIÑO SCOUT)... Un sk niño está junto a un *poto*... *pont e* (POSTE) de madera. Un *poste*... *ponte* con un, eh, *tranza, traza* (CUERDA) con *propia* (ROPA) y sus calcetines *esedos* (?). Una... una *tena* (TIENDA) está junto a la ropa. *Un un* niño está *jubando* (JUGANDO) en la orilla con *la mano* (LOS PIES) en el agua. Una mesa con una *estrana* (SARTÉN) y... no sé... un *atranqueta* (UNA BANQUETA) con tres patas y un *plisto* (CUBO).

**Afasia anómica**

No hay que hacer eso en un lugar así, hay que empujarlo y hacer eso (señalando con gestos). Y es lo mismo ahí, debajo; también hay uno para hacer eso. Eso tampoco hay que hacerlo... No sé qué ha pasado ahí, pero esto se ha salido. Esto está... mmmm... ahí sin hacerlo, las cosas que están haciendo, ¿sabe lo que quiero decir?... Y eso también; todo está mal. Eso no se debe hacer, hay que hacerlo despacito.

---

Durante los últimos cincuenta años se ha llevado a cabo un enorme número de estudios sobre diferentes tipos de afasia controlados científicamente. Estos estudios nos han proporcionado evidencia para afirmar que el lenguaje se procesa de manera predominante en el hemisferio izquierdo del cerebro. Esta idea ha sido confirmada también por diversos tipos de estudios, no relacionados con afasias, tales como casos de pacientes a los que ha sido necesario extirparles uno de los dos hemisferios cerebrales. Si es el hemisferio izquierdo el que permanece después de una operación quirúrgica, la capacidad del lenguaje se mantiene intacta, aunque desaparecen otras funciones cognitivas. Otro ejemplo relevante es el hecho de que, si se le pide a una persona que imite el habla de otra al tiempo que tamborilea sobre una mesa con la mano derecha o la izquierda, la tarea de imitar el habla resulta mucho más difícil al usar la mano derecha. Esto se debe a que el cerebro está *contra-lateralizado*, y el hemisferio derecho controla las funciones de la parte izquierda del cuerpo y viceversa. La explicación reside entonces en que el uso de la mano derecha compite, en cuanto a la actividad del hemisferio cerebral izquierdo, con el lenguaje, otro argumento más a favor de la especialización del hemisferio izquierdo para las tareas lingüísticas.

Desgraciadamente, la idea de que mediante el estudio de pacientes afásicos sería posible identificar y aislar las áreas de la corteza cerebral responsables del uso y comprensión del lenguaje, más allá de su localización preferente en el hemisferio izquierdo, no ha sido corroborada. Se ha demostrado que la mayor parte de las funciones lingüísticas no pueden ser localizadas directamente en una región específica del córtex. De hecho, los últimos estudios científicos demuestran que hay varias regiones que están relacionadas con la producción y comprensión del habla de manera simultánea. Esto no significa necesariamente que la facultad del lenguaje no puede ser localizada en el cerebro, sino que existen representaciones lingüísticas complejas distribuidas en distintas áreas y que necesitamos técnicas más sofisticadas para su estudio. En los últimos años se han desarrollado nuevas técnicas experimentales para el estudio del cerebro. Estas técnicas nos permiten detectar cambios en la actividad cerebral en áreas muy reducidas del cerebro mientras este desarrolla tareas lingüísticas, y relacionar dichos cambios con tareas cognitivas y lesiones específicas. Es posible que estas técnicas basadas en tecnología sofisticada, que denominamos de acuerdo a sus siglas inglesas (MRI o *Magnetic Resonance Imaging*, PET o *Positron Emission Tomography*, ERP o *Event Related Potentials*), y que nos permiten estudiar la actividad cerebral, nos lleven a una mayor comprensión de los mecanismos fisiológicos implicados en el conocimiento de una lengua. Es este un campo de estudio fascinante y de enorme relevancia para nuestros modelos de explicación del lenguaje.

Como hemos discutido en secciones anteriores, los lingüistas cognitivos asumen que la facultad del lenguaje es parte de nuestra herencia genética. Si la facultad del lenguaje está controlada genéticamente, deberíamos esperar que trastornos lingüísticos específicos pudieran ser transmitidos de padres a hijos. Por eso, aparte de los estudios sobre afasias, existe un enorme interés en un grupo de pacientes que sufre lo que denominamos Trastornos Específicos del Lenguaje, un conjunto de lesiones cerebrales que afectan al lenguaje y que probablemente tienen un origen genético. Estas lesiones no están relacionadas con las afasias descritas anteriormente, que son producto de cierto tipo de lesiones en la corteza cerebral. Estudios estadísticos recientes muestran que estos trastornos son probablemente hereditarios, que se encuentran en miembros de la misma familia y que son más frecuentes en hombres que en mujeres. Además, por ejemplo, si en una pareja de hermanos gemelos uno de los dos presenta este tipo de trastornos, las probabilidades de que el otro presente el mismo tipo de trastorno del habla son enormes. Los pacientes que tienen estos trastornos específicos presentan coeficientes de inteligencia normales y no parecen tener ni deficiencias auditivas ni problemas emocionales o de comportamiento social. La naturaleza de estos trastornos está en general limitada a un conjunto muy reducido de problemas gramaticales específicos tales como la falta de elementos para marcar concordancia entre sujeto y verbo o artículo y sustantivo.

Las futuras conclusiones de estos distintos tipos de estudios son de enorme relevancia para el modelo cognitivo en la lingüística, ya que nos permitirán corroborar o refutar una de las premisas fundamentales de dicho modelo: si el lenguaje es modular y autónomo en su función y estructura anatómica o si, por el contrario, nuestro conocimiento del lenguaje es parte de mecanismos más generales de adquisición de conocimiento y de habilidades cognitivas genéricas en los seres humanos.

# 3      Críticas al modelo chomskyano

Las propuestas chomskyanas han tenido una influencia enorme en el estudio del lenguaje y de las ciencias cognitivas en los últimos cuarenta años, hasta el punto de que es frecuente referirse al "giro copernicano" en nuestros modelos y en nuestra manera de entender el lenguaje que han supuesto sus teorías. Pero estas no son, como no debe ser ninguna propuesta intelectual o científica, un credo inquebrantable al que hay que jurar fidelidad ciega y absoluta. En esta sección vamos a resumir brevemente algunas de las críticas más razonables y cruciales que se han propuesto al modelo chomskyano descrito en las secciones anteriores. Estas críticas, y la necesidad de apoyar ideas de un lado o de otro con nuevos datos empíricos y nuevas propuestas teóricas o la de clarificar posiciones y conceptos básicos tienen como resultado, sin duda, un avance en nuestro conocimiento de la facultad humana del lenguaje.

En primer lugar, Chomsky afirma que el objeto de la lengua debe ser *el estudio de la competencia del hablante*, de su conocimiento, y no de su actuación, de su habilidad o del uso real del lenguaje en situaciones concretas. Muchos lingüistas defienden la idea de que limitar el objetivo de la disciplina al estudio del conocimiento tácito que tiene el hablante de su propia lengua es imponer límites demasiado estrictos a nuestra disciplina, puesto que hay muchos fenómenos interesantes susceptibles de investigación que no entran dentro de este marco reducido. Podemos citar, entre otros, los problemas relacionados con la manera en que se estructuran las conversaciones, las relaciones entre contexto y significado, o la dificultad o facilidad para percibir determinadas estructuras de una lengua. De hecho, numerosos estudios psicolingüísticos han examinado la actuación del hablante para demostrar cómo funciona nuestra mente, y los estudios sobre la producción de errores en el habla y de las condiciones en que estos aparecen en la producción de oraciones ofrecen un conjunto de teorías enormemente interesantes para nuestra comprensión de la facultad humana del lenguaje.

En segundo lugar, hemos visto que uno de los métodos de análisis que se usa con mayor frecuencia entre los seguidores de las propuestas chomskyanas es el de la *introspección*, el análisis de los juicios propios o ajenos sobre la gramaticalidad y la interpretación de las oraciones. Ya hemos mencionado anteriormente las dudas metodológicas sobre esta manera de acceder a los datos relevantes sobre el conocimiento del lenguaje. Pero existe otro tipo de crítica que se puede hacer a dicho método: la introspección tiene sin duda cierto valor a la hora de definir datos con validez o realidad psicológica, pero es solo uno de los muchos métodos posibles para alcanzar este objetivo. Los datos sobre percepción del habla y el procesamiento en tiempo real de las oraciones, las palabras y sus significados e interpretaciones, los datos sobre el habla de los pacientes afásicos, los experimentos de laboratorio sobre el comportamiento verbal de los hablantes, los datos sobre las diferencias en la adquisición de primeras y segundas lenguas y las encuestas dialectales, por poner unos cuantos ejemplos, no deben ser olvidados a la hora de corroborar o refutar nuestras teorías. Una teoría de nuestro conocimiento lingüístico que pretenda tener validez psicológica debe hacer compatibles los datos derivados de la mera introspección con todas estas otras fuentes de información acerca de la lengua.

En tercer lugar, Chomsky propone que gran parte de nuestro conocimiento es *innato*. Aunque esta es una propuesta generalmente aceptada por los científicos cognitivos, que aceptan que nuestra herencia genética desempeña un papel crucial tanto en el desarrollo físico de nuestros organismos como en parte de nuestros comportamientos, sabemos que no todo nuestro conocimiento de la lengua es producto de la herencia. La solución no es dar preponderancia a la genética sobre la experiencia, sino entender de manera precisa la continua interacción entre ambas. Aunque la facultad del lenguaje es similar a un instinto animal, difiere enormemente, por ejemplo, de la habilidad de las arañas para tejer su tela al primer intento, sin necesidad de observar a otra araña en el proceso. Como hemos visto, un niño tarda casi tres años en desarrollar los aspectos básicos de su lengua y durante ese período es crucial que esté expuesto a datos lingüísticos relevantes. Es necesario que la teoría lingüística defina con precisión qué aspectos concretos de nuestro conocimiento son claramente innatos y cuáles son adquiridos, un proceso todavía incompleto pero que ocupa gran parte de los esfuerzos de muchos lingüistas modernos.

Muchos de los argumentos usados a favor de la hipótesis innatista son también objeto de controversia. Algunos expertos en la adquisición del lenguaje sostienen que los datos que demuestran la *pobreza de estímulos* en el corpus lingüístico de los niños no son ni definitivos ni inequívocos. Otros afirman que del hecho de que la facultad del lenguaje sea única y *característica de nuestra especie* no se deriva lógicamente que dicha facultad esté bajo el control directo de nuestros genes puesto que nuestro comportamiento es el resultado de la interacción de muchos niveles de especificación genética distintos, con objetivos distintos, no de un conjunto de genes individuales y específicos. Decir simplemente que el lenguaje es el resultado de nuestra herencia genética es una afirmación con escaso contenido dada la complejidad de interacciones que la biología impone para expresar esa herencia. De hecho, la existencia de trastornos específicos del lenguaje, que serviría de apoyo a la idea de que existe una especificación genética exclusiva para el lenguaje, ha sido discutida alegando que los estudios sobre dichos trastornos son incompletos, prematuros y, en cierta medida falsificados por la urgente necesidad de apoyar las ideas innatistas. Se ha argumentado que deficiencias en la producción del lenguaje idénticas a las que presentan las familias con trastornos hereditarios se pueden inducir en hablantes que se ven obligados a procesar oraciones en situaciones de presión o estrés. También se ha argumentado que dichos trastornos se pueden explicar como una deficiencia general en el procesamiento rápido de información secuencial, el tipo de información proporcionada precisamente por el habla.

De la misma manera se ha criticado la idea de que la *localización* del lenguaje en áreas específicas del cerebro sea un argumento en apoyo de la hipótesis innatista. Es cierto que los métodos modernos de análisis de la actividad cerebral corroboran que existe una mayor actividad en el hemisferio izquierdo mientras se llevan a cabo tareas puramente lingüísticas, pero los investigadores no están de acuerdo sobre las regiones específicas que son responsables, respectivamente, del procesamiento fonológico, morfológico, sintáctico o semántico. Se ha demostrado también que existen áreas específicas del córtex que muestran de manera consistente una mayor actividad mientras realizamos tareas que no están relacionadas con ningún tipo de conocimiento innato, tal como jugar al ajedrez, y que son resultado de una especialización cerebral que se deriva de la repetición de la experiencia y del entrenamiento continuo y no de especificaciones genéticas.

Por último, una de las propuestas chomskyanas más discutidas es la que afirma que el lenguaje es un *módulo independiente* de nuestro sistema cognitivo, asociado a un *mecanismo específico de aprendizaje*. Este mecanismo específico impone una serie de restricciones y de limitaciones iniciales sobre la forma posible de las gramáticas de las lenguas naturales, sobre lo que constituye un lenguaje humano o no. Hemos visto que existen argumentos para apoyar la idea de que no aprendemos el lenguaje mediante el mero uso de analogías o de que el lenguaje no está necesariamente relacionado con la inteligencia u otros aspectos generales de nuestra cognición. Pero nos faltan datos concretos y definitivos sobre cómo funciona dicho mecanismo específico de aprendizaje y en qué difiere de otros mecanismos generales de adquisición de conocimiento.

Los avances recientes en teoría de computación y la creciente facilidad con la que los ordenadores pueden modelar y simular comportamientos humanos han permitido el desarrollo de nuevas teorías que intentan diseñar mecanismos generales de aprendizaje que tengan como resultado limitaciones similares a las impuestas por las gramáticas. Estas teorías, que reciben el nombre de modelos conexionistas, intentan proveer una caracterización independiente de los mecanismos generales de adquisición del conocimiento mediante modelos que se puedan comprobar empíricamente. Aunque los resultados de dichos modelos son por el momento parciales, sin duda nos brindarán, al igual que el resto de las críticas a las propuestas chomskyanas, nuevas oportunidades de discutir, criticar y evaluar nuestras teorías sobre el lenguaje humano.

## 4    Conclusiones

Como afirmábamos al principio del capítulo, el estudio del lenguaje es un reto intelectual y una actividad fascinante en sí misma, el intento de recomponer y de desentrañar el funcionamiento de un rompecabezas enormemente estructurado y complejo, responsable en gran parte de lo que los seres humanos somos como especie en el mundo natural. La lingüística nos puede proporcionar datos y teorías relevantes no solo acerca del lenguaje en sí, sino acerca de cuestiones más generales que han sido objeto de estudio sistemático en diferentes campos filosóficos y científicos. Mediante el estudio del lenguaje podemos empezar a entender cómo funciona la mente humana, cómo adquirimos nuestro conocimiento los seres humanos, si este es el resultado de nuestra herencia genética o de las condiciones de nuestro entorno, cómo se combinan naturaleza y aprendizaje en nuestro desarrollo. Existen numerosas facetas en el estudio del lenguaje que no hemos tenido oportunidad de mencionar aquí, dadas las características de un libro meramente introductorio. Nada se ha dicho de los usos de nuestra teoría en los campos de pedagogía de segundas lenguas, sobre teoría de la traducción, sobre sociolingüística, etnolingüística, antropología o semántica, o sobre planificación y **política lingüística**, sobre la aplicación de los modelos de estudio del lenguaje al estudio de textos literarios, sobre métodos cuantitativos de análisis del habla o sobre los usos y aplicaciones de la teoría de computación y de las matemáticas en nuestro campo de estudio, por poner unos cuantos ejemplos. La lingüística es, por naturaleza, multidisciplinaria, y el número de aplicaciones prácticas de nuestras teorías en diferentes dominios es extenso y variado. El estudio del lenguaje tiene además la ventaja de que, frente a las disciplinas científicas clásicas, sus datos son fácilmente accesibles y requieren un mínimo de equipo experimental. Es posible, por tanto, usar el estudio del lenguaje como un primer paso para familiarizarse con los métodos científicos y desarrollar la habilidad de proponer hipótesis que expliquen los datos, comparar hipótesis, establecer predicciones de las mismas y evaluar distintas teorías.

## 5    Lingüística general y lingüística particular

En este capítulo introductorio hemos discutido los objetivos de la lingüística como disciplina que estudia las propiedades generales de las lenguas humanas. El resto de los capítulos de este libro se centran en el estudio de una lengua en particular, el castellano o español. Los capítulos siguientes no ahondan en las cuestiones suscitadas por la lingüística cognitiva más allá de lo que hemos discutido brevemente en este capítulo, sino que ofrecen un resumen introductorio a las áreas centrales del estudio de la lingüística en español. Pasamos así de la lingüística general (el estudio del lenguaje humano) a la lingüística particular (el estudio de una lengua concreta). En los capítulos que siguen se describen los sonidos del español y las representaciones mentales que los hablantes nativos de nuestra lengua tienen de esos sonidos (*fonética* y *fonología*), los procesos de formación de palabras y su clasificación (*morfología*), la manera en que las palabras se agrupan para formar unidades mayores y una breve clasificación de los tipos de oraciones en español (*sintaxis*), el significado de las palabras, frases y oraciones, así como su uso en el discurso (*semántica* y **pragmática**) y, a continuación de estos capítulos sobre la estructura del idioma, una también breve descripción de la *evolución histórica del español* a partir del latín, así como una pequeña introducción a las diferencias entre las distintas *variedades* del español, incluyendo, en capítulo aparte, el español de los Estados Unidos. Finalmente, el libro incluye también un capítulo sobre la enseñanza del *español como segunda lengua*. Con estos capítulos pretendemos que el estudiante adquiera las herramientas mínimas de análisis necesarias para adentrarse en el fascinante mundo del estudio del lenguaje, independientemente del modelo teórico o de la subdisciplina lingüística de su preferencia y elección.

Un último tema que queremos tocar brevemente antes de terminar esta introducción es el del nombre de la lengua. La lengua en que se describe este libro, y en la que está escrito, tiene dos nombres, **castellano** y español. De estos dos nombres el más antiguo es el de castellano. Este nombre hace referencia a que, como veremos al hablar de la historia de la lengua, esta lengua tiene su origen en la forma de hablar de uno de los territorios en los que estaba dividida la Península Ibérica en la Edad Media, el Reino de Castilla. Con el tiempo, el Reino de Castilla llegó a ser el más poderoso entre todos los reinos peninsulares y su lengua se expandió también por los otros reinos de España, con lo que la lengua castellana empezó a recibir también el nombre de lengua española. Hoy en día se prefiere un nombre en algunas regiones y el otro nombre en otras. Hay países como Perú, Chile y Argentina donde se usa más el nombre *castellano*. En otros lugares, como México y Puerto Rico, se dice más *español*. En España el nombre *castellano* se utiliza sobre todo en regiones **bilingües**, donde además de esta se emplea también otra lengua como el vasco, el **catalán** o el **gallego**.

Conviene notar que el uso en inglés de las palabras *Spanish* y *Castilian* es a menudo muy diferente. En inglés se utiliza muchas veces el término *Castilian Spanish* para referirse a la norma lingüística peninsular, en oposición a *Latin American Spanish*.

En este libro utilizaremos principalmente el término español y hablaremos de español peninsular y español latinoamericano. También utilizaremos términos geográficamente más precisos como español centro-norteño, para referirnos a las variedades del centro y norte de España (más o menos lo que se llama *Castilian Spanish* en inglés), español andaluz, español mexicano, español paraguayo, español andino, etc.

## Ejercicios propuestos

**Ejercicio 1.** Proporcione una lista que contenga cinco reglas prescriptivas y cinco reglas descriptivas sobre su lengua materna. A continuación, escriba una lista similar sobre su segunda lengua.

**Ejercicio 2.** ¿Cuál de las dos oraciones siguientes es más razonable? ¿Por qué?

1. "Hoy he aprendido una palabra nueva"
2. "Hoy he aprendido una oración nueva"

**Ejercicio 3.** Discuta las siguientes afirmaciones, una lista de algunas de las ideas más comunes sobre el funcionamiento del lenguaje. ¿Son ciertas? ¿Falsas? ¿Podría Ud. proporcionar argumentos en su favor o en su contra?

1. Es más fácil aprender francés si tus abuelos eran franceses.
2. Hay lenguas más primitivas que otras.
3. El español de España es más correcto que el de México.
4. Las generaciones anteriores usaban el idioma con más propiedad y corrección que las generaciones actuales.
5. Hay lenguas más difíciles de aprender que otras. El español es más difícil que el inglés, por ejemplo.
6. Muchos animales se comunican de manera similar a los seres humanos.
7. Cuando decimos *No quiero nada*, estamos usando la lengua de manera ilógica, ya que dos negaciones se cancelan. El significado lógico de dicha oración es en realidad *Quiero algo*.
8. Cuanto más a menudo hablemos en nuestro idioma a nuestros hijos, más rápidamente lo aprenderán.
9. La lengua escrita es más correcta que la lengua hablada.

**Ejercicio 4.** Las señales de tráfico son buen ejemplo de un sistema de comunicación que combina signos arbitrarios y no-arbitrarios o motivados. Ponga ejemplos de al menos dos señales de cada tipo y razone su respuesta.

**Ejercicio 5.** Le pedimos que repase tres de las características del lenguaje humano:

(a) Arbitrariedad
(b) Desplazamiento
(c) Productividad

1. ¿Qué ocurriría si nuestras lenguas perdieran cada una de esas características?
2. ¿Qué tipo de lenguas obtendríamos?
3. ¿Cómo se vería afectada la comunicación?
4. ¿Qué tipo de enunciados no podríamos producir?
5. Discuta las preguntas anteriores y ponga ejemplos para cada una de las tres características.

**Ejercicio 6.** ¿Cree Ud. que los niños aprenden el lenguaje por mera *imitación* de sus padres? Apoye su opinión con la mayor cantidad posible de ejemplos.

**Ejercicio 7.** Discuta la relevancia de la diferenciación entre lenguas *pidgin* y *criollas* en nuestra teoría. ¿Qué tipo de evidencia puede proporcionar esta diferencia para corroborar o refutar la idea de que el lenguaje es un instinto?

**Ejercicio 8.** Creemos que la actividad cerebral asociada con el lenguaje reside primariamente en el hemisferio izquierdo del cerebro. Dé al menos tres argumentos diferentes para apoyar esta hipótesis.

**Ejercicio 9.** Suponga que Ud. va a formar parte de un experimento en el que se enseñará a un chimpancé a usar un lenguaje de signos humanos. Describa y dé ejemplos de las producciones lingüísticas mínimas que Ud. consideraría prueba de que el experimento ha tenido éxito. Razone su respuesta.

**Ejercicio 10.** Considere las siguientes teorías sobre el aprendizaje de la lengua materna:

1. Aprendemos mediante un mecanismo de analogía que es parte de la inteligencia general no lingüística, una de las estrategias que la inteligencia general usa para aprender.
2. Aprendemos por imitación: imitamos el lenguaje de nuestros padres y/o de las personas que nos cuidan o educan.
3. Aprendemos tal como explican las teorías conductistas, puesto que el lenguaje es un conjunto de respuestas a un conjunto de estímulos.
4. Gramática universal: nacemos con un conocimiento básico de la lengua, programado en nuestros genes.

Proporcione ejemplos a favor y en contra para cada una de las teorías descritas anteriormente.

**Ejercicio 11.** Haga una lista con las premisas básicas del modelo chomskyano y proporcione una lista paralela de críticas posibles a cada uno de los elementos de dicha lista.

**Nota**: algunos de los ejercicios de este capítulo han sido inspirados por los que el lector puede encontrar en un excelente manual de introducción al lenguaje y a la lingüística escrito en inglés: Bergman, Currie Hall y Ross, *Language Files* (Columbus: Ohio State University Press, 2007).

## Resumen

La lingüística es la disciplina que estudia el lenguaje humano. Además de estudiar el lenguaje en sí mismo, o de estudiar sus aspectos sociales o históricos, o la relación entre las unidades que lo forman y las categorías de la lógica, podemos también estudiar el lenguaje porque el lenguaje constituye una ventana que nos permite describir la estructura de la mente humana. En este capítulo prestamos atención específica a esta manera de enfocar el objeto de estudio de la lingüística. El estudio del lenguaje es también un área privilegiada que nos ayuda a discernir qué parte de nuestro conocimiento es innato o biológico y qué parte del mismo es el resultado de la experiencia o la cultura.

El lenguaje humano presenta un número de características específicas, arbitrariedad, **desplazamiento**, articulación dual, **productividad**, **prevaricación**, reflexividad, uso de unidades discretas y creatividad, que lo definen y lo diferencian de los sistemas de comunicación animal. El lenguaje, caracterizado mediante estos rasgos, es único en el mundo animal y característico de nuestra especie.

## Resumen (*cont.*)

Los niños son capaces de adquirir su lengua materna en un período muy corto de tiempo y tomando como base un conjunto de datos muy reducido. La adquisición de una lengua está determinada por una facultad lingüística innata en nuestro cerebro, que nos dota de la habilidad para entender y producir oraciones en la lengua a partir de los datos derivados de nuestra experiencia. La adquisición del lenguaje presenta las mismas características que los comportamientos animales condicionados biológicamente: se desarrolla en etapas secuenciales claramente diferenciadas y está sujeta a un "período crítico" a partir del cual su adquisición es mucho más difícil.

Hay áreas específicas del cerebro humano que parecen estar especializadas en el procesamiento y la producción de lenguaje. El hecho de que lesiones en áreas definidas del cerebro o defectos genéticos concretos tengan como consecuencia trastornos específicos del lenguaje nos permite postular que la facultad del lenguaje en los seres humanos es un módulo cognitivo independiente.

No todos los lingüistas modernos comparten esta visión del lenguaje. El modelo mentalista que describimos en este capítulo ha sido criticado, entre otros motivos, por reducir su objeto de estudio al conocimiento tácito que tiene el hablante nativo sobre su propia lengua, por la metodología usada para acceder a los datos relevantes sobre el conocimiento del lenguaje, y por su falta de precisión al definir qué aspectos concretos de nuestro conocimiento lingüístico son claramente innatos y cuáles son adquiridos.

## Nota bibliográfica

Los textos más asequibles de introducción general a la lingüística escritos en inglés son Pinker (1994) y Jannedy, Poletto y Weldon (1991). En español son muy útiles los libros de Alonso-Cortés (1993) y Moreno Cabrera (1991). Este ultimo contiene una descripción detallada de las características del lenguaje humano. Una excelente introducción a la teoría gramatical, y a la relevancia de la teoría chomskyana, es la de Newmeyer (1983). Bickerton (1995) sigue siendo el texto de referencia original para discutir la importancia de la distinción entre las lenguas pidgins y las lenguas criollas. Belinchón, Riviere e Igoa (1992) ofrece una sólida presentación de los conceptos relacionados con la psicolingüística que se discuten en el capítulo, especialmente en lo que se refiere a los diversos tipos de trastornos del lenguaje. En cuanto a la hipótesis del período crítico y los mecanismos generales de adquisición del lenguaje antes y después de la pubertad, el lector interesado encontrará una lúcida exposición en Strozer (1994). Por ultimo, Jeffrey et al. (1998) resume en sus capítulos iniciales las principales críticas al modelo chomskyano.

# 2 Los sonidos de la lengua: fonética y fonología

## Objetivos

En este capítulo estudiaremos la estructura fónica del español. Los principales temas que veremos son:

- Cómo se describen y clasifican los sonidos del habla.
- Cuáles son los sonidos contrastivos o fonemas de la lengua española.
- La variación en la realización de los fonemas según el contexto.
- Las principales diferencias de pronunciación entre las variedades geográficas del español.
- La estructura de la sílaba en español.
- Las reglas de acentuación del español.
- La estructura entonativa de los enunciados más básicos.

## 1 Algunos conceptos

### 1.1 Concepto de fonema

Una característica importante de las lenguas humanas es que, mientras que nos permiten expresar un número ilimitado de enunciados con significados diferentes, todas las palabras, todos los enunciados posibles en la lengua, se pueden descomponer en un número relativamente pequeño de unidades de sonido contrastivas que, de por sí, carecen de significado. Así en la palabra *pan* por ejemplo podemos distinguir tres sonidos /p/, /a/ y /n/ y en la palabra *guerra*, cuatro /g/, /e/, /r̄/ y /a/ (usamos el símbolo /r̄/ para representar el sonido de la "*r* fuerte", escrita -*rr*- en *guerra* y *r*- en *roca*, para mayor claridad, añadiendo una barra al símbolo usado para este sonido en el Alfabeto Fonético Internacional. Notemos también que el grupo ortográfico *gu*- representa un solo sonido /g/ en la palabra *guerra*). Como hemos dicho, aunque el léxico de una lengua y el número de enunciados expresables con este léxico son en principio ilimitados, cada lengua tiene solo un número reducido de sonidos contrastivos. En español, solo tenemos cinco sonidos vocálicos contrastivos y menos de veinte sonidos consonánticos (su número exacto depende del dialecto).

Los mismos sonidos se combinan para formar unidades léxicas diferentes. Así, reemplazando la primera consonante de /gér̄a/ por la primera de /pán/ obtenemos

/péřa/; si reemplazamos la primera vocal por /a/ tenemos /gářa/, etc. (Notemos que indicamos siempre la sílaba acentuada en nuestras transcripciones, incluso en monosílabos; veremos por qué). Vemos que por sí mismos los sonidos que combinamos no tienen ningún significado. No tiene sentido preguntar qué significa la /p/ en /pán/ o en /péřa/. Es decir, la combinación de un número reducido de unidades fónicas sin significado propio da como resultado un número ilimitado de unidades léxicas con significado.

Utilizamos el término **fonema** para referirnos a un sonido contrastivo en una lengua determinada. Así diremos que en /pan/ tenemos tres fonemas /p/, /a/ y /n/. Estamos utilizando aquí la palabra "sonido" en un sentido algo abstracto, como categoría, pues en la realización concreta de los sonidos del habla hay siempre variación.

Como hemos visto en los ejemplos que acabamos de dar, aunque de por sí un fonema no tiene significado alguno, al reemplazar un fonema por otro en una palabra podemos obtener una palabra diferente. Dos palabras que solo se diferencian en un sonido (y tienen significados diferentes) forman un **par mínimo**. Por ejemplo, *pan* y *van* o *guerra* y *perra* son pares mínimos. El encontrar pares mínimos es útil para determinar qué sonidos corresponden a fonemas diferentes en una lengua. Por ejemplo, pares mínimos como *peso/beso*, *pan/van* y muchos otros establecen que en español /p/ y /b/ son fonemas diferentes. También es posible que al reemplazar un fonema por otro obtengamos una palabra no existente, pero que podría existir. Por ejemplo, si en /gářa/ reemplazamos la /ř/ por /p/ obtenemos /gépa/, que no es una palabra en español, aunque podría serlo (si existiera, se escribiría *guepa*).

La convención es escribir los fonemas entre barras oblicuas / /, para dejar claro que no nos estamos refiriendo a cómo se escriben las palabras, sino a los sonidos contrastivos o fonemas.

Cuando un lingüista empieza a estudiar una lengua desconocida, una de sus primeras tareas es determinar cuáles son los fonemas, los sonidos contrastivos de esa lengua. Todas las lenguas humanas que se han estudiado hasta ahora han resultado ser reducibles a escritura fonémica utilizando un número reducido de signos.

La ortografía tradicional de las lenguas que utilizan un alfabeto como el latino se basa en general en el principio fonémico de utilizar una letra para cada sonido contrastivo, aunque por motivos históricos de todo tipo las ortografías convencionales suelen apartarse de este principio en mayor o en menor medida. En inglés la distancia entre la ortografía convencional y lo que sería una escritura fonémica es bastante grande. En español la distancia es menor y la ortografía convencional es en gran medida fonémica. De todas formas, la correspondencia entre fonema y grafía no es perfecta en español tampoco. Así la *u* que escribimos en *guerra* no tiene el sonido de la *u* de *puerta*. En realidad la *u* de *guerra* no representa ningún sonido. Está solo para indicar cómo ha de pronunciarse la consonante inicial. La letra *h* que se escribe en palabras como *hormiga* o *haba* tampoco representa ningún sonido. Fonémicamente escribiríamos /ormíga/ y

/ába/ (como hemos dicho ya, indicamos con un acento la vocal de la sílaba que pronunciamos como acentuada en cada palabra). Por otra parte, *jesuita* y *general* comienzan con el mismo sonido consonántico, aunque en una palabra escribamos *j* y en la otra *g*. Este es también el mismo sonido que escribimos con *x* en *México*. En representación fonémica utilizaremos el símbolo /x/ para este sonido en todas las palabras que lo contienen: /xesuíta/, /xeneɾál/, /méxiko/. El sonido que escribimos con *rr* en *guerra* no es distinto del que representamos con una sola *r* en *roca*. Las dos son una "r fuerte" y utilizaremos /r̄/ en ambos casos: /gér̄a/, / r̄óka/. Por motivos etimológicos escribimos *conversar* con *-nv-* y *combatir* con *-mb-*, y, sin embargo, ambas secuencias se pronuncian de la misma manera. Por estos y otros motivos, al estudiar los fonemas de la lengua es útil tener un sistema de transcripción diferente de la ortografía corriente. Sería bastante sencillo adaptar la ortografía convencional del español para que fuera totalmente fonémica, incluso sin usar ningún símbolo especial /i kon ún sistéma berdadéraménte fonémiko no abría fáltas de ortografía, porke los ablántes sabrían kómo eskribír tódas las palábras/. Las dificultades ortográficas del español resultan de la existencia de dos o más formas diferentes de representar un fonema o secuencia de fonemas. Como hemos dicho, la distancia entre la ortografía convencional y la representación fonémica es mucho mayor en una lengua como el inglés.

Un problema para la posible adopción de una ortografía completamente fonémica en español es que, como hemos mencionado antes, hay algunas diferencias entre los dialectos del español en cuanto al número de fonemas consonánticos. Para la mayoría de los hablantes de España, la diferencia ortográfica entre *abrasa* y *abraza* o *siento* y *ciento* representa una auténtica diferencia de pronunciación: estos pares de palabras difieren en un fonema en este dialecto del español. Mientras que *abrasa* y *siento* tienen /s/, *abraza* y *ciento* tienen un sonido **interdental** similar al del inglés *think* y que representaremos como /θ/. En el español latinoamericano, por el contrario, no hay ninguna diferencia de pronunciación entre estos pares de palabras. En una ortografía completamente fonémica para el español latinoamericano escribiríamos *abrása* tanto para *abrasa* como para *abraza*, dado que estas dos palabras se pronuncian exactamente igual en estos dialectos. Pero esta ortografía no valdría para el español peninsular. En transcripción fonémica la palabra *abraza* la representaremos como /abráθa/ cuando hagamos referencia al español peninsular y como /abrása/ al referirnos al español latinoamericano (y de Canarias y parte del sur de España).

Para algunos hablantes de español siempre está claro cuándo se escribe *ll* y cuándo se escribe *y*, porque estas dos letras corresponden a dos fonemas diferentes en su sistema fonológico. Las zonas geográficas donde esta distinción se mantiene son, sin embargo, cada vez menos. Esta es una distinción que se está perdiendo. Hoy en día, para la mayoría de los hablantes nativos de español palabras como *cayó* y *calló* se pronuncian exactamente igual; es decir, las dos representaciones ortográficas corresponden a una única realidad fonémica.

Aunque, como acabamos de decir, podríamos modificar la ortografía del español para que reflejara mejor los fonemas de la lengua, en este libro vamos a utilizar, con pequeñas modificaciones, el Alfabeto Fonético Internacional (o AFI; sus siglas en inglés son IPA), que tiene algunos símbolos especiales. La ventaja de utilizar este alfabeto es que es el que emplean la mayoría de los lingüistas. Una vez que nos familiaricemos con sus símbolos, podremos interpretar también transcripciones de otras lenguas escritas en este alfabeto. En la tabla que damos a continuación podemos ver la correspondencia entre los fonemas del español, representados por medio de los símbolos del AFI, y las letras que se utilizan para representarlos en la ortografía convencional.

Nos desviamos de las convenciones del AFI solo en un par de puntos. Para representar la "r fuerte" de *parra* o *rato* el símbolo del AFI es /r/. En este libro le añadimos una barra encima, / r̄/, para evitar su posible confusión con la "r suave" de *para*. Para la "r suave" en el AFI se utiliza un símbolo especial, /ɾ/ y nosotros utilizaremos también este símbolo.

La otra desviación que introducimos con respecto a las convenciones del AFI es que marcamos la posición del acento con el mismo diacrítico que utilizamos en la ortografía del español, un acento agudo sobre la vocal (aunque lo escribimos en todas las sílabas que se pronuncian con acento, no solo en las que lo llevan en la ortografía normal). En el AFI la sílaba acentuada se marca con una rayita vertical inmediatamente antes de la sílaba acentuada. Así, en nuestras representaciones escribiremos *perro* como /pér̄o/. En una aplicación estricta del AFI esta palabra se representaría como /'pero/.

En la tabla 2.1 se muestran los fonemas del español con sus representaciones ortográficas.

> **Ejercicio 1.** Escriba las siguientes frases en transcripción fonémica (siendo consistente en cuanto al dialecto). No se preocupe mucho por los acentos. Ejemplo:
>
> Miguel es hijo de aquel ingeniero mexicano.
> /miɣél és íxo de akél inxeniéɾo mexikáno/
>
> Los peces nadaban en la piscina. Jorge cultivaba geranios en el balcón. Los valientes guerreros llegaron cansados. No es cierto que en Mallorca nunca haya llovido en mayo. Los ágiles gatos hallaron un ratón en el hoyo debajo del peral. Comimos queso de cabra y de oveja en aquellos hayedos. Gonzalo conducía un vehículo acorazado cuando estaba en el ejército.

## 1.2 Alófonos

Consideremos, por ejemplo, la palabra *dedo* pronunciada sola. La ortografía convencional de esta palabra es perfectamente fonémica. Su representación

Tabla 2.1 *Fonemas del español y correspondencia ortográfica (español latinoamericano general)*

| fonemas | letras | ejemplo |
|---------|--------|---------|
| /a/ | *a* | *pasa* /pása/ |
| /e/ | *e* | *pesa* /pésa/ |
| /i/ | *i, y* | *pisa* /písa/ *pan y vino* /pán i bíno/ |
| /o/ | *o* | *sopa* /sópa/ |
| /u/ | *u* | *duna* /dúna/ |
| /p/ | *p* | *pino* /píno/ |
| /b/ | *b, v* | *boca* /bóka/, *vaca* /báka/ |
| /t/ | *t* | *tos* /tós/ |
| /d/ | *d* | *dos* /dós/ |
| /k/ | *c, qu, k* | *casa* /kása/, *queso* /késo/, *kilo* /kílo/ |
| /g/ | *g, gu(e, i)* | *gato* /gáto/, *guiño* /gíɲo/ |
| /tʃ/ | *ch* | *chapa* /tʃápa/ |
| /j/ | *y, ll* | *yeso* /jéso/, *llano* /jáno/* |
| /f/ | *f* | *foca* /fóka/ |
| /s/ | *s, c(e, i), z* | *saco* /sáko/, *cena* /séna/, *escena* /eséna/, *azul* /asúl/* |
| /x/ | *j, g(e, i), x* | *jota* /xóta/, *gente* /xénte/, *mexicano* /mexikáno/ |
| /m/ | *m* | *mapa* /mápa/ |
| /n/ | *n* | *nota* /nóta/ |
| /ɲ/ | *ñ* | *año* /áɲo/ |
| /l/ | *l* | *palo* /pálo/ |
| /ɾ/ | *r* | *aro* /áɾo/ |
| /r̄/ | *rr, r* | *parra* /pár̄a/, *honra* /ónr̄a/, *rato* /r̄áto/ |

La letra *h* no representa ningún fonema.
La letra *x* normalmente representa el grupo /ks/ en palabras como *taxi*.

**\*Contrastes fonémicos que solo existen en algunos dialectos**
Norte y centro de España:

| | | |
|---|---|---|
| /s/ | *s* | *saco* /sáko/ |
| /θ/ | *z, c(e, i)* | *zapato* /θapáto/, *escena* /esθéna/ |

Algunas zonas de España, partes de la región andina y Paraguay:

| | | |
|---|---|---|
| /j/ | *y* | *vaya* /bája/ |
| /ʎ/ | *ll* | *valla* /báʎa/ |

fonémica sería /dédo/. Pero sí nos fijamos un poco en cómo pronunciamos esta palabra aisladamente, sin ningún contexto, notaremos que las dos *d*-s no se pronuncian igual. Al pronunciar la primera *d* apoyamos la punta o ápice de la lengua contra los dientes superiores impidiendo totalmente el paso del aire en ese punto. Es lo que llamamos una consonante **oclusiva**. Por el contrario, al pronunciar la segunda *d*, el ápice solo se aproxima hacia los dientes superiores, sin tener contacto completo. Su articulación es la de una **aproximante**. Las dos articulaciones son, pues, diferentes. Sin embargo, está claro que, a pesar de la diferencia, las dos *d*-s son percibidas como el mismo sonido por los hablantes nativos. Los hispanohablantes no son conscientes de pronunciar las dos *d*-s de manera diferente. Utilizamos el término **alófono**, para referirnos a los sonidos concretos que constituyen variantes de un único fonema, mientras que un fonema es, pues, un "sonido" en un sentido más abstracto, que incluye variantes concretas percibidas como equivalentes o no contrastivas. Diremos, pues, que en español el fonema /d/ tiene un alófono oclusivo [d] y un alófono aproximante [ð]. Notemos que los alófonos los indicamos entre corchetes [. . .]. Al estudiar la estructura fónica de una lengua tenemos que tener presentes tanto los fonemas como los alófonos principales de cada fonema. En nuestro ejemplo, lo que en términos de sonidos contrastivos transcribimos como /dédo/ suele pronunciarse [déðo] cuando pronunciamos la palabra aislada. La representación entre líneas inclinadas /dédo/ es la transcripción fonémica, mientras que la representación entre corchetes [déðo], que incluye detalles alofónicos o no contrastivos, es una transcripción fonética. Un motivo por el que los hispanohablantes no son conscientes de la existencia de dos sonidos [d] y [ð] es que los dos sonidos alternan en pronunciaciones de la misma palabra en contextos diferentes. Así, la primera /d/ de /dédo/ también se pronuncia como aproximante en una frase como *a dedo* [aðéðo], donde las dos consonantes están entre vocales.

Comparemos ahora las palabras *caso* y *quiso*. En la conciencia de los hispanohablantes, estas dos palabras empiezan por el mismo sonido, que representaremos con el fonema /k/: /káso/, /kíso/. De nuevo, si nos fijamos atentamente en la pronunciación precisa, podemos notar que al articular la consonante /k/ el dorso de la lengua ocupa una posición bastante más avanzada en /kíso/ que en /káso/. Lo mismo ocurre en inglés cuando comparamos la articulación de la primera consonante de *key* y *car*. Podríamos representar el alófono más adelantado, que ocurre ante las vocales /i/ y /e/, como [k̟], reservando el símbolo [k] para el alófono más posterior: [k̟íso], [káso], [kósa]. En algún momento, sin embargo, debemos decidir cuánto detalle incluir en una representación fonética, porque lo cierto es que la pronunciación de todos los sonidos varía más o menos bajo la influencia de otros sonidos cercanos, la rapidez con la que hablamos, el estilo, etc. Una transcripción que incluye un gran número de detalles de pronunciación se denomina **transcripción fonética estrecha**, mientras que en una **transcripción fonética amplia** solo se incluyen los detalles no contrastivos de la pronunciación que se consideran más importantes o relevantes. En general nuestras transcripciones serán bastante amplias y solo incluiremos los detalles alofónicos principales (por ejemplo, no representaremos los alófonos de /k/ que acabamos de discutir).

Generalmente los hablantes de una lengua son conscientes de las diferencias entre sonidos que son contrastivas (diferencias entre fonemas), pero no de las

Tabla 2.2 *Ejemplo de diferencias en contrastes fonémicos en español y en inglés*

|  | Español | | Inglés | |
|---|---|---|---|---|
| Fonemas: | /d/   /ɾ/ | | /d/   /ð/ | |
|  | / \    \| | | / \    \| | |
| Alófonos: | [d] [ð]   [ɾ] | | [d] [ɾ]   [ð] | |
| Ejemplos: | *cada* /káda/ [káða]<br>*anda* /ánda/ [ánda]<br>*aro* /áɾo/ [áɾo] | | *dough*, *doe* /do/ [dou̯]<br>*though* /ðo/ [ðou̯]<br>*lady* /ledi/ [leɾi] | |

diferencias de pronunciación que son meramente alofónicas. Cualquier hispano-hablante sabe que *palo* y *paro* tienen consonantes intervocálicas diferentes, porque es precisamente esta diferencia la que nos permite distinguir una palabra de otra. En otras lenguas, sin embargo, esta misma diferencia puede no ser contrastiva (en japonés o coreano, por ejemplo). Por el contrario, el hecho de que la consonante inicial de *casa* tiene una articulación diferente a la de *quiso* o que las dos *d*-s de *un dedo* son distintas es algo de lo que el lector de estas líneas puede no haberse percatado antes. Tendemos a oír solo aquellas diferencias entre sonidos que son relevantes para distinguir una palabra de otra en nuestra lengua. Por supuesto, diferencias que son alofónicas en una lengua pueden ser fonémicas en otra. Por ejemplo, en inglés las palabras *dough* y *though* tienen sonidos consonánticos que son bastante parecidos, respectivamente, a la primera y segunda *d* de *un dedo*. En inglés esta diferencia es contrastiva, fonémica, mientras que en español se trata de dos variantes o alófonos de un único fonema. En español tenemos un solo fonema /d/ con dos alófonos [d] y [ð], mientras que en inglés /d/ y /ð/ son fonemas distintos. Por otra parte, el fonema /d/ en inglés en palabras como *lady*, *pedal*, *Adam*, tiene un alófono que es muy parecido a la consonante [ɾ] del español *aro*, *muro* que, en español, es un fonema independiente (véase la tabla 2.2).

Consideremos ahora un caso algo diferente. En muchas regiones de habla española como Andalucía, Canarias, Cuba, Puerto Rico, Chile o Argentina, la *s* se pronuncia frecuentemente como una aspirada [h] ante otra consonante o en final de palabra. Por ejemplo, *esto* puede pronunciarse [éhto]. Este fenómeno se conoce como **aspiración** de la *s*. Muchas veces el mismo hablante puede pronunciar [ésto] o [éhto] según las circunstancias. En algunos de estos países hay una diferencia estilística entre las dos pronunciaciones: la pronunciación [s] aparece más frecuentemente en los contextos más formales y [h] se usa más en contextos informales o familiares. En estos casos, los hablantes son generalmente conscientes de que existen dos (o más) pronunciaciones, [ésto] y [éhto], ponga-mos por caso. Sin embargo, esta no es una diferencia que sirva para distinguir una palabra de otra. Tanto [éhto] como [ésto] son dos maneras que el hablante tiene para realizar la palabra *esto* /ésto/ según el grado de formalidad. En casos como este hablamos también de alófonos de un mismo fonema. Diremos que en dialectos con aspiración el fonema /s/, además del alófono [s], tiene un alófono [h] que puede ocurrir ante consonante o al final de palabra.

Una diferencia interesante entre el español y el inglés en cuanto al sistema de sonidos es la siguiente. En inglés palabras como *thin* y *thing* contrastan en su sonido final, que podemos transcribir como [n] y [ŋ] respectivamente. Claramente se trata de dos fonemas diferentes en inglés, puesto que la sustitución del uno por el otro da como resultado una palabra diferente. Tenemos, pues, dos fonemas distintos en inglés, /n/ y /ŋ/. En español la situación es muy diferente en este respecto. Lo que encontramos es que una palabra como *pan* se pronuncia [pán] en el español de Ciudad de México o de Burgos, pero [páŋ] en el español de Cuba, de Asturias o de Lima. En algunos dialectos los hablantes usan ambas pronunciaciones en **variación libre** (concepto que discutiremos en la sección siguiente, 1.3). Al contrario que en inglés, la diferencia entre [n] y [ŋ] en posición final en español es puramente alofónica. Al final de palabra, tenemos un alófono o el otro según el dialecto, pero sin contraste posible entre los dos sonidos en ningún dialecto del español.

> **Ejercicio 2.** Fíjese en la pronunciación de las letras subrayadas en las palabras siguientes (la *n*) ¿Se pronuncia la *n* igual en todas estas palabras? ¿Cuánto alófonos puede distinguir?
>
> cantar tango enviar énfasis ángel

## 1.3   Variación libre y distribución complementaria

Decimos que dos o más alófonos de un fonema se hallan en **distribución complementaria** cuando ocurren en contextos totalmente diferentes. Es decir, en los contextos en que ocurre el alófono A no ocurre el alófono B y viceversa. Así, por ejemplo, como hemos visto, hay dialectos del español en que [ŋ] y [n] están en distribución complementaria: [ŋ] ocurre al final de palabra, como en *pan* [páŋ], y [n] aparece al principio de palabra como en *nota* [nóta] y entre vocales, como en *panes* [pánes].

Hemos visto también que en español el fonema /d/ tiene un alófono oclusivo [d] que ocurre al principio de enunciado y tras nasal (como en *un día*) (también tras /l/, como en *el día*) y otro alófono aproximante que ocurre entre vocales y otros contextos (como en *cada día*). En la medida en que estos alófonos ocurren en contextos totalmente diferentes tenemos una distribución complementaria.

Para dar otro ejemplo, [k̟], el alófono más avanzado o palatalizado de /k/, ocurre solo ante vocal anterior, [i], [e], como en *quinto* [k̟ín̪to], *queso* [k̟éso] (y ante **semivocal** palatal [i̯], como en *quiero* [k̟i̯éɾo] – este término se explica después) y está en distribución complementaria con el alófono no palatalizado [k] que se encuentra en el resto de los contextos, como en *casa*, *cosa* o *cupo*.

Hay otras situaciones en que dos (o más) alófonos pueden ocurrir en el mismo contexto fónico. Por ejemplo, hay hablantes que unas veces pronuncian *esto* [éhto] y otras veces pronuncian [ésto]. Decimos que para estos hablantes [h] y [s] son alófonos que están en variación libre en este contexto (ante consonante). En inglés americano, para la mayoría de los hablantes la *tt* ortográfica de una palabra como *better* puede pronunciarse como [t] solo en contextos muy formales o enfáticos. Es más común emplear un alófono [ɾ] muy parecido a la *-r-* del español (como en *pera*), que hemos mencionado ya como alófono también de /d/ en inglés. El fenómeno se denomina "*flapping*" o "*tapping*" en inglés. Estos son dos alófonos que se encuentran en variación libre en este contexto específico, pues es posible pronunciar esta palabra (y todas las demás palabras con la misma estructura) con un sonido o el otro sin que esto altere el significado.

Como vemos por los dos ejemplos dados ("aspiración" de /s/ en español y "*flapping*" de /t/ en inglés), la llamada variación libre no suele ser realmente libre en sentido estricto, dado que el uso de una pronunciación o de la otra tiene connotaciones estilísticas. Por eso es más apropiado hablar de **variación estilística** en casos como estos.

En otros casos, sin embargo, la variación sí parece ser realmente libre, sin que el uso de un alófono o el otro conlleve ningún matiz estilístico. Así hay hablantes de español chileno que unas veces pronuncian el fonema que escribimos *ch* en español como *sh* en el inglés *sheep* (notaremos este sonido [ʃ]) y otras veces como *ch* en el inglés *cheap* (que escribiremos [ʧ]). De tal forma que para estos hablantes una palabra como *chileno* puede pronunciarse [ʃiléno] o [ʧiléno], sin que haya, al parecer, ningún valor estilístico asociado con ninguna de las dos pronunciaciones. Para dar un ejemplo del inglés, en esta lengua la /t/ final de palabras como *cat*, *bet*, puede pronunciarse con explosión (aspirada) o sin ella, sin que haya tampoco ninguna diferencia estilística.

## 2    Clasificación de los sonidos

Al clasificar los sonidos del habla, la distinción básica que debemos hacer es entre sonidos consonánticos o *consonantes* y sonidos vocálicos o *vocales*. En la articulación de las consonantes se produce una obstrucción o impedimento al paso libre del aire procedente de los pulmones. En la producción de las vocales, por el contrario, el aire pasa por la cavidad bucal sin obstáculo.

En el estudio y clasificación de vocales y consonantes utilizamos parámetros diferentes. Estudiaremos, pues, estas dos clases principales de sonidos separadamente.

## 2.1  Parámetros para la clasificación de los sonidos consonánticos

Los sonidos consonánticos se clasifican según tres parámetros principales: punto de articulación, modo de articulación y actividad de las **cuerdas vocales**.

### 2.1.1  Punto de articulación

Como decíamos, en la articulación de los sonidos consonánticos el paso del aire de los pulmones se ve totalmente impedido o parcialmente dificultado. Esta obstrucción del paso del aire se produce al acercar un órgano articulatorio a otro. Por ejemplo, al articular el sonido [p] el labio inferior se mueve hacia el superior hasta juntarse con él, cerrando totalmente el paso del aire por un instante. Al articular el sonido [t], es el ápice o punta de la lengua el que se mueve hasta adherirse a los dientes superiores y la zona inmediatamente posterior a esta, cerrando también el flujo del aire. El órgano articulatorio que movemos es el *articulador activo*, mientras que el que permanece inmóvil o presenta menor movimiento es el *articulador pasivo*. En la articulación del sonido [p] el labio inferior es el articulador activo y el labio superior es el articulador pasivo. Decimos que [p] es una consonante **bilabial** (articulada con los dos labios). Otras consonantes bilabiales (producidas juntando los dos labios) son [b] (como en *bosque* o *vaca*) y [m] (como en *mar*). En el caso de [t], el ápice es el articulador activo y los dientes superiores son el articulador pasivo. [t] es una consonante ápicodental (o, más brevemente, **dental**). También [d] es ápicodental.

> **Ejercicio 3.** Trate de contestar estas preguntas antes de seguir leyendo: ¿Cúales son los articuladores activo y pasivo en la articulación del sonido [f]? ¿Y para producir [k] como en *casa*, qué articuladores entran en contacto?

Al articular el sonido [f] el labio inferior (articulador activo) se acerca y hace contacto con el borde de los dientes superiores (articulador pasivo). [f] es una consonante **labiodental**. También es labiodental la consonante [v] del inglés *very* y del francés *vert* (no así la *v* ortográfica del español *verde*, *vaca*, que es bilabial en la mayoría de los dialectos del español, pronunciándose igual que la *b* ortográfica).

El sonido [k] se articula haciendo contacto con el dorso de la lengua (articulador activo) contra la parte de atrás de la boca, el paladar blando o velo (articulador pasivo). La consonante [k] tiene una articulación dorso-velar (o, en forma abreviada, **velar**). Las consonantes [x] como en *jaula* y [g] como en *goma* también son (dorso)velares. Como ya hemos mencionado, las velares tienen una articulación algo más adelantada o algo más atrasada según cuál sea la vocal siguiente.

Términos como bilabial, labiodental, ápicodental, dorso-velar, etc. hacen referencia al punto de articulación de la consonante. Este es uno de los tres parámetros básicos que utilizamos en la clasificación de las consonantes.

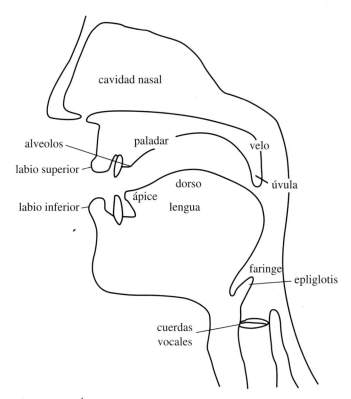

**Figura 2.1** Órganos articulatorios

Si nos fijamos un poco, notaremos que al articular [n] como en *nada* o [l] como en *lado*, el ápice está más retraído que en la articulación de [t]. El ápice no hace contacto con los dientes sino con una pequeña prominencia situada inmediatamente detrás, donde se insertan las raíces de los dientes. Esta es la región alveolar. Por su punto de articulación, [n] y [l] son consonantes ápico-alveolares (o, más brevemente, *alveolares*). Tanto la [ɾ] de *cara* como la [r̄] de *carro* o *rosa* son también ápico-alveolares en la pronunciación más común en español. En inglés la /t/ se articula más atrás que la /t/ española y es también un sonido ápico-alveolar, en vez de ápico-dental. Si queremos comparar la realización fonética de este fonema en las dos lenguas, podemos indicar que la /t/ en español es dental y no alveolar mediante un diacrítico: [t̪]. Volveremos después sobre este tema.

El fonema /s/ en español puede tener dos articulaciones diferentes según el dialecto. En el norte de España, es un sonido ápico-alveolar como la [n] o la [ɾ]. En el sur de España y en prácticamente toda Latinoamérica, sin embargo, el ápice de la lengua se mueve hacia los dientes inferiores y la constricción se produce entre el predorso de la lengua (parte delantera del dorso) y la región alveolar superior. Es un sonido predorso-alveolar. En estudios dialectológicos, se suelen distinguir estas dos articulaciones utilizando símbolos fonéticos como los siguientes: [s̺] = ápico-alveolar (norte de España), [ṣ]= predorso-alveolar (u otros diacríticos que no son parte del AFI). Generalmente en nuestras transcripciones utilizaremos simplemente el símbolo [s], sin distinguir entre estas dos articulaciones.

El sonido [ɲ] de *año* o *ñandú* se produce elevando el dorso de la lengua hacia la parte más alta del paladar. Los sonidos que se articulan en esta región se conocen como dorso-palatales (o **palatales**). Con el mismo punto, dorso-palatal, se articulan también la [j] en la pronunciación más común de la *y* y la *ll* de palabras cómo *mayo, calle*.

Una característica notoria del español de la región de Buenos Aires y Montevideo es que palabras como *mayo* y *calle*, en vez de una consonante dorso-palatal, tienen, para algunos hablantes, un sonido similar al de la *j* del francés *jamais* o el que encontramos en inglés en palabras como *pleasure*, que representamos como [ʒ]. Este sonido se produce adelantando el punto de articulación a una zona entre los alveolos y el paladar. Esta articulación se conoce como predorso-palatoalveolar o prepalatal. Otros hablantes, generalmente más jóvenes, de la misma región, en palabras como estas pronuncian una consonante, también prepalatal, pero que es como la inicial del inglés *sheep* y que representamos con [ʃ]: *mayo* [máʃo]. Este es también el punto donde se articula la consonante [ʧ] en la pronunciación más extendida del fonema que representamos con *ch* en la ortografía española. Utilizaremos el término **prepalatal** para referirnos a este punto de articulación. Otros términos que se utilizan con básicamente el mismo significado son palatoalveolar y postalveolar.

En la tabla 2.3 se resume lo que hemos dicho acerca del punto de articulación de las consonantes.

**Ejercicio 4.** ¿Cuáles de las siguientes palabras empiezan por una consonante (dorso-)velar? *casa, pasa, cerebro, quinientos, geranio, golosina, dinero*

## 2.1.1.1 Algo de fonética acústica

Consideremos cómo tiene lugar la comunicación oral. El movimiento de los articuladores en el habla causa perturbaciones en las partículas del aire transmitidas mediante ondas sonoras que, al llegar al oído del oyente, este oye y si conoce la lengua, interpreta como portadoras de un cierto significado.

Para estudiar los sonidos del habla, además de analizar la actividad de los órganos articulatorios requerida en la producción de cada sonido (**fonética articulatoria**), podemos también investigar la estructura de las ondas sonoras producidas en el habla (**fonética acústica**). Hoy en día existen excelentes programas de ordenador (*software*) que nos ofrecen una imagen visual de las ondas sonoras y permiten iniciarse en el estudio de la fonética acústica a cualquiera que tenga acceso a un ordenador o computadora personal. Aunque en este capítulo nos concentraremos en la fonética articulatoria, en algunos casos los hechos se ilustran también desde el punto de vista de la fonética acústica.

Tabla 2.3 *Puntos de articulación*

|  | punto de articulación | articulador activo | articulador pasivo |
|---|---|---|---|
| [p], [b], [m] | bilabial | labio inferior | labio superior |
| [f] | labiodental | labio inferior | dientes superiores |
| [t], [d] | (ápico-)dental | ápice | dientes superiores |
| [n], [l], [r] | (ápico-)alveolar | ápice | alveolos |
| [s̩] | (predorso-)alveolar | predorso | alveolos |
| [ʃ], [ʧ] | (predorso-)palatoalveolar o prepalatal | predorso | región postalveolar |
| [ɲ] | (dorso-)palatal | dorso | paladar (duro) |
| [k], [g], [x] | (dorso-)velar | dorso | velo (paladar blando) |

En esta sección nos limitamos a proporcionar los conocimientos mínimos para interpretar las figuras que aparecen en el texto.

En la figura 2.2a tenemos una visualización de la onda sonora que un hablante de español ha producido diciendo la frase /dós pátas/. A primera vista podemos ver que los diferentes sonidos del habla producen ondas con características diferentes. Es posible determinar dónde empieza y dónde termina cada sonido.

En esta representación el eje horizontal indica tiempo (medido en segundos (s.) en la parte de abajo de la figura). De aquí podemos medir la duración de cualquier segmento que nos interese. La dimensión vertical representa la amplitud de la onda. Las ondas más amplias corresponden a sonidos más intensos, con más energía acústica. Si hablamos más fuerte, o nos acercamos más al micrófono, la onda aparecerá con mayor amplitud que si hablamos más bajo o nos alejamos del micrófono. Pero, además, podemos ver en la figura 2.2a que no todos los sonidos presentan la misma amplitud relativa. En general, las vocales son los sonidos con mayor energía, como podemos ver en la figura. Por el contrario, correspondiendo a las consonantes /t/ y /p/ observamos secciones donde no hay nada de energía, indicando períodos de silencio, sin emisión de sonido. ¿Puede pensar en una explicación para estos hechos?

En la figura 2.2b tenemos una ampliación de la parte correspondiente a la secuencia /os/ de nuestro ejemplo /dós pátas/. Observemos que la onda de /o/ tiene una estructura que se repite. Decimos que es una onda periódica. En el habla humana las ondas periódicas tienen su origen en la vibración del aire en las cuerdas vocales. Como veremos más adelante, hay también sonidos producidos sin esta vibración. Un ejemplo es /s/ que, como vemos en la figura, tiene una onda aperiódica, no repetida, muy diferente a la de la vocal precedente.

Un aspecto que nos interesa en las ondas periódicas es la frecuencia con que se repiten. La frecuencia se mide en ciclos por segundo. Un ciclo es una vibración completa, hasta el punto en que empieza a repetirse. Así, por ejemplo, si un ciclo se repite completamente 100 veces cada segundo, decimos que la onda tiene una

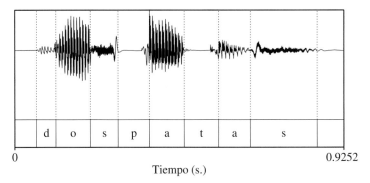

**Figura 2.2a** Onda sonora de /dós pátas/

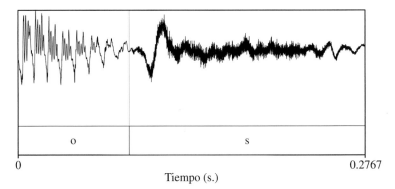

**Figura 2.2b** Onda sonora de /os/. Nótese la diferencia entre la onda periódica durante la vocal y la onda aperiódica que corresponde a la fricativa.

frecuencia de 100 ciclos por segundo. Como sinónimo de la expresión *ciclos por segundo* se suele utilizar el término hertzio, abreviado Hz. Así, si decimos que una onda tiene una frecuencia de 100 Hz es lo mismo que decir que su frecuencia es 100 ciclos por segundo.

Las ondas del habla tienen una estructura compleja. Las ondas periódicas producidas por la vibración en las cuerdas vocales, además de una **frecuencia fundamental** de vibración, tienen componentes o armónicos a frecuencias más altas que son múltiplos de la fundamental. Según la posición de los órganos articulatorios, unos armónicos o grupos de armónicos adquieren mayor o menor intensidad. El análisis de la distribución de energía a distintas frecuencias nos permite identificar los sonidos con mayor precisión. Este estudio podemos llevarlo a cabo mediante el espectrograma, que nos ofrece una representación diferente de la información presente en la onda sonora.

En la figura 2.2c tenemos un espectrograma obtenido a partir de la onda sonora en la figura 2.2a. En el espectrograma, como en la representación de la onda sonora, el eje horizontal indica tiempo. El eje vertical indica aquí frecuencia en

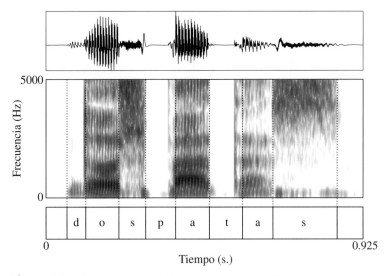

**Figura 2.2c** Espectrograma de la onda sonora en la Figura 2.2a

Hz. La intensidad del sonido viene indicada por la intensidad del color. Un color más oscuro indica más intensidad del sonido a la frecuencia correspondiente.

Observemos primero las vocales. El espectrograma de las vocales se caracteriza por la presencia de franjas oscuras horizontales, conocidas como **formantes**. Cada formante está formado por un grupo de armónicos. La altura de los dos primeros formantes nos sirve para distinguir unas vocales de otras (por ejemplo, el primer formante es más alto en [a] que en las demás vocales). Las estrías verticales observables se producen al abrirse y cerrarse las cuerdas vocales.

Observemos también qué diferentes son las secciones del espectrograma correspondientes a las consonantes /t/ y /p/ y las correspondientes a los dos ejemplos de /s/. Discutiremos sus características al hablar del modo de articulación de estos sonidos.

### 2.1.2  Modo de articulación

En la producción de sonidos como [p], [t], [k], el articulador activo y pasivo se juntan, cerrando totalmente el paso del aire. Si, por ejemplo, pronunciamos la secuencia [apa] lentamente notaremos que hay un momento de silencio en que los labios están completamente cerrados. Tenemos el mismo bloqueo total del paso del aire en [ata] o [aka], aunque el punto donde se produce la oclusión es diferente. Este es el modo de articulación de las consonantes *oclusivas*. Las consonantes oclusivas se llaman también *explosivas* porque después del momento de cerrazón u oclusión se produce una explosión al relajarse la oclusión y salir el aire. Estas consonantes tienen, pues, dos fases: oclusión y explosión.

El modo de articulación de consonantes como [s], [f] o [x] es diferente. En la articulación de estos sonidos el paso del aire no se corta totalmente. Notemos que podemos mantener sonidos como [sssss] o [ffff] por un tiempo, mientras que esto

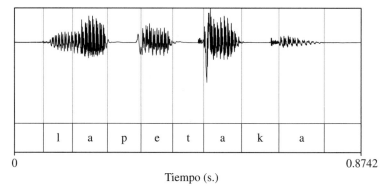

**Figura 2.3a** La onda sonora de la figura es de la frase *la petaca* /lapetáka/. Vemos que la onda está interrumpida por tres momentos de silencio, que corresponden a la fase de oclusión de [p], [t], [k].

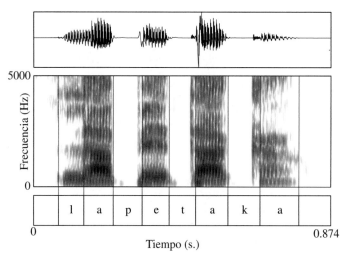

**Figura 2.3b** Este es un espectrograma obtenido a partir de la onda sonora de la Figura 2.3b (reproducida aquí también en la parte superior de la figura). El espectrograma nos permite observar la distribución de la energía a distintas frecuencias (indicadas en Hz en el eje vertical de la izquierda). Podemos observar también aquí, como en la onda sonora de la Figura 2.3a, que a la fase de oclusión de las tres oclusivas sordas del ejemplo corresponden tres momentos de silencio, sin emisión de energía. La barra vertical después de cada oclusión y al comienzo de la vocal es la explosión de la oclusiva.

es imposible en el caso de sonidos como [p] o [t] en los que el sonido se produce solo al abrirse la oclusión. Al pronunciar [s], [f] o [x] el articulador activo se acerca mucho al pasivo dejando un paso muy estrecho al flujo del aire. Esto causa turbulencia al pasar el aire. Los sonidos con este modo de articulación se conocen como consonantes **fricativas**.

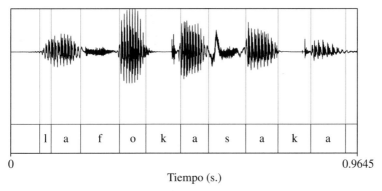

**Figura 2.4a** Onda sonora de la frase *la foca saca* /lafóka sáka/. Puede observarse que las fricativas [f] y [s], al contrario que las dos [k] del ejemplo, presentan energía en toda su duración, debido a que el paso del aire se obstaculiza, pero sin interrumpirse.

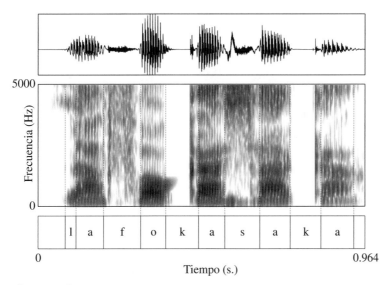

**Figura 2.4b** Este es el espectrograma de la figura 2.4a. Aquí puede verse que el tipo de energía producido por las fricativas es muy diferente del de las vocales. En el caso de la [s], esta energía se concentra en las frecuencias altas del espectrograma. Mientras que en las vocales la onda sonora tiene su fuente de energía en la vibración de las cuerdas vocales, en las fricativas sordas la energía resulta de la turbulencia producida por el estrechamiento del canal que permite el paso del aire que sale de los pulmones. Estos dos mecanismos producen ondas sonoras muy diferentes entre sí.

Hay sonidos que empiezan con oclusión pero tienen una explosión de tipo fricativo. Estos son sonidos del tipo [ts] o [pf] que existen en lenguas como el alemán. Estas consonantes que combinan oclusión con fricción se llaman **africadas**. En español tenemos la africada [ʧ] de *chico*, cuya frase fricativa es [ʃ], que es el símbolo fonético que corresponde al sonido inicial del inglés *ship*. De hecho, en algunos dialectos de la lengua española, como los hablados en Chile, Panamá, Sonora y Chihuahua (en el norte de México), y en partes de Andalucía, la africada [ʧ] tiende a reducirse a la fricativa [ʃ].

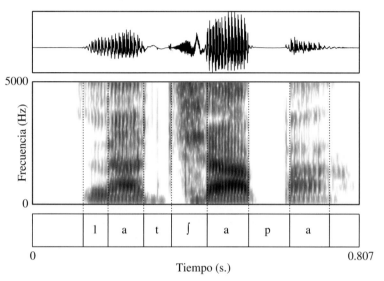

**Figura 2.5** La onda sonora y el espectrograma corresponden al enunciado *la chapa* ¿Puede localizar las fases de oclusión y fricción de la africada [ʧ]?

En español los fonemas /b/, /d/, /g/ tienen dos tipos de alófonos principales según su modo de articulación. Después de pausa, su articulación es oclusiva. Así, palabras como *vaca* /báka/, *boca* /bóka/, *dama* /dáma/ o *gata* /gáta/ se pronuncian [báka], [bóka], [dáma], [gáta] en este contexto. También tenemos una articulación oclusiva en ejemplos como *con damas*, *con botas*, *con vacas*, *con gatas*, donde los sonidos en cuestión siguen a una consonante nasal. Sin embargo, la articulación no suele ser oclusiva cuando estos fonemas van precedidos por vocal, como en *la vaca*, *la boca*, *la dama*, *la gata*. Una característica del español es que en este contexto (y en otros que veremos) no se produce oclusión en la articulación de /b/, /d/, /g/. En este caso los articuladores se aproximan, pero sin llegar a juntarse y sin bloquear el paso del aire. A veces estos sonidos se clasifican como fricativos, pero en realidad el estrechamiento del canal del aire no es suficiente como para producir turbulencia. Por esto es más apropiado utilizar el término consonantes **aproximantes**. Para indicar los alófonos aproximantes de /b/, /d/, /g/, utilizaremos los símbolos [β], [ð], [ɣ] respectivamente. Así transcribiremos [laβáka], [laβóka], [laðáma], [laɣáta] en notación fonética. Hemos notado antes que el sonido que tenemos en [laðáma] es muy parecido al representado por *th* en el inglés *gather*. Los dos sonidos no son, sin embargo, idénticos. El sonido del inglés se pronuncia con bastante más fricción, es una fricativa, mientras que el del español es una aproximante. Utilizaremos el símbolo fonético [ð] en ambos casos, pero en un análisis contrastivo de las dos lenguas podríamos indicar el carácter más abierto del sonido español con un diacrítico subscrito: [ð̞].

Otro modo de articulación es el de las consonantes **nasales**. Observemos que al pronunciar el sonido [m] los labios están completamente cerrados, igual que para [b] o [p]. La diferencia es que el aire pasa libremente por la nariz o cavidad nasal (por eso podemos decir [mmmm] manteniendo los labios cerrados). Esto lo conseguimos bajando el velo para permitir el paso del aire por la cavidad nasal. Los sonidos en cuya producción el aire pasa por la cavidad nasal se llaman nasales. La consonante [m] es una nasal bilabial.

---

Trate de contestar antes de seguir leyendo:

¿Qué otras consonantes tienen un modo de articulación nasal?

---

En una palabra como *nada*, el primer sonido es una nasal (ápico-)alveolar. La consonante de *año* es una nasal (dorso-)palatal. ¿Qué sonido es la última consonante de *pan*? Es una consonante nasal, cuyo punto de articulación depende del dialecto. En dialectos como los del noreste de España o México tenemos una nasal ápico-alveolar: [pán]. En otros dialectos como los hablados en el Caribe, Perú, Andalucía, Asturias y muchos otros sitios, sin embargo, tenemos una nasal con un punto de articulación dorso-velar, como la nasal del inglés *king*. La nasal dorso-velar la representaremos con el símbolo [ŋ] y transcribiremos [páŋ] cuando deseemos reflejar la pronunciación de los dialectos mencionados. Como hemos notado antes, mientras que en inglés la diferencia entre [n] y [ŋ] al final de palabra es lo que opone una palabra como *thin* a otra como *thing* (que forman un par mínimo), los hispanohablantes no suelen ser conscientes de esta diferencia en español. Tanto [pán] como [páŋ] representan pronunciaciones, en dialectos diferentes, de una única palabra /pán/.

En la articulación de [l], la consonante inicial de *lado* o la final de *mal*, el ápice hace contacto con los alveolos impidiendo el paso del aire por la parte central de la boca. Sin embargo, el aire pasa libremente por uno o ambos lados de la lengua. Este modo de articulación en que el paso del aire tiene lugar por los lados se denomina **lateral**. Diremos que [l] es una consonante lateral (ápico-)alveolar.

En áreas del norte y centro de España y en zonas andinas de Sudamérica hay hablantes que tienen una consonante lateral palatal [ʎ] en palabras donde ortográficamente tenemos *ll*. Para estos hablantes, palabras como *calló* y *cayó* o *pollo* y *poyo* (banco de piedra) tienen pronunciaciones diferentes. En la articulación de [ʎ], la parte central de la lengua hace contacto con el paladar duro y el aire pasa por los lados. En estos dialectos hay, pues, dos fonemas laterales, /l/ y /ʎ/. Así, *el*

Tabla 2.4 *Modos de articulación de las consonantes*

Oclusivas (oclusión + explosión): [p], [t], [k], [b], [d], [g]
Fricativas (turbulencia o fricción): [f], [s], [θ], [ʃ], [x]
Africadas (oclusión + fricción): [ʧ]
Aproximantes: [β], [ð], [ɣ]
Nasales: [m], [n], [ɲ], [ŋ]
Laterales: [l]
Vibrantes: [ɾ], [r̄]

*pollo se calló cuando se cayó del poyo* es [elpóʎo sekaʎó ku̯aṇdo sekajó ðelpójo] para estos hablantes y no presenta mayor dificultad de interpretación. En los demás dialectos, la lateral palatal ha desaparecido y se ha confundido con la **obstruyente** palatal no-lateral /j/. Con esto, nuestro ejemplo resulta bastante menos claro sin otro contexto: [elpójo sekajó ku̯aṇdo sekajó ðelpójo].

Por último, en el sonido [ɾ] de *cara* y en el sonido [r̄] de *carro* tenemos un modo de articulación que llamamos **vibrante**. El sonido [ɾ] se produce con un golpe rápido o vibración del ápice contra la región alveolar, mientras que en la [r̄] tenemos varias vibraciones del ápice, generalmente dos o tres. En la mayoría de los dialectos del español, tanto [ɾ] como [r̄] son vibrantes ápico-alveolares. Decimos que [ɾ] es una vibrante simple y [r̄] una vibrante múltiple. Los modos de articulación se resumen en la tabla 2.4.

Algo más de terminología fonológica: para referirnos a laterales y vibrantes como una sola clase, se utiliza el término consonantes **líquidas**. Las nasales y líquidas agrupadas constituyen la clase de las consonantes **resonantes**. Las oclusivas, fricativas y africadas juntas forman la clase de las obstruyentes.

### 2.1.3 Actividad de las cuerdas vocales: sonidos sordos y sonoros

El tercer parámetro principal que utilizamos para clasificar los sonidos consonánticos tiene que ver con la actividad de las cuerdas vocales. Las cuerdas vocales son un par de repliegues musculares y ligamentos simétricos situados a ambos lados de la laringe que pueden juntarse o separarse al paso del aire. Cuando las cuerdas vocales están juntas, al salir el aire de los pulmones, entran en vibración, separándose y cerrándose rápidamente y produciéndose así una onda sonora periódica. Los sonidos producidos con vibración del aire en las cuerdas vocales se llaman sonidos **sonoros** (en inglés, *voiced*). Los producidos con las cuerdas sonoras separadas durante su pronunciación, sin vibración, son sonidos **sordos** (en inglés, *voiceless*). Comparemos, por ejemplo, el sonido de [s] con el sonido de [z], como en inglés *zoo* o *zip*. Si nos llevamos los dedos índice y pulgar a la garganta (donde está la laringe) y alternamos entre [s] y [z]: [ssszzzssszzz], podemos notar la vibración al pronunciar [zzz] y su ausencia al pronunciar [sss]. Podemos realizar el mismo experimento con [f] y [v] o [x] y [ɣ], etc.

Tabla 2.5 *Clasificación de las vocales*

|  | *anterior* | *central* | *posterior* |
|---|---|---|---|
| *alta* | i |  | u |
| *media* | e |  | o |
| *baja* |  | a |  |
|  | no redondeada |  | redondeada |

Los sonidos [p], [t], [k] son consonantes oclusivas sordas. Las consonantes [b], [d], [g] son oclusivas sonoras, producidas con vibración en las cuerdas vocales durante la oclusión; [β], [ð], [ɣ], los alófonos aproximantes de los fonemas /b/, /d/, /g/, son también sonoros.

La consonante [ʧ] es una africada sorda. [f], [θ], [s], [ʃ], [x] son fricativas sordas; [v], [ð] (como en inglés *that*), [z] (como en inglés *zip*), [ʒ] (como en francés *jour* o en inglés *pleasure*) son fricativas sonoras. Las fricativas sonoras combinan energía periódica producida por la vibración del aire al abrirse y cerrarse las cuerdas vocales rápidamente con el ruido aperiódico producido mediante la turbulencia causada por el estrechamiento del canal articulatorio. Las fricativas sordas tienen solo esta segunda fuente de sonido.

Las consonantes resonantes (nasales y líquidas) del español y del inglés son todas sonoras. También son sonoras todas las vocales de estas lenguas.

## 2.2  Parámetros en la clasificación de las vocales

Las vocales se clasifican utilizando tres parámetros. Dos de ellos tienen que ver con la posición de la lengua: su altura y su desplazamiento hacia la parte anterior o posterior de la boca. El tercero se relaciona con la posición de los labios. Teniendo en cuenta la altura del dorso de la lengua podemos tener vocales altas, como /i/, /u/, en que el dorso se eleva con respecto a su posición normal de reposo; vocales medias, como /e/, /o/; y vocales bajas, con descenso del dorso, que en español es únicamente la /a/. Según el desplazamiento hacia delante o hacia el velo, tenemos vocales anteriores /i/, /e/, en cuya articulación se adelanta la lengua, una vocal central /a/, y vocales posteriores, con retracción del dorso, /o/, /u/. Por último, si consideramos la posición de los labios, tenemos dos vocales redondeadas /o/, /u/ y tres no redondeadas, /i/, /e/, /a/. Véase la tabla 2.5.

Así pues, decimos que la /i/ es una vocal alta anterior no redondeada, la /o/ es una vocal media posterior redondeada, etc. Podemos notar que en español, como en muchos otros idiomas, la distinción redondeada/no redondeada resulta redundante: las vocales posteriores son redondeadas y las demás no lo son. Sin embargo, esto no es así en todas las lenguas. Por ejemplo, en francés y en alemán tenemos vocales anteriores redondeadas. La *u* ortográfica del francés *lune* o *plume* se pronuncia colocando la lengua en la posición de la /i/ pero redondeando los labios como para la /u/. Por otra parte, en japonés tenemos una vocal que es como la /u/ en cuanto a la posición de la lengua, pero sin redondeamiento de los labios.

## 2.3 ¿Por qué tenemos fonemas?

Hemos dicho que todas las lenguas humanas utilizan un número relativamente pequeño, aunque diferente de una lengua a otra, de unidades contrastivas carentes de significado propio o fonemas, de tal forma que es posible descomponer todo enunciado en una serie de fonemas (como se demuestra por el hecho de que es posible idear una escritura basada en el principio fonémico para cualquier lengua). Una pregunta que surge naturalmente es por qué es así. ¿Por qué tenemos fonemas? Un momento de reflexión nos lleva a la conclusión de que el principio fonémico es lo que hace posible, tanto para el niño que adquiere su primera lengua como para el estudiante de una lengua extranjera, el adquirir miles y miles de palabras de una manera relativamente sencilla. Imaginémonos cómo sería si aprendiéramos cada palabra como un todo no descomponible en unidades de sonido y articulación más pequeñas, a la manera que un loro puede aprender algunas palabras y frases. Está claro que esto impondría severas limitaciones en el número de palabras que podríamos aprender.

De hecho, todo indica que inicialmente los niños, a una edad muy temprana cuando aún poseen un vocabulario limitado a unas pocas palabras, aprenden cada palabra como una unidad de sonido y articulación que expresa un significado y que no consiste en elementos más simples. Más tarde descubren que, por ejemplo, la coordinación de gestos articulatorios de los labios y las cuerdas vocales que han aprendido en la palabra /pán/ pueden utilizarla también para producir /póko/, /papá/ o /sópa/. Este descubrimiento coincide con un aumento rápido de su vocabulario.

## 3    Fonemas consonánticos del español y principales alófonos

### 3.1  Consonantes oclusivas sordas

En español hay tres oclusivas sordas, bilabial /p/, (ápico-)dental /t/ y (dorso-)velar /k/, y tres oclusivas sonoras con los mismos tres puntos de articulación, bilabial /b/, dental /d/ y velar /g/.

Empezando con las sordas, estas se pronuncian siempre sin aspiración, a diferencia del inglés, dónde se aspiran al principio de palabra (como en *pot*) y también en interior de palabra en posición intervocálica antes de vocal acentuada (como en *appear*). Podemos decir que, mientras que en inglés el fonema /p/ tiene dos alófonos, aspirado [pʰ], pronunciado con un soplo de aire, como en *pot*, y no aspirado [p], como en *spot*, en español /p/ solo tiene un alófono [p], no aspirado. Lo mismo ocurre con los otros dos fonemas oclusivos sordos, que en inglés pueden ser aspirados o no serlo y en español nunca son aspirados. Véase la tabla 2.6.

Tabla 2.6 *Oclusivas sordas en español y en inglés*

| Español | Inglés | |
|---|---|---|
| /p/ – [p] *poco* | $/\text{p}/ < \begin{bmatrix} \text{p}^{\text{h}} \end{bmatrix} \\ \quad\quad [\text{p}]$ | *pot* *spot* |

La diferencia entre la aspiración y la no aspiración de las oclusivas sordas tiene que ver con la sincronización entre el momento en que se deshace la oclusión y el momento en que empiezan a vibrar las cuerdas vocales para pronunciar la vocal siguiente. En la secuencia [pa], con oclusiva no aspirada, la explosión y el comienzo de la vibración de las cuerdas vocales son eventos casi simultáneos. Por el contrario, en la pronunciación de [pʰa] transcurren unos 60 milisegundos entre el momento de la explosión y el comienzo de la vibración. En este intervalo se produce la aspiración al salir el aire.

Compare las figuras 6a y 6b. En inglés transcurre más tiempo entre la apertura de los labios y la entrada en vibración de las cuerdas vocales para producir la vocal siguiente. Esto da lugar a una fase de aspiración caracterizada por un tipo de energía similar a la de las fricativas sordas y que es claramente observable en la figura 6b.

Cuando comparamos el fonema /t/ del español con el del inglés, además de la aspiración que caracteriza a la /t/ inglesa en posición inicial, notamos una diferencia en el punto de articulación. En inglés la /t/ es alveolar mientras que en español es dental. Por otra parte, en inglés americano hay un alófono conocido como "*flap*" en palabras como *better* que no existe en español. Este sonido es casi idéntico a la *r* de *para*.

En cuanto a la oclusiva velar sorda /k/, hemos indicado ya que se pronuncia más adelantada (palatalizada) ante las vocales /i/, /e/, lo cual ocurre también en inglés y otras lenguas. La representación ortográfica del fonema /k/ en español es particularmente compleja. Se puede escribir *c* como en *casa* /kása/ (ante *a*, *o*, *u*), *qu* como en *queso* /késo/ (ante *e*, *i*) o *k* como en *kilo* [kílo] (en algunas palabras técnicas o tomadas de otras lenguas). También la letra *x* puede corresponder a la secuencia de dos fonemas /ks/, en palabras como *taxi* /táksi/.

Tanto en español caribeño como peninsular es bastante frecuente que las consonantes /p, t, k/ en posición intervocálica se pronuncien parcialmente o totalmente sonorizadas en los estilos más coloquiales (sin que esto lleve necesariamente a su confusión con /b, d, g/, que son aproximantes en este contexto).

## 3.2 Consonantes oclusivas sonoras

Correspondiendo en punto de articulación a las oclusivas sordas /p/, /t/, /k/, tenemos también tres oclusivas sonoras /b/, /d/, /g/. Como en el caso de la /t/, la /d/ en español es dental, y no alveolar como en inglés. La consonante /g/ presenta la misma variación en punto de articulación que hemos indicado para /k/, realizándose más adelantada ante vocal o semivocal anterior.

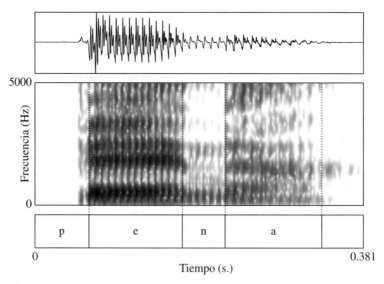

**Figura 2.6a** Espectrograma de la palabra española *pena*

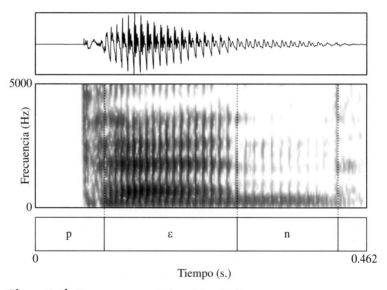

**Figura 2.6b** Espectrograma de la palabra inglesa *pen*

Un rasgo característico de la pronunciación de /b/, /d/, /g/ en español, al que hemos hecho ya referencia, es que frecuentemente estos fonemas se realizan sin oclusión completa, permitiendo paso continuo del aire por la cavidad oral, como en *sabe* [sáβe], *lado* [láðo], *lago* [láɣo]. Como ya hemos dicho, estos alófonos a veces se clasifican como fricativos, pero lo cierto es que suelen producirse con muy poca fricción y es más exacto clasificarlos como aproximantes.

Tabla 2.7 *Distribución estándar de los alófonos oclusivos y aproximantes de /b/, /d/, /g/*

---

- Principio de enunciado: oclusivas; p.ej.:
  *boca* [bóka], *voy* [bói̯], *doy* [dói̯], *gota* [góta].
- Después de nasal: oclusivas; p.ej.:
  *ambos* [ámbos], *invita* [imbíta], *anda* [án̪da], *tengo* [téŋgo].
- Después de lateral: [d] oclusiva, pero [β], [ɣ] aproximantes; p.ej.:
  *caldo* [kál̪do], pero *calvo* [kálβo], *alba* [álβa], *algo* [álɣo].
- Después de otras consonantes: aproximantes; p.ej.:
  *árbol* [áɾβol], *resbala* [r̄ezβála], *cardo* [káɾðo], *desde* [dézðe], *largo* [láɾɣo], *rasgo* [r̄ázɣo].
- Después de vocal y semivocal: aproximantes; p.ej.:
  *sabe* [sáβe], *lava* [láβa], *cada* [káða], *lago* [láɣo], *caiga* [kái̯ɣa].

---

El punto de articulación del alófono aproximante [ð] puede ser un poco diferente al de [d]. Al no haber contacto, el ápice se aproxima al borde de los dientes superiores, resultando en una articulación que algunos fonetistas han caracterizado como dentointerdental, es decir, intermedia entre propiamente dental e interdental.

Así, pues, los fonemas oclusivos sonoros del español /b/, /d/, /g/ tienen tanto alófonos oclusivos [b], [d], [g] como aproximantes [β], [ð], [ɣ]. ¿Cuál es la distribución de estos alófonos? Como muestran los ejemplos que hemos dado, los alófonos aproximantes ocurren entre vocales. Por el contrario, al principio de enunciado y después de nasal encontramos los alófonos oclusivos. En otras posiciones hay diferencias entre los dialectos del español, pero la distribución más general es la que se da en la tabla 2.7.

Notemos, en particular, que en la distribución estándar, después de /l/ el fonema /d/ se realiza como oclusivo, mientras que /b/ y /g/ tienen alófonos aproximantes en este contexto. Esta asimetría se debe al hecho de que en el grupo /ld/ los dos segmentos comparten el mismo punto de articulación.

En ciertos dialectos centroamericanos y colombianos la tendencia general es a pronunciar oclusivas después de todas las consonantes (e incluso después de semivocal), como en [árbol], [kárdo], etc. y en otros dialectos encontramos también cierto grado de variación en este contexto. Por otra parte, los alófonos aproximantes pueden ocurrir también al principio de enunciado, aunque no muy frecuentemente. Teniendo esta variación en cuenta, una descripción más sencilla sería la siguiente: en posición intervocálica tenemos invariablemente las aproximantes [β], [ð], [ɣ]. Tras pausa y tras nasal (y tras lateral en la secuencia /ld/) encontramos casi siempre las oclusivas [b], [d], [g]. En otros contextos encontramos **variación dialectal** y **estilística**.

Otro elemento de variación importante es en el grado de constricción de los alófonos no oclusivos, que pueden variar desde una constricción estrecha a una pronunciación muy relajada, tan abierta como la de una semivocal.

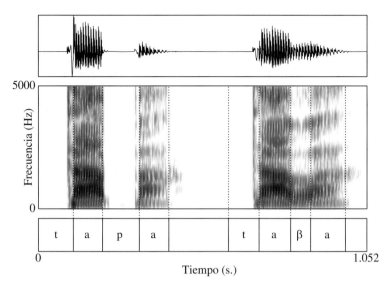

**Figura 2.7** Espectrogramas de *tapa* [tápa] y *taba* [táβa]. En el segmento correspondiente a [β] en el espectrograma de la derecha podemos ver un primer formante claro y otros formantes menos intensos o interrumpidos. Cuanto más abierta sea la consonante (o, equivalentemente, cuanto menor sea el grado de constricción) más se asemejará el espectrograma de [β], [ð] o [ɣ] al de una vocal.

En España y algunas partes de Latinoamérica es frecuente la elisión de la /d/ en los participios en -*ado* en pronunciación coloquial, p.ej. *cantado* [kantáo]. La /d/ se elide frecuentemente también en otras palabras en -*ado* como *lado* [láo] y en palabras muy comunes como *todo* [tó] y *cada* [ká], aunque estas pronunciaciones suelen considerarse vulgares o poco cuidadas, sobre todo en Latinoamérica. En Andalucía, partes del Caribe y otras regiones, la elisión de /d/ intervocálica está más generalizada, dándose también en otros contextos en estilo coloquial: *cantada* [kan̪tá], *comido* [komío], *madera* [maéɾa].

Ortográficamente el fonema /b/ se representa como *b* o como *v* según criterios generalmente etimológicos. A consecuencia de esto, el saber si una palabra se escribe con *b* o con *v* constituye uno de los problemas ortográficos principales para los hispanohablantes. Al contrario que el inglés y la mayoría de las otras lenguas europeas, el español no tiene un fonema fricativo labiodental sonoro /v/: *beso* y *vaso* son /béso/ y /báso/. Es de notar, sin embargo, que en el español de algunos hablantes **bilingüe**s de Estados Unidos se encuentra el sonido [v], sobre todo en palabras que tienen correspondencias léxicas claras en inglés (como *visitar, evaluación*, etc.). También en algunas otras zonas tradicionalmente se enseña a los niños a diferenciar entre la pronunciación de las letras *v* y *b* cuando están aprendiendo a leer como manera de facilitar el aprendizaje de la ortografía.

Sin embargo, esto no suele resultar en una diferencia consistente en la pronunciación natural del español.

En el campo de la ortografía debemos notar también que la *u* que escribimos en las secuencias *gue*, *gui* no representa ningún *sonido*: *guerra* [gér̄a], *aguinaldo* [aɣináḷdo], excepto en aquellos casos en que se escribe con diéresis: *cigüeña* [siɣu̯éɲa] o [θiɣu̯éɲa].

Todo lo que hemos dicho hasta ahora es con respecto a las oclusivas iniciales de sílaba. En posición final de palabra, solo /d/ es común en español: *verdad*, *ciudad*, *pared*, *virtud*, etc. Esta consonante recibe pronunciaciones diferentes según la región. La pronunciación más corriente es la de una aproximante suave, que con frecuencia se elide: *verdad* [berðáð], [berðá̊], [berðá]. En algunos dialectos, como en el castellano hablado en Cataluña y Valencia, y en pronunciación enfática en algunas partes de Sudamérica, sin embargo, se pronuncia como [t]: [berðát]. Finalmente, en partes del norte y centro de España es frecuente una pronunciación sorda: [berðáθ]. En este dialecto las palabras *pez* y *red* riman: [péθ], [r̄éθ], pero en el plural tenemos *peces* [péθes] vs. *redes* [r̄éðes].

Otras oclusivas finales se encuentran solo en un reducido número de latinismos y palabras extranjeras como *stop*, *cénit*, *coñac*, *club*, *blog*, cuya pronunciación es bastante variable.

En posición final de sílaba interior de palabra no hay oposición entre oclusivas sordas y sonoras. Aunque escribimos *p* en *apto* y *b* en *obtener*, no hay contraste entre estas dos consonantes en esta posición. No podríamos tener una palabra /ábto/ que contrastara con /ápto/. La diferencia entre estos dos fonemas que encontramos al principio de sílaba se pierde o neutraliza en esta posición. Se pronuncian también igual la *d* de *administrar* y la *t* de *étnico*. Lo mismo vale en general para las velares: *técnico*, *digno*. La ausencia de un contraste entre fonemas en una posición determinada se conoce como **neutralización**. Podemos decir que en español existe neutralización entre consonantes sordas y sonoras al final de sílaba.

En Cuba, la República Dominicana, Colombia y otras regiones hay una tendencia a pronunciar como velar toda oclusiva final de sílaba en pronunciación algo enfática: *submarino* [sukmaɾíno] o [suɣmaɾíno], *concepto* [konséɣto].

En el norte y centro de España es común pronunciar la *g* final de sílaba ensordecida, como [x]: *digno* [díxno]. En algunos sociolectos de esta misma región la *c* ortográfica al final de sílaba se pronuncia [θ]: *dictado* [diθtáðo].

Algunos hablantes de español mexicano remplazan las secuencias /ks/ y /ps/ por la africada /ts/: *Pepsi* [pé.tsi].

En inglés, pero no en español, las oclusivas sonoras iniciales pueden pronunciarse como sordas (sin confundirse con /p/, /t/, /k/, que son aspiradas en esta posición). Ocasionalmente este fenómeno puede dar lugar a confusiones tanto de producción como de percepción para hablantes de inglés que han aprendido español (y para hablantes nativos de español que han aprendido inglés).

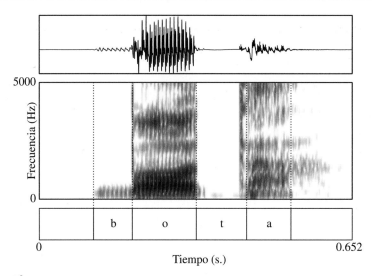

**Figura 2.8a**  Espectrograma de *bota*. La energía en la zona inferior del espectrograma antes de la primera vocal se debe a la vibración de las cuerdas vocales durante la oclusión de la consonante.

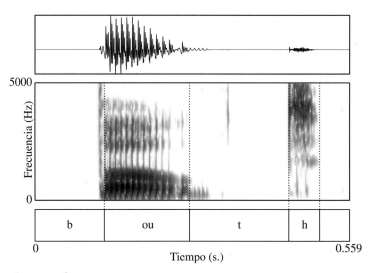

**Figura 2.8b**  Espectrograma de la palabra inglesa *boat*. El comienzo de la vibración de las cuerdas vocales coincide con el momento de explosión de la consonante bilabial.

**Ejercicio 5.** Busque tres pares mínimos cuya única diferencia sea que la consonante inicial es sorda en una palabra y sonora en la otra.

Ejemplo: *coma* /kóma/ – *goma* /góma/.

**Ejercicio 6.** Si comparamos el español *ti* con el inglés *tea* y, por otra parte, la pronunciación de la palabra *patio* en español y en inglés, ¿qué diferencias encontramos entre las dos lenguas en la pronunciación del fonema /t/?

Para muchos hablantes de inglés americano palabras como *petal* y *pedal* o *atom* y *Adam* se pronuncian igual. Dado que /t/ y /d/ son fonemas diferentes en esta lengua, ¿qué fenómeno fonológico ilustran estos ejemplos? ¿Podría precisar el contexto fonológico de este fenómeno? Considere, por ejemplo, la pronunciación de las dos /t/-s en *potato* y también la pronunciación de /t/ en palabras relacionadas como *atom* y *atomic*.

**Ejercicio 7.**

1. Dé el símbolo fonético y describa la articulación del segmento subrayado de acuerdo con la distribución estándar de alófonos.

| | | | | | |
|---|---|---|---|---|---|
| *trigo* | *sube* | *pongo* | *cuervo* | *prado* | *niega* |
| *peldaño* | *cargamento* | *selva* | *vamos* | *bruma* | *embalse* |
| *ingrato* | *paguemos* | *envase* | *desgaste* | *gorila* | *mundo* |
| *hendidura* | *invitaba* | *abogado* | *embotado* | *erguido* | *ahoga* |

Ejemplo: *lava* [β] aproximante bilabial sonora

2. ¿Cómo piensa que pronunciaría un hablante nativo de español que está empezando a aprender inglés la oración *open the door?* (Preste atención a las consonantes subrayadas).

## 3.3 Consonantes fricativas sordas

En español general encontramos, como fonemas, tres fricativas sordas: labiodental /f/, alveolar /s/ y velar /x/. En el castellano del norte y centro de España tenemos además una fricativa interdental /θ/, que no aparece como fonema en español latinoamericano.

/f/ fricativa labiodental sorda: corresponde siempre a la *f* ortográfica y se realiza como [f] en cualquier posición: *foca* [fóka], *énfasis* [émfasis]. Estudios dialectales han revelado la existencia de una variante bilabial sorda [ɸ] en diversas zonas del mundo hispánico. En final de palabra /f/ aparece solo en alguna palabra extranjera como *golf* o *chef*. En una palabra como *afgano*, en que aparece antes de consonante sonora, /f/ se puede pronunciar como [v] (por asimilación): [avɣáno]. Este es el único contexto en que el sonido [v] ocurre en español general.

/θ/ fricativa interdental sorda: solo existe como fonema en España, correspondiendo ortográficamente a *z*, *c(e, i)*. En este dialecto *ves* [bés] y *vez* [béθ] o *rosa* [r̄ósa] y *roza* [r̄óθa] constituyen pares mínimos.

/s/ fricativa alveolar sorda: como hemos mencionado ya, su articulación es ápico-alveolar en el norte de España, pero generalmente predorso-alveolar en los demás dialectos del español. En todos los dialectos latinoamericanos, puede corresponder a *s*, *z* o *c(e, i)*. También a *sc(e, i)* como en *escena* [eséna] (pronunciado [esθéna] en el norte y centro de España), *piscina*. Notemos también que la *x* ortográfica de palabras como *taxi*, *examen*, etc., corresponde a una secuencia de dos fonemas /ks/ (¡pero no en la palabra *México*!). La *x* a menudo se pronuncia simplemente como [s], especialmente ante consonante como en *experto* [espérto], pero también en otros contextos como en *auxilio* [aṵsíli̯o]. En el habla culta, la tendencia a simplificar el grupo /ks/ y otros grupos de consonantes parecidos es mayor en español peninsular que en muchas variedades latinoamericanas.

El grupo ortográfico -*xc*- como en *excelente*, *excepto*, etc., indica una secuencia de fonemas /ks/ en español latinoamericano, pero corresponde a /sθ/ en español peninsular. Podemos notar también que *etc.* se pronuncia [etsétera], por ejemplo, en México, pero [eθétera] en España.

En el español del norte y centro de España y también en el de México y otras regiones latinoamericanas el fonema /s/ puede realizarse como sonoro [z] ante consonante sonora como en *desde* [dézðe], *esbelto* [ezβél̩to], *rasgo* [r̄azɣo], *isla* [ízla], *mismo* [mízmo] (pero no en, por ejemplo, *este* [éste], *aspa* [áspa], *rasco* [r̄ásko], donde va seguida por consonante sorda). Este es un proceso de **asimilación**; la /s/ se asimila, o se hace más semejante, al sonido siguiente. Concretamente tenemos aquí una asimilación en **sonoridad**. Así, pues, en estos dialectos del español el fonema /s/ tiene un alófono sonoro [z] ante consonante sonora y otro alófono sordo [s] en los demás contextos (ante consonante sorda, ante vocal y en posición final). Una característica del español ecuatoriano es la sonorización de /s/ final de palabra cuando la palabra siguiente comienza por vocal, como en *los Andes* [lozán̪des].

En inglés, por el contrario, /s/ y /z/ son fonemas diferentes. ¿Puede pensar en algún par mínimo con estos sonidos en contraste fonémico? La diferencia en el estatus fonológico de [s] y [z] en español e inglés se resume en la tabla 2.8.

Es importante notar que en español [z] no ocurre ante vocal. Compárense, por ejemplo, el español *pre*[s]*idente* y el inglés *pre*[z]*ident*. Un error frecuente entre anglohablantes es pronunciar como [z] la *z* ortográfica española (en palabras como *azul*). Como hemos indicado, la *z* ortográfica representa [s] en español latinoamericano, [asúl], y [θ] en la mayor parte de España, [aθúl].

Un fenómeno con amplia distribución geográfica, tanto en España como en Latinoamérica, es la **aspiración** y pérdida de /s/. Es decir, en muchos dialectos, /s/ ante consonante y al final de palabra se pronuncia como [h] o se pierde: *mosca* [móhka], *más o menos* [máhoméno]. Estas pronunciaciones son características del español caribeño y andaluz, pero se encuentran también en muchas otras áreas.

/x/ fricativa dorso-velar sorda: este fonema se representa ortográficamente como *j* o, ante *i*, *e*, también como *g*: *jaula* [xáṵla], *jirafa* [xiráfa], *gente* [xén̪te].

Tabla 2.8 *[s] y [z] en español y en inglés*

| Español | | Inglés |
|---|---|---|
| /s/ ⟨ | [z] ante consonante sonora | /z/ _____ [z] *zoo* |
| | [s] en otros contextos | /s/ _____ [s] *Sue* |
| | un fonema con dos alófonos | dos fonemas diferentes |

En algunos nombres de lugar, como *México* [méxiko], *Oaxaca* [u̯axáka], se escribe con *x*. La pronunciación de este fonema puede variar desde una fricativa postvelar o **uvular** [χ] con mucha fricción, característica del dialecto del norte de España, hasta una fricativa **laríngea** suave [h], típica de partes de Andalucía y el Caribe. La pronunciación más extendida es la de fricativa velar con un grado medio de fricción. Un rasgo típico del español chileno es la pronunciación muy palatalizada de /x/ ante vocal o semivocal anterior, que llega a ser una fricativa palatal sorda [ç] (el sonido en alemán *ich*), en este contexto [çéṇte], *mujer* [muçér], *jirafa* [çiráfa]. Esta pronunciación es el resultado de la asimilación de la fricativa a la articulación de la vocal siguiente (para hablantes de otros dialectos esta pronunciación chilena suena a veces como si se insertara una semivocal palatal, *giente*, *mujier*, etc.).

## 3.4 La obstruyente palatal

Correspondiendo a la grafía *y*, y para la mayoría de los hispanohablantes también a *ll*, encontramos en español una obstruyente palatal o prepalatal con grado de constricción muy variable.

La situación más general es que tengamos un fonema obstruyente dorso-palatal sonoro que representaremos como /ɟ/ con dos alófonos principales, uno aproximante, que puede ser también fricativo [j] y otro oclusivo o africado [ɟ].

El alófono aproximante o fricativo palatal sonoro [j] se diferencia de la semivocal [i̯] de *tiene* o del inglés *yes* en presentar un grado mayor de constricción, pero sin llegar a la oclusión. Este sonido es el que suele aparecer en posición intervocálica en palabras como *mayo* [májo] o *calle* [káje]. Según el dialecto, se produce con mayor o menor apertura y, consecuentemente, puede clasificarse bien como consonante aproximante (si se realiza sin fricción audible) o bien como fricativa.

El alófono oclusivo o africado palatal sonoro [ɟ] aparece tras nasal y lateral: *enyesar* [enɟesár], *el yeso* [elɟéso].

Al principio de palabra podemos tener uno u otro sonido según el grado de énfasis: *yo soy* [ɟó sói̯] ~ [jó soi̯].

Hay, sin embargo, bastantes dialectos dónde la situación es diferente a la que hemos descrito. En primer lugar, en algunos dialectos, la oclusiva o africada aparece opcional o consistentemente tras cualquier consonante e incluso entre vocales: *oye* [óɟe] (lo más común es [óje]).

En segundo lugar, en el español hablado en partes de Argentina y en Uruguay, en vez de los dos sonidos que hemos descrito encontramos sistemáticamente una fricativa prepalatal sonora estridente (con mucha fricción) [ʒ]: *playa* [pláʒa], *mayo* [máʒo], *calle* [káʒe], *yo* [ʒó]. Este sonido es parecido al de la *j* francesa, como en *jamais* o al sonido del inglés *pleasure*. Tras nasal, podemos tener una africada [ʤ]: *enyesar* [enʲʤesáɾ]. El fenómeno se conoce como **žeísmo** en dialectología española.

Entre los hablantes menores de una cierta edad de Buenos Aires y otras partes de Argentina se está extendiendo una pronunciación ensordecida del sonido [ʒ], resultando en una consonante [ʃ] comparable a la *sh* del inglés *sheep*: *playa* [pláʃa].

En partes del norte de México esta consonante tiene una articulación muy abierta y puede desaparecer en posición intervocálica tras vocal anterior, como en *anillo* [anío], *botella* [botéa].

La distinción ortográfica entre *y* y *ll* corresponde a una distinción originaria entre dos fonemas: la obstruyente palatal central /j/ y la lateral palatal /ʎ/. Hasta hace relativamente poco tiempo esta distinción era bastante general en España y en partes de Sudamérica. El fenómeno se conoce como **lleísmo** (o elleísmo). En dialectos lleístas palabras como *cayó* [kajó] y *calló* [kaʎó] forman un par mínimo. En la actualidad, sin embargo, el lleísmo está en franco retroceso y se encuentra solo en zonas principalmente rurales de España y de los Andes de Sudamérica (Bolivia, Perú, Ecuador, Colombia), además de Paraguay. La inmensa mayoría de los hablantes de español son hoy en día **yeístas**, es decir, tienen un solo fonema no lateral /j/ correspondiendo tanto a *y* como a *ll* ortográficas. El **yeísmo** parece tener su origen en el aflojamiento de la constricción centro-palatal del sonido [ʎ], resultando en confusión con los alófonos del fonema /j/.

En cuanto a la pronunciación del grupo ortográfico *hi-* seguido de vocal como en *hielo*, *hierba*, etc., en el sistema que hemos mencionado más arriba como más general, estas palabras se pronuncian exactamente como si empezaran con *y*: [jélo], [jérβa], igual que *yeso* [jéso], *yendo*, *yate*, *llega*. Sin embargo, en dialectos žeístas la pronunciación estridente no suele extenderse a las palabras con *hi-* o *-i-* ortográficas, de manera que *yeso* [ʒéso] y *hielo* [i̯élo] empiezan con sonidos diferentes en estos dialectos y *tramoya* y *paranoia* tienen distintas palatales intervocálicas. Hay incluso un par mínimo en español argentino cuya razón de ser es puramente ortográfica: *hierba* [i̯érβa] y *yerba* (mate) [ʒérβa]. Lo mismo ocurre en varios otros dialectos donde, por lo menos los hablantes más influidos por la lectura, distinguen entre, por ejemplo, [jéso] y [i̯élo], según la ortografía.

## 3.5 Consonantes africadas

Como consonante africada con estatus de fonema tenemos en español la africada prepalatal sorda /ʧ/, representada ortográficamente como *ch*: *chico* [ʧíko], *muchacho* [muʧáʧo]. Su punto de articulación es algo más adelantado que el de /j/. A veces este punto de articulación se denomina palatoalveolar o postalveolar. Hay, de todas formas, bastante variación en la articulación exacta de este fonema entre los dialectos del español. En partes de Chile su articulación se adelanta hasta convertirse en una africada alveolar [ts]. Recientemente esta pronunciación más adelantada se ha desarrollado también en el español de partes del norte y centro de la Península Ibérica. En Canarias, por el contrario, su punto de articulación es frecuentemente plenamente palatal. Esta articulación palatal típica de Canarias es conocida como "ch adherente" en dialectología española y se representa en el AFI como [c].

Un fenómeno al que ya nos hemos referido es la pérdida del elemento oclusivo de la africada, con lo cual resulta la fricativa prepalatal sorda [ʃ]: [ʃíko], [muʃáʃo]. Esta pronunciación se encuentra en el norte de México, en partes de Andalucía, en Panamá y en Chile, en algunos sitios en variación libre con la africada y en otros como única pronunciación.

Con carácter marginal como fonema encontramos una africada dental sorda /ts/, escrita *tz*, en la palabra *quetzal* y algunos topónimos mexicanos y centroamericanos, como, por ejemplo, *Azcapotzalco*, además de la palabra *etcétera* (salvo en España).

## 3.6 Consonantes nasales

En español tenemos tres fonemas nasales: bilabial /m/, alveolar /n/ y palatal /ɲ/; los tres son sonoros. Los tres fonemas contrastan en palabras como *kama* /káma/, *cana* /kána/ y *caña* /káɲa/. El contraste entre estos tres fonemas lo encontramos tanto entre vocales como al principio de palabra (aunque solo unas pocas palabras, como *ñandú*, *ñu* o *ñoño*, empiezan con *ñ*). Es decir, los tres sonidos contrastan al principio de sílaba. Al final de sílaba, sin embargo, no encontramos tal contraste. En español tenemos palabras terminadas en -*n* pero no terminadas en -*m* o en *ñ*. Encontramos *pan*, pero no \**pam* ni \**pañ*. Si dejamos a un lado algún préstamo reciente y de pronunciación variable como *álbum*, vemos que los prestamos de otros idiomas terminados en las nasales /m/ y /ɲ/ se adaptan con /n/, como lo muestran ejemplos bíblicos como *Adán*, *Jerusalén*, *Belén* (originariamente con -*m* final) o *champán* (del francés *champagne*, con nasal palatal). Podemos decir que el contraste entre los tres fonemas /m/, /n/ y /ɲ/ se neutraliza en posición final de palabra en español a favor de /n/. Este fenómeno se conoce como *neutralización de nasales*. Esta es una neutralización en punto de articulación.

La /n/ final de palabra se articula como [n] o como [ŋ], según el dialecto, en posición final absoluta y ante vocal de palabra siguiente. La realización de nasales finales como [ŋ] recibe el nombre de **velarización**. Este es un fenómeno que está muy extendido por amplias zonas tanto de Latinoamérica como de España, aunque no se da en los dialectos socialmente dominantes de España ni de México o Argentina. En los plurales en que la nasal final del singular queda

Tabla 2.9 *Asimilación de nasales*

| | |
|---|---|
| Nasal bilabial: | *un perro* [umpér̄o], *un bote* [umbóte] |
| Nasal labiodental: | *un foco* [uɱfóko], *énfasis* [éɱfasis] |
| Nasal dental: | *un tio* [un̪tío], *un dia* [un̪día], *canto* [kán̪to] |
| Nasal alveolar: | *un saco* [unsáko], *manso* [mánso] |
| Nasal prepalatal: | *un chico* [uniʧíko], *ancho* [ániʧo] |
| Nasal velar: | *un gato* [uŋgáto], *un jardín* [uŋxarðín], |
| | *un caso* [uŋkáso], *tengo* [téŋgo] |

Ante palatal la /n/ se palataliza pero sin llegar a pronunciarse exactamente como [ɲ]:
*un yugo* [uniɟúʝo] nasal prepalatal o palatalizada.

entre vocales tenemos siempre [n] alveolar, incluso en los dialectos velarizantes. Así, en estas variedades encontramos *limón* [limóŋ] con [ŋ] pero *limones* [limónes] con [n], etc.

Cuando la sílaba siguiente empieza por consonante, la /n/ final toma el punto de articulación de la consonante siguiente, realizándose como bilabial ante bilabial, labiodental ante labiodental, velar ante velar, etc., como en los ejemplos en la tabla 2.9. Este fenómeno se denomina *asimilación de nasales*.

Cuando las dos palabras no se encuentran tan estrechamente ligadas, es posible que la nasal se realice con doble oclusión. Así, por ejemplo, en *camión pequeño*, podemos tener simultáneamente una oclusión alveolar y una oclusión bilabial: [n͡m] (con cerrazón de los labios sobrepuesta a la oclusión ápico-alveolar): [kamión͡mpekéɲo], y en dialectos velarizantes oclusiones velar y bilabial: [ŋ͡m].

Ante consonante interior de palabra, la oposición entre los tres fonemas nasales también se halla claramente neutralizada. El punto de articulación es siempre el de la consonante siguiente: *ambos* [ámbos], *invita* [imbíta], *campo* [kámpo], *énfasis* [éɱfasis], *anda* [án̪da], *antes* [án̪tes], *ancho* [ániʧo], *tengo* [téŋgo], *banco* [báŋko], *ángel* [áŋxel].

Según las reglas de la ortografía normativa, se escribe *m* ante *p* o *b* y *n* ante las demás consonantes, incluso ante *v*, que es también bilabial. Así tenemos *cambia* [kámbi̯a] pero *envia* [embía], ambas realizadas con [m]. Teniendo en cuenta lo que ocurre al final de palabra, podemos considerar todas las realizaciones nasales preconsonánticas como alófonos del fonema alveolar /n/. Otra solución teórica que se ha dado al problema de a qué fonema corresponden todas estas distintas realizaciones es postular que el resultado de la neutralización de nasales es un **archifonema** /N/, una nasal cuyo punto de articulación no es fonémicamente relevante, puesto que siempre es el de la consonante siguiente. Así tendríamos /káNpo/ [kámpo], /káNta/ [kán̪ta], /táNgo/ [táŋgo], etc. Volveremos sobre el concepto de archifonema más adelante.

**Ejercicio 8.** Transcriba fonéticamente las palabras siguientes prestando particular atención a la articulación de las nasales: *envidia, ingrato, hongo, ingeniero, entonces, candado, enredo, infierno.*

## 3.7 Consonantes laterales

La mayoría de los dialectos del español tienen un único fonema lateral: la consonante lateral alveolar sonora /l/.

En comparación con el inglés, podemos notar que en inglés el fonema /l/ tiene dos alófonos, uno "claro" [l] al principio de sílaba, como en *light*, y otro "oscuro" (velarizado) [ɫ], al final de sílaba, como en *tall*. En español la /l/ no se velariza. Su sonido es siempre el de una [l] "clara". La diferencia tiene que ver con la posición del dorso de la lengua. En la lateral velarizada el dorso se aleva hacia el velo, mientras que en la no velarizada adopta la posición que tiene en la pronunciación de una vocal anterior.

Al igual que las nasales, la lateral /l/ asimila su punto de articulación al de una consonante siguiente, pero de una manera más restringida. La asimilación de la lateral solo tiene lugar ante consonantes articuladas con la parte anterior de la lengua. Así, la /l/ se dentaliza ante dental, como en *toldo* [tól̪do] y se realiza como palatalizada en *el yate* [elʲʝáte]; pero, al contrario de lo que ocurre con las nasales, no hay ninguna asimilación ante labial, como en *calvo* [kálβo], *el faro* [elfáro], ni ante velar, como en *algo* [álɣo], *el coche* [elkótʃe].

Como hemos notado ya más de una vez, algunos dialectos poseen otro fonema lateral, /ʎ/ lateral palatal (sonora). Esta consonante aparece como fonema solo en los dialectos de los Andes (Bolivia, algunas zonas de Perú, Ecuador y Colombia), en Paraguay y en partes de España. En estos dialectos corresponde a la *ll* ortográfica. En dichos dialectos *cayó* y *calló* constituyen un par mínimo; en el resto de los dialectos del español estas dos palabras se pronuncian igual. Generalmente la pronunciación lateral y la distinción entre palabras como *cayó* y *calló* no se encuentra ya entre los hablantes más jóvenes de las regiones mencionadas.

**Ejercicio 9.** Indique si en las siguientes palabras el punto de articulación de la /l/ se asimila o no al de la consonante siguiente: *alto, alpino, caldo, alcoba, Álvarez, colcha.*

## 3.8 Consonantes vibrantes

En español hay dos consonantes vibrantes, la vibrante simple /ɾ/ y la vibrante múltiple /r̄/. Los dos sonidos tienen el mismo punto de articulación en español general: ápico-alveolar, y ambos son sonoros. La diferencia es que en la vibrante simple se produce un solo golpe breve o vibración del ápice contra la región alveolar, mientras que la múltiple se realiza con más de un golpe del ápice, generalmente dos o tres.

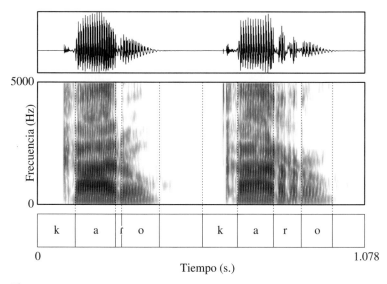

**Figura 2.9** Onda sonora y espectrograma de *caro* [káɾo] y *carro* [kár̄o]. Nótese la breve oclusión intervocálica en el espectrograma de la izquierda (*caro*) y las tres breves oclusiones en el de la derecha (*carro*).

Las dos vibrantes están en contraste fonémico solo entre vocales en interior de palabra: *pero – perro, para – parra, ahora – ahorra*. En los demás contextos la distinción está neutralizada. En principio de palabra solo encontramos la vibrante múltiple /r̄/: *roto* [r̄óto]. Tras consonante en sílaba diferente tenemos también solo la vibrante múltiple, *Enrique* [enr̄íke], *alrededor* [alr̄eðeðóɾ]. En otras posiciones (tras consonante en la misma sílaba, ante consonante o final de palabra) podemos encontrar tanto la simple como la múltiple sin que haya contraste: *cantar* [kan̪táɾ] ~ [kan̪tár̄]. Lo más normal en pronunciación no enfática es la vibrante simple en estas posiciones. La distribución de las vibrantes podemos, pues, resumirla como se hace en la tabla 2.10.

Hay dialectos (por ejemplo, en el español del País Vasco) donde hay preferencia por la múltiple en los contextos (d), (e) y (f), pero se trata de una pronunciación minoritaria.

Detrás de /s/, como en *Israel, los reyes*, etc., tenemos la vibrante múltiple, como tras otras consonantes en sílaba diferente (contexto en (c)). Pero lo cierto es que, excepto en pronunciación muy cuidada, lo normal es o que se pierda la /s/, como en *los reyes* [lor̄éyes] o que la /r̄/ se pronuncie como aproximante alveolar, [loz.ɹéyes].

Dialectalmente encontramos pronunciaciones de /ɾ/ y /r̄/ que no son ápico-alveolares o que son sordas. En México un fenómeno con **variación social** es el

Tabla 2.10 *Distribución de las vibrantes*

(a) Entre vocales: contraste fonémico, *caro* [káɾo] vs. *carro* [kár̄o].
(b) Inicial de palabra: solo la múltiple, *roca* [r̄óka].
(c) Después de consonante en sílaba diferente: solo la múltiple, *honra* [ónr̄a].
(d) Después de consonante en la misma sílaba: generalmente la simple, *broma* [bróma].
(e) Ante consonante: generalmente la simple, *parte* [páɾte].
(f) Final de palabra: generalmente la simple, *mar* [máɾ], obligatoriamente si sigue vocal, *ma*[ɾ] *azul*.

| ɾ vs. r̄ | r̄ | ɾ |
|---|---|---|
| (a) *caro* vs. *carro* | (b) *roca* | (d) *broma* |
| | (c) *honra* | (e) *parte* |
| | | (f) *mar* |

**ensordecimiento** de la /ɾ/ final: *cantar* [kan̪táɾ̥]. En la zona andina y partes de Argentina hay una variante fricativa alveolar, que en estudios dialectológicos suele representarse como [řˇ]. En Costa Rica se encuentra también variablemente una [ɹ] aproximante muy parecida a la del inglés. En partes de Puerto Rico la vibrante múltiple se articula con el dorso en vez de con el ápice: *carro* [káʁo], *rosa* [ʁósa]. Esta pronunciación dorso-velar o uvular, que puede ser sorda o sonora, tiene cierto parecido con la /x/ del norte de España. Como fenómeno idiolectal, la vibrante dorsal se encuentra también entre hablantes de España y de otras áreas. En la República Dominicana y otras partes del Caribe se da una vibrante apical con pre-aspiración sonora [ɦr] correspondiendo también a la /r̄/. Característica de Chile y Costa Rica, así como de algunas partes del norte de España (Ribera del Ebro de Navarra y La Rioja) es una pronunciación coarticulada del grupo /tɾ/ [tɹ] que llega a sonar algo parecido a la [t͡ʃ] o, más exactamente, al grupo *tr* del inglés *tree*.

Un fenómeno dialectal de cierta importancia es la *neutralizacion de líquidas* o pérdida de la distinción entre lateral y vibrante ante consonante y al final de palabra. En dialectos con esta neutralización, palabras como *harto* y *alto* se pronuncian igual. La neutralización se encuentra tanto en partes de Andalucía, donde el resultado de la neutralización es [ɾ]: *el niño* [eɾníɲo], *muy alto* [múáɾto], como en Puerto Rico, donde predominan las pronunciaciones cercanas a la [l]: *parte* [pál̪te].

En la tabla 2.11 se resume lo que hemos visto sobre los fonemas del español y su caracterización y en la tabla 2.12 se incluyen también los principales alófonos.

**Ejercicio 10.** Para cada uno de los fonemas del cuadro precedente busque al menos un ejemplo de palabra que lo contenga.

2.11 *Cuadro de fonemas consonánticos del español**

|  | bilabial | labiodent. | interdent. | dental | alveolar | prepalatal | palatal | velar |
|---|---|---|---|---|---|---|---|---|
| oclusivas | p  b |  |  | t  d |  |  |  | k  g |
| fricativas |  | f | (θ) |  | s | (ʃ) |  | x |
| aprox. |  |  |  |  |  |  | j |  |
| africadas |  |  |  |  |  | ʧ |  |  |
| nasales | m |  |  |  | n |  | ɲ |  |
| laterales |  |  |  |  | l |  | (ʎ)ᵢ |  |
| vibrantes |  |  |  |  | ɾ |  |  |  |
| simple |  |  |  |  |  |  |  |  |
| múltiple |  |  |  |  | r̄ |  |  |  |

* Notas a la tabla 2.11: oclusivas sordas a la izquierda, sonoras a la derecha. Los fonemas entre paréntesis se dan solo en algunos dialectos.

Tabla 2.12 *Principales alófonos de las consonantes del español (incluyendo algunas variantes dialectales).** Para cada punto de articulación, consonantes sordas a la izquierda y sonoras a la derecha.*

|  | bilabial | labio-dental | dental | alveolar | pre-palatal | palatal | velar | laríngea |
|---|---|---|---|---|---|---|---|---|
| oclusivas | p  b |  | t  d |  |  | c  ɟ | k  g |  |
| aprox. y fricativas | β | f  v | θ  ð | s  z | ʃ  ʒ | ç  j | x  ɣ | h  ɦ |
| africadas |  |  |  |  | ʧ |  |  |  |
| nasales | m | ɱ | n̪ | n | nʲ | ɲ | ŋ |  |
| laterales |  |  | l̪ | l | lʲ | ʎ |  |  |
| vibr. simp. |  |  | ɾ̥ | ɾ |  |  |  |  |
| vibr. múlt. |  |  |  | r̄ |  |  | ʁ |  |

* Notas a la tabla 2.12:

1. En el cuadro agrupamos como dentales articulaciones ápico-dentales y ápico-interdentales.
2. Agrupamos también los alófonos aproximantes de las oclusivas sonoras con las fricativas.
3. Las oclusivas palatales [c] y [ɟ] suelen producirse con algún grado de fricción en la apertura, por lo que pueden clasificarse también como africadas.

Si separamos las consonantes dentales de las interdentales y también las obstruyentes aproximantes de las fricativas, obtenemos un cuadro algo menos simétrico, que damos en la tabla 2.13.

> **Ejercicio 11.** Para cada uno de los sonidos en el cuadro de alófonos precedente dé al menos un ejemplo de palabra o frase que lo contenga (en transcripción fonética). Para aquellos sonidos que ocurren solo en algún dialecto del español, indique el dialecto.

Tabla 2.13 *Principales alófonos de las consonantes del español (incluyendo algunas variantes dialectales)*

| | labial | labio-dental | inter-dental | dental | alveol. | prepal. | palatal | velar | laring. |
|---|---|---|---|---|---|---|---|---|---|
| oclusivas | p   b | | | t   d | | | c   ɟ | k   g | |
| aprox. | β | | | ð | | | j | ɣ | |
| fricativas | | f   v | θ | | s   z   ʃ   ʒ   ç | | | x | h   ɦ |
| africadas | | | | | ʧ | | | | |
| nasales | m | ɱ | | n̪ | n | nʲ | ɲ | ŋ | |
| laterales | | | | l̪ | l | lʲ | ʎ | | |
| vibr. simp. | | | | | ɾ̥   ɾ | | | | |
| vibr. múlt. | | | | | r̄ | | | ʀ | |

# 4    Neutralización de contrastes fonológicos y concepto de archifonema

El archifonema es un concepto fonológico utilizado en una tradición lingüística que se asocia con la llamada Escuela de Praga de principios del siglo XX. En esta tradición lingüística se utiliza el concepto de archifonema para representar el resultado de la neutralización de dos o más fonemas en una posición determinada. Los archifonemas se representan con letras mayúsculas: /N/ archifonema nasal, /R/ archifonema vibrante, etc. Por ejemplo, en inglés hay una oposición entre /p/ y /b/ demostrada por pares mínimos como *pin* y *bin*. Sin embargo, tal contraste no se da después de /s/ inicial. Tenemos una palabra *spin* pero no hay *sbin*. Aún más, si tal palabra existiera se pronunciaría exactamente igual que *spin*. No hay manera de distinguir /p/ de /b/ en esta posición en inglés. El contraste entre los dos fonemas está neutralizado en este contexto. Debemos preguntarnos ahora a qué fonema pertenece la bilabial de *spin*. Claramente no es igual a la [pʰ] aspirada de *pin* [pʰɪn], pues se pronuncia sin aspiración. Tampoco es idéntico este sonido a la inicial de *bin*. Parece, pues, que no hay ningún criterio para decidir si en [spɪn] la [p] es un alófono del fonema /p/ o del fonema /b/. En este caso postularíamos un archifonema /P/ que representaría la neutralización de los fonemas /p/ y /b/. Así, la palabra [spɪn] la representaríamos fonológicamente como /sPɪn/:

/pin/ [pʰɪn]     /bɪn/ [bɪn] ~ [b̥ɪn]     /sPɪn/ [spɪn̩]

Consideremos otro ejemplo. Hemos visto ya que en español el contraste entre los tres fonemas nasales se pierde en posición final de sílaba (ante consonante o final de palabra). Aquí se nos plantea el problema de a qué fonema asignar las distintas realizaciones que encontramos en esta posición. ¿Es la [ɱ] de *énfasis* [éɱfasis] un alófono del fonema /m/ o de /n/? ¿Y la nasal palatalizada de *ancho* [ánʲʧo]? ¿Y la nasal velar de *ángulo* [áŋgulo]? Una solución es postular un archifonema /N/ que no es /m/, /n/ ni /ɲ/, sino que representa la neutralización de los tres. Así, a nivel fonológico, tendríamos /éNfasis/, /áNʧo/, /áNgulo/ y también /áNbos/ y /káNto/.

Siguiendo estrictamente los preceptos de la Escuela de Praga, deberíamos postular también el archifonema /N/ en posición final de palabra: /úN/, /páN/, etc., pues con nasales finales tampoco hay contraste en punto de articulación y ocurren también las asimilaciones que hemos visto, como en *algún perro* [alɣúmpér̄o], *algún gato* [alɣúŋgáto], etc. Sin embargo, la neutralización es aquí claramente en favor del fonema /n/. Esto se deduce del hecho de que tenemos siempre [n] cuando sigue una vocal, sea parte de un sufijo o inicial de palabra siguiente: *algu*[n]*a*, *algú*[n] *amigo*, *pa*[n]*es*, etc. y también en posición final absoluta: *pa*[n], *canció*[n] (los hechos son, naturalmente, un poco más complicados en dialectos velarizantes). Teniendo en cuenta esto, en lugar de adoptar la solución de la Escuela de Praga, parece más sencillo proponer representaciones fonológicas como /úN/, /páN/, /algúN/, /xamóN/, etc. con /n/ final, que es claramente el fonema que tenemos en /úna/, /pánes/, /algúnos/ o /xamónes/.

El concepto de archifonema puede ser también útil al analizar la distribución de las vibrantes en español. El contraste entre la vibrante simple /ɾ/ y la múltiple /r̄/ aparece neutralizado en español en todas las posiciones excepto la intervocálica interior de palabra. Según el dialecto o el grado de énfasis, se puede pronunciar [páɾte] o [pár̄te], [báɾko] o [bár̄ko]. A nivel fonológico, ¿qué tenemos, /páɾte/ o /pár̄te/? ¿A qué fonema pertenece la vibrante neutralizada en esta posición? Una buena solución analítica parece ser el postular un archifonema /R/, /páRte/, /báRko/, que se realiza variablemente con una o más vibraciones en esta posición. Con esto indicamos que la distinción entre la vibrante simple y la múltiple no es pertinente en este contexto. Al final de palabra, ya sea en posición final de enunciado o ante consonante, encontramos la misma neutralización: [kantáɾ] y [kantár̄], [dáɾpálmas] y [dár̄pálmas] son realizaciones no contrastivas que pueden corresponder a distintos dialectos o a diversos grados de énfasis en el mismo dialecto. Ahora bien, si sigue una vocal (de sufijo o en otra palabra), lo cierto es que aparece siempre la vibrante simple y nunca la múltiple. Así tenemos [kantáɾes], [amóɾes] y no *[kantár̄es]; *amor alguno* [amóɾalɣúno] y no *[amór̄alɣúno], *dar ayuda* [dáɾajúða] y no *[dár̄ajúða], etc. De hecho, podemos tener pares mínimos como entre las frases *amar a ese* [amáɾaése] (con vibrante simple) y *amarra ese* [amár̄aése]. Por este motivo parece preferible adoptar un análisis según el cuál en posición final de palabra (y de morfema) la única vibrante que ocurre es el fonema /ɾ/, vibrante simple: /kaNtáɾ/, /paRtíɾ/, /amóɾ/, etc., que, en pronunciación enfática tendría la vibrante múltiple como alófono ante pausa o consonante.

En posición inicial de palabra tampoco hay contraste entre las vibrantes. Esta vez lo que encontramos son realizaciones del fonema vibrante múltiple /r̄/. Es fácil apreciar que *a Roma* [ar̄óma] contrasta con *aroma* [aɾóma] mientras que *de rota* y *derrota* son secuencias homófonas: [der̄óta]. Dada la posibilidad de contraste en ejemplos como *a Roma* vs. *aroma*, podemos concluir que la única vibrante que tenemos al inicio de palabra es la vibrante múltiple /r̄/ (aunque siguiendo estrictamente los postulados de la Escuela de Praga tendríamos también aquí el archifonema /R/, realizado obligatoriamente como la vibrante múltiple en esta posición).

Para dar un último ejemplo de archifonema, consideremos la situación fonológica de las oclusivas finales de sílaba. Notamos antes que la oposición entre oclusivas sordas y sonoras se encuentra neutralizada en posición final de sílaba. Una palabra como *apto* puede pronunciarse sea como [ápto] sea como [áβto]. ¿Fonémicamente qué tenemos, pues, /ápto/ o /ábto/? En este caso también es útil hacer uso del concepto de archifonema y representar /áPto/.

## Ejercicios de repaso

**Ejercicio 12.**

1. ¿Cuáles de las siguientes palabras empiezan con una consonante velar?
   *perro gato moto queso jamón lago fruta gente cuando*
2. ¿Cuáles de las siguientes palabras empiezan con una consonante alveolar?
   *saco mono nunca higo lazo chico rato ñandú*
3. ¿Cuáles de las siguientes palabras empiezan con una consonante bilabial?
   *mono pato guante burro vaca zorro faro*
4. ¿Cuáles de las siguientes palabras empiezan con una consonante sorda?
   *piso beso caso vaso género toldo diente suelo zapato*
5. ¿Cuáles de las siguientes palabras *contienen* una fricativa interdental sorda en el dialecto del norte y centro de España?
   *saco ciento zapato piscina soga azul acero esquina izquierda*
6. ¿Cuáles de las siguientes palabras contienen una fricativa prepalatal [ʒ] o [ʃ] en el dialecto de Buenos Aires?
   *mayo calle huerta silla yo llanura gente*
7. ¿Cuáles de las siguientes palabras *empiezan* con una consonante nasal?
   *nunca año mosca piano ñandú sino aunque*
8. ¿Cuáles de las siguientes palabras contienen una consonante lateral en español mexicano?
   *arte pelo llorar yegua ala lado alto sencillo hierba*
9. ¿Cuáles de las siguientes palabras contienen una vibrante simple?
   *loco rato pera mosca parra arte abre honra*
10. ¿Cuáles de las siguientes palabras contienen una consonante labiodental en español general?
    *ambos boca verde frente afgano gente sofá cereza*

**Ejercicio 13.** Transcriba los sonidos subrayados y defínalos (Ejemplo: *burro* [b] oclusiva bilabial sonora):

1. *peso*
2. *fruta*

3. *nunca*
4. *mano*
5. *águila*
6. *lava*
7. *ambos*
8. *ajo*
9. *pez*
10. *pecho*
11. *roca*
12. *año*
13. *general*
14. *aquí*
15. *maravilla*
16. *envía*
17. *sabe*
18. *pera*
19. *énfasis*
20. *lago*
21. *boda*

**Ejercicio 14.** ¿En cuáles de las siguientes palabras puede realizarse la consonante subrayada como fricativa sonora [z]?

1. *pasta*
2. *soga*
3. *desgarro*
4. *esbozo*
5. *presente*
6. *zoológico*
7. *azteca*
8. *estima*
9. *esbirro*
10. *isleño*
11. *beso*
12. *buzón*
13. *desdicha*
14. *desilusión*
15. *israelita*
16. *histórico*
17. *asbesto*
18. *asno*
19. *brazo*
20. *visión*
21. *disgusto*

Tabla 2.14 *Las vocales del español*

|  | *anterior* | *central* | *posterior* |
|---|---|---|---|
| *alta* | i |  | u |
| *media* | e |  |  |
| *baja* |  | a |  |
|  | no redondeada |  | redondeada |

# 5 Vocales y semivocales

## 5.1 Fonemas vocálicos

En español tenemos cinco fonemas vocálicos, que podemos clasificar como lo hacemos en la tabla 2.14:

Los cinco fonemas vocálicos se definen, pues, del modo siguiente:

/i/ vocal alta anterior (no redondeada), /píno/
/u/ vocal alta posterior (redondeada), /púlga/
/e/ vocal media anterior (no redondeada), /péso/
/o/ vocal media posterior (redondeada), /póko/
/a/ vocal baja central (no redondeada), /pálo/

Si comparamos las palabras españolas *sí, su, sé, lo* con las inglesas *sea, Sue, say, low*, notaremos que las vocales españolas, al contrario que las inglesas de los ejemplos, son vocales puras, sin tendencia a la diptongación.

A diferencia del inglés e incluso de lenguas tan próximas como el **catalán** y el portugués, las vocales españolas mantienen su timbre en sílabas no acentuadas. Así se pronuncia, por ejemplo [kása] *casa* y no [kásə], con vocal reducida.

Las vocales medias pueden ser más abiertas (más bajas) o más cerradas (más altas) según el contexto. Así la /e/ de *perro* es normalmente más abierta que la de *pecho*. La diferencia entre estos alófonos no es, sin embargo, tan grande como en lenguas como el catalán y el portugués en que las vocales medias abiertas /ɛ/, /ɔ/ son fonemas que contrastan con las medias cerradas /e /, /o/.

En Andalucía oriental (la zona de Granada) y Murcia las vocales medias se abren extraordinariamente antes de /s/ y otras consonantes finales de palabra aspiradas o elididas. Esto permite la diferenciación de singulares y plurales por la cualidad de la vocal final aun en casos en que la /s/ se elide por completo. Así el singular *libro* [líβɾo] contrasta con el plural *libros* [líβɾɔ] y *libre* [líβɾe] contrasta con *libres* [líβɾɛ]. La vocal /a/ tiene también una realización más alta y adelantada en este contexto, parecida a la vocal del inglés *cat*, como en *libra* [líβɾa] y *libras* [líβɾæ]. La apertura de la vocal final puede transmitirse también en este

Tabla 2.15 *Las vocales del inglés*

|                | anterior | central | posterior |
|----------------|----------|---------|-----------|
| alta tensa     | /i/ [iⁱ] *beet, seek* | | /u/ [uᵘ] *boot, food* |
| alta relajada  | /ɪ/ *bit, sick* | | /ʊ/ *good, book, put* |
| media tensa    | /e/ [eɪ̯] *bait, mate* | | /o/ [oʊ̯] *boat, lone* |
| media relajada | /ɛ/ *bet* | /ʌ/ *but, buck, cut* | /ɔ/ *bought, dog, dawn* |
| baja           | /æ/ *bat, mad* | | /ɑ/ *pot, Don* |

dialecto a la vocal de la sílaba acentuada si esta es media, como en *mono* [móno] y *monos* [mónɔ].

En contacto con consonante nasal las vocales se nasalizan parcialmente. Especialmente las vocales situadas entre dos nasales, como la segunda vocal de *semana*, pueden presentar un grado de nasalización bastante apreciable, sin llegar a sonar como las vocales fonológicamente nasales del francés o el portugués.

Además de estas cinco vocales, tenemos dos semivocales, que aparecen antes o después de la vocal en la misma sílaba:

[i̯] semivocal palatal [ti̯éne], [péi̯ne]
[u̯] semivocal labiovelar [ku̯ándo], [áu̯ŋke].

Las semivocales se conocen también como deslizadas o deslizantes (traducción del inglés *glide*). Algunos autores distinguen entre **semiconsonantes**, si preceden a la vocal, como en [i̯a], y semivocales, en sentido estricto, si siguen a la vocal, como en [ai̯]. En este libro no hacemos esta distinción, que es totalmente predecible del contexto. El estatus de las semivocales [i̯], [u̯] como fonemas independientes o como simples alófonos de las vocales altas es un tema debatido en la fonología del español. Como veremos en la sección siguiente, aunque la distribución de las semivocales es generalmente predecible, hay algunos casos de contraste fonémico entre semivocal y vocal alta.

Las vocales medias tienen también alófonos no silábicos [e̯], [o̯] en el habla rápida, como veremos más adelante.

El inglés tiene más vocales que el español, diez u once fonemas vocálicos diferentes, según el dialecto; véase la tabla 2.15. Empezando con las vocales altas, las vocales largas y tensas /u/, /i/ de, por ejemplo, *food* y *seek* contrastan con las más breves y relajadas /ʊ/, /ɪ/ de *good* y *sick*. De manera semejante, las tensas, diptongantes, /e/ [eɪ̯], /o/ [oʊ̯], de *mate* y *lone, loan*, contrastan con las breves relajadas /ɛ/, /ɔ/, de *met* y *lawn*. Existe también una vocal media central /ʌ/, como en *cut*. Por último, hay un contraste entre dos vocales bajas, una anterior /æ/, como en *pat*, y otra posterior /ɑ/, como en *pot*. El contraste entre /ɔ/ y /ɑ/ se ha perdido en algunos dialectos. Así algunos hablantes distinguen entre *Dawn* /dɔn/ y *Don* /dɑn/ o *caught* y *cot* y otros no.

Además el timbre de las vocales del inglés se ve afectado de manera extraordinaria por una /ɹ/ siguiente como en *car, bird, deer, horse*, etc.

Hemos mencionado ya que las vocales tensas o largas del inglés tienden a la diptongación. No llegan, sin embargo, a ser diptongos claros como los del español. Por ejemplo, la palabra inglesa *lay* se diferencia por su diptongación de la española *le*, pero su elemento semivocálico final no llega a ser tan largo como el de la palabra española *ley*. Tanto en *le* como en *lee* tenemos vocales puras, no diptongantes, en español, mientras que *ley* tiene un diptongo con ambos elementos bien pronunciados. El sonido final en inglés *lay*, *say*, *San Jose* representa una situación intermedia, que podemos definir como vocal diptongante o diptongo breve.

## 5.2  Secuencias de vocales

Cuando dos vocales aparecen en secuencia a veces se pronuncian juntas en una sola sílaba, como *io* en *Mario*, y otras veces se pronuncian en sílabas separadas, como *ia* en *María*. Cuando dos vocales constituyen una única sílaba decimos que tenemos un **diptongo**. Por el contrario, dos vocales seguidas pronunciadas en sílabas separadas forman un **hiato**.

En los diptongos solo un segmento es una verdadera vocal. En la segunda sílaba de *Mario*, por ejemplo, la vocal es [o]. El otro elemento del diptongo, que tiene duración más breve que una auténtica vocal, se denomina **semivocal** o *deslizante*, como ya hemos indicado. Utilizamos los símbolos [i̯], [u̯] para la semivocal anterior y posterior respectivamente. Así, transcribiremos *Mario* como [mári̯o] y *aula* como [áu̯la]. Las semivocales no reciben representación ortográfica diferente de las vocales en español, excepto que en posición final de palabra la semivocal [i̯] se escribe *y*, como en *estoy* [estói̯] (pero el mismo diptongo se escribe *oi* en *boina* [bói̯na]). Una secuencia ortográfica como *ie*, por ejemplo, puede representar un diptongo [i̯e] o un hiato [i.e] (indicamos con un punto la separación en sílabas). La presencia del acento ortográfico sobre la *i* o la *u* nos indica que tenemos un hiato, como en *María*, *ríe*, *gradúa* (frente a *Mario*, *pie*, *agua*, que contienen un diptongo). Sin embargo, como veremos, la distinción diptongo/hiato no está siempre indicada de este modo en la ortografía del español.

Podemos distinguir dos tipos de diptongos: crecientes y decrecientes. En los *diptongos crecientes* el segundo elemento es más abierto que el primero; es decir, tenemos una secuencia semivocal + vocal, como en [i̯a], [u̯e]. La secuencia aumenta o crece progresivamente en apertura. Por el contrario, en los *diptongos decrecientes*, el primer elemento es más abierto que el segundo; la secuencia es vocal + semivocal, como en [ai̯], [eu̯], en que el movimiento es de una posición más abierta a una posición más cerrada.

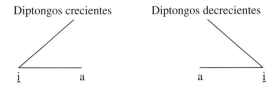

Diptongos crecientes          Diptongos decrecientes

i̯          a                    a          i̯

Tabla 2.16 *Los diptongos del español*

| Diptongos crecientes (semivocal + vocal) | |
|---|---|
| [i̯a] *Santiago* | [u̯a] *cuando* |
| [i̯e] *pierna* | [u̯e] *puedo* |
| [i̯o] *idioma* | [u̯o] *ventrílocuo, cuota, monstruo*\* |
| [i̯u] *viuda* | [u̯i] *cuida* |

| Diptongos decrecientes (vocal + semivocal) | |
|---|---|
| [ai̯] *aire* | [au̯] *jaula* |
| [ei̯] *peine* | [eu̯] *deuda* |
| [oi̯] *boina* | [ou̯] *Bousoño, bou*\* |
| [ui̯] (*muy*) | [iu̯] _____ |

Aunque el español tiene bastantes menos vocales que el inglés, es más rico en diptongos. En concreto, el español tiene diptongos crecientes, como [i̯a] que no son comunes en inglés. Por ejemplo, en español nombres como *San Diego*, *Indiana* contienen diptongos crecientes. En cada uno de estos dos nombres tenemos tres sílabas en español: *San. Die.go* [san̪di̯éɣo], *In.dia.na* [in̪di̯ána]. En inglés, por el contrario, estas secuencias se pronuncian en hiato: *San. Di.e.go, In. di.a.na*, con cuatro sílabas en cada caso.

Las secuencias que pueden formar diptongo en español son las que ejemplificamos en la tabla 2.16.

Los diptongos que hemos marcado con un asterisco detrás de los ejemplos correspondientes son raros en español: [u̯o] aparece en muy pocas palabras, y [ou̯] solo en nombres de origen gallego-portugués como *Bousoño, Sousa*, o catalán, como *Masnou*, en siglas como *COU* y en algún préstamo del catalán como *bou*.

Observemos también que las secuencias *iu, ui*, de dos vocales altas pronunciadas en diptongo las hemos clasificado como diptongos crecientes [i̯u], [u̯i] en vez de diptongos decrecientes. En realidad estas dos realizaciones son difícilmente distinguibles y parece haber preferencias diferentes en algunos dialectos. Lo general, sin embargo, es que *viuda* rime con *suda* y no con *vida*, lo que nos lleva a concluir que en el diptongo *iu* la vocal es [u], mientras que *cuida* rima con *vida*, lo que indica que en *ui* la vocal es [i]. La excepción es la palabra *muy*, que de manera enfática se pronuncia con alargamiento del primer elemento del diptongo: *muuuy bueno*.

Podemos tener también **triptongos** como en *buey* [bu̯éi̯] y *Paraguay* [paráɣu̯ai̯], donde la vocal va precedida por una semivocal y seguida por otra. Los triptongos son relativamente raros, pero se dan en las formas verbales de vosotros (empleadas solo en España) con verbos con diptongo en el infinitivo como *cambiar* y *aguar*. Véase la tabla 2.17.

Los diptongos ejemplificados en la tabla 2.16 contienen las semivocales [i̯], [u̯], ortográficamente representadas por *i-y, u*. Otras secuencias (*ea, oa, ae, ao,*

Tabla 2.17 *Ejemplos de triptongos*

| [i̯ai̯] | cambiáis  | [u̯ai̯] | aguáis, Uruguay |
|--------|-----------|--------|-----------------|
| [i̯ei̯] | cambiéis  | [u̯ei̯] | agüéis, buey    |
| [i̯au̯] | riau-riau | [u̯au̯] | guau            |

Tabla 2.18 *Secuencias en hiato*

(a) Hiatos sin vocal alta

| [e.a] *fea, teatro*     | [o.a] *toalla, almohada*   |
|-------------------------|----------------------------|
| [e.o] *feo, león*       | [o.e] *poema*              |
| [e.e] *leer, creemos*   | [o.o] *coordinado, mohoso* |
| [a.e] *cae, maestro*    | [a.o] *caos, tahona*       |
| [a.a] *azahar, albahaca* |                           |

(b) Hiatos de apertura creciente con vocal alta

| [i.a] *María*          | [u.a] *púa*    |
|------------------------|----------------|
| [i.e] *ríe*            | [u.e] *adecúe* |
| [i.o] *navío*          | [u.o] *dúo*    |
| [i.u] *diurno, Mihura* | [u.i] *huida*  |

(para algunos hablantes la palabra *diurno* contiene un diptongo)

(c) Hiatos de apertura decreciente con vocal alta

| [a.i] *país, caída*  | [a.u] *aúlla, tahur*             |
|----------------------|----------------------------------|
| [e.i] *yeísmo, leíste* | [e.u] *reúne*                  |
| [o.i] *oído*         | [o.u] *austro-húngaro, cousuario**|

(d) Secuencias de dos vocales altas idénticas

| [i.i] *tiíto, antiitaliano* | [u-u] *duunviro** |
|-----------------------------|-------------------|

*oe, eo*), incluyendo las secuencias de dos vocales idénticas (*aa, ee, oo*), forman siempre sílabas separadas en pronunciación cuidada. Es decir, constituyen hiatos, como en los ejemplos en (a) en la tabla 2.18. Además, las mismas secuencias que hemos visto que pueden formar diptongo aparecen también en hiato en otras palabras, como en (b) y (c) en la tabla 2.18. Las secuencias de dos vocales altas idénticas (*ii, uu*) son raras en español y solo se encuentran excepcionalmente en alguna palabra de estructura compleja como *tiíto*. Estas secuencias, en la medida en que pueden encontrarse ejemplos, también forman hiato en el habla cuidada, como las demás secuencias de vocales iguales, (d).

Cuando ninguna de las dos vocales en la secuencia es alta, tenemos, pues, siempre un hiato, al menos en la pronunciación más cuidada: *po.e.ta, ma.es.tro, te.a.tro*. Por el contrario, cuando uno de los elementos es *i, u*, podemos tener tanto un diptongo como un hiato. El que tengamos diptongo o hiato depende en gran parte de la posición del acento. Tenemos necesariamente un hiato con *í, ú* acentuada precedida o seguida por otra vocal no alta (es decir, si la *i* o la *u* es el elemento que lleva el acento, no puede ser una semivocal). Los hiatos se marcan ortográficamente con un acento cuando la vocal alta lleva el acento prosódico, como cn *María*, *navío*, *oído*, etc. Sin embargo, el acento no suele escribirse cuando las dos vocales son altas como en *huida o fluido*, que para muchos hablantes tienen una secuencia con hiato que contrasta fonológicamente con el diptongo de *cuida*. Esto es, *huida*, *fluido* tienen tres sílabas, exactamente como *oído*, mientras que *cuida* tiene solo dos (añadimos fronteras silábicas a las representaciones fonéticas para mayor claridad): [u.í.ða], [flu.í.ðo] vs. [ku̯í.ða]. Esta distinción es general en la mayor parte de España; falta por determinar su extensión en Latinoamérica.

En secuencias con *i*, *u* no individuada acentualmente, por el contrario, lo normal es el diptongo. Hay, sin embargo, algunas excepciones y estas no se señalan ortográficamente. Para algunos hablantes (especialmente de España) existe un contraste entre, por ejemplo, *riendo*, con hiato, y *siendo*, con diptongo, ambos con acento prosódico en la vocal [e]: *ri.en.do* [r̄i.én̪.do] vs. *sien.do* [si̯én̪. do], que no se marca ortográficamente al no ser la vocal alta la que tiene acento prosódico. El hiato tampoco se suele distinguir ortográficamente del diptongo en "pseudo-monosílabos" como (*él*) *rio*, (*él*) *guio*, *guion* que en realidad son bisílabos en muchos dialectos, [i.ó], y contrastan con los monosílabos *dio* [di̯ó], *vio* [bi̯ó] donde el acento ortográfico no es necesario según las reglas de la Real Academia precisamente por ser monosílabos. Notemos asimismo el contraste entre las tres palabras [pi.é] ("dije pío", pretérito del verbo *piar*), [pí.e] (subjuntivo de *piar*) y el sustantivo [pi̯é]. Este contraste no se hace, sin embargo, en todos los dialectos del español.

En los dialectos con el contraste mencionado, los casos con hiato donde la vocal alta no es la acentuada prosódicamente son la excepción y generalmente corresponden a palabras relacionadas morfológicamente con otras donde la vocal alta lleva el acento, como en *riendo*, que pertenece al mismo verbo que *ríe*, donde la [i] lleva el acento, *riada* [r̄i.á.ða], relacionada con *río*, *viable* [bi.á.βle] relacionada con *vía*, etc. También encontramos hiatos en palabras compuestas y con prefijos sobre todo si el acento va sobre la segunda vocal, como en *boquiancho*, *semiárido*. Finalmente, para muchos hablantes de dialectos con este contraste fonológico, hay palabras que excepcionalmente tienen hiato sin que exista ninguna explicación morfológica para ello. Por ejemplo, mientras que *diente*, *mientras*, *vientre*, *siente*, *tiene*, *pliegue* tienen un diptongo [i̯e], hay hablantes para los que la palabra *cliente* es diferente de las otras y contiene un hiato: *cli.en. te* [kli.én̪.te]. Estos casos hay que aprenderlos uno por uno en los dialectos con este contraste; es decir, son excepciones a la regla de que normalmente las secuencias con vocal alta no acentuada forman diptongo.

A nivel de representación fonémica lo más económico es marcar la frontera silábica en aquellas palabras en que, como excepción a la regla, tenemos secuencias en hiato con /i/, /u/ no acentuadas: /kli.énte/. Esta solución nos permite considerar las semivocales [i̯], [u̯] como simples alófonos de las vocales altas, pues dejando aparte estos casos, encontramos distribución complementaria entre vocales y semivocales: las semivocales [i̯], [u̯] son alófonos de /i/, /u/ en contacto con otra vocal y en posición no acentuada. (La otra solución teórica posible es considerar que las semivocales son fonemas independientes.)

## Resumiendo:

(1) Secuencias que incluyen solo vocales medias y bajas (*ea, ae, eo, oe, oa, ao, ee, aa, oo*): siempre en hiato. Ejemplos: *te.a.tro, a.é.re.o, po.e.ta, le.e.mos.*

(2) Secuencias con *í, ú* acentuadas (*ía, úa, ío, aí, oí, aú,* etc.): siempre en hiato. Ejemplos: *sa.bí.a, e.va.lú.a, im.pí.o, o.í.do, a.ú.na.*

(3) Otras secuencias (con *i, u* no acentuadas):
   (a) Generalmente son diptongos: *mie.do* [mi̯éðo], *due.lo* [du̯élo], *ai.re, sa. bio, jau.la, oi.go.*
   (b) Excepcionalmente son hiatos: *ri.en.do* [r̃ién̯do], *du.e.to* [duéto].

Excepto por las palabras que pertenecen al grupo (3b), la distribución de vocales y semivocales (o diptongos e hiatos) es predecible.

**Ejercicio 15.** Defina los siguientes sonidos y dé un ejemplo de palabra que contenga cada sonido. Indique también si el sonido ocurre solo en algunos dialectos del español o no ocurre en español, p.ej. [b] oclusiva bilabial sonora, *burro*.

1. [f]
2. [s]
3. [ŋ]
4. [l]
5. [m]
6. [x]
7. [r̄]
8. [θ]
9. [k]
10. [ɾ]

**Ejercicio 16.** Defina los siguientes conceptos (y dé ejemplos):

1. fonema
2. par mínimo
3. lleísmo/yeísmo/žeísmo
4. consonante oclusiva
5. sonido sordo
6. consonante vibrante
7. aspiración de /s/
8. neutralización de nasales
9. diptongo/hiato
10. vocal alta

**Ejercicio 17.** Conteste brevemente:

1. ¿Con qué letras se representa el sonido [k] en la ortografía española?
2. ¿Con qué letras se representa el sonido [g] en la ortografía española?
3. ¿Qué sonido representa la letra *h* ortográfica en español?
4. ¿Con qué letras se representa el sonido [x] en la ortografía del español?

**Ejercicio 18.** Indique las diferentes pronunciaciones de las consonantes subrayadas en distintos dialectos del español:

1. canta<u>n</u>
2. <u>ll</u>egar
3. reci<u>b</u>ir
4. e<u>s</u>tamos

**Ejercicio 19.** Indique si las secuencias subrayadas se silabifican en diptongo o en hiato:

1. Son<u>ia</u>
2. hac<u>ía</u>
3. hac<u>ia</u>
4. b<u>oa</u>to
5. b<u>aú</u>l
6. europ<u>eo</u>
7. <u>oi</u>gamos
8. d<u>ue</u>ño
9. c<u>ua</u>derno
10. p<u>eo</u>nada
11. m<u>ie</u>doso
12. b<u>eo</u>do
13. a<u>e</u>ropuerto
14. od<u>ia</u>rás
15. t<u>ie</u>rno

## 5.3   Pronunciación de las semivocales iniciales de sílaba

En posición inicial de sílaba, las semivocales [i̯], [u̯] tienden a reforzarse, neutralizándose, respectivamente, con la consonante palatal /ʝ/ y con el grupo /gu/, para quizá la mayoría de los hablantes de español. Así, *hierro* se pronuncia exactamente igual que *yerro* (de *errar*) y no hay contraste tampoco en las secuencias ortográficas subrayadas de *agüita* y *ahueca* o *desguazo* y *deshueso*.

En inicio de palabra, la ortografía española distingue entre la grafía *hi-* ante vocal y la grafía *y-* de acuerdo con criterios generalmente etimológicos, aunque hay también palabras de ortografía variable como /ʝérba/ [ʝérβa], escrita *hierba* o *yerba* y como /ʝédɾa/ [ʝéðɾa] que puede escribirse *yedra* o *hiedra*. Como dijimos antes, sin embargo, hay hablantes y dialectos que pronuncian *hi-* ortográfica ante vocal con menos constricción que *y-*.

En posición intervocálica interior de palabra se escribe *-y-* (o *-ll-*), excepto en algún cultismo como *paranoia* y algún topónimo como *Ushuaia*. Salvo en Argentina, donde la *-i-* ortográfica no se refuerza en fricativa, lo común es que, por ejemplo, *paranoia* y *tramoya* se realicen con la misma secuencia [-oja]. Notemos la alternancia en, por ejemplo, *creían* [kɾe.í.an] y *creyeron* [kɾe.jé.ɾon], *huía* [u.í.a] y *huya* [ú.ja] o *ley* [léi̯] y *leyes* [lé.jes], donde en posición consonántica (intervocálica y no acentuada) aparece [j], alternando con la vocal [i] o la semivocal [i̯] en palabras del mismo **paradigma flexivo**.

En cuanto a /u-/ /gu-/ ante vocal, suele escribirse *hue-* al principio de palabra (*hueso, hueco, huerto*) pero *gua-* (*guante, guardia, guasa*) por motivos que son justificables desde un punto de vista etimológico. En algunas palabras encontramos también variación en la ortografía, y puede verse escrito *guanaco* o *huanaco, guagua* o *huahua, huero* o *güero, huiro* o *güiro*, etc., si bien no siempre están recogidas ambas ortografías de estas palabras en el diccionario de la Real Academia. Es interesante notar que en palabras del náhuatl y otras lenguas de México se suele escribir *hua-* (*Chihuahua, huasteco*, pero *aguacate*), mientras que generalmente en palabras de otros orígenes, incluyendo las que vienen del quechua y de las lenguas del Caribe se prefiere *gua-*, aunque la pronunciación es la misma (*guanaco, guajiro, guateque*). Fonéticamente tenemos, por ejemplo: *ese hueso* [éseɣu̯éso] ~ [éseu̯éso]; *un hueso* [uŋgu̯éso] (con oclusiva después de nasal); *agüita* [aɣu̯íta] ~[au̯íta]. Los hablantes de español que están empezando a aprender inglés tienden a no "oír" la diferencia entre palabras inglesas como *Gwen* y *when*, dado que este contraste está neutralizado en su lengua nativa. (Chiste: "¿Qué le dijo un jaguar a otro jaguar?" "Jaguar yu" (= How are you?).)

Notemos que un caso diferente es el de *huida* (y el verbo *huir*). Esta palabra tiene un hiato, [u.í.ða], y se distingue de otras palabras con diptongo como *huiro* (o *güiro*), [(g)u̯í.ro].

> **Ejercicio 20.** Hecho verídico. En una reedición de la obra de una autora ya fallecida, lo que la autora había escrito como *expiar sus yerros* ("atone for her errors") aparece transformado en *espiar sus hierros* ("spy her irons"), que no tiene ningún sentido en el contexto de la narración, ¿Qué nos dicen estos errores acerca del sistema fonológico del editor (y, lo más seguro, de su secretario, a quien estaba dictando)?

## 5.4  ¿Un fonema menos?

Algunos autores han propuesto que la consonante palatal /j/ no debe considerarse un fonema independiente en español, sino que corresponde a ciertas

Tabla 2.19 *Dos análisis fonológicos de la consonante palatal [j] (~ [ ɟ ])*

| ortografía | pronunciación | análisis A | análisis B |
|---|---|---|---|
| *mayo* | [májo] | /májo/ | /máio/ |
| *bahía* | [baía] | /baía/ | /baía/ |
| *boya* | [bója] | /bója/ | /bóia/ |
| *oía* | [oía] | /oía/ | /oía/ |
| *oye* | [óje] | /óje/ | /óie/ |
| *yeso* | [jéso] | /jéso/ | /iéso/ |
| *hielo* | [jélo] | /jélo/ | /iélo/ |
| *lleva* | [jéβa] | /jéba/ | /iéba/ |

realizaciones alofónicas del fonema /i/. En este análisis los sonidos aproximante o fricativo [j] y oclusivo/africado [ɟ] son simplemente formas reforzadas de la semivocal [i̯] cuando se encuentra al principio de sílaba en posición consonántica y, por tanto, pueden considerarse alófonos del fonema /i/. Esta solución, aunque no exenta de problemas, es intuitivamente atractiva, sobre todo en dialectos del español donde las realizaciones de la consonante palatal en *mayo*, *yeso*, etc., tienden a ser muy abiertas.

Para ver si este análisis es correcto, la pregunta que debemos contestar es la siguiente: ¿Podemos reemplazar el símbolo /j/ por /i/ en las representaciones fonológicas que hemos venido utilizando hasta ahora sin que se produzca ninguna ambigüedad en la pronunciación? Si esto es así, eso quiere decir que el símbolo fonémico /j/ es superfluo.

Comparemos un análisis fonológico con el fonema /j/ (análisis A en la tabla 2.19) con otro análisis del español sin este fonema (análisis B). Es fácil comprobar que, en efecto, en la mayoría de los casos, /j/ puede eliminarse como símbolo fonémico, sin que esto nos plantee mayores problemas (análisis B), siempre y cuando incluyamos información sobre la posición del acento, como se nota en la tabla 2.19.

Como vemos, en las posiciones que ilustran los ejemplos en la tabla 2.19, intervocálica e inicial de palabra, no hay oposición fonémica entre [i] y [j]: tenemos [í] en posición acentuada y [j] cuando este segmento no lleva el acento. Por supuesto, este análisis no se aplica a dialectos como el argentino que contrastan *hierba* con *yerba* o *paranoia* con *tramoya*.

El problema para adoptar el análisis B nos lo plantean ciertos ejemplos donde la consonante palatal aparece en posición posconsonántica, como *deshielo*, que es diferente que *desierto*, y *cónyuge*, que contrasta, por ejemplo, con *boniato*. Para mantener el análisis B, con un único fonema, debemos de marcar las fronteras silábicas en palabras como *deshielo* (donde corresponde con la frontera del prefijo) y *cónyuge* (que es un caso bastante excepcional). Esta es la misma estrategia que, como vimos antes, podemos utilizar para marcar la pronunciación en hiato en palabras como *cliente*. Véanse los ejemplos en la tabla 2.20.

Tabla 2.20 *Contrastes fonémicos o de silabificación entre [i], [i̯], [j]*

| ortografía | pronunciación | análisis A | análisis B |
|---|---|---|---|
| *desierto* | [desi̯érto] | /desi̯érto/ | /desiérto/ |
| *deshielo* | [dezjélo] | /desjélo/ | /des.iélo/ |
| *boniato* | [boni̯áto] | /boni̯ato/ | /boniáto/ |
| *cónyuge* | [kónʲjuxe] | /kónjuxe/ | /kón.iuxe/ |
| *píe* | [píe] | /píe/ | /píe/ (subjuntivo de *piar*) |
| *pie* | [pié] | /pié/ | /pi.é/ (pretérito de *piar*) |
| *pie* | [pi̯é] | /pi̯é/ | /pié/ ("foot") |

En un análisis fonológico, análisis A, se postula la existencia de tres fonemas, la vocal /i/, la semivocal /i̯/ y la consonante /j/. En el otro análisis que ofrecemos, análisis B, tenemos, en cambio, un único fonema /i/ (con realizaciones vocálicas, semivocálicas y consonánticas) pero tenemos que indicar un contraste fonológico en la división silábica en ciertos casos. Otros análisis son también posibles. Este es uno de los puntos más debatidos en el análisis fonológico de la lengua española.

## 5.5 La contracción silábica

Lo que hemos visto sobre diptongos e hiatos se aplica a la forma en que se citan las palabras y al habla lenta y cuidada. Esta es la división en sílabas que se toma en cuenta para las reglas de acento ortográfico. Comparemos, por ejemplo, las palabras *petróleo* y *monopolio*. La primera lleva acento escrito y la segunda no. El motivo es que su silabificación es diferente. La palabra *petróleo* contiene una secuencia que necesariamente forma hiato: [pe.tró.le.o]. La sílaba acentuada es, pues, la antepenúltima (la tercera desde el final). Todas las palabras con acento antepenúltimo llevan acento ortográfico en español. Por el contrario, la palabra *monopolio* contiene un diptongo: [mo.no.pó.li̯o] y el acento cae por tanto en la penúltima.

En el habla rápida o coloquial (y en algunos dialectos, en todos los estilos), sin embargo, es común reducir los hiatos a una sola sílaba, incluso entre palabras. Dos vocales seguidas pueden formar una sola sílaba aunque se encuentren en palabras diferentes. Este proceso de contracción se conoce como **sinalefa** (del griego *syn-aleíphein* "mezclar, con-fundir"). La sinalefa es especialmente frecuente cuando ninguna de las dos vocales afectadas lleva acento prosódico. Como consecuencia de la contracción silábica podemos tener tanto semivocales altas como medias. Si las vocales tienen diferente altura, la más alta de las dos se convierte en semivocal (indicamos la semivocal con el signo diacrítico [ ̯] debajo del segmento):

| | |
|---|---|
| *mi amigo* [i̯a] | *tu amigo* [u̯a] |
| *perla italiana* [ai̯] | *mucha unidad* [au̯] |
| *perla espantosa* [ae̯] | *perla horrorosa* [ao̯] |
| *te acomoda* [e̯a] | *lo aguardaba* [o̯a] |

Si las dos vocales son de la misma altura, por regla general es la primera de las dos la que se hace semivocal:

*bici usada* [i̯u]    *espíritu insaciable* [u̯i]
*este osito* [e̯o]    *lo esperaba* [o̯e]

Finalmente, si las dos vocales son idénticas pueden reducirse a la duración de una sola vocal:

*estaba hablando* [a]        *otro osito* [o]
*te esperamos* [e]          *mi idea* [i]
(Chiste: "El arroz está blando". "¿Sí?, ¿y qué dice?")

En el habla rápida los mismos fenómenos pueden producirse también en secuencias interiores de palabra, en cuyo caso el fenómeno se denomina **sinéresis** (otra palabra con el prefijo griego *syn-* "junto con"). Así, aunque en forma cuidada, al citar la palabra, tenemos, por ejemplo, *em.pe.o.ra.ba, to.a.lla, le.e.re.mos, pe.le.ar*, con vocales adyacentes pronunciadas en hiato, en el habla rápida podemos pronunciar *em.peo.ra.ba, toa.lla, lee.re.mos, pe.lear*.

Habla lenta:    *un-po-e-ta-im-por-tan-te    te-a-tro-in-glés*
Habla rápida:   *un-po̯e-tai̯m-por-tan-te    te̯a-troi̯n-glés*

La formación de diptongo es prácticamente obligatoria entre palabras con un lazo sintáctico fuerte cuando una vocal alta no acentuada va precedida o seguida por otra vocal, como en ejemplos como *mi amigo* [mi̯amíɣo], *tu hermano* [tu̯ermáno], *la imagen* [lai̯máxen], *la unión* [lau̯ni̯ón], etc.

Como hemos dicho, las vocales medias /e/, /o/, no solo las altas, pueden perder su silabicidad en el habla rápida, dando lugar a los alófonos [e̯], [o̯] que constituyen el elemento débil o semivocálico de un diptongo: *este otro* → [este̯ótro], *otro amigo* → [otro̯amíɣo]. En algunos dialectos y estilos las vocales medias /e/, /o/, al perder su silabicidad, pasan a las semivocales [i̯], [u̯]. Así, por ejemplo, *peleamos*, que en su forma cuidada es [pe.le.á.mos], en habla coloquial se pronuncia [pe.le̯á.mos] o [pe.li̯á.mos]; según el dialecto y estilo de habla, *almohada* [al.mo.á.ða] puede pronunciarse [al.mu̯á.ða], *se aleja* [si̯aléxa], etc. Debido a este fenómeno, en el habla coloquial de muchas regiones infinitivos como *cambiar, enviar* y *pelear*, riman todos en [-i̯áɾ] a pesar del contraste en formas como *cambia, envía* y *pelea*. En el caso más extremo, la sinéresis puede hacer que una vocal acentuada se convierta en semivocal, con desplazamiento del acento al elemento vocálico más abierto del diptongo: *maestro* [ma.és.tro] → [mái̯s.tro], *serían las tres* [se.rí.an.las. trés] → [se.ri̯án.las.trés], *sería oscuro* [se.rí.a.os.kú.ro] → [se.ri̯áo̯s.kú.ro].

La contracción silábica se tiene en cuenta al contar las sílabas en la poesía en español. Veamos un ejemplo. La "Canción del pirata" de José de Espronceda (1808–42) está escrita en versos de ocho sílabas. Estos son los cuatro primeros versos:

*Con diez cañones por banda*
*viento en popa a toda vela*
*no corta el mar sino vuela*
*un velero bergantín.*

Las sílabas se cuentan de la siguiente manera:

| Con / | diez / | ca / | ño / | nes / | por / | ban / | da | = 8 |
|---|---|---|---|---|---|---|---|---|
| vien / | to en / | po / | pa a / | to / | da / | ve / | la | = 8 |
| no / | cor / | ta el / | mar / | si / | no / | vue / | la | = 8 |
| un / | ve / | le / | ro / | ber / | gan / | tín | | = 7+1* |

(* Los versos terminados en palabra aguda se cuentan como si tuvieran una sílaba más, por convención.) Nótese que en el segundo verso hay dos sinalefas (contracciones silábicas entre palabras) y en el tercer verso otra.

**Ejercicio 21.** Divida las siguientes frases en sílabas, primero en pronunciación lenta y después en pronunciación rápida, sin pausas entre palabras. Recuerde que en pronunciación lenta (que corresponde a la representación fonémica), los únicos diptongos son los formados por [i̯] o [u̯] más vocal o viceversa.

|  |  | habla lenta | habla rápida |
|---|---|---|---|
| Ejemplo: | *quiero esa* | ki̯é-ro-é-sa | ki̯é-ro̯é-sa |
| | *su amor* | | |
| | *puede atar* | | |
| | *cuenta esquinas* | | |
| | *este islote* | | |
| | *la envidio* | | |
| | *empeoraba* | | |
| | *lo encontré* | | |

**Ejercicio 22.** El poeta español Miguel Hernández (1910–42) combinó versos de cinco y siete sílabas en sus "Nanas de la cebolla", como vemos en la siguiente estrofa:

| *Al octavo mes ríes* | = 7 |
|---|---|
| *con cinco azahares* | = 5 |
| *con cinco diminutas* | = 7 |
| *ferocidades* | = 5 |
| *con cinco dientes* | = 5 |
| *como cinco jazmines* | = 7 |
| *adolescentes* | = 5 |

¿Cómo debemos silabear el segundo verso (*con cinco azahares*) para que cuente el mismo número de sílabas que el cuarto (*ferocidades*)?

**Ejercicio 23.** El verso más usado en las poesías y canciones populares en lengua española es el de ocho sílabas, formando estrofas con rima en los versos pares. Esta es la medida de la conocida canción mexicana que reproducimos a continuación. Primero divida las palabras en sílabas como correspondería al habla lenta y cuidada. Después indique todas las contracciones silábicas (sinalefas y sinéresis) que es necesario hacer para que cada verso cuente ocho sílabas. Recuerde que, por convención, los versos terminados en aguda cuentan una sílaba más. Es decir, los versos pares en esta estrofa deben medir siete sílabas, más una por terminar en aguda (7+1):

*Ya se secó el arbolito*
*donde dormía el pavo real,*
*y ahora dormirá en el suelo*
*como cualquier animal.*

## 6    La silabificación

### 6.1    Criterios para dividir en sílabas

Dejando a un lado los fenómenos relacionados con las secuencias de vocales, que ya hemos considerado, en español la división en sílabas, silabeo o **silabificación** es bastante sencilla. Al contrario que en lenguas como el inglés, los hablantes de español suelen tener intuiciones bastante claras acerca de cómo dividir las palabras en sílabas.

Un principio fundamental de la silabificación en español (y en muchas otras lenguas) es que no hacemos nunca división silábica entre consonante y vocal. En secuencias VCV (vocal-consonante-vocal), la consonante forma siempre sílaba con la vocal siguiente: V-CV Así *sopa* es *so.pa* y no *\*sop.a*.

Antes de seguir leyendo: ¿Cómo silabificaríamos *calabaza, abanico, epopeya, coche, carro, calle*?

La respuesta correcta es: *ca.la.ba.za*, *a.ba.ni.co*, *e.po.pe.ya*, *co.che*, *ca.rro*, *ca.lle*. Recuerde que las secuencias ortográficas *ch*, *rr* y *ll* representan una sola consonante que se escribe con dos letras.

Cuando tenemos un grupo de dos consonantes, en secuencias del tipo VCCV, silabificamos V-CCV si el grupo consonántico es de los que pueden aparecer al principio de palabra y VC-CV en caso contrario. Así dividiremos *o.tro, si.glo* pero *al.to, es.te*.

Lo primero que tenemos que determinar, pues, es la respuesta a la siguiente pregunta: ¿Qué grupos consonánticos pueden aparecer al principio de palabra en español? Encontramos los grupos de consonantes que se muestran en la tabla 2.21.

La generalización es que estos son todos grupos de oclusiva + líquida o /f/ + líquida, con la excepción de que el grupo /dl-/ no es posible, y el grupo /tl-/ inicial de palabra aparece en español mexicano en topónimos y otras palabras tomadas del idioma náhuatl, como *tlapalería, tlacual, tlecuil, tlacuache*, pero no en el español de otras regiones.

Tabla 2.21 *Grupos consonánticos en posición inicial de palabra*

| /pɾ-/ | primero | /pl-/ | pluma | /bɾ-/ | broma | /bl-/ | blusa |
|-------|---------|-------|-------|-------|-------|-------|-------|
| /tɾ-/ | trampa | (/tl-/) | tlapalería | /dɾ-/ | drama | | |
| /kɾ-/ | crimen | /kl-/ | cláusula | /gɾ-/ | gris | /gl-/ | gloria |
| /fɾ-/ | francés | /fl-/ | flor | | | | |

Cuando estos grupos aparecen en interior de palabra se silabifican las dos consonantes juntas con la vocal siguiente: *a.gra.dar*, *a.pro.ve.char*, *ca.ble*, *a.fri.ca.no*. En el caso del grupo /-tl-/ que, como acabamos de señalar, es algo excepcional, encontramos variación dialectal. En Latinoamérica, Canarias y zonas del oeste de España, esta secuencia se mantiene junta y va con la vocal siguiente: *a.tlas*, *a.tlán.ti.co*, *a.tle.ta*. En el centro y este de España, sin embargo, este grupo se divide entre dos sílabas: *at.las*, *at.lán.ti.co*, *at.le.ta* (y, consecuentemente con esta silabificación podemos encontrar [að.lé.ta], etc.).

Por otra parte, en ejemplos como *alto*, *adjetivo*, *largueza* tenemos una silabificación *al.to*, *ad.je.tivo*, *lar.gue.za* con separación silábica entre las dos consonantes porque las secuencias *-lt-*, *-dj-*, *-rg-* no forman grupos iniciales admisibles.

El mismo principio se aplica a la silabificación de secuencias de más de dos consonantes. Si tenemos una secuencia de tres o más consonantes, tenemos que determinar cuál es la secuencia máxima que podría aparecer al principio de palabra y silabificar de acuerdo con este criterio. Así, por ejemplo, *entrada* será *en.tra.da*, porque el grupo /tɾ-/ es uno de los que pueden aparecer al principio de palabra y, por tanto, de sílaba. No tenemos *e.ntra.da*, porque el grupo *ntr-* no es posible en posición inicial.

Nótese que, a diferencia de lenguas como el inglés, grupos como *st*, *sp* no son posibles al principio de palabra en español. Por ello tenemos, por ejemplo, *in.sis.te* (y no *in.si.ste*).

---

**Antes de seguir leyendo:** ¿Cómo silabificaríamos *consta, instruye, perspectiva*?

La división correcta es: *cons.ta*, *ins.tru.ye*, *pers.pec.ti.va*. Este es un punto en el que el español difiere del inglés y al que hay que prestar atención.

---

**Ejercicio 24.** Divida las siguientes palabras en sílabas:

1. *extraordinario*
2. *contraproducente*
3. *destructivo*
4. *construcción*

5. *deslizaría*
6. *poetastro*
7. *instrumental*
8. *aeropuerto*
9. *égloga*
10. *administración*
11. *organismo*
12. *áureo*

## 6.2   Silabificación entre palabras

Cuando una palabra termina en consonante y la palabra siguiente empieza por vocal, consonante y vocal se unen en la misma sílaba en el discurso seguido:

*los amigos*     lo.s_a.mi.gos
*mar azul*       ma.r_a.zul
*son iguales*    so.n_i.gua.les

Por este motivo secuencias como *las alas* y *la salas* (le echas sal) se pronuncian igual (en dialectos sin aspiración).

Esta resilabificación no se da en casos como *las hierbas* o *los huecos* donde la segunda palabra no empieza por vocal sino por semivocal (consonantizada en diversa medida según el dialecto):

*la hierba*     la.hier.ba [lajérβa]
*las hierbas*   las.hier.bas [lazjérβas] (compárese: *la sierva* [lasi̯érβa])
*con hierbas*   con.hier.bas [konʲi̯érβas]
*otro hueco*    o.tro.hue.co [otɾoɣu̯éko]
*los huecos*    los.hue.cos [lozɣu̯ékos] (compárese: *lo sueco* [losu̯éko])
*con huecos*    con.hue.cos [koŋgu̯ékos]

## 7     Acentuación

### 7.1   Patrones acentuales

Desde un principio debemos dejar clara la distinción entre acento prosódico y acento ortográfico. **Acento prosódico** es el mayor relieve o prominencia que damos a una sílaba sobre las demás de la palabra. Por ejemplo, en la palabra *elefante*, la sílaba con acento prosódico es *fan*, mientras que en *administrar*, el acento prosódico recae sobre *trar*. El **acento ortográfico**, por su parte, es una marca gráfica que colocamos sobre algunas sílabas que tienen acento prosódico. Todas las palabras principales (nombres, adjetivos, adverbios, verbos) tienen acento prosódico sobre una de sus sílabas, pero este acento prosódico solo se indica ortográficamente en algunos casos. Si subrayamos la vocal de la sílaba con acento prosódico podemos ver esto con algunos ejemplos: *responsabilidad* y *constitución* tienen acento prosódico sobre la última sílaba; *emocionante* y *apóstol* tienen acento prosódico sobre la penúltima y *magnífico* y *régimen* tienen acento prosódico sobre la antepenúltima. La **sílaba** con acento prosódico se denomina sílaba **tónica**, mientras que una sílaba **átona** es la que no tiene acento prosódico. Se habla también de sílabas pretónicas y postónicas para referirse respectivamente a las que preceden o siguen a la tónica. Discutiremos primeramente la distribución del acento prosódico para después referirnos brevemente a las reglas sobre el acento ortográfico.

---

**Ejercicio 25.** Subraye la sílaba tónica en las siguientes palabras:

1. *escopeta*
2. *universitario*
3. *universidad*
4. *inteligencia*
5. *organizar*
6. *democracia*
7. *república*
8. *presidentes*
9. *tarea*
10. *organizaciones*

---

Algunas palabras no llevan acento prosódico. Este es el caso del artículo determinado, las preposiciones y algunos pronombres (pronombres átonos o **clíticos**). Por ejemplo, en *los amigos* o *el dibujo* hay una sola sílaba con relieve prosódico, aunque cada uno de estos ejemplos contiene dos palabras, mientras que en *dos amigos* o *él dibuja* normalmente cada una de las palabras tiene prominencia en una de las sílabas o en su única sílaba. Comparemos también *bajo la mesa*, significando "debajo de la mesa" donde *bajo* es una preposición átona, con las oraciones *(yo) bajo la mesa*, *(él) bajó la mesa*, donde *bajo* y *bajó* son verbos y tienen acento en la primera y última sílaba respectivamente.

Comparando *yo canto* con *lo canto*, *tú lavas* con *te lavas* o *párate* con *para ti*, podemos notar que en español tenemos dos tipos de pronombres con respecto a sus propiedades acentuales. Pronombres como *yo, tú, él, mí, ti* son tónicos, llevan acento prosódico, mientras que *me, te, lo, la, se* son átonos. Los pronombres átonos o clíticos aparecen siempre junto al verbo.

Podemos encontrar a veces secuencias bastante largas sin ningún acento prosódico. Así en una frase preposicional como *para la de mi hermano* el único acento prosódico es el que recae sobre la sílaba *-ma-*.

En palabras con acento prosódico – que incluyen todos los nombres, adjetivos, verbos y adverbios, además de algunas palabras de otros grupos – el acento recae siempre sobre una de las tres últimas sílabas. Es como si tuviéramos una **"ventana" de tres sílabas** al final de la palabra, fuera de la cual no es posible colocar el acento. Distinguimos entre palabras **agudas** u **oxítonas**, con acento en la última sílaba, como *animal* o *jabalí*; palabras **llanas**, graves o **paroxítonas**, como *americano* o *lápiz*, con acento en la penúltima; y palabras **esdrújulas** o **proparoxítonas**, como *égloga* o *artístico*, con acento en la antepenúltima. No hay otras posibilidades en español: patrones acentuales como los ilustrados por las formas hipotéticas *\*álbaricoquero*, *\*albáricoquero* o *\*albarícoquero* son todos imposibles en el sistema fonológico del español.

**Ejercicio 26.** Indique si las siguientes palabras son agudas llanas o esdrújulas (preste atención a las secuencias en hiato o diptongo):

1. *arquitectura*
2. *composición*
3. *área*
4. *tarea*
5. *cambio*
6. *telescopio*
7. *petróleo*
8. *ubérrimas*
9. *crueldad*
10. *amplías*
11. *mármol*
12. *hispánico*
13. *Hispania*
14. *altivez*
15. *autobús*

Palabras como *cantándomelo* son excepciones aparentes a la "ventana" de tres sílabas. Pero estas supuestas excepciones tienen una explicación sencilla: los pronombres clíticos no forman parte del dominio acentual. El acento prosódico se asigna a la forma verbal a partir de la última sílaba de esta, sin tomar en cuenta para ello si esta va seguida de algún pronombre enclítico. El acento penúltimo que recibe *cantando* no se modifica cuando añadimos enclíticos en las formas *cantándome* o *cantándomelo*. Los pronombres clíticos quedan, pues, fuera del dominio acentual y no afectan la asignación del acento. Sin embargo, por lo que respecta a la ortografía, los clíticos sí cuentan: *canta*, *cántame*. La convención de escribir los pronombres clíticos unidos al verbo cuando van pospuestos, como enclíticos, pero no cuando preceden al verbo, como proclíticos (*estás cantándomelo*, *me lo estás cantando*), no tiene motivación fonológica.

En sus propiedades acentuales los enclíticos contrastan con los sufijos derivativos, que sí forman parte del dominio acentual, provocando el movimiento del acento a la derecha y respetando la ventana de tres sílabas como puede verse en *sílaba*, *silábico*, *silabicidad* o en *urbe*, *urbano*, *urbanizar*, *urbanista*, para dar un par de ejemplos.

Tabla 2.22 *Patrones acentuales*

|              | __V         | __C        |
|--------------|-------------|------------|
| caso general | *calabaza*  | *aparador* |
| menos común  | *energúmeno*| *difícil*  |
| excepcional  | *jabalí*    | *régimen*  |

Los tres patrones acentuales posibles en español no son igualmente frecuentes en todos los casos. En este punto es necesario distinguir entre la acentuación de sustantivos, adjetivos y adverbios, por una parte, y la de los verbos, por otra, y también entre palabras terminadas en vocal y en consonante.

Empezando por las palabras acentuadas no verbales, el caso más frecuente o no marcado es que el acento prosódico recaiga sobre la penúltima sílaba si la palabra termina por vocal (como en *calabaza, elefante, veterinario*) pero en la última si termina en consonante (como en *calabacín, aparador, fundamental*). Más del 90% de los nombres, adjetivos y adverbios en español se ajustan a esta regla. Un caso bastante menos común, pero sin ser excepcional, es el de las palabras terminadas en vocal con acentuación esdrújula (como *energúmeno, fábula*) y el de las terminadas en consonante con acento penúltimo (como *árbol, lápiz, difícil*). Por último, el caso menos frecuente con mucho es el representado por las palabras terminadas en vocal con acento en la última (como *menú, jabalí, café*) y las terminadas en consonante con acento en la antepenúltima (como *régimen, análisis, déficit*). Véase la tabla 2.22.

Las generalizaciones que hemos establecido son para palabras en singular. Por regla general, el morfema de plural no afecta la acentuación de la palabra. El acento cae sobre la misma sílaba en el plural que en el singular: *casa, casas, árbol, árboles*. De estos hechos podemos concluir que el sufijo de plural queda fuera del dominio acentual de la palabra. Nos referiremos más adelante a algún caso especial en que la palabra en plural recibe el acento en una sílaba distinta a la que lleva el acento en el singular.

Las palabras terminadas en vocal y en consonante entran dentro de una generalización única por lo que respecta a los patrones no excepcionales si dejamos los llamados marcadores de género o elementos terminales fuera del dominio acentual. Estas terminaciones tienen un estatus especial pues, como es sabido, no aparecen cuando se agrega un sufijo derivativo, como cuando de *libr-o* derivamos *libr-et-a*, o de *cas-a, cas-er-o*, etc. Con respecto al acento, estos sufijos muestran la misma neutralidad que el plural: *francés, francesa, franceses; huésped, huéspeda, huéspedes*. Podemos, pues, concluir que los sufijos de flexión nominal quedan fuera del dominio acentual. De esta manera, podemos dar como regla general que el acento recae sobre la última vocal del dominio acentual:

Regla general    (*calabaz*)a    (*juvenil*)

El caso menos común es que el acento recaiga sobre la penúltima vocal en el dominio:

Caso menos común    (energúmen)o    (difícil)

Tanto en un subgrupo como en el otro de estas palabras que se acentúan una sílaba más a la izquierda de lo indicado por la regla general, ciertas terminaciones son especialmente frecuentes. Así entre las palabras esdrújulas encontramos muchas con terminaciones como -ísimo/-a (por ejemplo, guapísimo), -ico/-a (adjetival, como en electrónico, físico, no el diminutivo), -ulo/-a (espectáculo, ridículo, tabernáculo, vehículo, brújula). Entre las llanas o paroxítonas terminadas en consonante, las terminaciones más frecuentes son -en (examen, velamen, orden) e -il (fácil, útil), aunque muchas otras palabras con estas terminaciones se ajustan a la regla general y son agudas (amén, febril, sutil).

Arriba hemos incluido dos patrones entre los casos excepcionales, el presentado por palabras como jabalí y sofá, oxítonas terminadas en vocal, por una parte, y el que muestran palabras como régimen y Júpiter que son proparoxítonas y terminan en consonante, por otra. El primero de estos grupos deja de ser excepcional si tenemos en cuenta que su vocal final no es un sufijo flexivo, sino parte de la raíz. Como mencionamos antes, los sufijos de flexión nominal son eliminados cuando se añade un sufijo derivativo. Las vocales finales acentuadas muestran no pertenecer a esta clase en el hecho de que se mantienen en este caso. Así, el diminutivo de menú puede ser menuíto pero no *menito. O una persona que fabricara sofás podría ser quizá un sofacero, pero no un *sofero. Tomando esto en cuenta, estas palabras entran dentro del caso general. La diferencia entre la acentuación de casa y de sofá se debe a la condición de sufijo o de parte integrante de la raíz de la última vocal, en este análisis: cas-a, sofá, con acento en ambos casos sobre la última vocal de la raíz, excluyendo el sufijo de flexión.

El mismo razonamiento nos lleva a excluir palabras como análisis y síntesis del grupo con un patrón acentual excepcional. Esto es porque la terminación -is de estas palabras griegas es también un sufijo, compárese analítico, por ejemplo. Como se ve en palabras como virus/vírico, lejos /lejano, una vocal átona seguida de /-s/ final de palabra puede ser un elemento terminal separable de la raíz.

El resto de las palabras proparoxítonas terminadas en consonante sí que constituyen un caso verdaderamente excepcional. Muestra de ello es que no exista una regla clara para su pluralización. Así el plural de régimen es regímenes, donde el acento se mueve una sílaba hacia la derecha, pero el de ómicron, asíndeton o es invariable, los ómicron, los asíndeton (solución recomendada por la Real Academia), o muestra movimiento del acento dos sílabas la derecha, omicrones, asindetones. Otra solución es un plural aún más irregular: el hipérbaton, los hipérbatos. El motivo de estas irregularidades es que si aplicáramos la regla general de añadir -es sin afectar la posición del acento obtendríamos palabras como *régimenes, *ómicrones, *Júpiteres que violan la generalización de la

Tabla 2.23 *Acentuación del presente*

| | |
|---|---|
| *canto* | *modifico* |
| *cantas* | *modificas* |
| *canta* | *modifica* |
| *cantamos* | *modificamos* |
| *cantáis* | *modificáis* |
| *cantan* | *modifican* |

ventana de tres sílabas. Estas palabras tienen, pues, un carácter claramente excepcional en el sistema del español. (Palabras como *análisis* no varían en el plural, pero esto es de acuerdo con la regla especial de formación del plural que se aplica a las palabras terminadas en vocal átona seguida de -*s*: *lunes*, *virus*, *tesis*, etc.)

Otra generalización sobre la posición del acento en español es que no hay palabras esdrújulas en que la penúltima sílaba termine en consonante (no hay palabras como \**Sa.lá.man.ca*) o contenga un diptongo (\**Ve.né.zue.la*). Esta es una restricción que tiene su origen en las reglas de acentuación del latín (que veremos en el capítulo 5), pero que sigue observándose en algunas palabras de creación reciente. Comparemos, por ejemplo, *alófono* con *alomorfo* (no tenemos acentuación esdrújula, \**alómorfo*, porque la sílaba penúltima termina en consonante). Podemos, sin embargo, tener excepciones a esta regla en la acentuación de nombres extranjeros como *Wáshington*, *Ándersen*, etc., algún topónimo como *Frómista*, *Pátzcuaro* y préstamos recientes. Además, si la última sílaba contiene un diptongo creciente, no hay nunca acento esdrújulo. Así tenemos *caricia*, *Italia*, pero no hay palabras como \**cáricia*.

Las formas verbales siguen unas reglas de acentuación diferentes que los nombres y los adjetivos. En el **presente** de todos los verbos, el acento cae siempre sobre la penúltima, excepto en la forma de *vosotros* (y de *vos*), que tiene acento agudo. (A un nivel un poco más abstracto las formas de *vosotros* también se ajustan a la regla general, habida cuenta de que en español secuencias como /ái̯/ y /ái/ no contrastan nunca. Así, pues, podemos postular, por ejemplo, /kan.tá.is/, con acento en la penúltima, para lo que se pronuncia [kan̯táis].) Si consideramos el paradigma del **tiempo** presente, observamos que el acento se mueve en las formas de *nosotros* y *vosotros*.

Las formas de voseo usadas en Argentina y otros países, como (*vos*) *cantás*, tienen la misma fuente etimológica que las de vosotros, con reducción del diptongo.

Al contrario que en los nombres o adjetivos, no hay verbos que en el presente tengan acento antepenúltimo. Así, aunque tenemos nombres como *número*, *plática*, *fórmula*, *fábrica*, como formas verbales estas palabras cambian su acentuación en *yo numero*, *él platica*, *ella formula*, *usted fabrica*.

Todos los verbos se acentúan de la misma manera. La única excepción es *estar*, con acento sobre la terminación: *estoy*, *estás*, *está*. (El motivo es que en latín este verbo no tenía la /e/ inicial: STĀT > *está*.)

Tabla 2.24 *Acentuación columnar en otros tiempos verbales*

| pretérito | imperfecto | futuro | condicional |
|-----------|------------|--------|-------------|
| canté | cantaba | cantaré | cantaría |
| cantaste | cantabas | cantarás | cantarías |
| cantó | cantaba | cantará | cantaría |
| cantamos | cantábamos | cantaremos | cantaríamos |
| cantásteis | cantábais | cantaréis | cantaríais |
| cantaron | cantaban | cantarán | cantarían |

En otros tiempos verbales hay acento columnar, no regulado contando sílabas desde el final de la palabra, como vemos en la tabla 2.24.

En los tiempos del pasado (pretérito e imperfecto) el acento recae sobre la sílaba que sigue inmediatamente a la raíz verbal (en este caso *cant-*), sea esta la última como en *canté*, la penúltima como en *cantaste* o *cantabas*, o la antepenúltima como en *cantábamos*. En el futuro y condicional es la sílaba que empieza con *r-* (la marca de tiempo verbal) la que lleva el acento, y esta puede ser también la última como en *cantaré*, la penúltima como en *cantaremos* o *cantarías*, o bien la antepenúltima como en *cantaríamos*. Lo que se mantiene constante en estas formas verbales es la coincidencia del acento con un morfema determinado. En estos casos hablamos de acento morfológico.

## 7.2  Acento ortográfico

Las reglas para saber qué palabras llevan acento ortográfico son relativamente sencillas. En general, el acento se marca ortográficamente cuando no coincide con los patrones más comunes. El objeto de las reglas del acento ortográfico es indicar claramente la pronunciación de las palabras de la manera más económica posible (es decir, marcando dónde va el acento en el menor número posible de palabras). Las reglas son éstas:

1. Llevan acento ortográfico todas las palabras esdrújulas. Ejemplos: *brújula*, *número*, *árboles*, *régimen*.
2. Llevan acento ortográfico las palabras llanas terminadas en consonante diferente de *-n*, *-s*. Ejemplos: *césped*, *mármol*, *lápiz*, *tórax*. (También las llanas terminadas en *-s* precedida de otra consonante, como *bíceps*, pero hay muy pocas).

Como hemos visto, lo normal es que las palabras terminadas en consonante sean agudas, por eso las palabras que terminan en consonante pero que son llanas constituyen una minoría; son especiales. La excepción que se hace con respecto a las terminaciones *-n*, *-s*, se debe a que estas consonantes finales en la mayoría de los casos son marcas de plural (p.ej. *casas*) o de persona verbal (*cantas*, *cantamos*, *cantan*). Si no hiciéramos esta excepción, tendríamos que escribir el acento en estas formas plurales y verbales, lo que resultaría antieconómico.

3. Llevan acento ortográfico las palabras agudas de más de una sílaba terminadas en vocal, en -*n* o en -*s*. Ejemplos: *café*, *menú*, *colibrí*, *canción*, *anís*.

Las palabras agudas terminadas en vocal son muy pocas y las agudas terminadas en -*n* o -*s* son muchas menos que las palabras terminadas en estas consonantes que son llanas por ser plurales o formas verbales. Una consecuencia de esta regla, sin embargo, es que tenemos, por ejemplo, *camión*, *francés* (agudas terminadas en -*n*, -*s*) pero *camiones*, *franceses*, sin acento ortográfico (llanas terminadas en -*s*).

**Ejercicio 27.** En los siguientes ejemplos: (1) subraye la sílaba con acento prosódico y (2) escriba el acento ortográfico en las palabras que lo necesiten:

1. *imposicion*
2. *carismatico*
3. *responsabilidad*
4. *ridiculo*
5. *valor*
6. *especial*
7. *dificil*
8. *sintaxis*
9. *examen*
10. *examenes*

**Ejercicio 28.** Note los siguientes contrastes en cuanto al acento ortográfico:

*flórez*     *flores*
*cortez*     *cortés*

¿Puede explicar la distribución del acento ortográfico en estas palabras?

4. Hay reglas especiales de acentuación para las palabras que contienen secuencias de vocales en hiato, una de las cuales es *i*, *u* tónica. La función del acento en estos casos es distinguir los hiatos (caso especial) de los diptongos.

4a. Así, llevan acento las palabras llanas terminadas en *i*, *u* tónica seguida de una vocal no alta (*ia*, *io*, *ua*, etc.), cuando las dos vocales se pronuncian en hiato. Ejemplos: *María*, *sabía*, *hastío*, *monarquía*, *adecúa* frente a *Mario*, *sabia*, *bestia*, *democracia*, *agua*, que tienen diptongo. Esta regla se aplica también si hay una consonante final. Ejemplos: *Díaz*, *ríes*, *envían*, con hiato, frente a *Arias*, *series*, *cambian*, con diptongo.

**Ejercicio 29.** Las palabras *área*, *petróleo*, *áureo* llevan acento ortográfico pero las palabras *olio*, *dinosaurio*, *cambio* no lo llevan, ¿Por qué? Para contestar esta pregunta, primero divida las palabras en sílabas y subraye la sílaba acentuada.

4b. También llevan acento ortográfico palabras como *caí*, *maíz*, *país*, *baúl* en quc la vocal alta tónica *i*, *u* aparece en hiato después de otra vocal no alta.

4c. Se escribe también el acento en palabras como *caída* (frente a *baile*, con diptongo) que son llanas con hiatos decrecientes no finales.

Por el contrario, no se escribe el acento cuando las dos vocales en secuencia son altas, a no ser que la palabra requiera acento ortográfico según las reglas generales de acentuación (como *jesuítico*, que lleva acento según la regla 1, o *construí*, que lo lleva según la regla 3). Así, se escriben sin acento tanto *huida* como *cuida* aunque (en muchos dialectos) la primera palabra tiene un hiato y la segunda un diptongo: *hu.i.da*, *cui.da*. El contraste entre diptongo e hiato no se marca, pues, en las secuencias *ui*, *iu*.

Nótese que en todos los subcasos de la regla 4 el acento gráfico se utiliza para marcar el hiato cuando el acento prosódico recae sobre una vocal alta. El hecho de que una palabra como *cliente* tiene hiato [kli.én̯.te] en algunos dialectos (frente a *diente*, siempre con diptongo [di̯én̯.te]) no se señala ortográficamente porque el acento en *cliente* recae sobre la /e/. Recordemos de todas formas que hay también muchos otros dialectos dónde este contraste de silabificación no existe.

> **Ejercicio 30.** El caso de *guion* o *guión* es diferente. Consulte el *Diccionario Panhispánico de Dudas* (www.rae.es) y explique en sus propias palabras por qué esta palabra puede escribirse a veces con acento.

5. Por último, se utiliza también el acento gráfico para diferenciar pares de palabras con significados diferentes (acento diacrítico). Este recurso se utiliza sobre todo con pares de palabras monosilábicas, pero también con algunas de dos sílabas.

Hasta hace pocos años la regla era que de manera opcional, el acento puede escribirse también en los demostrativos cuando funcionan como pronombres, pero no cuando acompañan al nombre: *no quiero éste*, *quiero ése* pero *no quiero este libro*, *quiero ese cuaderno*. También era opcional escribir el acento en el adverbio *solo* (= solamente, "only") para distinguirlo del adjetivo *solo* "alone". Aunque muchas personas todavía siguen estas reglas, las últimas normas de la Real Academia, de 2010, han eliminado el uso del acento en estos dos casos.

Cuando funcionan como palabras interrogativas, escribimos *qué*, *quién*, *cuál*, *cuánto*, *cuándo*, *cómo*, con acento. Pero estas mismas palabras se escriben sin acento cuando tienen otra función en la oración. Ejemplos: *¿Cómo lo has hecho? Lo he hecho como me dijiste. ¿Cuándo vendrán? Vendrán cuando puedan. ¿Cuánto vale? Cuanto más lo pienso, menos lo entiendo.* Las palabras interrogativas llevan acento también en preguntas indirectas. Ejemplos: *No sé por qué*

Tabla 2.25 *Acento diacrítico*

| | | | |
|---|---|---|---|
| *más* | adverbio ("more") | *mas* | conjunción (comp.) ("but") |
| *mí* | pronombre ("me") | *mi* | adjetivo posesivo (det.) ("my") |
| *él* | pronombre ("he") | *el* | artículo ("the") |
| *qué* | interrogativo ("what") | *que* | complementante ("that") |
| *tú* | pron. personal ("you") | *tu* | adjetivo posesivo (det.) ("your") |
| *té* | sustantivo ("tea") | *te* | pronombre ("you") |
| *sí* | afirmación ("yes") o reflexivo ("-self") | *si* | condicional ("if") |
| *sé* | verbo ("I know"; "be!") | *se* | reflexivo/impersonal |
| *aún* | adv. tiempo (= todavía, "still") | *aun* | (= incluso, "even") |

*se lo dijiste. Me preguntó que quién lo iba a traer.* (El concepto de pregunta indirecta se explica en el capítulo de sintaxis.)

## 8    Entonación

La **entonación** es la melodía tonal de los enunciados. La entonación es lo que nos permite distinguir entre, por ejemplo, la **oración declarativa** *llegaron tus amigos* y la interrogativa *¿llegaron tus amigos?* También la entonación pone de manifiesto en cada caso si un enunciado como *Emilio vive en Sevilla* constituye, por ejemplo, la respuesta a *¿quién vive en Sevilla?* o a *¿dónde vive Emilio?*, entre otras posibilidades. Así, pues, dependiendo del contexto del discurso, emplearemos patrones entonativos diferentes. A otro nivel, la entonación también nos permite identificar la procedencia regional de los hablantes, quizá más claramente que cualquier otro rasgo lingüístico, y también su estado de ánimo.

Aquí estudiaremos solo las características melódicas más básicas y generales de la lengua española, aunque mencionaremos también algún caso de variación dialectal. Nos concentraremos en las oraciones declarativas finales de enunciado y en las interrogativas.

La entonación de cualquier enunciado en español consiste en una serie de subidas y bajadas de tono. Estas subidas y bajadas se producen en torno a dos puntos clave: las sílabas acentuadas y el final de las frases o grupos prosódicos.

### 8.1   La entonación de las oraciones declarativas simples

Consideremos los ejemplos dados en las figuras 2.10 y 2.11, que ejemplifican la entonación general de las declarativas neutras más simples, sin ningún matiz o énfasis especial.

En la primera palabra de los ejemplos en las figuras 2.10 y 2.11, tenemos un movimiento tonal ascendente empezando en el arranque de la sílaba tónica y culminando en la postónica. Vemos que, contrariamente a lo que a veces se suele

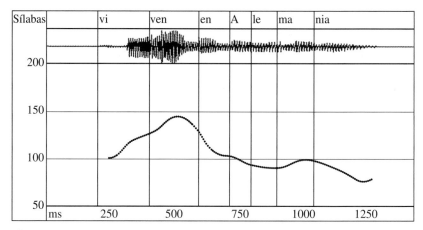

**Figura 2.10**  *Viven en Alemania.*

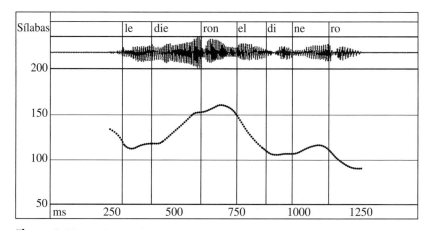

**Figura 2.11**  *Le dieron el dinero.*

pensar, la sílaba tónica no es necesariamente la que alcanza la mayor altura tonal en la palabra. Lo que nos da sensación de prominencia acentual en las sílabas *vi-* y *die-* de estos dos ejemplos es la subida brusca del **tono** empezando desde un nivel muy bajo al comienzo de la sílaba. Este es el contorno que solemos emplear en palabras en posición no final en oraciones declarativas.

La última palabra acentuada de una declarativa tiene un contorno diferente. Como vemos en los ejemplos, en las palabras *Alemania* y *dinero*, en posición final de oración en cada uno de los dos ejemplos, tenemos también un ascenso tonal en la sílaba acentuada, pero este ascenso culmina dentro de la sílaba tónica y el tono desciende en la postónica. Las oraciones declarativas finales de enunciado se caracterizan por una bajada del tono a partir de la última sílaba acentuada.

Pero no siempre encontramos que toda sílaba con acento léxico porta un contorno tonal definido. Dentro de la oración, según el énfasis que queramos

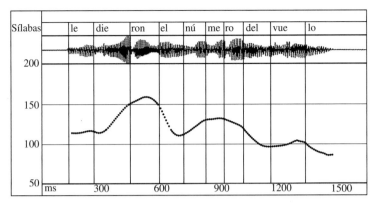

**Figura 2.12** *Le dieron el número de vuelo.* Producida con tres acentos tonales.

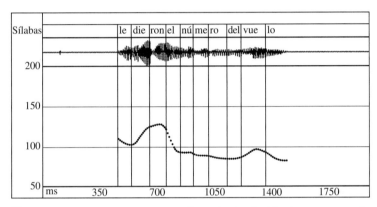

**Figura 2.13** *Le dieron el número de vuelo.* Producida sin acento tonal en la palabra *número*, que está desenfatizada.

dar a cada palabra, el contorno tonal que acompaña al acento puede reducirse considerablemente e incluso desaparecer. En concreto, muchas veces se elimina el acento tonal de la última palabra, produciendo un descenso tonal sobre la última sílaba tónica. Así, mientras que en el contorno de la figura 2.12 vemos que cada una de las tres sílabas acentuadas de la oración *le dieron el número del vuelo*[1] está marcada por un movimiento tonal ascendente, en la figura 2.13, el acento de la palabra *número* apenas está marcado tonalmente, y en la figura 2.14 la prominencia tonal en la sílaba con acento léxico de la palabra *vuelo* es mínima. También es común tener movimientos tonales asociados con la primera y última sílabas acentuadas de una frase prosódica, pero en otras sílabas tónicas en el medio de la frase.

Se utiliza un tono final mantenido, sin bajada, en las oraciones declarativas para indicar continuación. En el ejemplo ilustrado en la figura 2.15 el tono se

[1]  El texto de este ejemplo lo tomamos de Sosa (1999), donde pueden encontrarse realizaciones del mismo tipo producidas por hablantes de distintos dialectos.

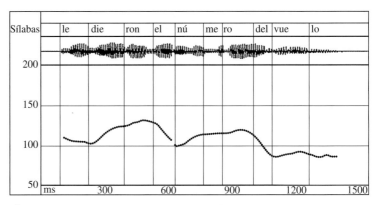

**Figura 2.14** *Le dieron el número de vuelo.* Producida con acento tonal muy reducido en la palabra *vuelo*.

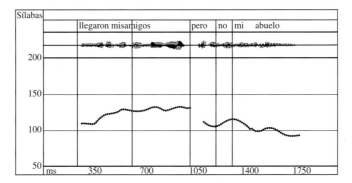

**Figura 2.15** *Llegaron mis amigos, pero no mi abuelo.*

mantiene alto hasta el final de la oración *llegaron mis amigos* porque el enunciado continúa.

### 8.2 Distinción entonativa entre información conocida e información nueva

Como veremos con más detalle en el capítulo de sintaxis, el orden de palabras en la oración en español se rige por un principio general de colocar la información conocida antes de la información nueva. Así, por ejemplo, respondiendo a la pregunta *¿Quién llega mañana?* podemos contestar *Mañana llega María*, donde *María* constituye la información nueva del enunciado y aparece en posición final. Por el contrario, una respuesta adecuada a la pregunta *¿Cuándo llega María?* sería *María llega mañana*. En oraciones con una estructura informativa "información conocida – información nueva", el final de la parte de la oración que corresponde a información conocida se suele indicar por medio de un tono alto en su última sílaba (véanse figuras 2.16 y 2.17).

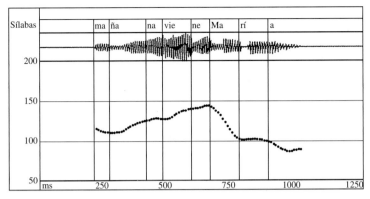

**Figura 2.16** (*¿Quién viene mañana?*) *Mañana viene María.* Obsérvese que el contorno melódico alcanza su valor máximo en la sílaba -*ne*, que corresponde al final de la información conocida que estamos repitiendo.

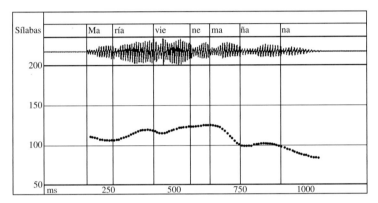

**Figura 2.17** (*¿Cuándo viene María?*) *María viene mañana.* Como en la figura 2.16, el punto más alto se alcanza al final de la información conocida.

Orden normal: información conocida – información nueva.

Este orden con la información conocida antes que la nueva, aunque es el normal, no se respeta siempre. Para establecer un contraste y en algunos otros contextos enfáticos, podemos colocar la información nueva antes de la conocida. Pero para indicar que excepcionalmente estamos colocando la información nueva antes de la conocida debemos emplear un patrón entonativo especial: La palabra enfatizada se produce con una amplia subida y bajada en su sílaba acentuada. Además, a partir de la postónica y hasta el final de la oración tenemos una bajada tonal, con fuerte reducción de otros acentos que puedan seguir. Esto se ilustra en las figuras 2.18 y 2.19.

Resumimos la relación entre estructura informativa, orden de palabras y prosodia en la tabla 2.26.

Tabla 2.26 *Estructura informativa, orden de palabras y prosodia*

**Orden normal:**

| Contexto | Respuesta |
|---|---|
| 1. *¿Quién viene mañana?* | *Mañana viene María.* |
| 2. *¿Cuándo viene María?* | *María viene mañana.* |

**Orden marcado:**

| | |
|---|---|
| 3. *¿Quién viene mañana? ¿Pedro?* | *No, MARÍA viene mañana.* |
| 4. *¿Cuándo viene María? ¿El viernes?* | *No, MAÑANA viene María.* |

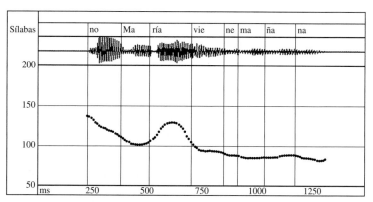

**Figura 2.18**  (*¿Quién viene mañana? ¿Pedro?*) *No, MARÍA viene mañana.*
Nótese la fuerte subida en la sílaba *-rí-* (que es la sílaba tónica de la palabra con énfasis contrastivo) y la bajada tonal inmediata.

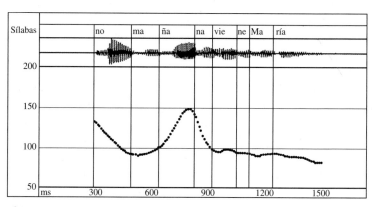

**Figura 2.19**  (*¿Cuándo viene María? ¿El viernes?*) *No, MAÑANA viene María.*

## 8.3   Oraciones interrogativas

Debemos distinguir dos tipos de oraciones interrogativas en cuanto a sus propiedades entonativas: las interrogativas totales o absolutas (con respuesta sí o no), como *¿tienes el libro?*, *¿llegaron tus amigos?*, y las interrogativas

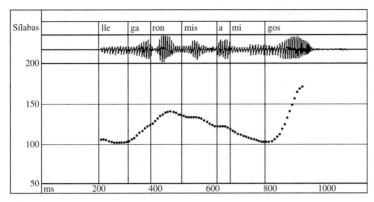

**Figura 2.20** Interrogativa absoluta: *¿Llegaron mis amigos?* Obsérvese el tono bajo en la sílaba *-mi-* (última tónica) y la subida en *-gos*.

parciales, pronominales o de palabra interrogativa, como *¿quién tiene el libro?*, *¿cuándo llegaron tus amigos?* Una característica común a todas las interrogativas es un nivel tonal general que suele ser más alto que el de las declarativas. Pero, por lo demás, interrogativas absolutas y pronominales presentan características melódicas bastante diferentes, por lo que deben ser estudiadas aparte. (La estructura de ambos tipos de oraciones interrogativas se estudiará en el capítulo 4.)

### 8.3.1 Oraciones interrogativas totales

En la entonación de las oraciones interrogativas totales o absolutas encontramos algunas diferencias dialectales notables. Lo más común es que, al contrario que las declarativas finales de enunciado, las oraciones interrogativas absolutas presenten una subida final. Lo general es que la última silaba acentuada lleve un tono bajo y se produzca la subida en las postónicas, como podemos observar en la figura 2.20.

Según el dialecto la subida final puede ser más o menos acentuada. Un rasgo típico del español caribeño es que las preguntas (tanto interrogativas absolutas como pronominales) se entonan con un tonema circunflejo descendente, donde la última sílaba acentuada lleva un tono alto a partir del cual se produce un descenso tonal. Contornos interrogativos con bajada final – aunque diferentes – aparecen también en zonas del noroeste de España (Asturias y Galicia), en Argentina y en algunas otras regiones. En otros dialectos, como el de Madrid, donde lo normal, como hemos dicho, es un contorno final ascendente, es posible también encontrar interrogativas absolutas con contorno circunflejo, pero estas se usan como contornos pragmáticamente marcados, mientras que en el Caribe este es el contorno normal, no marcado, en las interrogativas absolutas. De hecho, por su tonema descendente, los hablantes de otros dialectos del español a veces interpretan equivocadamente las preguntas de los caribeños como declarativas.

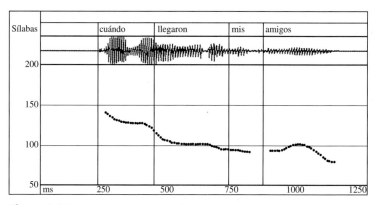

**Figura 2.21** Interrogativa pronominal *¿Cuándo llegaron mis amigos?*

### 8.3.2   Oraciones interrogativas pronominales

En las interrogativas pronominales (con palabra interrogativa) se suele utilizar el mismo contorno descendente que en las declarativas. El tono más alto se alcanza en la palabra interrogativa. Damos un ejemplo en la figura 2.21.

Es posible tener también un ascenso final en este tipo de preguntas, pero este contorno tonal suele introducir un matiz de insistencia o inseguridad.

## 9    Relación entre acento y entonación

La relación entre acento y entonación es bastante compleja. Una función importante de la sílaba acentuada es la de servir de "punto de anclaje" para la melodía entonativa. Hemos visto que la sílaba acentuada no es siempre la que tiene mayor altura tonal en la palabra (véanse las figuras 2.10, 2.11 y 2.12). Lo que suele acompañar a la sílaba acentuada es un cambio brusco, en la mayoría de los casos una subida brusca del tono desde un nivel bajo al principio de la sílaba a un nivel bastante alto al final de la sílaba. Este nivel puede mantenerse o incluso subir en las sílabas siguientes. Lo que importa para caracterizar la sílaba tónica en este contexto es precisamente el movimiento tonal ascendente a lo largo de la sílaba, no el nivel tonal máximo. Por otra parte, en el caso de oraciones interrogativas como la ilustrada en la figura 2.20, lo que caracteriza a la última sílaba tónica es un tono bajo con subida brusca en la postónica. La presencia de una subida tonal no es, pues, un elemento esencial de las sílabas acentuadas en cualquier contexto. Como hemos visto también, todas las sílabas léxicamente acentuadas en una oración no van a estar siempre necesariamente individuadas por medio de la entonación.

Resumiendo, si – como hemos indicado antes – definimos la entonación de un enunciado como una serie de subidas y bajadas del tono a lo largo del mismo, podemos concluir que estas subidas y bajadas tienen en cuenta dos puntos para su alineamiento con el texto: las sílabas acentuadas y el límite final de las frases. El servir de punto potencial de "anclaje" o alineamiento de un contorno tonal es lo que define a la sílaba tónica de la palabra.

En estilo retórico, utilizado en el habla pública de políticos, académicos, etc., así como por locutores de radio y televisión, es frecuente tener acentos adicionales, comúnmente o en la sílaba inicial de la palabra de la palabra prosódica, como en *fundamental, la lectura*, o dos sílabas antes de la tónica, como en *con tranquilidad, la fonología*. Estos acentos retóricos se caracterizan por la presencia de una cumbre tonal.

## Resumen

En todas las lenguas es posible descubrir un número reducido de sonidos contrastivos o fonemas de cuya combinación resultan todas las palabras y enunciados posibles en esa lengua. En español tenemos cinco fonemas vocálicos y menos de veinte fonemas consonánticos. El número exacto de fonemas depende del dialecto (y en parte también del análisis). Una diferencia dialectal importante es que el estándar peninsular tiene un contraste entre /s/ y /θ/ que no se encuentra en español latinoamericano.

Algunos fonemas presentan variantes alofónicas importantes en algunos contextos. Por ejemplo, las oclusivas sonoras /b d g/ tienen alófonos aproximantes. En posición final de sílaba se neutralizan muchos contrastes entre fonemas. Por ejemplo, la distinción entre fonemas nasales está neutralizada en esa posición.

Para la clasificación de las consonantes se utilizan tres parámetros: el punto de articulación (bilabial, dental, velar, etc.), el modo de articulación (oclusiva, fricativa, etc.) y la actividad de las cuerdas vocales (sorda o sonora). Para la clasificación de las vocales se utiliza la posición de la lengua con respecto a los ejes vertical (alta, media o baja) y horizontal (anterior, central o posterior) y la posición de los labios (redondeados o no).

La estructura de la sílaba en español es relativamente sencilla. Los hispanohablantes generalmente no tienen dudas respecto al número de sílabas que tiene una palabra o la posición de los límites entre sílabas. Las únicas complicaciones surgen en la silabificación de secuencias vocálicas como diptongos o hiatos. En el habla natural es común tener resilabificación entre palabras.

En español el acento prosódico es contrastivo, las palabras pueden ser agudas, llanas o esdrújulas.

La entonación es importante tanto para distinguir declarativas de interrogativas como para expresar varios otros significados discursivos.

## Ejercicios de repaso

**Ejercicio 31.** Al corregir ejercicios de dictado en clases de español para anglohablantes no es raro encontrar que algunos alumnos han escrito, por ejemplo, la palabra *muro* (*construyeron un muro*) como *mudo*, mientras que *mudo* (*se quedó mudo*) puede aparecer escrita como *mutho*. ¿Cómo explicaría estos errores ortográficos?

**Ejercicio 32.** Sin consultar el libro, reconstruya la tabla de fonemas consonánticos del español.

**Ejercicio 33.** Compare los sistemas de consonantes nasales del inglés y del español teniendo en cuenta qué fonemas tenemos en cada una de las dos lenguas y su distribución al principio y final de sílaba.

**Ejercicio 34.** Compare la distribución y alófonos de /p t k/ y /b d g/ en español y en inglés.

**Ejercicio 35.** Explique los principios que se aplican en la silabificación de secuencias de los tipos VCV y VCCV. Ejemplifique.

**Ejercicio 36.** ¿Cuál es la diferencia entre un diptongo y un hiato? ¿Cuándo se silabifica una secuencia VV como diptongo y cuándo como hiato? Explique con ejemplos.

**Ejercicio 37.** Compare la pronunciación y silabificación de las palabras *deshielo* y *desierto*. ¿Cómo se explica el contraste?

**Ejercicio 38.** ¿Qué reglas rigen la acentuación prosódica de las formas verbales en español?

**Ejercicio 39.** ¿Qué tiene de anómalo la acentuación del topónimo *Frómista*?

**Ejercicio 40.** Las preguntas pronominales generalmente tienen el mismo contorno entonativo descendente que las declarativas, mientras que las interrogativas totales suelen tener un contorno diferente, con subida al final (o, según el dialecto, con elevación del tono de la última sílaba acentuada). ¿Por qué le parece que es así?

**Ejercicio 41.** Escriba el símbolo fonético que corresponde a cada definición y dé un ejemplo de palabra que lo contenga. Si el sonido ocurre solo en algunas variedades del español o no ocurre en español, indíquelo también.

 1. Oclusiva bilabial sorda        [ ] _____
 2. Oclusiva bilabial sonora       [ ] _____
 3. Oclusiva dental sorda          [ ] _____
 4. Oclusiva dental sonora         [ ] _____
 5. Oclusiva velar sorda           [ ] _____
 6. Oclusiva velar sonora          [ ] _____
 7. Aproximante bilabial sonora    [ ] _____
 8. Aproximante dental sonora      [ ] _____
 9. Aproximante palatal sonora     [ ] _____
10. Aproximante velar sonora       [ ] _____
11. Fricativa labiodental sorda    [ ] _____

12. Fricativa labiodental sonora [] _____
13. Fricativa interdental sorda [] _____
14. Fricativa alveolar sorda [] _____
15. Fricativa alveolar sonora [] _____
16. Fricativa prepalatal sorda [] _____
17. Fricativa prepalatal sonora [] _____
18. Fricativa palatal sorda [] _____
19. Fricativa velar sorda [] _____
20. Fricativa laríngea sorda [] _____
21. Africada prepalatal sorda [] _____
22. Africada prepalatal sonora [] _____
23. Africada palatal sonora [] _____
24. Nasal bilabial sonora [] _____
25. Nasal labiodental sonora [] _____
26. Nasal dental sonora [] _____
27. Nasal prepalatal (palatalizada) sonora [] _____
28. Nasal palatal sonora [] _____
29. Nasal velar sonora [] _____
30. Lateral alveolar sonora [] _____
31. Lateral dental sonora [] _____
32. Lateral palatal sonora [] _____
33. Vibrante simple alveolar sonora [] _____
34. Vibrante múltiple alveolar sonora [] _____
35. Vocal alta anterior no-redondeada [] _____
36. Vocal media anterior no-redondeada [] _____
37. Vocal baja central no-redondeada [] _____
38. Vocal media posterior redondeada [] _____
39. Vocal alta posterior redondeada [] _____
40. Semivocal palatal [] _____
41. Semivocal labiovelar [] _____

## Nota bibliográfica

Existe una amplia bibliografía sobre fonética y fonología general y española. Damos aquí solo una breve selección de obras que hemos tenido presentes al elaborar este capítulo y cuya consulta puede resultar útil al estudiante. Una obra clásica de fonética articulatoria del español, basada en el habla culta peninsular es el Manual de Navarro Tomás (1918, con numerosas reediciones). Para el análisis acústico del español puede consultarse Quilis (1981) y Martínez Celdrán y Fernández Planas (2008). Alarcos Llorach (1965) contiene un análisis de la fonología del español desde la perspectiva estructuralista de la Escuela de Praga. Quilis (1993) y Quilis y Fernández (1985) tienen también un enfoque estructuralista. Los libros de Harris (1969, 1983) ofrecen un análisis del español dentro del marco de la fonología generativa. Esta es también la perspectiva teórica del libro de texto de Núñez-Cedeño, Colina y Bradley (2014) y de D'Introno, del Teso y Weston (1995). En Canfield (1981), Zamora Munné y Guitart (1982) y Lipski (1994) se ofrece información detallada sobre la pronunciación del español en cada uno de los países hispanoamericanos. Sobre la entonación del español pueden consultarse Sosa (1999) y Prieto (2003). Guitart (2004) y Hualde (2005, 2014) son dos tratados más recientes sobre fonética y fonología españolas. Sobre fonética general, son muy claros e informativos los libros de Ladefoged (1992, 2001) y Ladefoged y Maddieson (1996). Un libro de texto reciente sobre fonología (generativa) que discute varios fenómenos del español es Hayes (2008). Los espectrogramas de este capítulo han sido hechos con el programa PRAAT, creado por Boersma y Weenink (praat.org).

# 3 La estructura de las palabras: morfología

## Objetivos

En este capítulo estudiaremos la estructura interna de las palabras en español:

- Cómo se relacionan unas palabras con otras.
- Cómo se dividen las palabras en componentes con significado o morfemas.
- Cómo se pueden clasificar las palabras según su estructura.
- Cómo se pueden clasificar los componentes con significado gramatical.

## 1 Algunos conceptos básicos de morfología

### 1.1 Concepto de palabra

La morfología es la rama de la lingüística que estudia la estructura interna de las palabras. Probablemente la palabra es la unidad lingüística de la que cualquier hablante de una lengua como el español o el inglés tiene una conciencia más clara. Podemos definir la palabra como la unidad mínima con significado que se puede pronunciar de manera aislada (evidencia fonológica). En general el determinar qué es y qué no es una palabra no presenta mayores problemas. Así, no hay gran dificultad para decidir si la oración en (1) es verdadera o falsa:

(1) Esta oración contiene siete palabras.

Al escribir observamos la convención de separar las palabras por espacios (evidencia ortográfica normativa). El concepto de palabra parece, pues, algo bastante obvio. Sin embargo, como en tantas otras cosas, a poco que escarbemos y queramos ser precisos empiezan a surgir las dificultades. Consideremos los ejemplos en (2):

(2) a. Se lo quiere vender.
    b. Quiere vendérselo.

Por convención, los pronombres átonos (o **clíticos**) se escriben separados si preceden al verbo pero juntos si van después del verbo. Si nos atenemos a esta convención ortográfica, deberíamos concluir que la oración en (2a) contiene cuatro palabras, pero la oración en (2b), que expresa exactamente el mismo significado y difiere únicamente en el orden de algunos de sus elementos, contiene solo dos. Si utilizáramos un programa automático de contar palabras, este es en efecto el resultado que obtendríamos. Y, sin embargo, tal resultado no parece ni mucho ni menos satisfactorio. La división ortográfica en palabras no deja de presentar en este caso un carácter un tanto arbitrario. Lo más correcto parece ser concluir que, aunque en (2b) hay solamente dos palabras ortográficas, tenemos cuatro expresiones morfológicas, lo mismo que en (2a).

Problemas semejantes aparecen en el caso de las llamadas palabras compuestas. ¿Es *hombre rana* una palabra o dos? De acuerdo con la definición de palabras que hemos dado, podríamos concluir que aquí tenemos dos palabras: *hombre* y *rana*. Notemos, sin embargo, que el significado de la expresión *hombre rana* no es simplemente la suma de sus componentes (no es una mera combinación de los significados de estas dos palabras) (evidencia semántica). Si no conocemos esta palabra es poco probable que podamos deducir su significado de sus elementos más simples. Tampoco podemos insertar nada entre los dos elementos (evidencia sintáctica): *\*un hombre bastante rana*. En casos como este diremos que tenemos una palabra compuesta, como hemos adelantado ya.

Los adverbios en -*mente* también presentan algún problema para la definición de palabra. Para empezar, estos adverbios tienen dos acentos léxicos (al igual que ciertas palabras compuestas), y, así, encontramos un contraste acentual entre, por ejemplo, *rápidamente* y *sencillamente* (con acentos en las sílabas subrayadas). Notemos también que los adverbios en -*mente* se crean partiendo de la forma femenina de los adjetivos (aunque la forma femenina puede ser igual a la masculina, como en *suave* o *normal*) y que, además, podemos tener estructuras coordinadas del tipo *lenta y cuidadosamente*, donde -*mente* "se sobreentiende" en la primera palabra coordinada.

Otro problema clásico es el presentado por las contracciones, como en inglés *I'm*, *it's*, *you're*, etc. En español encontramos dos contracciones que combinan una preposición con un artículo: *del* y *al*. Desde un punto de vista fonológico *del* es una única palabra. Desde el punto de vista sintáctico (y morfológico), por el contrario, consta de dos palabras: *de + el* (lo mismo se aplica a *al*). Así, pues, en ciertos casos el que identifiquemos o no cierta unidad como palabra depende de la perspectiva que adoptemos, del aspecto que nos interese considerar. De todas maneras, estos casos son la excepción. La regla general en español es que al identificar las palabras la evidencia fonológica, morfológica, semántica y sintáctica apunte toda en la misma dirección.

## 1.2   Las clases léxicas o partes de la oración

Aunque damos por sentado que el lector conoce la clasificación de la oración en sus partes (**sustantivo** (o **nombre**), **adjetivo**, **verbo**, **adverbio**, **pronombre**, **conjunción**, **preposición**, etc.) y es capaz de decidir, por ejemplo, si una determinada palabra es en español un sustantivo o un adjetivo, queremos recordar que la mayor parte de las definiciones de estas distintas categorías son insuficientes, poco claras o problemáticas. Las gramáticas tradicionales han mostrado siempre una tendencia a establecer un paralelismo entre las categorías del pensamiento lógico y las del lenguaje, de donde proviene la tradición de hacer corresponder a la categoría lógica de sustancia la categoría gramatical de "sustantivo", a la de accidente la de "adjetivo", etc. Muchas veces esta incursión en la lógica o la filosofía para decidir a qué parte de la oración corresponde una determinada palabra no es muy fructífera. Así, una definición de "verbo" que encontramos algunas veces es que es la parte de la oración que describe una acción, un estado o un proceso. Pero la palabra *destrucción* describe una acción e indudablemente no es un verbo. Esta definición, por tanto, no es exacta.

Por eso, resulta útil muchas veces añadir a nuestro conocimiento de la clasificación de la oración en sus distintas categorías léxicas un par de definiciones de las mismas basadas en criterios distribucionales, es decir, basadas simplemente en la especificación de contextos únicos en los que determinados tipos de palabras tienden a aparecer. Así, por ejemplo, podemos decir que un sustantivo en español (además de las definiciones a las que estamos más acostumbrados) es simplemente la parte de la oración que puede aparecer detrás de los artículos *el* o *la* (si la palabra en cuestión va en singular, *los*, *las* si está en plural) y que determina la forma específica que adopta el artículo. De esta manera sabemos que la palabra *destrucción* es un sustantivo porque decimos *la destrucción*, independientemente de que describa o no una acción. De la misma manera ni la palabra *comiendo* ni *claramente* son sustantivos porque no decimos ni *el comiendo* ni *el claramente*.

Utilizando el mismo mecanismo, podemos utilizar como parte de la definición de verbo el hecho de que es la parte de la oración que podemos conjugar para indicar tiempo o aspecto y puede mostrar **concordancia** en número y persona con el sujeto de la oración. Así, *destrucción* no es un verbo porque no puedo decir *\*destruccioné*, *\*destruccionaré* o *\*he destruccionado*. Por el contrario *destruir* sí es un verbo porque es una palabra que podemos conjugar: *destruí*, *destruiré*, *he destruido*.

Podemos identificar los adjetivos en español como aquellas palabras que pueden aparecer detrás de *muy* y al mismo tiempo pueden cambiar de número (y algunos tienen también formas diferentes según su género). Por ello, la palabra *rápido* es un adjetivo: podemos decir *muy rápido*, *muy rápida*, *muy rápidos o muy rápidas*, pero *enamoramiento* no es un adjetivo porque no podemos decir *\*muy enamoramiento*. Curiosamente podemos decir *el azul*, lo que nos indicaría que en este ejemplo el adjetivo *azul* es un sustantivo. Es cierto: decimos que el adjetivo *azul* en esa construcción se ha sustantivado y es, en realidad, un nombre, puesto que puede ir precedido por un artículo y no estar seguido por otro sustantivo.

Los adverbios se caracterizan porque, al igual que los adjetivos, pueden ir precedidos por *muy*, pero a diferencia de ellos no pueden presentar variación de género y número. Por eso *rápidamente* y *cerca* son adverbios: podemos decir *muy rápidamente*, *muy cerca* pero no *\*(muy) rápidamenta* o *\*(muy) rápidamentes* ni *\*(muy) cercas*.

El hecho de que muchos adjetivos, tales como *grande, caliente o triste* no muestren variación de género (*\*granda, \*trista*) hace que este procedimiento no sirva para diferenciarlos tan claramente de los adverbios. En estos casos, sin embargo, todavía podemos acudir al criterio de ver si podemos ponerlos en plural, además de comprobar si pueden ir precedidos por *muy*. Puesto que podemos decir *muy grande* y *muy grandes* tenemos evidencia suficiente para defender la idea de que *grande* es un adjetivo. Conviene recordar además que una de las diferencias fundamentales entre adjetivos y adverbios es que los primeros modifican a sustantivos (*el coche rápido* / *\*el coche rápidamente*), mientras que los segundos modifican a verbos o a otros adverbios (*escribo rápidamente*). Notemos, a este respecto, que en español algunos adjetivos en su forma masculina pueden funcionar también como adverbios, como en *los coches pasaban muy rápido* (= *rápidamente*) y *María habló muy claro* (=*claramente*). Una combinación de ambos criterios nos ofrece un método bastante razonable para averiguar si una palabra es un adjetivo o un adverbio.

En cuanto al resto de las partes de la oración, sabemos que las conjunciones, las preposiciones, los artículos, etc., pertenecen a clases cerradas, es decir, que podemos hacer listas exhaustivas de las mismas. En el fondo, uno de los criterios más prácticos para completar aquella definición de cualquiera de estas partes de la oración con la que el lector se encuentre más cómodo es decir, por ejemplo, que la palabra *en* es una preposición porque está en la lista de las preposiciones en español (*a, ante, bajo, con, contra, de, desde, en,* etc.).

Evidentemente los criterios que acabamos de señalar no son perfectos y en muchos casos no nos ofrecen una idea clara a la hora de identificar palabras de difícil clasificación (piense, por ejemplo, en lo difícil que sería decidir a qué parte de la oración corresponde la palabra *viceversa*) pero dichos criterios, que podemos usar junto con las definiciones tradicionales, son bastante útiles y facilitan enormemente el proceso de clasificación de palabras en partes de la oración en la mayoría de los casos.

## 1.3   Clases abiertas y cerradas

El número de sustantivos, adjetivos y verbos existentes en español o que un hablante de esta lengua tiene en su léxico mental es, en principio, ilimitado. Estas clases de palabras están continuamente cambiando al incorporarse palabras nuevas (tomadas de otras lenguas, formadas por medios morfológicos o creadas de otras maneras) y olvidarse otras. A nivel individual estamos siempre aprendiendo palabras de estas clases. Estas son *clases abiertas* de palabras. Muy diferente es el caso de las preposiciones, las conjunciones o los pronombres. Es perfectamente posible confeccionar una lista completa de los pronombres, las preposiciones o las conjunciones del español, que forman *clases cerradas*. Podemos, por ejemplo, crear el adjetivo *chavista* (partidario del movimiento de Hugo Chávez) o aprender que una *tajabarda* es un instrumento de labranza e incorporar este sustantivo a nuestro léxico. Lo que es mucho más difícil es crear una preposición o una conjunción nueva.

**Ejercicio 1.** Indique si las palabras subrayadas son sustantivos, adjetivos, verbos o preposiciones:

1. Trajeron el carro nuevo.
2. Caminaba a la escuela.
3. El verdugo ejecutó al último prisionero.
4. Puse el libro en un sobre azul.
5. El policía arrestó a los ladrones del banco pequeño.
6. Llegó ayer de Colombia.
7. La niña recibió muchos regalos en navidad.
8. La pierna débil es la izquierda.
9. Nos visita de vez en cuando.
10. El agua sucia del río llegaba hasta el techo.
11. El ruido asustó al bebé.
12. Puse el libro sobre la mesa.
13. Es difícil que entre todo en el carro.
14. Estaba entre la espada y la pared.
15. Tengo un abuelo francés y otro italiano.
16. Sin duda era un gran orador.
17. Está enamorado de Rocío no de Isabel.
18. Corren todos los días que pueden.
19. Nuestros antepasados eran muy sabios.
20. José es todavía muy joven para esas películas.
21. Quiere dormir todo el fin de semana.
22. Quiere un metro de tela.
23. Un joven se acercó a saludarme.
24. Se dirigían hacia la estación.
25. Tus amigos han llegado a tiempo.

**Ejercicio 2.** Determine la categoría léxica (sustantivo, artículo, demostrativo, adjetivo, adverbio, pronombre, preposición o conjunción) de la palabra subrayada en cada una de las frases y oraciones que aparecen a continuación e indique si pertenece a una clase abierta o cerrada:

1. mataron al rehén
2. estaba enferma
3. el cine o el teatro
4. quiere el libro azul
5. duerme como un bebé
6. le gustan los chocolates

7. véndemelos
8. el presidente
9. lo trajo ayer
10. es mío
11. todos tienen su pasaje
12. preparó nuestra comida
13. me lo dio para ti
14. este no es bueno
15. por el parque
16. esa mujer
17. maneja autobuses
18. mañana te llamo
19. me dijo que vendría
20. ¿quién será?
21. llegó un hombre

## 1.4 Morfemas: raíces y afijos

El estudio de la estructura de las palabras requiere la utilización de un concepto más básico que el de palabra. Este concepto es el de **morfema**, que definimos como la unidad mínima con significado.

Hay palabras, como *papel*, *veloz*, *quién*, que contienen un único morfema, la raíz. Otras palabras como *papeles*, *papelera*, *veloces*, *velocidad*, *quiénes*, tienen una estructura más compleja. En estas palabras podemos reconocer las mismas raíces que en el grupo anterior con algún elemento morfológico añadido. Por ejemplo, *papeles* y *papelera*, además de la **raíz** /papel/, que expresa el significado básico de la palabra, contienen las secuencias /-es/ y /-er(a)/, respectivamente, que contribuyen al significado de la palabra completa. Estos elementos /-es/ y /-era/ añadidos a la raíz en nuestros ejemplos se llaman **afijos**. Un afijo es un elemento morfológico que aparece necesariamente unido o ligado a una raíz o a una unidad que contenga una raíz. En español, la mayoría de los afijos siguen a la raíz. Hay también, de todas formas, afijos que preceden a la raíz, como /des-/ en *desatar*, *deshacer* y /pre-/ en *prerromano*. Los afijos que van después de la raíz se llaman **sufijos**, mientras que los que van delante se denominan **prefijos**.

A veces, al formar una palabra a partir de otra, vemos que se agrega tanto un prefijo como un sufijo, como en *entristecer* (a partir de *triste*). Nos referimos a este proceso como **parasíntesis**. Volveremos sobre este tema después al hablar de la derivación verbal (véase sección 3.4).

Otro concepto que vamos a emplear en este capítulo es el de **base**. La base es el elemento al que se añade un afijo y puede ser una raíz o una raíz con otros afijos incorporados. Así, diremos que en *regionalismo* tenemos una estructura *region-al-ismo* donde el sufijo /-al/ se une a la base /r̄exion/ (la raíz) y el sufijo /-ismo/ se añade a la base /r̄exional/.

**Ejercicio 3.** Divida las siguientes palabras en unidades más pequeñas con significado, señalando la raíz y sus afijos.

| 1. | mar | mares | marino | marineros | marítimo |
| 2. | casa | casita | casona | casero | casas |
| 3. | cantábamos | cantan | canta | cantamos | cantaba |
| 4. | dormir | duerme | duermen | durmió | dormimos |

## 1.5 Morfemas léxicos y gramaticales

Algunos morfemas tienen significados que podemos reconocer en el mundo real, como, por ejemplo, las raíces de *feliz*, *habl-as*, *gat-o* y *Méxic-o* y, en general, todas las raíces de nombres, adjetivos y verbos. Otros, como los sufijos de *felic-idad*, *habl-as*, *gat-un-o* y *mexic-an-o* y las palabras *a*, *y*, *de* tienen significados más difíciles de definir. Llamamos **morfemas léxicos** a aquellos cuyo significado podemos relacionar con el mundo real o extralingüístico. Como hemos indicado, todas las raíces de nombres o sustantivos, adjetivos y verbos son morfemas léxicos. Por otra parte, **morfemas gramaticales** son aquellos cuyo significado y función son intralingüísticos; es decir, corresponden al sistema de la lengua. La clase de morfemas gramaticales incluye los pronombres, las conjunciones, las preposiciones y todos los afijos.

**Ejercicio 4.** ¿Cuántos morfemas puede identificar en las siguientes palabras?

1. canten
2. aburrir
3. amado
4. grandísimo
5. azul
6. gato
7. salar
8. abuelito
9. véndemelo
10. irse
11. mexicano
12. rosado
13. sol
14. nacional
15. bebo

**Ejercicio 5.** Divida las siguientes palabras en morfemas e identifique la raíz.

1. prehistórico
2. tráelos
3. descontinuar
4. librero
5. deportista
6. librería
7. futbolista
8. azucarero
9. urgente
10. artista
11. disculpé
12. pianista
13. engrandece
14. estudiantes
15. capitalismo

## 1.6    Sufijos derivativos y flexivos

Entre los sufijos tenemos dos tipos muy diferentes. Muchos sufijos cumplen la función de crear o derivar una palabra a partir de otra, como cuando de *papel* formamos *papelera* añadiendo el sufijo /-eɾ(a)/. Decimos que *papelera* se relaciona con *papel* por **derivación** y que /-eɾ(a)/ es un *sufijo derivativo*. Los sufijos derivativos pueden dar lugar a una palabra de la misma clase gramatical de la raíz como en el caso del nombre o sustantivo *papelera* que deriva de otro sustantivo, *papel*, o el sustantivo *niñez*, derivado de *niño*, que es también un sustantivo. Pero muchas veces al añadir un sufijo derivativo se altera la clase gramatical. Así del sustantivo *nación* derivamos el adjetivo *nacional* mediante el sufijo /-al/ y del adjetivo *blanco* derivamos el sustantivo *blancura* por medio del sufijo /-uɾ(a)/. Nótese que en ambos ejemplos el sufijo derivativo cambia el referente de la raíz. Es decir, en todos estos pares de palabras simple y derivada (*papel/papelera*, *niño/niñez*, *nación/nacional*, *blanco/blancura*), los referentes son diferentes. (Nota: utilizamos los términos *nombre* y *sustantivo* de manera intercambiable. Como abreviatura emplearemos N.)

Fijémonos en que las vocales finales átonas /-o, -a, -e/ de nombres y adjetivos se pierden cuando se añade un sufijo derivativo: *libro* → *libr-ero*, *solo* → *sol-ista*, *risa* → *ris-ueño*, *mesa* → *mes-ero*, *alegre* → *alegr-ía*, *chiste* → *chist-oso*. Esto ocurre incluso con nombres propios: *Franco* → *franqu-ista*. Por este motivo, concluimos que estas vocales no son parte integrante de la raíz sino que son también sufijos. Estas vocales finales pertenecen al grupo de los llamados *sufijos flexivos* o de **flexión**. Una palabra puede incluir tanto sufijos derivativos como flexivos acompañando a la raíz. Así, en el ejemplo *blancura* la división morfológica completa sería /blank-uɾ-a/, donde /-a/ es un sufijo flexivo requerido por el derivativo /-uɾ-/. Nótese que el sufijo flexivo aparece después del sufijo derivativo.

Los sufijos flexivos se diferencian de los derivativos en que no crean palabras a partir de otras sino que contribuyen a formar el paradigma de una palabra. Así decimos, por ejemplo, que *canto, cantábamos, cantarías, cantasen* constituyen parte del **paradigma flexivo** del verbo cuya raíz es *cant-* /kant-/ y que /-o, -ábamos, -arías, -ásen/ son todos sufijos flexivos (o, en varios de estos casos, combinaciones de sufijos flexivos, como veremos), añadidos a la raíz verbal. Mientras los sufijos derivativos modifican el significado de la raíz, los sufijos flexivos no lo afectan.

Además de los sufijos de flexión verbal, en español tenemos otros sufijos flexivos: el sufijo del plural de nombres, adjetivos y pronombres, que tiene dos formas básicas, /-s/ y /-es/, entra dentro de esta categoría. Las terminaciones /-o, -a, -e/ de los nombres, de los adjetivos y de otros modificadores del nombre (como son los demostrativos, los artículos y los posesivos) son también sufijos flexivos, como acabamos de decir. Diremos, pues, que en *papeles* /papel-es/ tenemos la raíz /papel/ y el sufijo flexivo de plural /-es/, mientras que en /gat-o-s/, /mes-a-s/ y *coches* /kotʃ-e-s/ la raíz va seguida por dos sufijos flexivos, pues antes del sufijo de plural /-s/ tenemos otro sufijo, también de flexión.

Notemos que los sufijos flexivos no aparecen antes de los derivativos, como ya se mencionó. Un establecimiento donde se venden *libros* es una *librería* (que analizaremos ahora como /libɾ-eɾ-í-a/), no una *\*librosería*. Una excepción importante son los adverbios en /-mente/, que se crean añadiendo este sufijo derivativo a la forma femenina del adjetivo, como en *buenamente, suavemente* (como hemos notado ya, hay adjetivos que tienen la misma forma en el masculino y en el femenino: *verde*). La explicación es que estos adverbios proceden históricamente de secuencias de dos palabras: adjetivo + sustantivo *mente*. Con esta excepción, en español la característica formal más importante de los sufijos de flexión de nombres y adjetivos es que desaparecen al añadirse sufijos derivativos a la base: *pomp-a* → *pomp-os-o* → *pomp-os-idad*. Curiosamente, las vocales finales de algunos adverbios muestran el mismo comportamiento morfológico: *temprano* → *tempran-er-o*, *pronto* → *pront-itud*.

Los sufijos derivativos y los flexivos presentan una serie de diferencias entre sí. Consideremos los ejemplos en (3):

(3) a.  Palabras relacionadas por derivación: *hig-o* → *higu-er-a*; *libr-o* → *libr-er-í-a*.
   b.  Palabras relacionadas por flexión: *perr-o, perr-o-s*; *niñ-o, niñ-a, niñ-o-s, niñ-a-s*; *llor-o, llor-a-mos, llor-a-se-n, llor-á-ba-is*.

Si nos fijamos en primer lugar en el significado, podemos notar que el referente cambia en los ejemplos en (3a). La palabra *higuera* hace referencia al árbol y no a la fruta *higo*. Igualmente, *librería* hace referencia al lugar donde se venden *libros*. En los ejemplos de palabras relacionadas por flexión en (3b), por el contrario, el referente básico no cambia. Con la palabra *perros* decimos que hay más de un *perro*, pero seguimos haciendo referencia al mejor amigo del ser humano. Con la palabra *lloramos* seguimos haciendo referencia a la misma acción que con la palabra *lloro*, cambiando solo el sujeto a quien atribuimos la acción.

Una segunda diferencia, a la que ya hemos aludido, es que en la derivación podemos tener un cambio de clase gramatical, por ejemplo, *gota* (N) → *gotear* (V), mientras que esto no ocurre nunca en la flexión (*gota, gotas*).

En tercer lugar, la morfología flexiva es de aplicación mucho más general que la derivativa. Si el significado lo permite, todo sustantivo tiene una forma plural y esta forma se origina mediante reglas muy generales (por ejemplo, si el sustantivo termina en vocal átona, se añade siempre /-s/). Todo adjetivo tiene formas que permiten la concordancia con sustantivos masculinos y femeninos, singulares y plurales. Todo verbo tiene, por ejemplo, una forma de primera persona del plural del condicional en *-ríamos* y una forma de segunda persona del singular del pretérito en *-ste*. Por el contrario, la aplicabilidad de la morfología derivativa está sujeta a todo tipo de restricciones léxicas. Así, por ejemplo, de *alto* tenemos *altura* y *de gordo, gordura*, pero el adjetivo *delgado* no nos permite derivar un sustantivo *\*delgadura*, sino que el sustantivo correspondiente es *delgadez*. Del sustantivo *casa* tenemos un adjetivo *casero* (como en *comida casera*) pero, ¿hay algún adjetivo derivado de *edificio*? Del sustantivo *sello* obtenemos *sellar*, y de *carta, cartear*, pero para la mayoría de los hablantes no existe ningún verbo derivado del también sustantivo *sobre*, donde se mete la carta (aunque podemos crearlo). Algunos procesos derivativos son más comunes que otros y a veces encontramos procesos derivativos que se aplican de manera uniforme en ciertos grupos de palabras (por ejemplo, en principio es posible derivar un sustantivo en *-bilidad* de cualquier adjetivo terminado en *-ble*), pero su productividad es siempre más limitada que la de la morfología flexiva. A diferencia de la flexión, en la derivación no se puede agregar un sufijo derivativo determinado a todos los miembros de una clase léxica.

Finalmente, y esta es la diferencia más importante, la morfología flexiva tiene relevancia sintáctica, mientras que la derivativa no la tiene. Así, en una oración como *las casas son blancas*, la morfología flexiva del artículo *las* y el adjetivo *blancas* es la impuesta por la concordancia en género y número, obligatoria en español, con el sustantivo *casas*, mientras que la morfología flexiva del verbo está determinada en parte por concordancia con el sujeto de la oración. La morfología derivativa, por el contrario, no da lugar a ningún tipo de concordancia morfosintáctica. El sustantivo *debilidades*, por ejemplo, impone el mismo tipo de concordancia que *casas*, sin importar para ello en modo alguno el que sea una palabra formada por derivación (a partir del adjetivo *débil*).

## 1.7 Palabras compuestas, derivadas y simples

Un tipo de palabra especial, por su estructura morfológica, son las **palabras compuestas**. Estas son palabras que contienen dos o más raíces. Pueden servir de ejemplos los siguientes: *hombre rana*, formada por dos nombres; *lavaplatos*, nombre compuesto que contiene una raíz verbal y otra nominal; y *pelirrojo*, formada mediante la unión de *pelo* (nombre) y *rojo* (adjetivo).

(4) Ejemplos de palabras compuestas:
    Sustantivos: *hombre rana* (N + N), *lavaplatos* (V + N)
    Adjetivos: *pelirrojo* (N + Adj)

**Palabras derivadas** son las formadas a partir de otras palabras. Generalmente contienen una raíz y un afijo derivativo (aunque como veremos en español existen casos de derivación sin afijos derivativos). He aquí algunos ejemplos de varias categorías gramaticales, donde separamos la base de los afijos con un guión:

(5) Ejemplos de palabras derivadas:
    Sustantivos (N): *papel-era, organ-ista, niñ-ez*
    Adjetivos (Adj): *fest-ivo, ocasion-al, dolor-os-a, cerc-an-o*
    Verbos (V): *got-e-ar, ejempl-ific-ar, a-cerc-ar*
    Adverbios (Adv): *tranquil-a-mente, alegr-e-mente*

La transparencia de las palabras derivadas (es decir, la facilidad con que reconocemos que se trata de palabras derivadas de otras) puede variar mucho de un ejemplo a otro. Consideremos los siguientes ejemplos. En verbos como *contar* y *recontar*, *mirar* y *remirar* reconocemos sin problemas un prefijo *re-* que significa "volver a". (¿Se le ocurren otros ejemplos?) En adjetivos como *limpio* y *relimpio*, *contento* y *recontento*, encontramos el mismo prefijo, que, con adjetivos, significa "muy, en alto grado". Tanto la descomposición en morfemas como la contribución de cada morfema al significado total de estas palabras resultan evidentes.

En otros ejemplos, como *revisión*, la estructura está también clara. Sin duda deriva de *visión* con el prefijo *re-*. Pero la relación de significado entre estas dos palabras es mucho menos clara. La palabra *repaso* representa un caso intermedio: un repaso es un segundo paso, pero solo en un sentido específico (notemos que con el verbo *repasar* tenemos dos sentidos: uno obvio, p.ej. *pasar y repasar por la ventana*, y otro especial, como en *repasar para un examen*). Finalmente, la conexión entre la palabra *religión* y el verbo *ligar* es francamente oscura desde un punto de vista **sincrónico**.

Denominamos **palabras simples** a las que contienen únicamente una raíz o una raíz y sufijos flexivos. Son ejemplos de palabras simples los siguientes (separamos los sufijos flexivos de la raíz):

(6) Ejemplos de palabras simples:
    Sustantivos (N): *balón, escuel-a, ocasion-es, niñ-o, niñ-a, niñ-o-s, niñ-a-s*
    Adjetivos (Adj): *azul, roj-a, cortés, ágil-es, pequeñ-a-s*
    Verbos (V): *encontr-amos, llegu-é, abr-irían*
    Adverbios (Adv): *ayer, aquí, cerca, bien*

El que una palabra se interprete como simple o derivada depende en parte del conocimiento del vocabulario que tenga el hablante. Así, una palabra como *sintaxis* es generalmente interpretada como palabra simple por la mayoría de los hablantes. Pero aquellos hablantes que conozcan también la palabra *parataxis* pueden descomponerlas en dos morfemas *sin-taxis*, *para-taxis*. Por comparación con *simpático* y su opuesto *antipático*, además de *sintonía*, *sintagma*, etc., podemos llegar a reconocer un prefijo /sin-/ de origen griego (*syn-*) que expresa colaboración. ¿Puede pensar en algún otro ejemplo con este prefijo? (La forma *-pático*, dicho sea de paso, se relaciona con *patético* y *pasión*. Es decir, desde un punto etimológico, una persona *simpática* es alguien que siente con nosotros.)

A veces, por motivos históricos, la estructura de una palabra está clara o es transparente solamente en parte. Para dar un ejemplo, en español no tenemos un verbo *\*ducir*, pero sí que tenemos una serie de verbos derivados de esta "raíz" con varios prefijos. ¿Cuántos ejemplos puede dar? La existencia de estos casos plantea un problema para la definición de morfema. ¿Es *duc*(*ir*) un morfema en español? Si lo es, ¿cuál es su significado inherente?

---

En resumen, según su estructura morfológica, tenemos tres tipos de palabras:

(a) Palabra simples, que contienen solo una raíz (+ sufijos flexivos). Ejemplos: *miel, niña, hombre, paredes*.
(b) Palabras derivadas, que contienen una raíz + afijo(s) derivativo(s). Ejemplos: *meloso, niñez, hombrada, emparedar*.
(c) Palabras compuestas, que contienen dos (o más) raíces. Ejemplos: *tocadiscos, cartón piedra*.

---

**Ejercicio 6.** Indique si las siguientes palabras son simples, derivadas o compuestas. En caso de que una palabra sea derivada o compuesta, indique cuál es la raíz o cuáles son las raíces:

| | | | | |
|---|---|---|---|---|
| 1. inteligente | 2. parabrisas | 3. carilargo | 4. innoble | 5. sinvergüenza |
| 6. elegancia | 7. cantarín | 8. sacapuntas | 9. reacción | 10. buenaventura |
| 11. elefante | 12. gotear | 13. esperanza | 14. resina | 15. volumen |
| 16. alegría | 17. perros | 18. riqueza | 19. imbécil | 20. empedrar |
| 21. amarillento | 22. bombero | 23. cerveza | 24. imposible | 25. apedrear |

**Ejercicio 7.** ¿Hay algo curioso en la derivación de la palabra *lejano*? ¿Qué explicación se le ocurre?

---

## 1.8   Morfemas libres y ligados

Un morfema libre es uno que puede aparecer aislado, formando una palabra completa. Morfemas libres son *papel, veloz, quién, por, y*. Por el contrario, un **morfema ligado** no puede pronunciarse aislado. Por definición, los afijos son todos morfemas ligados. Pero, además, una característica del español es que la mayoría de las raíces no pueden ocurrir sin morfemas de flexión. Si consideramos la estructura morfológica de los nombres y adjetivos en español (y lo mismo se aplica a otras clases de palabras como los pronombres, los determinantes y algunos adverbios), podemos observar que con algunos de ellos la raíz puede aparecer desnuda, sin sufijos (*pared, melón, feliz*). Con muchos otros, sin embargo, la raíz no aparece nunca sin estar acompañada por un sufijo. Así, no podemos tener *\*gat* como palabra, sino solo *gato, gata, gatuno*, etc. Las raíces verbales casi nunca aparecen sin sufijos añadidos: no encontramos nunca, por ejemplo *\*vend*, sino *vendo, vender, vendiste*, etc. La única excepción viene dada por ciertos imperativos irregulares como *ven, sal, pon*, etc. Por el contrario, en inglés la mayoría de las raíces aparecen como formas independientes, formando palabras completas (*cat, good, sell*, etc.).

## 1.9   Morfemas y alomorfos

A veces el mismo morfema (raíz o afijo) aparece en formas algo diferentes en palabras diferentes que lo contienen. Así, la raíz verbal presenta formas diferentes en *pued-o, pod-emos* y *pud-ieron*. Así también, el sufijo de plural presenta formas diferentes en *perro-s* y *papel-es*. En casos como estos hablamos de **alomorfos** de un morfema. Diremos que la raíz del verbo que significa "poder" tiene tres alomorfos, /pod-/, /pued-/ y /pud-/, y que el sufijo del plural tiene al menos dos alomorfos, /-s/ y /-es/. Como muestran estos ejemplos, alomorfo es a morfema como alófono es a fonema.

Cuando un morfema presenta más de un alomorfo, frecuentemente encontramos que la distribución de los distintos alomorfos está condicionada fonológicamente. Esto es, cada alomorfo ocurre en un contexto fonológico diferente. No todos los casos de alomorfismo, sin embargo, están sujetos a reglas con condicionamiento fonológico. A veces la distribución es puramente morfológica. Por ejemplo, la raíz de un número de verbos en español presenta un alomorfo especial en el pretérito (y el imperfecto de subjuntivo, cuya raíz es siempre igual a la del pretérito): *pon-er/pus-e, ten-er/tuv-e, ser/ fu-i*, etc. He aquí algunos ejemplos de reglas de alomorfismo en español para resolver:

**Ejercicio 8.** ¿Cuáles son los alomorfos de la raíz de los siguientes verbos? *servir, jugar, perder, dormir, hervir, soñar.*

**Ejercicio 9.** En español tenemos un prefijo de negación /in-/, como en *animado/inanimado, activo/inactivo*. De acuerdo con las reglas fonológicas del español, la nasal de este prefijo toma el punto de articulación de la consonante siguiente, como muestran ejemplos como *i*[m]*posible,* *i*[m]*vencible i*[ɱ]*feliz, i*[ŋ]*grato*, etc. Pero este prefijo tiene además otro alomorfo /i-/ sin consonante nasal. ¿Puede pensar en tres o cuatro ejemplos con este alomorfo? ¿En qué contexto fonológico ocurre el alomorfo /i-/?

**Ejercicio 10.** Tenemos otro prefijo con los alomorfos /kon-/ y /ko-/, como en *convecino, compadre, consuegro, colateral, colaborador, coeditor, coautor*, etc. ¿Es la distribución de estos alomorfos la misma que la de los del ejercicio anterior?

**Ejercicio 11.** Además de los alomorfos /-s/ y /-es/, el morfema de plural en español presenta también un alomorfo "cero". Es decir, el plural es igual al singular para algunas palabras. ¿Puede pensar en algún ejemplo? ¿Qué tienen en común las palabras en este grupo?

**Ejercicio 12.** ¿Tiene el morfema de género gramatical también un alomorfo "cero"? ¿Puede pensar en algún ejemplo?

**Ejercicio 13.** La distribución de los alomorfos de la raíz del verbo *perder* está condicionada fonológicamente.

1. ¿En qué contexto fonológico ocurre cada uno de los alomorfos?

Para responder a esta pregunta primero haga una lista de formas verbales, en dos columnas según el alomorfo que contengan, incluyendo tiempos y personas diferentes y las formas no personales del verbo (participio pasado, gerundio e infinitivo). Divida cada palabra en sílabas y subraye la sílaba con acento prosódico. Para *i, u*, indique si son vocales [i], [u] o semivocales [i̯], [u̯].

2. ¿Puede pensar en otros verbos con la misma regla de alomorfismo?

**Ejercicio 14.** Haga lo mismo que en el ejercicio anterior para el verbo *soñar*, dando también otros ejemplos. ¿Puede dar una regla general que dé cuenta de todos los verbos incluidos en este ejercicio y en el anterior?

**Ejercicio 15.** Emplee ahora el mismo procedimiento que en los ejercicios 13 y 14 para encontrar la regla que condiciona la distribución de alomorfos del verbo *servir*. Tenga en cuenta que los contextos relevantes tienen poco que ver con los del ejercicio anterior.

**Ejercicio 16.** Después de haber completado los ejercicios 13–15, considere ahora el verbo *hervir*. ¿Qué alomorfos tiene la raíz de este verbo y en qué contexto fonológico aparece cada uno de ellos? ¿Necesita alguna regla nueva?

**Ejercicio 17.** Finalmente, emplee el mismo procedimiento que en los ejercicios anteriores para formular la distribución de alomorfos de la raíz del verbo *dormir*.

**Ejercicio 18.** Resumiendo todo lo que ha descubierto en los ejercicios 13–17, ¿qué dos reglas generales determinan la distribución de los verbos españoles que presentan alternancias vocálicas en la raíz?

**Ejercicio 19.** Identifique los alomorfos de la raíz del verbo *hacer* e indique la distribución de cada uno de ellos. Haga lo mismo para el verbo *decir*. ¿Es posible encontrar un condicionamiento fonológico en estos casos?

# 2    Morfología flexiva de la lengua española

## 2.1    Flexión nominal: género y número

### 2.1.1    Concepto de género gramatical

En español, los nombres o sustantivos y sus modificadores (artículos y otros determinantes, adjetivos) concuerdan en género y **número**. Decimos *el libro blanco*, *la pared blanca*, *los libros blancos*, *las paredes blancas*, con concordancia en género y número entre el sustantivo y los artículos y adjetivos que lo modifican.

Consideremos primero el género. En español tenemos género gramatical. El **género** es una propiedad inherente de los sustantivos que se manifiesta en la concordancia con adjetivos y otros modificadores. Decimos que sustantivos como *zapato*, *lápiz*, *césped*, *camión*, *coche* y *día* son inherentemente de género masculino, mientras que otros sustantivos como *camisa*, *raíz*, *pared*, *situación*, *noche* y *mano* tienen género femenino. Con esto queremos decir que sus modificadores tienen formas diferentes:

(7)  Género gramatical: sustantivos masculinos y femeninos
  *este zapato hermoso es mío*  vs.  *esta camisa hermosa es mía*

| | |
|---|---|
| *lápiz* | *raíz* |
| *césped* | *pared* |
| *camión* | *situación* |
| *coche* | *noche* |
| *día* | *mano* |

Los sustantivos que requieren modificadores como *este*, *hermoso* y *mío* son de género masculino, mientras que los que exigen concordancia con formas como *esta*, *hermosa* y *mía* son femeninos. Todos los sustantivos en español han de pertenecer necesariamente a una clase o a la otra, incluso los préstamos más recientes. Los adjetivos y otros modificadores tienen que concordar con el género gramatical que asignamos al nombre.

Podemos preguntarnos por qué utilizamos expresiones como género masculino y femenino. ¿Qué hay de masculino en un "zapato" o en un "melón" y de femenino en una "camisa" o una "sandía"? Obviamente, nada. Podríamos emplear otras expresiones como sustantivos de clase 1 y de clase 2 para indicar el sistema de concordancia que exigen.

Los términos tradicionales *masculino* y *femenino* no son, sin embargo, puramente arbitrarios, como pudiera desprenderse de los ejemplos que acabamos de considerar. El origen de esta terminología se encuentra en que sustantivos como *zapato* y *melón* exigen el mismo tipo de concordancia que encontramos con la mayoría de los sustantivos referidos a personas del sexo masculino como *Juan*, *hombre*, *rey*, *artista* (cuando se refiere a un hombre) o *maestro*, mientras que sustantivos como *camisa* o *pared* exigen el mismo tipo de concordancia que los sustantivos que hacen referencia a una persona del sexo femenino, como *María*, *mujer*, *reina*, *artista* (cuando se refiere a una mujer) o *maestra*. Es decir, los conceptos de "zapato" y "melón" (significados) no tienen nada de masculino, pero los sustantivos *zapato* y *melón* (significantes) tienen de "masculino" el exigir las mismas formas de adjetivos y otros modificadores que la mayoría de los sustantivos referidos a personas de género biológico (sexo) masculino (y que, por esta razón, conocemos como concordancia masculina).

### 2.1.2   Género y sufijos flexivos

Es obvio que el género gramatical de los sustantivos no es algo que pueda deducirse sin más de su terminación. Ejemplos como *zapato*, *lápiz*, *césped*, *camión*, *coche* y *día* son todos sustantivos de género masculino, y *camisa*, *raíz*, *pared*, *situación*, *noche* y *mano* son todos sustantivos de género femenino. Existen, sin embargo, ciertas tendencias.

(a) Los sustantivos terminados en *-o* son casi todos masculinos. La excepción más importante es la palabra *mano*. Otras excepciones comunes proceden de abreviaciones: *la foto*(*grafía*), *la moto*(*cicleta*).

(b) Los sustantivos terminados en *-a* son casi todos femeninos. Esta regla tiene bastantes más excepciones: *día*, *poeta*, *mapa*, palabras de origen griego terminadas en *-ma* (*drama*, *poema*, *sintagma*), etc. Los sustantivos en *-ista* con referente humano tienen ambos géneros: *el contrabandista*, *la contrabandista*.

(c) Los sustantivos terminados en *-e* y los que carecen de sufijo flexivo (terminados en consonante) pueden ser de un género o del otro, sin que sea posible dar ninguna regla general. Así tenemos *coche* (m) pero *noche* (f), *matiz* (m) pero *nariz* (f), *sol* (m) pero *sal* (f), *análisis* (m) pero *síntesis* (f), etc. Con palabras derivadas sí que es posible encontrar algunas generalizaciones. Así, por ejemplo, las palabras derivadas terminadas en *-ez*, *-ción*, *-(i)dad* y *-tud* son todas femeninas.

En el caso de los sustantivos con referente humano y también con los referidos a algunos animales encontramos generalmente dos formas, masculina y femenina, con un par de excepciones, como las palabras *víctima* y *persona* que tienen solo una forma, de género femenino: *Juan es un buen hombre*, pero *Juan es una buena persona*. La mayoría de las veces la palabra masculina termina en *-o* y la femenina en *-a* como en *niño* (m) y *niña* (f), *tío* (m) y *tía* (f), *maestro* (m) y *maestra* (f), etc. Esta no es, sin embargo, la única posibilidad, pues tenemos también otros casos como *estudiante* (m) (*el estudiante*) y *estudiante* (f) (*la estudiante*), *artista* (m) y *artista* (f), en los que las formas masculina y femenina tienen la misma terminación. Hay también otros casos como *jefe* (m) y *jefa* (f) y *profesor* (m) y *profesora* (f) que tampoco se ajustan a la regla de que el masculino termina en *-o* y el femenino en *-a*. Aparte de algunos casos especiales que veremos seguidamente, las posibilidades de correspondencia entre sufijos para sustantivos emparejados (referidos a humanos y algunos animales) son las siguientes:

(8) Sustantivos "emparejados" (con la misma raíz pero con diferencia de género)

| | masc. | | fem. | | ejemplos: |
|---|---|---|---|---|---|
| 1. | *-o* | *-a* | (*el*) *amigo* | / | (*la*) *amiga* |
| 2. | *-o* | *-o* | (*el*) *modelo* | / | (*la*) *modelo* |
| 3. | *-a* | *-a* | (*el*) *artista* | / | (*la*) *artista* |
| 4. | *-e* | *-e* | (*el*) *cantante* | / | (*la*) *cantante* |
| 5. | *-e* | *-a* | (*el*) *monje* | / | (*la*) *monja* |
| 6. | *-∅* | *-∅* | (*el*) *albañil* | / | (*la*) *albañil* |
| 7. | *-∅* | *-a* | (*el*) *profesor* | / | (*la*) *profesora* |

Ninguna otra combinación es posible. No podemos tener, por ejemplo, \**el acróbata* (m) / *la acróbate* (f).

Notemos que esta propiedad de "emparejamiento morfológico", aunque se encuentra con casi todos los sustantivos con referente humano, solo se extiende a algunos animales. Tenemos *perro/perra*, *gato/gata*, *león/leona* pero solo *rana* (f), *sapo* (m), *pez* (m), *perdiz* (f), *gorrión* (m), *antílope* (m), *gacela* (f), *puma* (m), sin importar el género biológico del animal en cuestión. Sea macho o hembra, solo podemos decir *una perdiz hermosa*, *un gorrión pequeño*, *una pantera vieja* y *un puma gordo*. Si queremos distinguirlos tenemos que decir cosas como *una perdiz macho* y *un gorrión hembra*.

Por otra parte, hay algunos casos de pares de sustantivos referidos a personas o animales en que encontramos una relación de tipo cuasi-derivativo entre la forma masculina y la femenina: *rey/reina*, *gallo/gallina*, *duque/duquesa*, *príncipe/princesa*, *tigre/tigresa*, *actor/actriz*. (Desde una perspectiva puramente formal la relación que tenemos entre, por ejemplo, *gall-o* y *gall-in-a* es la misma que encontramos entre *capuch-a* y *capuch-in-o*, *capuch-in-a*, aunque desde el punto de vista del significado la relación es muy diferente.) El caso de *padre/madre*, donde lo que cambia es la consonante inicial, es único. Hay también unos pocos ejemplos de sustantivos referidos a personas y animales que indican una diferencia de género biológico pero expresada mediante raíces totalmente diferentes: *toro/vaca*, *carnero/oveja*, *caballo/yegua*, *hombre/mujer*, *marido/mujer*.

Con sustantivos que no hacen referencia a seres humanos ni animales la distinción de género gramatical con la misma raíz puede relacionarse con varias diferencias de significados. Por una parte encontramos casos como *naranjo* (m) / *naranja* (f), *manzano* (m) / *manzana* (f), *ciruelo* (m) / *ciruela* (f), *almendro* (m) / *almendra* (f), etc., en que la palabra masculina se refiere al árbol y la femenina al fruto. Aquí la diferencia de género funciona como la morfología derivativa en el cambio de significado que introduce (cf. *higuera/higo*).

La misma relación masculino en *-o* / femenino en *-a* se encuentra en casos como *barco* (m) / *barca* (f), *cesto* (m) / *cesta* (f), *bolso* (m) / *bolsa* (f), *cuchillo* (m) / *cuchilla* (f), etc., que tienen como referentes objetos parecidos, generalmente con una diferencia de tamaño, aunque no está siempre claro qué miembro del par hace referencia al objeto de mayor tamaño.

Hay algunos pocos casos en que una palabra masculina y otra femenina con la misma base tienen referentes similares, pero con una diferencia impredecible, como encontramos con (*el/la*) *orden*, (*el/la*) *frente* y también con *suelo* y *suela*, *peso* y *pesa* y algunas otras más.

Por último hay también casos en que dos palabras con bases fonológicamente iguales y géneros diferentes no tienen nada que ver una con la otra desde el punto de vista del significado como *corte* (m) y *corte* (f ), *velo* (m) y *vela* (f ), *libro* (m) y *libra* (f ). Este es un caso similar a la **homofonía**, que estudiaremos en el capítulo sobre semántica.

---

**Ejercicio 20.** ¿Puede formular una regla general que unifique las siete correspondencias de sufijos entre masculino y femenino que se ilustran en (8)? Es decir, si sabemos como es la forma masculina, ¿qué opciones existen para formar el femenino?

El femenino puede ser_____ o puede terminar en_____

**Ejercicio 21.** ¿Qué tipo de relación hay entre los dos miembros de los siguientes pares de sustantivos: *el cochero/la cochera, el azucarero/la azucarera, el bombo/la bomba*? (Busque las palabras en el diccionario.)

---

### 2.1.3   El género de los adjetivos

Al contrario que los nombres, los adjetivos no tienen género inherente, sino que concuerdan forzosamente con el género inherente de los nombres a los que modifican. En los adjetivos tenemos, pues, siempre una forma masculina y otra femenina para la misma raíz (aunque estas pueden ser idénticas), pues todo adjetivo ha de poder aplicarse a sustantivos tanto de un género como del otro.

Atendiendo a cómo se emparejan el masculino y el femenino de los adjetivos en cuanto a su terminación, encontramos dos grupos principales: los que terminan en -*o* en el masculino y en -*a* en el femenino (*guapo/guapa, frío/fría*), y los que terminan en -*e* o consonante (sin vocal flexiva) y son iguales para los dos géneros (*grande, caliente, triste, verde, azul, fácil, igual, gris*). Un grupo menor, que incluye sobre todo adjetivos de nacionalidad, tiene una forma en consonante (sin sufijo flexivo) para el masculino y otra en -*a* para el femenino (*español/española, francés/francesa, alemán/alemana*). Además de estos, hay algunos invariables en -*a* (*belga, agrícola*) y también en -*í* (*israelí, baladí*).

### 2.1.4   El género en pronombres, artículos y demostrativos

El paradigma flexivo de los pronombres personales, demostrativos y artículos presenta la particularidad de que, además de masculino y femenino, contiene una tercera forma, "de género neutro":

(9)   Palabras con tres géneros:

| Masculino | Femenino | Neutro |
|-----------|----------|--------|
| *él* | *ella* | *ello* |
| *este* | *esta* | *esto* |
| *ese* | *esa* | *eso* |
| *aquel* | *aquella* | *aquello* |
| *el* | *la* | *lo* |

Tabla 3.1 *Tipos de adjetivos por su flexión de género*

Casos generales:
1. *-o* (m)/ *-a* (f): *un hombre alto / una mujer alta, un techo rojo / una pared roja.*
2. Invariables en *-e,* o cons.: *un problema urgente / una situación urgente, un árbol verde / una planta verde, un problema difícil / una situación difícil.*

Casos menos comunes:
3. *-Ø* (m) / *-a* (f): *un libro español / una revista española, un señor francés / una señora francesa.*
4. Otros invariables: *un hombre belga / una mujer belga, un país agrícola / una nación agrícola, un asunto baladí / una cuestión baladí.*

Las llamadas formas "neutras" se utilizan haciendo referencia a conceptos o ideas: *lo que te conté, eso es, aquello de lo que hablamos.* La forma *lo* se utiliza también con adjetivos: *lo bueno es que llegamos.* En expresiones de carácter exclamativo, *lo* aparece con adjetivos tanto masculinos como femeninos, singulares o plurales, por lo que su caracterización como artículo no parece del todo correcta: *¡lo simpáticos que son tus amigos!, no sabes lo contenta que está María.*

Como veremos en el capítulo de historia, en latín los sustantivos podían ser de género masculino, femenino o neutro y otras lenguas europeas, como el alemán, también tienen esta distinción de tres géneros.

Otro hecho interesante acerca de los artículos es el uso del artículo *el* con sustantivos femeninos, como en *el agua.* Para saber más sobre este fenómeno le recomendamos que haga el ejercicio siguiente.

**Ejercicio 22.** El artículo femenino *la* presenta un alomorfo *el* en casos como *el agua, el águila, el hacha, el asa, el arma, el ama,* etc. (que son palabras femeninas, como se ve por otros tipos de concordancia: *el agua fría, el águila negra*), pero no en otros como *la ardilla, la alfombra, la araña, la alumna,* ni tampoco en *la alta torre, la árida meseta, la áspera piedra.* (a) La distribución de este alomorfo está sujeta a dos condiciones, una fonológica y otra morfosintáctica. ¿Cuáles son? (b) ¿Se le ocurre alguna excepción a la regla? (Pista: piense en el nombre de las letras del abecedario).

## 2.1.5   El masculino como género no marcado

El masculino aparece como género no marcado con respecto a varios fenómenos de concordancia que presentamos a continuación. Este carácter no marcado del masculino es evidente, en primer lugar, en la nominalización.

Cuando empleamos preposiciones, conjunciones y otras palabras sin género gramatical como si fueran nombres, estas muestran siempre concordancia masculina: *quita ese con y pon un sin; no me vengas con tantos peros*; hay *demasiados paras en este párrafo*; *reemplaza este aunque con otro sin embargo*; *dio un sí entusiasmado*; *pronunció un nunca amargo*.

El género masculino es también el que utilizamos en la nominalización de oraciones, sean finitas o de infinitivo: *el fumar tanto no es muy bueno*, *el que me lo digas tú es ridículo*.

Por otra parte, al menos tradicionalmente, se usa el masculino para hacer referencia a un grupo de personas que incluye al menos una de sexo masculino. Así, *mis hijos* puede incluir a *mis hijas*, pero no viceversa, y *los estudiantes* puede emplearse para referirse a un grupo de ambos sexos. Así también, si el grupo incluye al menos un varón, según la regla tradicional tendremos que decir *todos nosotros* (aunque las mujeres estén en mayoría en el grupo). Estas normas, sin embargo, son menos rígidas ahora que antes y están empezando a cambiar. Mientras que tradicionalmente se entendía siempre que *todos los alumnos de la clase* incluía a las alumnas, hoy en día en ciertos contextos hay una tendencia a emplear expresiones como *todos los alumnos y todas las alumnas*, que se consideran más igualitarias. En documentos escritos de carácter algo más informal se ven también expresiones como *todos/as los/as alumnos/as* o incluso *tod@s l@s alumn@s*. Otra propuesta reciente es utilizar por escrito formas como *todxs lxs alumnxs* que son más inclusivas al reflejar el hecho de que la identidad de género o sexo de las personas no se limita a una distinción binaria. Recientemente se ha propuesto también utilizar cualquiera de los dos géneros gramaticales, no necesariamente el masculino, para referirse a colectivos humanos. Así en España un partido político inicialmente conocido como *Unidos Podemos* cambió su nombre a *Unidas Podemos*.

La incorporación de la mujer a puestos en la sociedad que tradicionalmente estaban reservados exclusivamente a varones ha traído también ciertos cambios en el uso y también una cierta inseguridad acerca de cuál es el uso gramaticalmente correcto. En otra época no había necesidad de referirse, por ejemplo, a jueces de sexo femenino, porque todos los jueces eran hombres. Hoy en día, sin embargo, al ser posible encontrar tanto hombres como mujeres en este cargo se plantea el problema de cómo acomodar la lengua a la realidad, dado que, como hemos visto, los nombres referidos a seres humanos suelen presentar géneros morfológicos diferentes según el sexo biológico del referente. Una posibilidad es crear una excepción y decir, por ejemplo, *María es un juez muy justo* observando concordancia masculina porque *juez* es únicamente una palabra masculina (lo mismo que decimos, por otra parte, *Juan es una persona muy justa*). Una segunda posibilidad es crear otra palabra *juez* (f) y decir *María es una juez muy justa*. Finalmente podemos crear una palabra *jueza* (f): *María es una jueza muy justa*. Hoy en día el uso varía entre estas tres opciones. Los periódicos suelen tener reglas de estilo al respecto.

Un caso completamente diferente, puramente gramatical y sin relevancia extralingüística, es el de la concordancia de nombres coordinados sin referente humano. En este caso suele prevalecer la concordancia masculina, *compré dos bolígrafos y una pluma rojos* aunque la concordancia puede ser también con el último sustantivo coordinado: *cuatro vasos y varias botellas vacías* (única posibilidad si solo las botellas están vacías pero opción posible también si el adjetivo modifica a *vasos* y *botellas*).

**Ejercicio 23.** Consulte la sección "Uso del masculino en referencia a seres de ambos sexos" en el *Diccionario panhispánico de dudas* de la Real Academia Española (disponible en www.rae.es). ¿Qué opinión le merecen a la Real Academia las varias soluciones que hemos mencionado más arriba? ¿Le parecen acertados los criterios de la Academia?

**Ejercicio 24.** Consulte con sus compañeros en la clase (o busque en internet) y determine cuántas opciones tienen para el femenino de *estudiante, emperador, presidente, médico*.

### 2.1.6   Número: singular y plural

Sobre la formación del plural se suele dar como regla que en español "las palabras terminadas en vocal forman el plural en -*s* y las terminadas en consonante forman el plural en -*es*". Los hechos son, sin embargo, algo más complicados. Consideremos los siguientes ejemplos, que representan excepciones a esta regla:

(a) *El lunes/los lunes* (pero *el mes/los meses*), *el análisis/los análisis*, (pero *el autobús/los autobuses*). (Fíjese en la posición del acento.)

(b) *El jabalí/los jabalíes ~ jabalís, el rubí/los rubíes ~ rubís, el menú/los menúes ~ menús.* Pero el *sofá/los sofás* (no \**sofáes*), *la mamá/las mamás, el café/los cafés, el dominó/los dominós*.

(c) *El chef/los chefs, el robot/los robots, el mamut/los mamuts, el anorak/los anoraks, el coñac/los coñacs, el bulldog/los bulldogs*.

**Ejercicio 25.** Dados estos hechos, ¿cómo describiría la distribución de alomorfos del plural en español de manera más completa y correcta?

**Ejercicio 26.** ¿Qué tienen de especiales palabras como *añicos, víveres, pinzas*?

### 2.2   Flexión verbal

### 2.2.1   Paradigmas verbales

Desde un punto de vista morfológico los verbos en español se agrupan en tres clases o **conjugaciones**:

– Primera conjugación: verbos cuyo infinitivo termina en -*ar* (como *amar, llorar, esperar*).

– Segunda conjugación: verbos cuyo infinitivo termina en *-er* (como *temer*, *comer*, *esconder*).

– Tercera conjugación: verbos cuyo infinitivo termina en *-ir* (como *partir*, *batir*, *escupir*).

Claramente *-r* es la marca morfológica del infinitivo, uniforme en las tres conjugaciones. Lo que realmente distingue una conjugación de otra es la vocal que sigue a la raíz en el infinitivo: *-a-*, *-e-* o *-i-*, que llamaremos **vocal temática** (VT), empleando la terminología tradicional. Esta misma distinción de VT aparece no solo en el infinitivo, sino también en algunas otras formas verbales: *am-a-mos*, *tem-e-mos*, *part-i-mos*. En otras formas, sin embargo, la segunda y tercera conjugación comparten la misma vocal temática. Así tenemos, por ejemplo, *am-a-n* frente a *tem-e-n*, y *part-e-n* o *am-a-do* frente a *tem-i-do* y *part-i-do*. También hay formas del paradigma verbal que carecen de vocal temática y en las que, consecuentemente, no hay diferencia entre las conjugaciones: *am-o*, *tem-o*, *part-o*.

Aproximadamente el 90% de todos los verbos en español pertenecen a la primera conjugación. Esta es la única conjugación verdaderamente productiva, a la que es posible agregar nuevos verbos. Todos los préstamos verbales de otras lenguas se adaptan como verbos de la primera conjugación. Podemos decir que solo la primera conjugación es una clase abierta por lo que respecta a la lengua como sistema.

En la tabla 3.2 ofrecemos el paradigma flexivo del verbo *cantar*. Con escasísimas excepciones (los llamados verbos defectivos, como *abolir*), todo verbo español presenta todas las formas que ejemplificamos. En la tabla incluimos las formas de *vosotros/as*, que solo se usan en España. No incluimos sin embargo las formas de *vos*, usadas en varios países latinoamericanos, que presentan alguna **variación dialectal** y que discutiremos después.

En la siguiente sección consideraremos la estructura interna de estas formas verbales.

Además de estas formas llamadas "simples", encontramos formas "compuestas", que están formadas con el auxiliar *haber* y el participio pasado (*he cantado*, *haya cantado*, *había cantado*, etc.). La estructura de estas formas es simplemente la que resulta de combinar la forma correspondiente de *haber* con el participio del verbo principal.

Tenemos también una serie de perífrasis formadas con otros verbos auxiliares y una forma no personal del verbo principal. Con *estar* y el gerundio obtenemos formas progresivas: *está cantando*, *estuvo cantando*, *estaba cantando*, *estaría cantando*, etc. Semejante en su significado es otra construcción con *andar* (o con *ir*): *anda cantando*, *anduvo cantando*, *andaba cantando*, *andaría cantando*, etc. La construcción con *seguir* indica continuación: *sigue cantando*, *seguía cantando*, etc. Con *ir a* más el infinitivo se crea una perífrasis con valor de futuro o de acción inmediatamente posterior a la indicada por el

Tabla 3.2 *Paradigma del verbo* cantar

---

Presente de indicativo: *canto, cantas, canta, cantamos, cantáis, cantan*
Presente de subjuntivo: *cante, cantes, cante, cantemos, cantéis, canten*
Imperfecto de indicativo: *cantaba, cantabas, cantaba, cantábamos, cantabais, cantaban*
Pretérito: *canté, cantaste, cantó, cantamos, cantasteis, cantaron*
Imperfecto de subjuntivo (A): *cantara, cantaras, cantara, cantáramos, cantarais, cantaran*
Imperfecto de subjuntivo (B): *cantase, cantases, cantase, cantásemos, cantaseis, cantasen*
Futuro de indicativo: *cantaré, cantarás, cantará, cantaremos, cantaréis, cantarán*
Futuro de subjuntivo: *cantare, cantares, cantare, cantáremos, cantareis, cantaren*
Condicional: *cantaría, cantarías, cantaría, cantaríamos, cantaríais, cantarían*
Imperativo: *canta, cantad*
Infinitivo: *cantar*
Participio pasado: *cantado*
Gerundio: *cantando*

---

tiempo del verbo auxiliar: *va a cantar, iba a cantar, vaya a cantar*, etc. Con *acabar de* y el infinitivo tenemos una acción completada inmediatamente antes del tiempo de referencia dado por el auxiliar: *acaba de cantar, acababa de cantar, acabaría de cantar*, etc.

Con *ser* y el participio pasado tenemos las formas pasivas: *es cantado, fue cantado, será cantado, fuera cantado*, etc. En la construcción pasiva, sin embargo, el participio más que como verbo funciona como adjetivo, concordando en género y número con el sujeto: *la canción fue cantada*.

**Ejercicio 27.** Los participios pasados de los verbos regulares terminan en /-ado/ o /-ido/. Algunos verbos como *escribir, decir, hacer*, etc. tienen participios irregulares. ¿Puede hacer una lista de verbos con participio irregular? La RAE acepta dos formas para los participios de los siguientes verbos: *imprimir, freir, proveer*. ¿Qué formas son estas?

## 2.2.2 Análisis morfológico de las formas verbales

Consideremos, para empezar, los siguientes ejemplos:

(10) *amaríamos amarían temeríamos temerían*
     *amaremos amarán temeremos temerán*
     *amásemos amasen temiésemos temiesen*
     *amáramos amaran temiéramos temieran*

La mitad de estos ejemplos tiene un sufijo *-mos*, que nos indica que el sujeto del verbo es "nosotros/as" (primera persona del plural), y la otra mitad tiene un sufijo *-n*, que transmite la información de que el sujeto es una tercera personal del plural. Estos sufijos son, pues, marcas morfológicas en el verbo del número y persona (Núm./Pers.) del sujeto de la oración. Si seguimos segmentando hacia atrás desde el final de la palabra, a continuación encontramos otro sufijo que se corresponde con lo que a veces se llama el "tiempo verbal", pero que se define mejor como marca de **tiempo** (pasado, **presente** o futuro), **aspecto** (perfectivo o imperfectivo) y **modo** (indicativo, condicional o subjuntivo). Abreviaremos tiempo, aspecto y modo como TAM. Finalmente, el último sufijo que encontramos segmentando desde el final de la palabra es una vocal o diptongo que aparece inmediatamente después de la raíz y varía según la conjugación a la que pertenece el verbo (primera o segunda en nuestros ejemplos). Este elemento es lo que hemos convenido en llamar vocal temática o VT. Así, pues, analizaremos los ejemplos en (10) del siguiente modo (indicamos el acento prosódico en todas las formas, no solo en las que requieren acento ortográfico):

(11)  Análisis morfológico de las formas verbales en (10)

| Raíz | VT | TAM | Núm./Pers. |
|------|-----|----------------------|-------------|
| am | a | ría (condicional) | mos (1 pl.) |
| am | a | ría (condicional) | n (3 pl.) |
| am | a | ré (futuro indic.) | mos (1 pl.) |
| am | a | rá (futuro indic.) | n (3 pl.) |
| am | á | se/ra (imperf. subj.) | mos (1 pl.) |
| am | á | se/ra (imperf. subj.) | n (3 pl.) |
| | | | |
| tem | e | ría (condicional) | mos (1 pl.) |
| tem | e | ría (condicional) | n (3 pl.) |
| tem | e | ré (futuro indic.) | mos (1 pl.) |
| tem | e | rá (futuro indic.) | n (3 pl.) |
| tem | ié | se/ra (imperf. subj.) | mos (1 pl.) |
| tem | ié | se/ra (imperf. subj.) | n (3 pl.) |

Como vemos, algunos de los morfemas que es posible identificar presentan más de un alomorfo. Así, en los ejemplos, la vocal temática de *temer* es /-e-/ en unas formas y /-ie̯-/ en otras y el sufijo de futuro aparece sea como /-re/ o sea como /-ra/. Igualmente, el sufijo de imperfecto del subjuntivo puede ser /-se/ o /-ra/ (con variación dialectal; las formas en /-ra/ son más comunes). Otros morfemas, en cambio, tienen un único alomorfo. El sufijo de primera persona del plural, por ejemplo, tiene siempre la forma /-mos/, no solo aquí, sino también en todo el paradigma verbal.

**Ejercicio 28.** Trate de contestar ahora las siguientes preguntas:

¿Cuáles son los alomorfos del morfema de TAM correspondiente al imperfecto de indicativo?

¿Qué alomorfos tiene el sufijo de segunda persona del singular (*tú*) en español?

El esquema que hemos ofrecido representa la estructura máxima que podemos tener en una forma verbal. Al analizar otras formas, encontraremos que una o más de estas casillas puede estar vacía. Si comparamos la forma *amaría* con *amaríamos*, *amarías*, *amarían*, está claro que carece de marca de número y persona:

(12) "Casillas vacías"

| Raíz | VT | TAM | Núm./Pers. |
|------|----|-----|------------|
| am̞ | a | ría (condicional) | |
| am | a | ría (condicional) | s (2 sg.) |

Otra manera de expresar la noción de "casilla vacía" es mediante el uso de "morfemas cero". Así, podríamos decir que la marca de Núm./Pers. en *amaría* es un morfema cero: /am-a-ría-Ø/.

La carencia de marca de número y persona identifica a la tercera persona del singular en español (al haberse perdido sistemáticamente la consonante final -T que identificaba a la tercera persona del singular en latín: lat. AMAT > esp. *ama*, lat. AMĀBAT > esp. *amaba*) y también a algunas formas de primera persona del singular (terminadas en latín en -M, también perdida de manera sistemática en español: lat. AMĀBAM > esp. *amaba*).

Por otra parte, la ausencia de marca de TAM caracteriza al presente de indicativo, como podemos observar comparando las siguientes formas:

(13)   Morfología del presente comparada con otros paradigmas

| Pres. indic. | Imperf. indic. | Imperf. subj. (A) | Imperf. subj. (B) |
|--------------|----------------|-------------------|-------------------|
| *am-a-s* | *am-a-ba-s* | *am-a-ra-s* | *am-a-se-s* |
| *am-a* | *am-a-ba* | *am-a-ra* | *am-a-se* |
| *am-a-mos* | *am-á-ba-mos* | *am-á-ra-mos* | *am-á-se-mos* |
| *am-a-n* | *am-a-ba-n* | *am-a-ra-n* | *am-a-se-n* |

(14) Más "casillas vacías": el presente

| Raíz | VT | TAM | Núm./Pers. |
|------|----|-----|------------|
| ám | a | | s (2 sg.) |
| ám | a | | |
| am | á | | mos (1 pl.) |
| ám | a | | n (3 pl.) |
| am | á | ba (imperf. indic.) | s (2 sg.) |
| am | á | ba (imperf. indic.) | |
| am | á | ba (imperf. indic.) | mos (1 pl.) |
| am | á | ba (imperf. indic.) | n (3 pl.) |

De nuevo, en las casillas vacías en (14) podríamos escribir Ø y decir que la marca de TAM en el presente es un morfema cero.

Ciertas otras formas presentan mayores dificultades para su descomposición en morfemas. En *amo*, la terminación /-o/ puede ser analizada como marca de número y persona (aunque algunos autores han hecho otras propuestas de análisis), mientras que en *amaré* lo más adecuado es considerar la terminación /-ré/ como marca de TAM (compárese con /am-a-ré-mos/).

En el pretérito es donde surgen las mayores dificultades para el análisis morfológico (debido en gran parte a las contracciones sufridas por estas formas en su evolución desde el latín: lat. AMĀVĪ > esp. *amé*, lat. AMĀVIT > esp. *amó*).

(15) Pretérito
    *am-é*      *tem-í*
    *am-a-ste*  *tem-i-ste*
    *am-ó*      *tem-i-ó*
    *am-a-mos* *tem-i-mos*
    *am-a-steis* *tem-i-steis*
    *am-a-ron*  *tem-ie-ron*

Lo que dificulta el análisis es la falta de una marca clara de TAM en el pretérito, como las que encontramos en otros paradigmas. Entre las formas de pretérito las de más fácil análisis son las de primera persona del plural. Estas formas carecen de morfema de TAM. Los morfemas que encontramos después de la raíz son la vocal temática y el sufijo de primera persona del plural /-mos/. En la segunda conjugación, la vocal temática es /-i-/, lo que permite distinguir el pretérito *temimos* del presente *tememos*. En las otras dos conjugaciones encontramos la misma vocal temática en el presente y en el pretérito de la primera persona del plural (*amamos*, *partimos*).

Si consideramos ahora las formas de primera y tercera persona del singular, en estas la vocal tónica final combina en un solo segmento información sobre la VT, TAM y número y persona. En cambio, el paradigma de segunda y tercera conjugación incluye la vocal temática /-i-/ (*partí*, *partió*).

En cuanto a las restantes formas de pretérito que nos quedan por analizar, las terminaciones *-ste*, *-steis*, *-ron* se pueden considerar, en un posible análisis, marcas de número y persona, con alomorfos diferentes a los que ocurren en otros paradigmas de TAM. Algunos autores, sin embargo, prefieren considerar que *-steis* contiene dos sufijos: /-ste-is/, dónde el segundo es la misma marca de segunda persona del plural que encontramos en otros paradigmas (*am-á-is*, *am-a-ría-is*, etc.) y el primero es un morfema de TAM /-ste/ que es el que aparece también en la segunda persona del singular. En este análisis, que es el que damos en (16) pero que no es el único posible, la segunda persona del singular del pretérito (*amaste*) carece de marca de número y persona. Esto explicaría la tendencia a añadir una /-s/ final a estas formas que encontramos en muchos dialectos del español (*amastes*), con lo cual se regulariza la expresión de la segunda persona del singular.

Finalmente, la terminación *-ron* de *amaron*, *temieron* puede analizarse, bien como alomorfo de número y persona del morfema que aparece como /-n/ en todos los otros paradigmas, o bien como compuesta de dos sufijos /-ro-n/, el primero de los cuales sería un morfema de TAM.

(16)  Análisis morfológico del pretérito

a. Pretérito de *temer* (2ª y 3ª conjugación)

| Raíz | VT | TAM | Núm./Pers. |
|------|-----|-----|-----|
| tem | í | | |
| tem | i | ste | |
| tem | i | ó | |
| tem | i | | mos |
| tem | i | ste | i̯s |
| tem | ie | ro | n |

b. Pretérito de *amar* (1ª conjugación)

| Raíz | VT | TAM | Núm./Pers. |
|------|-----|-----|-----|
| am | é | | |
| am | a | ste | |
| am | | ó | |
| am | a | | mos |
| am | a | ste | is |
| am | a | ro | n |

Las llamadas formas no personales del verbo (infinitivo, participio pasado y gerundio) carecen de marcas de número y persona. En su estructura encontramos, pues, solo tres componentes:

(17)  Formas no personales
    *am-a-r      tem-e-r      part-i-r*
    *am-a-do    tem-i-do    part-i-do*
    *am-a-ndo  tem-ie-ndo part-ie-ndo*

(18)  Análisis morfológico de las formas no personales

| Raíz | VT | TAM |
|------|-----|-----|
| am | á | r (infinitivo) |
| tem | é | r (infinitivo) |
| am | á | do (participio pasado) |
| tem | í | do (participio pasado) |
| am | á | ndo (gerundio) |
| tem | ié | ndo (gerundio) |

El participio pasado puede usarse como adjetivo, en cuyo caso su vocal final se comporta como morfema de género. En su uso adjetival podemos tener formas como *amado*, *amada*, *amados*, *amadas*, según el género y número del sustantivo que modifique.

**Ejercicio 29.** Separe los morfemas de las siguientes formas verbales según lo visto en esta sección: *comemos, salían, llamarían, escribo, presentaras, corriendo.*

**Ejercicio 30.** Analice las siguientes formas verbales:

1. comeremos
2. hablas
3. olvidarán
4. estudiarías
5. perderá
6. esperó
7. llegábamos
8. leerás
9. cantasen
10. volvieran

## 2.2.3  Verbos irregulares

En la sección anterior nos hemos ocupado de la estructura de los verbos regulares. Vamos a ver ahora las principales irregularidades que encontramos en los paradigmas verbales. Muchas de ellas no introducen ninguna complicación en el análisis, reduciéndose a alomorfismos de la raíz. Algunas otras, sin embargo, tienen una estructura morfológica que se aparta de la regular. Muchas de estas alternancias resultarán conocidas a aquellos lectores que hayan hecho los ejercicios.

### 2.2.3.1  Alternancia vocal media/diptongo en la raíz

Un grupo bastante numeroso de verbos, entre ellos algunos muy comunes, presenta una alternancia en la raíz entre vocal media /e/, /o/ y diptongo / i̯e/, /u̯e/. Ejemplificamos con formas de *cerrar* y *contar*. Utilizamos representaciones ortográficas, pero distinguiendo semivocales de vocales y subrayando las vocales con acento prosódico:

(19) Alternancias entre vocal media y diptongo

/o/ *contamos, conté, contara, contaba, contaré, contaremos, contaría, contando, contar*

/u̯e/ *cu̯ento, cu̯entas, cu̯ente, cu̯entan, cu̯enten*

/e/ *cerremos, cerré, cerrara, cerraba, cerraré, cerraremos, cerraría, cerrando, cerrar*

/i̯e/ *ci̯erra, ci̯erras, ci̯erre, ci̯erran, ci̯erren*

Esta alternancia está condicionada fonológicamente. Como puede observarse, el diptongo ocurre solo en sílabas prosódicamente acentuadas. Esta misma regla vale para todos los verbos con alternancia /e ~ i̯e/ (*pensar, perder, sentar, negar, defender, confesar*, etc.) o alternancia /o ~ u̯e/ (*acostar, cocer, colar, encontrar, volar, rodar, soler, soñar*, etc.), excepto que los verbos *tener* y *venir* tienen

Tabla 3.3 *Verbos con alternancia entre diptongo y vocal media en la raíz*

| Fonemas | Contexto fonológico |
|---|---|
| /i̯e/, /u̯e/ | en sílaba tónica |
| /e/, /o/ | en sílaba átona |

formas irregulares sin diptongo en sílaba acentuada, en el presente *tengo, vengo* (y presente de subjuntivo *tenga, venga*) y el imperativo *ten, ven* (frente a *tienes, vienes*). Existe un único verbo con alternancia /u ~ u̯e/: *jugar* (*juego, jugamos*), (por el contrario, *conjugar* es regular: *conjugo*). Asimismo *adquirir* e *inquirir* presentan una alternancia /i ~ i̯e/ (*adquiero, adquirimos*).

De la forma del infinitivo no es predecible si el verbo presenta este tipo de alternancia o no. Así, por ejemplo, *defender* tiene la alternancia (*defiendo*), pero *ofender*, no (*ofendo*), *coser*, no (*coso*), aunque *cocer*, sí (*cuezo*). Es más fácil hacer predicciones en dirección opuesta. Esto es, si sabemos que un verbo tiene uno de estos diptongos en sílaba acentuada, es casi seguro que tiene una vocal media en sílaba átona. Las excepciones son algunos verbos derivados de nombres y adjetivos como *frecuentar* y *amueblar*.

### 2.2.3.2   Alternancia vocal media/vocal alta en la raíz

Un grupo de verbos de la tercera conjugación tiene una alternancia /e ~ i/ en la raíz: *servir* (*sirvo*), *seguir* (*sigo*), *pedir* (*pido*), *repetir* (*repito*), *vestir* (*visto*), *reír* (*río*), etc. Esta alternancia afecta a todos los verbos de la tercera conjugación cuyo infinitivo tiene /e/ en la última sílaba de la raíz. Para la distribución entre /e/ e /i/ es posible encontrar un condicionamiento fonológico, aunque, al contrario que para la alternancia que vimos en la sección anterior, el factor relevante no es la posición del acento:

(20)  Alternancia /e/ ~ /i/ en la raíz

/e/ *pedimos, pedir, pediré, pediría, pediremos, pedido, pedí, pediste, pedías*
/i/ *pido, pides, pidas, pidamos, pidi̯endo, pidi̯éra, pidi̯ó*

La generalización morfofonológica es que /e/ aparece en la raíz cuando la sílaba siguiente contiene la vocal /i/, mientras que tenemos /i/ en la raíz en los demás casos, incluyendo formas en que la sílaba siguiente contiene un diptongo con la semivocal /i̯/.

### 2.2.3.3   Alternancia vocal media/vocal alta/diptongo en la raíz

Algunos verbos de la tercera conjugación combinan las dos alternancias anteriores, presentando diptongo cuando la última sílaba de la raíz lleva el acento, vocal media cuando el acento va sobre un sufijo y la vocal siguiente es /i/, y vocal alta en el caso restante. Con alternancia /e ~ i ~ i̯e/ tenemos verbos como *hervir* (*hervimos, hirvió, hiervo*), *mentir* (*mentimos, mintió, miento*), *herir, convertir, sentir* y *sugerir*, entre otros. Con alternancia /o ~ u ~ u̯e/ encontramos los verbos

Tabla 3.4 *Verbos con alternancia /e/ ~ /i/*

| Fonemas | Contexto fonológico |
|---------|---------------------|
| /e/ | si la sílaba siguiente tiene la vocal /i/ |
| /i/ | si la sílaba siguiente tiene otra vocal o diptongo |

*dormir* (*dormimos, durmió, durmiendo*) y *morir* (*morimos, murió, muriendo*). Ejemplificamos con *dormir* (subrayando las vocales con acento prosódico e indicando las semivocales):

(21) Alternancia /o ~ u ~ u̯e/

| *Acento en la raíz* | *Acento en sufijo, vocal siguiente /i/* | *Acento en sufijo, ante otra vocal o diptongo* |
|---------------------|------------------------------------------|------------------------------------------------|
| du̯ermo | dormir | durmamos |
| du̯ermes | dormimos | durmió |
| du̯erma | dormí | durmiera |
| du̯erman | dormiste | durmiendo |
| | dormido | |
| | dormirá | |

## 2.2.3.4   Verbos con incremento velar

En un grupo de verbos encontramos **epéntesis** de una consonante velar, /k/ o /g/, inmediatamente después de la raíz en la primera persona del singular del presente de indicativo, y en todo el paradigma del presente de subjuntivo. Según cuál sea el elemento epentético, podemos distinguir dos grupos principales: en los verbos ejemplificados en (22a), cuya raíz termina en /s/ o /θ/, según el dialecto, encontramos epéntesis de la oclusiva velar sorda /k/. En un segundo grupo de verbos cuya raíz generalmente termina en /n/ o /l/ la consonante epentética es /g/, (22b).

(22) Verbos con incremento velar
   a. Epéntesis de /k/ *conocer* /konos-é-r/ ~ /konoθ-é-r/: *conozco* /konós-k-o/ ~ /konóθ-k-o/ (pres. subj.: *conozca, conozcas*); *conducir: conduzco; parecer: parezco*.
   b. Epéntesis de /g/ *tener: tengo* (pres. subj.: *tenga, tengas*); *salir: salgo; poner: pongo*.

**Ejercicio 31.** ¿En qué se diferencian los verbos *caer* y *traer* de los del grupo en (22b) en cuanto al tipo de epéntesis que muestran en el presente de indicativo y subjuntivo?

   Si nos fijamos, el contexto para estos procesos de epéntesis se puede definir también en términos fonológicos: estos verbos tienen incremento velar antes de las vocales /o/ y /a/.
   Es diferente el caso de *hacer* (*hago*) y *decir* (*digo*), pues en estos verbos lo que encontramos es que la consonante final de la raíz (/s/ o /θ/ según el dialecto) es reemplazada por /g/ en las formas correspondientes.

## 2.2.3.5   *Verbos con -y en la primera persona del presente de indicativo*

En un reducido grupo de verbos la primera persona del presente de indicativo termina en *-oy*. Los verbos en cuestión son los siguientes: *dar* (*doy*), *estar* (*estoy*), *ser* (*soy*), *ir* (*voy*). Como vemos son todos verbos con infinitivo de una sola sílaba, salvo *estar*, cuya vocal inicial es etimológicamente epentética (STŌ > *estoy*). La terminación /-oi̯/ puede analizarse como alomorfo del mismo morfema que la terminación regular /o/. El elemento final *-y* aparece también en la forma *hay* del verbo *haber*. El origen histórico de esta *-y* final no está del todo claro. Una hipótesis es que procede del clítico *y* "allí" del castellano medieval (< lat. IBI). Así, *estoy* sería originalmente *esto y* "estoy allí".

## 2.2.3.6   *Pretéritos fuertes*

Una de las irregularidades verbales que suelen crear mayores problemas a los estudiantes de español como segunda lengua es la presentada por los llamados pretéritos fuertes o **rizotónicos** (con acento en la raíz). En estos verbos el alomorfo de la raíz que aparece en el pretérito (y en el imperfecto de subjuntivo) es distinto al que aparece en el infinitivo, presente de indicativo y otras formas verbales. La diferencia puede estar en las vocales, las consonantes o ambas. Al contrario que en los pretéritos regulares, el acento recae sobre la raíz en la primera y tercera personas del singular. Algunos de los ejemplos más comunes son los siguientes:

(23)  Pretéritos fuertes

> *tener: tuve*; *haber: hube*; *estar: estuve*; *andar: anduve*
> *traer: traje*; *conducir: conduje*; *decir: dije*
> *poner: puse*; *querer: quise*
> *saber: supe*; *caber: cupe*
> *venir: vine*
> *hacer: hice*

Los pretéritos fuertes, además de tener raíces irregulares, son también irregulares en las terminaciones. Todos ellos, sin importar la conjugación a la que pertenecen, toman las terminaciones *-e, -iste, -o, -imos, -isteis, -ieron*. En el siguiente cuadro se compara la estructura de los pretéritos regulares con la de los irregulares o fuertes:

(24)  Estructura de los pretéritos regulares y fuertes

| 1 conj., regular | 1 conj., irregular | 2 conj., regular | 2 conj., irregular |
| --- | --- | --- | --- |
| *am-é* | *estuv-e* | *tem-í* | *pus-e* |
| *am-a-ste* | *estuv-i-ste* | *tem-i-ste* | *pus-i-ste* |
| *am-ó* | *estuv-o* | *tem-i-ó* | *pus-o* |
| *am-a-mos* | *estuv-i-mos* | *tem-i-mos* | *pus-i-mos* |
| *am-a-ste-is* | *estuv-i-ste-is* | *tem-i-ste-is* | *pus-i-ste-is* |
| *am-a-ro-n* | *estuv-ie-ro-n* | *tem-ie-ro-n* | *pus-ie-ro-n* |

Los verbos del segundo renglón en (23) (*traer*, *conducir*, *decir*), cuya raíz termina en /x/ en el pretérito, se apartan del resto en que en la forma de tercera persona del plural la vocal temática que toman es /e/ y no /ịe/: *traj-eron*, *conduj-eron*, *dij-eron*.

### 2.2.3.7   Futuros irregulares

La irregularidad más simple en el futuro consiste en la falta de vocal temática. Presentan esta irregularidad algunos verbos de la segunda conjugación como *saber* (*sabré*), *haber* (*habré*), *poder* (*podré*) y *querer* (*querré*). Compárese por ejemplo el futuro regular *deb-e-ré* con el irregular *sab-ré*, donde falta la vocal temática. En otros futuros, cuya raíz termina en /l/ o /n/, además de la ausencia de vocal temática encontramos una /d/ epentética: *salir* (*saldré*), *poner* (*pondré*), *valer* (*valdré*), *venir* (*vendré*). Finalmente, los verbos *decir* (*diré*) y *hacer* (*haré*) presentan un alomorfo contraído de la raíz en el futuro. En el siguiente cuadro se compara la estructura de una forma de futuro regular, *lavarás*, con las formas irregulares *sabrás*, *saldrás* y *harás*, que ejemplifican los tipos de irregularidad en el futuro que hemos mencionado:

(25)  Estructura de los futuros regulares e irregulares

| Raíz | incremento | VT | TAM | Núm./Pers. |
|------|-----------|-----|------|-----------|
| *lav* | | *a* | *rá* | *s* |
| *sab* | | | *rá* | *s* |
| *sal* | *d* | | *rá* | *s* |
| *ha* | | | *rá* | *s* |

Todo lo que hemos dicho para el futuro se aplica también al condicional de los mismos verbos.

**Ejercicio 32.** No es posible predecir qué verbos carecen de vocal temática en el futuro, pero si sabemos que un verbo no tiene vocal temática en el futuro sí podemos predecir si presenta inserción de /d/ o no. ¿Cuál es el contexto fonológico de la regla de inserción?

### 2.2.3.8   Participios irregulares

Algunos verbos tienen un participio pasado irregular con un sufijo *-to*, *-sto*, o, más raramente, *-so* o *-cho*, unido directamente a la raíz, sin vocal temática y, frecuentemente, con otras irregularidades en la forma de la raíz. Algunos ejemplos son los siguientes:

(26)  Participios irregulares
    *abrir*: *abierto*; *escribir*: *escrito*; *morir*: *muerto*; *volver*: *vuelto*; *romper*: *roto*
    *poner*: *puesto*; *ver*: *visto*
    *imprimir*: *impreso*
    *hacer*: *hecho*; *decir*: *dicho*

Para estas alternancias no es posible definir un contexto morfofonológico.

## 2.2.3.9   Otras irregularidades

Algunos verbos contienen más de una de las irregularidades que hemos examinado en las secciones anteriores. Así *tener*, por ejemplo, participa de la alternancia entre vocal media y diptongo (*tiene*), posee un incremento velar en el presente (*tengo*), tiene un pretérito fuerte (*tuve*) y tiene un futuro también irregular (*tendré*). Pero además de esto, hay verbos que poseen irregularidades especiales.

El verbo *estar*, además de tener un pretérito fuerte (*estuve*) y una -*y* final en la primera persona del presente de indicativo, es único en presentar acento sobre la terminación y no sobre la raíz en todas las formas del presente de indicativo y subjuntivo: *estoy, estás, está, esté, estés* frente a, por ejemplo, *canto, cantas, canta, cante, cantes*.

El verbo *dar* tiene la peculiaridad de tener una raíz que consiste en una única consonante /d/. En el pretérito toma, irregularmente, las terminaciones que corresponden a los verbos de la segunda y tercera conjugación (*d-i, d-iste, d-io*).

El verbo *haber*, que se emplea exclusivamente como auxiliar en español moderno, tiene un presente irregular (*he, has, ha, hemos, han* y presente de subjuntivo *haya*, etc.). Solo la forma *habéis* es regular en el presente de indicativo. (Como hemos visto ya el pretérito y futuro de *haber* son también irregulares.)

Pero los verbos más irregulares de todos son *ser* e *ir*. El verbo del que deriva *ser* era ya muy irregular en latín y lo es incluso más en español. En las lenguas del mundo es común que el verbo correspondiente sea irregular (compárese por ejemplo el inglés *be, am, are, is, was, were*). En español encontramos una raíz /s-/ en formas como *ser, siendo, sido*, con alomorfos /so-/ en *soy, somos, sois, son* y /se-/ en *sea*; otra raíz /er-/ en el imperfecto de indicativo *era, eras*, etc., y en la segunda persona del singular del presente de indicativo *eres*; y una tercera raíz /fu-/ en el pretérito *fui, fuiste*, etc. En cuanto a *ir*, combina formas con las raíces /i-/, como *ir, yendo, ido, iba, ire*; /b-/, como *vas, vamos, vaya*, y /fu-/ en las formas de pretérito (e imperfecto de subjuntivo), que son idénticas a las del verbo *ser*.

**Ejercicio 33.** Discuta las irregularidades que aparecen en el paradigma flexivo de los siguientes verbos:

1. soltar
2. ingerir
3. amanecer
4. venir
5. sentar

## 2.2.4   Tiempo, aspecto y modo

Tiempo, aspecto y modalidad son tres categorías lingüísticas que reciben expresión morfológica en español. Aunque las tres afectan a la oración completa, están gramaticalizadas o morfologizadas en el verbo.

El **tiempo** es una categoría que sitúa el evento con respecto al momento del habla u otro punto temporal preestablecido. Desde el punto de vista de la expresión gramatical, en español se distinguen tres tiempos principales: presente (*canta, come, vive*), pasado (*cantó, comió, vivió; cantaba, comía, vivía*) y futuro (*cantará, comerá, vivirá*).

Pasado, presente y futuro se orientan con respecto al momento del habla. Decimos que son tiempos absolutos. Hay también tiempos verbales que toman otro punto temporal de referencia (tiempos relativos). El pluscuamperfecto (*había cantado*) se emplea en español para hacer referencia a eventos que tuvieron lugar antes de un punto en el pasado: *María ya había cantado cuando llegaron sus amigas*. En este ejemplo, la acción de "cantar" de María se presenta como anterior a otro evento pasado, la llegada de sus amigas. Una acción pasada con respecto a un punto de referencia en el futuro se expresa mediante el futuro perfecto (*habré cantado*): *Para cuando vengas tú /Para las diez, yo ya habré salido*. En este ejemplo la acción de "salir" se conceptualiza como pasada con respecto a un punto en el futuro "cuando vengas tú" o "las diez". Finalmente, el futuro del pasado, un evento visto como posterior a un punto en el pasado, se expresa mediante el condicional: *En agosto me dijo Juan que terminaría la tesis en dos semanas*. En esta oración "terminar la tesis" está presentada como evento posterior a la acción de "decir", que tuvo lugar en agosto. Notemos que, a fin de cuentas, el punto final de referencia es siempre el "ahora" del hablante. Por ejemplo: evento anterior a otro anterior al momento presente (hay dos puntos de referencia aquí).

La expresión morfológica no coincide siempre, sin embargo, con el tiempo cronológico del evento. Así, en *Mañana llegan mis amigos*, la forma *llegan*, morfológicamente presente, expresa tiempo futuro, y en *La conquista árabe de la Península comienza en el año 711* nos estamos refiriendo a un tiempo pasado mediante el presente de indicativo (presente histórico).

Además de su función temporal (*María cantará mañana*), el futuro morfológico se emplea para indicar no tiempo sino modalidad, concretamente conjetura o probabilidad en el presente, como en las siguientes oraciones: *Ahora serán las dos de la tarde, más o menos. Juan tendrá unos 20 años. ¿Donde está María? Estará en su cuarto. Llaman a la puerta; ¿quién será?* De manera paralela, el condicional se emplea para expresar futuro en el pasado: *Marlene nos había prometido que llegaría temprano, pero no fue así*; así como también probabilidad en el pasado: *Serían las dos de la tarde cuando llegó Juan. Juan tendría unos veinte años cuando fue a la mili. ¿Dónde estaba María, que no la encontraron? Estaría en su cuarto.*

En muchas variedades hispanoamericanas, el futuro morfológico se emplea cada vez más para marcar modalidad y menos para expresar tiempo futuro. Para expresar el tiempo futuro, muchos hablantes suelen preferir emplear la perífrasis verbal *ir a* + infinitivo: *Voy a invitar a toda la clase a mi fiesta. Vamos a viajar a Puerto Rico en las vacaciones. Este fin de semana voy a estudiar para el examen.* En algunos dialectos la perífrasis se utiliza sobre todo para expresar un futuro próximo.

El **aspecto** es una categoría que tiene que ver con cómo visualizamos el evento que describe la oración. Podemos ver el evento enfatizando el comienzo, el final, o su totalidad, o bien contemplarlo en su desarrollo. Si el evento es visto desde la perspectiva de alguno de sus límites (comienzo, final o totalidad), decimos que se trata de un evento cerrado o **perfectivo**. Si, por el contrario, el evento es visto internamente sin referencia a sus límites, decimos que se trata de un evento abierto o **imperfectivo**.

En español la diferencia entre aspecto perfectivo e imperfectivo se expresa morfológicamente solo en el pasado: el pretérito tiene aspecto perfectivo y el imperfecto, imperfectivo. En oraciones como *Los albañiles construyeron el nuevo cuarto en tres días* y *Ricardo corrió en la maratón de Boston*, visualizamos los eventos de "construir" y "correr" en el pasado y como terminados, mientras que en *El hombre golpeaba la puerta con desesperación* y *La soprano cantaba como un ángel*, los eventos de "golpear" y "cantar" los visualizamos también en el pasado, pero en su proceso o transcurso, sin hacer referencia ni al comienzo, ni al final, ni a su totalidad.

Dentro del aspecto imperfectivo podemos distinguir el *habitual* y el *progresivo*. La perífrasis con *soler* (*Suelo cenar a las ocho*) marca el aspecto habitual, mientras que la perífrasis con *estar* indica aspecto progresivo (*Estoy escribiendo una carta*). En el pasado, el imperfecto puede tener ambos valores. Así en *Cuando era niño, jugaba en ese parque casi todos los días*, la forma *jugaba* tiene valor habitual (y se podría reemplazar por *solía jugar*), mientras que en *El niño jugaba con un reloj mientras su padre hablaba por teléfono*, las dos formas del imperfecto tienen valor progresivo (= *estaba jugando, estaba hablando*).

**Ejercicio 34.** En las siguientes oraciones determine si las formas verbales simples del presente y del pasado son sustituibles por una perífrasis habitual (con *soler*) o progresiva (con *estar*).

1. ¿Qué haces? Escucho la radio.
2. Juan dormía cuando sonó el teléfono.
3. Aquí llueve mucho en invierno.
4. Me lo decía mi abuelito, me lo decía mi papá.
5. Perdón, te he interrumpido. ¿Qué decías?
6. No salgas ahora, que llueve a cántaros.

Las características aspectuales del pretérito y del imperfecto permiten que cuando ambas formas aparecen en un mismo enunciado, la interpretación de los eventos pueda variar dentro de los mismos términos que un evento cerrado o abierto respectivamente.

Cuando presentamos verbos de acción en pretérito en secuencia en una narración, los interpretamos inevitablemente como eventos pasados terminados que ocurrieron temporalmente en secuencia: *Los niños jugaron, leyeron, comieron y durmieron*. En este ejemplo la interpretación más normal es que los eventos tuvieron lugar en el orden en que se presentan los verbos. Sin embargo, en *Los congresistas hablaron y comieron* esta interpretación no está tan clara, ya que estos eventos podrían haber ocurrido simultáneamente. Por lo tanto, muchas veces encontramos explicaciones adicionales en el discurso, como en *Los congresistas hablaron y comieron toda la noche*, que sirven para desambiguar la interpretación del evento.

Si utilizamos el imperfecto con ambos verbos, como en *Los congresistas hablaban y comían*, la interpretación es que ambas acciones ocurren al mismo tiempo en el pasado, sin hacer referencia a su comienzo o su final. Esto no quiere decir, sin embargo, que eventos coordinados presentados en el imperfecto no puedan interpretarse también como ordenados temporalmente, sobre todo si es que los presentamos como algo habitual: *Todos los días los niños se levantaban, se duchaban, se vestían, desayunaban y salían para la escuela.*

Existe un pequeño grupo de verbos en español cuyo significado se ve altamente afectado según aparezcan en el pretérito o el imperfecto y a veces pueden tener traducciones diferentes en inglés. La lista, que suele aparecer en todos los libros de texto de español para anglohablantes, es la siguiente: *supo/sabía*; *conoció/conocía*; *(no) quiso/quería*; *pudo/podía*; *debió/debía*.

**Ejercicio 35.** Traduzca las siguientes oraciones al inglés:

1. Fue mediante una carta que la mujer supo que su marido había fallecido.
2. Debía habértelo dicho, pero se me olvidó.
3. Habría querido terminar mi trabajo antes de que llegaran los invitados, pero lamentablemente no pude.
4. Yo ya sabía qué clase de persona era Ambrosio.
5. Sabía quién era Ambrosio porque ya le conocía. Le conocí en una fiesta de disfraces.
6. Fui a hablar con Ambrosio, pero no quiso abrirme la puerta. Me dijo que no podía verme y que no quería hablar conmigo.
7. En aquel momento supe que todo iba a salir bien.
8. Por mucho que lo intentamos, no pudimos abrir la caja.
9. No podíamos conseguir que arrancara el coche, pero por fin nos ayudó Ambrosio y pudimos irnos de aquel lugar.

**Ejercicio 36.** Traduzca los siguientes ejemplos al español, utilizando los verbos que se indican entre paréntesis.

1. I tried (*querer*) to do the crossword puzzle, but I never managed (*poder*) to finish it.
2. I found out (*saber*) that I passed the exam when I went to see my teacher.
3. He refused (*no querer*) to sign the document.
4. My father didn't know (*conocer*) Ambrosio well, but he met (*conocer*) him once.
5. I tried (*querer*) to talk to her, but she refused (*no querer*) to answer the phone.

La **modalidad** hace referencia a la manera de ver el evento con respecto al mundo en el que vivimos. Podemos conceptualizar un evento como **real** o **irreal** (posible, deseado, etc.). Mientras el mundo *real* es solo uno, podemos tener más de un mundo *irreal* o imaginado. En ejemplos como *Los niños del equipo verde patean/patearon/pateaban la pelota*, el evento de "patear" se interpreta como real. Es decir, entendemos que hay niños que se encuentran en el proceso de *patear la pelota*, porque están jugando al fútbol en el momento en que el hablante produce el enunciado; o, en el caso del pasado, que el hablante a lo mejor vio a los niños del equipo verde *patear la pelota* en un momento anterior a la emisión del enunciado. En ambos ejemplos, no dudamos de la existencia de estos *niños del equipo verde* y de la acción que ocurrió de *patear la pelota*.

Consideremos ahora los siguientes ejemplos: (a) *Los niños del equipo verde ganarían el partido, si supieran cómo patear.* (b) *Los niños del equipo verde habrían ganado el partido, si hubieran sabido cómo patear.* En estos dos ejemplos los eventos descritos no han ocurrido ni están ocurriendo. En la oración (a) se entiende que los niños no saben patear la pelota con fuerza, pero todavía es posible que aprendan si alguien les enseña cómo. Sin embargo, la acción de *estar pateando la pelota* no está ocurriendo. Este tipo de interpretación, donde el evento no real tiene la posibilidad de convertirse en real en el futuro, se conoce como *hipotética* o posible. En la interpretación del pasado, en (b), donde los niños ya perdieron el partido, ya no es posible que ganen ese partido aunque aprendan a patear. El hablante, en este enunciado, hace referencia a algo que pudo haber ocurrido en lugar de lo que sí ocurrió, pero que, como se trata de un evento pasado, ya no puede ocurrir. Este tipo de empleo del irreal para hablar de una situación hipotética en el pasado se conoce como *contrafactivo*. En ambos ejemplos, se trata, pues, de eventos hipotéticos.

Hablamos de **modo** para referirnos a la morfologización de la modalidad en el verbo. En español la expresión de la modalidad está gramaticalizada en los modos indicativo y subjuntivo. Si comparamos (a) *Aunque tiene dinero, no te lo va a dar* con (b) *Aunque tenga dinero, no te lo va a dar*, está claro que lo que se presenta como un hecho cierto en la primera oración, se ve solo como posible en la segunda, donde el verbo está en presente de subjuntivo. En (b), pero no en (a), podríamos añadir *No sé si lo tiene*. La posibilidad se ve como aún más remota con el imperfecto de subjuntivo en (c) *Aunque tuviera dinero, no te lo daría*.

Hay que aclarar, de todas formas, que el subjuntivo no expresa siempre falta de realidad. Por ejemplo, en *Me importa poco que Gates tenga más dinero que yo*, *Me alegro de que Bermúdez haya ganado* y *El hecho de que el subjuntivo exprese modalidades diferentes es bastante interesante*, el evento expresado en la oración subordinada se presenta como algo real, a pesar del uso del subjuntivo. Hay, pues, otros factores que condicionan el uso del subjuntivo. En ejemplos como estos se emplea el subjuntivo porque el evento expresado en la subordinada no se afirma sino que se presupone.

En español la modalidad *realis* se expresa mediante las diversas formas del indicativo: *Fernando cierra/cerró/ha cerrado/cerraba la puerta*. La modalidad *irrealis* se puede expresar mediante el modo subjuntivo y, como hemos visto ya antes, también con el futuro y el condicional (*Supongo que hoy será jueves*). Examinemos los siguientes ejemplos de oraciones condicionales: (a) *Si Fernando cierra la puerta, le llamaré/llamo la atención.* (b) *Si Fernando cerrara la puerta, le llamaría/llamaba la atención.* (c) *Si Fernando hubiera cerrado la puerta, le habría llamado la atención.* En las oraciones condicionales (a) y (b), los verbos en (a) indican un evento más probable que los verbos en (b). Esta oposición también se obtiene en los ejemplos que hemos dado oponiendo el presente (*llamo*) al futuro (*llamaré*) y el imperfecto (*llamaba*) al condicional (*llamaría*). En los ejemplos que acabamos de ofrecer, (c) *habría llamado* expresa la menor posibilidad de todas, ya que es contrafactual (es decir, ya no es posible, va en contra de lo ocurrido).

En español tenemos también ciertas perífrasis con valor modal, que vamos a considerar a continuación. Estas perífrasis pueden expresar tipos diferentes de modalidad.

Los eventos pueden ser vistos como más o menos seguros o reales, como acabamos de discutir. Esto es lo que se conoce como **modalidad epistémica**. La modalidad epistémica expresa, pues, la evaluación que hace el hablante acerca del grado de probabilidad que tiene el enunciado o proposición con respecto al mundo real. Veamos los siguientes ejemplos:

(27)  Modalidad epistémica
      Posibilidad:           *La tormenta puede desaparecer para mañana.*
                            "The storm may/can clear by tomorrow."
      Probabilidad:          *La tormenta debe desaparecer para mañana.*
                            "The storm should clear by tomorrow."
      Certeza:               *La tormenta tiene que/ha de desaparecer para mañana.*
                            "The storm must/has to clear by tomorrow."

Como nos muestran los ejemplos, las perífrasis con *poder*, *deber*, *tener que* y *haber de* expresan diferentes grados de modalidad epistémica. Una clara gradación de posibilidad aparece también entre los siguientes ejemplos:

(28)  Modalidad epistémica en expresiones no perifrásticas
     *Dice que viene mañana.*                   + probable
     *Dice que vendrá mañana.*
     *Dice que vendría mañana.*
     *Dice que habría venido ayer.*           − probable

Nótese cómo en (28) el paso del presente al futuro, de este al condicional y de este al condicional perfecto, nos lleva a una interpretación del evento como de más probable a menos probable. Es decir, nos transmite por medios morfológicos grados de probabilidad que también se expresan léxicamente en (27).

Otro tipo de modalidad es la que se conoce como **modalidad deóntica**. La modalidad deóntica describe condiciones en el agente (sujeto) de la oración como son su obligación de hacer algo, o el permiso/habilidad/deseo/intención que tiene de hacer algo:

(29)  Modalidad deóntica

| | |
|---|---|
| Obligación fuerte: | *Juan tiene que ir a Chile.* |
| | "John must (has to) go to Chile." |
| Obligación débil: | *Juan debe ir a Chile.* |
| | "John should go to Chile." |
| Permiso: | *Juan puede ir a Chile.* |
| | "John may go to Chile." |
| Habilidad: | *Juan puede ir a Chile.* |
| | "John can go to Chile." |
| Deseo: | *Juan quiere ir a Chile.* |
| | "John wants to go to Chile." |
| Intención: | *Juan va a ir a Chile.* |
| | "John is going to go to Chile." |

Nótese por las glosas cómo en inglés cada tipo de modalidad deóntica se expresa con un verbo auxiliar diferente. Esta diferenciación también existe en español, a excepción del contraste entre permiso y habilidad, los cuales se expresan ambos mediante *poder*. Nótese también que todos los verbos modales en (29) están en presente. Si les agregamos las diferenciaciones que se encuentran con el empleo del futuro y el condicional, podemos obtener mayores gradaciones de posibilidad: *Juan debe ir a Chile, Juan deberá ir a Chile, Juan debería ir a Chile.*

Como vemos también por los ejemplos, la misma construcción puede expresar modalidad epistémica o deóntica según el contexto. Comparemos, por ejemplo, *Juan debe estar en la cama, porque no lo he visto salir de su cuarto* (modalidad epistémica) con *Juan debe estar en la cama, porque se lo ha ordenado el médico* (modalidad deóntica).

El modo imperativo expresa modalidad deóntica de mandato, que, por otra parte, puede ser expresada también con otras formas verbales: *¡Abre la puerta! ¡Que abras la puerta! ¡No quiero verte más! Ahora mismo abres la puerta y te marchas. No matarás.*

Resumiendo lo dicho, la oración, a través del verbo, puede contener información sobre tiempo, aspecto y modo. Los eventos descritos se pueden localizar como simultáneos con el momento del habla, como anteriores a este momento o como posteriores a él. Gramaticalmente esta información temporal se transmite mediante el empleo de formas verbales diferentes, de presente (*canto*), pasado (*canté, cantaba*) y futuro (*cantaré*). Es posible utilizar también otros puntos de referencia temporal además del momento del habla, dando lugar a expresiones con referencias temporales más complejas (*había cantado, habré cantado*). El aspecto es el enfoque o perspectiva que adoptamos en la visualización del evento. En español tenemos un contraste gramatical en el pasado entre formas con aspecto perfectivo (*canté*) y formas con aspecto imperfectivo (*cantaba*). Por último, modalidad es la caracterización del evento como real, posible, necesario, deseado, etc. Dos tipos de modalidad importantes son la modalidad epistémica, relacionada con el grado de certeza, y la modalidad deóntica, que es la expresión de obligatoriedad, deseo y nociones afines. En español la modalidad está gramaticalizada en el contraste entre los modos indicativo, condicional, subjuntivo e imperativo. Contamos además con una serie de construcciones perifrásticas que expresan diferentes modalidades (*puedo cantar*, *debo cantar*, etc.). El futuro y condicional pueden expresar también modalidad epistémica (*Juan estará en casa ahora*; *Juan estaría en casa ayer*).

---

**Ejercicio 37.** Indique si el contraste verbal entre los siguientes pares de formas conjugadas del mismo verbo es de tiempo, aspecto o modo.

| | | | |
|---|---|---|---|
| 1. | corrió : corría | 7. | sueña : soñó |
| 2. | canta : cante | 8. | supe : sabía |
| 3. | manejaba : manejara | 9. | dijo : dice |
| 4. | gritaran : gritan | 10. | vendrá : vendría |
| 5. | tendrá : tiene | 11. | hablaste : hablabas |
| 6. | cosía : cosí | 12. | quiero : quisiera |

---

## 2.3  El grado en los adjetivos

Los adjetivos calificativos pueden presentar tres grados diferentes: positivo (*María es simpática*), comparativo (*María es más simpática que Pepe*) y superlativo (*María es la más simpática de todos*). En inglés tanto el comparativo como el superlativo pueden expresarse por medios morfológicos, como en *nice* (positivo), *nicer* (comparativo), *nicest* (superlativo) y también sintácticamente como en *beautiful*, *more beautiful*, *the most beautiful*. En español solo tenemos comparativos/superlativos morfológicos con algunos adjetivos irregulares como *bueno/mejor/el mejor*, *malo/peor/el peor*, *grande/mayor/el mayor*, *pequeño/ menor/el menor*.

En latín, formas como FORTISSIMUS tenían valor superlativo: FORTISSIMUS OMNIUM "el más fuerte de todos". En español las formas de los adjetivos con el sufijo *-ísimo/a* se conocen como superlativo absoluto, pero su significado no es ya el que tenían en latín, sino que expresan un valor intensivo, "en alto grado", y son equivalentes a expresiones con *muy*, frecuentemente con valor exclamativo *María es simpatiquísima* (= *María es muy simpática*, ¡*María es tan simpática!*).

En el llamado "superlativo absoluto" o intensivo, cuando la base tiene alternancia vocálica, la tendencia actual es a mantener la misma variante que en el grado positivo del adjetivo, como en *buenísimo*, *nuevísimo*, *tiernísimo*, con diptongo en sílaba átona. Hay, de todas formas, ejemplos con monoptongación. La forma *novísimo* se siente como perteneciente a un nivel más formal que *nuevísimo*, mientras que *calentísimo* es corriente.

Los adjetivos terminados en /-bl-e/ reemplazan esta terminación por el alomorfo /-bil-/: *am-a-bl-e* → *am-a-bil-ísim-o*. Este alomorfo, por otra parte, también ocurre en la combinación /-bil-idad/: *ama-bil-idad*. Hay algunos superlativos absolutos cultos con el sufijo *-érrimo/a*, añadido a bases terminadas en *-r*, que presentan otras irregularidades. Así el superlativo absoluto culto de *mísero* es *misérrimo* y el de *pobre*, *paupérrimo*.

La formación de adjetivos en *-ísimo/a* es un ejemplo de derivación morfológica.

**Ejercicio 38.** En inglés hay también algunos comparativos irregulares. ¿Cuáles son?

## 2.4 Pronombres

La flexión de los pronombres personales en español se diferencia de la de los sustantivos en que, además de expresar diferencias de género y número, señala también diferencias de caso. Por **caso**, como categoría flexiva, entendemos la modificación en la forma de los sustantivos y sus modificadores como consecuencia de su función sintáctica en la oración. En latín, por ejemplo, la palabra "rey" aparece en formas algo diferentes en cada una de las oraciones siguientes debido a las distintas funciones sintácticas que en ellas desempeña: RĒX LABŌRAT "el rey trabaja", RĒGEM VIDEŌ "veo al rey", MARCUS RĒGĪ FLŌRĒS DAT "Marco da flores al rey". Decimos que RĒX está en caso **nominativo** o de sujeto, RĒGEM en caso **acusativo** o de objeto directo y RĒGĪ en caso **dativo** o de objeto indirecto. Está claro que en español, al contrario que en latín, los sustantivos no tienen morfología de caso. Los pronombres personales, sin embargo, sí tienen formas diferentes según el caso. Podemos distinguir cuatro casos morfológicos en la flexión de los pronombres en español: nominativo, acusativo, dativo y preposicional, aunque según el pronombre, las formas para dos de estos casos pueden ser iguales, como se muestra en la tabla 3.5.

Las formas de acusativo y dativo que aparecen en la tabla 3.5 son pronombres clíticos, que aparecen siempre unidos al verbo, sin poder ser separados por otras palabras. Pueden ocurrir antes del verbo, como proclíticos, o después del verbo, como enclíticos, en cuyo caso se escriben sin separación después de formas verbales en gerundio o infinitivo: *leyéndolas*. Para la tercera persona (y para *usted* y *ustedes*) existe también la forma reflexiva *se*: *se lava*, *se levantan*. Los pronombres de dativo *le* y *les* se remplazan también por *se* si van acompañados de un clítico de acusativo también de tercera persona: *le leí el libro*, pero *se lo leí*.

Para los pronombres de tercera persona el sistema de caso que hemos dado en la tabla es el etimológico o normativo. En este sistema *lo* y *la* funcionan como objeto directo (*el libro lo leí, a Juan lo vi, la novela la leí, la mesa la vi*) y *le* como objeto indirecto (*a Juan le dije que no, a María le dije que sí*). En algunos dialectos, incluyendo el habla de Madrid, sin embargo, *le* se emplea no solo como dativo sino también como forma de acusativo cuando el objeto directo es una persona de sexo masculino: *a Juan le vi ayer* (pero *el libro lo vi ayer*). Este fenómeno se conoce como **leísmo**; en concreto, *leísmo animado*, es decir, con

Tabla 3.5 *Flexión de caso en los pronombres personales*

|  | Nominativo (sujeto) | Acusativo (objeto directo) | Dativo (obj. indirecto) | Preposicional (a, para, etc.) |
|---|---|---|---|---|
| 1 sg. | *yo* | *me* | *me* | *mí, conmigo* |
| 2 sg. fam. | *tú* | *te* | *te* | *ti, contigo* |
| 2 sg. formal | *usted* | *lo/la* | *le* | *usted* |
| 3 sg. masc. | *él* | *lo* | *le* | *él* |
| 3 sg. fem. | *ella* | *la* | *le* | *ella* |
| 3 sg. neutro | *ello* | — | — | *ello* |
| 1 pl. masc./fem. | *nosotros, -as* | *nos* | *nos* | *nosotros, -as* |
| 2 pl. fam. masc./ fem. | *vosotros, -as* | *os* | *os* | *vosotros, -as* |
| 2 pl. | *ustedes* | *los/las* | *les* | *ustedes* |
| 3 pl. masc. | *ellos* | *los* | *les* | *ellos* |
| 3 pl. fem. | *ellas* | *las* | *les* | *ellas* |

referentes animados. Algo menos común es el leísmo inanimado: *el edificio nuevo le vi*. Igualmente menos común que el leísmo animado (aunque se encuentra también, por ejemplo, en el habla popular de Madrid) es el **laísmo**, que consiste en el empleo del pronombre *la* como objeto indirecto con referentes personales de sexo femenino: *a María la dije que sí*. También encontramos casos de **loísmo**, que consiste en el empleo del pronombre *lo* como objeto indirecto con referentes personales de sexo masculino: *a Raúl lo di el libro*, aunque este último es un fenómeno muy restringido geográficamente.

Para los pronombres de segunda persona singular encontramos una distinción de **formalidad** en el uso de *tú* y *usted*. En diversos países hispanoamericanos se emplea el pronombre *vos* como forma familiar de sujeto en lugar de *tú* (como en Argentina, Paraguay, Costa Rica). El tratamiento de *vos* se conoce como *voseo*. Las formas de objeto directo e indirecto usadas en el voseo son iguales a las del *tuteo*: *vos te sentás, yo te lo doy a vos*.

Hay también regiones donde existe un *usted* familiar usado con amigos íntimos y en la familia (Costa Rica, Guatemala, zonas de Colombia), lo que hace más compleja la expresión de formalidad en los sistemas pronominales de esas regiones.

Mientras que *ustedes* es la forma única para la segunda persona del plural en la mayor parte del mundo hispanohablante, en España también se distingue formalidad en el plural mediante el uso de las dos formas *vosotros/as* y *ustedes*. En español peninsular, *vosotros/as* es el plural de *tú* y *ustedes* el plural de *usted*.

En las formas de sujeto y preposicionales la categoría gramatical de **género** solo se marca en la tercera persona, en la primera persona del plural (*nosotros/as*) y en la segunda personal del plural familiar *vosotros/as*.

En las formas clíticas de objeto directo, por otra parte, con *usted(es)* se marca el género del referente, igual que para la tercera persona.

> **¿Cuándo usaríamos la oración (a) y cuándo la oración (b)?**
>
> (a) A ustedes no las vi ayer en clase.
> (b) A ustedes no los vi ayer en clase.

Notemos que aunque los pronombres clíticos *nos* y *os* no expresan diferencia de género, *nosotros/as* y *vosotros/as* los pronombres preposicionales correspondientes sí la expresan:

(c) No os vi ayer en clase (a vosotras / a vosotros).
(d) No nos vieron (a nosotras / a nosotros).

Comparemos también *No la vi a usted*, donde la segunda persona es femenina, con *No te vi (a ti)*, donde no sabemos el género de la segunda persona.

    Dentro de los pronombres se incluyen también los posesivos (*el mío/la mía/ los míos/las mías, el nuestro/la nuestra/los nuestros/las nuestras*, etc.), los demostrativos (*este/esta/esto, ese/esa/eso, aquel/aquella/aquello*), los relativos (que se verán en el capítulo de sintaxis: *que, quien, el cual, cuyo*, etc.), los interrogativos (*qué, quién, cuándo, cómo*, etc.) y los indefinidos (*nadie, alguien, nada, algo*, etc.).

> **Ejercicio 39.** Las reglas de concordancia aplicables a los posesivos son diferentes en inglés y en español, como se ve en ejemplos como los siguientes:
>
> 1. María vino con su hija, Juan con la suya y Eloísa también con la suya.
>    Mary came with her daughter, John with his and Eloise also with hers.
> 2. Juan dio el dinero a sus hijos y a su cuñada.
>    John gave the money to his sons and his sister-in-law.
> 3. Juan y María perdieron su libro y Eloísa perdió también el suyo/los suyos.
>    John and Mary lost their book, and Eloise also lost hers.
>
> ¿En qué difieren las reglas de concordancia de las dos lenguas?

## 3    La derivación en español

    Entendemos por **derivación** la formación de palabras a partir de otras. En español la manera normal de crear palabras derivadas es mediante la sufijación. Así, del adjetivo *blanco* obtenemos el sustantivo *blancura* añadiendo el sufijo /-uɾa/ a la base (más exactamente, añadimos /-uɾ-a/, dónde la última vocal es un sufijo flexivo), y del sustantivo *pino* obtenemos el sustantivo *pinar* por sufijación de /-ar/.

Antes de considerar la estructura de las palabras formadas por derivación, conviene hacer referencia a ciertas complicaciones que encontramos en español. Como indicamos antes (en la sección 1.7 de este capítulo), la estructura de las palabras derivadas puede ser transparente u opaca en diversos grados. Muchas veces hallamos que la forma de la raíz se altera en las palabras derivadas. Estas alteraciones pueden ser de aplicación muy general o completamente idiosincráticas. Por ejemplo, una alternancia muy regular en español es la que presentan los siguientes ejemplos:

(30)  Ejemplo de alternancia morfofonológica en español
>      *puerta*          *portal, portero*
>      *tierra*          *terreno, terrestre, enterrar*
>      *muela*           *molar*
>      *diente*          *dental, dentista*
>      *cien*            *centena, centenario*
>      *muerte*          *mortal*

Como recordará, esta es una alternancia que encontramos también en la morfología flexiva de muchos verbos (*sueño, soñamos*; *pierdo, perdemos*) y que está condicionada por la posición del acento. Al contrario que en la flexión verbal, sin embargo, en la derivación la regla de reducción del diptongo en sílaba átona no se aplica siempre con una raíz determinada. Así, de *cuento* podemos obtener *cuentista*, donde el diptongo aparece en sílaba átona (aunque el diptongo se reduce en *contar*), y de *bueno, buenecito* (a pesar de reducirse el diptongo de la raíz en *bondad*). Del mismo modo, un sufijo derivativo como *-ista*, que, como vemos, es compatible con el diptongo en *cuentista*, causa reducción a vocal media en *dentista*, de *diente*. Esta falta de regularidad completa es, como dijimos, una característica de la morfología derivativa.

Para dar otro ejemplo de alternancia en la raíz de aplicación mucho más restringida, aunque bastante regular en su ámbito específico de aplicación, considérense los siguientes ejemplos:

(31)  Otra alternancia en la raíz
>      *volumen*         *volumin-oso*
>      *crimen*          *crimin-al*
>      *imagen*          *imagin-ario, imagin-ativo*
>      *origen*          *origin-al, origin-ario*
>      *virgen*          *virgin-al, virgin-idad*
>      *margen*          *margin-al, margin-ar*
>      *dictamen*        *dictamin-ar*

**Ejercicio 40.** Describa la alternancia en la raíz que se observa en las palabras en (31).

En otros casos el alomorfismo de la raíz es muy asistemático: *joven, juvenil*; *vida, vital*; *leche, lácteo*; *frente, afrontar*; *dedo, digital*; *humo, fumar*; *hijo, filial*. Como veremos en el capítulo 5, en estos casos, que no son raros en español, las palabras derivadas son más cercanas al latín que las simples y han sufrido menos cambios que estas. Como demuestran estos ejemplos, no es siempre fácil establecer cuándo tenemos alomorfos diferentes de la misma raíz y cuándo, por el contrario, tenemos raíces diferentes que comparten el mismo significado.

Otro fenómeno que complica el análisis morfológico de ciertas palabras en español es la presencia de los llamados **interfijos**. Los interfijos son elementos intercalares que encontramos algunas veces entre la base y un sufijo derivativo conocido. Por ejemplo, en la palabra *cafetera*, encontramos un interfijo /-t-/ intercalado entre la raíz /kafe/ y el sufijo /-eɾ-a/ que tenemos también en *papelera*, etc. De la misma manera, lo que en principio esperaríamos es que a la persona que vende pan se le llamara *panero*, lo mismo que de *fruta* tenemos *frutero*, de *pescado*, *pescadero*, etc. Si la derivamos de *pan* con el mismo sufijo de las palabras anteriores, la palabra *panadero* presenta un interfijo /-ad-/.

Por otra parte, aunque la mayoría de las veces es posible separar la raíz del sufijo, no siempre es así. La separación entre morfemas (raíz y sufijo derivativo) está clara por ejemplo en *chist-oso, ruid-oso, lagrim-oso, mentir-oso*, etc., pero no en *religioso* o *virtuoso*, que derivan respectivamente de *religión* y *virtud* de manera menos transparente. Para dar otro ejemplo, la segmentación del sufijo derivativo es mucho más obvia en *contamina-ción* que en *canción*.

Todas estas son complicaciones que habremos de tomar en cuenta al analizar la estructura morfológica de las palabras derivadas en español.

Otra característica de la morfología derivativa es su falta de predictibilidad. Muchas veces encontramos más de un sufijo con la misma función y no es fácil predecir cuál sufijo se aplica con cuál base. Así, sirva esto de muestra, mientras que los adjetivos correspondientes a *primavera, otoño* e *invierno* son, respectivamente, *primaveral, otoñal* e *invernal*, el adjetivo relacionado con la palabra *verano* no es \*veranal, sino *veraniego* (aunque también tenemos el adjetivo *estival*, relacionado con *estío*).

En español tenemos un gran número de sufijos derivativos. En las secciones siguientes presentamos solamente los **morfemas derivativos** más frecuentes. Empezamos con un grupo de morfemas derivativos que de alguna manera constituyen una clase especial: los sufijos emotivos o apreciativos. Luego pasamos a presentar otros morfemas derivativos que forman nuevos sustantivos (nominales), nuevos adjetivos (adjetivales o adjetivos), nuevos verbos (verbales) y nuevos adverbios (adverbiales). Finalmente consideraremos los prefijos más importantes.

## 3.1  Sufijos emotivos

Los morfemas emotivos o apreciativos son un grupo de sufijos derivativos que expresan afecto, aprecio o emoción. Estos sufijos no cambian la categoría gramatical de la palabra. Los sufijos emotivos pueden ser diminutivos, aumentativos y despectivos.

El principal sufijo diminutivo es *-ito*, que presenta como alomorfos las variantes *-cito* y *-ecito*. (La vocal final es un sufijo flexivo, que es *-o* en palabras de género masculino y *-a* en palabras de género femenino.) En su significado básico el *diminutivo* expresa tamaño pequeño. Así, un *librito* es un libro pequeño y un *cochecito* es un coche pequeño. Como sufijos alternativos con la misma función tenemos *-illo* e *-ico* (con alomorfos correspondientes a los indicados para *-ito*). El sufijo *-illo* es particularmente frecuente en Andalucía y partes de Sudamérica, mientras que *-ico* se emplea con frecuencia en Centroamérica, Colombia, el Caribe, Extremadura y Aragón:

(32)  Principales sufijos diminutivos

| | | | |
|---|---|---|---|
| *libr-o* | *libr-ito* | *libr-illo* | *libr-ico* |
| *mes-a* | *mes-ita* | *mes-illa* | *mes-ica* |
| *roj-o* | *roj-ito* | *roj-illo* | *roj-ico* |
| *papel* | *papel-ito* | *papel-illo* | *papel-ico* |
| *azul* | *azul-ito* | *azul-illo* | *azul-ico* |
| *pintor* | *pintor-cito* | *pintor-cillo* | *pintor-cico* |
| *mujer* | *mujer-cita* | *mujer-cilla* | *mujer-cica* |
| *noch-e* | *noch-ecita* | *noch-ecilla* | *noch-ecica* |
| *verd-e* | *verd-ecito* | *verd-ecillo* | *verd-ecico* |
| *pan* | *pan-(e)cito* | *pan-ecillo* | *pan-ecico* |

Las cosas de tamaño pequeño pueden inspirarnos cariño o compasión. Tendemos a sentir más afecto por un perrito, pajarito o corderito que por un simple perro, pájaro o cordero. De aquí deriva uno de los usos secundarios del diminutivo: la expresión de afecto positivo o cariño. Este sentido puede llegar a reemplazar completamente al originario de "tamaño pequeño". Así, cuando decimos *mi abuelita*, no hacemos necesariamente referencia al tamaño de la persona, sino que estamos indicando cariño hacia ella.

Otras veces el menor tamaño se relaciona con peor calidad o menos importancia. Un *librito*, además de ser un libro pequeño, frecuentemente es un libro poco importante. Este significado prima en formas como *abogadito* o *sueldecillo*.

El empleo del diminutivo es también una manera de indicar humildad o cortesía, como en los siguientes ejemplos: *¿Le podría ofrecer una tacita de café? ¿Podrías venir un ratito? Estaba ocupado en mis cosillas*. El uso de formas afectivas puede no estar exento de ironía (*¡Vaya una nochecita que nos has dado!*).

Aunque el diminutivo se emplea fundamentalmente con nombres y adjetivos, el sufijo *-it(o)* puede añadirse también a ciertas bases adverbiales:

(33)  Adverbios con sufijos diminutivos
     Adverbios de tiempo: *ahor-a* → *ahor-ita*, *pront-o* → *pront-ito*
     Adverbios de lugar: *cerc-a* → *cerqu-ita*, *lej-os* → *lej-itos*, *acá* → *aca-cito*
     Adverbios de modo: *despaci-o* → *despac-ito*

El uso de formas diminutivas es más frecuente en unos dialectos del español que en otros. En algunas áreas geográficas de Latinoamérica, como en la región andina y en México, el uso del diminutivo es particularmente frecuente y se extiende incluso a los numerales (*unito, dosito*), a algunos pronombres (*ellita*) y a formas no personales del verbo (*callandito, se han clavadito*).

Otros sufijos diminutivos menos utilizados son *-ín* (*-ina*), *-ete* (*-eta*) y *-uelo* (*-uela*) (todos ellos con alomorfos correspondientes a los que hemos visto para *-ito*):

(34) Otros sufijos diminutivos

| | |
|---|---|
| *-ete/a* | *alegre → alegrete, Manolo → Manolete* |
| *-ín/a* | *momento → momentín, guapo → guapín* |
| *-uelo/a* | *pollo → polluelo, ratón → ratonzuelo,* |
| | *ladrón → ladronzuelo* |

Los sufijos *aumentativos* indican tamaño grande en su significado primario. En español, los principales sufijos aumentativos son *-ón/a, -ote/a* y *-azo/a*. El sufijo *-azo* está más extendido en Sudamérica, y *-ote* es más común en México. (El aumentativo *-azo*, con femenino *-aza*, es diferente del sufijo derivativo que indica 'golpe con N', como en *guantazo, gorrazo*, etc.)

(35) Sufijos aumentativos

| | |
|---|---|
| *-ón/a* | *problem-a → problem-ón, muchach-o → muchach-ón, mujer → mujer-ona, cas-a → cas-ona* |
| *-ote/a* | *mach-o → mach-ote, papel → papel-ote grand-e* (m) *→ grand-ote, grand-e* (f) *→ grand-ota* |
| *-azo/a* | *carr-o → carr-azo, sueld-o → sueld-azo, cas-a → cas-aza* |

Al igual que el diminutivo, el aumentativo tiene también otros significados secundarios. Puede indicar admiración (*¡Tienes un jefazo!*) o consideración despectiva (*Juan es un animalote, ¡Vaya qué criticona!*).

Vemos, pues, que tanto los sufijos diminutivos como los aumentativos pueden tener valor despectivo, indicando desprecio o ridículo. (Pequeño, insignificante, sin importancia: diminutivo despectivo; grande y feo o exagerado; aumentativo despectivo.) Otros sufijos tienen exclusivamente o principalmente un valor despectivo. Algunos de los sufijos *despectivos* más empleados son los siguientes:

(36) Sufijos despectivos

| | |
|---|---|
| *-ucho/a* | *perr-o → perr-ucho, cas-a → cas-ucha* |
| *-acho/a* | *puebl-o → pobl-acho* |
| *-ajo* | *hierb-a → hierb-ajo, espant-o → espant-ajo* |
| *-ejo/a* | *animal → animal-ejo, libro → libr-ejo* |
| *-aco/a* | *libr-o → libr-aco* |
| *-ongo/a* | *baile → bail-ongo, fácil → facil-ongo* |

También puede tener valor despectivo el sufijo *-oide*, que en su sentido técnico conlleva el significado de 'casi': *planet-a → planet-oide*. El valor despectivo está claro en *sentimentaloide* y formaciones humorísticas como *animaloide*.

En algunos casos la conexión etimológica entre la forma diminutiva y la base que le sirvió de origen se ha perdido, adquiriendo la palabra formalmente diminutiva un significado no predecible, diferente al de la forma básica. Así, un *bolsillo* no es cualquier bolso pequeño, una *bombilla* no es una bomba de tamaño reducido y la conexión entre *rodilla* y *rueda* es totalmente opaca para los hispanohablantes. A continuación ofrecemos algunos otros ejemplos:

(37) Sufijos emotivos lexicalizados con cambio de significado

| | | |
|---|---|---|
| *caj-a → caj-ón* | *color → color-ete* | *cam-a → cam-illa* |
| *rat-a → rat-ón* | *ar-o → ar-ete* | *cámar-a → camar-illa* |
| *pañ-o → pañ-uelo* | *avión → avion-eta* | *cámar-a → camar-ote* |
| *lent-e → lent-eja* | *botic-a → botiqu-ín* | *espin-a → espin-illa* |
| *lentej-a → lentej-uela* | *sierr-a → serr-ín* | *espin-a → espin-azo* |

---

**Ejercicio 41.**

1. Cada uno de los sufijos diminutivos tiene más de un alomorfo. Su distribución está sujeta a reglas algo complicadas. Para empezar, entre los sustantivos y adjetivos de dos sílabas terminados en vocal (con sufijo flexivo) unos toman *-ito/a* y otros *-ecito/a*, como se ilustra en los siguientes ejemplos. ¿Cuál es la regla?

| | | | |
|---|---|---|---|
| *noche* | *nochecita* | *mesa* | *mesita* |
| *corta* | *cortita* | *oso* | *osito* |
| *corte* | *cortecito* | *gata* | *gatita* |
| *verde* | *verdecito/a* | *corto* | *cortito* |
| *bache* | *bachecito* | *vaso* | *vasito* |
| *paje* | *pajecito* | *paja* | *pajita* |

2. Hay algunas excepciones a la regla ilustrada por los ejemplos en (1). ¿Puede descubrir una subregla en algunos de los siguientes ejemplos?

| | |
|---|---|
| *siesta* | *siestita, siestecita* |
| *cesta* | *cestita, \*cestecita* |
| *hueso* | *huesito, huesecito* |
| *oso* | *osito, \*osecito* |
| *puerta* | *puertita, puertecita* |
| *cuerda* | *cuerdita, cuerdecita* |
| *fiesta* | *fiestita, fiestecita* |

3. Otra excepción a la regla general la encontramos en ejemplos como los siguientes. ¿Cuál puede ser su explicación?

| | | |
|---|---|---|
| bestia | bestiecita | *bestiita |
| serio | seriecito | *seriito |
| rabia | rabiecita | *rabiita |
| labio | labiecito | *labiito |
| pie | piececito | *pieito |
| lluvia | lluviecita | *lluviita |

(La regla no se aplica a palabras trisilábicas como anuncio, anuncito.) ¿Por qué es diferente de los anteriores el diminutivo de las siguientes palabras?

| | | | |
|---|---|---|---|
| frío | friíto | vacío | vaciíto |
| día | diíta | envío | enviíto |
| tía | tiíta | río | riíto |
| guía | guiíta | María | Mariíta (> Marita) |

4. Las palabras terminadas en consonante (sin sufijo flexivo) toman -cito/a o ito/a, según cuál sea la consonante final. ¿Cuál es la regla?

| | | | |
|---|---|---|---|
| camión | camioncito | pintor | pintorcito |
| papel | papelito | mujer | mujercita |
| jamón | jamoncito | azul | azulito/a |
| pintor | pintorcito | adiós | adiosito |
| animal | animalito | canción | cancioncita |
| caimán | caimancito | fácil | facilito/a |
| francés | francesito | español | españolito |
| árbol | arbolito | calor | calorcito |

5. Considere finalmente los siguientes ejemplos. ¿Qué característica de la base condiciona el alomorfismo?

| | |
|---|---|
| mes | mesecito, *mesito |
| sol | solecito, *solito |
| pez | pececito, *pecito |
| pan | pan(e)cito, *panito |
| tren | tren(e)cito, *trenito |
| revés | revesito, *revesecito |
| español | españolito, *español(e)cito |
| igual | igualito/a, *igualecito/a |

**Ejercicio 42.** Fijémonos ahora en el sufijo de flexión en los diminutivos. ¿Qué determina el que tengamos *-o* o *-a* en los siguientes ejemplos?

*noche* → *nochecita*    *coche* → *cochecito*
*ángel* → *angelito*     *virgen* → *virgencita*

¿Se aplica la misma regla a los siguientes ejemplos? ¿Cuál es la diferencia?

*mapa* → *mapita*    *drama* → *dramita*

Notemos, por último, que el diminutivo de *mano* es *manita* en, por ejemplo, España, pero *manito* en Perú. ¿A qué puede deberse este caso de variación dialectal?

**Ejercicio 43.** ¿Qué tienen de raro los siguientes diminutivos? ¿Se pueden explicar de alguna manera?: *Carlos* → *Carlitos, lejos* → *lejitos, azúcar* → *azuquitar.*

## 3.2  Nominalización

Como se ha señalado ya antes, en español es posible convertir cualquier tipo de palabra en sustantivo, sin introducir ningún cambio morfológico: *menos "peros"; su "no" fue contundente; el "sí" de las niñas; el fumar no es bueno; mi más sentido pésame.* Podemos nominalizar también frases y oraciones enteras: *pelearon por un "quítame allá esas pajas"; tiene un "yo no sé qué"; su "ya lo haré" no me convence; el que me lo digas tú no es suficiente.* Pero además de esto, tenemos procedimientos morfológicos para crear sustantivos a partir de otros sustantivos (nominalización denominal), adjetivos (nominalización deadjetival) o verbos (nominalización deverbal). He aquí algunos ejemplos:

(38) Nominalización
a. Nominalización denominal, N → N
   *libr-o* → *libr-ero, árbol* → *arbol-eda*
b. Nominalización deadjetival, Adj → N
   *amarill-o* → *amarill-ez, gord-o* → *gord-ura*
c. Nominalización deverbal, V → N
   *atac-ar* → *ataqu-e, jug-ar* → *jug-ador*

A continuación examinaremos los principales sufijos empleados en la nominalización. Agruparemos los sufijos según el tipo de base a la que se añaden más comúnmente. Hay que tener en cuenta, sin embargo, que mientras que muchos sufijos derivativos se añaden solo a bases de una cierta clase (por ejemplo, solo a bases verbales), algunos otros aceptan bases de más de una clase.

### 3.2.1  Nominalización denominal, N → N

Los sufijos más productivos en la derivación de sustantivos a partir de otros sustantivos son los siguientes: *-ada* (*burr-ada*), *-aje* (*corn-aje*), *-al/-ar* (*per-al*, *oliv-ar*), *-azo* (*pal-azo* "golpe con un palo"), *-ero/a* (*azucar-ero*), *-ista* (*dent-ista*), *-ismo* (*capital-ismo*).

*-ada*. Este sufijo da lugar a sustantivos derivados con significados muy diferentes. Entre ellos podemos distinguir:
  (a) "Acción propia de N": *burr-o* → *burr-ada*, *animal* → *animal-ada*, *francés* → *frances-ada*, *manol-ada* "acción típica de Manolo".
  (b) "Colectivo", "grupo de N": *vac-a* → *vac-ada*, *muchach-o* → *muchach-ada*. En *cuchar-a* → *cuchar-ada*, *carret-a* → *carret-ada* la palabra derivada indica "lo que puede caber en N".
  (c) "Golpe con N": *puñal* → *puñal-ada*, *cuchill-o* → *cuchill-ada*, *man-o* → *man-ot-ada* (con interfijo), *pat-a* → *pat-ada*, *piedr-a* → *pedr-ada*, *dient-e* → *dent-ell-ada*.

*-aje*. Este sufijo puede tener también funciones diferentes:
  (a) "Colectivo": *plum-a* → *plum-aje*, *pel-o* → *pel-aje*, *andami-o* → *andami-aje*, *rop-a* → *rop-aje*, *ram-a* → *ram-aje*. La relación entre *hoja* y *follaje* es opaca (*hoja* proviene del latín FOLIA).
  (b) "Relación social": *mestiz-o* → *mestiz-aje*, *aprendiz* → *aprendiz-aje*, *paisan-o* → *paisan-aje*, *vasall-o* → *vasall-aje*.

*-al ~ -ar*. La función principal de este sufijo es la de formar colectivos locativos, sobre todo lugares donde abunda una planta determinada: *pin-o* → *pin-ar*, *trig-o* → *trig-al*, *zarz-a* → *zarz-al*, *oliv-o* → *oliv-ar*, *manzan-o* → *manzanar*. En algunos casos, la palabra derivada indica la planta: *pe-ra* → *per-al*, *ros-a* → *ros-al*. Con referencia no vegetal encontramos también ejemplos como *peñasc-o* → *peñasc-al* y *pantan-o* → *pantan-al*. Otros sufijos con la misma función son *-eda*, *-edo*: *arbol-eda*, *manzan-edo*. En *robl-e* → *robl-ed-o* → *robl-ed-al* encontramos doble sufijación.

*-azo*. Conviene distinguir este sufijo, con flexión masculina en *-o*, del aumentativo *-azo/-aza*, que es un sufijo diferente. Su valor fundamental es el de "golpe con N": *guant-e* → *guant-azo*, *garrot-e* → *garrot-azo*, *bastón* → *baston-azo*, *martill-o* → *martillazo*, *man-o* → *man-ot-azo*. En algunos ejemplos alterna con *-ada* con el mismo significado (*guantazo* ~ *guantada*).

*-ero/a*. Además de otros valores menos comunes, este sufijo crea sustantivos con dos significados principales: (a) oficio o profesión y (b) lugar o recipiente. En el primero de sus usos admite las dos formas *-ero* y *-era* según el sexo del referente: *frut-a* → *frut-ero*, *frut-era* "persona que vende fruta", *jardín* → *jardin-ero*, *jardinera* "persona que se ocupa del jardín". Con el significado de "lugar o recipiente", sin embargo, solo se utiliza una forma, sea la masculina en *-ero* o sea la femenina en *-era*, de manera idiosincrática. Así el recipiente para la fruta es el *frutero*, pero la ensalada se pone en la *ensaladera*; las monedas se guardan en el *monedero* y los billetes en la *billetera*.

*-er-ía*. Relacionados con sustantivos en *-ero, -era* encontramos otros en *-ería* que indican los establecimientos comerciales y oficios correspondientes. Un análisis posible es postular que el sufijo es *-ía (-í-a)*, anadido a *-er-*: *libr-o* → *libr-er-o* → *libr-er-ía*, *frut-a* → *frut-er-o* → *frut-er-ía*. El sufijo *-ía* aparece también con la misma función en otros ejemplos con bases simples: *concejal* → *concejal-ía*. Distinguimos este sufijo de otro *-ería* que aparece sobre todo con bases adjetivas y que veremos después.

*-ista*. Los sustantivos con este sufijo generalmente indican "persona con N como profesión, ocupación o afición", "persona partidaria de N" o "persona con tendencia a N". Así encontramos ejemplos como *art-e* → *art-ista*, *deport-e* → *deport-ista*, *izquierd-a* → *izquierd-ista*, *Madrid* → *madrid-ista* (seguidor del Real Madrid) y *juerg-a* → *juergu-ista*. Estos sustantivos pueden ser de género masculino o femenino según el sexo del referente a que se aplican: *el pianista/ la pianista*. Algunos pueden utilizarse también como adjetivos, en cuyo caso su referente puede ser no humano: *un periódico de tendencia izquierdista*.

*-ismo*. Este sufijo produce, principalmente, sustantivos con el significado de "doctrina, ideología": *capital* → *capital-ismo*. Puede aparecer con nombres propios: *Lenin* → *lenin-ismo*. Con base adjetiva tenemos *cristian-o* → *cristian-ismo*, *liberal* → *liberal-ismo*, *mach-o* → *mach-ismo*.

---

**Ejercicio 44.** Explique la derivación morfológica de la palabra *rosaleda*.

**Ejercicio 45.** Busque cuatro ejemplos de sustantivos en *-ada* o *-azo* con el significado de "golpe con o en N" no mencionados en el texto.

**Ejercicio 46.** Haga una lista de sustantivos derivados en *-ero* o *-era* con significado de "lugar o recipiente". Incluya los derivados de *sal azúcar, aceite, vinagre, basura, perro, gallina, café, tinta* y, por lo menos cinco ejemplos más. ¿Nota alguna tendencia con respecto al género de la palabra derivada?

**Ejercicio 47.** Dé al menos cinco ejemplos de sustantivos en *-ería* relacionados con otros en *-ero*.

**Ejercicio 48.** Dé cuatro ejemplos (no mencionados en el texto) de palabras en *-ista* para las cuales existan también palabras relacionadas en *-ismo*.

---

### 3.2.2   Nominalización deadjetival, Adj → N

Los principales sufijos que crean sustantivos a partir de adjetivos son los siguientes (el significado es siempre "cualidad de ser Adj"): *-(e/i)dad* (*terqu-edad, van-idad*), *-ería* (*bob-ería*), *-ez/-eza* (*altiv-ez, baj-eza*), *-ia* (*infam-ia*), *-or* (*fresc-or*), *-ura* (*calent-ura*), *-(i)tud* (*lent-itud*).

*-dad ~ -idad ~ -edad ~ -tad*. La forma básica de este sufijo es *-dad*: *cruel* → *cruel-dad*, *mal-o* → *mal-dad*, *buen-o* → *bon-dad*, *igual* → *igual-dad*. (Excepcionalmente, encontramos una base nominal en *herman-o* → *herman-dad*.) En algunos ejemplos cuya silabificación requiere la presencia de una vocal

inicial de sufijo aparecen los alomorfos *-edad*, *-idad*: *fals-o* → *fals-edad*, *dens-o* → *dens-idad*. Sin embargo, estos alomorfos aparecen también en otros ejemplos donde la vocal no sería necesaria por motivos fonológicos: *van-o* → *van-idad*, *débil* → *debil-idad*. Con bases terminadas en /-d/ se añade solo *-ad*: *humild-e* → *humild-ad*, *húmed-o* → *humed-ad* (la reducción de elementos idénticos en concatenación morfológica se conoce como haplología). El alomorfo *-tad* es menos común y muchos de los ejemplos que lo contienen presentan también otras irregularidades: *leal* → *leal-tad*, *libr-e* → *liber-tad*, *difícil* → *dificul-tad*, *amig-o* → *amis-tad*.

*-ería*. La mayoría de formaciones deadjetivales con este sufijo se refieren a cualidades negativas: *tont-o* → *tont-ería*, *tacañ-o* → *tacañ-ería*, *charlatán* → *charlatan-ería*. Hay, sin embargo, excepciones: *galant-e* → *galant-ería*.

*-ez ~ -eza*. Tanto *-ez* como *-eza* dan lugar a sustantivos deadjetivales de género femenino. La forma más productiva de las dos es *-ez*: *roj-o* → *roj-ez*, *altivo* → *altiv-ez*, *estúpid-o* → *estupid-ez*. Aunque los derivados en *-eza* son menos, algunos son muy comunes: *simpl-e* → *simpl-eza*, *baj-o* → *baj-eza*, *nobl-e* → *nobl-eza*, *grand-e* → *grand-eza*.

*-ia*. Este sufijo aparece en ejemplos como *infam-e* → *infam-ia* y en muchos derivados de adjetivos en *-nte*, *-nto*, en los que sistemáticamente se aplica una regla de alomorfismo, *-nt-e/-o* → *-nc-ia*: *elegant-e* → *eleganc-ia*, *decent-e* → *decenc-ia*, *prudent-e* → *prudenc-ia*, *violent-o* → *violenc-ia*, *opulent-o* → *opulenc-ia*. Entre *fuert-e* y *fuerz-a* (del *latín* FORTIA) la relación es más irregular.

*-ura*, *-or*. Estos dos sufijos pueden usarse a veces de manera intercambiable. Los sustantivos derivados en *-or* son de género masculino: *blanc-o* → *blanc-or*, *blanc-ura*; *espes-o* → *espes-or*, *espes-ura*; *fresc-o* → *fresc-or*, *fresc-ura*. Entre ambos, el sufijo más común es *-ura*: *loc-ura*, *hermos-ura*, *tern-ura*, *anch-ura*, *llan-ura* (que además de "cualidad de llano" significa "extensión de terreno llano").

*-(i)tud*. Este sufijo no es tan utilizado como algunos de los anteriores: *alt-o* → *alt-itud* (también *altura*), *beat-o* → *beat-itud*, *lent-o* → *lent-itud*. Sin vocal inicial aparece en *joven* → *juven-tud* (con cambio irregular en la vocal de la base).

**Ejercicio 49.** Para cada uno de los sufijos nominalizadores deadjetivales *-dad*, *-ería*, *-ia*, *-ura*, *-ez* y *-eza*, dé al menos dos ejemplos no mencionados en el texto.

### 3.2.3    Nominalización deverbal, V → N

Entre los sustantivos derivados de verbos podemos distinguir dos grupos principales desde el punto de vista de su significado: los que indican "acción o efecto del verbo" y los que expresan el "agente del verbo".

### *"Acción o efecto de V"*

En primer lugar, hay sustantivos que derivan de un verbo por simple adición de una de las terminaciones vocálicas de flexión nominal:

(39)  Sustantivos deverbales sin sufijo derivativo
   -*a*: *busc-ar → busc-a, compr-ar → compr-a, estaf-ar → estaf-a, prob-ar → prueb-a, tom-ar → tom-a, cri-ar → crí-a.*
   -*e*: *combat-ir → combat-e, sac-ar → saqu-e, cruz-ar → cruc-e, arranc-ar → arranqu-e, debat-ir → debat-e.*
   -*o*: *gote-ar → gote-o, carg-ar → carg-o, acord-ar → acuerd-o, envi-ar → enví-o, abrig-ar → abrig-o, atrac-ar → atrac-o.*

En segundo lugar, algunos participios (en forma masculina o femenina) funcionan también como sustantivos: *dictado, cuidado, caída, salida, hecho, escrito, puesto, vuelta, impreso, vista* (y *visto bueno*), etc. En algunos casos un antiguo participio irregular se conserva solo como sustantivo, mientras que el verbo ha desarrollado otro participio regular. Esto es lo que ocurre con *permiso* (de *permitir*), *ofensa* (de *ofender*), *promesa* (de *prometer*), entre otros ejemplos.

Encontramos, además, los siguientes sufijos derivativos para formar sustantivos con el significado general de "acción o efecto de V": -*ción* (*contamin-a-ción*), -*dura* (*cort-a-dura*), -*ncia/-nza* (*resid-e-ncia, esper-a-nza*) y -*m(i)ento* (*nac-i-miento, peg-a-mento*).

-*ción ~ -(s)ión.* En un grupo bastante numeroso y productivo, el sufijo -*ción* se añade a verbos de la primera conjugación con conservación de la vocal temática: *coordin-a-r → coordin-a-ción, cre-a-r → cre-a-ción, notific-a-r → notific-a-ción.* La vocal temática también aparece en *prohib-i-r → prohib-i-ción, fund-i-r → fund-i-ción* y en *perd-e-r → perd-i-ción* (con *sincretismo* en la vocal temática entre la segunda y la tercera conjugación). Con otros verbos, de las tres conjugaciones, el sufijo se añade directamente a la raíz verbal. En estos encontramos un gran número de irregularidades. A veces, en raíces terminadas en un grupo consonántico, la segunda consonante se pierde: *atend-er → aten-ción, cant-ar → can-ción, infect-ar → infec-ción, adopt-ar → adop-ción.* Otra irregularidad es la que aparece en ejemplos como *reg-ir → rec-ción.* En algunos ejemplos hallamos una variante -*sión.* A veces la /s/ puede considerarse como parte de la raíz, que presentaría alomorfismo: *divid-ir → divis-ión, alud-ir → alus-ión, (con)ced-e-r → (con)ces-ión, conect-ar → conexión* /koneks-i̯ón/. Otras veces, la consonante /s/ ha de ser interpretada como parte del sufijo: *inclu-ir → inclu-sión, v-er → vi-sión.* Otros ejemplos muestran claramente que el sufijo puede carecer de consonante inicial: *reun-ir → reun-ión.*

-*dura.* Los sustantivos deverbales con este sufijo pueden tener significado de acción o resultado de la acción: *hend-i-r → hend-i-dura, moj-a-r → moj-a-dura, mord-er → mord-e-dura.* Algunos ejemplos tienen un significado más concreto, de objeto o instrumento: *herr-a-r → herr-a-dura, cabalg-a-r → cabalg-a-dura, at-a-r → at-a-dura.* Excepcionalmente encontramos ejemplos con la terminación *-tura*, sin vocal temática (donde la /t/ es claramente parte de la raíz en algunos ejemplos): *junt-ar → junt-ura, le-er → lec-tura, escrib-ir → escri-tura*. Hay también algunos ejemplos de *-tura* añadido tras la vocal temática con verbos de la primera conjugación: *abrevi-a-r → abrevi-a-tura*.

*-ncia, -nza*. La forma más usada es *-e-ncia*, que se utiliza con verbos de la tercera y, menos comúnmente, de la segunda conjugación: *exist-i-r → exist-e-ncia, suger-i-r → suger-e-ncia, compet-i-r → compet-e-ncia, proced-e-r → proced-e-ncia*. La vocal *-e-* en estos ejemplos se puede analizar como vocal temática, pues en verbos de la primera conjugación encontramos *-a-*: *vigil-a-r → vigil-a-ncia, discrep-a-r → discrep-a-ncia*. Algunos ejemplos claramente derivan de un adjetivo deverbal en *-nte: permanec-e-r → perman-ent-e → perman-e-ncia*. La forma *-nza* se utiliza solo con verbos de la primera conjugación y, consecuentemente, aparece siempre como *-a-nza: enseñ-a-r → enseñ-a-nza, esper-a-r → esper-a-nza*.

*-miento ~ -mento*. De estas dos formas con mucho la más frecuente y productiva es la que contiene el diptongo. Se añade después de la vocal temática (con verbos de la segunda y tercera conjugación la vocal temática es /-i-/ con este sufijo): *alz-a-r → alz-a-miento, acat-a-r → acat-a-miento, corr-e-r → corr-i-miento, conoc-e-r → conoc-i-miento, sufr-i-r → sufr-i-miento, descubr-i-r → descubr-i-miento*. Algunos ejemplos con la variante *-mento* son *peg-a-r → peg-a-mento, carg-a-r → carg-a-mento*.

## *"Agente"*

Con esta función encontramos dos sufijos principales que derivan sustantivos de bases verbales: *-dor* (*fum-a-dor, beb-e-dor*) y *-nte* (*cant-a-nte, escrib-ie-nte*).

*-dor/a*. Este sufijo, que forma tanto sustantivos como adjetivos, se añade tras la vocal temática del verbo. Las formaciones con este sufijo, además de tener el valor de "agente", pueden también tener el valor de "lugar donde suele realizarse la acción del verbo". La mayoría de los ejemplos tienen únicamente el valor de agente: *jug-a-r → jug-a-dor, habl-a-r → habl-a-dor, beb-e-r → beb-e-dor, vend-e-r → vend-e-dor, viv-i-r → viv-i-dor*. En otros ejemplos coexisten ambos significados: *com-e-r → com-e-dor* (*Juan es un gran comedor; la mesa está en el comedor*), o predomina el valor de lugar: *mir-a-r → mir-a-dor, recib-i-r → recib-i-dor*. Como adjetivo y cuando tiene referente humano femenino adopta la forma *-dora: vendedora*. La forma *-dora*, además, se utiliza generalmente para referirse a máquinas: *aspir-a-r → aspir-a-dora, cosech-a-r → cosech-a-dora, lamin-ar → lamin-a-dora*. Entre los irregulares, merecen mencionarse los terminados en *-tor* o *-sor* (sin vocal temática), cuya consonante puede a veces analizarse como parte de la raíz y a veces no: *edit-ar → edit-or, conduc-ir → conduc-tor, le-er → lec-tor, escrib-ir → escri-tor, pint-ar → pint-or, revis-ar → revis-or, agred-ir → agres-or*.

*-nte*. Este es otro sufijo que indica el agente de la acción del verbo. Se añade después de la vocal temática, que para los verbos de la segunda y tercera

conjugación es el diptongo /-ie̯-/ en este caso: *cant-a-r → cant-a-nte, naveg-a-r → naveg-a-nte, pend-e-r → pend-ie-nte, cre-e-r → cre-ye-nte, serv-i-r → sirv-ie-nte*. Estos sustantivos tienen los dos géneros cuando el referente es humano: *el estudiante/la estudiante, el sirviente/la sirvienta*. Si el referente no es humano, el género está lexicalizado como masculino o como femenino. En algún caso, existen ambas formas con significados diferentes, como en *el pendiente* ("arete") / *la pendiente* ("terreno en declive"). Un gran número de verbos permite la utilización de este sufijo, pero la palabra resultante es casi siempre únicamente un adjetivo, como veremos después.

---

**Ejercicio 50.** Para cada una de las siguientes palabras escriba una oración en que funcione como participio verbal y otra en que funcione como sustantivo:

1. cuidado
2. hecho
3. escrito
4. puesto
5. vuelto/a
6. helado
7. pescado
8. asado

**Ejercicio 51.** ¿En qué se diferencian las palabras *elegancia, infancia* de otras como *dolencia, vivencia*, en cuanto a su derivación?

**Ejercicio 52.** Para cada uno de los siguientes sufijos dé dos ejemplos no mencionados en el texto: 1. *-ción*, 2. *-ncia*, 3. *-miento*, 4. *-dura*.

---

### 3.3    Adjetivación

La adjetivación es la formación de adjetivos a partir de otras palabras. En español podemos derivar adjetivos, sobre todo, de sustantivos y verbos. Hay también algunos adjetivos derivados de otros adjetivos (*rojizo*), de adverbios (*cercano*) y de numerales (*doble*).

### 3.3.1    Adjetivación denominal, N → Adj

Consideraremos primero la formación de adjetivos a partir de nombres propios. Entre estos, los hay que derivan de nombres propios de persona (*castrista, aristotélico, marxista*) y otros, denominados gentilicios, que derivan de nombres propios de lugar (*mexicano, aragonés*). Después examinaremos los principales sufijos empleados en la formación de adjetivos a partir de nombres comunes.

#### 3.3.1.1    *Gentilicios*

Los sufijos gentilicios tienen la función de crear adjetivos que indican el origen geográfico de una persona o cosa. Los adjetivos gentilicios se forman a partir de nombres propios de lugar: *Nicaragu-a* → *nicaragü-ense*, *And-es* → *and-ino*, *Cácer-es* → *cacer-eño*, *Córdob-a* → *cordob-és*.

En español existe un número bastante amplio de sufijos gentilicios. Entre ellos encontramos los siguientes:

(40) Sufijos gentilicios
   *-ano/a*: *boliviano, mexicano, americano, bogotano, colombiano, coreano*
   *-ino/a*: *argelino, andino, alicantino*
   *-eno/a*: *chileno*
   *-eño/a*: *puertorriqueño, brasileño, hondureño, salvadoreño, angoleño*
   *-ín/a*: *mallorquín*
   *-és/a*: *danés, portugués, francés, inglés, escocés, alavés, japonés*
   *-ense*: *costarricense, rioplatense, canadiense, estadounidense, almeriense*
   *-(t)eco/a*: *guatemalteco, yucateco, chiapaneco, zapoteco*
   *-(i)ego/a*: *manchego, pasiego*
   *-ero/a*: *brasilero, pinarejero, habanero*
   *-í*: *marroquí, iraní, bengalí, paquistaní, israelí*
   *-ita*: *israelita, vietnamita*
   *-eta*: *lisboeta*
   *-ota*: *chipriota, cairota*
   *-ica*: *pamplonica*
   *-enco/a*: *ibicenco*
   *-ol/a*: *español*
   *-al*: *provenzal*
   *-o/a*: *paraguayo, uruguayo*

Estos sufijos difieren mucho entre sí en su productividad. Los más productivos son *-ano/a*, *-ense*, *-eño/a* y *-és/a*. Por su parte, el gentilicio *españ-ol* constituye un caso aislado. Otros de la lista que hemos dado aparecen también unicamente en uno o dos gentilicios (*-ita, -eta, -ota, -ica, -enco/a*). Algunos sufijos como los de *provenz-al, pasiego* (Valle de Pas, Cantabria, España) y *haban-ero* (La Habana) tienen un uso muy limitado como gentilicios, pero aparecen en adjetivos derivados con otros valores (*regional, andariego, casero*). En otros, hay una cierta especialización geográfica. Así el sufijo *-(t)eco* se utiliza exclusivamente tomando como base nombres de lugar de México y Centroamérica, mientras que *-í* se utiliza en gentilicios norteafricanos y asiáticos.

En casos como *sueco/Suecia, alemán/Alemania, búlgaro/Bulgaria, ruso/Rusia, hispano/Hispania*, etc., es probablemente más correcto desde un punto de vista formal considerar que el nombre del país deriva del gentilicio por medio de un sufijo *-ia*.

En algunos gentilicios encontramos irregularidades curiosas, como en los siguientes ejemplos: *Madrid* → *madril-eño*, *Buenos Aires* → *bonaer-ense*, *Ecuador* → *ecuator-iano*, *Nueva York* → *neoyorqu-ino*, *Ávil-a* → *abul-ense*, *Salamanc-a* → *salmant-ino*, *Poloni-a* → *pol-aco*. En casos muy especiales el gentilicio y el nombre del lugar tienen raíces totalmente diferentes. Así, al habitante de Badajoz se le llama *pacense*, derivado del nombre latino de la ciudad, Pax Augusta; al de Calatayud, *bilbilitano*, del topónimo latino Bilbilis y al de San Sebastián, *donostiarra*, utilizando el gentilicio vasco correspondiente a Donostia, que es el nombre vasco de esta ciudad.

Está claro que la forma que adoptan los gentilicios no es predecible del topónimo. Incluso poblaciones con idéntico nombre pueden tener gentilicios diferentes. Así, a los habitantes de Cuenca, Ecuador, se les llama *cuencanos*, pero los de Cuenca, España, son *conquenses*. Los nombres de lugar de países que no son de lengua española pueden no tener un topónimo tradicional en español. A veces encontramos variación entre un par de gentilicios alternativos: *Angol-a* → *angol-ano* o *angol-eño*. Otras veces está todavía menos claro: por ejemplo, ¿cómo se llama al habitante de Osaka?, ¿y al de Chicago?

**Ejercicio 53.** Separe el sufijo derivativo de la base en los gentilicios que se presentan a continuación e indique el nombre de lugar a que hacen referencia:

1. cuzqueño
2. gallego
3. aragonés
4. ateniense
5. guadalajareño
6. italiano
7. turco
8. parisino
9. noruego
10. holandés
11. parisiense
12. conquense
13. castellano
14. filipino
15. caraqueño
16. tunecino
17. rumano
18. santanderino
19. húngaro
20. panameño

**Ejercicio 54.** Compare los gentilicios españoles con los del inglés. ¿Qué semejanzas y diferencias encuentra?

### 3.3.1.2 *Adjetivos derivados de nombres propios de persona*

En la derivación de adjetivos a partir de nombres propios de persona el sufijo más común es *-iano/a*: *Kant* → *kant-iano*, *Picass-o* → *picass-iano*, *Cicerón* → *ciceron-iano*, *Chomsky* → *chomsky-ano*. Son frecuentes también los derivados en -*ista* (que tiene también otras funciones en la derivación nominal, como vimos): *Marx* → *marx-ista*, *Zapata* → *Zapat-ista*. Nótese que estos derivados pueden tener el valor de "partidario de N", como en *Juan es marxista*, o simplemente de "relacionado con N", como en *economía marxista*. El sufijo -*ico* (preacentuante) se utiliza también con esta función: *Platón* → *platón-ico*, *Aristótel-es* → *aristotél-ico*, *Sócrat-es* → *socrát-ico*. El sufijo -*esco/a* da lugar a derivados con el significado de "parecido a N, a la manera de N": *Queved-o* → *queved-esco*, *Quijot-e* → *quijot-esco*.

### 3.3.1.3 Adjetivos derivados de nombres comunes

Entre los muchos sufijos existentes que derivan adjetivos de nombres comunes podemos mencionar los siguientes: -*al* ~ -*ar* (*flor-al*), -*ero/a* (*industria harinera*), -*il* (*estudiant-il*), -*ico/a* (*poét-ico*), -*oso/a* (*pat-oso*), -*udo/a* (*pel-udo*).

-*al* ~ -*ar*: *flor* → *flor-al*, *líne-a* → *line-al*, *provinci-a* → *provinci-al*, *brut-o* → *brut-al*, *primaver-a* → *primaver-al*. Por disimilación con una /l/ precedente tenemos -*ar* en algunos casos como *ángul-o* → *angul-ar*. Su sentido básico es "relacionado con N".

-*ero/a*: Además de su uso en la formación de sustantivos, este sufijo se utiliza también para derivar adjetivos: *cas-a* → *cas-ero*, *hotel* → *hotel-ero* (*industria hotelera*), *arrabal* → *arrabal-ero*, *pan* → *pan-ero* (*Juan es muy panero*).

-*il*: *mujer* → *mujer-il*, *señor* → *señor-il*, *sierv-o* → *serv-il*, *fiebr-e* → *febr-il*. Su significado es también "relacionado con N".

-*ico/a*: Preacentuante; muy usado en la terminología científica: *átom-o* → *atóm-ico*, *ton-o* → *tón-ico*, *etni-a* → *étn-ico* (nótese que la /i/ final de la base se funde con la del sufijo), *morfologí-a* → *morfológ-ico*.

-*oso/a*: *carn-e* → *carn-oso*, *ceniz-a* → *ceniz-oso*, *furi-a* → *furi-oso*, *envidi-a* → *envidi-oso*, *mentir-a* → *mentir-oso*. El significado general es "que tiene N, caracterizado por N".

-*udo/a*: *barb-a* → *barb-ud-o*, *bigot-e* → *bigot-udo*, *orej-a* → *orej-udo*, *barrig-a* → *barrig-udo*, *hues-o* → *hues-udo*. Tenemos una irregularidad en la raíz en *nariz* → *narig-udo*. Este sufijo conlleva cierto matiz despectivo o de exageración. Así, *orejudo* no significa simplemente "que tiene orejas", sino, más bien, "que tiene orejas demasiado grandes".

### 3.3.2 Adjetivación deverbal, V → Adj

Entre los numerosos sufijos que crean adjetivos a partir de bases verbales, algunos de los más frecuentes son los siguientes: -*ble* (*agrad-a-ble*, *traduc-i-ble*) y otros dos que hemos visto ya en la derivación de sustantivos de bases verbales, -*nte* (*caballero and-a-nte*, *sonr-ie-nte*) y -*dor/a* (*ahorr-a-dor*).

-*ble*: Este sufijo cuyo significado es, en general, "que puede o debe ser objeto del verbo", presenta gran productividad. Se une tras la vocal temática, que es /-a-/ para los verbos de la primera conjugación e /-i-/ para los de la segunda y tercera: *cant-a-r* → *cant-a-ble*, *am-a-r* → *am-a-ble*, *formul-a-r* → *formul-a-ble*, *cre-e-r → cre-í-ble, mov-e-r → mov-i-ble, prefer-i-r → prefer-i-ble.* Algunos irregulares: *v-e-r → vis-i-ble, pod-e-r → pos-i-ble, com-e-r → com-est-i-ble* (con interfijo).

*-nte*: Además de dar lugar a cierto número de sustantivos deverbales, este sufijo es productivísimo en la derivación de adjetivos. Se añade a la vocal temática, que es /-a-/ con todos los verbos de la primera conjugación y /-e-/ o /-ie-/, de manera no predecible, con los de la segunda y la tercera: *fascin-a-r → fascin-a-nte, desesper-a-r → desesper-a-nte, sorprend-e-r → sorprend-e-nte, suger-i-r → suger-e-nte, depend-e-r → depend-ie-nte, segu-i-r → sigu-ie-nte, dorm-i-r → durm-ie-nte.*

*-dor/a*: Como el anterior – con el que compite – este sufijo es también productivo en la creación de adjetivos deverbales, además de producir muchos sustantivos, como vimos en la sección correspondiente. Con este sufijo la vocal temática aparece en su forma de máxima diferenciación entre las tres conjugaciones: *habl-a-r → habl-a-dor, gast-a-r → gast-a-dor, acog-e-r → acog-e-dor, promet-e-r → promet-e-dor, abr-i-r → abr-i-dor, sufr-i-r → sufr-i-dor.*

Otros dos sufijos que comparten el mismo significado básico son *-(t)ivo/a* y *-(t) orio/a*. Las formas sin /t/ son irregulares y se añaden directamente a la raíz verbal (sin vocal temática): *decor-a-r → decor-a-tivo, permit-i-r → permis-ivo, decid-i-r → decis-ivo; oblig-a-r → oblig-a-torio, am-a-r → am-a-torio, divid-i-r → divis-orio.*

Como ya mencionamos, el participio pasado de prácticamente cualquier verbo puede usarse como adjetivo.

---

**Ejercicio 55.** Para cinco de los verbos mencionados en esta sección escriba una oración en que su participio pasado funcione como adjetivo.

**Ejercicio 56.** En inglés encontramos palabras como *passable, comparable, readable, laughable*, etc., semejantes en forma y función a palabras españolas como *pasable, comparable*, etc. Igualmente, palabras inglesas como *ignorant, president, resistant*, etc., son similares a las españolas *ignorante, presidente, resistente*. Sin embargo, a pesar de las apariencias, la estructura de estas palabras no es igual en las dos lenguas. Hay motivos para pensar que mientras que en español los sufijos derivativos son *-ble, -nte*, en inglés la vocal (que presenta variación en su representación ortográfica) es parte del sufijo: *-able ~ -ible, -ant ~ ent.* ¿Qué motivos pueden ser estos?

---

### 3.3.3  Adjetivación deadjetival, Adj → Adj

Aparte de la formación del superlativo absoluto (como en *alt-o → alt-ísimo*), que está entre la flexión y la derivación, encontramos pocos adjetivos derivados de otros adjetivos. Un caso es el de los colores. En este campo semántico, para expresar el valor de "tendente a Adj" encontramos una serie de sufijos distribuidos léxicamente de manera muy irregular: *blanc-o → blanc-uzco, blanqu-ecino*;

*negr-o* → *negr-uzco*; *pard-o* → *pard-uzco*, *verd-e* → *verd-uzco*, *verd-oso*; *roj-o* → *roj-izo*; *azul* → *azul-ado*, *azul-ino*; *amarill-o* → *amarill-ento*. Estos sufijos no son intercambiables. Tenemos *verdoso* pero no \**rojoso*; *rojizo* pero no \**verdizo*; *azulado* pero no \**amarillado*, etc.

Hay muy pocos otros adjetivos deadjetivales. Un par de ejemplos son *grand-e* → *grand-ioso*, *alt-o* → *alt-ivo*.

> **Ejercicio 57.** Compárese la formación de adjetivos con el significado "tendente a <COLOR>" en inglés con lo que hemos visto para el español. ¿Qué diferencia encuentra?

### 3.3.4  Adjetivación deadverbial, Adv → Adj

Existe un grupo muy pequeño de adjetivos derivados de adverbios: *cerc-a* → *cerc-ano/a*, *lej-os* → *lej-ano/a*, *delant-e* → *delant-ero/a*, *tard-e* → *tard-ío/a*, *tempran-o* → *tempran-o/a* y pocos más.

## 3.4  Verbalización

En español podemos formar verbos a partir de bases nominales y adjetivales sin utilizar ningún sufijo derivativo: la flexión verbal se añade directamente a la raíz del nombre o adjetivo, como en los ejemplos en (41). Los verbos derivados de esta manera pertenecen siempre a la primera conjugación (en -*ar*; damos el infinitivo, que es la forma en que se citan los verbos en español; nótese que -*a-r* es simplemente la flexión del infinitivo, no un sufijo derivativo: *alfombr-a* (N) → *yo alfombr-o*, *tú alfombr-a-s*, *yo alfombr-é*, etc.):

(41)  Verbalización de bases nominales y adjetivales sin sufijo derivativo

| N | V | A | V |
|---|---|---|---|
| *alfombr-a* → | *alfombr-ar* | *limpi-o* → | *limpi-ar* |
| *forr-o* → | *forr-ar* | *vací-o* → | *vaci-ar* |
| *cobij-o* → | *cobij-ar* | *llen-o* → | *llen-ar* |
| *archiv-o* → | *archiv-ar* | *enferm-o* → | *enferm-ar* |

Hoy en día el proceso más productivo en la formación de verbos (siempre de la primera conjugación) a partir de nombres y adjetivos lleva consigo el uso del sufijo derivativo -*e*- (especialmente con préstamos, como en *lonch-e-ar*, *parqu-e-ar*, *fax-e-ar*):

(42)  Verbalización con el sufijo /-e-/

| N | V | A | V |
|---|---|---|---|
| *got-a* → | *got-e-ar* | *blanc-o* → | *blanqu-e-ar* |
| *lad-o* → | *lad-e-ar* | *chul-o* → | *chul-e-ar* |
| *oj-o* → | *oj-e-ar* | *holgazán* → | *holgazan-e-ar* |
| *fax* → | *fax-e-ar* | *gandul* → | *gandul-e-ar* |

Los verbos derivados por estos dos procedimientos pueden ir acompañados del prefijo negativo *des-* y también por los prefijos *a-* y *en-*, que pueden dar lugar a verbos con significados diferentes a partir de la misma raíz. La adición simultánea de un prefijo y un sufijo en la derivación se conoce como **parasíntesis** (como hemos visto anteriormente):

(43) Parasíntesis

|  | N | V | A | V |
|---|---|---|---|---|
| *des-* | *plum-a* → | *des-plum-ar* | | |
| | *nat-a* → | *des-nat-ar* | | |
| | *cafeín-a* → | *des-cafein-ar* | | |
| | *peñ-a* → | *des-peñ-ar* | | |
| *a-* | *motín* → | *a-motin-ar* | *fe-o* → | *a-fe-ar* |
| | *garrot-e* → | *a-garrot-ar* | *decent-e* → | *a-decent-ar* |
| | *lumbr-e* → | *a-lumbr-ar* | *tont-o* → | *a-tont-ar* |
| | *piedr-a* → | *a-pedr-e-ar* | *grand-e* → | *a-grand-ar* |
| | *pal-o* → | *a-pal-e-ar* | *loc-o* → | *a-loc-ar* |
| *en-* | *piedr-a* → | *em-pedr-ar* | *suci-o* → | *en-suci-ar* |
| | *pal-o* → | *em-pal-ar* | *gord-o* → | *en-gord-ar* |
| | *papel* → | *em-papel-ar* | *turbio* → | *en-turbi-ar* |

Nótese que en los casos de parasíntesis prefijo y sufijo van realmente juntos, pues no tenemos ni *\*rojecer*, como posible base de prefijación, ni *\*enrojo*, como posible base de sufijación.

Además de estos procedimientos generales, existen otros sufijos derivativos, de aplicación mucho más restringida, que también permiten crear verbos a partir de otros tipos de palabras:

(44) Otros sufijos verbalizadores

|  | N | V | A | V |
|---|---|---|---|---|
| *-ific(ar)* | *ejempl-o* → | *ejempl-ific-ar* | *sant-o* → | *sant-ific-ar* |
| | *mod-o* → | *mod-ific-ar* | *pur-o* → | *pur-ific-ar* |
| *-iz(ar)* | *escándal-o* → | *escandal-iz-ar* | *modern-o* → | *modern-iz-ar* |
| | *órgan-o* → | *organ-iz-ar* | *contabl-e* → | *contabil-iz-ar* |
| | *monopoli-o* → | *monopol-iz-ar* | *inmun-e* → | *inmun-iz-ar* |
| | *símbol-o* → | *simbol-iz-ar* | *hispan-o* → | *hispan-iz-ar* |

Estos dos sufijos son bastante productivos. Menos comunes son *-igu-ar*: *sant-o* → *sant-igu-ar*, e *-it-ar*, que aparece en un par de ejemplos como *débil* → *debil-it-ar* y *fácil* → *facil-it-ar*.

Excepcionalmente encontramos otros sufijos ("interfijos") en ejemplos como *nav-e* → *nav-eg-ar*, *gest-o* → *gest-icul-ar*, que son simplemente irregulares, y un grupo de verbos en *-u-ar* derivados de sustantivos, como *act-o* → *act-u-ar*, *hábit-o* → *habit-u-ar*. Otra irregularidad es la que muestran ejemplos como *delgad-o* → *a-delgaz-ar* (en vez de *\*adelgadar*) y *establ-o* → *estabul-ar*, donde encontramos un alomorfo diferente de la raíz.

Aunque casi todos los verbos derivados pertenecen a la primera conjugación, el sufijo *-ec(er)*, utilizado únicamente con bases adjetivales, da lugar a verbos de la segunda conjugación. Generalmente este sufijo requiere ir acompañado del prefijo *en-* o *re-*:

(45) Verbos derivados de la 2ª conjugación: el sufijo *-ec(er)*

|  | A | V |
|---|---|---|
| *-ec(er)* | *húmed-o* → | *humed-ecer* |
|  | *oscur-o* → | *oscur-ec-er* |
|  | *pálid-o* → | *palid-ec-er* |
|  | *roj-o* → | *en-roj-ec-er* |
|  | *nobl-e* → | *en-nobl-ec-er* |
|  | *viej-o* → | *en-vej-ec-er* |
|  | *loc-o* → | *en-loqu-ec-er* |
|  | *verd-e* → | *re-verd-ec-er* |

Aunque los verbos derivados de sustantivos y adjetivos son, con mucho, los más numerosos, hay también ejemplos de verbos derivados de adverbios, como *cerc-a* → *a-cerc-ar*, *lej-os* → *a-lej-ar*, *atrás* → *atras-ar*, de pronombres, como *vos* → *vos-e-ar*, de verbos, como *dorm-ir* → *a-dorm-ec-er*, e incluso de frases, como *en sí mismo* → *ensimismarse*.

## 3.5 Adverbialización

En español tenemos una regla productiva de formación de adverbios a partir de adjetivos por adición de *-mente*. El sufijo derivativo *-mente* se añade siempre a la forma femenina del adjetivo *astut-a-mente*, *segur-a-mente*. Obviamente la diferencia no la vemos en el caso de los adverbios que derivan de adjetivos que tienen la misma forma en el masculino y el femenino como en *elegant-e-mente*, *formal-mente*, *cortés-mente*. La base puede ser un participio pasado usado como adjetivo: *cansad-a-mente*, *pesad-a-mente*, *sentid-a-mente*. Los adjetivos en grado superlativo pueden adverbializarse también: *rapidísim-a-mente*.

Los adverbios derivados en *-mente* presentan una serie de peculiaridades morfológicas que mencionamos ya al principio de este capítulo. En primer lugar, este es el único caso en que una vocal de género aparece entre la raíz y un sufijo derivativo. En segundo lugar, estas palabras tienen dos sílabas con acento prosódico. De hecho, si el adjetivo lleva acento ortográfico, este se mantiene como si *-mente* no formara parte de la misma palabra. Finalmente, el sufijo se puede suprimir en adverbios coordinados: *piadosa, caritativa y bondadosa-mente*. Todos estos hechos nos recuerdan que estos adverbios tienen su origen histórico en expresiones sintácticas con el sustantivo *mente*: *habló sincera mente* = 'habló con mente sincera'.

## 3.6 Prefijación

Los prefijos son morfemas ligados que aparecen antes de la base. De por sí, los prefijos no cambian nunca la categoría gramatical de la base en español: *mortal*

(Adj) → *in-mortal* (Adj), *hacer* (V) → *des-hacer* (V), *suelo* (N) → *sub-suelo* (N).

Como en la sufijación derivativa, es frecuente encontrar varios prefijos con valores muy parecidos o idénticos, como es el caso con *sobre-*, *super-* e *hiper-* (como en los ejemplos *sobre-cargo*, *super-visión* e *hiper-tensión*).

Según su significado, podemos agrupar los prefijos en varias clases (mencionaremos tan solo los prefijos más frecuentes): negativos (*in-*, *des-*, *a-*), locativos y temporales (*pre-*, *pos(t)-*, *tra(n)s-*, *sub-*), valorativos y de cantidad (*super-*, *re-*, *semi-*, *bi-*, *pluri-*, *multi-*) y otros (*auto-*).

### 3.6.1 Prefijos negativos

*in-*, *i-*: Este prefijo se une a bases adjetivas, dando lugar a palabras parafraseables como "no Adj": *in-moral* "no moral", *im-posible*, *in-vencible*, *in-feliz*, *in-consistente*, *in-orgánico*. El alomorfo /i-/ aparece ante consonante **líquida**: *i-lícito*, *i-legal*, *i-lógico*, *i-rreligioso*, *i-rreparable*.

*des-*: Este prefijo ocurre con mayor frecuencia con bases verbales: *des-atar*, *des-andar*, *des-conocer*, *des-doblar*; pero puede ocurrir también con bases nominales: *des-amor* y adjetivales: *des-cortés*. Tiene un alomorfo *di-* en, por ejemplo, *di-famar*.

*a-*: Es bastante menos productivo que los dos prefijos anteriores. Se une a adjetivos: *a-normal*, *a-séptico*, *a-político*, *a-gramatical*. Presenta un alomorfo *an-*, como en *an-alfabeto*.

### 3.6.2 Prefijos locativos, temporales y comitativos

Tenemos en español una serie de prefijos relacionados con preposiciones españolas, latinas o griegas que aportan un sentido de ubicación espacial o temporal (o de acompañamiento, en el caso de *con-*). Este sentido, de todas formas, es figurativo más que físico en muchos casos:

*ante-* "delante" o "antes". Con sentido locativo: *ante-cámara*, *ante-ojos*. Con valor temporal: *ante-pasado*, *ante-diluviano*.

*anti-* "opuesto, contrario": *anti-pedagógico*, *anti-balas*, *anti-natural*.

*circun-* "alrededor": *circun-valación*, *circun-ferencia*.

*con-*, *co-* "con": *con-ciudadano*, *con-catenar*, *com-padre*, *com-partir*. Tiene un alomorfo *co-*: *co-autor*, *co-socio*. El alomorfo *co-* es el único que se usa ante líquida: *co-laborar*, *co-lección*, *co-locar*, *co-rreligionario*, aunque, como vemos por los ejemplos dados antes, no está limitado a este contexto.

*contra-* "contra, opuesto": Si bien en algunos ejemplos como, *contra-luz*, *contra-puerta*, *contra-ventana*, *contra-pelo*, *contra-posición*, predomina el sentido físico, en muchos otros ha adquirido un sentido figurado que lo aproxima al valor del prefijo *anti-*: *contra-rrevolución*, *contra-producente*.

*en-*, *in-* "en": *en-terrar*, *em-barcar*, *en-simismarse*, *im-poner*, *in-gresar* (no confundir con el prefijo de negación).

*intro-, intra-, entro-* "dentro": *intro-vertido, intro-ducir, intra-venoso, entro-me-tido.*

*inter-, entre-* "entre": *inter-nacional, inter-planetario, entre-suelo, entre-semana.*

*ex-* (a) "hacia afuera", (b) "que fue": (a) *ex-portar, ex-pulsar*; (b) *ex-presidente.*

*extra-* "fuera": *extra-polar, extra-ordinario, extra-rradio.* Ha adquirido también el valor de "en alto grado": *extra-fino, extra-cuidadoso.*

*peri-* "alrededor": *peri-feria, perí-metro, perí-frasis.*

*pre-* "antes; delante". Con valor locativo: *pre-posición, pre-fijo, pre-liminar.* Es más común el valor temporal: *pre-decir, pre-meditar, pre-fabricado, pre-historia.*

*pos(t)-* "después; detrás". Con valor temporal: *pos(t)-guerra, post-glacial, post-venta.* Con valor tanto locativo como temporal: *pos-data, pos-poner.*

*retro-* "hacia atrás": *retro-traer, retro-activo.*

*so-, sub-, infra-* "bajo": *so-terrar, sub-terráneo, infra-humano, infra-rrojo.*

*sobre-, super-, hiper-* (a) "sobre", (b) "superior": (a) *sobre-poner, super-poner.* (b) Los prefijos *super-* e *hiper-* tienen también un valor ponderativo. En general, *super-* indica una consideración positiva, mientras que *hiper-* puede tener una connotación de "grado excesivo" *super-trabajador, hiper-sensible.* Sin embargo, ejemplos como *hiper-mercado* frente a *super-mercado* muestran que *hiper-* puede indicar también un grado más alto que *super-.*

*tra(n)s-* "a través": *trans-atlántico, trans-continental, trans-portar, tras-nochar.*

*ultra-* "más allá": *ultra-violeta, ultra-montano, ultra-mar, ultra-derecha, ultra-conservador.*

### 3.6.3   Prefijos valorativos y de cantidad

Varios prefijos, algunos de ellos ya mencionados, pueden tener función valorativa o de grado. Unidos a bases adjetivas pueden resultar equivalentes al superlativo absoluto: *buen-ísimo = super-bueno, re-bueno, requete-bueno*; *famos-ísimo = super-famoso, requete-famoso, archi-famoso*; y unidos a bases nominales pueden equivaler a los sufijos aumentativos: *ofert-aza = super-oferta, hiper-oferta*; *jef-azo = super-jefe.*

Entre estos, merece mención especial el prefijo *re-*, que tiene dos funciones muy diferentes según el tipo de base a que se añada: (a) como acabamos de decir, con bases adjetivas y adverbiales de modo significa "muy, en alto grado": *re-tonto, re-sabio.* En este sentido tiene una forma reforzada *requete-* (*requete-guapo, requete-despacio*) y compite con otros prefijos como *archi-* (*archi-famoso*), *extra-* (*extra-fino*) y *super-* (*super-inteligente*); (b) por otra parte, con bases verbales da idea de "volver a V": *re-hacer, re-componer, re-novar, re-andar.*

Los locativos *infra-* y *sub-* pueden expresar valoración negativa como en *infra-humano* y *sub-desarrollo.* También pueden expresar este valor otros prefijos como *c(u)asi-* (*casi-tonto, cuasi-humano*), *medio* (*medio salvaje*) y *semi-* "medio, casi" (*semi-inteligente*).

El prefijo *semi-* también tiene el valor de "medio, mitad" y "no completamente", sin carga valorativa, como en *semi-círculo, semi-abierto, semi-enterrado, semi-dormido*. En palabras técnicas compite con la variante de origen griego *hemi-* "medio": (*hemi-sferio*).

Los siguientes prefijos expresan cantidad o tamaño:

"uno": *uni-* (*uni-direccional*), *mono-* (*mono-color, mono-patín, mono-lingüe*).
"dos": *bi-* (*bi-sexual, bi-silábico, bi-cicleta*), *ambi-* (*ambi-valente*).
"tres": *tri-* (*tri-ciclo, tri-dimensional*).
"cuatro": *cuadri-* (*cuadri-látero, cuadri-plicar*), *cuadru-* (*cuadrú-pedo*), *tetra-* (*tetragonal*).
"cinco": *quin(qu)-* (*quinqu-enio, quin-tuple*), *penta-* (*penta-grama*).
"seis": *sex-* (*séx-tuples*), *hex-* (*hex-ágono*).
"varios": *pluri-* (*pluri-personal, pluri-lingüe, pluri-empleo*).
"muchos": *multi-* (*multi-cultural, multi-disciplinario*), *poli-* (*poli-valente, poli-facético, polí-glota*).
"grande": *macro-* (*macro-economía*), *maxi-* (*maxi-fundio*), *mega-* (*megalómano, mega-vatio, mega-urbanización*).
"pequeño": *micro-* (*micro-organismo, micro-film*), *mini-* (*mini-falda, mini-curso, mini-bus*).

### 3.6.4   Otros prefijos

Otros prefijos importantes no mencionados en las secciones anteriores son los que siguen:

*auto-* "a o por sí mismo": *auto-estima, auto-evaluación*. A partir de *auto-móvil* se han formado *auto-vía, auto-escuela*, etc., donde *auto-* significa "automóvil". En ambos significados *auto* puede considerarse una raíz, en vez de un prefijo, con lo cual los ejemplos dados serían compuestos. Con el significado de "vehículo de motor", *auto*, creada a partir de *automóvil* por acortamiento, puede aparecer como palabra independiente: *he comprado un auto nuevo*. Con su significado original, tenemos palabras derivadas como *aut-ista, aut-ismo*, dónde *auṭ-o* es claramente una raíz.
*homo-* "mismo": *homo-sexual, homó-logo, homó-nimo*.
*hetero-* "otro": *hetero-doxo, hetero-sexual, hetero-géneo*.
*neo-* "nuevo": *neó-fito, neo-nato, neo-yorquino, neo-logismo*.
*proto-* "inicial": *proto-tipo, proto-historia*.
*(p)seudo-* "falso": *seudó-nimo, seudo-profeta, seudo-problema*.
*vice-, vi-* "segundo, debajo de": *vice-presidente, vice-rrector, vice-almirante, vi-rrey*.

---

**Ejercicio 58.** El adjetivo *moral* tiene dos formas negativas prefijadas: *inmoral* y *amoral*. ¿Qué diferencia de significado ve entre estas dos palabras?

**Ejercicio 59.** ¿Qué tienen de extraño las palabras *apátrida* y *analfabeto*?

**Ejercicio 60.** Analice la estructura morfológica de las siguientes palabras: *antieconomicidad, adelgazamiento, anticolonialismo, subcategorización*.

**Ejercicio 61.** Las siguientes raíces latinas no tienen existencia autónoma en español, pero todas ellas sí que aparecen acompañadas por prefijos: *-duc-ir, -fer-ir, -yect-ar, -prim-ir, -gres-ar*. ¿Cuántos ejemplos puede dar para cada una de ellas? Comparando sus ejemplos, ¿qué significado básico puede sugerir para cada una de estas raíces?

**Ejercicio 62.** Analice la estructura de la palabra *ensanchar*. ¿Qué irregularidad encontramos en la estructura morfológica de este verbo?

# 4    Palabras compuestas

En la composición o formación de palabras compuestas dos (o más) raíces se unen para formar una palabra nueva. En español tenemos varios tipos muy productivos de formación de compuestos (aunque la composición no es un proceso tan común como en inglés y otras lenguas germánicas), junto con otros patrones menos productivos.

## 4.1  Sustantivos compuestos

### 4.1.1  El tipo *hombre rana*, N + N → N

Los compuestos del tipo *hombre rana* son bastante normales en español: *hombre lobo, perro lobo, perro pastor, pez sierra, buque escuela, cartón piedra*. El núcleo del compuesto en estos ejemplos es el primero de los dos sustantivos. Llegamos a esta conclusión tanto por motivos semánticos como morfológicos. Empezando con el significado, el primer miembro del compuesto es el que define su significado básico: un *hombre rana* es un tipo de hombre (que se asemeja a una rana de una manera específica), no un tipo de rana, y *cartón piedra* ("papier mâché") es una especie de cartón, no una clase de piedra. También desde un punto de vista morfosintáctico podemos notar que el género del compuesto es el del primer miembro: *el hombre rana, el cartón piedra, la mujer anuncio, una falda pantalón roja*. La posición del núcleo en estos compuestos es, pues, la opuesta a la que encontramos en inglés en compuestos similares. Compárese, por ejemplo, *mujer araña* con *spiderwoman* o *pez espada* con *swordfish*.

Sin embargo, el núcleo es el segundo miembro en algunos compuestos calcados del inglés como *ciencia ficción* (que probablemente debería ser *ficción ciencia* o *ficción científica*) y *drogadicto* y en compuestos técnicos grecolatinos como *termodinámica*. Una tercera posibilidad, poco común, es tener una estructura de tipo coordinativo o con dos núcleos como en *compraventa*, interpretable como "compra y venta".

En los compuestos sintagmáticos (los escritos con separación ortográfica entre los componentes), el primer miembro es el que recibe el sufijo de plural, permaneciendo el segundo invariable (aunque existe cierta variación a este respecto): *los hombres rana*. En compuestos con un mayor grado de lexicalización (los ortográficos), escritos sin separación, como *telaraña* y *bocacalle*, el plural va al final: *telarañas* (a pesar de que el significado del plural *telarañas* es "telas de araña", no *"tela de arañas"*).

### 4.1.2   El tipo *lavaplatos*, V + N → N

Este es el esquema morfológico más productivo: *abrelatas, sacapuntas, vendepatrias, paraguas, aguafiestas, rompehielos, rascacielos, salvavidas, quebrantahuesos, tocadiscos*, etc. El sustantivo que aparece como segundo miembro generalmente va en plural. Nótese, sin embargo, que el compuesto en sí no es necesariamente plural, ni su género tiene por qué coincidir con el del sustantivo que es parte del compuesto: *el abrelatas*. La interpretación es algo así como *el (aparato) abrelatas, el (buque) rompehielos*, etc. Es decir, estos son compuestos exocéntricos, o con núcleo externo, no incluido como parte del compuesto. El verbo aparece con su vocal temática: *abr-e-botellas, sac-a-corchos*. Es posible tener más de un verbo como en *limpiaparabrisas* (V + V + N). Este ejemplo nos sirve para notar que las palabras no consisten simplemente en secuencias de morfemas, sino que los morfemas componentes se organizan en una estructura jerárquica, un tema al que volveremos al final de este capítulo (sección 6). Si nos fijamos en su significado, *limpiaparabrisas* no es, por ejemplo, algo que limpia y para las brisas, sino que es un instrumento que limpia el parabrisas. Es decir, formamos *limpiaparabrisas* a partir de *parabrisas* y no, por ejemplo, a partir de *\*limpiaparar*. Su estructura es, pues, [V + [V + N]].

Existen muy pocos ejemplos de N + V → V, como en *caramarcar, perniquebrar*. Hay también muy pocos ejemplos de V + V → N, como en *quitapón*.

### 4.1.3   El tipo *hierbabuena*, N + Adj → N

Este tipo de compuesto nominal es menos productivo que V + N → N. Otros ejemplos son *camposanto, aguardiente* (*agua-ardiente*), *aguafuerte, cabezadura, tiovivo, nochebuena, nochevieja* y *bancarrota*.

### 4.1.4   El tipo *buenaventura*, Adj + N → N

Este tipo, con el adjetivo prepuesto al nombre, es también relativamente poco productivo. Algunos ejemplos: *malaventura, cortocircuito, altavoz, altamar, librepensador, malasombra, medianoche, mediodía, vanagloria*.

### 4.1.5   El tipo *bienvenida*, Adv + N → N

Este modelo, con adverbio inicial, es aún menos común que los anteriores. El adverbio que aparece como primer miembro es *bien* o *mal* y el sustantivo que ocupa la segunda posición es casi siempre deverbal: *bienvenida* (*bien-ven-i-da*), *bienandanza* (*bien-and-a-nza*), *bienhechor, malhechor, bienaventuranza*.

Notemos que el compuesto *bienestar* es también un sustantivo, a pesar de tener la estructura formal Adv + V.

### 4.1.6   El tipo *sinvergüenza*, Prep + N → N

Hemos analizado ya ejemplos como *en-tierro*, *sobre-techo* y *com-posición* como palabras con prefijos, que en estos casos son idénticos a preposiciones (pero que tienen también variantes diferentes). Dejando estos a un lado, hay pocos ejemplos de compuestos con preposiciones. Con la preposición *sin* encontramos ejemplos como *sinnúmero*, *sinvergüenza* (exocéntrico: *Juan es un sinvergüenza*), y el humorístico *la sinhueso* (la lengua).

### 4.1.7   Compuestos técnicos del tipo *morfología*

En el lenguaje técnico encontramos numerosos ejemplos de compuestos que combinan dos raíces de origen griego (o, a veces, una raíz griega y otra latina): *foto-grafía*, *grafo-logía*, etc. Aunque estas formas no suelen aparecer nunca de manera independiente (excepto en formas abreviadas, como *foto* por *fotografía*), hay motivos para clasificarlas como raíces y no como afijos.[1] En primer lugar, muchas pueden aparecer tanto en posición inicial como final: *fonó-logo*, *gramó-fono*. En segundo lugar, algunas aparecen como base de palabras derivadas: *biót-ico*, *crón-ico*, *gráf-ico*, *crom-ático*, *antrop-oide*, *á-crata*, *sof-ista*, *sof-ismo*. Estas son propiedades morfológicas que parecen incompatibles con su clasificación como prefijos o sufijos.

A continuación ofrecemos una lista con algunas de las raíces griegas más frecuentes en este tipo de palabras. (Como en otros casos, añadimos guiones entre morfemas para mayor claridad):

*ántropo* (*-antropía*) "hombre": *antropo-logía*, *antropo-fagia*, *fil-ántropo*.
*bio* "vida": *bio-logía*, *bio-sfera*, *micro-bio*.
*crata* (*-cracia*) "poder": *demó-crata*, *aristó-crata*, *tecno-cracia*, *á-crata*.
*cromo* (*-cromía*) "color": *polí-cromo*.
*crono* (*cronía*) "tiempo": *crono-logía*, *cronó-metro*, *dia-cronía*, *sin-cronía*, *pan-crónico*.
*demo* (*-demia*) "pueblo, popular": *demo-cracia*, *demo-grafía*, *pan-demia*.
*doxo* (*-doxia*) "doctrina": *orto-doxia*, *hetero-doxo*.
*fago* (*-fagia*) "comer": *fago-cito*, *antropó-fago*.
*filo* (*-filia*) "amante, aficionado": *filó-sofo*, *filó-logo*, *biblió-filo*, *angló-filo*.
*fono* (*-fonía*) "sonido": *fono-logía*, *fono-teca*, *telé-fono*, *micró-fono*, *caco-fonía*.
*geo* "tierra": *geó-logo*, *geo-metría*, *apo-geo*.
*grafo* (*-grafía*) "escritura, grabado": *foto-grafía*, *cali-grafía*, *grafo-logía*.
*logo* (*-logía*) "palabra, tratado": *logo-peda*, *radió-logo*.
*metro* (*-metría*) "medir": *cronó-metro*, *kiló-metro*.
*orto* "correcto": *orto-doncia*, *orto-pedia*, *orto-grafía*.

---

[1]   Como notan Varela y Martín García (1999: 4997).

*sofo* (*-sofía*) "conocimiento": *filo-sofía*.

*tele* "a distancia": *telé-fono*, *telé-grafo*, *tele-visión* (compuesto híbrido greco-latino).

*termo* (*-termia*) "calor": *termó-metro*, *hipo-termia*.

### 4.1.8  Compuestos sintéticos del tipo *sabelotodo*

Un caso interesante, aunque muy poco frecuente, es el que presenta ejemplos como *sabelotodo*, resultantes de la nominalización de una secuencia de palabras: *sabelotodo* ← *sábelo todo* (esto es, *lo sabe todo*, "alguien que piensa que lo sabe todo"), *metomentodo* ← *métome en todo* ("alguien que se mete en todo"), *correveidile* ← *corre, ve y dile* ("chismoso"), *hazmerreír* ← *hazme reír* ("alguien de quien todos se ríen"), *tentempié* ← *tente en pie* ("algo [= comida] para tenerse en pie"). La palabra *vaivén* tiene estructura semejante (*va y ven*).

### 4.2  Adjetivos compuestos

### 4.2.1  El tipo *pelirrojo*, N + Adj → Adj

Un modelo especial de composición es el que ilustra un ejemplo como *pelirrojo*, en el que el primer miembro es una raíz nominal, referida a una parte del cuerpo, seguida de la vocal *-i-*, y la segunda es un adjetivo descriptivo. Dentro de su limitado campo de aplicación, la descripción física de personas y animales, es un tipo bastante productivo: *cabeciduro, carirredondo, carilargo, cariacontecido, pelicorto, cejijunto, ojinegro, barbilampiño, boquiabierto, cuellilargo, particorto, patizambo, cuernilargo*. Estos son compuestos exocéntricos, parafraseables como "alguien que tiene N Adj". Por ejemplo, *pelirrojo* es "alguien que tiene el pelo rojo" y *carirredondo* es "alguien que tiene la cara redonda". La flexión de género y número del compuesto son los del sustantivo al que modifica: *unas niñas pelirrojas, una vaca cuernilarga*.

Algunos tienen significado metafórico. Así, *manirroto* no significa "alguien que tiene las manos rotas" sino "derrochador"; *alicaído* no es literalmente "con las alas caídas" sino "deprimido", al menos cuando se aplica a personas; y *peliagudo* significa "muy difícil o complicado".

### 4.2.2  Los tipos *rojiblanco* y *franco-italiano*, Adj + Adj → Adj

Encontramos dos tipos principales de adjetivos compuestos de otros dos adjetivos. En adjetivos compuestos que indican combinaciones de dos colores tenemos un patrón con *-i-* como vocal de enlace, como en el tipo que acabamos de ver en la sección anterior: *verdinegro, blanquiazul, blanquinegro, rojiazul*. Como caso excepcional, fuera de la esfera de los colores, encontramos solo algún ejemplo aislado como *agridulce*. No todos los adjetivos de color pueden aparecer como primer miembro en este tipo de compuesto. Así, no tenemos *\*azuli-*, ni *\*amarilli-*, por ejemplo.

En segundo lugar, hallamos combinaciones de adjetivos de nacionalidad en que el primer miembro adopta una forma "culta" especial, terminada en *-o*:

*hispano-* "español", *luso-* "portugués", *catalano-* "catalán", *franco-* "francés", *italo-* "italiano", *anglo-* "inglés", *greco-* "griego", *austro-* "austríaco". La vocal *-o* final del primer miembro del compuesto se mantiene invariable, cualquiera que sea la flexión que adopte el compuesto, que, como con todos los adjetivos, vendrá dada por la concordancia con un sustantivo: *una coproducción franco-italiana y otra italo-americana, la monarquía austro-húngara, las relaciones luso-españolas o hispano-portuguesas.* En compuestos de más de dos miembros, todos menos el último adoptan la forma terminada en *-o*: *tratado anglo-franco-alemán*. Nótese que, de acuerdo con las normas de la Real Academia, estos compuestos se escriben con guion. Esto permite, en principio, una distinción gráfica entre, por ejemplo, el compuesto coordinativo *hispano-americano*, con guion (como *en tratado hispano-americano*, firmado entre América y España), e *hispanoamericano*, escrito todo junto, perteneciente a Hispanoamérica.

Recordaremos quizá que este es el mismo patrón que tenemos en *labio-dental*, *palato-alveolar*, *ápico-dento-alveolar*, etc. Su uso no se limita ni mucho menos a la terminología fonológica: *consideraciones político-financieras, socio-económicas y científico-tecnológicas.* El paralelismo con los compuestos de raíces griegas (o greco-latinas) que hemos estudiado ya en 4.1.7 es evidente.

Fuera de estos campos, los compuestos adjetivales de dos adjetivos no son frecuentes. (Con valor de sustantivo, no de adjetivo, encontramos *altiplano*, *altibajo*, *claro-oscuro* y algunos otros más.)

### 4.2.3   El tipo *azul turquesa*, Adj + N → Adj

Algunos nombres de colores aparecen modificados por un sustantivo que define un matiz específico: *verde oliva, amarillo limón, rojo sangre, azul cielo.* Estas formaciones son invariables en cuanto a su flexión: *dos camisas amarillo limón* (no *\*amarillas limón*, ni *\*amarillas limones*). Esto es, como si tuviéramos *dos camisas* (*de color*) *amarillo limón*.

### 4.2.4   El tipo *malencarado*, Adv + Adj → Adj

Hay un pequeño grupo de compuestos en que un adverbio precede a un adjetivo deverbal: *altisonante, clarividente, malavenido, bienaventurado, bien-hadado.*

## 4.3   Verbos compuestos

En español no existe ningún proceso productivo de creación de verbos compuestos. Los pocos ejemplos que hay se agrupan en dos clases:

### 4.3.1   El tipo *maniatar*, N + V → V

Aunque en otras **lenguas románicas** como el **catalán** los compuestos verbales de sustantivo y verbo (en que el verbo es el objeto del verbo) tienen cierta frecuencia, en español encontramos poquísimos. *Maniatar* "atar las manos" (producido históricamente a partir del participio *maniatado*) es casi el único ejemplo de uso común. El verbo *mantener* es perfectamente normal, pero su sentido originario de "tener en las manos" se ha perdido, haciéndose opaca su estructura. Un caso diferente es la verbalización de compuestos de otras clases como en *fotocopia → fotocopiar*.

### 4.3.2   El tipo *malvender*, Adv + V → V

Hay un grupo de compuestos verbales con un adverbio en posición inicial. En casi todos ellos el adverbio es *mal-*: *maldecir, malgastar, malbaratar, malinterpretar*. Entre los pocos con *bien-*, el más común es *bendecir*, donde se ha reducido el diptongo. (Nótese que aunque el participio de *decir* es *dicho*, tenemos *bendito* y *maldito*.) Otro ejemplo de este tipo es *menospreciar*.

Aunque tenemos algún compuesto nominal basado en raíces verbales, como *compraventa* y *duermevela* no podemos juntar dos verbos para formar un verbo compuesto en español. Notemos que no hay nada ilógico en la idea. De hecho, parece que sería más económico poder decir, por ejemplo, *\*Aquí comprivenden coches usados* que tener que expresar esta idea como *Aquí compran y venden coches usados*. El hecho es que la lengua española simplemente carece de mecanismos para juntar dos raíces verbales en un compuesto también verbal.

---

**Ejercicio 63.** Clasifique las siguientes palabras compuestas de acuerdo con su estructura morfológica: 1. rompetechos, 2. palestino-libanés, 3. carilargo, 4. bocamanga, 5. casa cuartel, 6. rojo carmín, 7. astrología, 8. bajorrelieve, 9. cumpleaños, 10. todopoderoso.

**Ejercicio 64.** Dé cinco ejemplos de compuesto con la estructura V + N → N no incluidos en el texto.

**Ejercicio 65.** ¿Tienen las palabras *norteamericano* y *norteafricano* la misma estructura y origen? Explíquelo.

**Ejercicio 66.** Analice las siguientes palabras, comparándolas con otros ejemplos dados en el texto y señalando las peculiaridades que presentan: 1. sordomudez, 2. malencarado, 3. hispanohablante, 4. compraventa, 5. lugarteniente.

---

## 5    Otros procesos morfológicos en español

### 5.1   Abreviación o acortamiento y otros procesos

Un proceso característico del habla informal (y del habla de los jóvenes) en español consiste en el acortamiento de palabras más largas a sus dos primeras sílabas, colocándose el acento en la primera. Algunos ejemplos bastante comunes son los siguientes:

(46) Acortamientos

| | | |
|---|---|---|
| *profesor → profe* | *policia → poli* | *televisión → tele* |
| *universidad → uni* | *película → peli* | *micrófono → micro* |

| | | |
|---|---|---|
| colegio → cole | bolígrafo → boli | repetido → repe |
| facultad → fácul | bicicleta → bici | progresista → progre |
| compañero → compa | cocaína → coca | director → dire |
| pequeño → peque | milicia → mili | saxofón → saxo |

Si bien las **abreviaciones** suelen tener su origen en registros informales, el matiz informal se ha perdido en muchos casos. Así, algunas formas abreviadas como *foto*, *moto*, *cine*, *taxi* y *radio* (de *fotografía*, *motocicleta*, *cinematógrafo*, *taxímetro* y *radiofonía*, respectivamente), han pasado a convertirse en la forma normal de la palabra, perdiendo su carácter de variante informal. Otras como *kilo* (de *kilogramo*) y *auto* (de *automóvil*), aunque compiten con la forma completa, resultan también normales en cualquier contexto.

Aunque el proceso es común al español en general, algunas formas abreviadas se emplean solo en ciertos países. Así *zoo*, forma abreviada de *zoológico*, es muy común en España, incluso en registros formales, pero no en Latinoamérica.

Hay algún caso de acortamiento de frase, como *por favor* → *porfa*, *fin de semana* → *finde* de carácter muy informal.

Bastante menos común es el acortamiento de la parte inicial de la palabra, que es lo que tenemos en *hermano* → *mano*. Con nombres propios, sin embargo, ambos tipos de acortamiento son frecuentes:

(47) Hipocorísticos

| | |
|---|---|
| Rafael → Rafa | Guadalupe → Lupe, Guada |
| Ruperto → Rúper | Roberto → Be(r)to |
| Javier → Javi | Josefina → Fina, Jose |
| Nicolás → Nico | Eufrasia → Frasia |
| Teresa → Tere | Genoveva → Veva |

Muchos hipocorísticos (forma familiar de nombres propios) presentan peculiaridades de varios tipos. Fenómenos comunes son la sustitución de la terminación por /-i/, la pérdida de consonantes postvocálicas y la sustitución de /f/ por /p/ y de consonantes alveolares y dentales por /tʃ/. A veces se conserva el principio y el final, eliminándose sílabas interiores. Estos diferentes procesos se ilustran en los siguientes ejemplos:

(48) Modificaciones fonológicas en hipocorísticos

| | |
|---|---|
| Francisco → Paco, Pancho | Pilar → Pili |
| Marcela → Chela | Manuel (→ Manolito) → Manolo |
| Jesús → Chus | Ignacio → Nacho |

Hay casos incluso más anómalos, como *Pepe*, hipocorístico de *José* (a partir de una forma más antigua *Josep*, con *-p* final) y *Curro*, que es otro hipocorístico para *Francisco*.

En el registro popular de Buenos Aires, conocido como "lunfardo", encontramos un proceso morfológico diferente, consistente en cambiar el orden de las sílabas. Un par de ejemplos son *amigo* → *gomia* y *café con leche* → *feca con chele*.

**Ejercicio 67.** ¿A qué nombres propios, muy comunes en español, corresponden los siguientes hipocorísticos? ¿Qué alteraciones nota con respecto a la forma básica? 1. Toño, 2. Perico, 3. Lucho, 4. Meche, 5. Quique, 6. Pepe.

## 5.2 Siglas

Otra fuente de palabras nuevas la tenemos en las siglas, que funcionan sintácticamente como sustantivos. Así, la *Organización de las Naciones Unidas* es la *ONU*, la *Organización del Tratado del Atlántico Norte* es la *OTAN*, el *Síndrome de Inmuno-Deficiencia Adquirida* es el *SIDA*, un *Objeto Volador No Identificado* es un *OVNI* (escrito también *ovni*), las *Fuerzas de Orden Público* son las *FOP* (en España) y el *Partido Revolucionario Institucional* (de México) es el *PRI*. Como se ve por estos ejemplos, el género y el número gramatical de la sigla son los del primer sustantivo que contiene en su forma no abreviada. En el caso de siglas que corresponden a nombres en otros idiomas, el género puede ser el que correspondería a su traducción española, como en el caso de *la UNESCO* (la organización) y *el IRA* (el ejército), o simplemente el que normalmente tendría en español una palabra con esa terminación, como en el caso de *la ETA*. Esta última clase puede considerarse como simple préstamo léxico de otro idioma.

Las siglas se pronuncian como si se tratara de cualquier otra palabra siempre que contengan secuencias de vocales y consonantes silabificables en español: *PRI* = *el* [prí], *OPEP* (*Organización de Países Exportadores de Petróleo*) = *la* [opép]. Las siglas que contienen solo consonantes se deletrean. *CD* se pronuncia como si se escribiera *cedé* y el *PNV* (*Partido Nacionalista Vasco*) es *el peneúve*. Las siglas silabificables solo en parte a veces se deletrean parcialmente, como en *PSOE* (*Partido Socialista Obrero Español*) = *el* [pesóe], y a veces por completo, como en *OLP* (*Organización para la Liberación de Palestina*) = *la* [oelepé].

En las siglas el plural se indica muchas veces repitiendo la inicial. Así, por ejemplo, *Estados Unidos* se escribe *EE.UU.* y *Sus Reales Majestades* se abrevia como *SS.RR.MM.*

Algunas siglas sirven de base a palabras derivadas. Así, el adjetivo correspondiente a *PRI* es *priísta* y, en España, un miembro del *PC* (*Partido Comunista*) es un *pecero*. De *SIDA* se han derivado los adjetivos *sidático* y *sidoso*. Las siglas que hacen referencias a objetos contables admiten pluralización: *los ovnis*, *tres CDs*.

**Ejercicio 68.** ¿Qué es la RAE? ¿Qué es el DRAE? ¿A qué se debe la diferencia de género entre estas dos siglas?
**Ejercicio 69.** Busque cuatro siglas (no citadas en este capítulo) en un periódico escrito en español y explique la razón del género gramatical que adoptan.

# 6    La estructura jerárquica de las palabras

Cuando una palabra consta de solo dos morfemas resulta bastante claro cuál ha sido el proceso de formación de dicha palabra. Sabemos ya que normalmente un afijo se une siempre a raíces o bases que pertenecen de manera uniforme a la misma parte de la oración: así, el sufijo *-ble* se une a bases verbales (de verbos transitivos) para formar adjetivos (*lav-a-r → lav-a-ble*), pero no se une a raíces nominales o adjetivales (*\*mesable*, *\*azulable*), y el sufijo *-ez* tiende a unirse a bases adjetivales (*delgadez*) para formar sustantivos pero no a bases verbales o nominales (*\*sillez*).

Podemos representar estos procesos de manera gráfica mediante un diagrama, en el cual representamos la categoría léxica (la parte de la oración) de la base y también la de la palabra resultante:

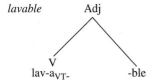

Con este simple diagrama describimos no solo el proceso de formación concreto del adjetivo *lavable* sino que al mismo tiempo afirmamos un hecho específico y más general acerca de los procesos morfológicos que caracterizan al español: existe un proceso derivativo en nuestra lengua por medio del cual podemos formar un adjetivo a partir de un verbo mediante la adición del sufijo *-ble* tras la vocal temática. Sustituyendo la base en el diagrama previo por otro verbo obtenemos los posibles adjetivos *destacable*, *loable*, *creíble*, etc.

Este mecanismo tan simple tiene repercusiones importantes a la hora de decidir cómo funcionan los procesos de formación de palabras que involucran a más de un afijo. Está claro que el análisis morfológico del adjetivo *increíble* nos da como resultado tres morfemas lineales: el prefijo *in-*, la base verbal *cre(er)* y el sufijo *-ble*. Ahora bien, podemos preguntarnos si el mejor análisis para el proceso de formación de esta palabra es considerar que la palabra se ha formado añadiendo simultáneamente ambos afijos a la base o si el proceso es jerárquico y añadimos cada vez un afijo a la base. En este caso tenemos dos posibilidades, que podemos representar gráficamente del siguiente modo:

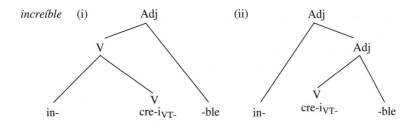

En otras palabras, la opción (i) nos dice que formamos el adjetivo *increíble* añadiendo primero a la base verbal el prefijo *in-* para formar un verbo, mientras que la opción (ii) nos dice que primero añadimos el sufijo *-ble* para formar un adjetivo. Y luego, en un segundo paso, en los dos casos añadimos el afijo que falta para formar el adjetivo. Podemos preguntarnos cuál de las dos opciones es más correcta. Si pensamos que estos diagramas no solo nos explican la formación de una palabra concreta sino que además nos dicen algo más general acerca de los procesos morfológicos de una lengua determinada, vemos que hay motivos para elegir la segunda opción como la más correcta, ya que en español es mucho más frecuente, como hemos visto, añadir el sufijo *-ble* a un verbo transitivo para formar un adjetivo que añadir el prefijo *in-* a una base verbal para formar otro verbo (piense si existen ejemplos posibles de este proceso en español). El análisis que parece ser más correcto para el adjetivo en cuestión es aquel en el que existe la palabra *creíble* como un paso en la derivación y no aquel en el que existe un paso que corresponde al inexistente verbo *increer*.

De todo esto se deduce que la estructura interna de las palabras, al igual que la estructura interna de las oraciones, como veremos en el capítulo de sintaxis, no es lineal sino jerárquica, un hecho de crucial importancia a la hora de explicar el funcionamiento interno de lo que en el primer capítulo denominábamos **articulación dual**, la característica del lenguaje humano por la cual los elementos de un determinado nivel se combinan entre sí de manera jerárquica para formar unidades del siguiente nivel de descripción (los sonidos se combinan para formar morfemas, estos se combinan para formar palabras, las palabras para formar constituyentes sintácticos y estos entre sí para formar oraciones).

## Ejercicios de repaso

**Ejercicio 70.** ¿Tienen los siguientes pares de palabras la misma estructura morfológica? Explique su respuesta: 1. pasaje – homenaje, 2. visión – región, 3. paisano – verano, 4. morcilla – mesilla, 5. hierbajo – trabajo, 6. altivez – almirez, 7. asomen – examen, 8. servicio – oficio, 9. sopera – espera, 10. ignorante – elegante, 11. cochejo – conejo, 12. sufrimiento – pimiento, 13. mudara – cuchara, 14. dijera – cochera, 15. alado – helado.

**Ejercicio 71.** ¿Qué funciones tiene el sufijo *-ero/a* en las siguientes palabras? Clasifíquelas de acuerdo con su significado. ¿Cuáles de ellas representan funciones estudiadas en el texto y cuáles no? 1. bombero, 2. azucarero, 3. trapero, 4. tapadera, 5. verdadero, 6. cartagenera, 7. asidero, 8. lechera, 9. perrera, 10. minero, 11. barriobajero.

**Ejercicio 72.** (a) ¿Qué alomorfo de la raíz de *tiempo* puede identificar, en los siguientes ejemplos? *temporal, temporero, contemporáneo, temporada, contemporizar.* (b) ¿Puede dar ejemplos parecidos para *cuerpo*?

**Ejercicio 73.** Mientras que tanto *viscoso* como *viscosidad* son palabras perfectamente normales, *viciosidad* resulta, cómo mínimo, extraña. ¿A qué puede deberse este contraste? Para contestar esta pregunta compare la estructura de *viscoso* y *vicioso*.

**Ejercicio 74.** ¿Es la formación del superlativo absoluto en español un proceso flexivo o derivativo? ¿Qué argumentos pueden darse a favor de una y otra interpretación?

**Ejercicio 75.** Además de los ejemplos citados en el texto, ¿qué otros ejemplos de sustantivos derivados en *-a-ción* puede mencionar?

**Ejercicio 76.** Describa la estructura morfológica de las siguientes palabras:
1. acercamiento, 2. vanidoso, 3. escrupulosidad, 4. reglamentación, 5. contabilizar.

**Ejercicio 77.** Describa la alternancia fonológica presente en los siguientes pares de palabras: *barba – imberbe, arma – inerme, apto – inepto, año – bienio*.

**Ejercicio 78.** ¿Qué tienen de especial los siguientes casos de derivación? ¿Puede dar una generalización única para todos ellos? *virus – viral, Carlos – carlismo, lejos – lejano, sintaxis - sintáctico*.

**Ejercicio 79.** ¿Diría usted que el español *inevitable* y el inglés *inevitable* tienen la misma estructura morfológica?

**Ejercicio 80.** ¿Piensa usted que puede haber alguna diferencia entre las asociaciones léxicas que los anglohablantes establecen con respecto a la palabra *fidelity* y las que la palabra *fidelidad* sugiere a los hablantes de español?

**Ejercicio 81.** La palabra *palazo* tiene dos significados: 1. Golpe con un palo y 2. Palo grande, aumentivo. Por el contrario, a partir de *estaca* tenemos *estacazo* y *estacaza*. ¿Por qué?

**Ejercicio 82.** Busque al menos una palabra que ejemplifique cada una de las siguientes estructuras morfológicas:

1. N + Adj → Adj
2. N + N → N
3. V + N → N
4. Adj + N → N
5. Adv + V → V
6. Prep + N → N

**Ejercicio 83.** Las siguientes palabras tienen todas derivaciones complejas. Provea la estructura jerárquica más adecuada para cada una de ellas, justificando su decisión en cada caso: 1. escrupulosamente, 2. desclavado, 3. enloquecido, 4. irrealidad, 5. reedificación, 6. intolerancia, 7. infelicidad.

**Ejercicio 84.**
1. Dé un ejemplo de uso del presente de indicativo para expresar tiempo cronológico futuro.
2. Dé un ejemplo del condicional para expresar probabilidad en el pasado.

3. Dé un ejemplo de uso del futuro para expresar probabilidad en el presente.
4. Dé un ejemplo de uso del condicional para expresar futuro del pasado.

**Ejercicio 85.** Considere los verbos *anochecer, amanecer, atardecer.* Uno es diferente de los otros dos. ¿Cuál? ¿Por qué?

## Resumen

Las palabras pueden descomponerse en unidades básicas con significado o morfemas. Atendiendo a su estructura morfológica, hablamos de palabras simples, derivadas y compuestas. En español los sustantivos y sus modificadores muestran flexión de género y número. Los pronombres tienen además formas diferentes según el caso gramatical. En los verbos, la raíz suele ir seguida por la vocal temática, que varía según la conjugación, y podemos distinguir sufijos de tiempo, aspecto y modo y de concordancia con el número y persona del sujeto.

## Nota bibliográfica

Los artículos sobre morfología incluidos en el tercer volumen de la obra *Gramática descriptiva de la lengua española* (Bosque y Demonte 1999) constituyen, en su conjunto, un estudio sistemático, pormenorizado y puesto al día de la morfología del español, que ha sido tenido muy en cuenta en la elaboración de este capítulo. Los principales temas a que nos hemos referido en este capítulo se estudian en más detalle en las contribuciones a ese volumen de Alcoba, Ambadiang, Casado Velarde, Lázaro Mora, Pena, Piera y Varela, Portolés, Rainer, Santiago Lacuesta y Bustos Gisbert, Serrano-Dolader, Val Álvaro y Varela y Martín García. (Otros temas que hemos tratado aquí solo de manera muy concisa, como las clases de palabra y las relaciones de tiempo, aspecto y modalidad, se examinan en detalle en otros volúmenes de esa obra.) En la bibliografía se incluyen estos trabajos junto con otros que han sido también consultados, como los de Alvar Ezquerra (1993), Alvar y Pottier (1983), Bosque (1989, 1990a, 1990b), Lang (1990), Núñez Cedeño (1993), Rainer (1993) y Varela (1992, 1993). Sobre la estructura del sistema verbal en español, una contribución importante es la de Bull (1990). Pueden consultarse también Comrie (1976, 1985) para una visión tipológica. Para el análisis de las alternancias en formas verbales, Harris (1980) es una referencia importante. Harris (1991) presenta un análisis formal muy lúcido del género en español. La noción de interfijo en la morfología del español fue desarrollada por Malkiel (1958).

# 4 La estructura de la oración: sintaxis

## Objetivos

En este capítulo estudiamos cómo se forman las oraciones mediante la combinación de palabras en cada lengua particular y en el lenguaje en general. Los principales temas que veremos son:

- Cómo se describen y clasifican los sintagmas, las unidades básicas en que agrupamos los elementos oracionales.
- Cuál es la estructura básica universal de los constituyentes sintácticos (teoría de la X').
- Cuáles son las reglas que nos permiten combinar sintagmas para formar oraciones, y cómo estas reglas definen relaciones lineales y jerárquicas entre los elementos de la oración.
- Qué principios regulan el orden de constituyentes en español y cuáles son los principios que nos permiten modificar el orden de los elementos oracionales.
- Cuál es la estructura básica de la oración en español.
- Cómo se definen y clasifican las oraciones simples.
- Cómo se definen y clasifican las oraciones compuestas.

## 1    Introducción: la estructura de las oraciones

Estudiar sintaxis es estudiar cómo se forman las oraciones mediante la combinación de formas léxicas (palabras) en cada lengua particular y en el lenguaje en general. Por **oración** podemos entender una expresión que contiene un *sujeto*, del que decimos algo y un *predicado* (lo que decimos del sujeto). Volveremos sobre la definición de oración en la sección 2 de este capítulo.

Dada la naturaleza creativa del lenguaje, que discutimos en el primer capítulo, no puede ser cierto que la sintaxis de una lengua consista meramente en una lista de oraciones que memorizamos en el proceso de adquisición del lenguaje. Algo más complejo, y por tanto más interesante, debe estar sucediendo. Debemos tener en cuenta dos hechos fundamentales: (i) un hablante es capaz de producir nuevas oraciones que jamás nadie ha producido en esa lengua y (ii) un hablante puede entender oraciones que jamás ha oído con anterioridad. Es a esto a lo que nos referimos cuando hablamos de la capacidad creativa del lenguaje humano.

Ninguna lengua permite que las oraciones se formen mediante secuencias de palabras ordenadas al azar. Supongamos que tenemos que combinar unas cuantas palabras del español de la siguiente lista para formar oraciones gramaticales, tantas como se nos ocurran:

| | | | |
|---|---|---|---|
| hermano | jabón | buenísimo | un |
| gusta | le | aquí | pequeño |
| llamé | lo | a | de |
| mañana | mucho | por | siempre |
| la | amigo | mi | el |
| pescado | eso | pide | manzanas |
| restaurante | casa | que | en |
| dijo | hay | esa | me |

Haga una lista de posibles oraciones con las palabras de la tabla.

Al intentar formar oraciones en español a partir de las palabras de la lista anterior hemos combinado, sin duda, unas palabras con otras en un orden determinado. Hemos decidido también qué palabras pueden o deben ir juntas y hemos descartado determinado tipo de combinaciones, como "hermano mi" o "manzanas el".

Imaginémonos ahora que la siguiente lista está formada por palabras del español que simplemente desconocemos:

*los pombos, en la petera, motinadamente, con muchas fudinas, combando, están, moleros.*

Aunque las únicas de estas palabras que conozcamos sean *los, en, la, con, muchas* y *están*, podríamos sin duda combinarlas para formar una oración similar a las oraciones en español con las que estamos familiarizados utilizando todas ellas. ¿Cómo sería esta oración?

Probablemente la combinación propuesta tenga como base la estructura *Los pombos están combando*, mientras que los otros elementos pueden aparecer en ciertas posiciones pero no en otras (*los pombos moleros están combando / los pombos están combando moleros*, etc.). A partir de los dos breves ejercicios anteriores es fácil deducir que existen regularidades observables en la formación de oraciones. Existen determinadas combinaciones de palabras que son permitidas mientras que otras no lo son. Ciertos elementos parecen agruparse formando unidades y ciertos elementos mantienen una estrecha relación entre sí. La tarea del lingüista es descubrir las reglas implícitas que regulan tales procesos de formación. Dichas reglas no son más que generalizaciones sobre regularidades observadas en el comportamiento lingüístico de los hablantes de una lengua determinada y, en la medida en que sea posible, sobre dichas regularidades en todas las lenguas.

## 2    La estructura de la oración: constituyentes

### 2.1   Nociones generales

Comenzamos nuestro estudio de la sintaxis estableciendo una lista de las características generales de los procesos de formación de oraciones. El primer paso es considerar las características del proceso mediante el cual agrupamos palabras para formar oraciones. Sabemos a ciencia cierta que el *orden de palabras* es relevante:

(1)  La columna sostiene la casa.

(2)  La casa sostiene la columna.

Las oraciones (1) y (2) tienen distintos significados porque el orden de los componentes oracionales es distinto. Además, si el orden de palabras no es el correcto, la oración resulta agramatical:

(3)  \*Casa la sostiene columna la
       Consideremos ahora el siguiente ejemplo:
(4)  Necesitamos más <u>alumnos y profesores inteligentes</u>.

Es evidente que la sección subrayada de la oración anterior tiene dos significados distintos: podemos interpretar que el adjetivo "inteligentes" modifica a ambos, "alumnos y profesores", o bien que modifica solo a "profesores". En otras palabras, la oración (4) puede expresar la necesidad de encontrar alumnos que sean inteligentes y profesores que también lo sean, o la necesidad de encontrar profesores inteligentes y alumnos de cualquier tipo. Podemos expresar esta ambigüedad mediante el uso de corchetes:

(5)  a.    [[alumnos y profesores] inteligentes]
     b.    [alumnos y [profesores inteligentes]]

o mediante el uso de diagramas arbóreos:

(6)

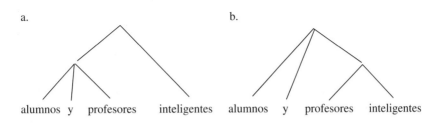

Ambos tipos de representación describen un hecho intuitivo: agrupamos los elementos oracionales en unidades que no son más pequeñas que la palabra ni mayores que la oración. A esas unidades las denominamos **constituyentes**. En las representaciones (5a) y (6a), "alumnos y profesores" forman un constituyente, una unidad sintáctica, mientras que en (5b) y (6b) "alumnos y profesores" no forman parte del mismo constituyente. El hecho de que la frase tenga dos interpretaciones se debe a la posibilidad de analizarla mediante constituyentes distintos. Decimos entonces que la frase "alumnos y profesores inteligentes" es ambigua desde el punto de vista estructural porque podemos atribuirle dos estructuras distintas.

Otra de las características del mecanismo mediante el cual agrupamos palabras para formar frases y oraciones es la **recursividad**. Con este término, como comentábamos en el primer capítulo del libro, describimos el hecho de que no existe la oración más larga en una lengua dada, y de que no hay límite en cuanto a la longitud de una oración en ninguna lengua, simplemente porque, dada una oración cualquiera, el hablante puede construir una oración más larga siguiendo diversos mecanismos (añadiendo adjetivos, estructuras coordinadas o cláusulas distintas, etc.):

(7) a.  Juan come manzanas.
    b.  Juan come manzanas verdes.
    c.  Juan come manzanas verdes y peras maduras.
    d.  Juan come manzanas verdes y peras maduras enfrente de la casa de su hermano.
    e.  Digo que Juan come. . .
    f.  Pedro piensa que yo digo que Juan. . .

La recursividad de los mecanismos sintácticos está sin duda relacionada con la propiedad creativa del lenguaje que habíamos descrito con anterioridad: el hecho de que un hablante puede producir y entender oraciones que jamás había oído o producido antes. Volveremos a este punto más tarde.

Una descripción teórica de la sintaxis de una lengua debe ser por tanto capaz de explicar, entre otras cosas, una serie de características sintácticas fundamentales: el orden de palabras, la estructura de constituyentes de la oración, la ambigüedad en la interpretación de constituyentes y oraciones y el hecho de que los mecanismos sintácticos son recursivos. Veamos cómo.

Para comenzar, consideremos la siguiente oración:

(8)  Mi hermano vio a un niño con un telescopio.

La oración (8) tiene, para cualquier hablante de español, dos interpretaciones posibles:

(9) a.  Mi hermano vio a un niño que llevaba un telescopio.
    b.  Mi hermano, usando un telescopio, vio a un niño.

La oración es, por tanto, estructuralmente ambigua. Las dos posibles interpretaciones se basan en el hecho de que *a un niño con un telescopio* puede ser interpretado bien como un constituyente único o bien como dos constituyentes separados: *a un niño* por un lado y *con un telescopio* por otro.

## 2.2 Criterios para determinar la estructura de constituyentes

Existen dos maneras básicas de demostrar que un conjunto de palabras forma un constituyente sintáctico: *sustitución* y *movimiento*. Si una serie de palabras puede ser sustituida por otra unidad (generalmente un elemento único), que denominamos **proforma**, ese conjunto de palabras forma un constituyente. De este modo, el hecho de que la frase *mi hermano* puede ser sustituida por el pronombre *él* ("Él vio a un niño con un telescopio") demuestra que existe cierto tipo de cohesión entre las palabras *mi* y *hermano* y que la unión de ambas constituye una unidad, que ambas forman un constituyente sintáctico. De la misma manera podemos decir:

(10)   a.   Mi hermano lo vio.
      b.   Mi hermano lo vio con un telescopio.

En (10a), el pronombre *lo* sustituye a *un niño con un telescopio*. Esta frase es, por tanto, un constituyente, y la interpretación de la oración corresponde a la de (9a), en la cual el niño en cuestión es el que lleva un telescopio. En cambio, en (10b) el pronombre *lo* sustituye a *un niño* y la interpretación es la que corresponde a (9b), en la que mi hermano está usando un telescopio para ver al niño. Como vemos, podemos argumentar que una combinación determinada de palabras forma un constituyente mediante la prueba de sustitución.

Paralelamente, los constituyentes sintácticos pueden moverse de su posición original. Y tenemos que tener en cuenta, además, que solo podemos mover de su posición original constituyentes sintácticos, ya que mover cualquier otra secuencia de palabras que no forme constituyente tiene como resultado una oración no gramatical. El hecho de que en español podamos decir:

(11)   Con un telescopio, mi hermano vio a un niño.

demuestra que *con un telescopio* es un constituyente sintáctico, puesto que lo hemos trasladado a una posición inicial de prominencia en la oración. Crucialmente, en este caso, la única interpretación posible es aquella que corresponde a (9b), es decir, aquella interpretación en la que *un niño* y *con un telescopio* no forman un constituyente: es mi hermano quien usa el telescopio.

De manera un poco más complicada podemos decir:

(12)   Lo que vio mi hermano es un niño con un telescopio.

En este caso, *un niño con un telescopio* forma un constituyente y la interpretación es la que corresponde a (9a).

Podemos reforzar estos argumentos si consideramos que solo los constituyentes sintácticos pueden servir como respuestas aisladas a oraciones interrogativas. La pregunta "¿Quién vio al niño?" puede ser contestada solo mediante el constituyente "Mi hermano", nunca con un fragmento del mismo ("*Mi" o "*Hermano"). Por tanto, el hecho de que las siguientes respuestas sean posibles:

(13)  a.    - ¿A quién vio tu hermano con un telescopio?
            - A un niño.
      b.    - ¿A quién vio tu hermano?
            - A un niño con un telescopio.

puede ser usado como evidencia adicional para demostrar los dos posibles análisis en cuanto a la estructura de constituyentes de la oración que estamos analizando. De la misma manera, en las oraciones anteriores, el fragmento *un niño con* no forma constituyente porque no puede servir como respuesta aislada y no puede ser sustituido por una proforma.

Resumiendo, la oración (8) es una oración estructuralmente ambigua porque podemos atribuirle dos estructuras diferentes:

(14)

a.

vio a un niño con un telescopio

b.

vio a un niño con un telescopio

**Ejercicio 1.** Compare las dos oraciones siguientes: (a) Ella le dio un libro a María, (b) Ella me enseñó un libro de matemáticas. Un libro a María en (a) ¿forma un constituyente o se trata de dos constituyentes independientes, separados? ¿Por qué? ¿Y un libro de matemáticas en (b)? ¿Por qué? ¿Qué tipo de evidencia propondría Ud. para apoyar sus intuiciones?

## 2.3  Los sintagmas: la noción de núcleo

Evidentemente no hemos sino empezado a analizar una parte pequeña de la oración. Consideremos ahora la frase *mi hermano*. Como sabemos, dicha frase forma un constituyente creado mediante la unión de dos elementos, *mi* y *hermano*. Cada agrupación natural de palabras, cada constituyente, es un miembro de una extensa familia de expresiones similares. En este caso, *mi hermano* pertenece a la misma familia que incluye expresiones como *mi coche*, *el coche de mi padre*, *un amigo de la familia*, *tu vecino*, *este libro interesante*, etc. En todos estos ejemplos, el constituyente tiene un **núcleo**, una palabra que lleva la información relevante dentro de la unidad, que en estos casos es un núcleo nominal, un sustantivo. Hemos subrayado los núcleos nominales de las expresiones anteriores. La noción de núcleo nos permite diferenciar entre construcciones como las siguientes:

(15)    La <u>ventana</u> roja de la casa.
        La <u>casa</u> de la ventana roja.

Ambas construcciones, a pesar de estar formadas por los mismos elementos, difieren considerablemente. En el primer caso nos referimos a una ventana mientras que en el segundo estamos hablando de una casa. El elemento subrayado en (15) constituye el núcleo de la construcción.

Los constituyentes cuyo núcleo es nominal se denominan *sintagmas nominales* (*SNs*).[1] Del mismo modo, y de acuerdo con los distintos tipos posibles de núcleos (adjetivos, verbos, adverbios y preposiciones) tendremos:

Sintagma nominal (*SN*):          mi <u>hermano</u>
Sintagma verbal (*SV*):           <u>bebe</u> tequila por las mañanas
Sintagma adjetival (*SAdj*):      <u>difícil</u> de resolver
Sintagma adverbial (*SAdv*):      muy <u>rápidamente</u>
Sintagma preposicional (*SPrep*): <u>entre</u> los árboles

---

**Ejercicio 2.** Identifique el tipo de sintagma subrayado en cada una de las oraciones siguientes:

1. Nuestros vecinos <u>insoportables</u> vinieron a visitarnos.
2. Vamos a caminar <u>por el sendero</u>. *SPrep*
3. Vamos a caminar <u>por el sendero de la derecha.</u>
4. Me dio algo para <u>su prima de Boston.</u>
5. Lo hizo <u>extraordinariamente bien.</u>
6. Los niños a los que abandonaron sus padres <u>lloraban de pena.</u>
7. Ella me dio <u>un libro para María.</u>
8. Tienes un ayudante <u>increíblemente eficiente.</u>
9. Yo me niego <u>rotundamente a participar en esto.</u>
10. Me gusta <u>comer con los dedos.</u>
11. <u>Comer y rascar todo es empezar.</u>
12. <u>Los estudiantes que se sintieron maltratados</u> asesinaron a sus profesores.
13. Mis profesores <u>beben tequila añejo.</u>
14. <u>Sueño.</u>

---

[1]    Estas unidades reciben también el nombre de *frases nominales* en algunas de las gramáticas del español. En este libro, en lugar de *frase*, usaremos el término **sintagma**, más frecuente en las gramáticas modernas.

**Ejercicio 3.** Busque argumentos para justificar que los sintagmas subrayados en los ejemplos (1), (2), (4) y (7) del ejercicio anterior son constituyentes sintácticos.

**Ejercicio 4.** Busque al menos tres títulos de películas, en español o en inglés que no formen un constituyente sintáctico (por ejemplo, "Suddenly Last Summer" o "Pim, pam, pum fuego"). Recuerde que los títulos que constan de una sola palabra son, en general, constituyentes.

En el SN *mi hermano*, además del núcleo nominal tenemos un posesivo *mi* que pertenece a lo que denominamos, desde el punto de vista de su clasificación, el grupo o la clase de los **determinantes** (Det), una clase que incluye a los artículos (*el, la, los, las*), los llamados posesivos (*mi, tu, su*, etc.), los cuantificadores (*uno, dos, tres, varios, pocos, muchos*, etc.) y, en general, a todos los elementos no adjetivales que pueden preceder a un sustantivo. Los cuantificadores son, de todas formas, un tipo especial de determinante. Notemos, por ejemplo, que algunos de ellos, como los numerales, pueden ir precedidos por otros determinantes (*los dos estudiantes*). Por ello utilizaremos a veces también el símbolo *cuant*.

La configuración de este SN que estamos estudiando es, por tanto, la siguiente:

(16)

```
        SN
       /  \
     Det    N
      |     |
     mi   hermano
```

Igualmente, *con un telescopio* es un SPrep, formado por la unión de la Prep *con* y el SN *un telescopio*:

(17)

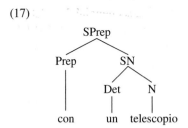

```
            SPrep
           /    \
        Prep     SN
         |       / \
         |     Det   N
         |      |    |
        con    un  telescopio
```

Y *vio un niño con un telescopio* es un SV cuyo núcleo es *vio*. Pero recordemos que esta frase tiene dos posibles interpretaciones: una en la que *un niño con un telescopio* es un constituyente único (un SN) y otra en la que tenemos dos constituyentes separados, *un niño* (SN) y *con un telescopio* (SPrep), como

habíamos visto en (15). Evidentemente, la unión del SN *mi hermano* con el SV
*vio a un niño con un telescopio* da como resultado un nuevo constituyente, una
oración. Las dos interpretaciones de la oración (8) son las siguientes:

(18)

a.
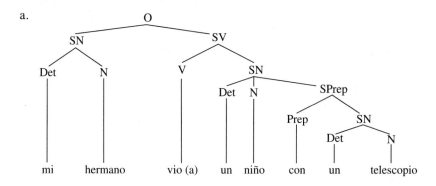

b.
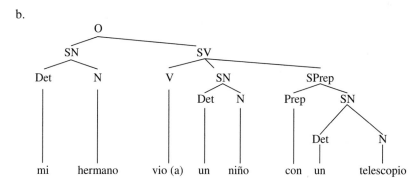

Estas representaciones reciben el nombre de **diagramas sintagmáticos**, diagramas arbóreos o, simplemente, árboles sintácticos. Estos árboles nos sirven para
mostrar que una oración es, por un lado, una combinación secuencial de palabras
y, por otro lado, una *configuración jerárquica* en la que los sintagmas están
organizados estructuralmente. Estos árboles tienen además otra ventaja: nos
permiten mostrar qué elementos en la oración modifican o son modificados por
otros elementos. El mecanismo es simple: para saber cuáles son las relaciones de
modificación de un sintagma determinado buscamos el sintagma que domina
inmediatamente al sintagma en cuestión. Dominar significa estar en un nivel
superior en el árbol y "estar conectado por una rama". Así, en el ejemplo (18b), el
SPrep *con un telescopio* está dominado inmediatamente por el SV *vio a un niño
con un telescopio*. Dicho SPrep modifica entonces al núcleo del sintagma que lo
domina inmediatamente, es decir, al verbo *vio*, puesto que este es el núcleo del
SV. La interpretación de la oración es aquella en la que mi hermano usó un
telescopio para ver al niño. En (18a), por otra parte, el mismo SPrep está

dominado por el SN *un niño con un telescopio* y modifica por tanto al núcleo de este sintagma, *niño*: es el niño el que lleva el telescopio.

---

**Ejercicio 5.** Explique la ambigüedad de las siguientes oraciones y dibuje los diagramas correspondientes a cada posible interpretación de cada oración:

1. Mis primos comieron una sopa con pan.
2. Entendí la demostración del teorema de Juan.
3. Juan trajo un mapa de Italia.
4. Un hombre alto golpeó a una mujer con un bolso.

---

## 2.4  Reglas de reescritura sintagmática

La configuración jerárquica de una oración puede ser representada por medio de estos diagramas pero también por medio de reglas de reescritura sintagmática. Dichas reglas presentan siempre el siguiente esquema general:

(19) A → B C

La regla (19) se lee "A se reescribe como B más C", lo que significa que "el sintagma A se forma uniendo el sintagma B y el sintagma C en este orden particular". Siguiendo esta línea de razonamiento podemos describir las siguientes reglas sintagmáticas del español a partir de los diagramas que hemos construido en los ejemplos (18a y b):

(20) a.   O   → SN SV

(Una oración en español es el resultado de la combinación de un sintagma nominal y un sintagma verbal.)

        b.   SN → Det   N

(Un sintagma nominal es el resultado de unir un determinante y un nombre, "mi hermano".)

        c.   SV → V SN           (del árbol 18a)
             SV → V SN SPrep   (del árbol 18b)

(Un sintagma verbal es el resultado de la unión de un verbo y un sintagma nominal o un verbo, un sintagma nominal y un **sintagma preposicional**.) Podemos reducir estas dos reglas a una sola si utilizamos paréntesis para indicar opcionalidad:

        c'.   (primera revisión)
              SV → V SN (SPrep)

(Ahora el SPrep es opcional. Por la misma razón, y puesto que es posible en español la oración "Juan durmió", podemos considerar que el SN en la regla anterior es también opcional):

c".   (segunda revisión)
     SV → V (SN) (SPrep)

De igual manera:

    d.   SPrep → Prep SN

y

    e.   SN → Det N (SPrep)    (del árbol 18a)

Nuestra intención al usar estas reglas es hacer explícitos los principios que le permiten al hablante de una lengua organizar las oraciones en estructuras jerarquizadas de constituyentes sintagmáticos. El objetivo del lingüista es, por tanto, hacer estas reglas explícitas, descubrirlas en cada lengua, describir las reglas que generan o producen todas las oraciones gramaticales de una lengua dada y solo aquellas que son gramaticales.

  Habíamos mencionado al principio de este capítulo que una descripción teórica de la sintaxis debería ser capaz de explicar, entre otras cosas, una serie de características sintácticas fundamentales: el orden de palabras, la estructura de constituyentes de la oración, la ambigüedad en la interpretación de frases y de oraciones y el hecho de que los mecanismos sintácticos son recursivos. Las reglas de reescritura sintagmática nos ofrecen:

  (i)   Información acerca de los elementos oracionales, puesto que cada regla impone un orden determinado a los constituyentes.

  (ii)   Información acerca de la estructura oracional, puesto que el resultado de la aplicación de las reglas es una estructura jerárquica que podemos representar mediante un árbol.

  (iii)   Información acerca de la posible ambigüedad de las oraciones, puesto que determinados sintagmas pueden ser interpretados de más de una manera (en nuestro ejemplo, el SV puede ser V + SN o V + SN + SPrep, lo que da lugar a las dos interpretaciones distintas de la oración (8)).

  (iv)   Un recurso para capturar la naturaleza recursiva del lenguaje, es decir, la propiedad por medio de la cual podemos construir constituyentes que no tienen límite en cuanto al número de elementos que forman parte de ellos. Fijémonos en las dos reglas siguientes:

(21)     a.   SPrep → Prep   SN
         b.   SN → Det N   (SPrep)

  Estas dos reglas tienen una característica particular: los mismos símbolos (SN y SPrep) aparecen a ambos lados de la regla, a derecha y a izquierda de las mismas. La primera regla nos indica que es posible en español tener la siguiente estructura:

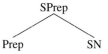

y la segunda que podemos expandir el SN:

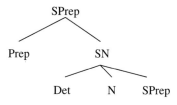

Pero ahora podemos aplicar de nuevo la primera regla al SPrep "más bajo" y generar la siguiente estructura:

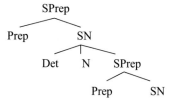

de manera que podemos seguir aplicando las reglas a sí mismas sin límite alguno. Por eso podemos decir en español "*el color del pomo de la puerta de la casa del hermano de Juan...*". Algunas reglas sintagmáticas son por tanto recursivas, y nos permiten generar frases o constituyentes que no tienen límite. Tenemos así un mecanismo que nos explica cómo con un número determinado de palabras podemos crear un número infinito de oraciones. Esta es, como hemos visto, una de las propiedades fundamentales del lenguaje.

La siguiente pregunta que se nos ocurre es, entonces, si las dos reglas anteriores son las únicas que dan cuenta de la naturaleza recursiva del componente sintáctico de la gramática. En este capítulo vamos a ver dos reglas recursivas más. En primer lugar nos damos cuenta de que, dado cualquier sintagma, podemos formar otro mayor mediante el simple mecanismo de añadirle la conjunción *y* y otro sintagma del mismo tipo:

mi hermano → mi hermano y su novia → mi hermano y su novia y sus dos hijos.

Podemos dar cuenta de este hecho si añadimos la siguiente regla general:

(22)  SX → SX Conj SX

Esta regla indica que cualquier SX (SN, SV, SAdj, etc.) puede desdoblarse en dos mediante el uso de una conjunción:

Por otro lado, dada una oración cualquiera, siempre podemos expandirla aña-diendo una oración principal y uniendo ambas oraciones mediante la partícula *que*:

(23) a.  Juan mira la televisión.
     b.  Digo que Juan mira la televisión.
     c.  Pedro piensa que yo digo que Juan mira la televisión.
     d.  María cree que Pedro piensa que yo digo que Juan. . .

A esta partícula *que* la vamos a llamar **complementante** (Comp), y a la unión de una oración superior y una oración subordinada introducida por un complementante la vamos a denominar oración con barra (O') o, en términos más tradicionales, oración subordinada. Tenemos por tanto una nueva regla:

(24) O' → Comp O

Puesto que una O' puede ser el complemento de un verbo, el conjunto de reglas:

(25) O' → Comp O
     O → SN SV
     SV → V O'

es un conjunto recursivo que nos permite generar estructuras del siguiente tipo (como en el ejemplo (23d)):

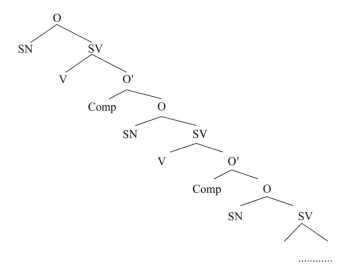

Aunque hasta ahora hemos asumido que una oración es siempre el resultado de la unión entre un SN y un SV, que en términos más tradicionales se denominan *sujeto* y *predicado*, una de las características del español es que, a diferencia de lenguas como el inglés, en nuestra lengua el sujeto puede no aparecer de forma explícita dada la rica flexión verbal que nos permite identificar la persona y el número del sujeto:

(26) a.   Nosotros vamos a llamar a tu hermano.
     b.   Vamos a llamar a tu hermano.
     c.   *Are going to call your brother.

En (26b) el sujeto de la oración es un pronombre tácito o vacío *nosotros*, como lo demuestra la **concordancia** con el verbo en primera persona del plural. Esto no es posible en inglés, como lo demuestra el ejemplo (26c). A este tipo de pronombre vacío que puede ser el sujeto en español lo denominamos **pro** personal. El sujeto de la oración (26b) es por tanto un SN cuyo núcleo es un *pro*, un pronombre que no se pronuncia, pero cuyos rasgos de concordancia podemos identificar gracias a la riqueza de la flexión verbal: se trata de un pronombre de primera persona del plural. Este pronombre nulo o vacío ocupa una posición determinada en nuestro árbol, la misma posición de sujeto que ocuparía el pronombre *nosotros*. La elección del uso del pronombre de sujeto o no en español depende en la mayor parte de los casos del contexto en el que se desarrolla la conversación o de matices estilísticos tales como la necesidad de enfatizar o subrayar un constituyente o de desambiguar la oración.

Existen otras lenguas que, como el español y a diferencia del inglés, permiten que eliminemos o dejemos sin pronunciar el pronombre de sujeto. A estas lenguas, entre las que podemos incluir algunas tan dispares como el italiano, el polaco, el vasco, el japonés o el mandarín, se las conoce como lenguas **de sujeto nulo** o vacío.

Las lenguas de sujeto nulo comparten una serie de características comunes: en primer lugar, como ocurre en español, estas lenguas poseen, en general, una flexión verbal rica que permite que identifiquemos los rasgos gramaticales de sujeto, es decir, sus rasgos de persona y número, y en ocasiones sus rasgos de género. Hay, sin embargo, algunas lenguas de sujeto nulo, como el japonés y el mandarín, que carecen de concordancia con el sujeto y, por otra parte, hay lenguas como el alemán, con una concordancia tan rica como la del español pero que no permiten la omisión del sujeto. Se trata, pues, de una tendencia.

El hecho de poseer una concordancia verbal que permita la identificación del sujeto, y por tanto su omisión, está relacionado de manera directa con otra propiedad común a estas lenguas: las lenguas en las que es posible eliminar el sujeto y sustituirlo por un pronombre vacío permiten también un orden de constituyentes mucho más libre que el permitido en otras lenguas y, en concreto, permiten que el sujeto aparezca tras el verbo en la oración. Esto quiere decir que existe una relación directa entre la imposibilidad de eliminar el sujeto en inglés (*You are going to call your brother* / *\*Are going to call your brother*) y la imposibilidad de colocar al sujeto después del verbo (*Are going we to call your brother*). En cambio, puesto que podemos eliminar el sujeto en español (*Nosotros vamos a llamar a tu hermano* / *Vamos a llamar a tu hermano*), es posible también invertir el orden de sujeto y verbo (*Vamos a llamar nosotros a tu hermano*).

Nos ocuparemos en más detalle del orden de los constituyentes de la oración en español, y de la interpretación distinta que asociamos a órdenes de palabras distintos, en la sección 1.8.

**Ejercicio 6.** Escriba las reglas de reescritura sintagmática para los constituyentes subrayados en los ejemplos (1), (3), (13) y (14) del ejercicio 2 y que repetimos aquí:

1. Nuestros vecinos insoportables vinieron a visitarnos.
3. Vamos a caminar por el sendero de la derecha.
13. Mis profesores beben tequila añejo.
14. Sueño.

**Ejercicio 7.** Le pedimos que imagine y describa, de manera intuitiva, algún contexto en los que Ud. consideraría más apropiado usar cada una de las dos oraciones siguientes:

1. Nosotros estamos hartos de estudiar sintaxis.
2. Estamos hartos de estudiar sintaxis.

¿En qué contexto usaría Ud. (i) en lugar de (ii)?

**Ejercicio 8.** Un poco de inglés para entretenerse: ¿Cuál es la diferencia entre las dos oraciones siguientes?

1. Time flies like an arrow.
2. Fruit flies like a banana.

### Reglas de reescritura del español (algunas de las más básicas)

| | |
|---|---|
| O' → COMP O | ("que te calles") |
| O → SN SV | ("Juan duerme") |
| (excepción: O → SPrep SV "Entre él y yo lo solucionaremos") | |
| SN → (Det)(Cuant) N (SAdj) (SPrep) | ("los dos coches azules de Juan") |
| SN → SN (O') | ("la idea que tienes") |
| SV →Vpred (SN) (SPrep) (SAdv) | ("explicó la lección a María rápidamente") |
| O' | ("quiero que vengas") |
| SV → Vcop SAdj | ("es rubio") |
| SN | ("es médico") |
| SPrep | ("es de Perú") |
| SPrep → Prep SN | ("desde la casa") |
| SAdj | ("desde muy joven") |
| SAdv | ("desde lejos") |
| O' | ("sin que te importe") |

| | |
|---|---|
| SAdv → (Cuant) Adv | ("muy rápidamente") |
| SAdj → (Cuant) Adj (SPrep) | ("muy difícil de resolver") |
| (SAdv) | ("extraordinariamente difícil de resolver") |

**Ejercicio 9.** Analice las siguientes oraciones y dibuje el árbol correspondiente a cada oración:

⌐1. Juan come manzanas.
⌐2. Juan come manzanas en su cuarto.
  3. Creo que sueño.
  4. Dijo que Juan tenía hepatitis.
  5. Juan dice que Pedro piensa que tenemos demasiadas vacaciones.
⌐6. Juan y María caminan por el parque.
⌐7. María come carne argentina y bebe cerveza alemana.
  8. Juan canta y María baila.
  9. Mi hermano y sus hijos quieren que vaya a su casa y cocine para ellos.
10. El coche verde del amigo de la infancia de mi padre tiene frenos de disco.

## 2.5  El componente léxico: subcategorización

Ahora tenemos una idea un poco más clara de la organización de la sintaxis. Con el conjunto de reglas de reescritura descritas en la sección anterior podemos caracterizar un conjunto ilimitado, infinito, de oraciones en español. Podemos capturar la idea de que la organización de las oraciones no es secuencial sino jerárquica y también podemos explicar la habilidad que poseen los hablantes para producir y comprender un número infinito de oraciones. Las reglas que hemos presentado hasta ahora son solo una fracción de las que necesitamos para tener una descripción completa de la lengua.

El problema que se nos plantea ahora es de una naturaleza distinta. No se trata solo del hecho de que no hemos descrito todavía el conjunto exhaustivo de todas las reglas que permiten producir todas las oraciones gramaticales del español, sino que tenemos reglas que producen tanto oraciones gramaticales como oraciones que no lo son. Consideremos los siguientes ejemplos:

(27) a.   *Juan puso en el garaje.   (O → SN SV; SV → V SPrep)
     b.   *Juan puso el coche.   (O → SN SV; SV → V SN)
     c.   *María llegó el tren.   (O → SN SV; SV → V SN)

Las oraciones de (27) no son gramaticales, aunque pueden ser producidas por las mismas reglas de reescritura que producen oraciones como las siguientes:

(28) a.   Juana durmió en el garaje.   (O → SN SV; SV → V SPrep)
     b.   Luisa condujo el coche.   (O → SN SV; SV → V SN)
     c.   Pedro vio el tren.   (O → SN SV; SV → V SN)

¿Cuál es entonces la naturaleza de la agramaticalidad de las oraciones en (27)? Parece evidente que el motivo está relacionado con la naturaleza del verbo en cada una de las oraciones: el verbo *poner* en español exige que especifiquemos un tipo de información determinada. El hablante de una lengua sabe no solo cómo pronunciar miles de palabras sino que conoce además su significado, sabe en qué contextos pueden aparecer determinadas palabras y cómo se combinan dichas palabras para formar constituyentes o sintagmas, es decir, sabe a qué parte de la oración pertenecen estas, si son verbos, adjetivos, sustantivos, etc. Esta información se encuentra en un componente de la gramática al que denominamos el lexicón, un "diccionario mental" que, junto con las reglas de reescritura, nos aporta la información necesaria para formar estructuras sintácticas que sean, por un lado, completas, y que estén, por el otro, formadas correctamente. Sabemos, por ejemplo, que para usar el verbo *poner* correctamente debemos especificar "qué es lo que ponemos" y "dónde lo ponemos":

(29) a.   Juan puso el     en el garaje
            coche

            _____    _____

              qué           dónde

Si falta uno de estos dos constituyentes, la oración no es gramatical (27a y b). Puesto que "aquello que ponemos" viene en general expresado por un SN y "el lugar donde lo ponemos" viene expresado por un SPrep o un SAdv, una manera de capturar esta información es afirmar que el verbo *poner* debe estar seguido por dos sintagmas del tipo especificado para formar una oración correcta. Un poco más técnicamente decimos que en la información que nuestro diccionario mental posee acerca de *poner* debe estar incluida la información de que dicha palabra es un verbo y de que se combina con dos tipos específicos de sintagma:

(30)  poner, V, [_____ SN [SPrep/SAdv]]

A la información expresada en (30) la denominamos **subcategorización**, y a la regla específica, **marco de subcategorización**, en este caso el marco de sub-categorización del verbo *poner*. A los elementos exigidos obligatoriamente en el marco de subcategorización de una unidad léxica determinada les denominamos **argumentos**. Por tanto, sabemos que, aunque el siguiente indicador sintagmático está bien formado en español, puesto que es el resultado de la aplicación de dos de nuestras reglas de reescritura:

(31)

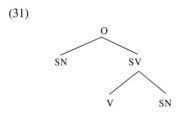

el verbo núcleo de este sintagma nominal no puede ser el verbo *poner*. Para que este verbo pueda ser usado como núcleo de un SV debemos tener la siguiente estructura:

(32)

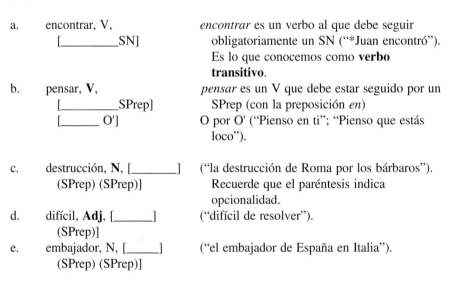

Hemos añadido, por tanto, un nuevo componente a nuestra gramática, un diccionario mental al que denominamos el lexicón que contiene, entre otras especificaciones, la subcategorización de cada verbo, adjetivo, sustantivo, adverbio o preposición de la lengua. Los ejemplos en (33) son una muestra muy reducida de subcategorización léxica:

(33)

a.    encontrar, V,             *encontrar* es un verbo al que debe seguir
        [_____SN]          obligatoriamente un SN ("*Juan encontró").
                             Es lo que conocemos como **verbo
                             transitivo**.

b.    pensar, **V**,             *pensar* es un V que debe estar seguido por un
        [_____SPrep]      SPrep (con la preposición *en*)
        [_____ O']          O por O' ("Pienso en ti"; "Pienso que estás
                             loco").

c.    destrucción, **N**, [_____]    ("la destrucción de Roma por los bárbaros").
        (SPrep) (SPrep)]         Recuerde que el paréntesis indica
                             opcionalidad.

d.    difícil, **Adj**, [_____]      ("difícil de resolver").
        (SPrep)]

e.    embajador, N, [_____]       ("el embajador de España en Italia").
        (SPrep) (SPrep)]

---

**Ejercicio 10.** Proponga el marco de subcategorización de las siguientes unidades léxicas y dé ejemplos que los ilustren:

1. propenso
2. orgulloso
3. construcción
4. demostración
5. imaginar
6. regular
7. opinar

---

Las reglas de reescritura combinadas con la información que el lexicón nos provee pueden describir un conjunto infinito de estructuras oracionales en español. Pero existe todavía un número muy grande de estructuras que no podemos explicar. Vamos a considerar algunas de ellas.

## 2.6 Transformaciones

Empecemos por las oraciones interrogativas. Existen en todas las lenguas dos tipos de oraciones interrogativas: aquellas que se pueden contestar con un simple *sí* o *no* (34a), y aquellas que solicitan una respuesta más informativa y que comienzan con una palabra interrogativa como *qué, cómo, dónde, cuándo, por qué, cuántos*, etc. (34b):

(34) a.  ¿Vienes a la fiesta?
     b.  ¿Quién vino a la fiesta?

Denominamos a las primeras *interrogativas totales, absolutas* o *preguntas sí/no*, y a las segundas *interrogativas parciales, pronominales* o *preguntas Qu-*. Vamos a prestar atención a las *preguntas Qu-*:

(35) a.  ¿Qué pusiste en el garaje?
     b.  ¿Dónde pusiste el coche?

Las dos oraciones anteriores son perfectamente aceptables en español. Sin embargo, si les prestamos atención, vemos que ambas suponen un problema nuevo para nuestra teoría: en (35a) el verbo *poner* aparece seguido únicamente por un SPrep, mientras que en (35b) el mismo verbo va seguido por un SN solamente. Y habíamos discutido anteriormente que la subcategorización de dicho verbo exige que aparezca seguido de ambos, un SN y un SPrep. Así explicábamos la agramaticalidad de las oraciones (27a y b). ¿Cómo solucionamos este problema? ¿Debemos modificar nuestras reglas de reescritura? ¿Debemos establecer excepciones a nuestras reglas de subcategorización léxica?

Existe una solución más conveniente que nos permite mantener la uniformidad de la teoría sintáctica que hemos ido desarrollando paso a paso. Podemos considerar que en las oraciones (35) el SN y el SPrep requeridos por el verbo *poner* están presentes: son, respectivamente, el SN *qué* en (35a) y el SPrep *dónde* en (35b). En otras palabras, la estructura básica de ambas oraciones es:

(36) a.  ¿Pusiste [$_{SN}$ *qué*] [$_{SPrep}$ en el garaje]?
     b.  ¿Pusiste [$_{SN}$ el coche] [$_{SPrep}$ *dónde*]?

Las oraciones en (35) son por tanto el resultado de un proceso que ha trasladado la palabra interrogativa desde su posición original (la posición del SN o del SPrep requerido por el verbo) a la posición inicial de la oración. Vamos a asumir dos cosas:

(i)  el lugar al que se desplaza dicha palabra interrogativa es el único lugar disponible como punto de destino de dicha operación de movimiento. Dicho lugar es la posición del Complementante (COMP) que discutimos anteriormente. Las oraciones interrogativas son por tanto O' (oraciones-con-barra). Por eso podemos decir:

(37) Me pregunto [$_{O'}$ dónde pusiste el coche]

(ii) el lugar original desde el que dicha palabra interrogativa se desplaza no permanece vacío, sino que está ocupado por una **huella**, una categoría sintáctica que no se pronuncia, que no tiene realización fonética, pero que está presente en la estructura y que permite que procesemos y analicemos correctamente la oración interrogativa. Representamos la huella del movimiento sintáctico mediante la letra *h* y la dotamos de un subíndice idéntico al de la palabra interrogativa desplazada. Expresamos así la relación entre ambas:

(38) a.    ¿Qué$_i$ pusiste [$_{SN}$ $h_i$ [$_{SPrep}$ en el garaje]?
     b.    ¿Dónde$_i$ pusiste [$_{SN}$ el coche] [$_{Sprep}$ $h_i$]?

Los árboles respectivos son, por tanto:

(39)

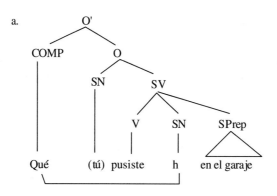

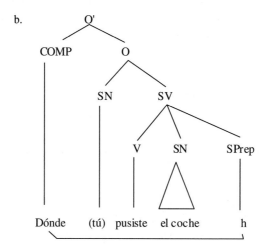

Asumimos por tanto que todas las oraciones interrogativas Qu- en español son el resultado de una **transformación**, una regla de movimiento que cambia la posición de un constituyente sintáctico y lo traslada a la posición de COMP. Con ello asumimos también que las oraciones interrogativas son O' (oraciones-con-barra u oraciones subordinadas).

**Ejercicio 11.** Explique por qué son agramaticales las siguientes oraciones:

1. *Puse el libro.
2. *¿Qué puso Juan el libro en la mesa?
3. *Juan puso en la mesa.
4. *María se preguntaba en la casa.
5. *¿Qué ha visto Juan la película?
6. *¿Qué libro conociste al autor que escribió?
7. *¿De qué conoces a un profesor que entiende el libro?
8. *¿Qué te ha recomendado Juan la idea de que visites?

Este proceso de transformación explica también la ambigüedad de ciertas oraciones interrogativas en español. La siguiente oración tiene dos interpretaciones (es ambigua):

(40)  ¿Cuándo dijo Juan que María había ido a visitarlo?

como lo demuestra el hecho de que hay dos respuestas posibles:

(41) a.   - Juan lo dijo el jueves.
     b.   - María había ido a visitarlo el martes.

El motivo de dicha ambigüedad radica en la posibilidad de que la palabra interrogativa *cuándo* modifique al verbo principal *dijo* o al verbo subordinado *había venido*. En otras palabras, dependiendo de que la huella del movimiento de la palabra interrogativa aparezca al final del SV cuyo núcleo es *dijo* o al final del SV cuyo núcleo es *había ido a visitarlo*:

(42) a.   ¿Cuándo$_i$ dijo Juan [*huella$_i$* ] que María había ido a visitarlo?
     b.   ¿Cuándo$_i$ dijo Juan que María había ido a visitarlo [*huella$_i$* ]?

El modelo de la sintaxis que estamos desarrollando tiene por tanto tres componentes:

(A) Componente léxico: el lexicón.
(B) Componente sintagmático: las reglas de reescritura.
(C) Componente transformacional: las reglas de movimiento.

¿Por qué nos referimos a las *reglas* de movimiento cuando hablamos del componente transformacional? En primer lugar, porque estas reglas nos permiten dar cuenta de una de las características esenciales de la sintaxis de las lenguas, aquella por la que interpretamos unidades oracionales en posiciones distintas a las posiciones en las que las percibimos. En segundo lugar, porque la posibilidad de movimiento de los constituyentes sintácticos está regida por reglas estrictas cuya aplicación es universal. Por ejemplo, es imposible extraer un constituyente para formar una oración interrogativa si en dicho proceso de movimiento tenemos que "cruzar" o "atravesar" dos o más **nudos cíclicos** o *islas*. En español, los nudos cíclicos son los SN y las O'. Por ello, en la siguiente oración:

(43)  A Juan le ha gustado [$_{SN}$ la idea de [$_{O'}$ que vayamos a la fiesta]].

es imposible formar una oración mediante la extracción del constituyente interrogativo que equivaldría a la fiesta, porque para hacerlo tendríamos que atravesar un SN y una O' (y por tanto dos nudos cíclicos), tal como vemos en el diagrama anterior. Por tanto, la oración (44) es agramatical:

(44)  *¿Dónde le ha gustado a Juan la idea de que vayamos?

Evidentemente, el movimiento Qu- no es el único ejemplo de movimiento sintáctico en español. En este capítulo vamos a mencionar otro tipo de movimiento: *el movimiento de clíticos*.

Denominamos **clíticos** a los pronombres de complemento directo e indirecto que aparecen unidos inmediatamente a una forma verbal. Estos pronombres pueden ocupar diversas posiciones en la oración en español:

(45) a.    Quisiera poder seguir haciéndolo        (*lo* es el Pr. de O. Directo)
  b.    Quisiera poder seguir**lo** haciendo
  c.    Quisiera poder**lo** seguir haciendo
  d.    **Lo** quisiera poder seguir haciendo
  e.    * Quisiéra**lo** poder seguir haciendo

En cualquiera de las oraciones correctas anteriores (a–d), el pronombre *lo* se interpreta como el complemento directo del verbo *hacer*, independientemente de su posición. Parece evidente, por tanto, suponer que los pronombres clíticos se mueven de su posición original. Y, si se mueven, es también lógico suponer que dejan una huella. La tendencia actual es a considerar los pronombres clíticos como morfemas libres de concordancia entre el verbo y el objeto directo o indirecto. Por eso, una posible representación de la oración (46) es (47), aunque, como veremos en seguida, este análisis tiene algunos problemas:

(46)  Se lo dije.

(47)

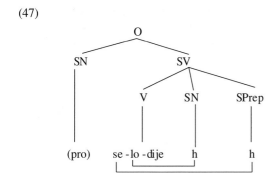

En la oración anterior, la subcategorización del verbo *decir* nos exige que esté seguido de un SN y de un SPrep (decir *algo a alguien*). El SN representa la posición del Complemento Directo y el SPrep la del Complemento Indirecto. Ambos complementos se han movido a la posición preverbal dejando sus respectivas huellas en su posición original en el indicador sintagmático.

Sin embargo, el análisis anterior no es del todo satisfactorio ya que en español existe la posibilidad de duplicar el clítico, es decir, de producir oraciones en las que aparecen a la vez el pronombre de complemento directo o indirecto y el argumento del verbo a los que esos pronombres se refieren. El ejemplo más claro lo constituyen oraciones donde el doblamiento del pronombre de complemento indirecto es obligatorio, como en la oración *Le hablé a Juan*. Si suponemos, como en (47), que el pronombre *le* de esta oración se ha originado en la posición de complemento indirecto del verbo *hablar*, y que luego se ha movido a una posición preverbal dejando una huella correspondiente, nos enfrentamos a una paradoja: la posición de complemento indirecto está ocupada al mismo tiempo por el complemento indirecto *a Juan* y por la huella del pronombre *le*, una situación no del todo deseable y un tanto difícil de justificar. ¿Cómo podemos resolver esta contradicción?

Una manera de hacerlo es considerar que los clíticos son *morfemas de concordancia*, similares en muchos sentidos a los morfemas verbales de concordancia de sujeto. En otras palabras, de la misma manera en que en el verbo *comemos* los morfemas de concordancia nos permiten identificar que el sujeto es primera persona del plural, aunque el sujeto no aparezca de manera explícita (el sujeto es un pronombre vacío *pro* cuyos rasgos son idénticos a los del pronombre *nosotros*), en la oración *Se lo dio* el verbo tiene otros dos morfemas de concordancia: uno, el morfema *se* que indica que el complemento indirecto es tercera persona del singular o del plural, y otro morfema, *lo*, que indica que el complemento directo es tercera persona del singular masculino, aunque ninguno de los dos complementos aparezca de manera explícita en la oración.

Hay varios argumentos que justifican este paralelismo entre los pronombres átonos de complemento directo e indirecto y los morfemas de concordancia. Vamos a mencionar aquí los cinco más sencillos:

1. La unión entre los clíticos y la raíz verbal es tan estrecha como la unión entre la raíz verbal y los morfemas de concordancia de sujeto. El hecho de que los clíticos se escriban separados del verbo se debe tan solo a una convención ortográfica, como lo demuestra el que a veces los escribamos separados y a veces no (escribimos *Se lo dio* pero también *Dáselo*). No hay razón gramatical y no ortográfica que nos impidiera escribir *Selodió*.

2. No existe pausa de entonación entre los clíticos y el verbo, y pronunciamos y percibimos el constituyente *Se lo dio* como una unidad fónica ([seloðió]).

3. De la misma manera que no podemos insertar ningún elemento entre la raíz verbal y los morfemas de concordancia de sujeto, no podemos insertar ningún elemento entre los pronombres átonos de complemento y la raíz verbal (no podemos decir *Se lo no dio* o *Se no lo dio*, por ejemplo).

4. En español el morfema de concordancia verbal duplica la información gramatical del sujeto: podemos usar ambos en la misma oración (*Nosotros com-e-mos*). Ahora bien, si usamos solo uno de los dos elementos duplicados, tenemos que elegir el de concordancia (no podemos decir *Nosotros com-* pero en cambio sí podemos decir *Com-e-mos*). Igualmente podemos duplicar un complemento mediante su pronombre (*Le dí el libro a Juan*), pero si hemos de optar por usar uno solo, el que se mantiene es obligatoriamente el pronombre (*Le di el libro* / *Di el libro a Juan*; *Te vio (a ti)* / *Vio a ti*).

5. En numerosas lenguas, el verbo concuerda no solo con el sujeto sino también con el complemento directo e indirecto. Sucede así en el vasco o euskera y en lenguas polisintéticas como el navajo, por citar un par.

Con estos cinco argumentos podemos justificar la idea de que los clíticos se analizan de manera más satisfactoria como morfemas de concordancia. Al igual que la oración *Comemos* se analiza:

(48) $[_{SN}pro]_{sujeto} [_{SV} com-e-mos]_{predicado}$

donde el sujeto es un pronombre vacío *pro* cuyos rasgos se identifican por los morfemas de concordancia de sujeto en el verbo, la oración *Se lo dije* se puede analizar de la siguiente forma:

(49) $[_{SN} pro_i]_{sujeto} [_{SV} se_j-lo_k-d-i-je_i [_{SN} pro_k]_{c.\ directo}[_{SN} pro_i]_{c.\ indirecto}]_{predicado}$

En (49) la posición de sujeto, la de complemento directo y la de complemento indirecto están ocupadas por tres pronombres vacíos distintos cuya información gramatical coincide con cada uno de los morfemas de concordancia del verbo (*-je* con el sujeto, *se-* con el complemento indirecto y *-lo-* con el complemento directo).

El árbol correspondiente a (47) bajo este nuevo análisis es, por tanto, el siguiente:

(50)

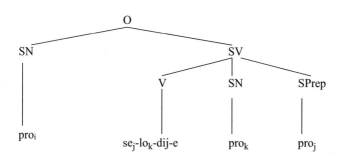

**Ejercicio 12.** Dibuje los diagramas correspondientes a las siguientes oraciones:

1. Lo dijiste.
2. Se lo dije a Pedro.
3. Lo tengo que hacer.
4. ¿Quién trajo el postre a la fiesta?
5. ¿Qué trajo Juan a la fiesta?

**Ejercicio 13.** ¿Por qué tiene dos interpretaciones la siguiente oración? Dé una explicación detallada. (No es necesario dibujar los diagramas correspondientes.)

¿Cuándo dijo Juan que María había ido a visitado?

## 2.7 Hacia una teoría más general: la X-con-barra y el concepto de *ensamble*[2]

### 2.7.1 La teoría de la X-con-barra

El conjunto de reglas de reescritura de la sección 1.4 nos ha permitido caracterizar un conjunto ilimitado de oraciones en español. Hemos sido capaces también de capturar la idea de que la organización de las oraciones no es jerárquica, y hemos podido explicar la habilidad que poseen los hablantes para producir y comprender un número infinito de oraciones. Sin embargo, las reglas que hemos presentado hasta ahora son solo una fracción de las que necesitamos para tener una descripción completa de la lengua. Para una descripción completa del español nos haría falta un número mucho mayor de reglas, que ocuparían, sin duda, un extenso volumen.

Esto nos plantea dos problemas: en primer lugar, como hemos señalado en el capítulo 1, los niños adquieren su lengua materna con una rapidez asombrosa. Es

---

[2] Usamos el término "ensamble" como equivalente al término inglés "*Merge*" en teoría sintáctica. Otros textos usan "fusión".

difícil explicar cómo es posible que la tarea de la adquisición del lenguaje, en su aspecto sintáctico, se limite a la asimilación, en un tiempo realmente breve, de un conjunto tan extenso de reglas de reescritura.

En segundo lugar, hemos mencionado que la tarea del lingüista es descubrir las reglas implícitas que regulan el comportamiento lingüístico de los hablantes de una lengua determinada y, en la medida en que sea posible, sobre dichas regularidades *en todas las lenguas*. En la sección anterior nos hemos limitado a construir un sistema de reglas sintagmáticas del español. Surgen por tanto dos preguntas: ¿En qué medida son todas estas reglas que caracterizan al español diferentes unas de otras? ¿Hasta qué punto son estas reglas similares a las de otras lenguas? No cabe duda de que sería deseable construir una teoría que regulara la arquitectura jerárquica de las oraciones en cualquier lengua.

Desde principios de la década de los 70 del siglo XX, algunos especialistas en sintaxis contemporánea se preocuparon de desarrollar un esquema abstracto de reglas de formación de constituyentes que tuviera valor universal, es decir, que nos sirviera para describir la arquitectura común a todos los constituyentes posibles de una misma lengua y, a la vez, la organización de cualquier constituyente en cualquier idioma.

El resultado de esta investigación fue la de proponer un sistema de reglas de construcción de constituyentes sintácticos que se aplica a todos los sintagmas en cualquier lengua, un esquema básico universal que explica cómo se construye un sintagma. Esta hipótesis se conoce como "Teoría de la X-con-barra" (o Teoría X') y tiene como ventaja indudable que nos permite, por un lado, explicar cómo es posible que los niños adquieran los principios sintácticos con tanta rapidez (ya no hay que adquirir un conjunto numerosísimo de reglas, sino una regla única con pequeñas variaciones), y por otro, capturar propiedades estructurales sintácticas universales. Aunque este es un asunto más adecuado para cursos de sintaxis más avanzados que este, vamos aquí a discutir brevemente cómo funciona esta teoría.

Consideremos los siguientes sintagmas:

(51)  a.   La <u>venta</u> [de bicicletas]
      b.   Nunca <u>tengo</u> [dinero]
      c.   Muy <u>orgulloso</u> [de su familia]
      d.   Más <u>hacia</u> [la derecha]

No es muy difícil darse cuenta de que todos estos sintagmas tienen algo en común: todos ellos tienen un núcleo, subrayado en el ejemplo anterior, que le confiere la categoría al constituyente. El primero es un SN, el segundo un SV, el tercero un SAdj y el cuarto un SPrep porque sus núcleos son respectivamente un sustantivo (*venta*), un verbo conjugado (*tengo*), un adjetivo (*orgulloso*) y una preposición (*hacia*). Precediendo al núcleo encontramos en todos ellos un elemento que puede aparecer o no sin modificar la gramaticalidad de la construcción. Y en todos los casos le sigue al núcleo un sintagma, nominal o preposicional. Podemos reducir la estructura anterior a un esquema común, si denominamos **especificador** al elemento que precede al núcleo y **complemento** al elemento que lo sigue. Si sustituimos N, V, P o Adj por X, como variable que representa a cualquiera de las categorías léxicas, la estructura del sintagma es:

(52)  SX → (especificador) + X'

      X' → X + (complemento)

El hecho de que el complemento sea a su vez otro sintagma permite que el esquema anterior sea *recursivo*: cada categoría sintáctica puede proyectar un sintagma. Ese sintagma siempre se estructura de acuerdo con la regla anterior, de manera que un sintagma puede contener otro sintagma, que a su vez puede contener otro sintagma, que a su vez puede contener otro sintagma... Y así indefinidamente.

Fijémonos ahora en el siguiente ejemplo:

(53)  La venta de bicicletas en el verano

A la derecha del núcleo nominal *venta* encontramos ahora dos sintagmas preposicionales, [*de bicicletas*] y [*en el verano*]. La relación que se establece entre ambos sintagmas y el núcleo no es la misma, como lo demuestra el hecho de que es mucho menos natural el cambiarlos de orden:

(54)  La venta en el verano de bicicletas

La relación del sintagma [*de bicicletas*] con el núcleo es mucho más estrecha. Además, desde el punto de vista semántico, la información que nos ofrece el SPrep [*en el verano*] es en cierto modo circunstancial, mientras que, siempre que hablamos de *una venta*, tendemos a pensar que hay algo que se ha vendido. En otras palabras, como vimos en la sección anterior, [*de bicicletas*] es un argumento del sustantivo *venta* mientras que [*en el verano*] no lo es. A estos constituyentes que no están subcategorizados por un núcleo verbal los denominamos **adjuntos** o modificadores para distinguirlos de los complementos, es decir, de los sintagmas subcategorizados por un núcleo como ocurre con [*de bicicletas*].

La estructura que tenemos ahora es:[3]

(55)  SX → Espec X'

      X' → X' Adjunto

      X' → X Compl

Nos encontramos ahora con un fenómeno ya discutido: una regla como $X' \rightarrow X'$ *Adjunto* en la que el mismo símbolo aparece a ambos lados. Se trata por tanto de otra regla recursiva: podemos tener tantos adjuntos en un núcleo como queramos:

(56)  la venta de bicicletas [en el verano] [en Madrid] [en la esquina del parque] ...

---

[3]  Fijémonos que empleamos las abreviaturas *COMP* y *Compl* para referirnos a cosas muy distintas.

El esquema de la X-con-barra nos muestra por de pronto una manera de capturar las propiedades recursivas de las lenguas naturales: podemos por un lado generar tantos adjuntos a un núcleo como deseemos, y por otro, el hecho de que los complementos y los adjuntos sean a su vez sintagmas nos permite que generemos unos dentro de otros de manera indefinida.

Fijémonos ahora en ejemplos similares a los de (53) en inglés:

(57)  a.   the **student** *of mathematics*
      b.   very **proud** *of his work*
      c.   will **buy** *books*
      d.   right **in** *the middle*

Cada uno de los sintagmas anteriores se ajusta a la estructura de la X-con-barra descrita anteriormente si consideramos que cada elemento subrayado es un *especificador*, cada elemento en negrita es un **núcleo** y cada elemento en cursiva es un *complemento*. El esquema (55) nos permite dar un primer paso para describir la estructura jerárquica de constituyentes en cualquier lengua. De hecho, nuestra teoría postula que las diferencias entre lenguas con respecto a su estructura sintagmática se basan tan solo en diferencia de orden de los especificadores o de los adjuntos y complementos con respecto a su núcleo. Al igual que en lenguas como el español tendemos a tener los especificadores a la izquierda del núcleo, encontraremos lenguas en las que los especificadores aparezcan a la derecha del mismo *de manera consistente*, o los complementos lo precedan en lugar de seguirlo. La adquisición de las estructuras sintagmáticas de una lengua dada se reduce así a decidir cuál es la posición relativa del núcleo con respecto a su especificador, adjuntos y complemento (aunque a veces encontramos excepciones).

---

**Ejercicio 14.** Considere los siguientes ejemplos en vasco. ¿Qué generalizaciones podríamos hacer acerca de la estructura de los constituyentes en esta lengua?:

| | | | | |
|---|---|---|---|---|
| 1. | lagun-aren | liburu-a | | "el libro del amigo" |
| | *amigo-del* | *libro-el* | | |
| 2. | bere | lan-az | harro-ago | "más orgulloso de su trabajo" |
| | *Su* | *trabajo-sobre* | *orgulloso-más* | |
| 3. | liburu-a | erosi | du | "ha comprado el libro" |
| | *libro-el* | *comprado* | *ha* | |

---

Hemos de tener en cuenta que el esquema universal que estamos describiendo hace referencia a *posiciones* abstractas dentro de un sintagma, que estas posiciones se definen en *términos relativos a la posición* de otros elementos y, por último, que estas posiciones están ocupadas por tipos de sintagma determinados para cada núcleo. Vamos a ver una serie de ejemplos para clarificar estos conceptos.

Comenzaremos por analizar brevemente la estructura de un Sintagma Nominal en español siguiendo este nuevo modelo. En primer lugar, para tener un SN en español necesitamos tan solo de un núcleo nominal; es decir, no es necesaria la presencia obligatoria de especificadores o adjuntos para tener un SN. *Libro*, *nosotros*, *Juan*, son por tanto tres ejemplos de sintagmas nominales cuya estructura sería simplemente:

(58)

Ahora bien, podemos añadir a este tipo de SN mínimo un especificador. Para ello tenemos que tener en cuenta que la *posición de especificador* la tiende a ocupar en español un determinante (*un*, *el*, *mi*, *este*, etc.) o un cuantificador (*tres*, *varios*, *todos*, etc.). Un ejemplo de SN con núcleo y especificador en español sería *el libro*, y su estructura la siguiente:

(59)

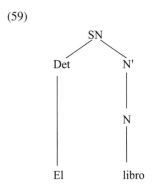

Debemos prestar atención a dos ideas cruciales en el ejemplo anterior: ya no escribimos *Esp* en la posición de especificador del sintagma, sino que ahora escribimos *la categoría* que ocupa dicha posición. En este caso, decimos que la posición de especificador del sintagma está ocupada por el determinante *el*. Además, en el momento que el sintagma contiene un especificador, necesitamos situar en el árbol la posición N', ya que solo así no es posible identificar dicha posición: sabemos que el *Det* es el especificador del SN porque es el "hijo" del SN y el "hermano" a la izquierda del N', si usamos un símil genealógico para describir las posiciones en el árbol. La identificación de una posición es por tanto relativa a la posición de los otros elementos.

Añadamos ahora un adjunto a dicho SN. Normalmente, la posición de adjunto en un SN la ocupa o bien un SAdj o bien un SPrep. Un ejemplo de SN con especificador y un adjunto es por tanto el sintagma *El libro rojo*:

(60)

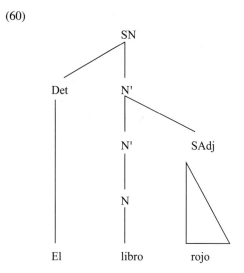

El SAdj ocupa la posición de adjunto del SN porque es el "hermano" a la derecha de un nodo N'. Necesitamos, por tanto, dos nodos N' en este diagrama: el superior para poder identificar la posición del especificador, ocupada por el determinante, y la inferior para identificar la posición del adjunto, ocupada por el SAdj.

Como sabemos, el número de adjuntos a un sintagma dado es ilimitado. Si añadimos un nuevo adjunto al esquema anterior, por ejemplo, el SPrep *de Pedro*, el resultado sería el siguiente:

(61)

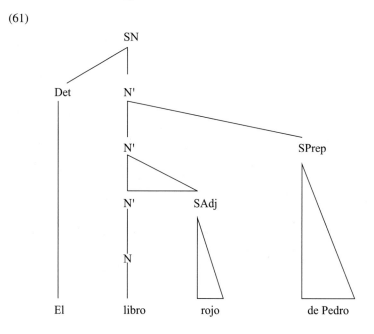

En (61) sabemos que el SPrep [*de Pedro*] ocupa la posición de adjunto porque es un "hermano a la derecha" del un nodo N', al igual que lo es el SAdj *rojo*.

Llega ahora el momento de decidir qué tipo de constituyente puede aparecer como complemento de un SN en español y cómo diferenciamos complementos de adjuntos. Para los propósitos de este libro vamos a seguir tres reglas sencillas que nos van a permitir establecer esta diferencia dentro del SN. Aunque las reglas no son ni completas ni exhaustivas, nos van a permitir analizar correctamente la gran mayoría de los sintagmas nominales en español:

(i) Solo los sustantivos deverbales y los sustantivos icónicos toman complementos. Llamamos *sustantivos deverbales* a los que están derivados de un verbo (3.3.3). Así, *destrucción* es un sustantivo deverbal derivado del verbo *destruir*, y *estudiante* es un sustantivo deverbal derivado de *estudiar*. Los complementos de los sustantivos deverbales son los sintagmas preposicionales que expresarían el complemento directo del verbo del que se derivan. Es decir, en el SN *la destrucción de Roma*, el SPrep [*de Roma*] es el complemento del núcleo nominal *destrucción* porque expresa, mediante un SPrep, qué se ha destruido (*Roma* sería el complemento directo del verbo *destruir*, del cual se deriva el sustantivo *destrucción*).

A los sustantivos como *libro, fotografía, cuadro, pintura, mapa*, etc., que en general pueden expresar tanto el motivo o tema del que tratan (el *libro de física*, el *cuadro de un paisaje*), como el autor del mismo (*el libro de física de Feynman, el cuadro de un paisaje de Monet*) o su poseedor (*el libro de física de Feynman de Julio, el cuadro de un paisaje de Monet del Museo Thyssen*), los denominamos *sustantivos icónicos*. La regla que les aplicamos es sencilla: en estos sustantivos, el tema (es decir, el asunto del libro o lo que aparece representado en el cuadro o fotografía) es el complemento. Los demás constituyentes, autor o poseedor, son adjuntos.

(ii) Si un sustantivo no es ni deverbal ni icónico, los constituyentes que lo modifican son siempre adjuntos. Así, por ejemplo, el sustantivo *mesa*, que ni se deriva de un verbo ni es icónico, puede tomar un número ilimitado de adjuntos que lo modifiquen. Sin embargo, no toma complemento. Los adjuntos al núcleo *mesa* pueden expresar nociones como poseedor (*la mesa de Juan*), materia (*mesa de madera*), finalidad (*mesa de trabajo*), origen (*mesa de Italia*), tipo (*mesa de Luis XIV*) y, en definitiva, un número ilimitado de modificadores que ocupan la posición de adjunto del núcleo nominal.

(iii) Los adjuntos a un núcleo nominal tienden a ser o bien SAdj (*el libro rojo*) o SPrep (*el libro de Juan*). Los complementos son siempre SPrep (*el libro de física*).

Una vez discutidas estas tres normas básicas, podemos completar el SN de (61) añadiéndole un complemento. Puesto que *libro* es un sustantivo icónico, el constituyente que expresa la materia de la que trata el libro lo analizaremos como complemento (*el libro de física*):

(62)

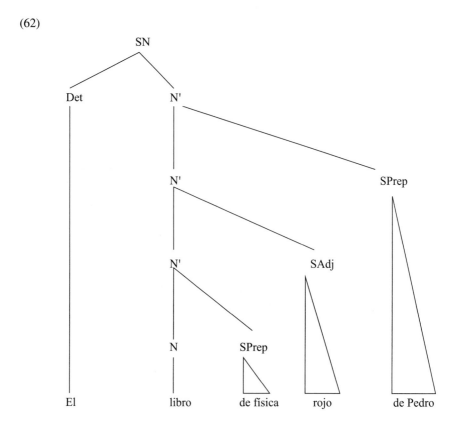

En el diagrama (62), la posición relativa de los elementos nos permite deducir que el SPrep [*de física*] es el complemento: es el sintagma "hermano a la derecha" del núcleo o N.

De la misma manera en que hemos descrito unas cuantas directrices sencillas para decidir qué constituyentes se analizan como complementos y cuáles se analizan como adjuntos en un SN, podemos proponer unas normas breves para aplicarlas a los demás tipos de sintagma:

1. En el SPrep, el SN que funciona como término de la preposición es siempre el complemento del núcleo: son por tanto complemento los sintagmas nominales *la derecha* en el SPrep *a la derecha*, *madera* en el SPrep *de madera* o *la ciudad* en el SPrep *desde la ciudad*. El primer SPrep del ejemplo (62) tendría por tanto la siguiente estructura interna:

(63)

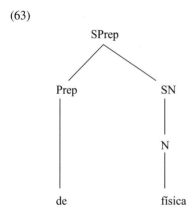

2. En cuanto a los SAdj, consideramos que son complementos solo los SPrep que están encabezados por una preposición exigida por el núcleo adjetival. Así, si un SPrep modifica al adjetivo *orgulloso*, la preposición ha de ser obligatoriamente *de* (*orgulloso de algo*). De manera similar, *fiel* exige que el elemento que lo modifique esté encabezado por la preposición *a* (*fiel a sus principios*). En ambos casos, los SPrep encabezados por *de* y *a*, respectivamente, son los complementos de *orgulloso* y de *fiel*, y los colocaremos, por tanto, como "hermanos a la derecha" del núcleo:

(64)

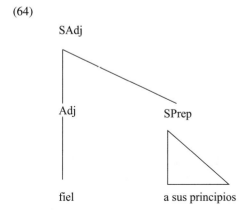

3. En cuanto a los sintagmas verbales, la decisión es mucho más sencilla: son complementos, y por tanto "hermanos a la derecha" del núcleo V, casi siempre lo que la gramática tradicional denomina complementos directo e indirecto (básicamente los argumentos *qué* y *a quién* en una estructura que expresa *quién hace qué a quién*). En cambio, lo que la gramática tradicional denominaba complementos circunstanciales se analizan como adjuntos al SV, es decir, hermanos a la derecha del V'. Estos complementos circunstanciales son los constituyentes que expresan información no necesariamente exigida por el contenido verbal. Son sintagmas que indican *cuándo, cómo, dónde, con qué fin, con qué instrumento*, etc. se realiza la acción expresada por el verbo.

Así, el SV *estudiamos sintaxis por la noche* tiene un complemento, el objeto directo *sintaxis*, y un adjunto, el complemento circunstancial *por la noche*:

(65)

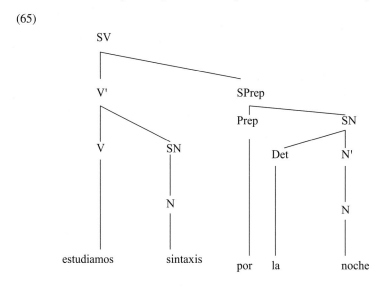

Hay, de todas formas, verbos que obligatoriamente exigen un complemento de tipo circunstancial como parte de su marco de subcategorización. Por ejemplo, el verbo *poner* requiere tanto un complemento directo como un complemento circunstancial de lugar (*María puso el libro en la mesa/aquí*, *\*María puso el libro*) y *(com)portarse* generalmente necesita un complemento circunstancial de modo (*el niño se portó mal*). Estos complementos obligatorios no son adjuntos, sino que se analizarían como parte del V'. Los complementos que aparecen dentro del V' son, pues, los exigidos por la subcategorización del verbo.

Podemos ahora asignar una estructura común a todos los sintagmas nominales, adjetivales, preposicionales y verbales en español, y reducir así la mayoría de las reglas de reescritura del cuadro de la sección 1.4.

Sin embargo, la primera **regla de reescritura** que hemos propuesto, aquella que nos dice que una oración es la unión de un sujeto y un predicado (O → SN SV), no puede ser inicialmente expresada con facilidad por medio de un diagrama que se ajuste al modelo de la X-con-barra. Tenemos que tener en cuenta, además, que la arquitectura de constituyentes propuesta por la teoría X' asume que todo sintagma es *endocéntrico*, es decir, que un sintagma siempre proyecta las propiedades de su núcleo: si el núcleo es un sustantivo, el sintagma será nominal y todo el constituyente SN se comportará en su conjunto de la misma manera en que se comporta, sintácticamente, un sustantivo. En cambio, la regla O → SN SV dista mucho de ser endocéntrica, ya que una oración no hereda ni las propiedades del núcleo verbal ni las del núcleo nominal.

Para intentar que la estructura básica de una oración se ajuste al modelo de la X' recurrimos a una noción muy tradicional, la idea de que el único elemento indispensable para que exista una oración en español es la presencia de un verbo *conjugado* (que necesariamente expresa concordancia con un sujeto, expreso o nulo). Así, aunque la expresión ¡*Fuego!* constituye, en determinados contextos, un enunciado completo y con un significado claro, ese enunciado no es una oración; tampoco es una oración *María tampoco*, aunque dentro de un diálogo pueda ser un enunciado completo. *Leemos*, en cambio, sí lo es ya que la expresión está formada por un verbo conjugado.

Esta idea nos permite considerar que el núcleo de una oración no es ni el SN sujeto ni el SV predicado, sino precisamente los morfemas de conjugación del verbo que nos indican si una oración está, por ejemplo, en tiempo **presente** o en pasado, en indicativo o subjuntivo, o en primera o tercera persona del singular o plural. Para capturar esta idea separamos la concordancia verbal de su raíz (la raíz más vocal temática *le-e-* del verbo *leer*) de los morfemas que indican tiempo, modo, voz, persona y número (-*mos*: presente de indicativo de la primera persona del plural) y consideramos que son estos morfemas, que denominamos CONC, los que constituyen el núcleo de la oración. Una oración deja por tanto de rotularse como O y pasa a ser un SCONC o sintagma de concordancia (en algunos libros SFLEX o sintagma de flexión o inflexión).

En esta nueva manera de analizar una oración, *el sujeto no es más que el especificador del SCONC*, una posición ocupada generalmente por un SN, y el predicado, *el SV complemento del núcleo CONC*. Este SV no tiene como su núcleo a todo el verbo conjugado, sino tan solo a la raíz verbal, ya que los morfemas de conjugación se analizan ahora aparte. Vamos a ilustrar esta idea con el análisis de la oración *Nosotros leemos novelas*:

(66)

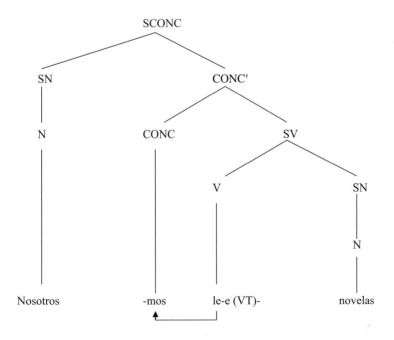

La flecha que une los elementos terminales V y CONC nos sirven para describir el proceso morfológico por el cual el verbo no-conjugado *leer* adquiere los morfemas de concordancia de primera persona del plural de la voz activa del presente de indicativo y se convierte en la forma conjugada *leemos*, núcleo de la oración.

Hemos explicado cómo convertir la mayor parte de las reglas de reescritura a un esquema común básico. Nos queda tan solo un sintagma crucial a la hora de explicar cómo subordinamos oraciones, es decir, cómo somos capaces de insertar una oración de tal forma que dicha oración pase a ser un constituyente de una oración más amplia. En el modelo descrito anteriormente conseguíamos esto mediante una regla doble, que repetimos aquí:

(67)

O' → Comp    O
SV → V       O'

La primera regla nos permitía añadir el complementante *que* a una oración para conseguir una oración subordinada (*que nosotros leemos novelas*), y la segunda regla nos permitía situar una oración subordinada como complemento de un verbo (*dice que leemos novelas*). Podemos obtener un resultado idéntico si consideramos que el complementante *que* es el núcleo de su propio sintagma, SCOMP, que toma como complemento un SCONC u oración. Este SCOMP puede, a su vez, ser el complemento del núcleo verbal, como demuestra el siguiente análisis de la oración *Pedro dice que nosotros leemos novelas*:

(68)

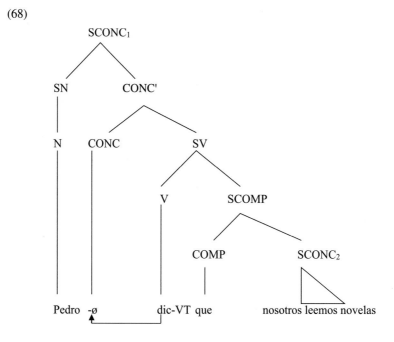

Para ejemplificar cómo funciona el esquema de la X' vamos a analizar de nuevo las dos posibles interpretaciones de la oración ambigua con la que comenzamos nuestra discusión sobre la estructura de constituyentes en español: *Mi hermano vio a un niño con un telescopio*. Recordemos que hay dos interpretaciones posibles para esta oración ambigua: una, aquella en la que *con un telescopio* es un adjunto del núcleo nominal *niño* (69), y la otra, aquella en la que *con un telescopio* es un adjunto del verbo *ver* (70):

(69)

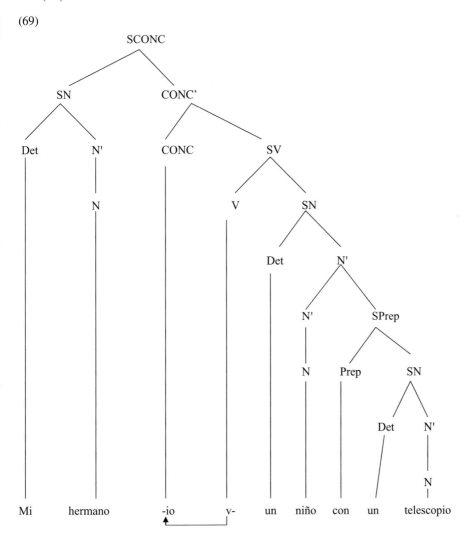

(70)

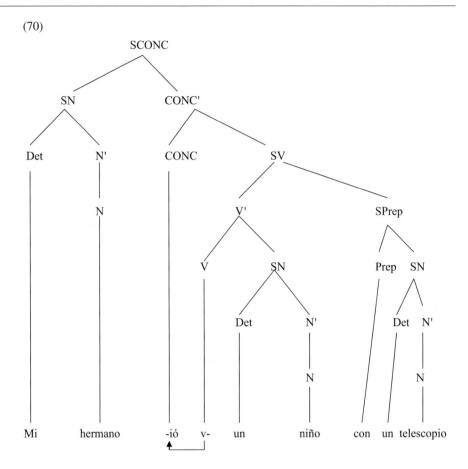

Como resumen de esta sección, hemos visto que, aplicando la teoría de la X', no es posible reducir el conjunto de reglas sintagmáticas del español que hemos descrito en el cuadro final de la sección 1.4 a un solo esquema compuesto por tres reglas básicas. Estas tres reglas describen la arquitectura básica común a cualquier sintagma en español, desde el SPrep más sencillo a la oración más compleja. Algunos autores sostienen que dicho esquema tiene, además, carácter universal, y que las diferencias en la estructura sintagmática entre lenguas diversas se reducen a opciones de orden que afectan a los elementos de cada una de las reglas: en ciertas lenguas los especificadores aparecen a la derecha, o los complementos preceden a su núcleo, por ejemplo.

**Ejercicio 15.** Descubra si el constituyente entre corchetes ([ . . .]) es un adjunto o un complemento del núcleo que le precede en cada uno de los ejemplos a continuación. Justifique su respuesta:

1. casa [de madera]
2. fiel [a su esposa]
3. cuadro [de Velázquez]
4. retrato [de Teresa] (*Teresa aparece en el retrato*)
5. estudiante [de matemáticas]
6. estudiante [con gafas]
7. casa [de Juan]
8. de [la prima de Pedro]
9. comía [jamón serrano]
10. estudiaba [con gafas de sol]
11. comía [por las mañanas]

**Ejercicio 16.** Analice los siguientes sintagmas siguiendo el esquema de la X-con-barra:

1. El hijo de mi primo
2. Orgulloso de mis padres
3. Comiendo en la cocina
4. Comiendo peras en la cocina
5. Comiendo peras de Italia en la cocina
6. Vi una película en el cine
7. Vi una película de horror
8. El cuadro de una manzana de Matisse
9. El mapa de Samarkanda de Suleimán

**Ejercicio 17.** Analice las siguientes oraciones y dibuje el árbol correspondiente a cada oración, pero use el esquema de la X′ en esta ocasión:

1. Juan come manzanas.
2. Juan come manzanas en su cuarto.
3. Creo que sueño.
4. Dijo que Juan tenía hepatitis.
5. Juan dice que Pedro piensa que tenemos demasiadas vacaciones.

**Ejercicio 18.** ¿Cuál es la diferencia entre los dos constituyentes que le presentamos a continuación? ¿Cómo explicaría la diferencia en términos de la X′? ¿Podría dibujar los árboles correspondientes?

1. La sonrisa de perro de Pepe
2. La sonrisa del perro de Pepe

**Ejercicio 19.** Explique la ambigüedad de la siguiente oración usando el esquema de la X′:

El primo de Pepe trajo un mapa de China en su bolsillo

## 2.7.2 Ensamble

La simplificación progresiva de las reglas de reescritura sintagmática que explica la arquitectura básica común a cualquier constituyente, en cualquier lengua, ha llevado a los estudiosos de la sintaxis a proponer un nuevo mecanismo general fundamental que es subyacente a la capacidad humana para formar oraciones. Esta operación sintáctica básica recibe el nombre de *ensamble*.

Por medio de <u>ensamble</u> combinamos dos y solo dos elementos (un núcleo y un sintagma – un no-núcleo) para formar un constituyente complejo cuyas propiedades sintácticas son idénticas a uno y solo uno de los dos elementos que han sido ensamblados. De manera general, esto quiere decir que, dadas dos unidades sintácticas *a* y *b*, la operación de ensamble nos ofrece solo dos posibilidades teóricas: una unidad jerárquica superior que mantiene solo los rasgos sintácticos característicos de *a* (71a) o los de *b* (71b):

(71)

Con un ejemplo concreto, si *a* es el sustantivo *manzanas* y *b* es el adjetivo *verdes*, la operación ensamble nos indica que la concatenación de ambas unidades va a dar como resultado una unidad superior que comparte los rasgos sintácticos del sustantivo *manzanas*, pero no los del adjetivo *verdes*. Esta unidad no es, crucialmente, ni el resultado de la intersección de los rasgos comunes a ambos elementos ni la unión de los mismos, sino que solo hereda las características sintácticas de uno y solo uno de ellos:

(72)

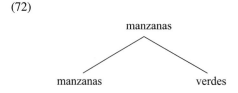

De la misma manera, podemos ensamblar el constituyente en (72) con un nuevo constituyente, la **oración de relativo** *que no tengan gusanos* (resultado, a su vez, de distintas aplicaciones independientes del mecanismo de ensamble):

(73)

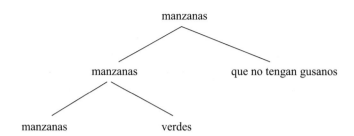

El hecho de que la unidad superior en (73) sea el sustantivo *manzanas* significa que el constituyente complejo (*manzanas verdes que no tengan gusanos*) comparte sus características sintácticas y tiene, por tanto, la misma distribución que el sustantivo simple. Es por ello que, en una posición característica de un sustantivo como *manzanas*, como lo es la posición del complemento directo del verbo de deseo *comer*, pueden aparecer cualquiera de las unidades que son el resultado de ensamblar *manzanas*:

(74)  a.   Quiero [*manzanas*] =>
      b.   Quiero [*manzanas verdes*] =>
      c.   Quiero [*manzanas verdes que no tengan gusanos*]

No resulta difícil comprobar que esta operación de ensamble, binaria y recursiva, es la operación básica subyacente a la descripción estructural de todos los sintagmas que hemos analizado anteriormente bajo el principio de la X-con-barra. La aplicación repetida del mecanismo de ensamble a un elemento *x* tiene como resultado un sintagma-*x* si en cada uno de los pasos la unidad que mantiene sus características propias es dicho elemento *x*, que interpretamos ahora como el núcleo de la construcción. Por ello, la estructura (75a), resultado de ensamblar sucesivamente *x* con las unidades *s*, *r* y *t*, es idéntica a la estructura (75b), bajo el examen familiar de la X-con-barra, donde *x* es el núcleo del Sintagma X, *s* es el complemento, *r* el adjunto y *t* el especificador:

(75)

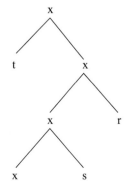

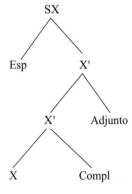

Por ello, la lingüística teórica moderna propone que la computación básica sintáctica se reduce a un mecanismo combinatorio extremadamente simple y con propiedades características: el ensamble o fusión.

## 2.8  El orden de constituyentes en español

Hemos estudiado en detalle qué es un constituyente sintáctico y cuál es la estructura de cada uno de los distintos tipos de constituyente en español. Sin embargo, en las páginas precedentes hemos limitado todos nuestros ejemplos a oraciones que presentan de manera uniforme un orden rígido de palabras en español: **S**ujeto-**V**erbo-**O**bjeto. Aunque este orden, que denominamos SVO, es el más frecuente en nuestra lengua, no es el único orden posible. En esta sección vamos a esbozar una pequeña introducción a los factores que determinan la variación en el orden de los constituyentes oracionales básicos.

El español permite una cierta libertad en la colocación de los constituyentes que forman una oración. A diferencia del inglés, que es una lengua de orden fijo donde el sujeto tiende a preceder al verbo y este último precede a su vez al objeto, el español es una lengua en la que existe una libertad mucho mayor para ordenar los elementos oracionales. Así, en español se permiten, junto al orden normal, "no-marcado" o "canónico", SVO (76a), los órdenes VSO (76b) y VOS (76c):

(76)  a.  Juan ha leído la novela.    (SVO)
      b.  Ha leído Juan la novela.    (VSO)
      c.  Ha leído la novela Juan.    (VOS)

Cada una de estas oraciones ofrece posibilidades interpretativas distintas, pero todas son posibles. El sujeto (S) puede aparecer en posición inicial, inmediatamente detrás del verbo (V) o después del constituyente formado por la unión del verbo y el objeto (VO).

Hay dos tipos de motivos que o bien nos permiten o bien nos obligan a alterar el orden de los constituyentes de una oración en español:

 (i)  los de naturaleza puramente estructural o sintáctica
(ii)  los relacionados con el contenido informativo de la oración.

Hablamos de *motivos estructurales* cuando es el tipo de verbo o la presencia de determinados elementos en la estructura lo que nos fuerza a usar órdenes oracionales distintos del orden SVO. Estas razones de tipo estructural afectan especialmente a la posición del sujeto, que deja de aparecer en la posición inicial de la oración. De manera meramente descriptiva podemos resumir las *seis estructuras principales* en las que lo más frecuente es que el sujeto aparezca en posición postverbal:

1.  En oraciones interrogativas (77a) o exclamativas (77c):

(77) a.  ¿Qué ha leído Juan?
     b.  *¿Qué Juan ha leído?     (con la excepción de los dialectos del
                                   Caribe)
     c.  ¡Qué novela ha escrito Juan!
     d.  *¡Qué novela Juan ha
         escrito!

2. Con verbos psicológicos como *gustar*, *molestar*, *encantar*, *doler*, *irritar*, etc.,
donde *la tendencia* natural es a situar al sujeto tras el verbo:

(78) a.  Me encanta el jamón serrano.
     b.  Nos irritan los ejemplos del libro.

3. Con un cierto tipo de verbos que no toman complemento directo pero cuyo
sujeto no es agente de la acción (verbos intransitivos como *llegar* o *crecer*,
pero no como los intransitivos del tipo *reír* o *estornudar* donde el sujeto es
agente):

(79) a.  Llegó el tren.
     b.  Crecieron muy bien los tomates de tu huerta.

4. Con verbos como *faltar*, *suceder*, *ocurrir*, *sobrar*, que en general toman
sujetos indefinidos y que siempre aparecen tras el verbo:

(80) a.  Falta café.
     b.  Sucedió una catástrofe.
     c.  Sobran profesores especializados en sintaxis.

5. En algunas construcciones con *se* (que reciben un análisis más detallado en
la sección 3.1.3 de este capítulo):

(81) a.  Se quemaron las lentejas.
     b.  Se dijeron muchas tonterías en clase.
     c.  Se me olvidó la tarea.

6. Cuando el sujeto plural no lleva determinante:

(82) a.  Han aparecido nuevos estudiantes. / *Estudiantes han aparecido.
     b.  Vinieron niños de todas partes. / *Niños de todas partes vinieron.

Frente a las oraciones anteriores, donde la aparición de factores estructurales
específicos condiciona la tendencia a que el sujeto no ocupe su posición canó-
nica, en el orden de palabras en español intervienen también otros factores,
relacionados con la distribución de información y con la necesidad de enfatizar
o contrastar determinados constituyentes. Estos son los factores relacionados *con
el contenido informativo* que mencionamos al principio, y que se aplican a
cualquier oración, independientemente de factores estructurales concretos como
los descritos en los ejemplos (76–82).

En el acto de comunicación se introducen unidades comunicativas que proporcionan información nueva al oyente al tiempo que se mencionan otras que se
suponen ya conocidas. El orden de palabras en español se rige, como vimos en la

sección 8.2 del capítulo 2 sobre fonética y fonología, por un principio general que tiende a colocar la información conocida antes de la información nueva. En situaciones no marcadas por la necesidad de enfatizar una idea o un constituyente, lo normal es anteponer la información conocida (que recibe el nombre de *tema o tópico*) a la nueva (que denominamos **rema**, *foco o comentario*):

Orden normal: información conocida ——————— información nueva
tema ——————— rema
tópico ——————— comentario

Puesto que en la gran mayoría de las situaciones contextuales el tema o información conocida y el sujeto coinciden, el orden sujeto (S)-predicado (VO) es el más frecuente o el menos marcado, como hemos visto. Sin embargo, cuando el sujeto constituye la información nueva o rema, tiende a ir al final. Una manera práctica de decidir qué constituye la información nueva en una oración es imaginarse la pregunta concreta a la que dicha oración sirve de respuesta. Por ejemplo, si realizamos una pregunta sobre el sujeto de la oración mediante el uso del interrogativo *quién*, es evidente que la información nueva contenida en la respuesta será el sujeto, y que tendremos la tendencia, por tanto, a colocarlo al final de la oración. Así, la respuesta más natural a la pregunta *¿Quién llega mañana?* es *Mañana llega María*, dónde *María* constituye el rema o información nueva del enunciado, y aparece en posición final. Por el contrario, una respuesta adecuada a la pregunta *¿Cuándo llega María?* sería *María llega mañana*, donde *mañana* es el rema.

Este orden no marcado en el que el tema precede al rema o comentario se caracteriza, además, porque el final de la parte de la oración que corresponde a información conocida se suele indicar por medio de un **tono** alto en su última sílaba, como vimos en el capítulo 2.

Ahora bien, en situaciones no marcadas por la necesidad de enfatizar o contrastar un constituyente, es decir, en oraciones "normales" en cuanto a su **entonación**, tenemos la posibilidad de interpretar como información nueva no solo el último elemento, sino también dos o más elementos contenidos en el predicado, el predicado completo, o la oración completa. Veamos un ejemplo:

(83) Juan le ha regalado a María un libro.

La oración (83) puede ser la respuesta a, al menos, tres preguntas distintas:

(84) a.    ¿Qué le ha regalado Juan a María?
b.    ¿Qué ha hecho Juan?
c.    ¿Qué ha pasado?

Si (83) es la respuesta a (84a), la información nueva es solo el complemento directo *un libro*, pero si es la respuesta a (84b), el rema es ahora todo el predicado (el SCONC), *le ha regalado un libro a María*. Del mismo modo, si (83) es la respuesta a (84c), la oración entera es la información nueva.

Lo interesante es que, para que todas estas posibilidades sean ciertas, es decir, para que más de un constituyente sea el posible rema de la oración, es necesario que ninguno de los constituyentes esté desplazado de su posición básica, del orden SVO. Existe por tanto en español una relación muy estrecha entre el cambio de posición de un constituyente oracional y sus posibilidades interpretativas. Vamos a intentar describir un par de principios que modifican la posible interpretación de los constituyentes oracionales dependiendo del orden en que estos se encuentren.

Habíamos mencionado ya la posibilidad de desplazar unidades sintácticas de su posición original al hablar de las pruebas de movimiento, que nos servían para discernir si una secuencia de palabras formaba o no constituyente. La estructura lineal de la oración puede alterarse mediante dos procedimientos sintácticos que tienen como consecuencia la *anteposición de un constituyente oracional* en función de su papel informativo. Podemos, en primer lugar, anteponer la información nueva, que como sabemos tiende a ir al final, de manera que ocupe ahora la posición inicial absoluta de oración. Este proceso recibe el nombre de *rematización* o *topicalización*, y lo ejemplificamos en (85):

(85) a.  EN ESE CAPÍTULO te dije (yo) que estaba la explicación.
     b.  UN NUEVO CORTE DE PELO necesitas (tú).
     c.  CON SU NUEVO AMIGO fue María al cine.

Este proceso de anteposición que excepcionalmente coloca la información nueva antes de la conocida se caracteriza por presentar ciertas propiedades características, que detallamos a continuación:

(i)   Conlleva la anteposición del verbo, es decir, obliga al sujeto (*yo* en (85a), *tú* en (85b) y *María* en (85c)) a aparecer tras el verbo.
(ii)  No permite la anteposición de más de un constituyente (*EN ESE CAPÍTULO, LA EXPLICACIÓN te dije yo que estaba*).
(iii) El constituyente antepuesto recibe una interpretación contrastiva: (85c), por ejemplo, significa que *María fue al cine con su nuevo amigo* (*y no con Pedro, o con un viejo amigo*).
(iv)  Emplea un patrón especial de entonación, descrito ya en el capítulo 2: la palabra enfatizada se produce con una amplia subida y bajada en su sílaba acentuada. Además, a partir de la postónica y hasta el final de la oración tenemos una bajada tonal, con fuerte reducción de otros acentos que puedan seguir.

Además de este proceso de *rematización*, en español podemos anteponer un constituyente oracional mediante otro procedimiento sintáctico distinto y de propiedades diferentes al anterior, y que denominamos *tematización* o *dislocación a la izquierda*. En este caso, anteponemos la información conocida con la intención de enfatizar aquello de lo que estamos hablando y de dotarle de mayor fuerza expresiva:

(86) a.  A su nuevo amigo, María lo invitó al cine.
     b.  Esos libros, yo no los había visto antes.
     c.  A Juan, no lo veo desde hace mucho tiempo.

Las características del proceso de tematización difieren notablemente de las del de rematización:

(i)  El sujeto de la oración permanece en su posición preverbal, no-marcada.

(ii) El elemento desplazado se ve duplicado por un pronombre de complemento directo o indirecto dentro de la oración (*lo* en (86a) duplica a *a su nuevo amigo*, por ejemplo, al igual que *los* duplica a *esos libros* en (86b)).

(iii) Es posible anteponer o tematizar más de un constituyente (*A su nuevo amigo, al cine, María lo invitó*).

(iv) Entre el elemento desplazado y el resto de la oración establecemos una pausa, que marcamos ortográficamente con una coma.

En esta sección hemos descrito algunos de los procesos que permiten que el orden de constituyentes de la oración en español sea relativamente libre. Hemos visto cómo estos procesos tienen que ver, o bien con condiciones estructurales específicas de la oración, o bien con mecanismos relacionados con el contenido informativo de la misma.

**Ejercicio 20.** Considere las siguientes oraciones:

1. Ha llegado Juan.
2. Le regaló un libro a su esposa Pedro.
3. Faltan sillas en esta aula.
4. Me duele el pie.
5. Se encontraron varias pruebas.
6. La tortilla la trajo Juan.
7. Dinero no tengo.
8. Salió el tren a las 4:30.
9. Esos libros, no los puedo soportar más.
10. Crecían mucho las flores de tu jardín.
11. La inseguridad crea miedo.

Describa el orden básico (SV(O), VS(O), VOS) de los constituyentes oracionales de cada uno de los ejemplos anteriores.

**Ejercicio 21.** Para cada uno de los ejemplos del ejercicio anterior, decida si el orden de palabras está condicionado por aspectos estructurales o de contenido informativo.

**Ejercicio 22.** Describa cuáles son los casos de tematización y de rematización entre los ejemplos de ejercicio 20. Razone su respuesta.

**Ejercicio 23.** En el párrafo siguiente, describa el orden de constituyentes de cada oración. Proponga una explicación para cada una de las oraciones que no se conformen al patrón no-marcado SVO:

> *El cura esperaba sentado en un sillón con la cabeza inclinada sobre la casulla de los oficios de réquiem. La sacristía olía a incienso. En un rincón había un fajo de ramitas de olivo de las que habían sobrado el Domingo de Ramos. Las hojas estaban muy secas, y parecían de metal. Al pasar cerca, mosén Millán evitaba rozarlas porque se desprendían y caían al suelo. Iba y venía el monaguillo con su roquete blanco. La sacristía tenía dos ventanas que daban al pequeño huerto de la abadía. Llegaban del otro lado de los cristales rumores humildes. Alguien barría furiosamente, y se oía la escoba seca contra las piedras.*              Ramón J. Sender, *Requiem por un campesino español*

## 3     La oración en español

Hasta ahora hemos descrito un modelo sintáctico formado por tres componentes básicos: léxico, sintagmático y transformacional. Hemos discutido el carácter jerárquico de la organización de la oración en una estructura de constituyentes y algunas de las reglas de *reescritura* y de las transformaciones que caracterizan la sintaxis del español. Sin embargo, aunque la oración es la unidad básica de análisis sintáctico, todavía no la hemos definido y nos hemos conformado con decir que una oración es el resultado de la unión de un SN y un SV (de un sujeto y un predicado).

El problema de definición de la oración es un problema clásico, pero no esencial. Existen en la historia de nuestra disciplina más de doscientos tipos distintos de definición. Podemos encontrar definiciones de naturaleza *semántica* ("oración es la unidad gramatical que posee sentido completo"), de naturaleza *lógica* ("la expresión de un juicio / la unidad de predicación"), de naturaleza *psicológica* ("es la unidad de intención comunicativa") o de naturaleza *formal* ("la forma gramatical que no es parte de ninguna otra más amplia"). Aunque todas ellas remarcan el carácter independiente de la oración como unidad, ninguna de ellas es lo suficientemente precisa como para separar una oración de aquello que no lo es. Dos son los problemas fundamentales con los que se enfrentan todas estas definiciones: primero, que nociones tales como "sentido completo" o "intención comunicativa" son difíciles de precisar; segundo, que existen unidades que intuitivamente aceptamos como oraciones y que, o bien no tienen verbo, o presentan atribuciones o predicaciones no verbales. Ejemplos clásicos de estas son las siguientes:

(87)  a.   ¡Fuego!
     b.   ¡Socorro!
     c.   La sal, por favor.
     d.   Guerra en Irán.
     e.   Muy buena persona, esta Anna María.
     f.   De bastante mal gusto ese detalle.

En la actualidad se piensa que las definiciones no deben ser el objeto de la teoría sintáctica, sino que debemos preocuparnos de cómo se comportan las oraciones en una lengua dada, de sus propiedades formales y de la clasificación de los distintos tipos de oración. En las secciones que siguen vamos a ofrecer una clasificación de las oraciones del español y una descripción de sus características básicas. Como punto de partida vamos a definir la oración, a pesar de los problemas que dicha definición implica, como "la unidad predicativa formada en torno a un verbo conjugado". Notemos que esta definición es equivalente a otras como "unidad formada por un sujeto y un predicado", dado que un verbo conjugado implica un sujeto (que puede ser no explícito). Esta definición nos lleva, pues, a descartar como oraciones las construcciones en (87) pero nos permite mantener la definición formal de oración como unión entre un SN (un sujeto) y un SV que predica algo de dicho sujeto (un predicado). A las oraciones que constan de un sujeto y de un solo predicado las denominamos **oraciones simples**. Ejemplos de oraciones simples son los siguientes:

(88)  a.  Juan está harto de la sintaxis.
      b.  ¿Dónde pusiste el libro?
      c.  No tengo dinero.
      d.  Pedro y María no quieren más café.

## 3.1  La oración simple: definición y clasificación

Las oraciones en (88) son oraciones simples porque constan de un solo predicado. Aunque la oración (88d) parece tener dos sujetos, sabemos que se trata de un solo sujeto coordinado (sección 1.4). Existen en cambio oraciones que aparentan tener más de un verbo pero que son consideradas oraciones simples. El primer caso está formado por oraciones simples con verbos auxiliares como *estar* o *haber*:

(89)  a.  Fernanda está mirando la televisión.
      b.  Nosotros ya hemos comprado jamón serrano.

En segundo lugar, consideramos simples a aquellas oraciones con verbos modales tales como *poder, querer, soler, deber*, etc.:

(90)  a.  Tú *puedes dibujar* indicadores sintagmáticos.
      b.  Tú *quieres dibujar* indicadores sintagmáticos.
      c.  Tú *sueles dibujar* indicadores sintagmáticos.
      d.  Tú *debes dibujar* indicadores sintagmáticos.

En tercer lugar, algunas perífrasis verbales forman oraciones simples. Ocurre así con construcciones tales como *ir + a + infinitivo*; *acabar + de + infinitivo*; *seguir + gerundio*:

(91)  a.  Voy a tirar el libro de lingüística a la basura.
      b.  Acabo de romper las páginas del capítulo de sintaxis.
      c.  Sigo odiando esta asignatura.

En estos casos consideramos que los dos verbos de cada oración (el auxiliar o el modal y el verbo principal en las oraciones (90) o los que forman la perífrasis en (91)) forman una sola unidad sintáctica verbal. Hay un comportamiento formal que diferencia estas unidades sintácticas que forman oraciones simples: el ascenso de clíticos que describimos brevemente en la sección 1.6. Un pronombre de objeto directo o indirecto puede "saltar" por encima de una de estas unidades sintácticas verbales, como vemos en los siguientes ejemplos:

(92) a.  Fernanda está mirándo**la** → Fernanda **la** está mirando.
     b.  Tú puedes/quieres/sabes/debes dibujarlos →
         Tú **los** puedes/quieres/sabes/debes dibujar.
     c.  Voy a tirar**lo** a la basura → **Lo** voy a tirar a la basura.
     d.  Acabo de romper**las** → **Las** acabo de romper.
     e.  Sigo odiándo**la** → **La** sigo odiando.

De esta manera diferenciamos las oraciones simples de los ejemplos anteriores de oraciones como las siguientes:

(93) a.  Lamento que **la** odies → *La lamento que odies.
     b.  Quiero que **te lo** comas → *Te lo quiero que comas.

**Ejercicio 24.** Determine cuáles de las siguientes oraciones son simples y cuáles no. Explique su respuesta:

1. Pedro y Juan han vivido en Seattle.
2. Esa casa fue diseñada por Frank Lloyd Wright.
3. Plácido parece cantar ópera muy bien.
4. Joyce puede cocinar una tortilla de patatas estupenda.
5. Quiero proponérselo mañana.
6. Quiero que se lo propongas tú.
7. Él cuida del niño y ella trabaja.
8. Él y ella cuidan del niño.

Hay dos maneras tradicionales de clasificar las oraciones simples:

## Clasificación de las oraciones simples

1. Según *la actitud del hablante*. De acuerdo con este criterio las oraciones se dividen en:
   - declarativas
   - interrogativas
   - exclamativas
   - imperativas

> 2. Según *la naturaleza del predicado*. Siguiendo este criterio clasificamos las oraciones en:
> - copulativas
> - intransitivas
> - transitivas (y, dentro de ellas, reflexivas y recíprocas)
> - pasivas
> - impersonales

### 3.1.1   De acuerdo con la actitud del hablante

Llamamos **oraciones declarativas** a aquellas que proveen información (94a y b), mientras que denominamos **interrogativas** a aquellas que solicitan información (94c y d):

(94)  a.  Juan celebró su cumpleaños ayer.
        b.  Faltan tres semanas para el final del semestre.
        c.  ¿Vienes o te quedas?
        d.  ¿Qué quieres hacer?

Existen dos clases de oraciones interrogativas simples: las que se pueden responder por medio de un *sí* o un *no* y que llamamos *interrogativas totales*:

(95)  a.  ¿Estudias?
        b.  ¿Vas a venir al partido de baloncesto con nosotros?

y las que solicitan información específica y que denominamos *interrogativas parciales*. Estas van introducidas por los pronombres interrogativos *quién, cómo, dónde, cuándo, cuánto, por qué, de quién*, etc.:

(96)  a.  ¿Quién ha leído el capítulo?
        b.  ¿De quién son estos calcetines?
        c.  ¿Por qué no te gustan las chimichangas?
        d.  ¿Dónde vive Pepe?

Como podemos observar, tanto en las interrogativas parciales como en las totales invertimos normalmente el sujeto y el verbo. Existe un tipo adicional de oraciones interrogativas que denominamos *interrogativas disyuntivas*. En ellas el hablante debe elegir entre dos opciones:

(97)  ¿Quieres un zumo o una cerveza?

Este tipo de interrogativa recibe dos posibles interpretaciones: una excluyente (una opción o la otra: en el ejemplo anterior el interlocutor debe escoger o bien un jugo o bien una cerveza) y otra incluyente (cualquiera de las dos opciones: al interlocutor se le ofrece una, otra o ambas opciones). Ambas interpretaciones se diferencian únicamente por la entonación. Debemos recordar que la entonación es básica para distinguir las oraciones interrogativas de otros tipos de oraciones.

Las oraciones **exclamativas** son aquellas que expresan emoción y que generalmente se escriben entre signos de exclamación (¡!). Las estructuras exclamativas más frecuentes son *qué + ADJ* o *ADV*; *lo + ADJ* o *ADV + que*; *cómo* o *cuánto + SV*:

(98)  a.  ¡Qué increíble!
      b.  ¡Lo bien que te sienta ese vestido!
      c.  ¡Cómo canta María!
      d.  ¡Qué rápido escribes a máquina!

Los pronombres exclamativos y los interrogativos son los mismos, y muchas veces lo único que los distingue es la entonación. La única diferencia formal que podemos resaltar es que hay adverbios que pueden modificar a un adjetivo, otro adverbio o un verbo y que aparecen solo en oraciones exclamativas, nunca en interrogativas:

(99)  a.  ¡Qué bien canta!
      b.  *¿Qué bien canta?

Las oraciones **imperativas** o *exhortativas* expresan un mandato o un ruego por parte del hablante. Usan en general el imperativo en las formas *tú* y *vosotros* y el modo subjuntivo en todas las demás formas:

(100)  a.  ¡Escribe tu tarea!
       b.  ¡Mirad a la derecha!
       c.  ¡Salgamos a la calle!
       d.  ¡Canten el himno!

Aparte de los mencionados, no hay muchos procedimientos gramaticales que caractericen al imperativo. Precisamente por esto se suele acudir a otros tiempos o modos con valor semántico de imperativo. Así, podemos expresar un mandato o un ruego mediante el uso de infinitivo (101a y b), del presente (101c, d y e), del condicional (101f) o del futuro (101g):

(101)  a.  ¡No fumar!
       b.  ¡A callar!
       c.   Sigue Ud. recto y tuerce a la derecha.
       d.  ¡Tienes que creerme!
       e.  ¡Ya estás saliendo!
       f.   Yo en tu lugar me callaría.
       g.  ¡No matarás!

Las definiciones anteriores de los distintos tipos de oración de acuerdo con la actitud del hablante son definiciones de carácter semántico que prestan una atención limitada a las características formales de las mismas. Uno de los problemas de este tipo de definición es que debemos separar la estructura sintáctica de las oraciones de su interpretación. Por eso es posible encontrar oraciones que son interrogativas desde un punto de vista formal, pero que se interpretan como imperativas, es decir, que no solicitan información, sino que pueden ser interpretadas como una propuesta, una recriminación o un mandato:

(102) a.  ¿Quieres callarte?
      b.  ¿Puedes pasarme la sal?

y también oraciones declarativas que se interpretan como preguntas (103a) o como mandatos (103b):

(103) a.  No tengo tu teléfono.
      b.  Deberías callarte.

### 3.1.2  De acuerdo con la naturaleza del predicado

Denominamos oraciones **copulativas** o *de predicado nominal* a aquellas oraciones donde el verbo no añade nada al significado de la oración, sino que sirve de puente entre el sujeto y el sustantivo o adjetivo. Estas oraciones se caracterizan por la presencia de un **verbo copulativo**: *ser*, *estar*, *ponerse*, *quedarse*, *mantenerse*:

(104) a.  María es abogado.
      b.  Ella está cansada.
      c.  Nosotros nos pusimos muy tristes.
      d.  Luis se quedó de piedra.
      e.  Nos mantenemos alerta.

Como vemos, estas oraciones suelen estar formadas por un sujeto, un verbo copulativo y un constituyente nominal, adjetival, preposicional u oracional al que denominamos **atributo**. Cuando el atributo es un SN precedido de un determinante resulta difícil establecer la diferencia entre el sujeto y el atributo:

(105) a.  Guillermo es el jefe.
      b.  El jefe es Guillermo.

Un método para clarificar la diferencia es recordar que, mientras que podemos sustituir un sujeto en español por un pronombre nominal, el atributo de una oración copulativa ha de ser sustituido por el pronombre *lo*. Así, la oración equivalente a la anterior es, en ambos casos:

(106) Él lo es.

donde *él* sustituye a *Guillermo* y es, por tanto, el sujeto, y *lo* sustituye a *el jefe* y es, por tanto, el atributo.

Este mecanismo de sustitución por *lo* nos permite diferenciar entre las construcciones con *ser*, *estar* y *parecer* del resto de las demás construcciones ejemplificadas en (104). Los verbos como *ponerse*, *quedarse*, *mantenerse* no admiten la sustitución de su atributo por medio del pronombre de complemento directo. Estos verbos reciben el nombre de **pseudocopulativos**. Nótese que, además, el atributo de estos verbos puede ser sustituido, en la mayoría de los casos, por el adverbio *así*:

(107)  a.  María es abogado.              → María lo es.
       b.  Ella está cansada.             → Ella lo está.
       c.  Nosotros nos pusimos muy tristes.  → *Nosotros nos lo pusimos.
                                          → Nosotros nos pusimos así.
       d.  Ella se quedó de piedra.       → *Ella se lo quedó.
                                          → Ella se quedó así.
       e.  Nos mantenemos alerta.         → *Nos lo mantenemos.
                                          → Nos mantendremos así.

Además de estas construcciones copulativas en español, existe un grupo peculiar de construcciones en las que también se establece una relación de predicación entre el sujeto y un elemento atributivo, generalmente un adjetivo. Considere los siguientes ejemplos:

(108)  a.  Los niños estaban tranquilos.
       b.  Los niños dormían tranquilos.

Mientras que en (103a) es imposible eliminar el adjetivo (*Los niños estaban), en (108) podemos suprimirlo (Los niños dormían). Por ellos podemos deducir que, a diferencia de lo que ocurre en oraciones copulativas como (108a), es el verbo y no el adjetivo el verdadero soporte de la predicación en (108b). En ambos casos, el sujeto y el adjetivo concuerdan, y el adjetivo predica algo sobre el sujeto. Por ello la gramática tradicional usa el término de *predicación secundaria*, para diferenciar estas construcciones de las copulativas, en ejemplos como los siguientes:

(109)  a.  Los invitados llegaron sedientos.
       b.  Este equipo de música suena fatal.
       c.  La fabada sabe divina.

Es necesario mencionar que en estas construcciones de predicación secundaria la relación de predicación se puede dar no solo entre el adjetivo y el sujeto, sino también entre el adjetivo y el complemento directo. A la unión de un SN y un elemento que establece una predicación secundaria se la conoce como *claúsula reducida*, como ejemplificamos entre corchetes en (110):

(110)  a.  Vi [a Juan borracho].
       b.  María compró [barato el disco].
       c.  Ellos consideran [inteligente a José Ignacio].

Por otro lado, *ser* y *estar* no son siempre verbos copulativos. Cuando *ser* tiene el sentido de "existir" o cuando *estar* tiene el significado de "permanecer" o "estar presente" nos hallamos no ante un predicado nominal sino ante un *predicado verbal*, es decir, un tipo de predicado similar al formado por todos los verbos que no son copulativos:

(111)  a.  La fiesta es a las siete.
       b.  Para esa hora estaremos en casa.

Los predicados verbales, a diferencia de los nominales, expresan estados o actividades en las que participa el sujeto. Atendiendo a los núcleos de dichos predicados podemos separar las oraciones en **transitivas** e **intransitivas**. Como hemos visto, cada verbo requiere un número determinado de argumentos. El verbo *poner* requiere la presencia de tres argumentos: un quién, un qué y un dónde. El primer argumento corresponde al sujeto oracional. Fijémonos ahora en los otros dos. Sabemos que, si falta alguno de estos argumentos, la oración no es gramatical (sección 1.5). A estos argumentos distintos del sujeto y que son requeridos por el verbo los denominamos *complementos*.

Denominamos verbos intransitivos a aquellos que no requieren ningún complemento, aunque puedan aparecer con uno o más modificadores no argumentales (adjuntos). Las oraciones en las que aparece un verbo intransitivo se denominan, lógicamente, **oraciones intransitivas**:

(112)  a.   María estuvo durmiendo toda la noche.
       b.   Paco vivió en Iowa.
       c.   Llegaron a las tres.

Verbos transitivos son, por otro lado, aquellos que *pueden* aceptar un complemento directo:

(113)  a.   Escuchamos la radio por las mañanas.
       b.   Enciende la luz, por favor.
       c.   Pienso que esto es ridículo.

Fijémonos ahora en el ejemplo (113a). Dado que la subcategorización de *escuchar* nos dice que dicho verbo requiere solo dos argumentos, el que escucha y lo escuchado (un quién y un qué), el SPrep *por las mañanas* no es un argumento del verbo. Decimos por tanto que ese SPrep es un modificador o *adjunto* del sintagma verbal, no un complemento, tal como vimos en la sección dedicada al esquema de la X-con-barra.

Denominamos *complemento directo* (u objeto directo) al SN o SCOMP (O') subcategorizados por un verbo transitivo. El complemento directo puede ser sustituido por el correspondiente pronombre acusativo átono: *me*, *te*, *lo*, *la*, *nos*, *os*, *los*, *las*, como es fácil de ver en los ejemplos anteriores:

(114)  a.   La escuchamos por las mañanas.
       b.   Enciéndela, por favor.
       c.   Lo pienso.

Un caso especial de verbo transitivo es el de los denominados **ditransitivos**. Son estos verbos que permiten dos complementos (qué y a quién), tales como *dar*, *regalar*, *enseñar*, etc. El segundo complemento recibe el nombre de *complemento indirecto* (u objeto indirecto) y puede ser duplicado y/o sustituido por un pronombre átono, *me*, *te*, *le*, *nos*, *os*, *les*, *se* (observemos que los pronombres de objeto directo e indirecto solo son diferentes en la tercera persona):

(115)  a.  Pedro le dio a Juan la mala noticia → Pedro se la dio a Juan.
      b.  Nadie enseña semántica a los estudiantes de español → Nadie se la
         enseña a ellos.

Algunos verbos, como *gustar, doler, faltar, sobrar, molestar, encantar, fascinar*, etc., toman solo un objeto *indirecto*:

(116)  a.  A mi no <u>me</u> gustan las espinacas.
      b.  No <u>nos</u> sobra el dinero.
      c.  A esta camisa <u>le</u> faltan tres botones.
      d.  ¿<u>Te</u> molesta la luz?

Considere los ejemplos en (116). ¿Cómo sabemos que el constituyente subrayado en los ejemplos anteriores es un objeto indirecto? Si recordamos que la forma de los pronombres átonos de tercera persona es distinta para el dativo (complemento indirecto: *le* o *les*) que para el acusativo (complemento directo: *lo, la, los, las*), resulta evidente que el complemento de dichos ejemplos es un objeto indirecto.

Además de los verbos transitivos existen otros verbos que van acompañados necesariamente de un complemento preposicional: *equivaler* (*a*), *carecer* (*de*), *consistir* (*en*), etc. Llamamos a estos **verbos preposicionales**, y a las oraciones resultantes, *oraciones de verbo preposicional*. Dicho objeto preposicional no puede ser sustituido por un pronombre de complemento directo. Con algunos de estos verbos el objeto preposicional es siempre obligatorio:

(117)  a.  El silencio equivale a la culpa → *El silencio equivale / *El silencio lo
         equivale.
      b.  Este libro carece de fundamento → *Ese libro carece / *Ese libro lo
         carece.
      c.  La tarea consiste en inventarse oraciones intransitivas → *La tarea
         consiste / *La tarea lo consiste.
      d.  Optaron <u>por el Toyota</u>. → *Lo optaron / *Optaron.

Hay también verbos como *soñar* y *pensar* que, aunque pueden usarse sin objeto, se usan también con un objeto preposicional, con una preposición específica:

(118)  a.  Sueño <u>con serpientes</u>.
      b.  Juan piensa <u>en sus vacaciones</u>.

Encontramos dos casos especiales de verbos transitivos en español: los *reflexivos* y los *recíprocos*. En ambos casos, el agente y el paciente de la acción denotada por el verbo reflexivo coinciden. La diferencia fundamental consiste en que, por lo general, podemos añadir los SPrep "a sí mismo/a/os/as" a las oraciones de significado reflexivo mientras que añadimos opcionalmente el SPrep "el uno Prep + el otro" (i.e. *el uno al otro, el uno con el otro*) a las construcciones recíprocas:

(119)  a.  <u>Yo me miro en el espejo</u> a menudo.     (*reflexiva*)
      b.  <u>Guillermo se tiñe el pelo a sí mismo.</u>     (*reflexiva*)
      c.  <u>Ellos se admiran el uno al otro.</u>     (*recíproca*)
      d.  <u>Ellos se miraban</u> (a sí mismos/el uno al otro).     (*ambas*)

No todos los verbos reflexivos o recíprocos son transitivos. Algunos intransitivos admiten incrementación reflexiva (es decir, admiten la forma con *se*) y permiten un uso recíproco. El caso más clásico es el verbo *pelearse*, que proviene de un intransitivo ("pelear") y puede usarse en oraciones recíprocas ("se peleaban el uno con el otro").

Debemos diferenciar entre aquellos verbos que solo tienen la forma reflexiva, *jactarse*, *quejarse*, *arrepentirse*, *vanagloriarse*, etc., y que se construyen en todas sus formas y personas con pronombres reflexivos (esto es, no existen oraciones como \*Juan jacta*, sino solo *Juan se jacta*), de aquellos verbos de acción o estado usados de forma reflexiva: *bañar/bañarse*; *levantar/levantarse*; *mirar/mirarse*; *separar/separarse*, etc. El *se* de las primeras construcciones se denomina *se léxico* para diferenciarlo del puramente reflexivo. Existe además otro tipo de verbos en el que el *se* es léxico, pero en el que su aparición es opcional: *dormir/dormirse*; *reir/reirse*; *ir/irse*. En estos verbos intransitivos la aparición del *se* introduce una diferencia mínima de significado, generalmente enfática, lo que les semeja a las construcciones con *se télico* que veremos más adelante, en la sección 2.1.3.

Los verbos transitivos pueden aparecer también en construcciones pasivas. Las **oraciones pasivas** formalmente se caracterizan por que el verbo aparece en voz pasiva (*ser + participio pasivo*). En ellas el sujeto no se interpreta como agente sino como tema de la acción, es decir, como el complemento directo del verbo:

(120)  a.   La ciudad fue atacada al amanecer.
        b.   La pizarra ha sido robada por los estudiantes.
        c.   Esa novela está escrita con esmero.

Como vemos en el ejemplo (120c), la combinación de un participio pasivo con el verbo *estar* en vez de *ser* no tiene el valor de una auténtica pasiva, sino que expresa el resultado de una acción acabada. De ahí la diferencia de interpretación entre:

(121)  a.   La puerta fue cerrada.
        b.   La puerta estaba cerrada.

En (121a) la oración tiene un sentido plenamente pasivo. En cambio, (121b) describe el resultado de la acción de cerrar la puerta.

Las construcciones pasivas pueden llevar también expresado el agente de la acción por medio de un SPrep con núcleo *por* o *de*:

(122)  a.   Juan es respetado por todos.
        b.   El libro fue escrito por tres amigos.
        c.   El desfile fue precedido de las autoridades.

En español podemos usar una construcción similar a la pasiva mediante el uso de *se*, acompañado del verbo en forma activa y en tercera persona del singular o del plural y, en algunos casos, acompañado también del agente precedido por las preposiciones *de* o *por*. Ejemplos clásicos son los siguientes:

(123)  a.   Se firmó la paz (por los embajadores).
        b.   Se han divulgado las noticias.

Denominamos a estas construcciones **pasivo-reflejas** (es decir, pasivo-reflexivas: con interpretación pasiva y morfología reflexiva). En estas oraciones el sujeto, interpretado semánticamente de la misma manera que el objeto directo de la correspondiente oración activa, concuerda con el verbo en singular o plural como en el resto de las oraciones pasivas. Si se elimina el agente en los ejemplos anteriores en los que el sujeto es singular y por tanto el verbo aparece en tercera persona del singular, nos hallamos en el límite que separa las pasivas de las impersonales que hemos discutido recientemente. Volveremos a este tema más adelante.

Para terminar con la clasificación de las oraciones simples atendiendo a la naturaleza del predicado, hemos de mencionar las oraciones *impersonales*. Estas son de tres tipos: en primer lugar, las oraciones impersonales con verbos meteorológicos naturales en los que es difícil pensar que haya un agente de la acción distinto de la acción misma, *llover*, *granizar*, *nevar*, *tronar*, *amanecer*.

(124)  a.   Llueve.
       b.   Está nevando en los puertos de montaña.

El segundo grupo de impersonales lo forman las oraciones con los verbos *haber*, *ser* y *hacer*.

(125)  a.   Hay jamón serrano en la despensa.
       b.   Hace calor.
       c.   Es demasiado tarde.

El tercer grupo lo forman las *impersonales con* se. A diferencia de las oraciones pasivas reflejas descritas anteriormente, el verbo no concuerda con su complemento:

(126)  a.   Se come bien aquí.
       b.   Se bailó hasta las cuatro de la madrugada.
       c.   Se invitó a todos los empleados.

En estos casos no podemos expresar un agente por medio de un SPrep. Tampoco podemos añadir un sujeto, aunque sea impersonal, a estas construcciones:

(127)  a.   Se bailó mucho (*por los          *Impersonal con se*
                 asistentes).
       b.   Se trabaja bien aquí. (*Uno se     *Impersonal con se*
                 trabaja bien aquí.)
       c.   *El hombre se piensa demasiado.     *Impersonal con se*
       d.   Se han divulgado las noticias.      *Pasiva-refleja (el verbo en plural*
                                                *concuerda con el sujeto)*

Una de las características de estas construcciones impersonales, además del hecho de que no concuerdan con el verbo en plural, es que pueden aparecer con un complemento de persona precedido por la preposición "a". Curiosamente, y en contra de lo que podríamos esperar, este complemento directo puede ser sustituido por un pronombre dativo *le* o *les* en vez de *lo*, *la*, *los*, *las* (en la mayor parte de los dialectos del español):

(128)  a.   Se convocó a los asistentes → Se *les* convocó.
      b.   Se premió al estudiante → Se *le* premió.

A la hora de analizar las oraciones impersonales de cualquier tipo suponemos que su sujeto es un *pro*, un elemento pronominal vacío, pero que a diferencia del analizado anteriormente en la sección 1.4, se trata de lo que denominamos un *pro impersonal* o un *pro expletivo* – en el caso de los verbos meteorológicos o de las impersonales con *haber, ser o hacer*.

Algunas oraciones de significado impersonal pueden construirse también con un sujeto determinado *uno* y un verbo en forma reflexiva:

(129)  a.   Uno se acostumbra a todo.
      b.   Uno se tiene que afeitar todos los días.

Como resumen, las oraciones simples pueden clasificarse, en cuanto a la naturaleza de su predicado, de la siguiente forma:

ORACIONES SIMPLES: clasificación

De acuerdo con la naturaleza del predicado:

– copulativas
– intransitivas
– de objeto preposicional
– verbos como *gustar*
– transitivas
– recíprocas
– reflexivas
– pasivas
– impersonales.

**Ejercicio 25.** Clasifique las siguientes oraciones simples de acuerdo con la naturaleza del predicado y con la actitud del hablante:

1. ¿Se baila mucho en Sevilla?
2. ¡Qué bien te queda ese vestido!
3. No está nevando.
4. ¡Vende esa casa!
5. Nadie le ha hecho nada a nadie.
6. Siempre se quejan de los ejercicios.
7. Hace mucho calor.
8. La reunión fue en casa de Pepe.
9. La reunión fue muy aburrida.
10. ¿Por qué estás deprimido?

### 3.1.3   Algunos usos del *se* en español

No es difícil darse cuenta de que una de las unidades más difíciles de analizar en español es *se*. Ya hemos visto en la sección anterior que aparece tanto en oraciones impersonales como en oraciones reflexivas, recíprocas y pasivo-reflejas. Pero la misma unidad aparece en tres tipos de construcciones más: en primer lugar, *se* puede ser un **dativo de interés**, que refuerza el valor subjetivo y afectivo de la frase pero que no es necesario desde un punto de vista gramatical. Este dativo, que también se denomina **télico**, añade una interpretación específica, que indica que la acción se ha completado en su totalidad:

(130)  a.  Comí una hamburguesa → Me comí una hamburguesa.
      b.  Comió una hamburguesa → Se comió una hamburguesa.
      c.  Ella tomó el café → Ella se tomó el café.

Así, la presencia del dativo en el ejemplo anterior (*me comí una hamburguesa*) sirve para indicar que *me comí toda la hamburguesa*, mientras que en el ejemplo sin dativo (*comí una hamburguesa*) no podemos deducir necesariamente que la acción implique se haya completado en su totalidad; es decir, que es posible interpretar que he comido tan solo una parte de ella. De la misma manera, la oración *ella se tomó el café* significa necesariamente que "se terminó todo el café".

Los verbos que pueden aparecer con un *se télico* suelen ser transitivos (como en los casos de *comer* o *tomar* en los ejemplos anteriores). Sin embargo, también podemos añadir un *se* enfático, que refuerza el valor subjetivo de la frase, a determinados verbos intransitivos como *dormir, morir, ir, reír*, etc. Los verbos resultantes, *dormirse, morirse, irse, reírse*, ocupan una línea divisoria difícil de precisar entre lo que consideramos verbos de *se léxico* y de *se télico*. Como mencionamos anteriormente, muchas gramáticas consideran a estos verbos *verbos de se léxico no-inherente u opcional*, para diferenciarlos de los verbos de se léxico inherente como *jactarse, atreverse, abstenerse*, etc.

Además de en estas construcciones, encontramos *se* también como una *variante contextual* de *le* y *les*, es decir, cuando estos dos pronombres preceden a un pronombre de complemento directo de tercera persona en español (*lo, la, los, las*):

(131)  Le di un regalo → *Le lo di → Se lo di.

Además de estas construcciones existe otra construcción sin agente humano que es distinta de la impersonal pasiva. Fijémonos en que la oración (127a) tiene dos posibles traducciones al inglés (132b) y (132c):

(132)  a.  El barco se hundió.
      b.  The boat sank.
      c.  The boat was sunk (by the enemy).

Mientras que la interpretación de (132c) es claramente pasiva, la interpretación (132b), en la que no existe la posibilidad de participación de un agente humano explícito, recibe el nombre de **voz media**. Las construcciones con *se* en español tienen por tanto interpretaciones muy distintas dependiendo de si hay o no un agente humano implícito. Puesto que todas se forman con el mismo pronombre (*se*), es difícil separar con claridad estas construcciones. A menudo se produce ambigüedad entre diferentes posibles interpretaciones. Así, el siguiente ejemplo puede ser interpretado como voz media, como construcción reflexiva o como pasiva-refleja, tal como demuestran sus posibles traducciones al inglés:

(133)  El coche se movió.    Reflexiva: *The car moved itself.*
                             Pasiva-refleja: *The car was moved.*
                             Voz media: *The car moved.*

Para la mayoría de los hablantes, una frase agentiva precedida por la preposición *por* es incompatible con las interpretaciones pasivo-reflejas y de voz media. Puesto que la construcción pasiva-refleja, pero no la de voz media, presupone la existencia de un agente implícito, una manera de desambiguar estas oraciones es añadir adverbios o construcciones de finalidad que presupongan la existencia de dicho agente. Por ello, las construcciones pasivo-reflejas resultan más naturales si añadimos adverbios como *voluntariamente* o construcciones de finalidad como *para despejar la calle*:

(134)  El coche se movió para despejar la calle. (pasiva-refleja)

En (134), el hecho de que el coche se haya movido con una intención explícita, la finalidad de "despejar la calle", nos indica, por implicación, que un agente humano ha participado en la acción: es por tanto más difícil interpretar (134) como impersonal.

Generalmente se prefiere la interpretación media (sin agente humano) cuando el SN es preverbal, como en (135a), mientras que la interpretación en que hay un agente humano es preferida con un SN pospuesto al verbo, como en (135b):

(135)  a.   La puerta se cerró (con el viento).
       b.   Se cerró la puerta (para que no entrara nadie más).

*Algunos usos de* SE

| | |
|---|---|
| (i) SE variante contextual de *le, les* | Se lo voy a decir a él. |
| (ii) SE reflexivo | Se afeita. |
| (iii) SE recíproco | Se despreciaban el uno al otro. |
| (iv) SE impersonal | Se come bien aquí. |
| (v) SE dativo de interés | Se tomó una cerveza. |
| (vi) SE pasivo-reflejo | Se venden casas baratas. |
| (vii) SE medio | La mantequilla se derritió. |
| (viii) SE léxico | Se jactaban demasiado. |

**Ejercicio 26.** Explique la función sintáctica del *se* en las siguientes oraciones:

1. Juan se hizo daño.
2. María y Elisa no se saludan.
3. Se venden apartamentos.
4. Juan se consiguió una entrada para el concierto.

5. Ellos nunca se han jactado de ser los mejores.
6. Se los tenemos que dar.
7. Se habla inglés.
8. Se convocaron varios premios.
9. Se convocó a los estudiantes de tercer año.
10. Juan se despeinó a causa del viento.

**Ejercicio 27.** Proponga tres ejemplos originales de cada una de las siguientes construcciones:

1. Se impersonal
2. Oración impersonal atmosférica
3. Oración pasivo-refleja
4. Oración ditransitiva
5. Se medio
6. Se variante contextual
7. Oración pseudocopulativa
8. Oración de predicado nominal
9. Se léxico
10. Dativo de interés
11. Oración reflexiva

## 3.2 La oración compuesta: definición y clasificación

Las oraciones simples pueden combinarse para formar unidades mayores a las que denominamos **oraciones compuestas**. Esta combinación se realiza mediante dos procedimientos recursivos:

(i) *Coordinación*: cuando las oraciones son independientes entre sí.

(136) Pedro canta tangos mientras María baila guarachas.

(ii) *Subordinación*: cuando una de las oraciones carece de autonomía estructural y depende de la otra. A la primera la denominamos **oración subordinada** y a la segunda **oración principal**.

(137)  Pedro lee el libro que le regaló Luis.
                              Oración subordinada
    Oración principal

### 3.2.1   Oraciones coordinadas

Las **oraciones coordinadas** son el resultado de la unión de dos o más oraciones independientes. La unión se realiza a través de uno o más elementos conjuntivos y/o de pausas. Atendiendo al nexo de unión, las oraciones coordinadas se clasifican en:

(i) **Copulativas**, con los nexos *y*, *e*, *ni*, etc.

(ii) **Disyuntivas**, cuando unimos dos o más oraciones mediante las conjunciones *o*, *u*.

(iii) **Adversativas**, con las conjunciones *pero*, *más*, *sino que*, etc. En este caso el número de coordinadas se reduce a dos.

(138)  a.   Juan mira la televisión y Pedro lee un libro.        *copulativa*
       b.   Yo cocino, tú pones la mesa y él lava los platos.     *copulativa*
       c.   Ni quiero estudiar ni quiero trabajar.               *copulativa*
       d.   O vienes o te quedas.                                *disyuntiva*
       e.   Me gustaría ir pero no puedo.                        *adversativa*
       f.   No solo es difícil sino que es imposible.            *adversativa*

La estructura general de una oración coordinada es la siguiente:[7]

(139)

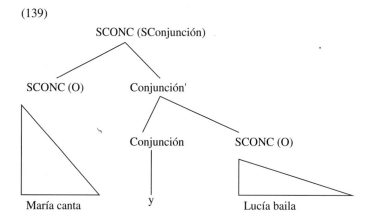

Solo se pueden coordinar oraciones compatibles sintáctica y semánticamente. Por eso es casi imposible coordinar una declarativa y una interrogativa (140a), dos oraciones con distintos valores temporales (140b), dos oraciones incompatibles en cuanto a su contenido informativo (140c) o dos oraciones en orden lógico o cronológico inverso (140d):

(140)  a.    Luis mira la televisión y Pedro lee un libro.
       a'.   *Luis mira la televisión y quién lee un libro.
       b.    Juan sacó el perro y María acostó a los niños.
       b'.   *Juan saca el perro y María acostó a los niños.
       c.    Tengo hambre y estoy a régimen.
       c'.   *Tengo hambre y un presidente del país se llamaba Carter.
       d.    El suicida saltó al vacío y se mató.
       d'.   *El suicida se mató y saltó al vacío.

---

[7]  En oraciones como *Ni María canta ni Lucía baila* tenemos una conjunción discontinua, *ni . . . ni*, que forma el núcleo del sintagma de conjunción.

Las oraciones coordinadas que carecen de nexo conjuntivo se denominan *yuxtapuestas*:

(141)  a.    No vino a clase, estaba enfermo.
       b.    Vino, vio, venció.

## 3.2.2    Oraciones subordinadas

A diferencia de las coordinadas, las **oraciones subordinadas** no pueden aparecer aisladas y dependen sintácticamente de otra oración, que denominamos **oración principal**. Estas oraciones subordinadas son, en general, SCOMPs (O's) y suelen estar por tanto precedidas por un complementante en vez de una conjunción. En los siguientes ejemplos hemos señalado en *cursiva* la oración subordinada:

(142)  a.    Lamento *que tengas tanto sueño*.
       b.    El profesor *que está tan delgado* odia la lingüística.
       c.    Jacinto llegó *cuando estábamos desayunando*.

Hay tres tipos distintos de oraciones subordinadas, dependiendo de la posición que ocupen y de su función.

Si ocupan la posición y desempeñan la función de:

  (i)   un sustantivo, se denominan *subordinadas sustantivas o completivas*;
 (ii)   un adjetivo, se denominan *subordinadas adjetivas o de relativo*;
(iii)   un adverbio, se denominan *subordinadas adverbiales*.

**Ejercicio 28.** En las oraciones siguientes, indique cuáles son coordinadas y cuáles son subordinadas:

1. El partido terminó cuando el árbitro expulsó a todos los jugadores.
2. Sé que María trabaja cuando le apetece.
3. El jugador que fue expulsado primero recibió una multa y los demás jugadores han protestado.
4. Perdono pero no olvido.
5. Que llegues tarde me parece una falta de educación y de respeto.
6. Lo haré cuando José Ignacio, que sabe mucho de estas cosas, me lo diga.

### 3.2.2.1    Subordinadas sustantivas o completivas

Las oraciones subordinadas sustantivas ocupan la misma posición y desempeñan en la oración la misma función sintáctica que un sustantivo, como vemos en el ejemplo siguiente en el que el sustantivo subrayado y que se halla en posición de complemento directo puede ser sustituido por una oración-con-barra que ocupa su misma posición:

(143)    a.    Quiero chocolate.
          b.    Quiero [<sub>SCOMP</sub> que vengas].

Podemos representar la estructura de esta oración del siguiente modo:[4]

(144)

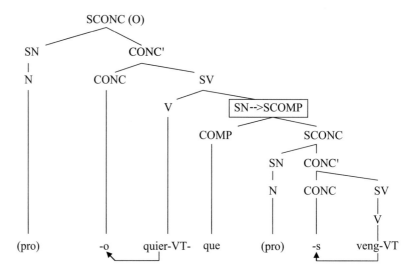

Puesto que las subordinadas sustantivas ocupan la posición característica del nombre, podemos encontrarlas en posición de *sujeto* del predicado principal (145a), de *objeto directo* (145b) o de *objeto preposicional* (145c) o *complemento de otro nombre o adjetivo* (140d):

(145)    a.    Me gusta que la gente sonría.
          b.    María creía que Luis estaba enfermo.
          c.    Juan insistió en que fuéramos al cine.
          d.    Juan está orgulloso de que su hijo estudie en Arizona.

Este tipo de subordinadas pueden ser *finitas* (con el verbo núcleo de la predicación en indicativo o subjuntivo) o *no finitas* (con el verbo en infinitivo). Solo las primeras van introducidas por el complementante *que*:

(146)    a.    Me gusta sonreír.
          b.    María cree estar enferma.
          c.    Juan insistió en ir al cine.

---

[4]   El recuadro del ejemplo (144) nos sirve para visualizar la idea de que la oración subordinada (SCOMP) está ocupando la posición normalmente ocupada por un SN y que es, por tanto, una subordinada sustantiva. La función del recuadro es, por tanto, meramente pedagógica.

Además, las subordinadas sustantivas van encabezadas por un elemento distinto de *que* cuando son interrogativas.

(147) a. Preguntó si habíamos hablado con María.
 b. Preguntó con quién habíamos hablado.
 c. No sabía si hablar con María.
 d. No sabía con quién hablar.

Atendiendo a la actitud del hablante, y al igual que las oraciones simples, las oraciones **completivas** pueden ser tanto *declarativas* como *interrogativas o exclamativas*. Las *completivas enunciativas* presentan tres variantes: de indicativo, subjuntivo e infinitivo. Los tres tipos pueden ser sujeto, complemento directo o complemento preposicional:

(148) a. Está claro que Juan come.     *SUJETO*
 b. Me gusta que Juan coma.
 c. Me agrada comer.

(149) a. María dijo que la gente era feliz.     *C. DIRECTO*
 b. María deseó que la gente fuera feliz.
 c. María deseaba ser feliz.

(150) a. Insiste en que lo hará.     *C. PREPOSICIONAL*
 b. Se conforma con que ella lo salude.
 c. Se conforma con aprobar.

La aparición de estos tres tipos está determinada por el verbo principal: en general, las completivas de indicativo acompañan a verbos de contenido asertivo (fuertes: *decir, confirmar, demostrar* o débiles: *creer, opinar, pensar, parecer*). Ambas clases se comportan de manera distinta si van precedidas de negación:

(151) a. Creo que Juan lo sabe.
 b. No creo que Juan lo sepa/*sabe.
(152) a. Digo que Juan lo sabe.
 b. No digo que Juan lo sabe/sepa.

En general, las completivas con subjuntivo aparecen con verbos no asertivos (verbos de voluntad: *querer, desear*, verbos de influencia: *animar, obligar, ordenar*, verbos factivos: *lamentar, sentir*, etc.):

(153) a. Deseo que ganes/*ganas.
 b. Les ordenó que se fueran/*iban.
 c. Lamenté que se fueran/*iban.

Tanto los verbos asertivos como los no asertivos aceptan completivas de infinitivo:

(154)   a.   Desea/lamenta/ordena estudiar sintaxis.
        b.   Asegura/piensa ganar mucho dinero.

Tanto las subordinadas de infinitivo como las de subjuntivo pueden ir precedidas del artículo *el*, lo que no ocurre con las de indicativo:

(155)   a.   Me sorprendió el que llegara tarde.
        b.   Me sorprendió el llegar tan tarde.
        c.   Está claro (*el) que Juan llegará tarde.

Existen dos tipos de *completivas interrogativas o interrogativas indirectas*, las *totales*, que van introducidas por el complementante *si*, y las *parciales*, que van introducidas por un elemento Qu-. Al igual que los otros tipos de subordinadas sustantivas, también pueden funcionar como sujeto, objeto directo u objeto preposicional:

(156)   a.   Si se decide o no a venir dependerá de lo que le digamos.                *Total – Sujeto*
        b.   Preguntó dónde vivías.                *Parcial – C. Directo*
        c.   No me acuerdo de qué debía explicar hoy.                *Parcial – C. Preposicional*

Las completivas *exclamativas indirectas* expresan una valoración extrema en cantidad o cualidad. Su estructura es muy similar a la de las interrogativas indirectas:

(157)   a.   Me sorprendió la hora que era.        *Exclamativa*
        b.   Me sorprendió qué hora era.          *Exclamativa*

(158)   a.   Me preguntó la hora que era.         *Interrogativa*
        b.   Me preguntó qué hora era.            *Interrogativa*

**Ejercicio 29.** Clasifique las siguientes subordinadas sustantivas e indique cuál es su función dentro de la oración (sujeto, complemento directo, complemento preposicional o complemento del nombre o adjetivo):

1. Que te canses a tu edad me parece inaudito.
2. No creo que salgamos esta tarde.
3. No sé qué decirte.
4. Me pregunto si tiene dos dedos de frente.
5. Es inútil que trabajes tanto.
6. Estoy molesto de que me lo hayan dicho.
7. Tengo la ventaja de que nadie me hace caso.
8. Está temeroso de que vaya a visitarle a su casa.

**Ejercicio 30.** Explique la diferencia entre los siguientes pares de oraciones:

a. Él dijo que llegaba a tiempo.
a′. Él dijo que llegara a tiempo.
b. Siento que tengo catarro.
b′. Siento que tengas catarro.

### 3.2.2.2  Subordinadas adjetivas o de relativo

Las oraciones *subordinadas adjetivas* ocupan la misma posición y desempeñan la misma función sintáctica que un adjetivo en la oración, como vemos en el ejemplo siguiente, en el que el adjetivo subrayado puede ser sustituido por una oración-con-barra que ocupa su misma posición:

(159)  a.    Quiero un coche rojo.
       b.    Quiero un coche [scomp que sea rojo].

Puesto que ocupan la misma posición que un adjetivo, funcionan como modificadores de una expresión nominal (**antecedente**) dependiente del predicado de la oración principal. En el ejemplo anterior, dicho antecedente es obviamente el SN *un coche*.

  Las oraciones de relativo van encabezadas por un elemento subordinante a través del cual se establece una relación de modificación entre la oración de relativo y el antecedente (pronombre, adjetivo o expresión adverbial relativa):

(160)  a.    Las personas que / a las que conocí venían de otro país.
       b.    Las personas con quienes hablé venían de otro país.
       c.    Vivió siempre en el pueblo en el cual / donde nació.

En las oraciones anteriores, el elemento subordinante desempeña además una función sintáctica dentro de dicha oración, de objeto directo en el primer caso, de objeto preposicional en el segundo y de adjunto o modificador verbal en el tercero. Por eso, no podemos añadir o duplicar la función del elemento subordinante, como vemos en los siguientes ejemplos en los que un elemento subrayado añadido ocupa la posición original del elemento subordinante:

(161)  a.    *Las personas que conocí a los hijos venían de otro país.
       b.    *Las personas con quienes hablé con ellas venían de otro país.
       c.    *Vivió siempre en el pueblo donde nació en la ciudad.

Resulta por tanto lógico asumir que el relativo está en la posición de COMP como resultado de una regla de movimiento y que ha dejado una huella en su posición original. Un posible análisis es el siguiente:

(162)

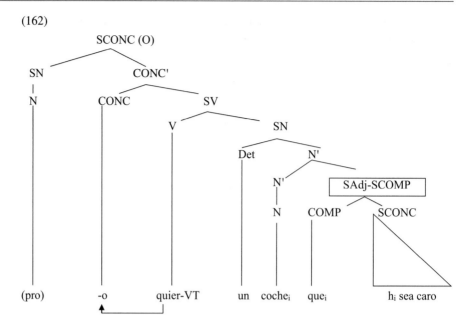

Además, el relativo y el antecedente se refieren a la misma entidad (son corre-ferenciales). Esta relación se manifiesta formalmente mediante la concordancia en género y número entre antecedente y relativo:

(163)  a.   Las personas a las que conocí venían de otro país.
   b.   *Las personas al que conocí.
   c.   Vivió siempre en el pueblo en el cual / donde nació.
   d.   *Vivió siempre en el pueblo en la cual nació.

Los relativos del español son *que, el cual, quien, cuyo, cuanto, como, donde* y *cuando*. En general, *que, el cual* y *quien* se consideran pronombres, *cuyo* un adjetivo y *como, donde* y *cuando*, adverbios de modo.

 *Que* es la forma menos marcada de los pronombres; sus rasgos de concordan-cia no están especificados a menos que vaya precedido del artículo *el*, y aparece, por tanto, en un gran número de contextos. Solo cuando el artículo está presente la oración de relativo puede carecer de antecedente explícito:

(164)  a.   *(Los) que llegaron tarde no encontraron asiento.
   b.   Quemó *(lo) que había escrito.
   c.   Entregó la carta a*(l) que abrió la puerta.

*Quien* es el relativo más especificado: [+ humano] / [± plural]. Dada su auto-nomía referencial puede aparecer sin antecedente:

(165)  a.   Quienes llegaron tarde no encontraron asiento.
   b.   He visto a quien tú ya sabes.
   c.   He hablado con quien me dijiste que hablara.

*El cual* está marcado para género y número, pero carece de autonomía referencial, como prueba la imposibilidad de que aparezca sin antecedente explícito:

(166)  a.   Los asuntos, sobre los cuales hablamos ayer, se han resuelto.
       b.   *Los cuales hablamos ayer se han resuelto.

*Cuyo* es un adjetivo relativo posesivo dotado de morfemas de género y número en concordancia con el sustantivo al que determina. Establece con este sustantivo una relación de pertenencia o posesión. Requiere, por tanto, la presencia explícita de un antecedente:

(167)  a.   Las tropas cuyos mandos desertaron estaban sitiadas.
       b.   *Cuyos mandos desertaron. . .

   *Cuanto* es un cuantificador que no necesita antecedente. Puede ir precedido por *todo*, y en ese sentido se comporta como *el cual*:

(168)  a.   (Todos) cuantos le conocen le aprecian.
       b.   (Todos) los que le conocen le aprecian.
       c.   Dijo (todo) cuanto quiso.
       d.   Dijo (todo) lo que quiso.

Hay dos tipos de oraciones de relativo, *restrictivas* y *apositivas*. La diferencia fundamental entre ellas es la entonación: mientras que las restrictivas forman una unidad fónica con su antecedente, las apositivas están delimitadas por pausas (señaladas ortográficamente por medio de comas):

(169)  a.   Los profesores con los que habló Pedro han llegado.     *restrictiva*
       b.   Los profesores, con los que habló Pedro, han llegado.     *apositiva*

Además de esta diferencia en cuanto a su entonación existen también diferencias semánticas y sintácticas. Desde un punto de vista semántico las restrictivas modifican el contenido intensional[8] del antecedente: en el ejemplo anterior (169a) no todos los profesores han llegado – tan solo aquellos con los que habló Pedro. Por eso, denominamos también *especificativas* a estas oraciones, ya que especifican a qué subconjunto del conjunto expresado por el antecedente se refiere la predicación. En cambio, la información aportada por las apositivas no altera el valor referencial del antecedente: en el ejemplo anterior (169b) la implicación es que todos los profesores han llegado y que Pedro habló con todos ellos. Por ello este tipo de oraciones de relativo recibe también el nombre de *explicativas*, ya que explican una característica del antecedente (en este caso, que Pedro habló con ellos).
   Podemos encontrar diferencias sintácticas entre los dos tipos de oraciones de relativo, las especificativas y las explicativas, que tienen que ver con (i) el modo

---

[8]   *Intensión* es un término de semántica utilizado en la definición de expresiones lingüísticas. Significa definición mediante las propiedades comunes de todos los posibles referentes. Se opone a *extensión*, definición por enumeración de los referentes. No tiene nada que ver con *intención*, propósito.

verbal, (ii) los antecedentes y (iii) la distribución de los elementos relativos. Pasamos a mencionar brevemente esas diferencias entre ambos tipos de construcciones. En primer lugar, las apositivas no admiten la variación de formas verbales que exhiben las restrictivas: las restrictivas pueden ir en indicativo o subjuntivo o infinitivo dependiendo del carácter específico o inespecífico del antecedente (presuponemos la existencia de amigos concretos en (170a), pero no en (170b y c)). Las apositivas solo admiten la presencia de indicativo (171):

(170) a.  Los amigos en los que confía...
      b.  Los amigos en los que confíe...
      c.  Los amigos en los que confiar...

(171) a.  Los amigos, en los que confía, ...
      b.  *Los amigos, en los que confíe, ...
      c.  *Los amigos, en los que confiar, ...

En cuanto a los antecedentes, las restrictivas presentan una distribución más limitada: no pueden tener como antecedente ni un nombre propio, ni un pronombre ni una oración:

(172) a.   Ignacio, del que os hablé ayer, ...
      a'.  *Ignacio del que os hablé ayer
      b.   Ella, a quien le debo mucho, ...
      b'.  *Ella a quien le debo mucho...
      c.   Juan no ha venido, lo que no es extraño.
      c'.  *Juan no ha venido lo que no es extraño.

Existen en español, además de relativas con verbo conjugado o finito, *relativas de infinitivo*, como hemos visto ya en (171c). Estas construcciones tienen una distribución limitada: el SN que modifica la relativa de infinitivo es un objeto regido por un grupo reducido de verbos (*buscar, encontrar, tener, necesitar, querer*, etc.). El antecedente tiene un carácter no referencial o inespecífico:

(173) a.  Busco un amigo en quien confiar.
      b.  No tiene ropa que ponerse.
      c.  Encontró un lugar en el que dormir.
      d.  *Busco la casa de un amigo en quien confiar.
      e.  * Alquiló un traje que ponerse.

**Ejercicio 31.** Explique detalladamente la diferencia entre las dos raciones siguientes, indique de qué tipo de oraciones se trata y dibuje los árboles correspondientes:

1. Ese es el hombre que Juan mató.
2. Ese es el hombre que mató a Juan.

**Ejercicio 32.** Explique la ambigüedad de la siguiente oración: Me sorprendió la cara que tenía Luis.

*3.2.2.3   Subordinadas adverbiales*

Las oraciones **subordinadas adverbiales** ocupan la misma posición y desempeñan la misma función sintáctica que un adverbio en la oración, como vemos en el ejemplo siguiente en el que el adverbio subrayado puede ser sustituido por una oración-con-barra que ocupa su misma posición:

(174)   a.    Vive <u>allí</u>.
       b.    Vive [SCOMP donde puede].

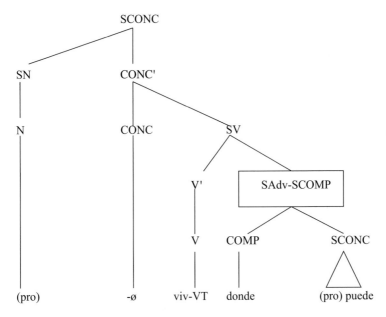

Puesto que estas oraciones ocupan el mismo lugar que un adverbio, son adjuntos, es decir, no están seleccionadas semánticamente por el verbo de la oración a la que están vinculadas.

Las subordinadas adverbiales se clasifican tradicionalmente en:

   (i)   temporales
  (ii)   de lugar o locativas
 (iii)   modales
 (iv)   causales
  (v)   finales
 (vi)   condicionales
 (vii)   concesivas
(viii)   comparativas
 (ix)   consecutivas.

Las oraciones <u>subordinadas adverbiales temporales</u> delimitan el tiempo en que ocurre el evento expresado en la oración principal a través de relaciones de simultaneidad o de sucesión. Los nexos usados en estas oraciones son *cuando*, *siempre que*, *mientras (que)*, *antes (de) que*, *después (de) que*, *desde que*, *hasta que*. Las variantes con o sin preposición *de* se diferencian en que solo con la forma sin preposición es posible la elisión del verbo:

(175)  a.  Me fui antes (*de) que Pedro (se fuera).
       b.  Me fui después (*de) que Pedro (se fuera).

Existe una enorme libertad en cuanto a la posición de estas **oraciones adverbiales**:

(176)  a.  Juan estudia cuando quiere.
       b.  Cuando quiere, Juan estudia.
       c.  Juan, cuando quiere, estudia.

Las oraciones *subordinadas adverbiales locativas* enmarcan espacialmente el evento expresado en la principal. Los nexos usados para introducir la oración subordinada son *donde, adonde, por donde, de(sde) donde, hacia donde, hasta donde*, etc.:

(177)  a.  Iremos donde/adonde/hacia donde tú digas.
       b.  Pasó por donde vive Juan.
       c.  Llegaré hasta donde pueda.

Las oraciones *subordinadas adverbiales modales* expresan el modo en que se realiza la acción expresada por el verbo principal y van introducidas por los adverbios *como* y *según* y mediante una serie de locuciones derivadas: *como que, según que, como si*, etc.

(178)  a.  Juan acepta las cosas como vienen.
       b.  Actúa según le place.

Las oraciones *subordinadas adverbiales causales* expresan el motivo o razón del evento expresado en la principal. Los nexos usados en estas oraciones son *porque, puesto que, ya que, que, como*:

(179)  a.  Porque tengo fiebre, estoy enfermo.
       b.  Puesto que esta es su cartera, Juan ha venido.

Las oraciones *subordinadas adverbiales finales* expresan el objetivo o propósito de la acción denotada en la oración principal y van introducidas por los nexos *para que, a fin de que, con el fin de que*, etc. En ellas el verbo solo puede aparecer en subjuntivo y en un tiempo posterior al de la principal:

(180)  a.  Se van al pueblo para que los niños se distraigan
           / *se distrajeran / *se distraen.
       b.  Escribo mal para que los lectores no me entiendan
           / *no me hayan entendido / *no me entienden.

Las oraciones *subordinadas adverbiales condicionales* expresan un requisito de cuya realización depende lo enunciado en la principal. Van introducidas por *si, con que, con tal de que, en el caso de que, a condición de que*, etc. La condición expresada puede ser de posibilidad, de improbabilidad o de imposibilidad:

(181)  a.  Si hace buen tiempo, iremos a la playa. (posibilidad)
       b.  Si hiciera buen tiempo, iríamos a la playa. (improbabilidad)
       c.  Si hubiera hecho buen tiempo, habríamos ido a la playa. (imposibilidad)

Las oraciones *subordinadas adverbiales concesivas* se interpretan como una objeción o dificultad para la realización del evento expresado en la principal y van precedidas de *aunque*, *si bien*, *aun si/cuando*, *a pesar de que*, *por mucho que*, *por más que*, etc.:

(182)  a.  Aunque hacía frío nos fuimos a la calle.
       b.  Si bien él es un soso, su mujer es simpática.
       c.  No logro acordarme por más que lo intento.

Estas oraciones llevan indicativo o subjuntivo dependiendo del carácter real o posible de la objeción expresada. En ello se distinguen de las adversativas, que solo admiten indicativo:

(183)  a.  Juan es pobre aunque / pero (es) honrado.
       b.  Juan es honrado aunque / *pero sea pobre.
       c.  Me lo comeré aunque no me gusta / guste.
       d.  Me lo comeré pero no me gusta / *guste.

Las concesivas y las adversativas se diferencian también en el orden de los miembros de la oración compuesta:

(184)  a.  Leyó todo el libro aunque no lo entendía.
       b.  Aunque no lo entendía, leyó todo el libro.
       c.  Se lo leyó todo pero no lo entendió.
       d.  *Pero no lo entendió se lo leyó todo.

Las oraciones *subordinadas adverbiales comparativas* expresan una comparación de *igualdad o desigualdad*. El primer miembro de la comparación de desigualdad contiene un cuantificador (*más*, *menos*, *tanto*) y el elemento comparado, mientras que el segundo incluye la partícula comparativa correlativa del cuantificador (*que*, *como*) y aquello con lo que se compara. Este segundo miembro puede estar formado por una oración cuyo segundo verbo se ha omitido.

(185)  a.  Luis admira tanto a Lubitsch como yo a Billy Wilder.
       b.  He escrito más cartas a Luis que tú a Juan.

Las de igualdad contienen el cuantificador *tanto* y sus variantes y en el segundo miembro *como*. Este segundo miembro puede ser un SN, SAdj, SAdv, etc.

(186)  a.  Juan es tan alto como su padre.
       b.  José es tan alto como delgado.
       c.  Yo soy tan alto como antes.
       d.  Él es tan alto como delgado su hermano.

Las de desigualdad se clasifican en dos grupos, de *superioridad e inferioridad*, diferenciados por el cuantificador con el que aparecen: *más* o *menos*.

(187)  a.  Juan gana más/menos dinero que Pedro.
       b.  Juan gana más/menos dinero ahora que Luis el año pasado.
       c.  Juan gana más/menos dinero del que necesita.

Las oraciones *subordinadas adverbiales consecutivas* expresan el resultado o la consecuencia de la acción que las precede. Van introducidas por la partícula *que* mientras que la principal contiene los cuantificadores *tan(to)* y *tal*, a través de los cuales se valora una cualidad, una acción o el número de objetos designados por el sustantivo:

(188)  a.   Es tan tonto que le podemos ofrecer la cátedra.
       b.   Toreó tan bien que el público lo vitoreó.
       c.   Escribió tantos ejemplos estúpidos que los alumnos protestaron.

La presencia del cuantificador no es obligatoria. Esto ocurre cuando usamos las locuciones *de manera/modo/forma que*:

(189)  Lo explicó de modo que nadie lo entendió.

El verbo de las consecutivas puede ir en indicativo o subjuntivo, mientras que en las comparativas el subjuntivo no es posible.

(190)  Preparó la hoja de ejemplos de manera que nadie podría/pudiera entenderla.

---

**Ejercicio 33.** Las subordinadas adverbiales temporales, las causales, las condicionales, las finales y las concesivas pueden construirse con un verbo en infinitivo. Se pide del alumno que escriba tres ejemplos de cada una de ellas.

**Ejercicio 34.** Escriba tres ejemplos originales de cada uno de los siguientes tipos de oraciones subordinadas: sustantivas, adjetivas y adverbiales. Elija tres de las nueve oraciones propuestas y dibuje el diagrama correspondiente.

**Ejercicio 35.** Escriba ejemplos originales de cada uno de los siguientes tipos de oraciones subordinadas:

1. sustantiva en posición de sujeto
2. adjetiva especificativa con el verbo en subjuntivo
3. adjetiva que contenga una subordinada adverbial final
4. sustantiva en posición de complemento directo, que contenga una subordinada adjetiva explicativa
5. sustantiva que contenga una subordinada adjetiva, que a su vez contenga una adverbial.

**Ejercicio 36.** Identifique el tipo de sintagma subrayado en cada una de las oraciones siguientes (O, SN, SAdv, etc.):

1. Mis compañeros de cuarto escuchan música clásica.
2. Tenemos que hacer la tarea de lingüística.
3. Lo hizo sin la ayuda de su familia.
4. Estoy increíblemente cansado.
5. Es un problema difícil de solucionar.
6. Se comporta extraordinariamente bien.
7. Yo nunca he leído un libro de sintaxis.
8. Ella está cansada de tanto trabajar.
9. Quiero que digas la verdad.

10. Que no tengas la tarea me parece imperdonable.
11. Juan vio al profesor que se había olvidado el cerebro en su casa.
12. Tengo hambre.
13. Entre María y Lucía resolverán el problema.
14. Exijo que te sientes y que te calles.

**Ejercicio 37.** Busque argumentos para justificar que los sintagmas subrayados en los ejemplos (1), (4), (6) y (13) del ejercicio anterior son constituyentes sintácticos.

**Ejercicio 38.** Dibuje los indicadores sintagmáticos para constituyentes subrayados de los ejemplos (3), (5), (9) y (14) del primer ejercicio 36.

**Ejercicio 39.** Clasifique y analice las oraciones de los ejemplos (9), (10), (11) y (14) del ejercicio 36.

## Apéndices

**Apéndice 1:  Clasificación de las oraciones**

Simples:    De acuerdo con la naturaleza del predicado:
– copulativas
– intransitivas
– transitivas
– de objeto preposicional
– verbos como *gustar*
– recíprocas
– reflexivas
– pasivas
– impersonales.
De acuerdo con la actitud del hablante:
– declarativas
– interrogativas
– exclamativas
– imperativas.

Compuestas:    Coordinadas:
– copulativas
– disyuntivas
– adversativas.
Subordinadas:
– sustantivas
  – completivas
  – interrogativas indirectas
    – totales
    – parciales
– adjetivas
  – restrictivas
  – apositivas

– adverbiales
– temporales
– de lugar
– modales
– causales
– finales
– condicionales
– concesivas
– comparativas
– consecutivas.

## Apéndice 2:   Subjuntivo: cuadro de referencia

Este cuadro resume de manera esquemática los usos del subjuntivo en español descrito en las secciones anteriores. Se propone su uso como guía directa y simplificada de los usos básicos del subjuntivo en español.

## 1    En oraciones simples

Ojalá
Ojalá que         + *SUBJUNTIVO*
Que

*¡Ojalá (que) apruebes los exámenes!*
*¡Que vivan los novios!*

## 2    En oraciones subordinadas sustantivas

El uso del subjuntivo depende del *verbo principal*: una vez que identificamos la oración subordinada y su tipo, si el verbo principal está en la siguiente lista o es similar en significado a alguno de los verbos que la componen, usamos subjuntivo en la oración subordinada. El alumno puede ir añadiendo verbos a dichas listas una vez que encuentre que dichos verbos requieren el uso del subjuntivo.

### (a)   En subordinadas de sujeto

**(i)   Siempre en subjuntivo con verbos psicológicos, como** *gustar*
*Me gusta que llegues temprano.*
**(ii)   En construcciones con verbos copulativos**

Expresiones impersonales (SER + Adjetivo):

| SER (en 3 persona singular) | + ADJETIVO | + Oración subordinada sustantiva en función de sujeto |
|---|---|---|
| ES | necesario<br>conveniente<br>difícil<br>fácil<br>probable<br>posible<br>maravilloso<br>increíble<br>bueno<br>malo<br>aconsejable<br>importante<br>dudoso<br>lástima<br>... | + QUE + *SUBJUNTIVO* |

Expresiones negativas (DUDA):

| NO | SER<br>(en 3 persona singular) | + ADJETIVO | + Oración subordinada sustantiva en función de sujeto |
|---|---|---|---|
| NO ES | | cierto<br>seguro<br>claro<br>evidente<br>verdad<br>obvio | + QUE + *SUBJUNTIVO* |

## (b) En subordinadas de complemento directo: el uso del subjuntivo depende del verbo principal

### (i) Verbos que toman indicativo en subordinadas sustantivas

  a. EVENTO: *suceder, ocurrir, acontecer.*
  b. COMUNICACIÓN: *decir, advertir, anunciar, prometer.*
  c. PERCEPCIÓN: *ver, creer, notar, recordar, descubrir.*
  d. INFORMACIÓN: *saber, enterarse, leer, olvidar.*
  e. CERTEZA: *probar, demostrar, seguro, claro.*

### (ii) Verbos que toman subjuntivo en subordinadas sustantivas

  a. DESEO: *querer, aspirar, decidirse (a), esforzarse (por), luchar (por) pretender, procurar.*
  b. CAUSA: *hacer, causar, pedir, recomendar, favorecer.*
  c. EMOCIÓN: *molestar, alegrarse (de), lamentar.*
  d. EVALUACIÓN: *convenir, bueno, desafortunado.*
  e. POSIBILIDAD O NECESIDAD: *hacer falta, necesitar, dar igual, posible.*
  f. RECHAZO: *desmentir, negarse (a), contrario (a), renuente (a).*

**(iii)  Verbos de pensamiento en forma negativa**
NO PENSAR / NO CREER .... + QUE + *SUBJUNTIVO*
*No creo que tenga problemas con este curso.*

## 3 En oraciones subordinadas adjetivas

Usamos subjuntivo si el antecedente de la oración subordinada es desconocido. Si es conocido, el verbo subordinado va en indicativo:

*Busco una secretaria QUE SEA inteligente* (Desconozco qué secretaria).
*Busco una secretaria QUE ES inteligente* (Sé de qué secretaria hablo).

Por lo tanto, usamos subjuntivo después de expresiones del tipo:

*No hay nadie que . . .*
*No había ningún / a* (+ *sustantivo*) *que . . .*

## 4 En oraciones subordinadas adverbiales

El uso del subjuntivo en la oración subordinada depende del *nexo* **(conjunción)**:

Nexos adverbiales que siempre requieren el subjuntivo:

*para que, antes de que, a menos que, a no ser que, de no ser que, con tal de que, siempre y cuando, en caso de que, sin que*

Nexos adverbiales que usan tanto el indicativo como el subjuntivo:

### (a)  Oraciones consecutivas

(i)  *así que, conque, por consiguiente, por* (*lo*) *tanto, por lo que, de modo/ manera/forma/suerte que, de ahí que*

Usan normalmente el indicativo, excepto *de ahí que.*

*Estamos cansados, así que nos iremos temprano.*
*Estamos cansado; de ahí que nos vayamos pronto.*

### (b)  Oraciones temporales

*a que, a medida* (*de*) *que, al* (*mismo*) *tiempo que, al poco tiempo que, antes de que, apenas, así que, cada vez que, conforme, cuando, desde que, después que, en cuanto, en tanto que, entre tanto que, hasta que, luego que, mientras* (*que*), *no bien, según, siempre que, tan pronto* (*como*), *una vez* (*que*), etc.
Usan indicativo si expresan simultaneidad. Si hay una relación de futuro entre el verbo principal y el subordinado, usan subjuntivo.

*Lo hago cuando quiero.*
*Lo haré cuando quiera.*

## (c)   Oraciones condicionales

*Condiciones abiertas* (igual posibilidad de que se cumpla o no la condición)

| | |
|---|---|
| *Si viene me quedo* | Si-presente (fut.) → presente (fut.) |
| *Si viene me quedaré* | Si-presente (fut.) → futuro |
| *Si han contestado no les escribiré* | Si-pasado → presente o futuro |
| *Si quieres ver el desfile salid al balcón* | Si-presente (fut.) → imperativo |

*Condiciones remotas* (contrarias a la realidad)

*Si yo tuviera 3 millones de dólares me jubilaría.*
   Si-imperf. subj. → cond.

*Condiciones sin cumplir* (condición en el pasado que no se ha cumplido)

*Si yo hubiera tenido hambre me lo hubiera/habría comido.*
   Si-pluscuamp. subj. → cond. o imp. subj.

*Condiciones cumplidas* (en realidad, causales => el verbo nunca en subj.)

*Si no salía de casa era porque prefería quedarse.*
*Si llegaba temprano comíamos a las doce.*


## (d)   Oraciones causales

*por causa de que, a causa de que, por razón de que, debido a que, gracias a que,*
*merced a que, por culpa de que, por aquello de que, puesto que, dado que, en*
*vista de que, a la vista de que, cuando, si, ahora que, como, ya que, supuesto que,* etc.

- Las causales introducen una causa, razón o motivación para el contenido expresado en la oración principal. Usan INDICATIVO si la cláusula principal expresa un hecho real:

*Logrará su objetivo porque tiene ambición.*

- Con el SUBJUNTIVO cuestionamos la validez o la efectividad de la oración principal:

*No logrará su objetivo porque tiene ambición.*

- Cuando usamos *como* con el valor de *porque* siempre usamos el INDICATIVO:

*Como tiene ambición, conseguirá su objetivo.*


## (e)   Oraciones concesivas

*a pesar de que, por más que, aun cuando, por mucho que*

Son las opuestas a las condicionales: expresan que, aunque una condición no se cumpla, el resultado será el mismo. Si el hablante expresa que el contenido de la oración no debe ser considerado un hecho absoluto sino una posibilidad dudosa o una alternativa, usamos el SUBJUNTIVO:

*El profesor explicará el subjuntivo aunque sea ignorante.*
*El profesor no explicará el subjuntivo aunque lo entiende.*

## 5 Secuencia de tiempos

Una manera sencilla de decidir cuáles son las posibles combinaciones temporales entre el tiempo del verbo principal y el subjuntivo de la oración subordinada es usar el siguiente cuadro. El cuadro está dividido en dos secciones. Para cualquier verbo de los que exigen subjuntivo en la oración subordinada sustantiva, todos los tiempos de indicativo que aparecen por encima de la línea de división pueden combinarse, cuando aparecen en una oración principal, con los tiempos de subjuntivo que aparecen a la derecha en la misma sección (por encima de la línea). Del mismo modo, todas las combinaciones de tiempos en la sección por debajo de la línea de división son combinaciones posibles.

| Oración principal<br>(verbo en indicativo) | | Oración subordinada<br>(verbo en subjuntivo) |
|---|---|---|
| Presente | | Presente |
| *espero* | | *apruebes* |
| Imperative | | |
| *exije* | | |
| Futuro | | |
| *esperaré* | | |
| Presente perfecto | QUE | Presente perfecto |
| *he esperado* | | *hayas aprobado* |
| Pretérito | | |
| *esperé* | | |
| Imperfecto | | Imperfecto |
| *esperaba* | | *aprobaras (aprobases)* |
| Condicional | QUE | |
| *esperaría* | | |
| Pluscuamperfecto | | Pluscuamperfecto |
| *había esperado* | | *hubieras aprobado* |
| Condicional perfecto | | |
| *habría esperado* | | |

Por tanto, son combinaciones válidas:

*Espero que apruebes / Espero que hayas aprobado.*
*Exijo que apruebes / Exijo que hayas aprobado.*
*Esperaré que apruebes / Esperaré que hayas aprobado, etc.*
*Esperaría que aprobaras / Esperaría que hubieras aprobado, etc.*

La diferencia entre las dos opciones para cada verbo principal (en el primer ejemplo, la diferencia entre "apruebes" y "hayas aprobado") se reduce básicamente a que, con los tiempos compuestos la oración expresa que la acción ha sido terminada. Esta implicación no está necesariamente presente en los tiempos simples del subjuntivo.

## 6      Cuestiones sin resolver

Los esquemas precedentes son tan solo guía directa y simplificada de los usos básicos del subjuntivo en español, que esperamos que sea útil desde el punto de vista pedagógico. Existen, sin embargo, un gran número de factores en la selección del subjuntivo en cláusulas subordinadas que no hemos mencionado aquí. Entre ellos, el papel de la negación como inductor del subjuntivo, el de la interrogación (*Recuerdo que dijo algo con sentido* / *¿Recuerdas que dijera algo con sentido?*), o los casos en que existe la alternancia entre ambos modos, y, por consiguiente, dos significados distintos dependiendo del modo subordinado (*Insisto en que se {comportan/comporten} correctamente*). Bosque (2012) y Busch (2017) son dos excelentes textos introductorios a las diferencias entre el uso del subjuntivo y del indicativo en español.

### Resumen

Agrupamos los elementos oracionales en unidades que no son más pequeñas que la palabra ni mayores que la oración y que denominamos constituyentes o sintagmas. Estos constituyentes se caracterizan porque se pueden desplazar de su posición original en la oración, porque pueden servir como respuesta aislada a una pregunta y porque pueden ser sustituidos por una palabra única.

La Teoría de la X' propone un esquema básico universal que explica cómo se construye un sintagma en cualquier lengua dada. Todo sintagma consta potencialmente de cuatro elementos, definidos de manera abstracta en cuanto a su posición relativa en la estructura: especificador, adjunto, núcleo y complemento. Solo la presencia del núcleo es obligatoria para obtener un sintagma.

El núcleo de un sintagma es, o bien una categoría léxica (N, V, Adj, Adv, Prep), o bien una categoría funcional (CONC, COMP). Todo sintagma hereda las propiedades de su núcleo. Tenemos por tanto sintagmas nominales, verbales, preposicionales, adjetivales, adverbiales, de concordancia (oraciones) y complementantes (oraciones subordinadas).

Los sintagmas se combinan mediante reglas específicas para formar nuevos sintagmas más complejos. Mediante estos mecanismos de combinación podemos explicar cómo un hablante es capaz de producir nuevas oraciones que jamás nadie ha producido y puede entender oraciones que jamás ha oído con anterioridad.

Muchas propiedades sintácticas generales del español se derivan de dos hechos básicos: (i) el español es una lengua de sujeto nulo, que nos permite por un lado eliminar el sujeto de la oración y por otro usar un orden parcialmente libre de constituyentes, y (ii), en español los especificadores preceden al núcleo del sintagma y los complementos lo siguen.

En español, los constituyentes oracionales adoptan un orden parcialmente libre. Los elementos de la oración se ordenan por un principio general que

## Resumen *(cont.)*

tiende a colocar la información conocida antes de la información nueva. El orden básico o no marcado en español es Sujeto-Verbo-Objeto, aunque en algunas construcciones específicas (interrogativas, exclamativas, con ciertos predicados como *gustar o encantar*, etc.) el sujeto tiende a aparecer detrás del verbo. Podemos también alterar el orden básico mediante dos procedimientos sintácticos diferenciados que sirven para enfatizar o contrastar un constituyente concreto: rematización y tematización.

Las oraciones en español se clasifican en simples o compuestas, dependiendo de si constan de uno o más predicados. Las oraciones simples se clasifican a su vez de acuerdo con la actitud del hablante (*declarativas, interrogativas, imperativas* o *exclamativas*) o a la naturaleza del predicado (*copulativas, intransitivas, transitivas, impersonales*, etc.).

Las oraciones compuestas son de dos tipos: *coordinadas* y *subordinadas*. La comprensión detallada de las características de los tres tipos de subordinadas (*sustantivas, adjetivas* y *adverbiales*) tiene repercusiones cruciales en nuestra gramática porque es lo que nos permite seleccionar el modo verbal (*indicativo* o *subjuntivo*).

## Nota bibliográfica

La *Gramática descriptiva de la lengua española*, de Bosque y Demonte (1999), es el mejor libro de referencia descriptiva del español, y, a juicio de numerosos expertos, una de las mejores gramáticas descriptivas que existen, en cualquier lengua. Cualquier duda relacionada con la sintaxis del español ha de incitar su consulta. Igualmente es de obligatoria referencia la *Nueva gramática de la lengua española*, de la Real Academia, una completísima gramática descriptiva y normativa preparada conjuntamente por las veintidós Academias de la Lengua Española con la asesoría de especialistas de reconocido prestigio. Son de referencia obligada también las gramáticas tradicionales de la lengua española: Alarcos Llorach (1994), Alcina Franch y Blecua (1982), Gili Gaya (1972) y Seco (1975). El autor de este capítulo siente una especial predilección, dentro de las gramáticas tradicionales, por la clásica gramática de Bello (1981), un modelo de intuición y conocimiento gramatical difícil de superar y de una influencia extraordinaria aún ahora, más de 150 años después de su fecha original de publicación. En áreas más específicas, la introducción más pedagógica a la teoría de la X-con-barra sigue siendo la que se encuentra en los capítulos iniciales de Radford (1992). Camacho (2018), Zagona (2001) y Fernández Lagunilla y Anula Rebollo (1995) son las introducciones más completas y asequibles a la sintaxis del español desde el punto de vista de la gramática generativa moderna. Por último, Campos (1993) nos ofrece una presentación excelente de la clasificación de las oraciones simples y de las oraciones subordinadas.

# 5   Historia de la lengua española

## Objetivos

En este capítulo estudiaremos cómo ha cambiado el español a través de los tiempos, a partir del latín que los romanos llevaron a la Península Ibérica. Consideraremos los siguientes temas:

- Los cambios sistemáticos que han experimentado las palabras al evolucionar desde el latín hasta el español moderno.
- El origen de muchas de las alternancias en los sonidos que observamos en palabras relacionadas.
- La relación del español con otras lenguas.
- La influencia de otras lenguas en la evolución del español.
- El origen de las diferencias que encontramos entre variedades geográficas del español.

## 1   ¿Por qué estudiar la historia del español?

Quizá el lector de este libro se haya preguntado alguna vez por qué en español tenemos alternancias como *puedo/podemos* (frente a, por ejemplo, *podo/podamos*), *quiero/queremos* (frente a *cedo/cedemos*), o si hay alguna relación entre *fuego* y *hogar*. O es posible que se haya preguntado por qué al médico especialista en el cuidado de los *ojos* se le llama *oculista*; o por qué *ocho* y *octavo*. En materia de ortografía, tal vez se nos haya ocurrido preguntarnos si hay algún motivo por el que palabras como *harina* o *hacer* se escriben con *h* o por qué tenemos *huele* con *h* pero *olor* sin esta letra. ¿Y por qué tiene la letra *c* dos valores tan diferentes en la palabra *cerca?* Y, siguiendo con la letra *c*, ¿por qué españoles y latinoamericanos pronuncian la primera consonante de *cerca* de manera diferente? El estudio de la historia de la lengua nos ayuda a contestar estas y muchas otras preguntas.

Al estudiar este capítulo descubriremos, por ejemplo, que, efectivamente, *fuego* y *hogar* derivan de la misma raíz y que, además, *fuego* y *foco* tienen el mismo origen (el latín FOCU). Veremos también que *madera* y *materia* son palabras con un origen común, aunque quizá no lo hubiéramos sospechado antes, y que la alternancia entre *-t-* y *-d-* que hay en este par de palabras tiene la misma razón histórica que la que encontramos, por ejemplo, en *vida* y *vital* o *marido* y *marital*. Aprenderemos también, por dar otro ejemplo, que la alternancia entre *ocho* y *octavo* es la misma que tenemos entre *noche* y *nocturno*, *pecho* y *pectoral*, *leche* y *lácteo* y varios otros pares de palabras relacionadas.

Para el lector que tenga algún conocimiento de lenguas hermanas del español, como el portugués, el **catalán**, el italiano o el francés, el conocer cómo han evolucionado históricamente las palabras en español le permitirá descubrir correspondencias sistemáticas entre el español y estas otras lenguas. Es posible que también le ayude a descubrir la relación que hay entre muchas palabras españolas y otras inglesas, que el inglés ha tomado del latín y del francés a lo largo de la historia.

## 2    ¿De dónde viene el español?

El español viene del latín; es el resultado de la evolución del latín hablado, transformado poco a poco de una generación de hablantes a la siguiente. Podemos decir sin exageración que el español es simplemente una forma moderna del latín, porque el paso del latín hablado al español se produjo lentamente y sin que ninguna generación tuviera conciencia de que hablaba de una manera radicalmente diferente a la generación anterior. También son evoluciones del latín hablado las otras **lenguas románicas** o romances: el portugués (con el gallego), el catalán, el francés, el occitano (lengua hablada en el sur de Francia, con una larga y distinguida historia literaria pero hoy con un número reducido de hablantes; incluye dialectos como el gascón y el provenzal), el italiano, el romanche o grisón (lengua hablada en algunos valles de Suiza) y el rumano. Una sola lengua, el latín, dio lugar a una serie de lenguas diferentes al producirse cambios lingüísticos diferentes en distintas regiones del antiguo imperio. Estos cambios, que al principio eran diferencias dialectales, al acumularse con el paso de los siglos han llegado a producir variedades lingüísticas que podemos calificar de lenguas diferentes.

El cambio del latín al español moderno es el resultado de una larga historia. Las lenguas tienen historia porque cambian con el tiempo. El hecho es que el cambio lingüístico es constante e imparable (los jóvenes siempre hablan algo diferente que los más viejos de la misma comunidad). Si dos comunidades que hablan la misma lengua se separan y deja de haber comunicación entre ellas, los cambios que se producen en una comunidad no se transmitirán a la otra, produciéndose evoluciones diferentes y, eventualmente, al acumularse cambios divergentes, lenguas diferentes. Esto es lo que ocurrió a la caída del imperio romano, cuando se rompió la comunicación entre las diversas provincias del imperio. El latín fue evolucionando entonces en formas divergentes; los dialectos locales del latín fueron haciéndose cada vez más diferentes entre sí, dando lugar por último a las distintas lenguas románicas.

Hemos dicho que el español proviene del latín. Esto vale tanto como decir que el español viene de Roma, pues en su origen el latín no era sino el habla de Roma. Para decirlo de una manera gráfica, aunque un tanto inexacta, el español que hoy se habla en México, en Puerto Rico, en Caracas, en Buenos Aires o en Madrid, viene de Roma pasando por Burgos. Vamos a explicarnos.

## 3     El latín, lengua de Roma

Antes de producirse la expansión militar y política de Roma, el latín no era más que el habla de la ciudad de Roma, una entre muchas variedades lingüísticas relacionadas extendidas por la Península Itálica. Sabemos que en zonas cercanas a Roma se hablaban otros dialectos muy parecidos al latín, como el falisco. Algo más distantes, pero aún claramente lenguas relacionadas, eran el osco y el umbro, que se hablaban en regiones del centro y sur de Italia. Estas lenguas relacionadas con el latín y el latín mismo, se conocen en su conjunto con el nombre de **lenguas itálicas**. Las lenguas itálicas, a su vez, se integran dentro de un conjunto más grande que conocemos como **lenguas indoeuropeas**. Volveremos sobre este tema.

Al expandirse el poderío político-militar de Roma por toda la Península Itálica, el habla de la ciudad, el latín, se expandió también con los ejércitos y la administración romana. Así, el latín progresivamente reemplazó a las otras lenguas de esta península. Todas las otras lenguas que hasta entonces se hablaban en la Península Itálica desaparecieron al pasar sus hablantes a hablar latín. Esto ocurrió no solo con las lenguas hermanas del latín, que se hablaban en casi toda la Península, sino también con una lengua tan diferente del latín como lo era el etrusco, hablado hasta entonces en lo que hoy es, aproximadamente, la provincia italiana de Toscana y que es de origen desconocido, no relacionado en ninguna manera con el latín.

## 4     Las lenguas prerromanas de Hispania

La Península Hispánica cayó también bajo la dominación de Roma, y, al pasar los años, la mayor parte de sus lenguas corrieron la misma suerte que el osco, el umbro o el etrusco: sus hablantes las abandonaron por el latín. De las lenguas que entonces se hablaban, hay solamente una que no desapareció ante el latín y que ha llegado a nuestros días, la lengua vasca, vascuence o euskera (o euskara). Esta lengua se habla hoy en día en partes de Navarra y en la Comunidad Autónoma del País Vasco así como, al norte de los Pirineos, en el País Vasco-Francés. El nombre de la lengua vasca proviene del de los vascones, una nación o tribu que en época romana habitaba lo que hoy es Navarra y partes del norte de Aragón. En época romana parece que la misma lengua, o una lengua muy semejante, se hablaba en grandes zonas del suroeste de Francia (la Aquitania de los romanos) y, por los Pirineos, hasta el norte de Cataluña. Es muy probable que esta lengua se hablara ya también más al oeste, en el territorio de los várdulos y los caristios, habitantes de lo que es ahora la Comunidad Autónoma del País Vasco.

Además del vasco, ¿qué lenguas se hablaban en la Península Hispánica al llegar los romanos? La costa mediterránea de Hispania estaba habitada por los iberos (o íberos), quienes dieron nombre a la Península Ibérica. Al contrario que el vasco, el **ibero** desapareció sin dejar otro rastro que algunas inscripciones. De la lengua de los iberos guardamos un número relativamente elevado de textos escritos, tanto en su propio alfabeto como en letras griegas y romanas. Sin embargo, todos los esfuerzos que se han realizado para descifrar el significado de estos textos han resultado infructuosos. Está claro que, al igual que el etrusco y el vasco, se trata de una lengua no-indoeuropea. En la estructura de sus palabras y en su sistema de sonidos parece guardar cierta semejanza con la lengua vasca. Pero no sabemos mucho más.

Más es lo que podemos adivinar de la lengua de los celtíberos, que habitaban partes del centro de la Península Ibérica. El **celtíbero** o hispano-celta es una lengua extinta perteneciente al grupo de las lenguas celtas, que incluye la también extinta lengua de los galos (de Francia) y, entre las lenguas aún vivas, el irlandés, el escocés, el galés y el bretón (de la Bretaña francesa). Las lenguas celtas, como las itálicas, forman parte de la gran familia indoeuropea.

Los celtíberos reciben este nombre del hecho de ser un pueblo de lengua celta que vivía entre los iberos y que había adoptado muchas de sus costumbres y elementos culturales, entre ellos el alfabeto ibérico. Precisamente, algunos de los textos más importantes que conservamos en alfabeto ibérico no están escritos en lengua ibérica, sino en celtíbero. Esto demuestra una vez más la falta de relación directa entre lengua y sistema de escritura.

El motivo por el que podemos entender mejor los textos celtíberos que los que están en lengua ibera es precisamente porque el celtíbero, al contrario que el ibero, es una lengua indoeuropea, como hemos señalado antes, y por tanto relacionada (aunque lejanamente) con el latín y otras lenguas que conocemos mejor y que podemos utilizar para interpretar las inscripciones en lengua celtibérica.

Otras lenguas indoeuropeas se extendían por el oeste de Hispania, incluyendo la de los **lusitanos** que habitaban lo que hoy es Portugal y otras zonas vecinas. En el extremo suroeste de la Península, en el Algarve portugués y en el bajo Guadalquivir, hay restos de por lo menos otra lengua no-indoeuropea, identificable quizá con la civilización de los **tartesios**, quienes, según las fuentes clásicas, poseían la cultura más avanzada de la Península en época prerromana.

Por último, antes de llegar los romanos a la Península Ibérica, griegos y **fenicios** habían establecido colonias a lo largo de toda la costa del

Mediterráneo. Aunque la importancia cultural de estas colonias fue muy grande, el único resto lingüístico que se conserva de esta colonización son algunos nombres de lugar. Por ejemplo, el nombre de la ciudad de Cartagena, en el sureste de España (y que siglos después sería dado también a una ciudad de Colombia), deriva de Carthago Nova. Como recordaremos, Cartago (en latín, Carthago) fue en su origen una colonia fenicia en el norte de África.

¿Qué influencia han tenido las lenguas prerromanas en la formación del español? En general, la importancia de los elementos prerromanos en el español no es muy grande. La lengua vasca se hablaba en la Edad Media en zonas adyacentes a la que fue cuna del romance castellano y parece que el bilingüismo vasco-castellano puede haber influido en un par de evoluciones fonológicas en el castellano. Una característica del castellano medieval que se ha atribuido a influencia vasca (aunque este es un aspecto discutido) es la aspiración de la *f-* latina, que, entre las lenguas románicas, se da también en gascón, el romance que se desarrolló en Aquitania, en zona que fue antes de habla vasca, como dijimos. También la pronunciación de los **bilingües** vasco-castellanos puede haber influido en el inicio del **ensordecimiento** de las fricativas y africadas sonoras en castellano medieval. Además de esto, solo tenemos un puñado de palabras de origen vasco seguro en español. Entre estas, la más importante sin duda es *izquierda* (del vasco *ezkerra* o, más probablemente, de *ezkerdo* "zurdo"). Esta palabra, que ha pasado también al portugués y al catalán, se tomó prestada para reemplazar a la palabra de origen latino *siniestra* que había adquirido connotaciones negativas. Casi todas las demás palabras españolas de origen vasco, como *aquelarre* "reunión de brujas" (del vasco *aker* "macho cabrío" + *larre* "prado") son de uso limitado. Por otra parte, muchos apellidos de origen vasco han tenido una amplia difusión por países de habla española. En esta podemos reconocer elementos como *etxe* "casa", *(h)iri* ~ *uri* "ciudad", *zubi* "puente", *iturri* "fuente", *bide* "camino", *mendi* "monte", *solo* "campo", *ibar* "valle", *ola* "cabaña", *berri* o *barri* "nuevo", *zahar* o *zar* "viejo", *zabal* "ancho", *garai* "alto", *goiti* "arriba", *ondo* o *alde* "lado", etc. Para dar un par de ejemplos, de origen vasco son *Iturbide*, literalmente "camino a la fuente", y *Echevarría* (en ortografía vasca *Etxebarria*), que se traduce como "la casa nueva".

**Ejercicio 1.** ¿Puede identificar algunos apellidos de origen vasco?

Es algo mayor el número de palabras españolas de origen prerromano desconocido, provenientes sea del ibero, del celtíbero o de otras lenguas. Entre estas podemos citar la palabra *cama* y la palabra *perro*, que ha reemplazado a la latina *can* en casi todos los contextos.

**Figura 5.1** Situación lingüística de la Hispania prerromana. Celtíbero y lusitano son lenguas indoeuropeas. Las ciudades indicadas en el mapa son algunas de las fundadas por fenicio-cartagineses y griegos.

## 4.1  El alfabeto ibérico

Los iberos adoptaron la idea de la escritura del contacto con griegos y fenicios y, con esta inspiración, desarrollaron sus propios signos. La originalidad de este sistema de escritura (y lo que hizo que su desciframiento se demorara) es que es en parte alfabeto y en parte silabario. Hay signos para cinco sonidos vocálicos, /a, e, i, o, u/, para una lateral /l/, para dos vibrantes /r/, /ŕ/, para dos nasales /n/, /m/ (y quizá también para una tercera nasal), y para dos fricativas sibilantes, que se suelen transliterar como /s/ y /ś/ y cuya diferencia desconocemos (quizá fuera una diferencia en punto de articulación, como en vasco moderno que posee una fricativa ápico-alveolar y otra predorso-alveolar en contraste fonémico). Por otra parte, otros signos representan grupos de consonante más vocal. No hay signos para oclusivas como /b/, /d/, etc., por sí mismas sino solo signos para las secuencias /ba/, /bi/, /bo/, etc. Hay cinco signos para representar una oclusiva labial seguida de cada una de las cinco vocales, otros cinco para oclusiva dental y cada una de las vocales y otros cinco correspondientes a una oclusiva dental. Generalmente no hay distinción entre sorda y sonora, de tal manera que el mismo signo puede representar tanto /ta/ como /da/.

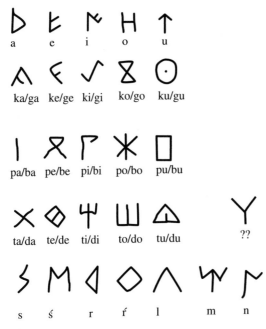

**Figura 5.2** El alfabeto ibérico

Una secuencia como /bilos/ se escribe en escritura ibérica con cuatro signos correspondientes a *bi-l-o-s*. Si nos preguntamos por qué las oclusivas no aparecen con signos independientes mientras que las otras consonantes sí, el motivo parece claro. Las vocales, las **líquidas**, las nasales y las fricativas se pueden pronunciar aisladas. Podemos decir los sonidos [a], [l], [m], [s] por sí solos. Lo que no podemos decir es [p], [b], [t], [d], [k] o [g] sin añadir una vocal. Este es el criterio que al parecer utilizaron los iberos para decidir cuáles eran las unidades mínimas de pronunciación a las cuales deberían corresponder letras diferentes.

La estructura fonológica de la lengua ibérica hace que este sistema de escritura se adecuara bastante bien a las necesidades de sus usuarios. Por ejemplo, este "alfabeto" (o alfabeto-silabario) no permite representar secuencias de oclusiva con líquida (del tipo /tr/, /bl/, etc.). Pero como estas secuencias no ocurrían en ibero, esto no era ningún problema. El alfabeto ibérico se adaptaba bastante peor, por otra parte, para escribir la lengua de los celtíberos que sí tenía estos grupos. Cuando los celtíberos adoptaron el sistema de escritura de sus vecinos los iberos, se encontraron con dificultades para escribir palabras como *Contrebia* (nombre de un poblado donde se han encontrado textos celtíberos importantes). Para resolver este problema adoptaron soluciones diversas, como escribir *ko-n-te-bi-a*, *ko-n-te-re-bi-a* o *ko-n-te-r-bi-a*.

**Ejercicio 2.** Muchas monedas ibéricas presentan una inscripción con el nombre de la ciudad donde fueron acuñadas. La comparación de monedas con inscripciones en alfabeto ibérico con otras con inscripciones latinas fue la clave para el desciframiento del alfabeto ibérico. La siguiente inscripción aparece en algunas monedas ibéricas. ¿Cuál puede ser su significado?

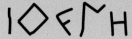

## 4.2  Vasco e ibero

La estructura del alfabeto ibérico nos permite entrever las características fonológicas de esta lengua. Muchas de estas son compartidas por la lengua vasca. Como el ibero, el vasco antiguo carecía de grupos de oclusiva más líquida. Los **préstamos** del latín al vasco muestran adaptaciones para evitar este grupo: lat. LIBRU(M) > vasc. *liburu* "libro", lat. FLŌRE(M) > vasc. *lore* "flor", lat. ECCLĒSIA > vasc. *eliza* "iglesia", etc.

Como el ibero, el vasco posee cinco vocales, dos tipos de vibrante – ninguna de las cuales puede aparecer en inicial de palabra – y dos tipos de /s/. El alfabeto ibérico carece de símbolos para /f/ y /v/ y estos sonidos tampoco se encuentran en vasco antiguo. La estructura de la sílaba es muy semejante en ambas lenguas. En cuanto a la morfología, lo que podemos comprender del ibero nos muestra que, como el vasco, era una lengua sufijante y con numerosos compuestos.

Ahora bien, es importante tener en cuenta que encontrar semejanzas de este tipo es algo normal y esperable en lenguas que han estado en contacto durante algún tiempo. Estas características fonológicas y morfológicas comunes de ninguna manera prueban que vasco e ibero sean lenguas emparentadas ni mucho menos que se trate de la misma lengua. Como hemos dicho antes, los intentos de descifrar los textos iberos con ayuda de la lengua vasca han fracasado. En el estado de nuestros conocimientos, es injustificado el identificar lo ibero con lo vasco.

## 5   Las lenguas indoeuropeas

Un descubrimiento importantísimo de la filología del siglo XIX fue la demostración de que casi todas las lenguas de Europa junto con otras de Irán y de la India forman una única gran familia, denominada familia indoeuropea. Con esto queremos decir que estas lenguas derivan todas de un antepasado común, que conocemos con el nombre de **proto-indoeuropeo** (el prefijo *proto-* indica que no se trata de una lengua documentada en texto alguno, sino de una lengua reconstruida en base a la comparación de varias lenguas). Esta lengua se habló hace unos 6000 años en algún lugar entre Europa y Asia, extendiéndose después, por un lado, hacia Europa occidental y, por otro, hacia la India y diversificándose en dialectos cada vez más distintos entre sí, del mismo modo que, algunos milenios después, uno de sus muchos descendientes, el latín, lengua de Roma, se extendería por Europa.

Las lenguas que proceden del tronco proto-indoeuropeo se agrupan en una serie de ramas o familias menores formadas por lenguas estrechamente relacionadas entre sí, como pueden ser las lenguas germánicas (que incluyen el alemán, el inglés, el holandés, el sueco, el danés, el noruego, el islandés, etc.), las célticas (irlandés, galés, bretón, los extintos idiomas celtíbero y galo, etc.), las balto-eslávicas (incluyendo las lenguas eslavas, todas ellas estrechamente relacionadas entre sí como el ruso, el ucraniano, el búlgaro, el serbio y croata, el polaco, el checo, el esloveno, el eslovaco, etc., y las bálticas como el lituano y el letón), las indo-iranias (incluyendo las lenguas iranias, como el persa o farsí, el kurdo, y las del grupo índico, todas precedentes del antiguo sánscrito, como el hindi y el urdu, el bengalí, etc.), o las itálicas (incluyendo el latín y sus descendientes modernos e idiomas extintos cercanos al latín como lo eran el osco y el umbro). Algunas lenguas indoeuropeas, como el **griego**, el armenio y el albanés, constituyen sus propios subgrupos. La gran familia indoeuropea incluye, pues, tanto lenguas y familias menores que todavía se hablan, como otras que han desaparecido sin dejar descendientes pero que conocemos por textos antiguos. Entre las lenguas extintas son importantes el hitita y otras lenguas del grupo anatolio, que se hablaba en lo que ahora es Turquía, y el tocario, del que se conocen dos versiones algo diferentes por inscripciones encontradas en China occidental. Como señalamos antes, la única lengua itálica que ha dejado descendientes es el latín.

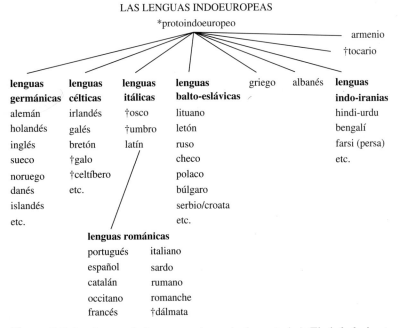

LAS LENGUAS INDOEUROPEAS

**Figura 5.3** Las lenguas indoeuropeas (no se incluyen todas). El símbolo † antes del nombre de una lengua indica una lengua desaparecida sin descendientes.

Entre las lenguas habladas hoy en día en Europa occidental y central, las únicas que no pertenecen a la familia indoeuropea son la lengua vasca, que no tiene parientes conocidos, el turco y varias lenguas de la rama fino-úgrica de la familia urálica: el finés, el estonio y el húngaro. Esta última, el húngaro, empezó a hablarse en Europa quizá en el siglo X al establecerse en lo que es hoy en día Hungría el pueblo húngaro o *magyar*, procedente del centro de Asia. Entre las lenguas no-indoeuropeas de Europa occidental hoy desaparecidas, pero de las que tenemos evidencia directa en forma de inscripciones, se cuentan el ibero y el etrusco.

## 6    Evolución del latín en Hispania

El mapa lingüístico de la Península Ibérica se vio profundamente alterado con su incorporación al imperio romano. Antes en unos sitios que en otros, y en un proceso que sin duda duró bastantes siglos, una tras otra, las lenguas prerromanas de la Península fueron reemplazadas por el latín, con la única excepción de la lengua vasca.

Pero si el latín inicialmente trajo unificación lingüística a la Península Ibérica, con el tiempo, al desaparecer la unidad política representada por el imperio romano y al dificultarse las comunicaciones, el latín hablado se fue fragmentando en dialectos locales. En situaciones de este tipo lo normal es que se produzca un ***continuum* dialectal**, donde la manera de hablar cambia progresiva pero no bruscamente de un extremo del territorio al otro. Esto es lo que encontramos de hecho en las hablas locales que aún perduran en Francia y en Italia. En la Península Ibérica encontramos también rastros de un *continuum* dialectal hoy en día, pero solo en el extremo norte. Aquí sí que aún hoy, en la medida en que se conserva la forma de hablar tradicional, podemos notar como el habla va cambiando del gallego a una serie de dialectos asturianos locales y de estos al castellano. En los valles del Pirineo aragonés se conservan también aún una serie de dialectos que según vamos de oeste a este se van haciendo cada vez más diferentes del castellano y más parecidos al catalán.

Más al sur, sin embargo, no hay *continuum* dialectal; la transición es brusca. Pasamos del portugués al español y de este al catalán de un pueblo a otro, sin formas intermedias entre el portugués y el español o el español y el catalán.

La explicación de estos hechos de geografía lingüística se encuentra en otro evento histórico de capital importancia: la dominación árabe de la Península Ibérica y el proceso subsiguiente de expansión hacia el sur de los reinos cristianos del norte de la Península conocido como Reconquista.

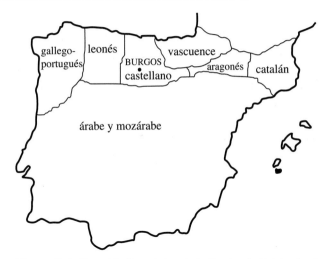

**Figura 5.4** Situación lingüística de la Península Ibérica hacia el siglo X

Los dialectos románicos que se habían ido desarrollando por toda la Península al ir evolucionando el latín siguieron siendo hablados también por algún tiempo en el territorio dominado por los árabes a partir del año 711. Las hablas románicas empleadas en la zona de la Península bajo control árabe se conocen como **mozárabe** (del árabe *musta'rab* "arabizado") o romance andalusí (de Al-Andalús, nombre dado por los árabes a la parte islamizada de la Península). Este mozárabe fue dando paso al árabe después de un período de bilingüismo romance-árabe. En algunos lugares al parecer el romance mozárabe persistió durante muchos siglos. Pero tanto las hablas románicas mozárabes como el árabe cayeron en desuso al avanzar los reinos cristianos del norte de la Península hacia el sur, y con ellos sus lenguas.

El gallego-portugués, el castellano o español y el catalán avanzaron hacia el sur con las conquistas militares y subsecuentes repoblaciones realizadas por sus hablantes. Estas lenguas tienen todas su origen en el norte de la Península. En concreto, el español moderno tiene su raíz en el desarrollo dialectal que sufrió el latín en la zona originaria de Castilla, en el área al norte y alrededor de la ciudad de Burgos. Este dialecto burgalés castellano, inicialmente una entre las muchas diversificaciones del latín en la Península Hispánica, se iría extendiendo por la mayor parte de la Península con las fortunas militares del Reino de Castilla. Al avanzar territorialmente a partir de su pequeño territorio originario, la lengua de Castilla también irá alterándose, recibiendo influencias de otras lenguas y diversificándose. Al hacerse el castellano la lengua más extendida por España empezó a recibir también el nombre de lengua española.

**Figura 5.5** Situación lingüística de la Península Ibérica hacia el siglo XIV. Nótese el avance de las lenguas románicas del norte hacia el sur y, sobre todo, la expansión en forma de cuña del castellano.

Hoy en día se hablan las siguientes lenguas en regiones bilingües de España donde la mayoría de los habitantes hablan también castellano:

Gallego: Co-oficial con el castellano en Galicia. Se habla también en áreas limítrofes de Asturias y León. Una variedad relacionada pero separada geográficamente se habla en el valle de Jálama, en Extremadura (conocida como fala de Xálima).

Asturiano-leonés: Esta lengua desciende del antiguo dialecto leonés. El asturiano tiene protección oficial en Asturias, donde se habla sobre todo en zonas rurales. Una forma de leonés se habla también en la región de Miranda do Douro, en Portugal, donde goza de reconocimiento oficial.

Vasco: Co-oficial con el castellano en la Comunidad Autónoma del País Vasco. También se habla en partes de Navarra, dónde tiene también reconocimiento jurídico, y en el País Vasco-francés.

Aragonés: Hablado nativamente hoy en día solo en algunos valles de los Pirineos de Aragón.

Catalán: Co-oficial con el castellano en Cataluña, Valencia y las Islas Baleares. Goza de gran prestigio social en Cataluña. Es la lengua oficial de Andorra, que es un país independiente en los Pirineos. Se habla también en la Cataluña francesa y en una ciudad en la isla de Cerdeña llamada Alghero o, en catalán, L'Alguer.

Aranés: Hablado en el valle de Arán, situado en la vertiente norte de los Pirineos pero que forma parte de Cataluña. Es una variedad del occitano gascón, una lengua del sur de Francia. Tiene unos 5000 hablantes, muchos de los cuales son trilingües en aranés, catalán y castellano.

También en la Península Ibérica, pero fuera de las fronteras políticas de España, encontramos otros dos idiomas oficiales: el portugués en Portugal, del mismo tronco medieval que el gallego, y el inglés, en Gibraltar, que es una colonia británica en el extremo sur de la Península Ibérica. Muchos gibraltareños son bilingües en español y en inglés.

**Figura 5.6** Las lenguas de la Península Ibérica hoy

La conquista militar y colonización del continente americano por soldados y colonos al servicio de los reyes de Castilla traerá consigo la expansión de la lengua de Castilla por vastos territorios de Norte, Centro y Sudamérica y su fragmentación dialectal en las distintas formas de hablar español que conocemos como español mexicano, caribeño, argentino, chileno, etc. Como reverso de la misma moneda, la expansión del español produjo la extinción de otras muchas lenguas indígenas habladas en estos territorios, proceso que continúa hasta nuestros días.

Los barcos que partían al Nuevo Mundo, lo hacían desde Sevilla, y en esta ciudad andaluza debían permanecer por períodos más o menos largos quienes pretendían embarcarse. A este hecho pueden deberse los rasgos de tipo andaluz que encontramos en el español de las Américas. Quizá el más notable de estos rasgos sea la ausencia del fonema /θ/. La aspiración de la /s/ es otro rasgo del español hablado en el sur de la Península que ha tenido amplia difusión en Latinoamérica.

## 7    Palabras patrimoniales y cultismos

Hemos dicho que el español procede de la evolución del latín hablado en la zona del norte de Castilla. Con el paso del tiempo este latín hablado fue acumulando cambios hasta convertirse en una lengua distinta. La acumulación de cambios en la pronunciación hace que muchas veces el aspecto de las palabras españolas modernas se aparte considerablemente de la forma latina. Así, por ejemplo, FĪLIA se ha transformado en *hija*, AURICULA en *oreja* y OCTO en *ocho* por medio de evoluciones bastante complicadas (que consideraremos después).

Pero mientras que la lengua hablada fue cambiando con el tiempo, el latín clásico se mantuvo por muchos siglos como lengua de cultura en la que se escribían todos los documentos y libros importantes. Esto no solo en España sino en toda Europa, incluyendo países como Alemania o Inglaterra, cuya lengua no es de origen latino. Esta situación en que el latín era la lengua de cultura de Europa occidental continuó hasta el siglo XVII o XVIII. Recordemos, por ejemplo, que Isaac Newton escribió en latín sus *Principia Mathematica*. La situación cultural propiciaba que continuamente se tomaran palabras del latín escrito tanto en español, como en inglés y en otras lenguas de Europa. El resultado de este proceso por lo que respecta al español es que aunque la mayoría de sus palabras proceden del latín, su incorporación al léxico puede haber sido por una de dos vías completamente distintas. La parte central, básica, del vocabulario procede del latín hablado por transmisión oral ininterrumpida. Las palabras que tienen esta procedencia se conocen como palabras **patrimoniales**. Como hemos indicado antes, las palabras patrimoniales a menudo han sufrido cambios importantes en su evolución. Hablamos de palabras cultas o **cultismos**, por otra parte, para referirnos a aquellas palabras que en algún momento histórico se tomaron del latín de los libros, sin otros cambios que los necesarios para adaptarlas al sistema morfológico y fonológico del español. Algunas veces la misma palabra latina ha dado lugar a dos palabras diferentes en español moderno, por vía patrimonial y por vía culta. Así, por ejemplo, la palabra latina DIRECTA fue cambiando en pronunciación y significado hasta convertirse en *derecha*. Pero en un momento posterior, para expresar un concepto algo distinto, esta misma palabra se tomó otra vez del latín escrito como el español *directa*. Este es el mismo origen de bastantes otros "dobletes" como *estrecho* y *estricto*, ambos del latín STRICTU, *delgado* y *delicado*, los dos del latín DELICĀTU o *fuego* y *foco*, del latín FOCU. Decimos que palabras como *derecho*, *estrecho* y *fuego* son palabras patrimoniales mientras que *directo*, *estricto* y *foco* son cultismos.

Aclaremos ahora, antes de seguir adelante, que en latín nombres y adjetivos presentan terminaciones diferentes según su caso gramatical. La forma que damos como fuente de las palabras españolas corresponde generalmente al caso acusativo o de objeto directo. De acuerdo con la convención establecida, sin embargo, omitimos la -M final del acusativo singular, que se perdió muy pronto. Así escribimos DIRECTU y no DIRECTUM al referirnos a la forma originaria de la palabra *derecho*, por ejemplo. (Algunas palabras como *leche* y *nombre*, que eran sustantivos neutros en latín, claramente no derivan del acusativo singular, que era LAC y NOMEN, respectivamente, sino de otras formas que reconstruimos como *LACTE y *NOMINE; compárese el genitivo singular LACTIS, NOMINIS).

Muy frecuentemente lo que encontramos es que en un grupo de palabras españolas relacionadas por derivación, la palabra básica está bastante cambiada con respecto al latín porque se transmitió por vía patrimonial, mientras que otras palabras relacionadas pero menos básicas son cultismos tomados en algún momento del latín escrito. Así, mientras que FĪLIA con el tiempo cambió hasta hacerse *hija*, el cultismo *filial* ha pasado al español por vía escrita y sin cambios notables. De la misma manera AURICULA cambió a *oreja*, pero estos cambios no se reflejan en *auricular*, que se tomó mucho después del latín por vía culta.

Podemos notar, de paso, que en un gran número de casos el inglés ha adoptado los mismos cultismos latinos que el español, lo que hace que en este tipo de vocabulario encontremos gran semejanza entre las dos lenguas. La diferencia entre el español y el inglés es que en inglés, aunque el léxico culto es en gran parte de origen latino, las palabras más básicas son de origen germánico, mientras que en español tanto unas palabras como otras suelen ser de origen latino, pero transmitidas por las dos vías que hemos indicado. Comparemos por ejemplo pares de palabras en español como *mano/manual, diente/dental, cabello/capilar, estrella/estelar, mar/marino, agua/acuático, árbol/arbóreo, noche/nocturno, estrecho/estricto, hija/filial* con sus equivalentes ingleses *hand/manual, tooth/dental, hair/capillary, star/stellar, sea/marine, water/aquatic, tree/arboreal, night/nocturnal, narrow/strict, daughter/filial*. En los pares de palabras que hemos dado, la segunda ha pasado tanto al español como al inglés por vía culta, a través del latín de los libros. La primera palabra, por otra parte, es también en español de origen latino, pero patrimonial, transmitida por vía oral ininterrumpida, mientras que en inglés se trata de una palabra germánica y, por tanto, patrimonial también en esta lengua.

## 8    Evolución fonológica del latín al español

Aunque las diferencias entre el latín y el español moderno son igualmente evidentes en todos los aspectos lingüísticos (fonología, morfología, sintaxis, léxico), en este capítulo vamos a considerar en algún detalle solamente los cambios que han afectado a los sonidos. El cambio morfológico, sintáctico y léxico será tratado también, pero de manera más sucinta.

Por motivos de exposición es útil establecer dos etapas en esta evolución: del latín al castellano medieval y de este al español moderno. Consideraremos estas dos etapas en sentido cronológico inverso. Es decir, vamos a estudiar primero los cambios principales que han tenido lugar a partir de la Edad Media.

### 8.1   Evolución fonológica del castellano medieval al moderno

Los primeros textos en castellano medieval nos muestran una lengua que está ya bastante más cerca del español moderno que del latín. Durante el largo período sin apenas documentación para el desarrollo de la lengua que va desde la colonización romana de Hispania a los primeros siglos del segundo milenio de nuestra era, se produjeron los cambios más importantes que hacen que el castellano nos aparezca como lengua bien diferenciada de las otras lenguas romances. Esto no quiere decir, sin embargo, que el castellano medieval sea igual al español moderno. En los últimos mil años la lengua ha seguido evolucionando y se han producido también algunos cambios importantes. Vamos a examinar los dos cambios fonológicos principales: la pérdida de la aspiración y la reestructuración del sistema de sibilantes.

### 8.1.1   La /h/ aspirada del castellano medieval y otras "haches"

Muchas de las "haches" que escribimos, pero generalmente no pronunciamos, en español moderno se aspiraban, es decir, se pronunciaban como fricativas **laríngeas**, en castellano medieval. Lo que hoy en día pronunciamos [aɾína], [ílo], [áβa] (pero escribimos *harina*, *hilo*, *haba*) se pronunciaba [harína], [hílo], [háβa] en castellano medieval. Uno de los cambios fonológicos importantes en la evolución del castellano medieval al español moderno ha sido la pérdida de la aspiración. Hay algunos dialectos modernos, sin embargo, que mantienen la aspiración en por lo menos algunas de estas palabras, habiéndose confundido con el sonido de la *j*. Un ejemplo lo tenemos en el nombre del *cante jondo*, esto es, cante hondo, referido a un estilo de cantar en el llamado arte flamenco. La palabra *jalar*, que compite con *halar*, conserva también una aspiración antigua. También tenemos ejemplos en la toponimia, como en el nombre de la zona residencial de La Jolla, en San Diego, California, que no es sino La Hoya, con aspiración conservada, aunque muchos de sus habitantes preferirían quizá una etimología diferente.

La /h/ aspirada del castellano medieval resultó de un cambio en la pronunciación de la /f/ latina. Así nuestros ejemplos *harina*, *hilo*, *haba*, vienen, respectivamente, de las palabras latinas FARĪNA, FĪLU, FABA.

| Latín | Castellano medieval | Español moderno |
|-------|---------------------|-----------------|
| FARĪNA | [harína] | [aɾína] *harina* |
| FĪLU | [hílo] | [ílo] *hilo* |
| FABA | [háβa] | [áβa] *haba* |

La /f/ latina se ha conservado, por otra parte, ante diptongo con [u̯], como en *fuego* (del latín FOCU) y *fuerte* (del latín FORTE) y también ante consonante, como en *frío* (del latín FRĪGIDU).

En muchas palabras que escribimos *h-* podemos descubrir la /f/ etimológica comparándolas con cultismos relacionados. Así relacionado con *hilo* tenemos un cultismo como *filamento*. Comparemos también *harina* con *farináceo*, *hijo* con *filial*, *hormiga* con *formicario* (caja para criar hormigas). La presencia de /h/ aspirada procedente de /f/ latina es una de las características del castellano medieval. Las otras lenguas románicas principales conservan la /f/ latina. Para dar solo un par de ejemplos, podemos comparar el español *hacer* con el portugués *fazer*, el francés *faire*, el italiano *fare* y el **catalán** *fer*, y también el español *hija* con el portugués *filha*, el francés *fille*, el italiano *figlia* y el catalán *filla*.

El sonido que se pronunciaba [h] en castellano medieval se escribía a veces con la letra *h*, pero más frecuentemente como *f* o *ff*; por ejemplo, lo que se escribía *ferir* se pronunciaba [heɾíɾ]. Hoy, en cambio, escribimos *herir* y pronunciamos [eɾíɾ].

No todas las haches que escribimos hoy en día se pronunciaban en castellano medieval, sin embargo. Algunas como la de *haber* o la de *hoy* proceden de *h-* latina (*habēre*, *hodiē*) y eran tan mudas en castellano medieval como lo son hoy en día. De hecho, estas haches no solían escribirse en castellano medieval, donde encontramos, por ejemplo, *aver* por lo que hoy en día escribimos *haber* con ortografía etimologizante. Las haches aspiradas de la Edad Media eran, pues, las procedentes de *f-* latina que cambió su sonido al de [h] en el contexto que hemos indicado más arriba, no las correspondientes a *h-* latina (la *h-* se pronunciaba como tal en latín temprano, pero se perdió muy pronto). (La aspiración medieval puede aparecer también en préstamos de otras lenguas.)

Otras haches que escribimos, como las de *huele*, *huérfano*, *hueso*, *hueco*, etc., ni existían en latín ni se han aspirado nunca. Tienen un origen puramente ortográfico: en español no podemos tener *ue-* (*ua-*, *ui-*) sin hache al principio de palabra (pensemos en palabras relacionadas sin diptongo y sin *h*: *huele* pero *olemos*; *huérfano* pero *orfanato*; *hueso* pero *óseo*; *hueco* pero *oquedad*). El porqué de esta regla ortográfica es fácil de entender si tenemos en cuenta que en la ortografía del latín no existía diferencia entre las letras *u* y *v*. Todos habremos visto inscripciones en imitación de la grafía latina como VNIVERSITAS (que en pronunciación latina clásica sería [uniu̯érsitas]) o E PLVRIBVS VNVM. En español y otras lenguas de alfabeto latino, *u* y *v* se siguieron considerando la misma letra incluso hasta después de la invención de la imprenta, aunque los valores vocálico y consonántico de esta letra se habían hecho ya muy diferentes. Una convención frecuente – aunque no observada consistentemente – era escribir solo *v-* al principio de la palabra y solo *u* en otros contextos, tanto para la vocal como para la consonante. En general esto no planteaba mayores problemas. Entre consonantes, como en la palabra *luna*, está claro que a la *u* no podía sino dársele valor vocálico, mientras que entre vocales, como en *daua* (moderno *daba*) la letra *u* se leía como consonante: [dáβa]. Del mismo modo, *vna* puede ser solamente [úna]. El problema surgía con grupos iniciales como *ue-*. El escribir una *h-* inicial en palabras como *hueso* es una solución que se ideó para dejar claro que la secuencia inicial era un diptongo y no podía pronunciarse como en otras palabras como *uezes* o *vezes* (moderno *veces*) donde la *u* o *v* prevocálica representaba una consonante.

### 8.1.2   Las sibilantes del castellano medieval y su evolución

Pero las mayores diferencias entre el castellano medieval y el español moderno en cuanto al sistema de sonidos tienen que ver con las **sibilantes**, es decir, sonidos parecidos a la /s/.

Por lo que podemos deducir de diversas fuentes de información, el castellano medieval distinguía entre una fricativa sorda /s/ y otra sonora /z/. Estas fricativas eran ápico-alveolares, [s̪], [z̪], en la zona originaria del castellano; es decir, representaban el tipo de /s/ que encontramos hoy en el norte de la Península. El contraste estaba limitado a la posición intervocálica, donde la sorda solía representarse como -ss- y la sonora como -s-; por ejemplo, *passa* /pása/ y *casa* /káza/. Además, el castellano medieval contaba también con dos africadas dentales, sorda /ts/ [ts̪] y sonora /dz/ [dz̪]. En la ortografía más común la africada sorda /ts/ se representaba como *c* (ante vocal anterior) o *ç* y la sonora /dz/ como *z*, como en los ejemplos *braço* /brátso/ (moderno *brazo*), *caça* /kátsa/ (moderno *caza*), por una parte, y *dizia* /didzía/ (moderno *decía*) *fazer* /hadzéɾ/ (moderno *hacer*), por otra.

Otros fonemas presentes en castellano medieval y que han evolucionado a sonidos bastante diferentes en español moderno son la fricativa prepalatal sorda /ʃ/, representada ortográficamente con *x*, como en *dixo* /díʃo/ y su correspondiente sonora /ʒ/, escrita con *j*, con *g* ante *e*, *i* o algunas veces con *i*, como en *ojo*, *oio* /óʒo/, *mugier* /muʒéɾ/ (moderno *mujer*), *fijo* /híʒo/ (moderno *hijo*).

*Las sibilantes del castellano medieval*

|  | Ortografía | Ejemplo |
|---|---|---|
| fricativa ápico-alveolar sorda /s/ [s̪] | *s-, -ss-* | *seco, passa* /pása/ |
| fricativa ápico-alveolar sonora /z/ [z̪] | *-s-* | *casa* /káza/ |
| africada ápico-dental sorda /ts/ [ts̪] | *c, ç* | *braço* /brátso/, *caça* /kátsa/ |
| africada ápico-dental sonora /dz/ [dz̪] | *z* | *dizia* /didzía/ |
| fricativa prepalatal sorda /ʃ/ | *x* | *dixo* /díʃo/ |
| fricativa prepalatal sonora /ʒ/ | *j, g(i, e), i* | *ojo* /óʒo/ |

Una serie de cambios iniciados hacia el final de la Edad Media hicieron que este sistema se viera radicalmente alterado. El proceso de transformación empezó con dos cambios: (a) las africadas perdieron su elemento oclusivo, y (b) se perdió la distinción entre sordas y sonoras por ensordecimiento de las sonoras. Estos dos cambios se dieron en todos los dialectos del español, aunque antes en unas partes que en otras. En concreto, la neutralización de sordas y sonoras empezó desde muy temprano en las zonas más norteñas de Castilla y se fue extendiendo hacia el sur. Pero la distinción todavía se practicaba en el español de Toledo y Sevilla hacia finales del siglo XV y, de hecho, aún se mantiene en el español sefardita o judeoespañol, hablado por los descendientes de los judíos expulsados de España en esta época.

A partir de aquí la evolución fue diferente en Andalucía que en zonas del norte y centro de la Península. La solución andaluza fue la que se extendió también por todo el español de las Américas.

El resultado de estos cambios (desafricación y ensordecimiento) en el español del norte y centro de la Península hacia el siglo XVI fue un sistema con tres fonemas fricativos sordos con puntos de articulación muy cercanos: predorso-alveolar o dental /s̪/ (procedente de las antiguas africadas dentales sordas y sonoras), ápico-alveolar /s̺/ y prepalatal /ʃ/. La diferencia en punto de articulación entre la fricativa /s/ [s̺] y la africada /ts/ [ts̪], que era antes redundante, se mantuvo como único elemento diferenciador al perder la africada su elemento oclusivo.

Estos tres fonemas de articulación tan cercana, /s̪/, /s̺/, /ʃ/, fueron separándose a partir de este momento, aumentando la diferencia entre los tres. La fricativa predorso-alveolar adelantó su punto de articulación a **interdental** /θ/ y la fricativa prepalatal atrasó su punto de articulación a velar /x/:

a. Evolución de las africadas apico-dentales

Desafricación y
ensordecimiento    Interdentalización

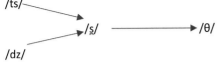

Ejemplos:      /brátso/ > /brás̪o/ > /bráθo/ *brazo*

               /dedzír/ > /des̪ír/ > /deθír/  *decir*

b. Evolución de las fricativas ápico-alveolares

Ensordecimiento

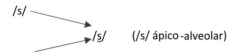

Ejemplos:      /pása/ (igual) *pasa*

               /káza/ > /kása/ *casa*

c. Evolución de las fricativa prepalatales

Ensordecimiento    Velarización

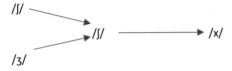

Ejemplos:      /díʃo/ > /díxo/ *dijo*

               /óʒo/ > /óʃo/ > /óxo/ *ojo*

**Figura 5.7** Evolución de las sibilantes en el norte y centro de la Península

La fricativa interdental /θ/ del español del centro y norte de la Península se encuentra, pues, en aquellas palabras que en castellano medieval tenían una africada dental sorda /ts/ [ts̪] o sonora /dz/ [dz̪], mientras que tenemos /s/ [s̺] (ápico-alveolar) en este dialecto en aquellas palabras que en castellano medieval tenían una fricativa ápico-alveolar sorda /s/ [s̺] o sonora /z/ [z̺].

En Andalucía y el español de las Américas es probable que las fricativas antiguas /s/ y /z/ fueran predorso-alveolares o predorso-dentales, y no ápico-alveolares como más al norte. El hecho es que al desafricarse las antiguas africadas se confundieron con las fricativas en una articulación generalmente predorso-alveolar. Al perderse también la distinción entre sordas y sonoras, los cuatro fonemas medievales /ts/, /dz/, /s/ y /z/ desembocaron en un único fonema /s/.

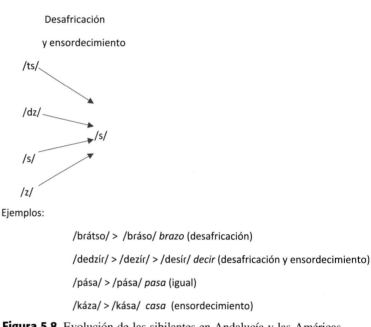

Ejemplos:

/brátso/ > /bráso/ *brazo* (desafricación)

/dedzír/ > /dezír/ > /desír/ *decir* (desafricación y ensordecimiento)

/pása/ > /pása/ *pasa* (igual)

/káza/ > /kása/ *casa* (ensordecimiento)

**Figura 5.8** Evolución de las sibilantes en Andalucía y las Américas

Como en el norte y centro de la Península, las prepalatales antiguas /ʃ/ y /ʒ/ también se confundieron en una sola articulación sorda que después retrasó su punto de articulación. En algunas partes de Andalucía esta articulación se retrasó aún más, haciéndose la aspirada laríngea /h/ y dando lugar a pronunciaciones del tipo [óho] *ojo*, [muhér] *mujer*, etc. Como indicamos anteriormente, este sonido se confundió con el de la /h/ procedente de /f/ en aquellos dialectos donde se conservaba aún.

## 8.2    Principales cambios fonológicos del latín al español

Los cambios fonológicos que se produjeron en el paso del latín al castellano medieval son mucho más numerosos. Veremos aquí, en forma resumida, algunos de los principales cambios observables en palabras patrimoniales.

### 8.2.1    Vocales

El latín clásico tenía diez vocales, cinco largas (ī, ē, ā, ō, ū) y cinco breves (ĭ, ě, ă, ŏ, ŭ). Esta oposición de duración o cantidad vocálica iba acompañada por ciertas diferencias de timbre vocálico. Las vocales breves eran también más abiertas o relajadas (como en inglés actual), de forma que /ĭ/ breve era [ɪ], /ě/ breve [ɛ], etc. Con el tiempo, las distinciones de timbre vocálico pasaron a predominar sobre las de duración. La diferencia entre las dos vocales bajas se perdió pronto. Después, /ĭ/ y /ŭ/ breves (= [ɪ] y [ʊ]) se confundieron con las vocales medias cerradas. Estos cambios resultaron en un sistema de siete fonemas vocálicos en el latín tardío, que es el que encontramos hoy en día en italiano:

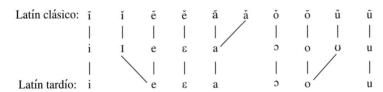

**Figura 5.9** Evolución de las vocales tónicas del latín clásico al latín tardío

Estas siete vocales solo se encontraban en sílaba tónica. En sílaba átona había solo cinco vocales: la /ɛ/ abierta se confunde con la /e/ cerrada y la /ɔ/ abierta con la /o/ cerrada.

En español encontramos un cambio más: las vocales /ɛ/, /ɔ/, que, como hemos dicho, se encontraban solo en sílaba tónica, se convierten, respectivamente, en los diptongos [i̯e], [u̯e].

Los principales cambios en las vocales a partir del latín clásico son los siguientes (en los ejemplos indicamos las vocales largas con una línea (o macrón) sobre la vocal: ā, ē, etc., y dejamos las breves sin marcar):

v1.  Las vocales altas breves del latín clásico se hacen vocales medias (ŭ > o, ĭ > e), p.ej. MANU > *mano*, LUPU > *lobo*, MINUS > *menos*. Un ejemplo más: MUSCA > _____.

v2.  Las vocales medias breves del latín clásico ě, ŏ, que se pronunciaban como abiertas [ɛ], [ɔ], en latín tardío, se convierten en diptongos ([ɛ] > [i̯e], [ɔ] > [i̯e]) en posición acentuada, p.ej. TERRA > *tierra*, CENTU > *ciento*, FOCU > *fuego*, OVU > *huevo* (cf. *oval*). Otro ejemplo: MOLA > _____ (cf. *molar*).

Algunas excepciones aparentes a esta regla de diptongación se producen en contacto con ciertos sonidos palatales, que hicieron que las vocales abiertas se cerraran, impidiendo así su diptongación. Así NOCTE no da \*\*nueche, sino noche (a través, como veremos, de una forma intermedia /nóite/), y OCULU da el castellano antiguo /óʒo/ (moderno /óxo/) y no \*\*/u̯éʒo/. En dialectos leoneses y aragoneses, sin embargo, sí encontramos formas con diptongo del tipo güello (ojo), fuella (hoja), etc.

**Ejercicio 3.** ¿Cuál es la forma española de las siguientes palabras latinas?: VĪNU, CIBU, SĒBU, SERVU, CORPU(S), SERRA, TEMPU(S), FLŌRĒS, PĪRA, FĪLU (atención a la f-), SURDU, PORTA, PERDŌ, LŪNA, BONA, TĒLA, FORTE, SCHOLA, HERBA, NOVU, PORCU.

v3. La -E final de palabra se pierde cuando estaba precedida por una sola consonante dental o alveolar, p.ej. PANE > pan, CANTĀRE > cantar. Este es el origen de alternancias como pan/panes en español moderno. En el plural la -E- no se perdió porque no está en posición final de palabra. Otro ejemplo: COLŌRE > _____.

v4. El diptongo AU > o, p.ej. TAURU > toro (cf. los cultismos taurino, tauromaquia), AURU > oro (cf. áureo), AUDĪRE > oír (cf. audiencia, auditor), CAUSA > cosa. Otro ejemplo más: PAUSĀRE > _____.

v5. En latín clásico, el acento iba sobre la penúltima sílaba si esta estaba cerrada por consonante (DIRĒCTU) o tenía una vocal larga (FORMĪCA). En los demás casos, el acento caía sobre la antepenúltima (TABULA). Muchas veces la vocal de la sílaba pretónica o postónica se pierde, p.ej. TABULA > tabla (cf. cult. tabular, tabulación), FABULĀRI > hablar (cf. cultismo fábula), DELICĀTU > delgado, SOLITĀRIU > soltero, CIVITĀTE > cast. med. cibdad > ciudad, CUBITU > cast. med. cobdo > codo, COMITE "compañero" > cast. med. comde > conde. Un ejemplo más: ASINU > _____.

Dos terminaciones que pierden la vocal interna y dan lugar a evoluciones especiales son las siguientes:

- MINE > -mne > -mre (disimilación) > -mbre (**epéntesis**), p.ej. HOMINE > cast. med. homne > homre > hombre (cf. homínido), NOMINE > nombre (cf. nominar), FEMINA > hembra (cf. femenino).
- CUL- > /-k'l-/ > cast. med. /ʒ/, esp. mod. /x/, p.ej. SPECULU > espejo. Este caso lo explicamos más detalladamente en c8.

**Ejercicio 4.** ¿Cuál es la forma española de las siguientes palabras latinas?: SŌLE, SOLES (forma verbal), VIRIDE, MANICA, HEDERA, LŪMINE, OCULU, INSULA (atención: la n se pierde ante s, cf. MĒNSA > mesa).

## 8.2.2   Consonantes

c1. Consonantes **geminadas**. En latín todas las consonantes podían ser tanto simples como geminadas (consonantes dobles) en posición intervocálica, lo mismo que en italiano moderno. Al contrario que en italiano, en español las geminadas se han perdido. Casi todas las geminadas del latín han pasado a las consonantes simples correspondientes, p.ej. BUCCA > *boca*, GUTTA > *gota*, CAPPA > *capa*, FLAMMA > *llama*. Dos ejemplos más: SACCU > _____, SICCU > _____ (atención: vocal alta breve, cf. v1).

Hay, sin embargo, tres casos especiales, los de las resonantes alveolares geminadas -NN-, -LL-, -RR-. La -NN- geminada se convierte en la nasal palatal *ñ* y la -LL- geminada en la lateral palatal *ll* /ʎ/ (que después se confunde con /j/ en dialectos yeístas), p.ej. ANNU > *año* (cf. ing. *annual*), PULLU > *pollo* (cf. ing. *poultry*), GALLU > *gallo*, CABALLU > *caballo*. Por su parte, la -RR- se mantiene como vibrante múltiple en oposición a la vibrante simple -*r*-.

c2. En posición intervocálica o entre vocal y líquida, las oclusivas sordas simples se hacen sonoras, p.ej. LUPU > *lobo*, PETRA > *piedra* (cf. cult. *pétreo*), LACU > *lago*, APOTHĒCA > *bodega*, DELICĀTU > *delgado*. Uno más: VĪTA > _____ (cf. cult. *vital*).

El resultado de esta evolución combinada con la del punto anterior es que cuando encontramos / -p-, -t-, -k-/ en palabras españolas patrimoniales, estas proceden de geminadas latinas. Comparemos, por ejemplo, CŪPA > *cuba* con CUPPA > *copa*.

En relación con este tema, y en cuanto respecta a las labiales, en el área originaria del castellano no parece haber habido nunca un fonema labiodental /v/. Por el contrario, en castellano medieval había una oposición fonémica entre /b/ y /β/. Entre vocales, la /b/ oclusiva medieval deriva de /p/ latina, como en LUPU > cast. med. *lobo* /lóbo/, SAPIT > cast. med. *sabe* /sábe/; mientras que la **continuante** /β/ fue el resultado de la evolución de /b/ y /u/ (prevocálica) latinas, como en CABALLU > cast. med. *cavallo* /kaβáʎo/ (moderno *caballo*, con ortografía etimológica latinizante impuesta después por la Real Academia Española), LAVAT > *lava* /láβa/. Posteriormente, las bilabiales aproximante y oclusiva pasaron de ser fonemas diferentes a ser alófonos del mismo fonema en distribución complementaria, como ya sabemos.

**Ejercicio 5.** ¿Cuál es la forma española de las siguientes palabras latinas?: SŌCA, LACRIMA, AQUA, AQUILA, ROTA (atención: vocal breve acentuada), METU (atención a lo mismo), CATĒNA, VACCA, IOCU (atención: la I inicial se consonantiza y hay una vocal breve acentuada), SALŪTE (atención a la vocal final, cf. v3), LEPORE (atención: se pierde la postónica; también en el siguiente ejemplo), POPULU.

c3. Las oclusivas sonoras intervocálicas del latín se pierden frecuentemente, p.ej. FRIGIDU > *frío* (cf. cult. *frígido*), DIGITU > *dedo* (cf. cult. *digital*).

---

**Ejercicio 6.** ¿Cuál es la forma española de las siguientes palabras latinas?: CRĒDO (forma verbal), PEDE, CADE(T), AUDĪRE.

---

c4. Antes de vocal anterior, /k/ > cast. med. /ts/ > esp. mod. /θ/ (norte y centro de España) o /s/ (otros dialectos), *centu* /kéntu/ > /tsiénto/ > /θiénto/ o /siénto/, *cena* /kéna/ > /tséna/ > /θéna/ o /séna/. Esta palatalización es el origen de los dos valores tan distintos de la letra *c* en nuestra ortografía. En latín, por el contrario, *c* representaba siempre la oclusiva velar sorda.

c5. La *f*- inicial latina ante vocal se aspira en castellano medieval y se pierde en español moderno (f > h > Ø), p.ej. FARĪNA > *harina*, FORMĪCA > *hormiga* (pero no antes de [u̯], como en *fuego*, cf. *hogar*).

c6. Los grupos PL-, CL- > *ll*- /ʎ/ en posición inicial (pronunciada como /j/ en dialectos yeístas), p.ej. PLUVIA > *lluvia*, *clamare* > *llamar*. En algunas palabras el grupo FL- tiene la misma evolución, p.ej. FLAMMA > *llama* (cf. cult. *inflamable*). Otro ejemplo: PLĒNU > _____ (cf. cult. *pleno*, ing. *plenary*).

c7. Ante otra consonante, la /k/ final de sílaba se debilita en la semivocal [i̯], que a su vez palataliza a ciertas consonantes siguientes. En concreto, el grupo -*ct*- /kt/ da lugar a la africada /ʧ/: /kt/ > /i̯t/ > /ʧ/ *ch*, p.ej. NOCTE > /nói̯te/ > *noche* (cf. cult. *nocturno*), FACTU > /fái̯to/ > /féi̯to/ > *hecho* (cf. cult. *factor*), LACTE > *leche* (cf. cult. *lácteo*), DIRECTU > *derecho* (cf. cult. *directo*), *strictu* > *estrecho* (cf. cult. *estricto*). Uno más: *octo* > _____ (cf. cult. *octavo*). En el grupo /ks/ (representado ortográficamente como <x>) la semivocal resultante del debilitamiento de /k/ también palataliza a la /s/ siguiente. La /ʃ/ resultante evoluciona después a /x/: AXE (nom. *axis*) /ákse/ > /ái̯se/ > /éi̯se/ > /éʃe/ > /éxe/ *eje* (cf. cult. *axial*). Otro ejemplo: MAXILLA "mandibula" > _____.

c8. El grupo LI-, LE- antes de vocal da lugar a /ʒ/ en cast. med., por palataliza-ción y deslateralización, p.ej. /-lia/ > /-li̯a/ > /ʎa/ > cast. med. /ʒa/. Después, por cambios que consideramos antes, /ʒ/ se ensordece en /ʃ/, que, por fin, da lugar en esp. mod. a *j* /x/, p.ej. FĪLIA > /fíli̯a/ > /fíʎa/ > cast. med. /híʒa/ > /íʃa/ > esp. mod. /íxa/ /*hija* / (cf. *filial*), FOLIA > *hoja* (cf. *folio*, ing. *foliage*), CONSILIU > *consejo* (cf. ing. *counsel*), MULIERE > *mujer*. Otro ejemplo: CONCILIU > _____ ("ayuntamiento", cf. cult. *concilio*, ing. *town council*).

En el grupo -CUL- se pierde la vocal y el grupo resultante /k'l/ tiene la misma evolución que /li̯/: -*cul*- > -*cl*- > cast. med. /ʒ/ > /ʃ/ > /x/, p.ej. OCULU > cast.

med. /óʒo/ > /óʃo/ > esp. mod. /óxo/ *ojo* (cf. cult. *oculista, monóculo, binocular*), OVICULA > *oveja* (cf. cult. *ovino*), APICULA > *abeja* (cf. cult. *apicultura*), AURICULA > *oreja* (cf. cult. *auricular*), SPECULU > *espejo* (cf. cult. *especular*). Lo mismo ocurre con -GUL-, p.ej. TEGULA > *teja* y a veces con -*tul*-, p.ej. VETULU > *viejo*. Otro ejemplo: CUNICULU > _____.

c9. El grupo *ni-, ne-* antes de vocal da *ñ*, p.ej. VINEA > *viña* (cf. VINU > *vino*), BALNEU > *baño* (aquí se pierde la /l/, cf. cult. *balneario*), HISPANIA > *España* (cf. cult. *hispánico*). Otro: ARANEA > _____.

Un tipo de cambio diferente a todos los que acabamos de mencionar es el fenómeno conocido como **metátesis**, que consiste en el intercambio de posición entre dos sonidos. Muchas veces se produce metátesis cuando la evolución regular de la lengua ha dado lugar a secuencias de sonidos poco comunes. Por ejemplo, la palabra latina TENERU, por evolución regular, nos daría *\*tienro*, con un grupo -*nr*-. Por metátesis en este grupo de consonantes obtenemos la palabra española *tierno*. Asimismo, el latín SPATULA, regularmente, daría lugar a *\*espadla*, de donde, por metátesis, tenemos *espalda*.

Otro ejemplo importante de metátesis en la evolución del español lo encontramos en las terminaciones -*ariu*, -*aria*, donde la semivocal [i̯] pasó a la sílaba precedente, p.ej. PRĪMARIU > *primairo* > *primeiro* > *primero* (cf. cult. *primario*, ing. *primary*). Notemos que el diptongo [ai̯], resultado de la metátesis, evoluciona a [ei̯] (forma que encontramos aún en gallego-portugués) y finalmente a [e] (cf. la evolución de LACTE, FACTU en c7). ¿Cuál ha sido la evolución de FERRARIU?

## 9     ¿Por qué cambian los sonidos con el tiempo?

La mayoría de los cambios fonológicos se basan en una tendencia a relajar la articulación. Como otros comportamientos humanos, el lenguaje se guía también por una especie de "ley del mínimo esfuerzo". Esta "ley" nos lleva a reducir los gestos articulatorios y a minimizar la distancia entre gestos articulatorios contiguos, asimilándolos o fusionándolos. Las pronunciaciones más reducidas aparecen primero en los contextos más informales, pero con el tiempo pueden llegar a convertirse en la norma de pronunciación en todos los estilos. Consideremos, por ejemplo, la siguiente evolución del latín a algunos dialectos modernos del español: [kantátum] > [kantádo] > [kantáðo] > [kantáðo] > [kantáo] > [kantáu̯]. En este ejemplo vemos que la [t] intervocálica originaria ha ido reduciéndose progresivamente, primero asimilándose en **sonoridad** a las vocales colindantes; después reduciendo la oclusión hasta desaparecer, dando lugar a una secuencia [ao] en hiato que, en algunos dialectos (en el norte de

España, entre otros), se ha reducido después a diptongo. Podemos obtener una idea más clara de cómo se ha producido esta evolución si para cada estadio o etapa en la evolución distinguimos dos estilos de habla, que podemos llamar "formal" e "informal" (estamos simplificando). Lo que en un estadio determinado es una pronunciación informal puede convertirse en pronunciación formal en una etapa siguiente:

|            | Estilo formal           | Estilo informal |
|------------|-------------------------|-----------------|
| Estadio 1  | kantáto                 | kantáto         |
| Estadio 2  | kantáto                 | kantádo         |
| Estadio 3  | kantádo                 | kantádo         |
| Estadio 4  | kantádo                 | kantáðo         |
| Estadio 5  | kantáðo                 | kantá°o         |
| Estadio 6  | kantáðo ~ kantá°o       | kantáo          |
| Estadio 7  | kantá°o ~ kantáo        | kantáu̯         |

Este ejemplo nos sirve también para notar que las pronunciaciones más informales algunas veces se estigmatizan en la sociedad, lo que lleva a la reposición de variantes más formales. Esto es frecuente cuando existe una norma escrita y la pronunciación nueva se aparta de la ortografía. En varios países de Latinoamérica (por ejemplo, en la Argentina) las variantes en [-ao] o [-au̯] han sido objeto de estigma, con lo que han perdido terreno y hoy en día se usan menos que en el pasado. Un resultado de este proceso de estigmatización es a veces la aparición de pronunciaciones "ultracorrectas" como [bilβáðo] por *Bilbao* y [bakaláðo] por *bacalao*, que tienen su origen en el deseo de algunas personas de evitar lo que perciben como incorrecto, en este caso la terminación [-ao]. En contraste con la valoración social de los participios en [-ao] en muchos lugares de Latinoamérica, en España hoy en día las pronunciaciones como [kantáo] son cada vez más aceptadas en contextos formales, aunque la forma más avanzada [kantáu̯] todavía no goza de esta aceptación.

Para dar otro ejemplo, un proceso de reducción articulatoria ha llevado también a la perdida de la [s] final de sílaba en muchas regiones de habla hispana, a través de una etapa intermedia con fricativa laríngea [h] (reducción o eliminación del gesto con la lengua, con conservación únicamente del gesto en la laringe): [éste] > [éhte] > [éte]. En la República Dominicana, donde este proceso se halla bastante avanzado, las pronunciaciones con [s] o [h] gozan de prestigio o aceptación social, mientras que las pronunciaciones del tipo [éte] sufren estigmatización. Esto lleva a que algunos hablantes en cuyo estilo coloquial la /s/ ha desaparecido completamente, cuando quieren hablar más formalmente, coloquen "eses" no solo en palabras donde este segmento corresponde etimológicamente, diciendo, por ejemplo [éste], en vez de la forma coloquial [éte], sino también, por

**ultracorrección**, en lugares donde no ha habido nunca una [s], diciendo, por ejemplo [físno] por *fino*. Este fenómeno de ultracorrección se conoce, de hecho, como "hablar fisno".

Aunque, como hemos dicho, la mayor parte de los cambios en la pronunciación tienen su origen en la reducción articulatoria, empezando por los estilos más coloquiales o informales, hay cambios fonológicos que tienen otras causas. Una causa de cierta importancia es la "confusión acústica". Al oír una palabra que no conocíamos antes, es posible que confundamos algún sonido con otro acústicamente semejante. Por ejemplo, en España algunos hablantes dicen [θelpúðo] por *felpudo* y la variante coloquial *Celipe* (C = [θ]) del nombre Felipe se daba en un tiempo en el habla de Madrid. ¿Cómo se explica esto? Espectrográficamente los sonidos [f] y [θ] son extraordinariamente parecidos. Es perfectamente posible que al oír una palabra relativamente poco frecuente como [f]*elpudo* alguien la interprete como [θ]*elpudo*. Dada la influencia que hoy en día tiene la norma escrita es muy poco probable que esto lleve a un cambio más general /f/ > /θ/ en España. Sin embargo, en una situación diferente donde no existiera una norma general, podemos imaginarnos cómo la existencia de variantes con /f/ y con /θ/ para algunas palabras podría llevar a algunos hablantes a dudar sobre la correcta pronunciación de otras palabras (por ejemplo, ¿es [θ]*ésped* o [f]*ésped*?). Es muy común que una vez que aparecen variantes diferentes para la misma palabra, cada pronunciación adquiera connotaciones sociolingüísticas diferentes. Según el valor social otorgado a cada pronunciación, en nuestro ejemplo hipotético podríamos tener finalmente una sustitución de toda /f/ por /θ/ o viceversa.

En español actual tenemos algunas palabras con /x/ donde esperaríamos normalmente una /s/. Por ejemplo, el español antiguo *tisera(s)* ha pasado a *tijeras* en español moderno. La explicación de este hecho es la gran semejanza acústica que existía en una época entre la fricativa ápico-alveolar /ş/ y la prepalatal /ʃ/, lo que llevó a su confusión en cierto número de palabras. En una palabra como *tiseras*, algunos hablantes interpretaron [-işe-] como [-iʃe-] y ésta fue la pronunciación que se generalizó, refonologizándose la palabra.

El mismo ejemplo nos sirve también para ilustrar otra causa importante de cambios en la pronunciación. Hay cambios fonológicos que parecen explicarse solo tomando en consideración el sistema de contrastes fonémicos existentes en una época determinada. Los dos cambios en punto de articulación que transformaron el sistema de sibilantes del castellano norteño hacia el siglo XVI: /ş/ > /θ/, /ʃ/ > /x/ se explican considerando el sistema de oposiciones. Como vimos, el sistema de sibilantes del castellano medieval había evolucionado hacia un sistema con tres sibilantes de punto de articulación muy cercano, predorso-alveolar (o dental) /s̪/, ápico-alveolar /ş/ y prepalatal /ʃ/. Una consecuencia de esta escasa diferenciación fueron confusiones acústicas como las que hemos mencionado. La posibilidad de tener tales confusiones disminuyó considerablemente al alejarse los puntos de articulación de los tres fonemas.

**Ejercicio 7.** A veces se encuentran errores ortográficos como *expléndido*, *extricto*, *inflacción*. ¿Qué motivos pueden llevar a un hablante de español a utilizar estas grafías etimológicamente incorrectas?

Hemos mencionado tres posibles causas del cambio fonológico. Las tres son causas internas. Además podemos tener causas externas; es decir, la influencia de otras lenguas en contacto. Por ejemplo, el español hablado en México ha adquirido el grupo /tl-/ en posición tanto inicial como final por influencia del náhuatl.

## 10    Algo sobre el cambio morfológico y sintáctico

Cuando comparamos la morfología y la sintaxis del latín clásico con las del español moderno es evidente que ha habido cambios enormes.

Para empezar, como hemos mencionado ya de pasada, en latín los nombres y adjetivos llevan terminaciones diferentes según la función que desempeñan en la oración (el caso gramatical). Así "amigo" es AMĪCUS como sujeto (caso nominativo: AMĪCUS PUELLAM AMAT "el amigo ama a la niña") pero AMĪCUM como objeto directo (caso acusativo: AMĪCUM PUELLA AMAT "la niña ama al amigo"), AMĪCĪ como posesor (caso genitivo: FĪLIUS AMĪCĪ "el hijo del amigo"), AMĪCŌ como objeto indirecto (caso dativo: AMĪCŌ LIBRUM DABŌ "daré el libro al amigo"), AMĪCE como vocativo ("¡amigo!"), etc.

Las distinciones de caso se han perdido por completo en los nombres y adjetivos del español. En español, ya desde los primeros textos medievales, solo tenemos una forma para el singular y otra para el plural y las funciones que indicaban las terminaciones de caso del latín las expresamos por medio de preposiciones. Casi siempre las formas que se conservan en español se pueden derivar de las del acusativo latino. Para ilustrar esto, damos el nominativo y acusativo de algunos ejemplos. Recordemos que la -M final se pierde:

|  | Sg. | Pl. |  |
|---|---|---|---|
| Nom. | MŪRUS | MŪRĪ |  |
| Acc. | MŪRUM | MŪRŌS | > *muro/muros* |
| Nom. | PORTA | PORTAE |  |
| Acc. | PORTAM | PORTĀS | > *puerta/puertas* |
| Nom. | NOX | NOCTĒS |  |
| Acc. | NOCTEM | NOCTĒS | > *noche/noches* |

En cuanto al género gramatical, en latín había tres, masculino, femenino y neutro. Este sistema se ha reducido a uno de dos géneros. La mayoría de los sustantivos que tenían género neutro han pasado al género masculino, aunque algunos son ahora femeninos. Un aspecto interesante de los neutros latinos es que en plural terminaban en -A en el nominativo y el acusativo. Esto lo podemos ver con algunos de estos sustantivos que se usan en inglés en su forma latina de nominativo singular y plural como CORPUS (sg.) / CORPORA (pl.), DATUM (sg.) / DATA (pl.) o MEDIUM (sg.) / MEDIA (pl.). La **concordancia** con el adjetivo la podemos observar en algunas frases latinas que se usan tanto en inglés como en español, como pueden ser el singular OPUS MAGNUM "gran obra" y el plural OPERA OMNIA "obras completas". Los neutros plurales parecen por su forma palabras femeninas en el singular y algunos de ellos se reinterpretaron en este sentido, como en el ejemplo que acabamos de citar, OPERA, un neutro plural que nos da (*la*) *obra* por vía patrimonial y (*la*) *ópera* por vía culta. A veces estas palabras femeninas que proceden de neutros plurales han guardado un valor colectivo. Así mientras que el neutro singular LIGNUM nos da *leño* (masc.), su plural LIGNA nos da *leña*, que funciona gramaticalmente como femenino singular en español pero mantiene su valor colectivo de "conjunto de leños". Notemos también que la palabra *hoja*, que viene del neutro plural latino FOLIA, tiene también valor colectivo cuando hablamos de *la caída de la hoja*. (El singular latino FOLIUM se perdió, aunque como cultismo tenemos *folio*.)

Por otra parte, en los pronombres de tercera persona, artículos y demostrativos sí que se mantienen tres géneros y se conservan vestigios del sistema de casos latino. Los ejemplos que hemos dado más arriba muestran que el latín carecía de artículos. Los del español (*el*, *la*, *lo*, *los*, *las*) proceden de demostrativos latinos: ILLA(M) AMĪCA(M) "aquella amiga" > *la amiga*; ILLŌS AMĪCŌS "aquellos amigos" > *los amigos*, etc. Estos mismos demostrativos son también el origen de los pronombres de sujeto y de objeto de tercera persona (*él*, *ella*, *ello*, *la*, *lo*, *le* y sus plurales – con distinta evolución como formas tónicas y como formas átonas) así como, con un intensificador prepuesto, de los demostrativos *aquel*, *aquella*, *aquello*.

**Ejercicio 8.** Como hemos dicho, los pronombres de tercera persona vienen de demostrativos latinos. Así *le* viene de la forma de dativo singular ILLĪ y *lo* viene del acusativo masculino singular ILLU(M) y neutro ILLU(D). Por otra parte la secuencia ILLĪ ILLU produce /eli̯elo/ > *gelo* /ʒelo/ en castellano antiguo, como en *non gelo dava* "no se lo daba". El latín tenía también un pronombre reflexivo acusativo SĒ.

Hoy en día tenemos una distinción entre una interpretación reflexiva en, por ejemplo, *Juan se lava el pelo* (*a sí mismo*) y una no reflexiva en *Juan le lava el pelo* (*a su hijo*). Esta distinción se pierde, sin embargo, en *Juan se lo lava* (*a sí mismo/a su hijo*). La explicación que se da a veces es que queremos evitar secuencias como *le lo* que resultan cacofónicas. En vista de los hechos que acabamos de mencionar ¿cuál le parece que puede ser la explicación histórica de este fenómeno?

**Ejercicio 9.** El demostrativo femenino ILLA(M) en posición pre-nominal evolucionó de distinta manera ante consonante y ante vocal, como en ILLA CASA

> *(e)la casa* > *la casa* frente a ILLA AQUA > *el(a) agua* > *el agua*. Con el tiempo este uso de *el* se fue restringiendo al contexto ante vocal /a/ acentuada. En el masculino, tenemos ILLU(M) > *elo* > *el* tanto ante vocal como ante consonante. Considere ahora las tres siguientes posibles descripciones de los hechos:

1. El artículo femenino *la* tiene un alomorfo *el* usado ante sustantivo que empieza por /a/ tónica.
2. Con palabras femeninas como *agua* se usa el artículo masculino *el*.
3. Algunas palabras, como *agua*, toman concordancia femenina con elementos pospuestos pero concordancia masculina con elementos prepuestos.

¿Cuál de las tres descripciones le parece que se ajusta mejor a los hechos históricos?

Hoy en día encontramos variación en expresiones como *esta área ~ este área, poca agua ~ poco agua, nuestra habla andaluza ~ nuestro habla andaluza, buena alma ~ buen alma* (independientemente de que la Real Academia Española considere solamente una de las formas como correcta). ¿Cuál puede ser el motivo? ¿Qué generalizaciones pueden estar haciendo los hablantes del español?

En los pronombres de primera y segunda persona también distinguimos el sujeto del objeto. Las formas que tenemos, sin embargo, no derivan siempre del correspondiente caso latino. Los pronombres *yo* y *tú* derivan de las formas nominativas latinas EGŌ y TŪ respectivamente. Las formas *me*, *te* derivan del acusativo latino, MĒ, TĒ, mientras que *mí* y *ti* derivan de las formas de dativo MIHI, TIBI: MĒ VĪDĪSTĪ "me viste" (o "me has visto"), pero MIHI DIXĪSTĪ "me dijiste". Ha habido, pues, aquí una reestructuración.

También ha habido una reestructuración en las formas de plural. En latín NŌS podía ser tanto nominativo como acusativo, mientras que la forma de dativo era NŌBĪS: (NŌS) TĒ VĪDĪMUS "(nosotros) te vimos", NŌS VĪDĒRUNT "nos vieron", pero NŌBĪS DIXĒRUNT "nos dijeron". La forma *nosotros* que empleamos como sujeto y como objeto preposicional es, tal como lo parece, un compuesto con *otros*. (Las formas *vosotros* y *os* tienen una evolución paralela, a partir de VŌS.)

La distinción entre formas fuertes o tónicas y átonas o clíticas de los pronombres que tenemos en español no existía en latín. El desarrollo de esta distinción en español y las otras lenguas romances es uno de los fenómenos más interesantes de la morfosintaxis histórica de estas lenguas.

Otro fenómeno importante es la creación de paradigmas verbales nuevos. Consideremos como ejemplo la creación del futuro y del condicional en español. Aunque el latín tenía un futuro de indicativo, este se perdió totalmente y fue reemplazado por una perífrasis que originariamente tenía valor de obligación.

Así, CANTĀRE HABĒMUS (que podía ser también HABĒMUS CANTĀRE) "tenemos que cantar, hemos de cantar" da lugar a *cantar (h)emos* y finalmente a *cantaremos*. En textos medievales encontramos construcciones como *cantar lo emos*, en que un pronombre puede aparecer entre lo que hoy en día son morfemas inseparables. El condicional tiene una historia paralela, a partir de construcciones con el imperfecto de indicativo: CANTĀRE HABĒBĀMUS "teníamos que cantar"> *cantar (h)íamos* > *cantaríamos*.

Por otra parte, la perífrasis HABĒMUS CANTĀTUM "(lo) tenemos cantado" da lugar a *hemos cantado*, creando una diferencia entre *canté* y *he cantado* que no existía en latín. El origen de esta forma verbal se encuentra en la reinterpretación semántica de oraciones del tipo HABEŌ SCRIPTUM LIBRUM "tengo un libro escrito", HABEŌ SCRIPTĀS LITTERĀS "tengo cartas escritas" como "he escrito un libro", "he escrito las cartas". La reinterpretación del adjetivo como participio conlleva la pérdida de la concordancia. Notemos que después surgió otra construcción con *tener* con el mismo significado que la original latina con HABĒRE (*tengo escritas las cartas*).

El verbo *haber*, que en latín y en castellano medieval podía ser un verbo principal con valor de posesión, hoy en día es solo un auxiliar y como verbo principal ha sido totalmente reemplazado por *tener*, del latín TENĒRE "tener en las manos, sujetar".

## 11    El cambio léxico y semántico

Con el tiempo hay palabras que se pierden y otras que se incorporan al léxico. Seguramente todos podemos pensar en alguna palabra que hace unas décadas no se usaba o en alguna otra que usaban nuestros abuelos pero ya no usan los más jóvenes. En otras secciones nos referiremos a la influencia léxica que sobre el español han tenido el árabe y las **lenguas amerindias**, entre otras, además de los cultismos latinos incorporados en diversas épocas.

Las palabras también cambian de significado con el tiempo. Si leemos textos en español de hace unos siglos nos daremos cuenta de que no solo encontramos palabras que ya no se usan sino que además el sentido de algunas palabras que empleamos todavía no es el mismo que tienen ahora, y estas diferencias son mayores cuanto más antiguo es el texto. Consideremos algunos ejemplos.

Las conocidas *Coplas por la muerte de su padre* de Jorge Manrique (s. XV) empiezan con las palabras "Recuerde el alma dormida, avive el seso y despierte". Aquí *recordar* tiene un sentido de "volver a estar consciente" prácticamente sinónimo al de *despertar*. Este sentido se mantiene aún en algunas regiones (ver el diccionario de la Real Academia Española, www.rae.es), pero se ha perdido ya completamente en muchas otras, donde *recordar* es solo "traer a la memoria".

La palabra *parientes* tenía antes el valor de "padre y madre", como el inglés *parents*. Así en la *Vida de Santo Domingo de Silos* de Gonzalo de

Berceo (s. XII–XIII) encontramos varias veces esta palabra con este significado al relatar el autor la infancia de Santo Domingo: "Parientes ouo [= 'tuvo'] buenos" (verso 6), "El pan que entre dia li dauan los parientes, / non lo queria el todo meter entre los dientes" (13–14), "Viuia con sus parientes la sancta criatura, / el padre e la madre querian lo sin mesura" (18–19).

El *Fuero Real* de Alfonso X (s. XIII) se refiere a "los que salieren en apellido & tomaren armas" y podemos encontrar ejemplos parecidos también algunos siglos después: "que en oyendo su voz y apellido acudiesen con sus armas" (Francisco Vázquez, *Crónica de Lope de Aguirre*, s. XVI). Este uso de la palabra *apellido* hoy nos resulta extraño. Su significado aparece explicado en otra obra de Alfonso X, *Las Siete Partidas*, donde leemos que "Apellido tanto quiere dezir commo boz de llamamiento que fazen los onbres para ayuntarse & defender lo suyo". Este es un significado muy diferente al que tiene esta palabra hoy en día.

El verbo *cuidar* viene del latín CŌGITĀRE "pensar". Este es el sentido que tiene en ejemplos medievales como los siguientes (modernizamos la ortografía para facilitar la comprensión):

"La infanta bien cuidó que la doncella venía a pedirle socorro" (*Platir*, s. XVI)
"En los días de mi vida a otro non cuido servir" (P. López de Ayala, s. XIV–XV, *Rimado de palacio*)
"porque non hablaba ninguno, cuidaron que el novio estaba muerto o herido" (Don Juan Manuel, s. XIII–XIV, *Conde Lucanor*)
"uno cuida el bayo y otro el que lo ensilla" (*bayo* es un caballo de color blanco amarillento) (Arcipreste de Hita, s. XIV, *Libro de buen amor*)

Su evolución hacia el sentido más restringido de "preocuparse por, ocuparse de, prestar atención" podemos verla en ejemplos como "La perdiz no cuida más que de guardar su vida" (J. Zabaleta, s. XVII).

---

**Ejercicio 10.** La palabra *guisar* es hoy en día fundamentalmente un sinónimo de *cocinar*. Observe ahora los siguientes ejemplos (con ortografía modernizada):

"Mandó luego guisar las naves y los otros navíos." (Alfonso X, *General Estoria*)
"Y comenzó de guisarse pora venir otra vez." (Alfonso X, *General Estoria*)
"Hizol(o) echar en aquel lecho que mandara guisar." (Alfonso X, *General Estoria*)
"Mandó guisar sus bodas para un día señalado." (Don Juan Manuel, *Conde Lucanor*)

¿Qué significado general le parece que tiene la palabra *guisar* en los ejemplos anteriores?

**Ejercicio 11.** En textos medievales encontramos las palabras *castigo* y *castigar* usadas en un sentido que hoy nos resulta extraño. ¿Cómo debemos interpretar los siguientes ejemplos?

"Muchas veces probara de lo castigar con ruego y con halago." (*Conde Lucanor*)

"El rey de Mentón castigaba a sus hijos que siempre amasen verdad." (*Caballero Zifar*)

"El amor castiga al arcipreste que haya en sí buenas costumbres." (*Libro de buen amor*)

"Es me(ne)ster que los grandes señores hayan mientre [= mientras] fueren mozos qui [= quien] los críe y los castigue muy bien." (Don Juan Manuel, *Libro del caballero y del escudero*)

"Este fue el primer consejo y castigo que l(e) diera a don Juan Núñez su cuñado." (Don Juan Manuel, *Libro de los Estados*)

Si comparamos dos etapas más distantes, el latín clásico y el español moderno, las diferencias en el significado de las palabras es aún mayor (a parte de la gran cantidad de palabras que se han perdido).

No es fácil establecer principios generales en el cambio en la semántica de las palabras y a veces encontramos evoluciones bastante sorprendentes. Para dar un ejemplo algo extremo, la palabra *necio* se mantiene en español cercana al significado que tenía el latín NESCIU(S) "ignorante" (de NE- + SCIŌ "no sé"). En inglés, por otra parte, su **cognado** *nice* (tomado en préstamo del francés medieval) ha experimentado un cambio dramático de significado.

**Ejercicio 12.** Como ejercicio le proponemos consultar la palabra *nice* en el *Oxford English Dictionary*, resumir su evolución semántica y compararla con la del español *necio*.

Para dar otro ejemplo, si buscamos en un diccionario etimológico el origen de la palabra *nada* encontraremos que viene de la expresión del latín (RES) NĀTA (acusativo REM NĀTAM) "(cosa) nacida" usada en contextos negativos como "no he visto cosa nacida". El catalán *res* "nada" y el francés *rien* "nada" conservan la primera parte de la expresión. Asimismo *nadie* viene de (HOMINĒS) NĀTĪ "(hombres) nacidos" en el mismo tipo de contextos.

Con todo, es posible señalar ciertas tendencias, motivaciones o procesos evolutivos que se repiten con frecuencia.

En primer lugar, el significado de las palabras puede cambiar para adaptarse a referentes nuevos. Al encontrar en las Américas los españoles realidades desconocidas en Europa, a veces adaptaron palabras ya existentes en la lengua para nombrar las nuevas realidades. Esto es lo que pasó con la palabra *pavo*, que ahora da nombre a un ave originaria de Norte América, pero que antes hacía referencia a lo que ahora llamamos *pavo real* (cn inglés "peacock"). Para dar un par de ejemplos más, en algunas regiones de Latinoamérica se emplea *tigre* para "jaguar" y *león* para "puma".

Procesos psicológicos como la **metonimia** y la **metáfora** a veces juegan un papel en el cambio de significado. La metonimia es un cambio entre referentes contiguos. Por ejemplo, *boca* viene del latín BUCCA que significaba "mejilla", mientras que *mejilla* viene de MAXILLA "mandíbula" (el maxilar es el hueso de la mandíbula). La evolución en el significado que encontramos en el español *cadera*, que viene del latín CATHEDRA "silla", puede considerarse también un caso de metonimia.

La metáfora es una comparación implícita, como cuando decimos *Emilio es un ángel*, queriendo decir que es muy bueno, *como* un ángel, o cuando hablamos de *la primavera de la vida* (ejemplo del DRAE). En el capítulo de semántica se discute este concepto en más detalle, dado que la metáfora es un recurso frecuente en el lenguaje. Aquí nos limitaremos a señalar que el cambio que encontramos en el significado de algunas palabras puede explicarse como debido a una metáfora en algún momento histórico. Así encontramos que *pensar* tiene el mismo origen que *pesar* (para la pérdida de la *n* compárese MENSA > *mesa*). En latín, PENSĀRE significaba "pesar". Para entender este cambio podemos notar que la misma metáfora de "pensar" como "ver cuanto pesa" la tenemos aún viva en *sopesar las ventajas y desventajas de un asunto*.

En casos en que ha habido divergencia formal, como entre *pensar* y *pesar* o *grúa* y *grulla*, o en que el sentido originario se ha perdido, podemos hablar de una metáfora muerta, perteneciente exclusivamente a la historia de la lengua. En otros casos, la metáfora puede estar viva. Así cuando hablamos de la *cresta* de una montaña, un *diente* de ajo, la *boca* de un río o una *bocacalle*, la semejanza con las respetivas partes del cuerpo de animales o seres humanos suele ser obvia para los hispanohablantes. Sin embargo, como señala Penny (2002: 313), también hay casos intermedios. Así *sierra* puede ser tanto una cadena de montañas como un instrumento para serrar, pero no está claro que hoy en día los hispanohablantes consideren que el primero de los significados mencionados sea una extensión metafórica del segundo – aunque este haya sido su origen histórico – sino que probablemente sincrónicamente debemos hablar de **polisemia** en este caso.

Otro motivo muy común de la reinterpretación es el tabú, o, más exactamente, el esfuerzo de los hablantes para evitar el tabú. El tabú lingüístico es la prohibición de mencionar una palabra porque el tema a que se refiere da miedo o vergüenza o es simplemente difícil de tocar por razones religiosas, supersticiosas o sociales. Podemos encontrar tabúes relacionados con la muerte, las enfermedades, las partes del cuerpo, las funciones del cuerpo y el sexo. Para hablar de estos temas frecuentemente utilizamos un **eufemismo**, es decir, una palabra o expresión que sustituye al término prohibido y que se considera más aceptable o menos ofensiva. Algunos ejemplos de eufemismo en el español contemporáneo son *pasar a mejor vida* (para "morir"), *en estado* ("preñada"), *dar a luz* ("parir"), los *servicios*, el *baño* o los *aseos* ("retrete"), *intervención militar* ("guerra o invasión"), etc. Mientras que los eufemismos nos permiten evitar el término prohibido, suelen tener una vida muy corta porque se contaminan con el tema tabú que tratan, se dejan de usar en el contexto original y adoptan el significado tabú, así perdiendo su fuerza eufemística. Esto es lo que vemos en el uso de la palabra *coger* en México, Argentina y Uruguay que empezó como un eufemismo para referirse a las relaciones sexuales. Su asociación con el sexo ha resultado en que en esos países los hablantes evitan su uso en cualquier otro contexto, reemplazándola con *agarrar* (por ejemplo, *agarrar un taxi*).

Al hablar de la influencia del vasco sobre el castellano mencionamos el préstamo *izquierdo*, que reemplazó a la palabra *siniestra*. La asociación que tenía la mano izquierda con "mala suerte" o "malas intenciones" llevó a reemplazar la palabra latina con un préstamo de otra lengua. El valor original se mantiene solo en la expresión *a diestra y siniestra* "a la derecha y a la izquierda".

Otro tipo interesante de cambio léxico es la llamada **etimología popular**. Estos son casos en que una reinterpretación del significado de una palabra va seguida por un cambio en su forma. Los hablantes encuentran una relación con otras palabras que no estaba presente en su origen. Así una palabra monomorfémica o solo parcialmente interpretable puede reinterpretarse como si fuera un compuesto o estuviera relacionada con otra por derivación. Por ejemplo, la palabra *vagabundo* ha desarrollado una variante *vagamundo* debido a que algunos hablantes la han reinterpretado como "que vaga por el mundo" y el cast. med. *berrojo* ha pasado a *cerrojo* porque se ha visto una relación con el verbo *cerrar*.

Más común es que al cambiar la estructura fónica de las palabras y perderse otras palabras los compuestos transparentes se vuelvan opacos. Esto es lo que ha ocurrido, por ejemplo, con MŪR CAECULU "ratón cieguecillo" que nos da *murciélago*, de estructura opaca al no conservarse el latín MŪR "ratón".

---

**Ejercicio 13.** ¿Puede adivinar cuál es la forma en español de los siguientes compuestos latinos?

VĪNU ACRE **"vino agrio"** >
BIS COCTU **"dos veces cocido"** >

---

El contacto de lenguas puede ser un motivo para el cambio en el significado de las palabras. Así el español *aplicar* ha adquirido en algunas variedades el sentido de "solicitar" que tiene el inglés *apply*, como en *aplicar a un trabajo* por lo que más tradicionalmente se dice *solicitar un trabajo*. (Los sentidos tradicionales de este verbo son los que vemos en ejemplos como *aplicar pintura a la pared*, *aplicar una regla*, *un estudiante aplicado*, etc.)

---

**Ejercicio 14.** ¿Puede pensar en otros ejemplos en que la influencia del inglés ha afectado el significado de palabras en español?

Para dar un ejemplo más antiguo, la palabra *infante* etimológicamente significa en latín "que no puede hablar", aplicándose a los niños menores de una cierta edad. En la Edad Media adquirió también en castellano el significado de "hijo de rey" o "hijo de noble" (de cualquier edad) por influencia del árabe *walad* "niño", pero también "hijo de noble". Hoy en día, en su segundo sentido se usa sobre todo para designar a los hijos del rey exceptuando al heredero. Otra evolución semántica es la que vemos en la palabra *infantería*. Las palabras *infantil*, *infancia*, por otra parte, hacen referencia únicamente a la niñez.

Para tratar de sistematizar los cambios en el significado de las palabras se usan a veces conceptos como restricción, extensión y reinterpretación del significado. Tenemos restricción del significado cuando se reducen los contextos o referentes a los que se aplica. Extensión es el caso contrario. Por último, decimos que hay reinterpretación cuando la palabra adquiere un significado completamente nuevo.

**Ejercicio 15.** Considere los siguientes ejemplos mencionados más arriba. En cada uno de los casos ¿encontramos restricción, extensión o reinterpretación?

pariente
nadie
infante
siniestra
guisar
mejilla
castigar

**Ejercicio 16.** Ahora busque las siguientes palabras en un diccionario etimológico del español y conteste la misma pregunta:

caballo
ordeñar
compañero
señor

Hablamos de **degradación y elevación del significado** para referirnos, respectivamente, al proceso por el cuál una palabra adquiere un significado con evaluación más negativa o más positiva que su significado original. Si buscamos la palabra CASA en un diccionario de latín, veremos que significaba algo así como "cabaña, chabola, casucha". (La palabra para "casa" era DOMUS, que nos ha dado el adjetivo *doméstico*.) Vemos, pues, que el español *casa* ha tenido una elevación en su significado. Por otra parte, *villano* era originalmente quien vivía en una villa o casa de campo. Aquí ha habido degradación.

**Ejercicio 17.** Busque las siguientes palabras en un diccionario etimológico del español y determine si ha habido degradación o elevación en su significado.

diestro
conde
vulgar

## 12     Un texto castellano medieval

Para hacernos una idea de cómo ha cambiado la lengua desde la Edad Media, podemos acudir a los textos que se han conservado. Uno de los primeros textos medievales en castellano de alguna extensión con los que contamos es el *Poema del Cid*, al parecer escrito durante la segunda mitad del siglo XII. Veamos un fragmento de este poema (que copiamos de la edición paleográfica de Menéndez Pidal 1908):

1 *Delos sos oios tan fuerte mientre lorando,*
2 *Tornaua la cabeça & estaua los catando.*
3 *Vio puertas abiertas & vços sin cannados,*
4 *Alcandaras uazias sin pielles & sin mantos*
5 *E sin falcones & sin adtores mudados.*

Parte de los problemas que podemos tener para entender este texto son de naturaleza ortográfica. La ortografía no se ajustaba a reglas fijas como hoy en día e incluso el mismo autor podía escribir la misma palabra de más de una forma en el mismo texto. Sobre todo fluctuaba a menudo la grafía de aquellos sonidos que no existían en latín. La división en palabras es también, con frecuencia, incorrecta.

Examinemos el primer verso. En español moderno lo diríamos así: "De sus ojos tan fuertemente llorando" o, mejor, "llorando tan fuertemente por los ojos". Notemos el uso del artículo con el posesivo, como todavía ocurre en lenguas como el portugués y el catalán. "Fuertemente" aparece como *fuerte mientre* por cierta confusión con la palabra *mientras*, que es común en la Edad Media. En realidad los adverbios en *-mente* derivan de expresiones con la palabra *mente*. Por ejemplo, *habló claramente* significaba originariamente "habló con la mente clara". A partir de estos casos se generalizó el uso de *-mente* como sufijo adverbial. Lo que aparece escrito *lorando* sin duda representa /ʎoɾándo/. La lateral palatal no existía en latín, lo que creaba problemas para su representación ortográfica en romance.

El segundo verso es más fácil de entender: "Tornaba la cabeza y estaba mirándolos". El verbo *catar* significaba "mirar" en castellano medieval, significado que se ha conservado en la palabra *catalejo*. Notemos que la posición que ocupa el pronombre **clítico** *los* es diferente de la que tenemos hoy en día (*los estaba mirando* o *estaba mirándolos* pero no *\*estábalos mirando*). La regla sintáctica que determina la posición de los clíticos ha cambiado.

En el tercer verso encontramos una palabra *vços* /útsos/ que hoy no reconocemos ya. Significaba "puertas" o "entradas". En cuanto a *cannados*, es la palabra "candados", del latín CATENĀTU. La forma que se ha conservado en español moderno presenta metátesis: CATENĀTU > *\*cadnado* > *candado*. Así pues, traduciríamos: "Vio puertas abiertas y entradas sin candados".

El cuarto verso empieza con otra palabra hoy en día obsoleta. *Alcándara* significaba "percha": "Perchas vacías sin pieles y sin mantos".

Por último, el verso número cinco sería en español moderno "y sin halcones y sin azores mudados" (el azor es un tipo de ave de cetrería parecido al halcón y *mudados* significa "cambiados de pluma".)

Como vemos, del castellano medieval al español moderno encontramos diferencias en todos los aspectos de la lengua:

(a) el léxico: palabras que han desaparecido, como *uço*, *alcandara* y otras que han cambiado de significado, como *catar*;
(b) la fonología: las sibilantes, la /h/;
(c) la morfología y la sintaxis: uso del artículo con los posesivos, posición de los pronombres clíticos.

A continuación transcribimos un fragmento más del *Poema del Cid* con una traducción bastante literal al español moderno verso por verso. Después le pediremos que comente los cambios más importantes que note y los clasifique como léxicos, fonológicos, morfológicos o sintácticos:

6 *Sospiro myo Çid, ca mucho auie grandes cuydados.*
   [Suspiró Mio Cid, porque tenía muy grandes preocupaciones.]
7 *Ffablo myo Çid bien & tan mesurado:*
   [Habló Mio Cid bien y tan mesurado:]
8 *"Grado ati, señor padre, que estas en alto*
   ["Gracias a ti, Señor Padre que estás en alto]
9 *Esto me an buelto myos enemigos malos."*
   [Esto me han hecho mis enemigos malos."]
10 *Alli pienssan de aguiiar, alli sueltan las riendas.*
   [Allí piensan (= deciden) aguijar (= espolear los caballos), allí sueltan las riendas.]
11 *A la exida de Binar ouieron la corneia diestra,*
   [A la salida de Vivar tuvieron la corneja a la derecha,]
12 *E entrando a Burgos ouieron la siniestra.*
   [Y entrando en Burgos la tuvieron a la izquierda.]
13 *Meçio myo Çid los ombros & engrameo la tiesta:*
   [Meció Mio Cid los hombros y enderezó la cabeza:]
14 *"Albricia, Albarffanez, ca echados somos de tierra."*
   ["Albricias (= noticias) Alvarfáñez, pues hemos sido echados de (nuestra) tierra."]

15 *Myo Çid Ruy Diaz por Burgos entraua,*
   [Mio Cid Ruy Díaz por Burgos entraba,]
16 *En su compaña .LX. pendones leuaua*
   [En su compañía 60 pendones (= banderas) llevaba]
17 *Exien lo uer mugieres & uarones*
   [Salían a verlo mujeres y varones]
18 *Burgeses & burgesas por las finiestras son,*
   [Burgaleses y burgalesas están en las ventanas,]
19 *Plorando delos oios, tanto auyen el dolor.* (Nota: *auyen = avien*)
   [Llorando por los ojos, tanto dolor tenían.]
20 *Delas sus bocas todos dizian una razon:*
   [Por sus bocas todos decían una cosa:]
21 *"Dios, que buen vassalo, si ouiesse buen Señor."*
   ["Dios, que buen vasallo, si tuviese buen señor."]
22 *Conbidar le yen de grado, mas ninguno no osaua*
   [Le convidarían con gusto, mas ninguno osava (= se atrevía)]
23 *El rey don Alfonsso tanto auie la grand saña,*
   [El rey don Alfonso tenía tan gran saña,]
24 *Antes de la noche en Burgos del entro su carta,*
   [Antes de la noche en Burgos de él entró su carta,]
25 *Con grand recabdo & fuerte mientre sellada:*
   [Con gran recaudo y fuertemente sellada:]
26 *Que a myo Çid Ruy Diaz, que nadi nol diessen posada,*
   [Que a Mio Cid Ruy Díaz, que nadie le diese posada,]
27 *E quel que gela diesse sopiesse uera palabra.*
   [Y que el que se la diese, supiese verdadera palabra.]
28 *Que perderie los aueres & mas los oios de la cara*
   [Que perdería los haberes (= posesiones) y además los ojos de la cara]
29 *E aun demas los cuerpos & las almas*
   [Y aún más, los cuerpos y las almas]
30 *Grande duelo auien las yentes christianas;*
   [Gran duelo tenían las gentes cristianas;]
31 *Asconden se de myo Çid, ca nol osan dezir nada.*
   [Se esconden de Mio Cid, pues no osan (= se atreven a) decirle nada.]

**Ejercicio 18.** Conteste las siguientes preguntas sobre el texto transcrito:

1. Localice todos los usos del verbo *haber* (*aver*) en el texto. ¿Qué cambios han tenido lugar en el significado y empleo de este verbo desde el castellano antiguo al moderno?
2. ¿Vemos alguna diferencia en el texto con respecto a la lengua moderna en el uso de la doble negación con adverbios negativos como *ninguno, nadie* y *nada*?

3. ¿Puede encontrar en el texto ejemplos de uso de artículos con posesivos?
4. ¿Puede encontrar algún ejemplo en el texto que muestre un uso del verbo *ser* diferente a los que encontramos en español moderno?
5. Explique la palabra *nol* (en los versos 26 y 31).
6. Explique la expresión *gela* (verso 17).
7. Analice y explique la expresión *conbidar le yen* en el texto (verso 22).
8. Si la palabra *exida* se hubiera conservado en español moderno, ¿cómo se pronunciaría y cómo se escribiría? De hecho, en español se conserva una palabra relacionada (consulte el DRAE).
9. Comente la expresión *exien lo ver* (verso 17).
10. Comente el significado de la palabra *siniestra* en el verso 12.
11. La misma palabra se escribe *lorando* en el verso 1 y *plorando* en el verso número 19. ¿Cuál puede ser el motivo?
12. La palabra *tiesta* (verso 13) viene de una palabra latina que significaba "maceta, recipiente" (compárese con *tiesto*). El significado de "cabeza" que encontramos en castellano medieval (y en el francés moderno *tête*) es el resultado de un cambio semántico. ¿Qué tipo de cambio semántico ilustra esta evolución de "tiesto" a "cabeza"?
13. ¿Cómo se pronunciaban las palabras *mugieres, oios*? Explique detalladamente la evolución en la pronunciación de estas palabras.
14. Clasifique ahora los cambios mencionados en las preguntas anteriores de este ejercicio como léxicos, fonológicos, morfológicos o sintácticos, explicando por qué. (Es posible que algunos cambios entren dentro de más de una de estas categorías.)

## 13    Formación de la norma lingüística

En la evolución del castellano, el reinado de Alfonso X, llamado el Sabio (1252–84), constituye un hito de importancia capital. Antes de Alfonso X cada escritor escribe como quiere o como puede, tanto en lo referente a la ortografía como a la forma misma de las palabras. De hecho, en el mismo texto frecuentemente aparecen múltiples variantes morfológicas y un caos ortográfico considerable. Después de Alfonso X, existe ya un modelo de castellano literario y unas normas ortográficas a las que los escritores podrán atenerse.

Alfonso X promovió la producción de libros en todas las áreas del conocimiento desde la literatura y la historia al derecho y la astronomía. Como lengua lírica, Alfonso X favoreció el gallego dada la tradición lírica gallego-portuguesa que existía, y en esta lengua escribió él mismo las *Cantigas* y otros poemas. En el resto de la producción escrita realizada bajo su mandato, sin embargo, se utilizó el castellano. Los libros incluyen obras jurídicas, históricas, de astronomía, mineralogía, etc. El resultado de esta vasta producción literaria fue la creación de una norma castellana que unificaba las variantes dialectales y sociales existentes y fijaba la ortografía.

En la obra cultural de Alfonso X tiene un papel importante la traducción de libros del árabe al castellano y al latín. La producción de libros técnicos en castellano planteó el problema de la creación de vocabulario. En los libros traducidos del árabe se incorporan términos técnicos del árabe, muchos de los cuales han perdurado (*alquimia*, *álgebra*, *algoritmo*, *cero*). En libros referentes al mundo antiguo se incorporan bastantes latinismos.

La ortografía fijada por Alfonso X continúa usándose hasta el siglo XVI. Pero el problema de fijar una ortografía es que las lenguas no son inmutables. Inevitablemente las ortografías envejecen al evolucionar las lenguas. Con la reestructuración de las sibilantes, la distinción ortográfica establecida por Alfonso X entre *-ss-* /s/, *-s-* /z/, *-ç-* /ts/ y *-z-* /dz/ se convierte en algo difícil de aprender una vez que los usuarios de la lengua han convertido los cuatro antiguos fonemas en solo dos o en uno solo, como sucede finalmente en Andalucía y el español de las Américas. Lo mismo vale para la distinción entre *-x-* /ʃ/ y *-j-* ~ *-g-* /ʒ/, el uso de la *f-* una vez que incluso la aspiración se ha perdido, etc. (p.ej. mientras que se pronunció [hadzér] la grafía *fazer* no presentaba problemas, simplemente *f-* tenía el valor de [h]. Pero una vez que tenemos [aθér] o [asér] y la /f/ se independiza como fonema conservado en cultismos y otros contextos, la ortografía antigua deja de ser funcional).

En los siglos XV–XVI tenemos un segundo momento de formación de una normativa literaria, más moderna. Podemos destacar la obra de Antonio de Nebrija, autor de la primera gramática castellana (1492). A la fijación de usos ortográficos, léxicos y morfológicos contribuye considerablemente la aparición de la imprenta.

Finalmente, con la fundación de la Real Academia Española en el siglo XVIII y la publicación de sus gramáticas y diccionarios, el español escrito adquiere una normativa fija y uniforme, aunque las normas de la Real Academia Española (que tiene Academias correspondientes en todos los países hispanohablantes, con las que consulta) han ido también cambiando con los años.

**Ejercicio 19.** Hemos visto que en castellano medieval había una distinción entre un fonema /b/, escrito con *b* y un fonema /β/ (o /v/ fuera del área originalmente castellana) escrito con *v*. Esta distinción se perdió después y ya no existía en el s. XVIII, cuando se funda la Real Academia Española. Después de leer las siguientes citas, conteste estas preguntas: la Academia decidió mantener la distinción entre *b* y *v* en la ortografía en contra de la opinión de algunos gramáticos. ¿Qué criterios utilizó a favor de mantener la distinción? ¿Qué propuso la Academia para evitar problemas ortográficos? (Mantenemos el texto de la cita en su grafía original. Notemos que ha habido cambios en las reglas de acento ortográfico.)

La *B* se confunde por lo comun en castellano con la *V* consonante en quanto á su pronunciacion, de que nace una gran dificultad para distinguirlas por escrito: por lo qual se hace preciso advertir su diferencia y el motivo de su equivocacion. (p. 27)

Algunos para evitar en castellano esta equivocacion, han sido de parecer que se excluya del alfabeto la V consonante; pero no ha merecido aprecio su opinion, porque era necesario para su práctica desatender el uso y el orígen de las voces, fundamentos muy principales de la Ortografía; y en nuestra lengua tenia gravísimos inconvenientes, porque hay muchas voces que, segun la letra de estas con que se escriben, varían de significacion; y así *balido* con *b* significa la voz de las ovejas, y *valido* con *v* el favorecido. Por esto seria mas conveniente se restableciese la distinta y legítima pronunciacion que tuviéron estas letras, para que de este modo se evitase la dificultad que la similitud de su sonido ocasiona en la ortografía, así como la evitan los italianos y franceses que pronuncian con perceptible diferencia la B de la V consonante. (Real Academia Española, *Ortografía de la lengua castellana*, 7ª ed. (Madrid: Imprenta de la viuda de Ibarra, 1792), pp. 30–31)

Considere ahora esta otra cita de una obra más reciente de la Academia. ¿Cómo ha cambiado la opinión de la RAE en cuanto a la *b* y la *v*?

No existe en español diferencia alguna en la pronunciación de las letras *b* y *v*. Las dos representan hoy el sonido bilabial sonoro /b/. La ortografía española mantuvo por tradición ambas letras, que en latín representaban sonidos distintos. [. . .]

En resumen, la pronunciación correcta de la letra *v* en español es idéntica a la de la *b*, por lo que no existe oralmente ninguna diferencia en nuestro idioma entre palabras como *baca* y *vaca*, *bello* y *vello*, *acerbo* y *acervo*. (Real Academia Española, 2005, *Diccionario panhispánico de dudas*. Se puede consultar en www.rae.es.)

## 14    El elemento árabe en español

Al desaparecer la estructura administrativa del Imperio Romano, la provincia romana de Hispania fue invadida por varias tribus germánicas como los suevos, vándalos y alanos, hasta que uno de estos grupos de origen germánico, los **visigodos**, impuso su control en todo el territorio peninsular, estableciendo un reino que durará hasta la conquista árabe del año 711. Sin embargo, los visigodos al parecer eran un grupo no muy numeroso y abandonaron su lengua por el latín hispánico. La influencia de la lengua visigoda en la evolución de los romances de Hispania fue bastante escasa. En español tenemos una serie de nombres propios de raíz visigoda como Alfonso, Rodrigo, etc. Es muy posible que la terminación *-ez* en apellidos derivados de nombres propios (como

*Rodríguez* de *Rodrigo*, *Álvarez* de *Álvaro*, etc.) sea de origen visigodo. Pero aparte de esto, no es mucho más lo que encontramos.

Mucho más importante fue el contacto con la **lengua árabe**. El español ha incorporado cientos de palabras de origen árabe. Un hecho interesante es que muchos de los sustantivos de origen árabe empiezan por *a-* o *al-*. Esta primera sílaba es el artículo árabe *al-*, cuya consonante se asimila a una consonante apical siguiente, pero no a consonantes con otro punto de articulación.

Algunos préstamos del árabe se refieren a productos naturales que los árabes llevaron a la Península Ibérica o en cuyo cultivo destacaban, como pueden ser *alcachofa, albaricoque, azúcar, aceite, algodón, alfalfa, zanahoria*. En el área culinaria, son también de origen árabe *albóndiga, almíbar, jarabe* y *azafrán*. Se refieren a elementos de la vida doméstica palabras como *almohada, alfombra, alcoba, alféizar, almirez, alfiler*. En el área de la organización civil y militar encontramos préstamos árabes como *alcantarilla, alcázar, almena, albañil, aduana, almacén, alquiler, aldea, alcalde, alguacil, alférez, almirante* y muchos otros. Los árabes tenían un nivel cultural más alto que el imperante en la Europa medieval y del árabe nos han llegado términos científicos y matemáticos como *álgebra, alquimia* (de la misma raíz griega que *química*, pero con el artículo árabe), *alambique, alcohol, algoritmo, guarismo, cifra* y *cero*. La palabra *algarabía* "jaleo, alboroto" no es sino el nombre de la lengua árabe, *al ʻarabiyya*. Esto se debe sin duda a que una lengua desconocida suele sonar como una sucesión caótica de sonidos.

De origen árabe son también expresiones más básicas, como *ojalá* (del árabe *waša' Allah* "y quiera Dios") y la preposición *hasta*.

En el área de la toponimia son de particular importancia los nombres que empiezan con *Guad-*, del árabe *wadi* "río", como *Guadalajara* "río de piedras", *Guadalquivir* "río grande", *Guadalcanal* "río del canal" (nombre mixto árabe-latino), *Guadalupe* ("río Lupe o Lope"), *Guadarrama*, etc.

## 15  Influencia de las lenguas amerindias

Cuando los españoles llegaron al continente americano encontraron un gran número de plantas, animales y productos naturales y culturales desconocidos antes para ellos y a los que, obviamente, era preciso darles nombre. Estos nombres se tomaron normalmente de las lenguas habladas en la zona (aunque como hemos mencionado al hablar del cambio léxico, a veces se adaptó una palabra existente al nuevo referente, como es el caso con la palabra *pavo*). Así, un número considerable de palabras de las lenguas indígenas de las Américas pasaron al español, y, a través del español, muchas veces a otras lenguas europeas. Las principales lenguas amerindias que aportaron elementos léxicos al español son las siguientes:

(a) El **náhuatl**, lengua del imperio azteca (hablada hoy en día por unos 800.000 mexicanos). Del náhuatl han pasado al español palabras como *tomate*, *chocolate*, *aguacate*, *cacahuete* (en México, *cacahuate*), *chicle*, *coyote*, *ocelote*, *zopilote*, *petate*, *milpa*, *tamal*, *nopal* y bastantes otras. Otras muchas palabras de origen náhuatl, como *guajolote* ("pavo"), *cuate* ("chico") o *elote* ("mazorca") se encuentran en español mexicano (algunas de ellas también en otros países) pero no forman parte del léxico español general. Como consecuencia del contacto con el náhuatl, el español mexicano ha adquirido el grupo /tl-/, que aparece no solo en topónimos como *Tlaxcala* y otros nombres propios como *Tlaloc* (dios de la lluvia de los aztecas), sino también en nombres comunes como *tlapalería* ("ferretería"). Parte de lo que caracteriza al español de México frente a otras variedades del español se debe, pues, al sustrato náhuatl.

(b) El **quechua**, lengua del imperio inca, y que hoy en día cuenta con unos 8.000.000 de hablantes, principalmente en Perú, Bolivia y Ecuador. Del quechua tomó el español el nombre de la *llama* y animales de la misma familia (*vicuña*, *guanaco*, *alpaca*), y también el de otros animales nativos de las Américas como el *cóndor* y el *puma*. Otras palabras de origen quechua son *mate*, *papa* (la papa o patata procede de los Andes), *pampa*, *guano* y *puna*. Palabras quechuas como *guagua* ("bebé") y *palta* ("aguacate") tienen una distribución geográfica más limitada en español. En cuanto a influencias fonológicas, probablemente no es casualidad que una de las variedades del español latinoamericano donde se mantiene mejor el fonema palatal lateral /ʎ/ es precisamente el español andino, en contacto con el quechua y el **aimara** (hablado por más de un millón de personas en Bolivia y Perú), que poseen este fonema.

(c) El **guaraní** (lengua hablada por gran parte de los habitantes de Paraguay y que, junto al español, es oficial en este país) y otras lenguas de la familia tupíguaraní. De esta fuente proceden palabras como *jaguar*, *ñandú* (avestruz sudamericano), *tapir*, *tiburón*, *tucán*, *mandioca* y *tapioca*. El hidrónimo *Yguazú*, nombre de un río famoso por sus cataratas, se traduce literalmente como "agua grande" (*y* "agua" + *guasu* "grande").

(d) Los primeros americanismos o amerindianismos fueron tomados de las lenguas de las Antillas (**caribe** y **arahuaco** – grupo lingüístico, este último, que incluye al taíno, lengua extinta que se hablaba en Puerto Rico y Cuba a la llegada de los españoles). Estas incluyen palabras como *cacique*, *caníbal*, *canoa*, *piragua*, *hamaca*, *huracán*, *maíz* e *iguana*.

A veces para designar el mismo objeto encontramos palabras diferentes en regiones diferentes, derivadas cada una de la lengua del área correspondiente. Así, en vez de la palabra *aguacate*, de origen náhuatl, en gran parte de Sudamérica se utiliza la palabra *palta*, tomada del quechua. Del mismo modo, en países del Caribe encontramos *maní*, de origen arahuaco, en vez del nahuatlismo *cacahuete* ~ *cacahuate*, y *ají* (del arahuaco) compite con *chile* (del náhuatl).

**Figura 5.10**  Mapa. Principales lenguas indígenas de Latinoamérica

## 16    Relaciones etimológicas posibles entre palabras inglesas y españolas

Si el inglés no es una lengua románica, ¿por qué encontramos tantas palabras parecidas en inglés y en español?

La mayoría de las palabras en inglés que están relacionadas de una manera obvia con otra palabra española (*strict*, *capital*, *dentist*, *study*, *literature*, etc.) son en inglés cultismos de origen latino, mientras que sus **cognados** en español pueden proceder del latín por vía patrimonial o por cultismo.

Otras muchas palabras de origen latino se han incorporado al inglés, no directamente del latín clásico, sino por medio de su evolución en francés. Recordemos que la invasión normanda de Inglaterra en la Edad Media llevó la lengua francesa a este país como lengua de prestigio utilizada por las clases superiores de la sociedad (los normandos). Esto hizo que el inglés tomara un gran número de palabras del francés. Estas palabras hacen referencia sobre todo a elementos culturales pero incluyen también palabras tan básicas como puedan ser *mountain*, *river*, *face* o *very* (de una palabra francesa antigua que significaba "verdaderamente").

También están relacionadas y son de origen latino *vino* y *wine*, *wall* y *valla*. En estos casos la palabra inglesa es un préstamo del latín al germánico antiguo (de donde deriva el inglés) y la española una palabra patrimonial.

El inglés ha tomado también algunas palabras directamente del español, como *sombrero*, *embargo*, *cargo*, *patio*, *burro*, *mosquito*, *rodeo* o *siesta*, y, con alguna adaptación, otras como *desperado* (de *desesperado*), *buckaroo* (de *vaquero*), *vanilla* (de *vainilla*) y *lasso* (de *lazo*). Casi todas estas palabras se relacionan con elementos culturales y muchas de ellas tienen su origen en el contacto entre las dos lenguas en el oeste americano.

Muchas más son las palabras que el español ha tomado y sigue tomando del inglés. Estas palabras de origen inglés en español son casi todas préstamos recientes pertenecientes a campos como la tecnología y la ciencia (*software*, *radar*, *estrés*, *internet*), los deportes (*fútbol*, *béisbol*, *tenis*), la moda (*bikini*, *jersey*, *suéter*, *champú*) y el comercio (*boom*, *stock*), y su número es cada vez mayor por motivos culturales obvios.

Muchísimo más antiguos son los préstamos de origen germánico en español como *guerra*, *yelmo*, *robar* o *rico* que pasaron al español en la Edad Media y se relacionan con las inglesas *war*, *helmet*, *rob* y *rich*, respectivamente.

Hay otras palabras que tanto en inglés como en español son préstamos de otros idiomas. Entre estas encontramos un grupo de palabras de origen árabe, integradas en español debido al contacto directo con esta lengua en la Edad Media y que pasaron al inglés a través de otras lenguas de Europa. En este grupo tenemos palabras como, por ejemplo, *algodón* y *cotton*, *azúcar* y *sugar*, *azafrán* y *saffron*, *alquimia* y *alchemy*, *álgebra* y *algebra*.

Más difíciles de descubrir sin ciertos conocimientos filológicos son las palabras de origen germánico en inglés y de origen patrimonial latino en español que tienen la misma fuente indoeuropea. Estas incluyen, por ejemplo, *pez* (del latín PISCE) y *fish* (del germánico *fisk*), últimamente de una raíz proto-indoeuropea *\*pisk* (escribimos un asterisco * para indicar que se trata de una forma reconstruida) con un cambio de *p-* a *f-* en germánico, que podemos observar también en correspondencias como *pie* y *foot*, *padre* y *father*, *por* y *for*, etc. También tienen un origen indoeuropeo común *cuerno* y *horn*, del proto-indoeuropeo *\*korn*, con un cambio similar de *k-* a *h-* en germánico, etc.

## 17    Cambio lingüístico y variación dialectal en el español de hoy

El cambio en la lengua es un hecho constante, como ya sabemos. En la medida en que los cambios que se inician en un lugar no se extiendan por todo el territorio donde se habla una lengua, surgirán diferencias entre los dialectos de esa lengua. Del mismo modo, en la medida en que las innovaciones no se empleen por todos los hablantes o en todos los contextos en una comunidad, encontraremos variación sociolingüística.

En esta sección consideraremos algunos de los principales aspectos en que encontramos **variación dialectal** dentro del ámbito de la lengua española, desde la perspectiva de su origen histórico. Para ello vamos a comparar cuatro dialectos del español bien diferenciados entre sí y que nos pueden dar una buena idea del grado de variación geográfica existente en nuestra lengua: los de Madrid, Ciudad de México, Buenos Aires y San Juan de Puerto Rico.

## 17.1   Diferencias fonológicas y fonéticas

Al comparar los cuatro dialectos mencionados observamos una serie de diferencias en la pronunciación:

(a) **Distinción /s/ – /θ/** vs. seseo

Empezando con lo fonológico, una primera diferencia clara que opone el habla de Madrid al de las otras tres ciudades consideradas (y de toda Hispanoamérica), es la existencia de un contraste entre las fricativas /s/ y /θ/. Hemos visto ya cuál es el origen histórico de esta diferencia dialectal.

Repitamos aquí también que la /s/ del norte y centro de España es típicamente ápico-alveolar, mientras que la mayoría de los latinoamericanos (y de los andaluces) tienen una /s/ predorso-alveolar.

Según la teoría "andalucista" la generalización del **seseo** en Latinoamerica se debería a la importancia numérica de los colonos andaluces y al hecho de que los barcos que iban a las colonias salieran desde Sevilla. Otra posibilidad, sin embargo, es que se trate de desarrollos independientes. Al comenzar a expandirse el español por el Nuevo Mundo había hablantes que conservaban el sistema medieval de cuatro sibilantes; otros, los del norte de Castilla, tenían un contraste de punto de articulación, pero no entre sordas y sonoras; otros, tenían un contraste entre sordas y sonoras, pero no en punto de articulación, como encontramos en judeoespañol; y, otros, por último, tendrían un único fonema. El sistema que se generalizó en esta situación de contacto dialectal fue el más sencillo.

(b) Distinción /ʎ/ – /j/ vs. yeísmo

Siguiendo con los contrastes entre fonemas, algunos hablantes de Madrid, aunque pocos y cada vez menos, diferencian /ʎ/ de /j/, mientras que ninguno de los otros tres dialectos tiene este contraste. Aunque el yeísmo, como fenómeno dialectal, es bastante antiguo, su generalización es más reciente. En época colonial era ya un fenómeno general en ciudades andaluzas como Sevilla y también en la mayor parte de Latinoamérica. La pérdida de este contraste fonémico, por deslateralización de la lateral palatal, es un cambio en marcha, cumplido ya en las generaciones más jóvenes, en casi todas las áreas donde se había mantenido hasta hoy (fundamentalmente el norte de España, la región andina y Paraguay).

(c) "**Rehilamiento**" y ensordecimiento de /j/

Relacionado con estos sonidos, y ya a nivel fonético, algo que distingue clara e inmediatamente el habla de la región bonaerense es la pronunciación "rehilada" del sonido escrito como *y, ll*: *yo me llamo Yolanda* [ʒó meʒámo ʒoláɲda]. De todas maneras, la fricativa prepalatal sonora [ʒ] no es exclusiva del español argentino y se encuentra también a veces en el habla de algunos mexicanos. Puede pronunciarse así en México, por ejemplo, cuando ocurre tras /s/, como en *las llaves* [lazʒáβes].

Como vimos en el capítulo 2, un proceso de cambio fonológico en marcha en la región de Buenos Aires es el ensordecimiento [ʒ] > [ʃ], como en *mayo* [máʒo] > [máʃo]. Dado que en otras regiones de habla española (partes de Andalucía, norte de México, Panamá, Chile) esta fricativa sorda resulta de la desafricación de [ʧ], como en *macho* [máʧo] > [máʃo], es evidente que estas evoluciones fonológicas pueden llevar a un menor grado de intercomprensión entre hablantes de diferentes dialectos del español.

(d)  Aspiración de /s/

Otra diferencia obvia entre los dialectos que estamos comparando es en la existencia e intensidad de la aspiración y pérdida de /s/ final de sílaba y de palabra. Este cambio, que tiene su origen en el sur de España, goza de amplia difusión en Latinoamérica. El contexto fonético inicial del cambio parece haber sido el preconsonántico, de donde la aspiración se ha extendido en algunos dialectos a otros contextos finales de sílaba y de palabra.

Entre nuestros cuatro dialectos, es, sin duda, el puertorriqueño el que presenta aspiración más abundante. En este dialecto, la /s/ puede aspirarse (o perderse) tanto en posición preconsonántica interior de palabra, como en *pesca* [péhka], como en posición final de palabra, sea en posición final absoluta (ante pausa), como en *atrás* [atɾáh], sea ante consonante, como en *los miro* [lohmíɾo] o sea ante vocal, como en *los ata* [loháta]. Hemos dicho "puede aspirarse" y no "se aspira" porque la aspiración no es un fenómeno obligatorio, sino variable. La /s/ se aspira y se pierde con mayor frecuencia cuanto menor es el grado de formalidad en la interacción lingüística (por ejemplo, más hablando entre amigos que leyendo un discurso).

El siguiente dialecto, por orden de incidencia del fenómeno de la aspiración, es el de Buenos Aires. En este dialecto la aspiración es corriente ante consonante, sea en interior de palabra o entre palabras, pero no en los otros contextos mencionados. Tenemos así *los parte* [lohpáɾte], con aspiración, pero *los ata* [losáta] o *atrás* [atrás], sin ella.

Tradicionalmente el habla de Madrid no se considera un dialecto con aspiración. Lo cierto es que, aunque en los estilos más formales se evita totalmente la aspiración en este dialecto, en registros coloquiales la aspiración de /s/ es frecuente en el habla de muchos madrileños. Esta se da sobre todo ante ciertas consonantes como /p/ y /k/: *espera* [ehpéra], *es que* [éhke] o [éxke] y, en menor medida, en posición final absoluta: *vámonos* [bámono(h)].

Por último, el español de la Ciudad de México es un dialecto conservador en este respecto, donde la /s/ no se aspira en ningún contexto. En contrapartida a la estabilidad de la /s/, en México (como en partes de Perú y Bolívia) las vocales átonas se reducen y ensordecen con cierta frecuencia antes de /s/: *buenas noch's*; *p's no*.

Lo que hemos dicho acerca de estos cuatro dialectos no agota las posibilidades de variación entre dialectos en cuanto a la aspiración de /s/. Así, en el español de Nuevo México, parte de Centroamérica y Andalucía y algunas otras áreas se aspira la /s/ inicial de palabra, como en *la semana* [la hemána].

(e)  Velarización de /n/

Otro aspecto de variación dialectal en español que ya conocemos por el capítulo 2 es la realización de /n/ final como alveolar o como velar. En Puerto Rico hay velarización. En la Ciudad de México, Buenos Aires y Madrid la /n/ final es alveolar (aunque algunos madrileños velarizan). Como la aspiración, la velarización resulta de un debilitamiento articulatorio, que, en el Caribe y Andalucía, puede llevar a la pérdida de la oclusión oral, produciéndose una vocal nasalizada.

La velarización, lo hemos dicho ya, es un fenómeno cuya extensión geográfica abarca grandes áreas del este y sur de España y de Hispanoamérica y para el que es razonable pensar en un origen común. Por el contrario, un fenómeno bastante menos común, que se da en Yucatán y pequeñas regiones de Colombia (Valle del Cauca) y Argentina (Tucumán), es la pronunciación de la nasal final como [m]: *pan* [pám]. Al encontrarse este fenómeno en pequeñas áreas muy alejadas entre sí parece que en este caso debe tratarse de evoluciones independientes.

(f )  Pronunciación de las vibrantes

La pronunciación de las consonantes vibrantes incluye también alguna variación notable. En primer lugar, en Puerto Rico está muy extendida la neutralización entre /ɾ/ y /l/ al final de sílaba, fenómeno que se da también en otras partes del Caribe, en Canarias y en Andalucía. Podemos sospechar que este cambio tuvo su origen en Andalucía y de allí pasó a Canarias y a aquellas zonas de lo que todavía eran posesiones españolas donde los emigrantes de este origen tuvieron una mayor influencia demográfica.

Aparte de la neutralización de líquidas, algunos puertorriqueños, aunque no todos, tienen una pronunciación velar o **uvular** de la vibrante múltiple, que puede además pronunciarse como fricativa y como sorda. Una manera humorística e impresionista, aunque inexacta, de caracterizar este fenómeno es decir que estos hablantes pronuncian *Ramón* como *jamón*. La misma evolución (cambio de articulación apical a dorsal) se ha producido en lenguas bien estudiadas, como son el francés, el portugués y el alemán, en época relativamente reciente. Una variante de /r̄/ más extendida por la región caribeña es una realización preaspirada [ʰr] (generalmente con preaspiración sonora). Estas pronunciaciones, dorsal y preaspirada, no parecen encontrarse en la Península y serían una innovación del español caribeño.

En México un fenómeno variable es el ensordecimiento y fricativización ("asibilación") de la /ɾ/ final, como también vimos en su lugar. La asibilación de la vibrante múltiple, por otra parte, es un fenómeno que se da en muchas zonas. Así, aunque no ocurre en Buenos Aires, sí se da en otras regiones de la República Argentina. De nuevo, estas pronunciaciones de asibiladas de las vibrantes no parecen encontrarse en la Península.

(g)  Pronunciación de la /x/

El grado de fricción o estridencia con que se suele pronunciar la /x/ – que se relaciona con su punto exacto de articulación – varía notablemente de unos dialectos a otros. En una "escala de estridencia" en la pronunciación de este sonido, y de mayor a menor, tendríamos primero Madrid, después Buenos Aires, México y en último lugar San Juan de Puerto Rico. Como hemos visto, es posible que la antigua prepalatal /ʃ/ retrasara progresivamente su punto de articulación en el norte y centro de España pero pasara directamente a [h] en el sur, confundiéndose con la aspiración que tuvo su origen en la evolución de la /f/ latina y que se había mantenido en esta región.

(h)  Elisión de /d/

Como hemos discutido ya en este capítulo, este es otro campo de variación en el español actual. La /d/ de la terminación -ado se pierde muy frecuentemente en madrileño y a veces en puertorriqueño. En mexicano y bonaerense, por el contrario, se mantiene firme hoy en día. En este caso parece que la pérdida de /d/ intervocálica tuvo mayor extensión en el pasado, pero en Latinoamérica este fenómeno se estigmatizó y ha retrocedido, mientras que en España ha ganado en aceptación social.

Lo visto nos puede servir para hacernos una idea de la variación fónica existente en el español de hoy. Nótese la desigual distribución dialectal que tienen los fenómenos examinados y el entrecruce de isoglosas.

**Ejercicio 20.** Busque en Internet grabaciones de hablantes de un par de las regiones mencionadas aquí e identifique ejemplos de los fenómenos que hemos mencionado.
**Ejercicio 21.** Busque también grabaciones o entreviste a un hispanohablante de un área diferente a las cuatro examinadas aquí y describa su pronunciación utilizando la lista de rasgos que hemos empleado.

## 17.2  Diferencias morfológicas, sintácticas y léxicas

(a) Pronombres de segunda persona

Entre las diferencias morfológicas en los dialectos que estamos comparando, hay dos, ambas relacionadas con los pronombres de segunda persona y formas verbales correspondientes, que saltan inmediatamente a la vista: la distinción entre *vosotros* y *ustedes*, que se practica solo en España, y el uso de *vos* en lugar de *tú* en Argentina. Los sistemas de formas de tratamiento que encontramos en estos cuatro dialectos son, pues, los que se indican en el cuadro (para México y San Juan son idénticos).

|  | México | San Juan, PR | Madrid | Buenos Aires |
|---|---|---|---|---|
| 2ª sg. informal | *tú* | *tú* | *tú* | *vos* |
| 2ª sg. de respeto | *usted* | *usted* | *usted* | *usted* |
| 2ª pl. informal | *ustedes* | *ustedes* | *vosotros* | *ustedes* |
| 2ª pl. de respeto | *ustedes* | *ustedes* | *ustedes* | *ustedes* |

El uso de *vos* como forma de tratamiento se conoce como **voseo**. El voseo es un fenómeno hoy en día desconocido en España, pero que tiene amplia difusión en el español del Nuevo Mundo, dándose en amplias zonas de Centroamérica y Sudamérica. En algunas de las zonas donde se practica, el voseo en el habla familiar coexiste con el empleo de *tú* en registros algo más formales. Esto es, *vos* suele indicar mayor intimidad que *tú* en regiones en que se utilizan ambas formas. En Argentina, sin embargo, el tuteo ha desaparecido totalmente. En el voseo argentino, las formas verbales derivan de las de *vosotros* por monoptongación: *vos sos*, *cantás*, *perdés*, *salís* (cf. *vosotros sois*, *cantáis*, *perdéis*, *salís*). En cuanto a las formas pronominales, el sistema es etimológicamente mixto: la forma *vos* se usa como sujeto y como objeto de preposición, mientras que el pronombre átono es *te*: *vos te levantás*; *te lo doy a vos*. El posesivo es también *tu*: *acá tenés tu libro*.

Puede ser interesante el repasar brevemente la evolución histórica de los sistemas de tratamiento que tenemos en español. En latín el sistema era bastante simple. Había una forma de segunda persona del singular, TŪ, y una forma de segunda persona del plural, VŌS. En época imperial, empezó a usarse la forma VŌS como singular también, primero en el trato con las autoridades, generalizándose luego como singular de respeto. Este es el sistema que encontramos aún hoy en francés, donde hay una forma *tu*, informal de segunda persona del singular, y otra forma *vous*, que se usa como forma de respeto en el singular y también para dirigirse a dos o más personas, sin distinción de formalidad en este caso. En castellano, por el contrario, las cosas no se quedaron aquí. Un cambio fue la gramaticalización de la expresión *vos otros* como pronombre de plural (en francés y en italiano encontramos la misma expresión: *vous autres*, *voi altri*, pero el elemento "otros" no es obligatorio en estas lenguas para expresar pluralidad). En cuanto a la forma *vos* con referente singular, esta fue expandiendo su uso cada vez más en castellano, hasta el punto en que ya no se sentía como demasiado formal. Para expresar mayor cortesía o respeto, se recurrió a la expresión *vuestra merced*. Y las formas *tú* y *vos* pasaron a verse como más o menos equivalentes. Este sistema es el que encontramos en el español del Siglo de Oro: Don Quijote emplea tanto *tú* como *vos* hablando con Sancho, mientras que este se dirige a su señor con *vuestra merced*. La forma *usted* (a veces abreviada *Vd.*) deriva de *vuestra merced* por contracción: *vuestra merced* > *vuesarced* > *usted*. Establecida *usted* como forma de respeto, la pugna entre *tú* y *vos* como formas familiares se resolvió finalmente en la Corte con la desaparición del tratamiento de *vos*. En ciudades como México y Lima, que tenían contacto más directo y frecuente con la metrópoli, se adoptó la misma solución. En otras áreas más alejadas de la influencia metropolitana, sin embargo, se mantuvo el sistema antiguo con las tres formas *tú*, *vos* y *usted*, creándose diferentes matices en su uso, o, por evolución opuesta a la de la Corte, se eliminó la forma *tú* en el habla vernácula.

(b)  Otros fenómenos morfosintácticos

Respecto al uso de los pronombres clíticos, en el capítulo 3 nos referimos brevemente a ciertas diferencias dialectales en el uso de los pronombres clíticos de dativo y acusativo: los fenómenos de *leísmo* y *laísmo* – a los que podemos añadir el más infrecuente *loísmo*. Frente al uso leísta con objeto directo humano y masculino de los madrileños, el sistema más extendido por Latinoamérica, que encontramos en México, Puerto Rico y Buenos Aires, es el "etimológico" (una excepción es Ecuador, donde se practica el leísmo extendido a todo tipo de objeto directo). Volveremos a este tema en el capítulo 6. Desde un punto de vista histórico podemos mencionar aquí que el leísmo aparece ya en los primeros textos en castellano. Ambos sistemas, el leísta y el llamado etimológico han coexistido, pues, en español desde el principio.

Relacionado con el uso de clíticos podemos mencionar aquí también, como fenómeno interesante, la innovación en México y otras áreas de Latinoamérica consistente en añadir una /s/ al final de una secuencia de clíticos para pluralizar el objeto indirecto en casos en que *le* y *les* se neutralizan bajo la forma *se*: *esto se los digo a ustedes*.

Una innovación sintáctica en el español de Puerto Rico, que también merece la pena mencionar aquí, es la ausencia de inversión obligatoria del sujeto pronominal en preguntas parciales: *¿Qué tú dices?*

(c)  Diferencias léxicas

Para concluir nuestro breve estudio comparativo, la existencia de diferencias en el vocabulario entre los dialectos del español es algo que difícilmente pasa desapercibido a nadie que tenga trato con hablantes de lugares diferentes. Así, por ejemplo, es sabido que "niño, chico" se dice *chaval* en Madrid, *pibe* en Buenos Aires y *cuate* en México; que los argentinos dicen *che*, los mexicanos *órale* y los madrileños *vale, tío*. Un enunciado como *el laburo no da guita*, sin contexto extralingüístico que aclare el significado, es totalmente incomprensible para quien no cuente con algún conocimiento del español coloquial de Argentina.

Por llamativas que tales diferencias nos resulten a primera vista, sin embargo, el alcance de la diferenciación léxica interdialectal es limitado. Las diferencias más importantes aparecen en los registros más coloquiales y en ciertos campos semánticos bien definidos (como la gastronomía: lo que para los mexicanos son *frijoles*, para los puertorriqueños son *habichuelas*, para los argentinos, *porotos* y para los madrileños *judías* – para otros españoles son *alubias*).

Los orígenes de las diferencias léxicas entre dialectos son muy diversos. Podemos tener préstamos de otras lenguas que solo se han extendido al español de una cierta área (así ocurre, por ejemplo, con muchos préstamos del náhuatl en español mexicano o algunos del italiano en español argentino); palabras que se han perdido en ciertas regiones se pueden haber mantenido en otras (arcaísmos); algunas palabras pueden haber cambiado de significado en algunos dialectos, etc.

En el siguiente capítulo consideraremos la variación dialectal en español en mayor detalle.

## 18 Análisis de textos en otras variedades lingüísticas contemporáneas cercanas al español

### 18.1 Judeoespañol

Entre las variedades derivadas del castellano medieval, el **judeoespañol** o sefardita constituye un caso especialísimo. Volveremos a considerar el judeoespañol al hablar de las variedades del español en el capítulo siguiente. Aquí vamos a fijarnos solo en algunos aspectos de su evolución histórica.

Los judíos españoles que fueron forzados a abandonar su país en los siglos XV y XVI por mantenerse fieles a sus ideas religiosas establecieron comunidades en varios lugares de Europa y del Mediterráneo, donde sus descendientes han conservado su lengua hasta el día de hoy (aunque en la actualidad esta variedad del español corre grave riesgo de extinción). Al desgajarse del tronco común hispánico, sin contacto con otros dialectos, el judeoespañol ha tenido un desarrollo completamente independiente del de las demás variedades. Muchos rasgos del español del siglo XV, perdidos en español general por evolución lingüística, se han mantenido inalterados en judeoespañol (arcaísmos). El judeoespañol ha sufrido también otros muchos cambios que no se han producido en otras variedades (innovaciones). Entre estas innovaciones hay muchas, sobre todo en el léxico, debidas al contacto de lenguas. Otro factor a tener en cuenta es que entre los judíos expulsados de España los había procedentes de todas las regiones de la Península, por lo que en el judeoespañol de algunas zonas es posible encontrar, dentro de una base castellana, elementos lingüísticos de origen leonés, gallego-portugués o aragonés. Como muestra de judeoespañol incluimos aquí tres estrofas de una canción tradicional sefardí. La grafía *z* se emplea para la fricativa sonora /z/, *v* para la fricativa labiodental sonora (que es un fonema independiente en algunas variedades del judeoespañol), *sh* para la fricativa prepalatal sorda, y *dj* para la africada prepalatal sonora:

| | | |
|---|---|---|
| *Por la tu puerta yo pasí* | *Por la tu puerta yo pasí* | *Ermoza sos en kuantidad* |
| *yo la topí serrada,* | *te vidi en la güerta,* | *onestedad no tienes,* |
| *la yavedura yo bezí* | *te demandí una kondja,* | *miliones si me vas a dar,* |
| *komo bezar tu kara.* | *deshites "no ay avierta".* | *mi djente no te kere.* |

**Ejercicio 22.**

1. Considere las siguientes correspondencias, que ilustramos con ejemplos
tomados del texto y representan hechos sistemáticos:

| Judeoespañol | Castellano peninsular |
|---|---|
| /s/ *pasí* | /s/ *pasé* |
| /s/ *serrada* | /θ/ *cerrada* |
| /z/ *bezar, ermoza* | /s/ *besar, hermosa* |
| /ʃ/ *deshites* | /x/ *dijiste* |
| /ʤ/ *djente* | /x/ *gente* |

(a) Como vemos, el judeoespañol tiene un contraste /s/ – /z/ que no existe
en castellano peninsular (ni en ningún otro dialecto del español), pero
no tiene el contraste /s/ – /θ/ del castellano centronorteño. Partiendo
del sistema de sibilantes del castellano medieval, ¿cómo explicaría la
evolución en judeoespañol que ha dado lugar a estas
correspondencias?

(b) Los ejemplos nos muestran también que a la velar /x/ del castellano
peninsular, en judeoespañol corresponde /ʃ/ en algunas palabras,
como *deshites* y /ʤ/ en otras, como *djente*. ¿Cuál es el origen histórico
de estas correspondencias?

(c) La correspondencia ilustrada por /ʤente/ – /xente/, es algo más
complicada, pues solo aparece en inicial de palabra. En posición
intervocálica interior de palabra en palabras patrimoniales tenemos /ʒ/,
que es otro fonema independiente en judeoespañol, como en /óʒo/
"ojo", /íʒa/ "hija". Una interpretación de los hechos es que en castellano
medieval la prepalatal sonora tenía alófonos tanto fricativos como
africados, y que esta diferencia se fonologizó luego en judeoespañol por
influencia de otras lenguas en que estos son dos fonemas
independientes. ¿Puede pensar en motivos de paralelismo fonológico
para una situación en castellano medieval en que [ʤ] y [ʒ] fueran
alófonos del mismo fonema?

2. Una innovación morfológica importante en judeoespañol es la que ha
afectado al paradigma del pretérito. ¿Cómo describiría los hechos
observables en este texto?

3. ¿Qué arcaísmos morfológicos o sintácticos se encuentran en el texto?

4. Una innovación fonológica en judeoespañol (no ilustrada en el texto) es la
que se observa en ejemplos como los siguientes: *nuevo* > *muevo, nueve* >
*mueve, nuestro* > *muestro* (*Los Muestros* es el nombre de una revista
cultural sefardita). ¿Cómo definiría el contexto fonológico de este cambio?
¿Cuál sería su explicación fonética?

5. Otra canción sefardita condene los versos "akódrate de akeya ora ke yo te
bezava la boka". Encontramos también ejemplos como *sodro* ("sordo"),
*pidrió* ("perdió"), *kodreriko* ("corderico"), etc. ¿Qué tipo de cambio
fonológico es este?

## 18.2  Aragonés

En el norte de Aragón se conservan una serie de hablas cercanas al castellano pero que representan evoluciones autóctonas del latín hispánico. Por tanto, no son dialectos sino "co-dialectos" (lenguas hermanas) del español, aunque en época más reciente han recibido influencia muy fuerte del castellano. Como ejemplo de habla aragonesa moderna, presentamos aquí unas coplas populares en cheso, el dialecto o "fabla" del Valle de Hecho (en aragonés Val d'Echo), en el Pirineo aragonés (que tomamos del libro publicado por el Grupo d'Estudios de la Fabla Chesa 1990), con traducción al castellano. Entre los dialectos de los valles pirenaicos de Aragón que se conservan vivos, este es el geográficamente más próximo al castellano.

| Aragonés | Castellano |
|---|---|
| *Pa rondar en esta nuey*<br>　*¡ay qué bien ve la vigüela!*<br>　*cómo se clava ixe son*<br>　*si la prima no se creba.* | Para rondar en esta noche<br>　¡ay qué bien viene la vihuela!<br>　Cómo se clava ese son<br>　si la prima (cuerda) no se quiebra. |
| *Lo cuco y lo mameluco*<br>　*cantan por la primavera*<br>　*y yo canto cuando quiero*<br>　*debaxo la chaminera.* | El cuco y el mameluco<br>　cantan por la primavera<br>　y yo canto cuando quiero<br>　debajo de la chimenea. |
| *En lo lugar hemos cura,*<br>　*lo cura de lo lugar.*<br>　*¿Pa qué queremos un cura?*<br>　*¡no bi-há cosa que curar!* | En el lugar tenemos cura,<br>　el cura del lugar.<br>　¿Para qué queremos un cura?<br>　¡no hay cosa que curar! |
| *En lo furno, las mullés*<br>　*se barallan por la masa;*<br>　*unas porque no lis viene;*<br>　*otras porque lis se pasa.* | En el horno, las mujeres<br>　se barajan (disputan) por la masa;<br>　unas porque no les viene,<br>　otras porque se les pasa. |
| *En setiembre ye la fiesta*<br>　*d'Echo lo mío lugar;*<br>　*los viellos a itar la siesta*<br>　*y los chovens a rondar...*<br>　*¡qué triballo no lis cuesta!* | En septiembre es la fiesta<br>　de Hecho, mi lugar;<br>　los viejos a echar la siesta<br>　y los jóvenes a rondar...<br>　¡qué trabajo no les cuesta! |

**Ejercicio 23.** Note las principales diferencias entre las dos versiones del texto, en cheso y en castellano, clasificándolas como fonológicas, morfológicas, sintácticas o léxicas (el grafema *x* en aragonés representa la fricativa prepalatal sorda /ʃ/). En la medida que le sea posible, señale también el origen histórico de la divergencia.

## 18.3   Gallego

El gallego es la evolución del latín en el extremo noroeste de la Península Ibérica. Lingüísticamente es más distante del castellano de lo que lo es el cheso. Como botón de muestra ofrecemos un cuento popular (tomado de Harguindey y Barrio 1995: 44), con traducción al castellano al final.

*Ía unha vez unha raposa polo monte e viu voar unha aguia moi alta.*

— *¡Ai, ho! – díxolle berrando –. ¿Para onde vas?*
— *Vou ás vodas do ceu – respondeulle a aguia.*
— *¿E logo? ¿Hai vodas hoxe?*
— *Hai, e moi boas por certo.*
— *Pois eu quería ir, ¿como faremos?*
— *Eu te levarei.*

*Entón a aguia pousouse no chan, a raposa subíuselle ás costas e botarem a voar.*

*Ao iren xa moi alto, a aguia fixo un recorte e chimpou á raposa embaixo. E a raposa, ao ver que ía caer por riba dun penedo, púxose a berrar:*

— *¡Fuxe, laxe, que te esfarelo, que se saio desta non torno ás vodas do ceo!*

"Iba una vez una zorra por el monte y vio volar un águila muy alta.

— ¡Eh! – le dijo gritando –. ¿Para dónde vas?
— Voy a las bodas del cielo – le respondió el águila.
— ¿Y entonces? ¿Hay bodas hoy?
— Hay, y muy buenas por cierto.
— Pues yo quería ir, ¿cómo haremos?
— Yo te llevaré.

Entonces el águila se posó en el suelo, la zorra se le subió a las costillas y echaron a volar.

Al ir ya muy alto, el águila hizo un recorte y tiró a la zorra abajo. Y la zorra, al ver que iba a caer por encima de un peñascal, se puso a gritar:

— ¡Huye, roca, que te destrozo, que si salgo de esta no vuelvo a las bodas del cielo!"

**Ejercicio 24.** Como antes, clasifique las diferencias que note según su categoría lingüística y trate de buscar explicaciones diacrónicas cuando sea posible. (La grafía *nh* representa la nasal velar /ŋ/ en posición intervocálica, mientras que, como en aragonés y en castellano antiguo, *x* es el fonema /ʃ/. Nota: Como en castellano, *v* y *b* representan el mismo fonema. La grafía *vodas*, usada en gallego en este texto, es simplemente más consistente con la etimología que el castellano *boda* < Lat. VŌTA "votos, promesas").

## Ejercicios de repaso

**Ejercicio 25.** A veces encontramos una alternancia entre oclusivas sordas y sonoras en palabras relacionadas históricamente como *madera* y *materia*, *vida* y *vital*, *sabio* y *sapiencia*, *abertura* y *apertura*, *siglo* y *secular*, *padre* y *paterno*. ¿Cómo se explican estos hechos?

**Ejercicio 26.** ¿Cuál es la evolución en español de las siguientes palabras latinas? Explique qué cambios se observan en esta evolución distinguiendo entre cambios ocurridos entre el latín y el castellano medieval, por una parte, y los que han tenido lugar después, por otra.

   Ejemplo: CUNICULU >conejo.

   Cambios:

1. Latin > castellano medieval
      CUNICULU >/konéʒo/
   (a) Se pierde la vocal postónica en el grupo -cul- > /-k'l-/ (regla v5)
   (b) Las vocales altas breves se hacen vocales medias (v1)
   (c) /k'l/>/ʒ/ en castellano antiguo (c8).
2. Castellano antiguo > español moderno
      /konéʒo/ > /konéʃo/ (ensordecimiento) > /konéxo/ (velarización)

   FORMĪCA > *hormiga*
   FOCU > *fuego*
   SIMILIĀRE > *semejar*
   DĒLICĀTU > *delgado*
   HOMINE > *hombre*
   SENIŌRE > *señor*
   HORTU > *huerto*

**Ejercicio 27.** Observe las correspondencias entre el español y el portugués ilustradas en los ejemplos que siguen. Note que la grafía *lh* indica una lateral palatal en portugués (igual al sonido de *ll* en dialectos lleístas del español), y la grafía *ch* correspondía a /ʧ/ en portugués medieval pero es /ʃ/ en portugués moderno. Explique los cambios que han originado estas correspondencias.

| Latín | Español | Portugués |
|---|---|---|
| FĪLIA | hija | filha |
| PALEA | paja | palha |
| FOLIA | hoja | folha |
| CONSILIU | consejo | conselho |
| MULIERE | mujer | mulher |
| OCULU | ojo | olho |
| AURICULA | oreja | orelha |
| GALLU | gallo | galo |
| CABALLU | caballo | cavalo |

(*cont.*)

| Latín | Español | Portugués |
|-------|---------|-----------|
| VILLA | villa | vila |
| PLĒNU | lleno | cheio |
| PLUVIA | lluvia | chuva |
| PLŌRĀRE | llorar | chorar |
| PLĀNU | llano | chão |
| CLĀMĀRE | llamar | chamar |
| FLAMMA | llama | chama |
| CLĀVE | llave | chave |

**Ejercicio 28.** ¿Cómo se explican las siguientes correspondencias entre portugués y español?En italiano, las palabras correspondientes son: *notte, otto, petto, diretto, fatto, latte.* ¿Qué ha ocurrido en esta lengua?

| Latín | Español | Portugués |
|-------|---------|-----------|
| NOCTE | noche | noite |
| OCTŌ | ocho | oito |
| PECTU | pecho | peito |
| DĪRĒCTU | derecho | direito |
| FACTU | hecho | feito |
| LACTE | leche | leite |

**Ejercicio 29.** Para cada una de las palabras españolas siguientes dé por lo menos una palabra derivada de la misma raíz que haya sufrido menos cambios y por tanto se muestre más fiel a la forma original latina de la raíz:

1. MINUS > *menos*
2. CENTU > *ciento*
3. OVU > *huevo*
4. TAURU > *toro*
6. TENET > *tiene*
7 TABULA > *tabla*
8. *NŌMINE > *nombre*
9. FĒMINA > *hembra*
10. PETRA > *piedra*
11. *LACTE > *leche*
12. LACU > *lago*
13. FRĪGIDU > *frío*
14. FOCU > *fuego*

15. BUCCA > *boca*
16. FASTĪDIU > *hastío*
17. CLĀMĀRE > *llamar*
18. PLUVIA > *lluvia*
19. NOCTE > *noche*
20. ANNU > *año*
21. SPECULU > *espejo*
22. HISPĀNIA > *España*
23. PLĀNU > *llano*
24. AURĪCULA > *oreja*
25. FOLIA > *hoja*
26. MARĪTU > *marido*
27. CILIA > *ceja*
28. *FAMINE > *hambre*
29. POPULU > *pueblo*
30. OPERA > *obra*

**Ejercicio 30.** Las cuatro correspondencias fonológicas entre portugués y español que ilustramos a continuación tienen su origen en evoluciones diferentes a partir del sistema consonántico del romance medieval. Conteste las siguientes preguntas: (a) ¿Qué sonido tenían en la Edad Media los ejemplos de cada grupo? (b) ¿De qué manera ha sido diferente la evolución de estos sonidos medievales en portugués y en castellano? (c) ¿Ve alguna semejanza entre el portugués y el judeoespañol a este respecto? Las abreviaturas que empleamos son: Port. = portugués, EP = español peninsular centro-norteño, EL = español latinoamericano:

1. Port. /z/       EP/θ/, EL/s/
  *razão*             *razón*
  *vizinha*           *vecina*
  *fazer*             *hacer*
2. Port. /z/       EP /s/, EL /s/
  *rosa*              *rosa*
  *coisa*             *cosa*
  *famoso*            *famoso*
3. Port. /s/       EP/s/, EL/s/
  *osso*              *hueso*
  *pessoa*            *persona*
  *esse*              *ese*
4. Port. /s/       EP/θ/, EL/s/
  *lançar*            *lanzar*
  *força*             *fuerza*
  *praça*             *plaza*

**Ejercicio 31.** La /l/ se vocalizó en [i̯] en el grupo /ult/. A partir de ese momento la evolución de este grupo fue la misma que para /kt/. ¿Cuál es el resultado en español de las siguientes palabras latinas? Explique la evolución paso por paso: MULTU, CULTELLU, AUSCULTĀRE (el diptongo inicial cambia irregularmente a /e/).

**Ejercicio 32.** Explique y compare las diferencias entre las formas latinas MĒ y MIHI y las españolas me y mí, de las que derivan.

**Ejercicio 33.** La palabra *espalda* viene del latín tardío SPATULA y tiene cognados en el catalán *espatlla* y el francés *épaule*, ambas con el significado de "hombro", que es más antiguo. ¿Se parece este cambio en la semántica léxica a otros que hemos visto en este capítulo? ¿Cómo se llama este proceso?

La palabra SPATULA, a su vez, es un diminutivo de SPATHA "espada de hoja ancha o pala" y se aplicó al omóplato o hueso del hombro por su forma. ¿Qué proceso tenemos en este desarrollo semántico?

**Ejercicio 34.** La palabra *labrador* viene del latín LABŌRĀTŌRE "trabajador". Explique la evolución fonológica y semántica de esta palabra.

**Ejercicio 35.** En el texto nos hemos referido a la palabra *infante* cuyo significado de "hijo del rey" parece deberse a influencia del árabe. Otro sentido de esta palabra es el de "soldado de a pie", como en *infantería* (el inglés tiene también *infantry*, tomado de las lenguas románicas). Busque esta palabra en un diccionario etimológico y resuma la evolución en el significado.

**Ejercicio 36.** La palabra *comprender* viene del latín COMPREHENDERE "contener, abarcar". Sin consultar el diccionario, formule una hipótesis para explicar el desarrollo del significado "entender". ¿Puede ver algún desarrollo paralelo en inglés?

## Resumen

Las lenguas cambian con el tiempo. El español, como las otras lenguas románicas, es el resultado de la evolución histórica del latín en una zona geográfica concreta. Al comparar las palabras del latín con las del español es posible identificar una serie de cambios regulares y sistemáticos en los sonidos. Otros aspectos de la estructura del idioma también han cambiado sustancialmente del latín al español. Aunque la mayoría de estos cambios se hallan ya cumplidos en castellano medieval, también en época más reciente se han producido algunos cambios interesantes que, en algunos casos, como en el de la evolución de las sibilantes o en el de los pronombres de segunda persona, han dado lugar a diferencias dialectales importantes entre las variedades geográficas del español de nuestros días. Otros idiomas con los que el español ha estado o está en contacto, como el árabe y las lenguas indígenas de Latinoamérica, han contribuido sobre todo elementos léxicos.

## Nota bibliográfica

Mucho de lo que sabemos sobre la historia del español lo debemos al trabajo de Ramón Menéndez Pidal. Su *Manual* (Menéndez Pidal 1973 [1904]) es una obra clásica en este campo. Lloyd (1987) y Penny (2002) son dos excelentes libros de texto que reflejan el estado actual de nuestros conocimientos. Lapesa (1981 [1942]) tiene un enfoque algo diferente, concentrándose en la llamada historia externa de la lengua y puede usarse como texto complementario. Sobre el origen histórico de la variación lingüística que encontramos en español moderno, véase Penny (2000). Otra obra cuya consulta puede resultar muy útil al estudiante es el *Breve diccionario etimológico* de Corominas (1973). Unas herramientas muy útiles son el Corpus Diacrónico del Español de la Real Academia Española (CORDE, www.rae.es) y el Corpus del Español de Mark Davies (www.corpusdelespanol.org). Sobre las lenguas paleohispánicas, una publicación reciente que recoge el estado de la cuestión es Sinner y Velaza (2019). El desciframiento de la escritura ibérica se debe a Gómez Moreno (1949). Sobre la lengua vasca y su posible relación con la ibérica y otras pueden consultarse también Michelena (1985), Gorrochategui (1995) y Trask (1997).

# 6 El estudio del significado: semántica y pragmática

## Objetivos

La semántica estudia el significado de las palabras, frases y oraciones, y la pragmática considera el significado tomando en cuenta el contexto discursivo y la situación de la comunicación. Dado que siempre encontramos las palabras, frases y oraciones en algún contexto de uso, y no de manera aislada, su significado se entiende mediante el uso, y la semántica y la pragmática están intrínsecamente relacionadas. En este capítulo, se trata cuatro temas esenciales:

- El significado de *significado* en el estudio de la semántica.
- Las principales relaciones semánticas entre palabras, incluyendo las relaciones entre palabras distintas, como la sinonimia, la antonimia, la hiponimia y la incompatibilidad; y la relación entre palabras que comparten o su forma o algunos elementos de su significado, como la homonimia, la polisemia y la extensión metafórica.
- La expresión de la deixis, por medio de los elementos lingüísticos (como los pronombres, los demostrativos y la inflexión verbal) que señalan la ubicación de las personas y entidades en relación a la del hablante.
- La comunicación del significado en un contexto interactivo, con un enfoque en cómo funciona la comunicación dado que no siempre expresamos explícitamente lo que queremos decir, y, de manera relacionada, la cortesía.

## 1 ¿Qué significa *significado*?

El primer paso en nuestro estudio de la **semántica** y **pragmática** es profundizar nuestra comprensión del concepto de **significado**. Distinguimos entre *significado referencial* y **sentido**, y para entender el sentido, tomamos en cuenta la **conceptualización**.

### 1.1 Significado referencial

Según este concepto, el significado es la persona, cosa, evento o noción al cual se refiere la palabra, frase u oración (es decir, el **referente** o la **referencia**). Por ejemplo, *Andrés* quiere decir la persona que se llama *Andrés*; *mi hermano* es un hombre que tiene los mismos padres que yo; *el presidente de México* designa a la persona que fue elegida para ese puesto gubernamental. Sin embargo, no podemos suponer una equivalencia entre la referencia y el significado por varias razones.

- El significado de una palabra, frase u oración incluye más que el mero referente. Es factible que *Andrés, mi hermano* y *el presidente de México* tengan el mismo referente (es decir, que sean la misma persona), pero las tres expresiones no comunican el mismo mensaje. Si yo me refiero a mi hermano utilizando el título *el presidente de México* le muestro cierto respeto y enfatizo su papel oficial; si digo *mi hermano* destaco nuestra relación familiar; y si uso su nombre lo presento como un individuo. A pesar de la correspondencia del referente, estas tres expresiones no tienen el mismo significado. Un ejemplo clásico de este fenómeno es el del Lucero de la Mañana (o del Alba) y el Lucero de la Tarde. Estas dos frases tienen la misma referencia, el planeta Venus, pero no querríamos decir que el significado de *Lucero de la Mañana, Lucero de la Tarde* y *Venus* sea igual, porque cada uno conlleva diferentes matices.
- Palabras y expresiones como *hada, unicornio* y *el rey de Chile* no tienen un referente porque hablan de algo que no existe; lo mismo con *el próximo rey de España* (que solo existirá en el futuro). Se podría argumentar que estas palabras tienen un referente imaginario o uno que pertenece al futuro, pero hay otras palabras que no tienen referente de ninguna clase, por ejemplo, los saludos (*hola, adiós*), los conceptos "vacíos" (*vacío, nada*), los conectivos (*pero, y, si, porque*), entre otros. Entonces, no es necesario que una palabra tenga un referente para que tenga significado.
- Palabras como *yo, aquí* y *ahora* sí tienen un referente, pero el referente cambia según el contexto de uso. Tales palabras, conocidas como *deícticos*, señalan la orientación o la ubicación espacial o temporal de personas y entidades, tomando algún punto de referencia. El referente de *yo* cambia según la persona que lo dice, lo mismo con *aquí* y *ahora* según la ubicación espacial y temporal del hablante. Pero mientras que el referente es cambiante, el significado es estable.
- El significado de una palabra, frase u oración no es una representación del referente tal como existe en el mundo real, sino de la conceptualización que los hablantes se hacen del mismo. Consideremos un ejemplo muy básico: la palabra *tomate*. Aunque es bien sabido que botánicamente el *tomate* se clasifica como una fruta, para los hablantes del español, es una verdura. Esto es evidente en el uso cotidiano de la palabra: se habla de "tomates y otras verduras" y no "tomates y otras frutas"; si alguien trae una bolsa de tomates y papas podría decir que trae "verduras" no "verduras y frutas", y si trae una bolsa de tomates y manzanas, no podría decir que trae "frutas". Concluimos entonces que, mientras que la referencia de un tomate corresponde a una

verdura, esto no es parte del significado de *tomate* en el habla común (aunque lo podría ser en contextos especiales, por ejemplo, en una conversación entre botánicos). Es decir, la referencia en el mundo real no siempre corresponde a la conceptualización de los hablantes, y en estos casos, no representa el significado que tienen en sus mentes.

• Parte de la conceptualización es el significado afectivo o subjetivo, que es independiente de la referencia. Esto es lo que vemos en la diferencia entre el uso de los términos *Andrés, mi hermano* y *el presidente de México* mencionada previamente. Otro ejemplo parecido se encuentra en los términos *el gran poeta del amor, el poeta revolucionario* y *Pablo Neruda* – todos pueden tener el mismo referente, pero cada uno transmite un mensaje diferente. O considere, por ejemplo, los adjetivos *barato* y *económico*, que se pueden usar con el mismo referente, pero *barato* puede tener la connotación de "mala calidad", mientras que *económico* no la tiene. De igual manera, los verbos *oler* y *apestar* se pueden usar con el mismo referente, pero *oler* deja abierta la posibilidad de que sea un olor bueno, mientras que *apestar* no (algo puede *oler rico*, pero no *apestar rico*).

## 1.2  Sentido

Mientras que la referencia de una palabra, frase u oración es lo que representa en el mundo real, el *sentido* se entiende en relación con otras palabras en la lengua. Por ejemplo, la referencia de *rojo* es el color que representa, pero el sentido es el significado en relación con otros colores (similares, como *rosado, café, anaranjado* y diferentes, como *azul, verde, negro*), y también la palabra *color*, que designa la categoría a la cual pertenece (*rojo* es un tipo de *color*). La referencia de *perro* es el animal que esta palabra denota, pero el sentido de *perro* se entiende en relación con las palabras asociadas con ese concepto, como las categorías a las cuales pertenece (*animal, mamífero, mascota*); animales que pertenecen a la categoría de *perro* (*labrador, pastor, dálmata*); animales relacionados con los perros (*lobo, zorro, coyote, hiena*); animales asociados (*gato, pulga*); animales en general (*caballo, canguro, elefante*); y palabras específicas del dominio del perro (incluyendo palabras derivadas de *perro*, como *perrera*, pero también otras, como *ladrar, gruñir* y *bozal*). Así es que, mientras que la *referencia* es algo externo a la lengua, el *sentido* es algo interno, al que se accede mediante el uso de la lengua. En la sección 2, estudiaremos algunas de las relaciones semánticas básicas que forman parte de la red semántica que sirve para identificar el sentido de una palabra.

## 1.3  Conceptualización

Hemos dicho que la lengua no representa el mundo real directamente, sino que representa nuestra conceptualización o percepción del mismo. Considere la siguiente oración, que informa sobre un evento que ocurrió, pero que hace mucho más que simplemente informar.

(1) *Mi papá perdió una gran parte de la mañana en el autobús.*

La palabra *papá* representa la relación familiar que tiene el hablante con el sujeto de la oración. Pero al escoger la palabra *papá* en vez de *padre* o *papito*, el hablante indica algo sobre su actitud hacia el referente y de la situación de habla (*padre* es más formal, *papito* expresa cariño). Al utilizar *perdió* una gran parte de la mañana en vez de *pasó*, por ejemplo, el evento se caracteriza como algo no planeado y no positivo, e implica que el padre tenía otras cosas que hacer en ese momento. La expresión *perder el tiempo* refleja una conceptualización del tiempo como algo valioso (note la expresión *el tiempo es oro*), algo que no solamente se pierde, sino que se gasta, se ahorra, se invierte, etc. *Una gran parte de la mañana* implica que pasó en el autobús varias horas entre aproximadamente las 8 de la mañana y las 12 del mediodía, y no entre la media noche y el mediodía (aunque *la mañana* también tiene esa interpretación, por ejemplo, en la expresión *la 1 de la mañana*). En el ejemplo (1), *la mañana* solería interpretarse en relación con el día de trabajo, el cual forma un marco de referencia importante para dividir el día y, en este caso, indica qué fue lo que se perdió (horas del trabajo, por ejemplo). Y finalmente, *en el autobús* implica que el papá viajaba en el autobús, y no que estuviera simplemente en un autobús estacionado, dado que entendemos *autobús* como un medio de transporte.

En esta oración, el hablante presenta de manera subjetiva la experiencia de su padre, con los matices en el significado de las palabras y expresiones que usa, como acabamos de indicar. Este ejemplo no es único, más bien es representativo de la mayoría de las oraciones que producimos, si no de todas. Es difícil encontrar una manera objetiva de expresar este evento (o cualquier otro) porque cada palabra o expresión que se escoge indica la conceptualización del hablante. (Compare las implicaciones en el uso de *mi padre* vs. *mi papá*; *pasó* vs. *perdió*, *viajando en el autobús* vs. *en el autobús*). Este ejemplo sirve para destacar dos aspectos fundamentales para el estudio de la semántica. Primero, el significado de las palabras, frases y oraciones es una representación de nuestra conceptualización; y segundo, el significado está estrechamente ligado al contexto de uso.

Dado que el significado se basa en la conceptualización, la meta del análisis semántico es acceder a tal conceptualización. Pero no tenemos acceso directo a la conceptualización, ya que es algo interno a los hablantes. Como lingüistas, la mejor evidencia que tenemos son los patrones de uso de la lengua: cómo se combinan los elementos de interés con otras palabras o expresiones, en qué contextos ocurren, cómo se relacionan con otras palabras o expresiones, o con otros elementos lingüísticos, etc. La metodología más fiable para identificar los patrones es la observación y cuantificación de uso en un corpus de habla espontánea. Sin embargo, dado que los elementos de interés para el estudio del significado muchas veces son de baja frecuencia, puede ser difícil recopilar suficientes instancias de uso para identificar los patrones. Por ende, en el estudio de la semántica, se recurre muchas veces a la intuición de los hablantes sobre el uso para formar hipótesis acerca del significado.

## 2     Relaciones semánticas

Una fuente importante para acceder al significado de las palabras es la relación que tienen unas con otras. Por ejemplo, para entender qué quiere decir *barato* es informativo saber que se refiere a un *precio*, que tiene un significado similar a *económico* y contrario a *caro*. Además, se sabe que las palabras están relacionadas en la mente de las personas – al pensar en un concepto, se activan otros. Las palabras pueden tener diferentes relaciones semánticas; aquí presentamos un resumen de algunas de las más básicas, incluyendo las relaciones entre palabras distintas, como la *sinonimia, antonimia, hiponimia* e *incompatibilidad*; y la relación entre palabras que comparten o su forma o algunos elementos de su significado, como *homonimia, polisemia* y *extensión metafórica*.

### 2.1   Sinonimia

La **sinonimia** se refiere a la identidad de significado, y los sinónimos son palabras que comparten el mismo significado. En (2) se muestran algunos ejemplos de pares de palabras que presentan conceptos básicamente iguales.

(2) *padre – papá*
    *habitación – cuarto*
    *despacio – lento*
    *simular – fingir*
    *elegir – escoger*

Es importante aclarar que, aunque se pueden considerar sinónimos, no es difícil encontrar algunas diferencias en el significado de estas palabras.

---

Antes de seguir leyendo:

¿Cuáles son algunas de las diferencias entre los supuestos sinónimos en (2)? Piense en contextos en los que usaría uno y no el otro.

---

A veces, la diferencia entre palabras sinónimas es una de formalidad, como es el caso para *padre – papá* y *habitación – cuarto*. Sin embargo, aun una diferencia en formalidad puede traer consigo otras diferencias. Consideremos el caso de *habitación – cuarto*: se puede hablar de una casa con tres cuartos o tres habitaciones, pero no necesariamente representan la misma cosa: el baño es un cuarto (*el cuarto de baño*), pero no una habitación.

Para *despacio – lento*, mientras que las dos palabras se refieren a la baja velocidad, *despacio* implica más voluntad y más control sobre el evento por parte del sujeto, y por eso *despacio* suele ocurrir más con sujetos humanos, mientras que *lento* ocurre tanto con sujetos humanos como no humanos. Por ejemplo, se suele usar el adverbio *lentamente* más que *despacio* en oraciones como *las hojas caídas se movían lentamente sobre las aguas, los copos de nieve caían lentamente* o *la niebla fue extendiéndose lentamente por el valle.* Además, *despacio* y no *lentamente* puede implicar "con cuidado" (lo cual concuerda con la noción de control sobre el evento). Por ejemplo, si se abre la puerta *despacio* no se refiere solamente a la velocidad, sino que también implica "con cuidado".

*Simular* y *fingir* indican hacer parecer algo que no es verdad (por ejemplo, *simular / fingir alegría*), pero se puede usar *simular* con fines válidos o positivos, el cual no es el caso para *fingir*: una *simulación* es una representación de un proceso para analizar sus características, y un *simulador* es un aparato que se usa con este propósito.

*Elegir* y *escoger* indican tomar o designar cierta cosa de entre varias (por ejemplo, *elegir / escoger el pastel de chocolate*). Pero usamos *elegir* y no *escoger* si la selección se basa en un voto, por ejemplo, para el presidente. Por eso es que tenemos *elecciones*, palabra que se deriva de *elegir*, y no *escogidas, escogencias o escogimientos*.

En resumen, estos pares de palabras no ejemplifican la sinonimia total, significados que son idénticos en todos los contextos, sino la sinonimia parcial, significados que comparten el significado básico pero que difieren en las connotaciones o matices que conllevan. De hecho, la sinonimia total es muy rara, o tal vez inexistente, no solamente en español, sino en todas las lenguas, mientras que la sinonimia parcial es bastante común.

Si tomamos en cuenta la **variación dialectal** (el tema del siguiente capítulo), parece haber muchos sinónimos en español. Por ejemplo, las palabras *pitillo, popote, pajita* y *sorbeto* todas son maneras de referirse al tubo para sorber líquido; *autobús, camión, colectivo, micro, guagua* se refieren al transporte público. Aunque estas palabras existen en el español, el término preferido varía según la región, y entonces en general las opciones no existen en el repertorio de un solo hablante. Por eso, no son lo mismo los sinónimos que existen para un hablante (que puede escoger entre ellos) y los que existen en distintas variedades de la lengua.

**Ejercicio 1.** Explique las diferencias en significado de los siguientes pares de (cuasi) sinónimos: *educado – estudiado; matar – asesinar; alumno – estudiante; bajar – descender; alzar – levantar; lengua – lenguaje; caro – costoso.*

## 2.2 Antonimia

La **antonimia** se refiere a una relación binaria entre dos palabras con significados opuestos o contrarios, como lo ilustran los siguientes pares de palabras.

(3) a. *alto – bajo*
     *frío – caliente*
  b. *vivo – muerto*
     *presente – ausente*

    c. *encima de – debajo de*
    *padre – hijo*
    *vender – comprar*

Si analizamos bien estos pares de palabras, veremos que el tipo de oposición que expresan no es idéntico.

---

**Antes de seguir leyendo:**

**¿Cuáles son las diferencias entre la antonimia expresada en las palabras en (a), (b) y (c)?**

---

En los ejemplos indicados en (a), la oposición es de tipo gradual, y estas palabras se clasifican como *antónimos graduales*. Los antónimos graduales no presentan una oposición absoluta, sino una que se manifiesta a lo largo de una escala, con puntos intermedios. Eso se refleja en el uso de expresiones comparativas como *muy alto, más bajo, menos frío, un poco caliente*, etc., y en el uso del superlativo, *altísimo, friísimo*. En algunos casos, existen palabras que comunican explícitamente los diferentes grados, como es el caso de los términos que se usan para indicar temperatura, donde hay una escala de *helado* a *frío* a *tibio* a *caliente* a *hirviente*. Otro elemento clave del significado de los antónimos graduales es que se basa en algún punto de referencia: un niño de ocho años puede ser alto en comparación con un niño de seis, pero bajo en comparación con uno de diez. Es decir, se pueden aplicar los dos antónimos al mismo referente en el mismo momento, dependiendo del punto de comparación. Otros ejemplos de la antonimia gradual son *grande – pequeño* y *nuevo – viejo*.

La oposición expresada en los pares de palabras en (b) es absoluta en el sentido de que los dos términos son mutuamente excluyentes: el significado de uno excluye el significado del otro. Este tipo de antonimia se llama *complementaria*, porque los dos términos dividen completamente el dominio en que ocurren. Por ejemplo, *vivo* y *muerto* se aplican al dominio de los seres vivientes, y todos los seres vivientes tienen que tener una de las dos cualidades – ningún ser viviente puede estar *ni vivo ni muerto* porque si algo está vivo no puede estar muerto, y si no está vivo tiene que estar muerto. Del mismo modo, nada puede estar *presente* y *ausente* al mismo tiempo. En cambio, en el caso de los antónimos graduales no tiene que aplicarse necesariamente ninguno de los dos términos porque hay otras opciones (por ejemplo, *el muchacho no es ni grande ni pequeño*). Relacionado con esto es el hecho de que, a diferencia de los antónimos graduales, los antónimos complementarios no se distribuyen a lo largo de una escala, y por ende no suelen modificarse con *muy* o *más* (*muy muerto* o *más presente* solamente se pueden entender en un sentido metafórico). Además, no se basan en ningún punto de referencia: para determinar si una persona está viva o si está presente, no hace falta un punto de comparación, como sí es el caso para determinar si algo es grande o pequeño. Otros ejemplos de la antonimia complementaria son *ciego – vidente* y *civil – militar*, y los que forman el antónimo con prefijo negativo como *mortal – inmortal, completo – incompleto*.

Las palabras en (c) representan aún otro tipo de antonimia, que es la antonimia *recíproca* o conversa, en la cual las dos palabras expresan una relación basada en alguna dimensión en la que no se puede dar la una sin la otra. En el primer par de palabras, la dimensión es espacial: si X está *encima de* Y, entonces Y está *debajo de* X. Pero se puede extender a otras relaciones, como familiares (si X es el *padre* de Y, Y es el *hijo* de X), y también a acciones que implican alguna clase de intercambio (si X *vendió* algo a Y, entonces Y se lo *compró* a X). La antonimia recíproca y la gradual difieren en que la recíproca no se manifiesta a lo largo de una escala. Si el libro está encima de la mesa, no puede estar "un poco encima"; o está encima o no lo está. El mismo criterio se aplica en los otros ejemplos: no hay puntos intermedios entre *padre* e *hijo* o *vender* y *comprar*. La antonimia recíproca comparte con la complementaria el hecho de que los dos términos son mutuamente excluyentes (si el libro está encima de la mesa, no puede estar debajo de la mesa al mismo tiempo), pero difieren en que los términos recíprocos no dividen completamente el dominio en el que ocurren. Como vimos anteriormente, una persona tiene que estar viva o muerta, y no hay ninguna otra alternativa. Pero con los antónimos recíprocos, existen otras opciones: si el libro no está encima de la mesa, no necesariamente está debajo de ella; puede estar al lado o en otra parte. Si Alberto no es el padre de José, eso no quiere decir que sea el hijo. Otros ejemplos de antonimia recíproca son *antes de – después de*, *abuelo – nieto, poner – quitar*, etc.

## Ejercicio 2.

Identifique la clase de antonimia representada en los siguientes pares de palabras. Escoja entre: *gradual, complementaria* y *recíproca*.

*esposo – esposa*        recíproca

1. *ancho – estrecho*
2. *dar – recibir*
3. *despierto – dormido*
4. *al frente de – detrás de*
5. *rápido – lento*
6. *tío – sobrino*
7. *suegro – yerno*
8. *feliz – triste*
9. *culpable – inocente*
10. *fácil – difícil*
11. *verdadero – falso*

12. *liviano – pesado*
13. *cobarde – valiente*
14. *doctor – paciente*
15. *prendido – apagado*

Piense en otro ejemplo que ilustre cada una de las tres clases de antonimia.

## 2.3   Hiponimia

La **hiponimia** es una relación que se da entre palabras cuando el significado de una se incluye en el significado de la otra. Por ejemplo, el significado de *gato* se incluye en el de *animal* en el sentido de que un gato es un tipo de animal. Decimos entonces que *gato* (junto con *perro, caballo, canguro*, etc.) es hipónimo de *animal*, y *animal* es el superordinado (o *hiperónimo*) de *gato, perro*, etc. A continuación, se muestran algunos ejemplos.

(4)

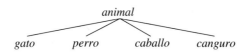

(5)

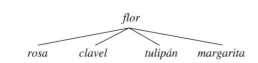

(6)

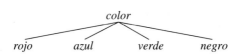

La hiponimia existe en varios niveles: mientras que *perro* es un hipónimo de *animal*, las diferentes razas de perro son hipónimos de *perro*, como lo ilustra (7).

(7)

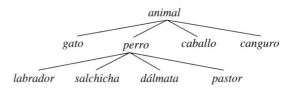

La hiponimia es relevante para la semántica porque el decir que X es hipónimo de Y indica que X comparte las características que definen la categoría que cubre el término superordinado. Por ejemplo, al saber que el *perro* es un tipo de *animal*, ya tenemos mucha información sobre la conceptualización del *perro*: vive en la tierra, tiene pelo, camina a cuatro patas, tiene cola, etc. Si el *labrador* es un tipo de *perro*, se supone que es una buena mascota ("el mejor amigo del hombre"), tiene buen olfato, mueve la cola cuando está contento, ladra, gruñe, etc. El término superordinado nombra un **campo semántico**: un grupo de palabras cuyos significados comparten varios elementos. El campo semántico *animal* en el uso cotidiano de la palabra incluye las características ya mencionadas (vive en la tierra, tiene pelo, camina a cuatro patas, tiene cola, etc.). Claro que, en el sentido científico, un animal no tiene estas características, ya que los pájaros, peces y hasta los seres humanos también son animales. En el uso científico, un *animal* es cualquier ser vivo con la capacidad de moverse voluntariamente y de sentir. El hecho de que los pájaros, peces y seres humanos no son animales en el sentido cotidiano es evidente en nuestro uso de las palabras: para señalar un pájaro en un árbol o un pez en un lago, normalmente no se diría "mira ese animal", como se diría para señalar un perro, león, vaca, etc. Y si se dijera "mira ese animal" para señalar una persona, sería un uso metafórico en el cual se le atribuye algunas características del animal que no son positivas en un ser humano (sin modales, sucio, etc.). *Animal* entonces tiene diferentes significados (y en consecuencia diferentes hipónimos) en el uso popular y en el uso científico.

Esta discrepancia entre el uso científico y el uso popular es parecida a la que ya mencionamos con la palabra *tomate*: en la lengua cotidiana, *tomate* es hipónimo de *verdura* (junto con *papa, zanahoria, lechuga*, etc.), y no de *fruta* (a pesar de su botánica). Lo mismo es el caso para el *aguacate*, que botánicamente es una fruta, pero según su categorización popular es una verdura. Eso quiere decir que, para los hablantes de español, los tomates y los aguacates comparten varias características con las otras verduras: se comen con la comida principal (no como merienda o postre), se usan en sopa, se les echa sal, etc. Para los hablantes del portugués brasileño, sin embargo, el aguacate se conceptualiza como una fruta, y comparte las características de las frutas (se come en postres, con azúcar, etc.). Es decir, en el portugués brasileño, *aguacate* es hipónimo de *fruta* (o es parte del campo semántico *fruta*). Esta diferencia se capta en las siguientes figuras.

(8) Español y inglés

(9)  Portugués

(10)  Taxonomía científica

Este tipo de comparación entre distintas lenguas es un buen recordatorio de que la semántica se basa en nuestra conceptualización del mundo, y no en alguna realidad objetiva y externa a los hablantes.

---

**Ejercicio 3.** Para los siguientes pares de palabras, indique si comparten una relación de hiponimia. Si es así, indique cuál es el hipónimo.

*pez – trucha*          sí;          hipónimo: *trucha*

1. *olor – aroma*
2. *mes – enero*
3. *príncipe – princesa*
4. *nariz – cara*
5. *pariente – tía*
6. *bicicleta – moto*
7. *grande – gigantesco*
8. *estación – primavera*
9. *anillo – joyas*
10. *homófono – homónimo* (véase abajo)

---

## 2.4  Incompatibilidad

La **incompatibilidad** se refiere a la relación entre palabras que pertenecen al mismo campo semántico, el significado de cada una de las cuales excluye el significado de las otras, sin ser opuestas. A continuación, damos algunos ejemplos.

(11)  a. *gato / perro / caballo / canguro*
      b. *rosa / clavel / tulipán / margarita*
      c. *rojo / azul / verde / negro*

Las palabras en (a) pertenecen al campo semántico de los animales (o son hipónimos de *animal*), y son incompatibles en el sentido de que, si algo es un gato, no puede ser ni un perro, ni un caballo, ni un canguro (ni ningún otro tipo de animal). Lo mismo con la lista en (b), del campo semántico de las flores, y en (c), del campo semántico de los colores. La distinción entre la incompatibilidad y la antonimia no es siempre clara: en el caso de pares como *blanco* y *negro*, por ejemplo, es discutible si son antónimos (si es una oposición binaria), o si simplemente son incompatibles (si son dos elementos de una clase de varios).

---

**Antes de seguir leyendo:**

Igual que con *blanco* y *negro*, para pares de palabras como *frío – caliente*, *triste – feliz* puede ser difícil determinar si son incompatibles o antónimos. ¿Por qué? (Piense en la clase de antonimia que representan.)

---

De hecho, es posible analizar la mayor parte de los antónimos graduales como incompatibles: como existen a lo largo de una escala y hay puntos intermedios, se puede considerar no una relación binaria sino un continuo (*blanco – gris – negro*; *helado – frío – tibio – caliente – hirviente*; *triste – contento – feliz*).

Se habla de incompatibilidad solo en relación con la noción de campos semánticos, porque de otra manera habría un número interminable de incompatibilidades poco significativas. Si algo es un gato, no puede ser ni un perro ni un caballo, pero tampoco puede ser una rosa, una cama, una nube, etc. No es informativo decir que *gato* es incompatible con *rosa, cama, nube* porque no hay características compartidas entre ellos. El decir que *gato* es incompatible con *caballo* y *perro* indica que comparten algunas características (las características generales de los animales) y difieren en otras, y así sirve para especificar el significado de la palabra.

## 2.5  Homonimia

La **homonimia** se refiere a la relación entre palabras que se pronuncian de la misma manera, pero que tienen significados diferentes, es decir, representan conceptos distintos. A continuación, se muestran algunos ejemplos.

(12) a. *duelo*[1]    enfrentamiento entre dos rivales
     *duelo*[2]    pesar por la muerte reciente de alguien
   b. *banco*[1]    asiento de madera sin respaldo
     *banco*[2]    institución financiera
   c. *cura*[1]    sacerdote
     *cura*[2]    procedimiento para tratar una enfermedad o una herida
   d. *papa*[1]    la suma autoridad de la Iglesia Católica
     *papa*[2]    un tipo de verdura (tubérculo) que se come frita o cocida (Esp. *patata*)

e. $don^1$       tratamiento de respeto que se antepone al nombre
    $don^2$       talento especial o habilidad para hacer una cosa
f. $lava^1$      materia en fusión que sale de los volcanes
    $lava^2$      3ª personal singular del presente del verbo *lavar*

Consideremos los ejemplos en (a), *duelo*. Uno de los significados es un enfrentamiento entre dos rivales (muchas veces con pistolas, pero también se puede referir a una discusión, como en un *duelo verbal*). El otro significado es completamente independiente del primero, e indica pesar por la muerte de alguien. Dado que no hay ninguna relación semántica entre los dos significados, diríamos que representan dos palabras distintas, y las distinguimos con superíndices: $duelo^1$ y $duelo^2$. Como es el caso para muchos de los homónimos, no hay una explicación de por qué estas dos palabras tienen la misma forma, sino que es una simple coincidencia.

Los dos significados en (b) también son completamente independientes: $banco^1$ es un asiento generalmente de madera sin respaldo y $banco^2$ es una institución financiera. En este caso, la homonimia sí tiene una base histórica: $banco^2$ se deriva de $banco^1$, por el uso de taburetes (o $bancos^1$) como mesas para hacer transacciones. A pesar de esta historia compartida, consideramos estas palabras homónimas porque ya no hay una relación en sus significados, y una persona sin ese conocimiento histórico no reconocería una relación semántica entre $banco^1$ y $banco^2$.

Para *duelo* y *banco*, los diferentes significados son gramaticalmente idénticos; tanto para *duelo* como para *banco*, los dos significados se expresan en la forma de sustantivo masculino. Se puede, entonces, pensar en oraciones ambiguas, como en los siguientes ejemplos – *duelo* en (a) podría ser $duelo^1$ o $duelo^2$, y *banco* en (b) podría ser $banco^1$ o $banco^2$ (aunque en realidad, en una conversación el contexto distinguiría entre los dos significados). El tipo de homonimia en que no hay diferencias gramaticales se considera absoluta.

(13)   a. *El duelo duró tres días.*
       b. *Está en el banco.*

---

**Antes de seguir leyendo:**

A diferencia de (a) y (b), la distinción semántica entre las palabras en (c), (d), (e) y (f) en (12) se indica gramaticalmente.
¿Cuál es la diferencia gramatical entre cada uno de los pares de palabras en estos cuatro ejemplos? ¿Puede pensar en otros ejemplos que demuestren esta misma diferencia?

---

La homonimia que se presenta en los otros ejemplos no es absoluta, sino *parcial*. En (c) y (d) (*cura* y *papa*), los dos significados difieren en género. Con el significado de "sacerdote", *cura* es masculino (*un cura de la iglesia*), pero en el significado de un tratamiento para una enfermedad es una palabra femenina (*una cura para una enfermedad*). Lo mismo para *papa*: la autoridad de la Iglesia Católica es una palabra masculina (*el papa*), mientras que la verdura es femenina (*las papas fritas*). Hay varios ejemplos de este tipo de homonimia, donde las dos palabras se distinguen por su género, como *capital, frente, corte*, etc.

Los ejemplos en (e) y (f) también ilustran la homonimia parcial, dado que las dos palabras pertenecen a distintas clases léxicas. En (e), *don*[1] es un título de respeto que se antepone al nombre de un hombre (por ejemplo, *Don Omar*), con la contraparte *doña* para una mujer (*Doña Leona*). *Don*[2] es un sustantivo que se refiere a un talento o una habilidad (*tener el don de gentes, el don de lenguas*). En (f), *lava*[1] es un sustantivo que representa el material que sale de un volcán en una erupción que se vuelve piedra al enfriarse, *lava*[2] es una forma verbal que describe la acción de lavar o limpiar algo.

Estas diferencias gramaticales resultan en la homonimia parcial, porque el género o la clase léxica de la palabra esclarece el significado relevante.

Hasta el momento, solo hemos visto casos de palabras que son idénticas en forma, con la misma pronunciación y la misma ortografía. Sin embargo, para ser homónimas no es necesario que dos palabras compartan la misma ortografía. Los **homófonos** son una clase de homónimo que se pronuncian de la misma manera, pero que se escriben de manera diferente, como lo ilustran los siguientes ejemplos.

(14) a. *votar*      elegir algo o alguien por voto
       *botar*      tirar o arrojar algo a la basura
    b. *hola*      un saludo
       *ola*      ondulación de agua
    c. *ajito*      un ajo pequeño
       *agito*      1ª persona singular del presente del verbo *agitar*

En el habla, no hay ninguna diferencia entre los homófonos y los otros homónimos que se escriben igual; es una diferencia que solamente es relevante para la lengua escrita.

En algunos casos, la diferencia se basa en el uso del acento ortográfico, como *te* y *té, se* y *sé, si* y *sí, que* y *qué*. Estas palabras son homófonas cuando se pronuncian de manera aislada, pero cuando se producen en una frase, se distinguen por la acentuación; la primera es palabra átona, y la segunda acentuada. De manera de ejemplo, compárense *te quiero* y *té quiero* (*café no*); *lávate* y *dame té*. (Para las reglas de la acentuación en español, véase la sección 7 en el capítulo 2.)

## 2.6 Polisemia

La **polisemia** se refiere a la existencia de varios significados relacionados en una palabra. Mientras que la homonimia se basa en la relación entre palabras distintas, la polisemia se basa en la relación entre significados de una sola palabra. Considere a manera de ejemplo la palabra *simple* que tiene varios significados, cuatro de los cuales se presentan en (15).

(15) Significados de *simple*
    a. formado por una sola sustancia (*cuerpo simple*)
    b. formado por una sola parte (*una cama simple, palabra simple*)
    c. fácil, sin complicaciones (*un procedimiento simple*)
    d. insípido, sin sabor (*una comida simple*)

Aunque se considera que estos cuatro significados son distintos, todos comparten algún elemento semántico, relacionado con la noción presentada en (a): formado por una sola sustancia. Este uso viene de la química, donde se hace un contraste entre los *cuerpos simples* (formados por una sola sustancia) y los *compuestos* (formados por más de una sustancia). De ahí, se ha extendido fuera de la química a otros contextos, como los que se ven en (b), donde una cosa que puede consistir en más partes, consiste en una sola, como una cama (para una sola persona) o una palabra (una palabra no derivada ni compuesta, como vimos en el capítulo 3 de morfología), etc. Algo formado por una sola sustancia es algo sencillo, no muy difícil, y ahí encontramos la extensión ilustrada en (c). Y finalmente, si la comida no lleva varios elementos puede quedar sin sabor, y de ahí el significado *insípido* en (d).

Otra palabra polisémica es la palabra *vía*. Considere los significados en (16).

(16) Significados de *vía*
    a. calle o camino (*vía pública, vía de circunvalación, vía única*)
    b. rieles del tren (*el tren sale de la vía 2*)
    c. ruta (*por vía aérea / marítima / terrestre*)
    d. procedimiento para hacer algo (*vía judicial, por vía oficial*)
    e. en marcha hacia el final que expresa (*en vías de desarrollo / de extinción*)

Los significados de *vía* presentados aquí comparten un elemento semántico relacionado con la noción de un camino que va de un sitio a otro, en un sentido concreto o abstracto. En (a) y (b), se trata de un camino físico, sea para automóviles o trenes. En (c) *vía* describe la ruta por la cual se llega de un sitio a otro (por aire, mar o tierra); en este caso, no existe un camino físico sino uno abstracto. Los significados ilustrados en (d) y (e) expresan la manera de hacer algo; en este caso, la *vía* no va de un sitio a otro, sino de una situación a otra, basada en una metáfora de los pasos que se toman para obtener algo (como si se estuviera siguiendo un camino). Como en este caso, la polisemia muchas veces es un resultado del cambio semántico, en el cual ocurre una extensión del significado a través del tiempo de un concepto concreto a conceptos más abstractos, aquí, de una calle a una ruta o un procedimiento (para más información sobre el cambio semántico, véase sección 11, capítulo 5).

### 2.6.1   La distinción entre la polisemia y la homonimia

La distinción de la polisemia y la homonimia es central en el estudio de la semántica. Hay diferentes formas de distinguirlas, pero desafortunadamente, todas acarrean algunos problemas.

Un criterio adoptado por varios lingüistas se basa en la etimología, o la historia de las palabras: si tienen distintas raíces históricas, entonces son homónimos (como es el caso para *duelo*[1] y *duelo*[2], *cura*[1] y *cura*[2], *lava*[1] y *lava*[2]), pero si se derivan de la misma fuente, entonces son polisémicas (como es el caso para *simple* y *vía*). La ventaja del criterio etimológico es que se puede distinguir de manera definitiva la homonimia y la polisemia, siempre que se sepa la etimología de las palabras. Sin embargo, esta prueba nos dice más sobre la historia de las palabras que sobre la conceptualización de los hablantes hoy en día, que es lo que más nos interesa para el estudio de la semántica. Es posible que, con el transcurso del tiempo, significados que se derivan de la misma raíz (es decir, significados de una palabra polisémica), lleguen a diferenciarse tanto que se vuelvan homónimos. Tal es el caso de *banco*, como se mencionó – los dos significados tienen la misma etimología, pero han divergido tanto que ahora para los hablantes son palabras distintas. De manera que, aunque el criterio etimológico nos dice que *banco* es un caso de la polisemia, esto no concuerda con la comprensión de los hablantes, según la cual sería más bien un caso de homonimia.

Otra manera de distinguir la homonimia y la polisemia se basa en la noción de la extensión semántica: si un significado es una extensión del otro (si los significados comparten algunos elementos semánticos y difieren en otros), entonces tenemos una palabra polisémica; si no, tenemos dos palabras homónimas. La relación semántica evidente en los diferentes significados de *simple* y *vía* indica que son palabras polisémicas; la falta de tal relación en *duelo*[1] / *duelo*[2], *banco*[1] / *banco*[2] y *cura*[1] / *cura*[2] indica que son homónimos. La ventaja del criterio de "extensiones del significado" es que se basa en la conceptualización de los hablantes. La desventaja es que es subjetivo, dado que lo que es una extensión de significado para una persona, podría ser un significado independiente para otra.

Una prueba lingüística que ayuda a distinguir entre extensiones de significado y significados distintos se encuentra en los sinónimos y antónimos de las palabras: los homónimos difícilmente comparten los mismos sinónimos y/o antónimos, lo cual no es el caso para la polisemia. Por ejemplo, consideremos el uso de *claro* en el sentido de la presencia de mucha luz (*un día claro, un salón claro*) y pálido (*un color claro*): ¿es esto homonimia o polisemia? Parece que la noción de la presencia de luz en *un día claro* también se aplica en *un color claro*, y esto se refleja en el sinónimo *alumbrado* y el antónimo *oscuro* que se aplican en los dos casos. Esto indica que *claro* es palabra polisémica. Ahora, consideremos la palabra *vivo* en el sentido de viviente (*no está muerto, está vivo*) y astuto o perspicaz (*una persona muy viva*). Un sinónimo del primero podría ser *con vida* y un antónimo, *muerto*, los cuales no se aplican en el segundo caso, que tendría como sinónimo *astuto* y como antónimo *bobo* o *dormido*. Esto indica, entonces, que *vivo*[1] y *vivo*[2] son homónimos (a pesar de la etimología compartida entre los dos significados).

Sin embargo, son muchos los casos dudosos, que parecen tener un significado relacionado, sin compartir sinónimos o antónimos (véase el caso de *poner*, en ejercicio 5). Esto es porque la distinción entre la homonimia y la polisemia no existe en forma de dicotomía, sino que es un continuo, que refleja la naturaleza gradual del cambio de la lengua tras el tiempo.

**Ejercicio 4.** ¿Las siguientes palabras son homónimas o polisémicas? Presente argumentos a favor de su clasificación.

| | | |
|---|---|---|
| | *metro* | medida de longitud – sistema de transporte público: homonimia |
| 1. | *fiesta* | una celebración – un día festivo |
| 2. | *cita* | acuerdo para una reunión – un texto que se menciona |
| 3. | *saber* | tener cierto sabor – tener el conocimiento de algo |
| 4. | *papeles* | hojas para escribir – documentos importantes |
| 5. | *rico* | con mucho dinero – una comida deliciosa |
| 6. | *regar* | esparcir agua sobre el pasto – derramar algún líquido |
| 7. | *cara* | una parte del cuerpo – un precio alto |
| 8. | *cerca* | a poca distancia – una construcción que forma una barrera |
| 9. | *cinta* | adorno para sujetar el pelo – una correa |
| 10. | *llama* | animal peludo de Sur América – lo que se eleva de un incendio |
| 11. | *tecla* | una pieza de un instrumento musical que lo hace sonar – una pieza de una maquina de escribir |
| 12. | *traje* | vestido de ropa – 1ª persona singular del pretérito del verbo *traer* |
| 13. | *tela* | material hecho de muchos hilos – la que forma una araña con un hilo que produce su cuerpo |

**Ejercicio 5.**

1. La palabra *poner* es una palabra con muchos significados relacionados. En cada una de las siguientes oraciones, indique cuál de las palabras de la lista a continuación sirve de sinónimo:

> colocar; nombrar; volver; agregar; presentar; vestir con; contribuir; situar; cocinar; instalar; suponer

(a) *Puse el bolso encima de la mesa.*
   colocar
(b) *Voy a poner el arroz para que comamos en una media hora.*
(c) *Al niño, le pusieron un disfraz de payaso.*
(d) *Ponle un poquito de azúcar, que está simple.*
(e) *Todavía no hemos puesto el Internet en casa.*
(f) *¿Qué van a poner en la tele esta noche?*

(g) *Se puso furiosa cuando le di la noticia.*

(h) *Cada uno puso $50 para comprar el regalo.*

(i) *Al niño le pusieron Miguel.*

(j) *Pongamos que mi papá nos presta el carro.*

(k) *Se puso en el pleno centro del salón.*

2. Ahora considere el uso de *poner* en la siguiente oración. ¿Es este significado homónimo o polisémico con el que vimos en (1) arriba?

*La gallina puso un huevo esta mañana.*

### Ejercicio 6.

1. La palabra *pila* tiene varios significados, algunos relacionados y otros no. Indique cuál de las definiciones a continuación representa el significado que aparece en cada oración.

1. generador de electricidad; 2. recipiente con agua bendita para bautizar; 3. conjunto de cosas puestas una encima de la otra; 4. recuperar fuerzas; 5. recipiente hondo donde se pone agua para lavarse; 6. primer nombre; 7. hacer algo con energía y decisión; 8. acumulación de cosas

(a) *Hay que comprar pilas para la grabadora.*

(b) *Tenemos que descansar para cargar las pilas.*

(c) *Hay una pila de platos para lavar.*

(d) *Ponte las pilas y prepárate para el examen.*

(e) *El padre bendijo al niño con agua de la pila.*

(f) *Santiago es el nombre de pila.*

(g) *Tengo una pila de cosas para hacer.*

(h) *Como no hay lavadora, lavamos la ropa en la pila.*

2. Se puede considerar los significados indicados en 1, 2 y 3 homónimos, y los indicados en 4–8 derivados de estos. Para cada uno de los significados representados en 4–8, indique de cuál de los primeros tres significados parece derivarse (es decir, tiene una relación semántica más cercana).

Ejemplo: Definición 4 "recuperar fuerzas" se deriva de 1 "generador de electricidad" (por extensión metafórica).

Aunque la distinción entre la homonimia y la polisemia existe a lo largo de un continuo, sin clara división alguna, para componer un diccionario es necesario clasificar los significados de cada palabra como homónimos o polisémicos. La convención es que los homónimos ocurren como entradas diferentes, generalmente con superíndices, y las palabras polisémicas ocurren con significados diferentes dentro de la misma entrada. En el siguiente ejemplo, adaptado del *Diccionario de la Lengua Española* de la Real

Academia Española (dle.rae.es), la palabra *corto* se ha clasificado como un homónimo con dos significados distintos (*corto*$^1$, *corto*$^2$); y el primero (*corto*$^1$) es polisémico, con varios significados relacionados, de los cuales aquí reproducimos cinco.

En este caso, como indica el diccionario, la homonimia se basa en un acortamiento, de *cortometraje*, que destaca una característica de este tipo de película (la duración). *Corto*$^1$, por otro lado, puede referirse a longitud, duración, o estimación, y así vemos otra vez una extensión de un uso más concreto a usos más abstractos.

## corto$^1$.

1. adj. Dicho de una cosa: Que tiene menor longitud de la normal o adecuada, o de la que tienen otras de su misma especie.
2. adj. Dicho de una cosa: Que no alcanza el punto de su destino.
3. adj. Dicho de una cosa: Que tiene poca duración.
4. adj. Dicho de una cosa: De poca entidad o estimación.
5. adj. Escaso o defectuoso.

## corto$^2$. (Acort.).

1. m. cortometraje (Película de corta e imprecisa duración).

---

**Ejercicio 7.** A continuación, se presentan las definiciones de *plata* y de *piso*, adaptadas del *Diccionario de la Lengua Española* de la Real Academia Española (dle.rae.es). En los dos casos, el diccionario ha optado por la polisemia y no la homonimia para los varios significados. ¿Qué criterio parece que utiliza el diccionario para hacer la distinción? ¿Qué podría ser otra manera de clasificar los significados, y cuáles serían los argumentos a favor de esta clasificación en contra de la del diccionario? (Nota: hay varias posibles clasificaciones.)

### plata.

1. f. Elemento químico metálico, de núm. atóm. 47, de color blanco, brillante, muy dúctil y maleable, muy buen conductor del calor y la electricidad, escaso en la corteza terrestre, donde se encuentra nativo en algunos minerales, y que se usa como catalizador, así como en la fabricación de utensilios y monedas, en joyería, en fotografía y en odontología.
2. f. Moneda o monedas de plata.
3. f. Medalla de plata.
4. f. Am. Dinero o riqueza.
5. adj. De color plata.

**piso.**
1. m. Acción y efecto de pisar.
2. m. Pavimento natural o artificial de las habitaciones, calles, caminos, etc.
3. m. Cada una de las diferentes plantas que superpuestas constituyen un edificio.
4. m. Conjunto de habitaciones que constituyen vivienda independiente en una casa de varias alturas.
5. m. Suela del calzado.
6. m. Cada una de las partes superpuestas que en su conjunto forman una unidad. Una tarta de cuatro pisos. Un autobús de dos pisos.

## 2.7  Extensión metafórica

Una de las maneras más comunes de extender el significado de una palabra es la **extensión metafórica**. Hemos mencionado ya el concepto de extensión metafórica en la sección anterior, por ejemplo, en la extensión de *vía* de un camino físico a un camino metafórico (para referirse a un proceso), o *corto* de distancia física a distancia temporal a una evaluación subjetiva.

Una metáfora es una caracterización de alguna persona, objeto o evento como alguna otra persona, objeto o evento con que comparte algunas características. Un ejemplo bastante accesible es el uso metafórico de palabras que hacen referencia a ciertos animales. Por ejemplo, un *cochino* es un animal, pero esta palabra se puede usar metafóricamente para describir una persona (*¡no seas tan cochino!*). En este uso, se adopta una característica sobresaliente del animal (específicamente su supuesta suciedad), y se aplica a una persona para indicar que es sucia o desordenada. Otros ejemplos son *burro* para una persona ignorante, *zorro* para una persona astuta y viva, *gatear* para la forma en que se mueven los bebés con las manos y las rodillas antes de caminar, *serpentino*, para un camino con muchas curvas, etc. Se debe tomar en cuenta que la extensión metafórica se basa en la cultura de los hablantes, y que es indicativa de la conceptualización de la idea que forma la base de la asociación (que consideramos el cochino como un animal sucio, por ejemplo, lo cual no es necesariamente lo mismo en todas las culturas).

Otro dominio donde la extensión metafórica es muy común es el de las partes del cuerpo. Considérese, por ejemplo, la palabra *pie*, que designa una parte del cuerpo, pero tiene varias extensiones metafóricas: *el pie de la montaña, una nota de pie de página*, que se basan en la noción de que el pie es la parte inferior del cuerpo; *de pies a cabeza, ni pies ni cabeza* que indican totalidad, basado en la noción de que los pies y la cabeza son las partes extremas del cuerpo; *ir a pie, entrar con el pie derecho*, que se basan en la noción de usar los *pies* para caminar; y finalmente, como una unidad de medida, *pie* se basa en el tamaño del pie. Para *ojo* tenemos *el ojo de la aguja*, que es una apertura parecida en forma; para *cuello, el cuello de una botella*, también parecida en forma; *pata* (de un animal) para *la pata de una mesa*, parecida no solamente en forma sino también en función, ya que sostiene al mueble o al animal, etc.

---

**Ejercicio 8.** Considere las siguientes metáforas e identifique el significado original y la característica que se transfiere en el uso metafórico.

*Una nota de pie de página*
        *pie*   significado original: una parte del cuerpo
                  metáfora: la parte más baja de algo (la pierna, un texto)

1. *mano de obra*
2. *la cabeza de una organización*
3. *la voz del pueblo*
4. *el diagrama arbóreo*
5. *el computador tiene un virus*
6. *tener la mentalidad abierta*
7. *un gran poeta*
8. *ese profesor es toda una madre para mí*
9. *ese muchacho es mi mano derecha*
10. *no veo el punto de su argumento*

---

La metáfora abunda en la lengua, e inclusive en algunos dominios es tan prevalente que es difícil hablar sin acudir a la metáfora. Tal es el caso del tiempo, para hablar del cual se utiliza una metáfora del espacio. Eso se ve en las siguientes frases, en las cuales es evidente la noción de que el futuro está delante y el pasado está detrás. Además, presentan el tiempo como si se moviera en el espacio hacía el futuro: el pasado ya pasó, y el futuro está por venir (observe aquí las metáforas de *pasar* y *venir*), nosotros *vamos* hacia el futuro (note el uso del verbo *ir* para expresar el tiempo futuro, común en muchas lenguas).

(17) *de hoy en adelante* / *tiene toda la vida por delante*
    *la próxima semana* / *el sábado que viene* / *el porvenir*
    *mañana va a llover* / *no voy a hacer nada*
    *una semana atrás* / *mirar hacia atrás* / *desde muy atrás*
    *la semana pasada* / *el pasado*

Otra metáfora basada en el espacio que está muy extendida es la noción de que más es arriba y menos es abajo. En las siguientes frases, la noción de ascender o descender en el espacio (por ejemplo, en una escalera) se aplica a otros dominios donde no hay ningún movimiento en el espacio, sino una comparación de diferentes niveles (también en sentido metafórico) de: los precios, el puesto en un trabajo, la edad, la educación y los estratos sociales.

(18) *van a subir el precio de la gasolina* / *bajó el dólar frente al euro*
    *lo ascendieron al puesto de capitán* / *lo descendieron de categoría*
    *menor* / *mayor de edad*; *los mayores* / *menores*

*enseñanza media / superior*
*la alta sociedad / la clase baja*

Ahora, de acuerdo con lo que hemos visto anteriormente, la extensión metafórica produce la polisemia: los dos significados se derivan de la misma raíz y uno es una extensión del otro. Sin embargo, dado que la metáfora trata la transferencia de, a veces, una sola característica (la de la suciedad en el caso de *cochino*, por ejemplo, y no la forma de su cola, su baja estatura, etc.) y cruza dominios (de un animal a un ser humano; de una parte del cuerpo a un objeto no relacionado con el cuerpo; del espacio al tiempo), puede resultar difícil reconocer los diferentes usos como polisémicos. ¿Se debe considerar el uso de *cochino* para referirse a un animal y a una persona la misma palabra con significados distintos pero relacionados? ¿O son más bien dos palabras distintas? Esta pregunta no tiene respuesta clara, y lo mismo es el caso para *pie* como una parte del cuerpo y la parte debajo de una montaña; *subir* físicamente y *subir* de manera abstracta, como los precios; etc. Recuerde que la polisemia y la homonimia son dos extremos en un continuo, y la extensión metafórica puede ser un paso intermedio entre estos dos extremos.

**Ejercicio 9.** Las palabras subrayadas tienen más de un solo significado. Trate de contestar estas adivinanzas, y explique si las relaciones entre los diferentes significados representan *homonimia, polisemia* o *extensión metafórica*.

> *Cuatro patas tiene y no puede andar. También cabecera sin saber hablar.*
> Respuesta: *cama*
> Relación entre los significados: *extensión metafórica*

1. *Yo tengo calor y frío,*
   *y no frío sin calor,*
   *y sin ser mar ni río*
   *peces en mí he visto yo.*
2. *Pálida es mi cara, pero muy hermosa,*
   *a veces de tarde se me ve borrosa,*
   *en cambio de noche brillo como ninguna,*
   *sobre el mar, sobre el río o sobre la laguna.*
3. *Mi madre es tartamuda,*
   *mi padre es cantor,*
   *tengo blanco mi vestido,*
   *amarillo el corazón.*
4. *Tiene lecho, pero no duerme,*
   *tiene boca, pero no habla.*
5. *Tiene dientes, pero no muerde.*
6. *¿Qué es lo que es algo y a la vez nada?*
7. *Sale un avión desde España y otro desde Chile,*
   *y se cruzan los dos en el aire. ¿Cómo se llaman los pilotos?*
8. *¿Cuál es la mitad de uno?*

**Ejercicio 10.** Hay muchas maneras de decir *amigo* en las diferentes variedades del español, formadas mediante una extensión metafórica. Para cada palabra en la siguiente lista, dé un ejemplo de un país donde se usa, e identifique en qué se basa la extensión metafórica.

*carnal*
*cuate*
*gancho*
*llave*
*manito*
*pana*
*parce*
*primo*

## 3    La expresión de la deixis

La palabra *deixis* se deriva del Griego *deiktikós*, que significa "lo que señala o indica". Se refiere a las palabras que señalan la orientación o ubicación espacial o temporal de entidades y personas, tomando algún punto de referencia, generalmente el del hablante. A manera de ejemplo, suponga que se encuentra un papel tirado en la calle que dice lo siguiente:

(19)  *Yo te espero aquí en una hora.*

Esta oración es imposible de interpretar sin saber el contexto en que se escribió (quién, a quién, dónde y cuándo) porque consiste principalmente en palabras y expresiones deícticas: *yo, te, aquí* y *en una hora*. Estas expresiones no tienen un referente estable, sino que cambian de referente según el contexto de uso. El referente de *yo* y *tú*, como pronombres personales que señalan la primera y la segunda persona, cambia constantemente (para mí, yo soy *yo*, pero para ti, yo soy *tú*); el verbo *espero* también manifiesta la primera persona y el tiempo presente. *Aquí* se refiere al sitio donde está el hablante, y así cambia según su ubicación, y *en una hora* designa una hora después del momento de habla.

Hay varias clases de deixis – la deixis personal, espacial, temporal y textual. Dado que las cuatro clases están relacionadas, aquí las estudiaremos mediante los recursos lingüísticos más relevantes para su expresión, que son los pronombres personales, los demostrativos y la inflexión verbal.

### 3.1    Los pronombres personales

La *deixis personal* trata de la relación entre los participantes en el discurso (el hablante y el oyente) y otras personas de quien se habla. La manera más común de expresar la deixis personal en español es por medio de los pronombres personales, como se resume en la siguiente tabla.

Tabla 6.1 *Los pronombres personales en español*

|  |  | **Sujeto** | **Objeto directo** | **Objeto indirecto (reflexivo)** |
|---|---|---|---|---|
| **Hablante** | sg. | *yo* | *me* | *me* |
| (1ª persona) | pl. | *nosotros/as* | *nos* | *nos* |
| **Oyente** | sg. | *tú / vos* | *te* | *te* |
| (2ª persona) | | *usted* | *lo / la* | *le (se)* |
| | pl. | *vosotros/as* | *os* | *os* |
| | | *ustedes* | *los / las* | *les (se)* |
| **Ni hablante ni oyente** | sg. | *él / ella* | *lo / la* | *le (se)* |
| (3ª persona) | pl. | *ellos / ellas* | *los / las* | *les (se)* |

**Antes de seguir leyendo:**

Estudie la tabla 6.1, y anote la información que expresan los pronombres en español, es decir, los componentes de su significado.

El significado de los pronombres personales está compuesto por varios elementos. El elemento principal es la deixis personal, en la forma de **persona**, es decir, la distinción entre el hablante (conocido como la *primera persona*), el oyente (la *segunda persona*) y alguien que no participa en el evento de habla, quien no es ni el hablante ni el oyente (la *tercera persona*).

Otro elemento es el número: singular o plural. En español, persona y número se expresan juntos y no es posible indicar la persona sin indicar también el número. Por ejemplo, *yo* significa primera persona y singular y *nosotros* primera persona y plural – no existe un pronombre generalizado para expresar primera persona sin especificar el número, y tampoco existe para la segunda y tercera personas. No todas las lenguas expresan persona y número de esta manera. Compare, por ejemplo, el pronombre de la segunda persona en inglés, *you*, que se aplica tanto para el singular como para el plural.

Mientras todos los pronombres indican persona y número, la expresión de género es menos sistemática. Los pronombres de la primera y la segunda persona solamente expresan género en plural en rol de sujeto (*nosotros/as* y *vosotros/as*); esto se debe al origen de estas palabras, y la incorporación del adjetivo *otros/as* para formar el plural. Ahora bien, la tercera persona hace la distinción entre *él* y *ella* en el singular y el plural tanto para el sujeto como para el objeto directo (*lo / la*), pero no para el objeto indirecto (*le* puede ser masculino o femenino), ni el reflexivo (la forma *se* es invariable). *Usted* sigue el patrón de la tercera persona para el objeto directo (*lo / la*), indirecto (*le*) y el reflexivo (*se*). Hay que notar, sin embargo, que, en algunas variedades del español en que se ve el fenómeno del leísmo, como estudiaremos en el siguiente capítulo, se ha neutralizado la distinción de género para los objetos directos humanos (p.ej. *a Juan le veo*), y en otras variedades se ha introducido una distinción para los objetos indirectos (p.ej. *a María la doy un libro, al vino lo echan de todo*).

Finalmente, en el caso de la segunda persona, los pronombres personales también indican el estatus social de los referentes o la relación entre los participantes, con la diferencia entre *tú* (o *vos*, en algunos dialectos), que se considera un pronombre informal, y *usted*, que se considera más formal. En el norte de España, existe la misma diferencia en el plural entre *vosotros* y *ustedes*, una distinción que no existe en los otros dialectos donde solamente existe *ustedes*. Observe que la segunda persona "formal", *usted*, se comporta morfológicamente como la tercera persona tanto en los pronombres de objeto directo, indirecto y reflexivo, como en la flexión verbal (*habla* puede ser *usted* o *él / ella*). Esto es porque *usted* se deriva de un sintagma nominal de la tercera persona, *Vuestra Merced*, que se usaba como tratamiento de respeto. Es muy probable que fuera su forma morfológica de la tercera persona la que le daba un tono de respeto, como una manera de referirse al oyente indirectamente o de distanciarse del mismo. (Hay más información sobre la evolución histórica de los pronombres de la segunda persona en el capítulo 5, sección 17.2.) Es importante destacar que la "formalidad" es una generalización, y hay bastante variación regional en el uso de los pronombres de la segunda persona, según las normas culturales en cuanto a con quien, y en cuáles contextos, es apropiado usar las diferentes formas.

### 3.2 Los demostrativos

La *deixis espacial* sirve para ubicar los participantes y los eventos en el espacio en relación con el hablante, es decir, en relación al sitio en donde se lleva a cabo el acto de habla. La forma más básica para expresar la deixis espacial es por medio de los demostrativos y los adverbios, que en español distinguen tres grados de distancia (a diferencia del inglés, que distingue dos: *this – that*; *here – there*; aunque existe la palabra *yonder*, básicamente ha caído en desuso).

| (20) | | demostrativos | adverbios |
|---|---|---|---|
| | Próximo: | *este/a* | *aquí / acá* |
| | Mediano: | *ese/a* | *ahí* |
| | Distal: | *aquel/la* | *allí / allá* |

La diferencia entre los tres grados de distancia es imprecisa y relativa. Los términos próximos indican algo que está cerca del hablante (por ejemplo, *quiero este libro, no ese / aquel*). Los términos medianos se pueden interpretar como algo lejos del hablante, pero cerca del oyente (por ejemplo, *pásame ese libro que está ahí al lado tuyo*), o algo que está distante de ambos, pero no tan distante como para merecer el uso de *aquel* (por ejemplo, *mira ese árbol* para referirse a un árbol a cincuenta pies de los participantes). Se supone que el demostrativo distal indica algo que está a una distancia mayor que la que indica el término mediano (*no esa montaña, aquella que está detrás*).

Vamos a estudiar en más detalle los demostrativos, que son bastante versátiles en cuanto a la deixis, ya que pueden expresar tanto la deixis espacial como la personal, la temporal y la textual.

Los demostrativos se usan en un contexto personal cuando se refieren a una persona en expresiones que pueden tomar un matiz despectivo, como en (21). El ejemplo en (a) ilustra el uso del demostrativo mediano (aquí en posición posnominal); aunque se podría usar esta construcción para ubicar en el espacio la mujer a que se refiere, también se usa para hablar con desprecio del referente, y es en este uso que la deixis espacial se extiende a la deixis personal. De igual manera, en (b) mientras que el pronombre demostrativo cercano puede localizar el referente, también forma una expresión enfática para expresar desacuerdo con algo que se ha dicho, que se usa por ejemplo en Colombia.

(21) a. *La mujer esa no me quiso dejar entrar.*
    b. *¡Oigan a este!*

Para la *deixis temporal*, el punto de referencia es el momento de habla, el ahora. Una de las maneras de expresar la deixis temporal es por medio de adverbios de tiempo, como *ahora, entonces, hoy, mañana*; otra es por medio de sintagmas nominales con función adverbial como *el año pasado, el próximo lunes*. Los demostrativos también se usan en frases temporales, como *este año, en este momento*. Con el demostrativo cercano, el uso es claramente temporal. Pero las expresiones temporales formadas con el demostrativo mediano o distal (por ejemplo, *esa tarde, aquella semana*) toman como base no el momento de habla sino un tiempo mencionado (o por mencionarse) en el texto. Así es que *ese* y *aquel* en expresiones temporales suelen usarse para la deixis textual.

La *deixis textual* es el uso de los elementos deícticos para referirse a algo presentado internamente en el texto o algo mencionado en la conversación, por ejemplo, cuando se habla del *párrafo anterior* o el *siguiente capítulo*. Los demostrativos en expresiones temporales toman una función textual cuando se refieren a un tiempo mencionado previamente, como en los ejemplos en (22). Aquí se puede ver la aplicación de la metáfora de la distancia: *este* en (a) se refiere a un tiempo cercano (el curso que el hablante está haciendo en este momento), *ese* en (b) a un tiempo a distancia mediana (hace dos años), y *aquella* en (c) a un tiempo lejano (la niñez del hablante).

(22) a. *Estoy en un curso intensivo por tres meses.*
      *Durante todo este tiempo, he estado tan ocupado que no he podido ni verme con mis amigos.*
    b. *Hace dos años, vivíamos en México.*
      *En ese tiempo, yo hablaba muy bien español.*
    c. *Yo viví una niñez muy feliz.*
      *En aquella época, los niños se divertían mucho.*

Claro que no es solamente con las frases temporales que se encuentra el uso textual de los demostrativos, como lo ilustran los siguientes ejemplos.

(23) a. *Leí Don Quijote el verano pasado.*
       *Ese libro es uno de los más importantes de la literatura hispánica.*
   b. *Este cuento te va a hacer reír: me encontré con tu hermano esta mañana ...*
       (cuenta algo chistoso que hizo el hermano)
   c. *Mi novio no me quiere acompañar a la fiesta,*
       *y eso no me gusta.*
   d. *¿Es verdad aquella historia que me contaste el otro día?*

La expresión *ese libro* podría hacer referencia a un libro físicamente presente en la situación de habla; eso sería la deixis espacial. Pero en su uso textual se dice *ese libro* no para señalarlo físicamente, sino para señalar la mención previa, como en (a), cuando se ha nombrado en la oración anterior. En (b), *este cuento* se refiere a algo que va a decir el hablante a continuación; en (c), *eso* se refiere a un concepto expresado (el hecho de que su novio no le hace compañía); y en (d), *aquella historia* se refiere a algo que el oyente había contado hace unos días.

Otro uso textual de los demostrativos que vale la pena mencionar es la función de los pronombres demostrativos *este/e* y *aquel/la* para distinguir entre dos referentes mencionados en el texto, como en (24). En este uso, el referente que fue nombrado más recientemente, o el que está textualmente más cerca, se indica con el demostrativo próximo *este*, y el que fue nombrado antes, o el que está textualmente más lejos, se indica con el demostrativo distal *aquel*. Así es que en (24), *este* se refiere a *una bicicleta* en (a) y *Juan* en (b); y *aquel* a *una moto* en (a) y *Pablo* en (b). (Compare el inglés, "the former / the latter", que hacen referencia al orden en que ocurren, no a la distancia textual que separa las dos menciones.)

(24) a. *Tiene una moto y una bicicleta. Esta sin gasolina y aquella sin frenos.*
   b. *Ayer llegaron Pablo y Juan, este más temprano que aquel.*

El uso de un demostrativo para referirse a algo mencionado en un texto previo se denomina anáfora. Estos ejemplos ilustran, pues, el uso anafórico de los demostrativos. También es muy común el uso anafórico de los pronombres de sujeto, como en (a) en (25), y del sujeto nulo, o tácito, como en (b).

(25) a. *Esa actriz es muy famosa. Ella ha ganado muchos premios.*
   b. *Esa actriz es muy famosa. Ø ha ganado muchos premios.*

Los **pronombres anafóricos** se consideran instancias de la deixis textual y no personal, precisamente porque hacen mención al texto, y no a la situación de habla; de hecho, el referente ni tiene que estar presente en la situación de habla. Pero si está presente, ¿debemos considerarlos deícticos personales (que tienen su referencia fuera del texto) o textuales (que se refieren a la mención previa)? Para la primera y segunda personas del singular es más complicado porque, por definición, siempre están presentes en el discurso. Entonces, cuando un hablante dice *yo*, ¿se señala si mismo en el mundo real (un uso personal), o se señala una mención previa (un uso textual)? No hay una respuesta precisa para esta pregunta, y como en tantos otros temas en el campo de la semántica, no hay una división clara entre estas categorías.

**Ejercicio 11.** Dé tres ejemplos que ilustren la extensión de la deixis espacial a una o más de la deixis personal, temporal o textual. Indique cómo se aplica la metáfora de espacio en este contexto. Siga el ejemplo.

*¡Qué buenos tiempos aquellos!*          espacial > textual
                                   Se indica que el tiempo es muy distante

## 3.3  La flexión verbal

El verbo en español concuerda con el sujeto en cuanto a persona y número, por ejemplo *-mos* en *fuimos* indica que el sujeto es la primera persona del plural (*nosotros/-as*). En este sentido, el verbo conjugado expresa la deixis personal. Pero esto no es la única información deíctica que expresa, ya que obligatoriamente los verbos en español indican si el evento ocurrió en el pasado, el **presente** o el futuro, es decir, la deixis temporal. A continuación, presentamos algunos ejemplos.

(26)  a. *Viví en Buenos Aires* (*antes*).
    b. *Vivo en Buenos Aires* (*ahora*).
    c. *Viviré en Buenos Aires* (*en el futuro*).

En estas oraciones, el punto de referencia es el momento de habla. Esto se puede captar en una línea de tiempo, como la que está indicada a continuación.

Como vimos en el capítulo 3, sobre la morfología, aunque el punto de referencia del tiempo verbal en su uso básico es el momento de habla, es posible manipular eso para especificar otro evento como punto de referencia. Considere las siguientes oraciones, en las cuales la cláusula subordinada (marcada con un conectivo como *antes, después* o *cuando*) indica el punto de referencia para el verbo principal (subrayado), diferente al momento de habla.

(27)  a. *Salí antes de que me llamaran.*
    b. *Salí después de que me llamaron.*
    c. *Cuando llegó Claudia, Pedro ya se había ido.*
    d. *Cuando me gradúe de la universidad, ya habré cumplido cincuenta años.*

En (a) y (b), el evento principal de que se habla es la salida del hablante, el cual se entiende en relación con una llamada que recibió. Los dos eventos ocurrieron en el pasado, pero en (a), la acción de salir ocurrió primero que la llamada y en (b) la llamada ocurrió primero. En este caso, las conjunciones subordinantes *antes* y *después* especifican cuál evento ocurrió "antes" y "después". Observe también el uso del subjuntivo con *antes* pero no con *después*; es la construcción *antes* + Verbo-subjuntivo / *después* + Verbo-indicativo que indica la temporalidad.

Los ejemplos en (c) y (d) muestran el uso del tiempo perfecto (el pluscuamperfecto y el futuro perfecto respectivamente) para orientar un evento en relación con otro. (Véase capítulo 3, sección 2.2 para más discusión sobre el tiempo perfecto.) El inglés utiliza el perfecto de manera parecida para expresar la relación entre dos eventos.

Pero el español tiene además un recurso lingüístico que no lo tiene el inglés para indicar la relación temporal de dos eventos que ocurrieron en el pasado. Esa relación se puede expresar mediante la combinación del pretérito y el imperfecto, aprovechado la diferencia aspectual en ellos que tratamos en el capítulo 3, sección 2.2. El pretérito es de aspecto perfectivo, y presenta el evento como terminado; el imperfecto es de aspecto imperfectivo, y presenta el evento desde la perspectiva de su transcurso. Por ende, dos verbos en el pretérito, como en (a) en (28), implican que los dos eventos son consecutivos. Es decir, en este caso, el marco de referencia para cuando ella se sentó es cuando yo ya me terminaba de levantar. Dos verbos en el imperfecto, como en (b), implican dos eventos simultáneos: el marco de referencia para cuando ella estaba en el proceso de sentarse es cuando yo estaba en el proceso del levantarme. Ahora bien, con un verbo en el pretérito y el otro en el imperfecto, como en (c) y (d), el evento en el pretérito ocurrió, y terminó, durante el transcurso del otro, como se capta en (29).

(28)    a. *Cuando yo me <u>levanté</u>, ella se <u>sentó</u>.*
        b. *Cuando yo me <u>levantaba</u>, ella se <u>sentaba</u>.*
        c. *Cuando yo me <u>levantaba</u>, ella se <u>sentó</u>.*
        d. *Cuando yo me <u>levanté</u>, ella se <u>sentaba</u>.*

(29)

**Ejercicio 12.** Identifique el punto de referencia del verbo subrayado en las siguientes oraciones. Indique si es el momento de habla, u otro evento nombrado en el contexto discursivo.

     *<u>Me levanté</u> temprano hoy.*
     punto de referencia: momento de habla
     *<u>No me había levantado</u> todavía cuando llegó la visita.*
     punto de referencia: cuando llegó la visita

1. *Había estado enferma por una semana cuando fui al doctor.*
2. *Estaba muy enferma ayer.*
3. *Se apagan las luces a las diez de la noche.*
4. *Mientras entraba la gente al teatro, se apagaron las luces.*
5. *El niño iba a un colegio cerca de su casa.*
6. *El niño iba a un colegio cerca de su casa hasta que lo cerraran.*
7. *El niño había estado en el colegio un año cuando se mudaron.*
8. *Estudiábamos cuando sonó el teléfono.*
9. *Yo me baño todos los días por la mañana antes de comer el desayuno.*
10. *Yo me baño todos los días por la mañana.*

**Ejercicio 13.** A continuación, se encuentran las primeras frases del libro clásico de la literatura latinoamericana, *Cien años de soledad*, de Gabriel García Márquez. Identifique las expresiones deícticas y la clase de deixis que expresan. Escoja entre: *personal, temporal, espacial* y *textual*.

> p.ej.   *Muchos años después*: deixis temporal
> (se localiza la información que sigue en relación a otro evento, que no se ha mencionado dado que ésta es la primera oración en el libro)
>
> *Muchos años después, frente al pelotón de fusilamiento, el coronel Aureliano Buendía había de recordar aquella tarde remota en que su padre lo llevó a conocer el hielo. Macondo era entonces una aldea de veinte casas de barro y cañabrava construidas a la orilla de un río de aguas diáfanas que se precipitaban por un lecho de piedras pulidas, blancas y enormes como huevos prehistóricos. El mundo era tan reciente, que muchas cosas carecían de nombre, y para mencionarlos había que señalarlas con el dedo.*
> (García Márquez, *Cien años de soledad.* Madrid: Ediciones Cátedra, 1967)

# 4    La pragmática

La pragmática es el estudio del uso de la lengua en su contexto natural, es decir, en la interacción. El significado individual de las palabras, frases y oraciones no equivale a su significado en la interacción, ya que generalmente damos a entender más de lo que las palabras expresan por sí mismas. Por ejemplo, alguien que simplemente contesta la siguiente pregunta *sí*, sin actuar, puede haber entendido el significado literal de la oración, pero no ha entendido lo que pretendía el hablante al pronunciarla.

(30) ¿Me puedes pasar la sal?

El estudio de la pragmática considera el conocimiento que tienen los hablantes de las normas lingüísticas y socioculturales de la interacción, y cómo éstas se manifiestan en el uso de la lengua.

De punto de partida, vamos a hacer una distinción entre oración y enunciado. Como vimos en el capítulo 4, sección 3, **oración** es un término sintáctico para designar una unidad que consiste en un sujeto y un predicado, y **enunciado** es un término pragmático para designar una unidad comunicativa que constituye una contribución a la interacción. Un enunciado puede corresponder a una oración o puede consistir en un fragmento de una oración – *hace frío aquí* es un enunciado que se hace en forma de oración, pero *¡qué frío!* o *¡mucho frío!* o inclusive *brrr* son enunciados sin ser oraciones. El concepto de enunciado también toma en cuenta lo que comunica en el contexto en que ocurre: se puede usar *hace frío aquí* para informar sobre el clima, pero dependiendo del contexto, también puede ser una petición para que se cierre una ventana que está abierta, una queja, una invitación para entrar a la casa, una oferta de un abrigo, etc.

Unas preguntas principales para el estudio de la pragmática son: ¿Cómo es posible que nos entendamos cuando no siempre decimos lo que queremos comunicar?, y ¿por qué no decimos lo que queremos comunicar? Por ejemplo, ¿cómo puede un oyente interpretar *hace frío aquí* como una petición a cerrar una ventana?, y ¿por qué no simplemente decir *cierra la ventana*?

---

Antes de seguir leyendo:

Anote cinco maneras distintas de hacer una petición, incluyendo maneras más y menos explícitas (por ejemplo, cinco maneras de pedirle a alguien que le prepare un café, o que le preste el carro, o que le ayude con una tarea, etc.). Piense en contextos en que sería preferible utilizar las diferentes formas, y por qué.

---

## 4.1  Actos de habla

La pragmática nació originalmente de la filosofía, con la observación de John Austin (1962) que usamos la lengua no solamente para describir el mundo, sino también para realizar actos, como el de hacer una petición o una invitación, poner una queja, amenazar alguien, etc. Siguiendo esta noción, el filósofo John Searle (1969) desarrolló la teoría de los **actos de habla**, destacando tres componentes básicos de la comunicación: el acto locutivo, ilocutivo y perlocutivo.

El *acto locutivo* representa lo que dice el hablante en términos de su estructura gramatical y su significado lingüístico. Por ejemplo, *¿me puedes pasar la sal?* es una interrogativa sobre la habilidad del oyente de pasarle la sal al hablante. Pero normalmente se realiza este acto locutivo con la intención no de informarse sobre las habilidades del oyente, sino de pedirle que lleve a cabo cierta acción.

El *acto ilocutivo* es lo que hace el hablante con el enunciado, o el acto de habla que realiza el enunciado. El acto ilocutivo que se lleva a cabo con un enunciado como *¿Me puedes pasar la sal?* es una petición. Otros actos de habla son una invitación (*pasa por la casa más tarde*), una queja (*este café sabe muy mal*), una amenaza (*si haces eso, te mato*), una promesa (*voy a dejar de fumar*), etc.

Finalmente, el *acto perlocutivo* es el efecto o consecuencia del acto ilocutivo. A diferencia de los actos locutivos e ilocutivos, el acto perlocutivo no está bajo el control del hablante. Por ejemplo, un oyente puede responder a la petición *¿me puedes pasar la sal?* pasándole la sal al hablante, y así cumpliendo con la petición. Pero también podría rechazar la petición (al decir *no*), o podría decir *sí, puedo* sin pasarla (así ignorando el acto ilocutivo), o podría reaccionar de cualquier otra manera, prevista o no por el hablante: podría tomar el enunciado como un insulto a la comida que preparó, y ofenderse; podría enojarse porque el hablante está a dieta sin sal, etc. El acto perlocutivo no afecta la realización del acto de habla. Sea cual sea la reacción del oyente, al decir *¿me puedes pasar la sal?* el hablante realiza una petición. De la misma manera, *pasa por la casa más tarde* sigue siendo una invitación aun si el oyente no la acepta, o si el hablante realmente no quiere que el oyente pase.

En resumen, un solo enunciado puede realizar varios actos de habla, y un mismo acto de habla se puede llevar a cabo con varios enunciados. Entonces, seguimos con la pregunta: ¿cómo funciona exitosamente la comunicación?

---

**Ejercicio 14.** Todos los enunciados siguientes pueden usarse para realizar varios actos de habla, según el contexto en que ocurran. Anote algunos de los actos de habla que pueden realizar.

*La clase es muy interesante pero las tareas toman mucho tiempo.*
recomendación (a tomarla); advertencia (a no tomarla)
crítica (al profesor); petición para ayuda;
excusa (para no salir con algún amigo); etc.

1. *Te lo tengo listo para el lunes.*
2. *Tengo un examen mañana.*
3. *¡Cuidado! Está caliente.*
4. *No entiendo esta tarea.*
5. *¡Qué flores tan bonitas!*
6. *Tienes que probar este pastel, lo he hecho especialmente para ti.*
7. *¿Has visto la nueva película de Gael García?*
8. *Hay un pedazo de pescado en la mesa.*

---

## 4.2  La implicatura

Dado que no siempre decimos exactamente lo que queremos comunicar, es necesario hacer inferencias para reconocer la implicatura de lo comunicado.

Existe tanto la implicatura convencional, es decir, lo que se puede inferir por el significado de los elementos lingüísticos, y la implicatura conversacional, lo que se infiere basado en las normas de la comunicación.

Vamos a comenzar con la implicatura convencional, que se refiere a la inferencia inherente en algún elemento lingüístico. Considere los siguientes ejemplos.

(31)  Juan es pobre y honrado.

     Juan es pobre pero honrado.

Los dos enunciados reportan las mismas dos características de Juan: pobre, honrado. Pero no significan lo mismo, debido a las implicaturas que llevan las conjunciones *y* y *pero*. Mientras que *y* coordina las dos características, *pero* implica que las dos se oponen: que una persona pobre en general no es honrada.

---

**Ejercicio 15.** Identifique las implicaturas en los siguientes ejemplos:

1. *Vive en los Estados Unidos y, sin embargo, no tiene carro.*
2. *Logré entregar la tarea a tiempo.*
3. *Hasta Mafalda se comió la sopa.*
4. *Incluso sus enemigos lo respetaban.*

---

Las **implicaturas conversacionales** se basan en las normas de la comunicación. Por ejemplo, en español (y también en inglés, pero no en todas las lenguas) hay una convención de preguntar sobre las habilidades de alguien para realizar una petición. Por medio de esta norma, podemos hacer una implicatura conversacional para reconocer una pregunta sobre las habilidades, si ocurre en un contexto apropiado, como una petición.

Según el filósofo Paul Grice (1975), hacemos las implicaturas conversacionales porque hay un acuerdo tácito entre los interlocutores a colaborar en la interacción. Grice denomina este acuerdo el **principio de la cooperación**, y lo define de la siguiente manera: "haga su contribución a la conversación, en el momento en que ocurre, tal como la requieren el propósito y la dirección del intercambio en el que participe".

Este acuerdo trata cuatro aspectos del comportamiento en la interacción, cada uno de los cuales se representa con un sub-principio o máxima del principio de la cooperación, a saber:

- Máxima de calidad
      trate de que su contribución sea verdadera:
          no afirme lo que crea falso
          no afirme algo de lo que no tenga pruebas
- Máxima de cantidad
      proporcione tanta información como sea requerida
      no proporcione más información de la que sea requerida

- Máxima de relación
    sea pertinente
- Máxima de manera
    sea claro:
        evite la oscuridad de expresión
        evite las ambigüedades
        sea breve
        sea ordenado.

Según la máxima de calidad, para ser cooperativo, se supone que los interlocutores dicen la verdad. Esta máxima es tal vez la más importante, porque si no podemos confiar en la verdad de lo que nos dicen, la comunicación no tiene valor.

Según la máxima de cantidad, suponemos que un interlocutor cooperativo daría toda la información necesaria, y no más. Entonces, si alguien dice lo siguiente:

(32)  *Geraldo tiene dos hijos.*

se supone que Geraldo no tiene más de dos hijos, porque si tuviera más el hablante lo hubiera dicho. Es importante aclarar que, si Geraldo tiene cinco hijos, sigue siendo verdad que tiene dos, así que este enunciado no dice explícitamente que no tiene más de dos, sino que es una implicatura conversacional.

Grice no propone de ninguna manera que una interacción ideal se realice siempre y cuando los hablantes hablen de acuerdo con las máximas. Lo que propone es algo muy diferente, que es que el principio de la cooperación es tan fundamental que cuando encontramos una aparente violación o transgresión de las máximas, solemos buscar una implicatura que haga que las máximas se cumplan.

Un ejemplo clásico del estudio de Grice se trata una hipotética carta de recomendación que escribe un profesor para un alumno que dice:

(33)  *Pedro domina perfectamente el español, y siempre asiste a clase.*

Sabemos por las normas de la interacción que una carta de recomendación debe dar información amplia sobre las cualidades de la persona para quien se escribe. Aquí la brevedad de la carta lleva una implicatura que, aparte de estas dos características, no hay nada bueno para decir sobre el alumno. En este caso, la implicatura está en lo que no se ha dicho.

A continuación, hay dos ejemplos que transgreden la máxima de la relevancia.

(34)  a. Pablo:      *¿Dónde está Ana?*
         María:       *Hay una bicicleta afuera de la casa de Enrique.*
      b. Pablo:      *La casa está muy sucia.*
         María:       *Tengo un examen mañana.*

En (a), la respuesta literal de María no da la información que Pablo ha pedido sobre el paradero de Ana. Si Pablo supone que María es cooperativa, busca la implicatura en lo que ha dicho, que es que existe alguna relación entre la bicicleta y Ana – es su bicicleta y entonces si la bicicleta está afuera de la casa de Enrique, Ana podría estar adentro. También si María sigue las máximas de calidad y de cantidad, suponemos que no sabe si Ana está en la casa de Enrique o no.

En (b), Pablo comenta sobre la suciedad de la casa y la respuesta de María le informa de un examen que tiene el siguiente día. En este caso, ninguna de las dos contribuciones hace explícito lo que quiere decir el hablante, sino que se deja para que el otro lo infiera. Siguiendo la máxima de relación, la contribución de Pablo le debe ser pertinente a María, y así la implicatura conversacional es que Pablo quiere que María limpie la casa, o que ayude a Pablo a limpiarla. Según esta misma máxima, María debe responder a lo que ha dicho Pablo, así guiando a Pablo a la implicatura de que no tiene tiempo de limpiar la casa porque tiene que prepararse para el examen.

Por último, considere la siguiente interacción entre dos amigos. La respuesta de Roberto da más información que la que ha pedido Carla, y así viola la máxima de manera, "ser breve". ¿Por qué da Roberto tanta información? Una implicatura sería que le ha molestado la pregunta, y la transgresión de la norma produce una repuesta algo irónica.

(35)  Clara:    *¿Cuándo vas a servir la comida?*
      Roberto: *Cuando tú me dejes de preguntar y yo me levante de esta silla, dé*
               *diez pasos para llegar a la cocina, prenda la estufa, y la caliente.*

Con esto, ya podemos contestar las dos preguntas que planteamos al principio de esta discusión: nos entendemos sin tener que decir explícitamente lo que queremos comunicar porque suponemos que nuestros interlocutores cumplen con el principio de la cooperación, y cuando aparentan no hacerlo empleamos implicaturas conversacionales para interpretar lo que se ha dicho.

Y ¿por qué simplemente no decimos lo que queremos dar a entender? A veces hay un conflicto en las máximas, y hay que infringir una para no infringir otra. Por ejemplo, si uno no tiene toda la información que se le pide, en vez de infringir la máxima de calidad y mentir, es preferible infringir la máxima de cantidad y dar menos información que la requerida. Pero otra razón tiene que ver con la cortesía, el tema de la siguiente sección.

**Ejercicio 16.** Identifique las máximas que se infringen en los siguientes intercambios y explique las implicaturas conversacionales evidentes.

A: *Se me acabó la gasolina.*
B: *Hay una gasolinera a media cuadra.*
    viola: la máxima de relación
    implica: la gasolinera está abierta, tiene gasolina

1.  A: *Me puedes prestar $10.*
    B: *Llevo un mes sin trabajar.*

2. A: *¿Dónde queda el banco?*
   B: *Está por ahí.*
3. A: *No viniste a trabajar ayer.*
   B: *Mi hija está enferma.*
4. *Alguien llamó esta mañana.*
5. A: *¿A qué hora llegaste anoche?*
   B: *A las 8 y 39 con 22 segundos.*
6. A: *¿Te gustó la película?*
   B: *No estuvo mal.*
7. A: *Parece que Alberto no tiene novia ahora.*
   B: *Pasa muchas horas hablando por teléfono.*

## 4.3 La cortesía

El estudio de los actos de habla y el propuesto principio de la cooperación dio luz a otra rama de la pragmática, que es la de la **cortesía lingüística**. Un tratamiento influyente de la cortesía es el de Geoffrey Leech (1983), quien propuso que, junto con el principio de la cooperación, existe un *principio de la cortesía*: el deseo de los interlocutores de mantener el equilibrio social y las relaciones amistosas. Otro tratamiento importante es el propuesto modelo universal por Brown y Levinson (1987), según el cual la base de la cortesía lingüística es el deseo de conservar la imagen pública ("face" en inglés), que consiste en dos elementos:

- Imagen negativa: el deseo de no sufrir imposiciones
- Imagen positiva: el deseo de ser aprobado y aceptado.

Estas teorías de la cortesía han sido utilizadas para explicar las convenciones alrededor de la realización de los actos de habla que, de alguna manera, amenazan la imagen del interlocutor ("Face Threatening Acts"). Por ejemplo, una petición o una invitación es una posible amenaza a la imagen negativa, porque puede implicar una imposición (la necesidad de hacer algo que no se quiere hacer); a la vez, rechazar una invitación o una petición es una posible amenaza a la imagen positiva, porque puede implicar desaprobación.

La cortesía es un mecanismo para mitigar una posible amenaza, y así mantener las buenas relaciones. Así pues, es un motivo para no decir explícitamente lo que queremos comunicar.

**Antes de seguir leyendo:**

Anote una manera de formar una petición que se consideraría cortés en las siguientes situaciones, prestando atención al nivel de la posible amenaza a la imagen del interlocutor. ¿Cuáles son los factores que se toman en cuenta al formular la petición?

- Un alumno le pide al profesor una extensión para una tarea.
- Una persona le pide a otra en la calle que le preste el teléfono para hacer una llamada.
- Una señora le pide a una amiga que le preste el carro por dos días.

Hay varios factores que influyen en el grado de la posible amenaza a la imagen negativa en una petición (o en otro acto de habla), y eso impacta la forma apropiada para hacerla. Uno es la magnitud de la imposición – pedirle a alguien que pase la sal en la mesa es muy diferente a pedirle a alguien que le regale $100. Otro es el poder relativo – no es lo mismo que el jefe le pida al empleado que realice algún trabajo que el empleado le pida eso al jefe. Y también es relevante la distancia social – es más aceptable pedirle a algún familiar o amigo que haga algo que pedirle algo a alguien que apenas conoce, ya que ayudarse entre sí es algo que se espera en las relaciones cercanas.

Tomando todo esto en cuenta, podemos entender mejor por qué hay varias formas de comunicar el mismo mensaje, a veces más explícito o directo y a veces menos, y a veces con más mitigación y a veces con menos.

Por ejemplo, se puede formar una petición con un imperativo: *cierra la puerta, limpia tu cuarto, dime una cosa*. El imperativo no es necesariamente descortés, ni se evita, según el nivel de la imposición, el poder relativo de los interlocutores y la distancia social. Es decir, si se estima que el grado de amenaza a la imagen del interlocutor es mínimo, un imperativo puede ser apropiado.

Sin embargo, si se percibe importante minimizar la amenaza a la imagen del interlocutor, hay una variedad de recursos lingüísticos para hacerlo. Los ejemplos en (36) presentan algunos de los recursos disponibles en el español, aquí ilustrados con una petición. Esto incluye expresiones de cortesía (*por favor, hacer el favor de, ser tan amable de*); el diminutivo (*la ventanita*); vocativos (*mi amor*), el pronombre dativo (*me cierras*); el tuteo vs. ustedeo (*cierra, cierras, podrías* vs. *sería*); el condicional (*podrías, sería*); referencia a las habilidades del interlocutor (con el verbo *poder*); y oraciones interrogativas (*¿puedes ...?, ¿cierras ...?, ¿podrías ...?, ¿sería tan amable ...?*).

(36) *Cierra la ventana, por favor.*
    *La ventanita, mi amor.*
    *¿Puedes cerrar la ventana?*
    *¿Me cierras la ventana?*
    *¿Me podrías hacer el favor de cerrar la ventana?*
    *¿Sería tan amable de cerrar la ventana?*

Estos recursos lingüísticos pueden servir para minimizar la amenaza a la imagen positiva o a la imagen negativa del interlocutor. En el caso de una petición, los que minimizan la imposición se consideran marcadores de la cortesía negativa. Tal es el caso para las expresiones indirectas, por ejemplo, una pregunta sobre las habilidades del interlocutor (*¿puedes ...?*) o una observación sobre el clima (*qué frío hace*). Otros elementos de la cortesía negativa son los que expresan deferencia, al reconocer el poder relativo y la distancia entre los interlocutores. Esto se ve en la expresión *por favor* (o *sería tan amable de . . .*), que reconoce abiertamente el favor que se hace; expresiones de respeto, por ejemplo, vocativos como *señor/a, profesor*, el título *don/doña*, y el ustedeo; y el uso del condicional que por convención se asocia con la deferencia.

Por otro lado, los recursos que expresan la estimación que tiene el hablante por el interlocutor, o la buena relación entre ellos, atienden a la imagen positiva. Un ejemplo de los marcadores de la cortesía positiva se encuentra en los vocativos de cariño como *mi amor, gordito, comadre*, e inclusive algunas aparentemente descorteses como *huevón, güey, boludo*, que son muestras de solidaridad en ciertas regiones.

El uso del diminutivo para expresar cariño se puede considerar un marcador de cortesía positiva, aunque también sirve para minimizar la imposición (*un momentito no más*), y en este caso, se consideraría un marcador de cortesía negativa. Una expresión de respeto (*profesor, su merced*) también se puede usar con cariño (*profe, su mercedcita*, en algunas variedades del español). De hecho, queda difícil categorizar cada estrategia como cortesía positiva o negativa, dado que puede haber más de una función para una misma expresión, y además, suelen ocurrir varias estrategias juntas. Así es que la noción de la imagen pública da una base para interpretar la motivación tras la formulación de algunos actos de habla, pero no es una explicación completa de las normas de la interacción.

---

**Ejercicio 17.** En los siguientes actos de habla, identifique si la posible amenaza a la imagen del interlocutor es una amenaza a su imagen positiva o negativa. Luego, identifique los mitigadores, y cómo sirven para atenuar la posible amenaza.

1. *Mamá, tengo hambre.*
2. *Disculpe, ¿me podría decir la hora por favor?*
3. *No te vayas todavía. Tómate otra copita.*
4. *Quería preguntarte si sería posible que saliera un poco temprano hoy de clase, porque es que tengo un compromiso.*
5. A: *¿Qué tal mi nuevo sombrero?*
   B: *Debe tapar muy bien el sol.*
6. A: *¿Vamos al cine esta noche?*
   B: *Ay, gracias, me hubiera encantado, pero no puedo, tengo que estudiar.*
7. A: *¡El presidente de ahora es el mejor que hemos tenido!*
   B: *Pues, sí, puede ser, dicen que está un poco mejor la economía, pero no sé. Hemos tenido algunos problemitas en las relaciones internacionales, y también se escuchan los rumores de fraude y de corrupción.*

---

Los recursos para expresar cortesía son varios, y se ubican en diferentes niveles de la lengua – el léxico, la morfología, la sintaxis y también la prosodia, que no hemos tratado aquí. Además, aquí nos hemos enfocado en el nivel del enunciado, pero manejar las relaciones es algo que se mantiene a lo largo de una interacción. En general, para pedir un favor, no se hace en un solo enunciado, sino que se establece la base para la petición tras varios turnos de habla (*oye, ¿estás ocupado mañana? Es que tengo que ir al doctor y estoy sin carro. Hablé con mi mamá, pero ella está ocupada, así que tengo un problema grande*, etc.). El Análisis Conversacional ha tratado la realización de los actos de habla a lo largo de la conversación y ha mostrado cómo se desarrollan en la interacción. Para los futuros estudios, una manera fructífera de ampliar nuestra comprensión de la cortesía podría ser estudiándola a lo largo de las conversaciones, con un enfoque en la interacción natural.

## Resumen

En el estudio de la semántica, entendemos el significado de las palabras, frases y oraciones en términos de la conceptualización de los hablantes. Se accede a la conceptualización por medio de la evidencia lingüística, la cual se manifiesta en el uso de las palabras, frases y oraciones.

Otra fuente muy valiosa para identificar el significado son las relaciones semánticas, especialmente la sinonimia, la antonimia, la hiponimia y la incompatibilidad. La homonimia, la polisemia y la metáfora profundizan nuestra comprensión del significado de las palabras, y son muy relevantes para el estudio del cambio semántico.

El estudio de la pragmática considera la lengua en uso, y está intrínsecamente relacionado con la semántica. Un elemento que existe a caballo entre la semántica y la pragmática es la deixis, que concierne los elementos que tienen un significado estable, pero un referente cambiante según el contexto de uso. Hay cuatro tipos de deixis que están interrelacionados (personal, temporal, espacial y textual), y se expresan mediante recursos lingüísticos como los pronombres, los demostrativos y la flexión verbal, entre otros.

Muy central en el estudio de la pragmática es el significado en la interacción. Hemos visto que, cuando hablamos, no solamente describimos el mundo, sino que llevamos a cabo actos de habla. En los actos de habla, no siempre decimos exactamente lo que queremos comunicar. El principio de la cooperación sirve para identificar las implicaturas conversacionales, para mantener una comunicación exitosa, y el principio de la cortesía para mantener bien las relaciones.

## Nota bibliográfica

Uno de los textos principales para el estudio de la semántica es el de Lyons (1977), disponible también en español (Lyons 1980). Para estudiar más sobre la conceptualización, y la comparación tras-cultural, se recomiendan los tratados de Wierzbicka (p.ej. 1996) y el libro de texto de Goddard (2011). Un análisis muy completo sobre las relaciones semánticas se encuentra en Cruse (1986). El trabajo fundamental en el tema de la metáfora es el de Lakoff y Johnson (1980). Croft y Cruse (2004) es un libro de semántica avanzado muy útil para profundizar los temas tratados en este capítulo. Para trabajos en, y sobre, el español, se recomienda la *Enciclopedia de Lingüística Hispánica*, por Gutiérrez-Rexach (2016), que contiene varios capítulos sobre temas semánticos (esp. en sección 3, volumen 2).

Para el estudio de la pragmática, se encuentra una visión general de la deixis, la implicatura y los actos de habla en el libro de Levinson (1983). Los trabajos seminales sobre estos temas son los de Austin (1962) y Searle (1969) sobre los actos de habla, y el de Grice (1975) sobre el principio de cooperación y la implicatura. Los estudios de Leech (1983) y Brown y Levinson (1987) desarrollan más estos temas desde la perspectiva de la cortesía. La pragmática en español, y especialmente el estudio de las normas interactivas, ha recibido bastante atención, con el trabajo de Haverkate (1994), que ha sido seguido por varios estudiosos, incluyendo a Reyes (p.ej. 1995), Portolés (p.ej. 2004) y Márquez Reiter y Placencia (p.ej. 2005), y, más recientemente, Félix-Brasdefer (p.ej. 2019).

# 7 Variación lingüística en español

## Objetivos

En este capítulo estudiaremos la variación del español y los criterios que explican la diversificación lingüística:

- Cómo se diferencian las variedades de una lengua.
- Cómo se dividen los dialectos del español y cuáles son.
- Cómo se expresa la variación social en el español.
- Cómo se expresan los registros en el español.
- Cuáles son las zonas y variedades de contacto entre el español y otras lenguas.

## 1    Variedades geográficas y sociales

El español es una de las lenguas más habladas del mundo. Después del chino mandarín, el español es la segunda lengua que cuenta con un mayor número de hablantes nativos (aunque si contamos el número total de hablantes, no solo los nativos, el inglés aventaja al español). La difusión del español fuera de la Península Ibérica empezó con la expansión del imperio español durante los siglos XV y XVI. Hoy el español se habla en cuatro continentes: en el americano (como lengua oficial en diecinueve países: México, Guatemala, El Salvador, Honduras, Nicaragua, Costa Rica, Panamá, Cuba, República Dominicana, Puerto Rico, Colombia, Venezuela, Ecuador, Perú, Bolivia, Chile, Paraguay, Uruguay y Argentina; se habla también en partes de los Estados Unidos), en el europeo (España), en el africano (Guinea Ecuatorial) y en el asiático (Israel, Filipinas, en ambos países como lengua **minorizada** – o no mayoritaria).

Como usuarios de la lengua, sabemos que no todos los hablantes de español hablamos de la misma manera, es decir, no todos empleamos la misma variedad de español. Así reconocemos, por ejemplo, que el español contemporáneo no es el mismo español que se hablaba en España en los siglos XV y XVI, cuando los primeros españoles llegaron al continente americano. Así mismo percibimos que el español que se habla hoy en día en Buenos Aires no es igual al español que se habla en la ciudad de México, en San Juan, en Cusco o en Salamanca en España. Los hablantes de español, según nuestra experiencia, podemos reconocer de dónde es una persona por la manera como se expresa en español. Por ejemplo, si escuchamos decir a alguien: *Y vosotros, ¿cuándo vendréis a visitarme?*, lo más probable es que esa persona sea de España. Si nos pregunta: *¿qué tú quiere*[h] *pa comel?*, lo más probable es que sea del Caribe. Si escuchamos decir, en cambio, palabras como [gaʒína] o *¿vos querés ir a la* [pláʒa]?, lo más probable es que la persona sea de Argentina; y así sucesivamente con otras características lingüísticas.

No hay duda, entonces, de que las diferencias morfosintácticas o fonológicas, como las de los ejemplos anteriores, nos permiten diferenciar el habla de las personas como provenientes de diferentes lugares del mundo hispano. Además de las diferencias morfosintácticas y fonológicas, también existen expresiones léxicas y de entonación que nos permiten diferenciar el español de ciertas regiones con respecto al de otras. Por ejemplo, podríamos identificar expresiones como *híjole*, *ándale*, *órale*, como propias del habla mexicana; mientras que expresiones como *oye chico* o *pero chico*, podríamos identificarlas como propias del Caribe; e igualmente, *pero che*, como propia de Argentina.

Como vemos por los ejemplos anteriores, se puede constatar la variación lingüística (o diferentes maneras de hablar español) observando todos los niveles de la lengua: el nivel fonológico, el morfológico, el sintáctico, el léxico, e incluso el entonacional, que no incluiremos aquí. Igualmente, los ejemplos anteriores nos permiten constatar que las características lingüísticas del habla de una persona nos dan también información sobre su lugar de procedencia. Las variedades más importantes que reflejan la variación de una lengua las constituyen la **variación dialectal** o diatópica, la **variación social** o diastrática y la **variación histórica** que se representan en la figura 7.1.

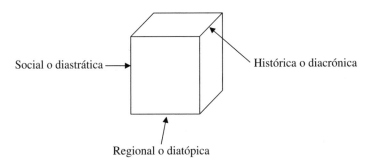

**Figura 7.1** Tipos de variación lingüística

Vemos que la lengua española varía según la región geográfica en donde se emplee. Cuando hacemos referencia a las variedades del español según la región geográfica, decimos que estamos hablando de los **dialectos** de la lengua española. El dialecto es, entonces, una variedad lingüística definida por las características regionales de sus hablantes. Es decir, es una variedad lingüística regional. En la elaboración de atlas lingüísticos, se emplean *isoglosas* para diferenciar los dialectos de una región. Las isoglosas son líneas imaginarias que distinguen el uso variado de un rasgo lingüístico, especialmente rasgos fonético-fonológicos o léxicos, que se emplean de manera distinta en el uso oral de regiones diferentes. El área de la lingüística que estudia los dialectos de una lengua se conoce como la dialectología.

Claramente el español de España es diferente del español de Hispanoamérica. Pero dentro de España también encontramos que en Burgos se habla diferente de como se habla en Córdoba; así como dentro de Hispanoamérica, encontramos que en Santo Domingo se habla diferente de como se habla en Oaxaca, en Medellín, en La Paz o en Montevideo. Incluso dentro de una ciudad como Madrid, o Santiago, o Caracas, o San Juan podemos notar que no todas las personas hablan español de la misma manera.

Podemos preguntarnos por qué existe la variación lingüística. ¿Por qué los hablantes de español no hablan todos de la misma manera? No hay duda de que hay cierta homogeneidad entre todos los dialectos del español, por eso reconocemos que la otra persona habla español también. Sin embargo, la lengua también permite cierta flexibilidad en el uso. Esto se debe a que la lengua está en íntima relación con los hablantes que la emplean. Es decir, la lengua es producto de las relaciones sociales, políticas e históricas que tienen sus hablantes. Los hablantes que están en contacto entre ellos tenderán a compartir características lingüísticas en su variedad de español. De ahí que las características sociales y regionales de los hablantes puedan intervenir como factores que afectan al uso de la lengua y, eventualmente, al cambio lingüístico. Como se desprende de los ejemplos que hemos mencionado, la característica extralingüística más importante que interviene en la variación lingüística es el lugar de origen del hablante. Pero además de ello, existen otras características extralingüísticas del hablante que también pueden reflejarse en el uso de la lengua. La más común es su estatus socioeconómico. Muchas veces, en el mundo hispano, identificamos el estatus socioeconómico con el nivel de educación de la persona y/o con su ocupación. Por ejemplo, si escucháramos a una persona decir [el pehkáo htá maloɣráo] ("el pescado está malogrado"), mientras una segunda persona de la misma zona dijera [el peskáðo está maloɣráðo], quizá interpretaríamos que la segunda persona pertenece a un estrato socioeconómico más alto que la primera. El habla tiende a exhibir las características lingüísticas propias del grupo social al que pertenece el hablante en el espectro social de su comunidad. Si el hablante pertenece a los estratos bajos de la sociedad en la que vive, tendrá menor contacto con los hablantes que pertenecen a los estratos más altos, pero más contacto con otros miembros de su grupo social. Esta *distancia social*, que es semejante a la *distancia regional* a la que hacíamos alusión cuando describíamos los dialectos, nos lleva a hablar de variación lingüística social o de **sociolectos**. El sociolecto está definido por las características sociales del hablante. Además del estatus socioeconómico, otras características sociales que influyen en la manera de hablar de una

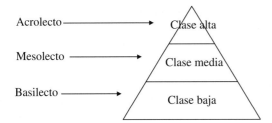

**Figura 7.2** Las clases sociales y los sociolectos

persona son su edad, sexo, a veces religión, su origen étnico, etc. En pocas palabras, cualquier característica social que pueda separar a un grupo de otro puede contribuir a la diferenciación lingüística entre los hablantes de una lengua. Cuando los sociolectos diferencian los grupos sociales se les denomina **acrolecto**, **mesolecto** y **basilecto** según el grupo al que hagan referencia como se ilustra en la figura 7.2.

Aparte de las características del hablante, también es importante para el estudio de la variación lingüística considerar dónde se está dando el intercambio conversacional (contexto), con quién estamos conversando (interlocutor), y de qué estamos hablando (tópico o tema). Generalmente, todos tenemos la oportunidad de movernos en diferentes tipos de situaciones conversacionales. Tenemos conversaciones con nuestros amigos y familiares en casa, pero también con personas que no conocemos, o con personas con quienes solo tenemos una relación profesional. En nuestra vida diaria empleamos la lengua en una serie de contextos que pueden situarse desde el contexto más informal hasta el más formal. Algunos casos extremos que ejemplificarían el extremo informal y el formal serían una velada nocturna con amigos y una entrevista de trabajo, respectivamente. Mientras en la velada con amigos se podría escuchar *Oye, ¿quieres café?*, en la entrevista de trabajo se escucharía *¿Le podría ofrecer algo de tomar?* Sin embargo, no todas las situaciones son así de claras y diferentes. La formalidad relativa del contexto depende de muchos factores. Por ejemplo, la relación entre padres e hijos en algunos países de habla española, como Costa Rica, requiere que los hijos empleen la forma de respeto *usted* cuando se dirigen a sus padres, mientras que en otros países del mundo hispánico, como Perú, los hijos emplean la expresión informal *tú* con sus padres. Otro ejemplo es la relación estudiante–profesor en un centro universitario. En muchos países hispanohablantes esta relación es mucho más formal que la relación estudiante–profesor que encontramos en los salones de las universidades estadounidenses. Los contextos que se consideran más formales para algunos hispanohablantes, no lo son necesariamente para otros. Ciertos contextos que en algunas regiones se consideran muy formales pueden no serlo en otras regiones. Por eso decimos que cuando hablamos de contextos informales y formales hay variación y tenemos que reconocer que estamos ante un continuo de contextos que va del extremo más informal al más formal. Estas diferenciaciones de usos lingüísticos por el contexto en el que se da el intercambio lingüístico definen la variedad lingüística situacional que se conoce como *registro*. El área de la lingüística que estudia la variación social y situacional se conoce como la sociolingüística.

> **Ejercicio 1.** ¿Cómo haría usted los siguientes pedidos en un registro formal (a un desconocido o una persona mayor o una persona de autoridad) y en un registro informal (a un familiar mayor, a su hermano/a, a un amigo/a, a su compañero de estudios): *un café con leche, un boleto para el cine, información sobre el costo del automóvil nuevo, información sobre una nota de examen, un relato o historia, el nombre de la persona o de otra persona, la dirección de un local?*

Los dialectos, los sociolectos, y los registros (además de las variedades históricas) representan la esencia de lo que es la variación lingüística. Al mismo tiempo, es innegable que todos los hablantes reconocemos una variedad de español que es común a todos. Esta variedad no la habla nadie, solo existe en la lengua escrita y la consideramos el modelo de lo que es la lengua española. A esta variedad la llamamos la *norma escrita* o *variedad estándar escrita*. Las normas lingüísticas son prácticas lingüísticas que son típicas o representativas de un grupo (Swann et al. 2004: 225). Encontramos esta variedad especialmente en la literatura de los escritores más distinguidos, como son Camilo José Cela (España), Octavio Paz (México), Gabriel García Márquez (Colombia), Mario Vargas Llosa (Perú) o Jorge Luis Borges (Argentina), entre otros.

Si bien todas las variedades orales del español son diversas variantes de la lengua española, los hablantes tienden a dar mayor prestigio a cierta variedad oral que a otras. Generalmente ésta es la variedad que identifican con el grupo social con mayor poder económico, cultural y/o político y tiende a ser la variedad más cercana a la norma escrita. A esta variedad se la conoce como la variedad estándar oral o norma culta (oral) y coincide con el acrolecto. En español no hay una norma culta oral única, válida en todos los países donde se habla la lengua. Dentro de la unidad, españoles, argentinos, peruanos y mexicanos, por dar algunos ejemplos, no comparten exactamente el mismo modelo de variedad estándar oral. Los hablantes identifican esta variedad con el habla de algunos políticos, de escritores distinguidos, de personas de clases altas y en el habla de aquellos que tienen más educación. El estudio sociolingüístico de las normas cultas de las ciudades más importantes de habla hispana incluye el habla acrolectal de las capitales hispanoamericanas y de Madrid (Samper et al. 1998). Los investigadores emplearon los siguientes criterios para entrevistar a hablantes de estas **normas cultas**: adultos con educación superior, cuyos padres y ellos mismos hubieran nacido en la ciudad estudiada.

**Ejercicio 2.** ¿Qué relación tienen los dialectos y los sociolectos con el concepto de norma lingüística? ¿Puede dar un ejemplo de alguna variedad que usted considere una norma culta?

**Ejercicio 3.** ¿Cuántas normas lingüísticas hay? ¿Qué norma lingüística se emplea en la difusión de noticias en los medios de comunicación audiovisual como en *Galavisión, Telemundo* o *Univisión*? ¿Puede dar algún ejemplo de los medios de comunicación audiovisual de algún país en particular?

**Ejercicio 4.** ¿A qué haría referencia la *norma prescriptiva*? ¿Qué norma estudia el lingüista, la norma prescriptiva o la norma descriptiva? ¿Cuál sería la diferencia?

**Ejercicio 5.**

1. ¿Qué variedad lingüística se enseña en las clases de español como lengua extranjera en las escuelas y universidades estadounidenses?

2. El *Instituto Cervantes* es una organización española que promueve el estudio y la enseñanza del español en el mundo a través de sus oficinas. ¿Qué variedad de español piensa usted que se enseña en las clases de español que el *Instituto Cervantes* imparte en el mundo?

Todos los tipos de variedades descritas hasta aquí suponen que sus hablantes viven en regiones **monolingües**. Pero el español también se habla en zonas donde coexiste con otra lengua. Pensemos, por ejemplo, en zonas como Estados Unidos donde el español está en contacto con el inglés (véase capítulo 8). También encontramos que el español está en contacto con otras lenguas en España: con el **catalán**, el **vasco** y el **gallego**; o en Hispanoamérica, con el **náhuatl** (en México), con las lenguas **maya** (en México y Guatemala), con el **quechua** (en Perú, Bolivia y Ecuador, principalmente), con el guaraní (en Paraguay), con el **mapundungu** (en Chile), etc. En estas situaciones de contacto lingüístico, las variedades de español que se hablan en estas regiones contienen características lingüísticas que son producto del contacto con la otra lengua. En estos casos nos referimos a *variedad de contacto*. Los ejemplos más claros los encontramos en el léxico.

Tratando de resumir lo visto hasta aquí, diremos que los rasgos dialectales se crean debido a obstáculos que no permiten la comunicación entre hablantes de áreas diferentes. Por ejemplo, un accidente geográfico, como puede ser un océano (p.ej. el que separa el español peninsular del de América) o una cordillera (p.ej. la que separa el español de Chile del de Argentina), crean distancia geográfica y pueden ser causas de separación entre grupos de hablantes, que a su vez llevará a que se originen dialectos de una lengua al acumularse las diferencias. Razones políticas, además de las estrictamente geográficas, también pueden llevar a que surjan dos variedades de una lengua; éste el caso del español de Cuba y el español de los cubano-americanos que han nacido y crecido en Miami y que por razones políticas no pueden viajar a Cuba.

La falta de contacto entre estos dos grupos y el contacto de los cubano-americanos con otros hablantes de español que han emigrado a Miami, especialmente de Sudamérica, ha llevado a que la variedad de español de los cubano-americanos se esté diferenciando cada vez más de la variedad de español que se habla en Cuba.

El habla de México es, entonces, un dialecto que se diferencia del habla de Chile, que es otro dialecto. Por otra parte, dentro de México, no todos hablan igual, así como tampoco todos dentro de Chile. En México, los de Yucatán no hablan igual que los en Sonora o Chihuahua. En Chile, no se habla igual en Valdivia que en Santiago o Arica. Por lo tanto, encontramos que las zonas dialectales pueden incluir otras zonas dialectales más pequeñas, además de las diferencias sociales que se encuentran entre sus hablantes. Las principales diferencias entre dialectos que encontramos en el mundo hispánico han sido ya descritas en otros capítulos de este libro (sobre todo las que tienen que ver con la pronunciación). Aquí haremos un breve resumen de éstas y agregaremos ejemplos léxicos y morfosintácticos. Consideraremos también algunos ejemplos de variación **sociolectal** y variedades de contacto en el mundo hispánico.

Hay que aclarar que al distinguir dialectos y zonas dialectales estamos idealizando. No concluimos nunca que hay un punto geográfico donde termina una zona dialectal y empieza otra (al contrario de lo que ocurre con las fronteras políticas entre países o provincias), sino que la lengua cambia de manera gradual generalmente de un extremo del territorio al otro.

## 2    Principales zonas dialectales

### 2.1  El español de España

Las variedades regionales del español de la Península Ibérica más importantes son los llamados dialectos *centro-norteño* y *andaluz*. Históricamente la implantación de la lengua en el norte de Castilla es anterior a su expansión por Andalucía, como hemos visto en el capítulo 6. En términos cronológicos vimos que el español nació como evolución local del latín hispánico cerca de lo que hoy es Burgos alrededor de los siglos VIII–X, y se fue expandiendo posteriormente hacia el sur. El dialecto andaluz se formó en los siglos XIII–XVI de la variedad castellana que llegó a la región. Otro dialecto del mismo origen que encontramos hoy en día es el español canario, que se habla en las islas Canarias (La Palma, Tenerife y Gran Canaria son las principales), en el océano Atlántico.

En 1492, el mismo año en que Colón viajó al continente americano por vez primera, los judíos españoles fueron expulsados de los reinos de Castilla-León y Aragón por los Reyes Católicos y del reino de Portugal en 1496. Con ellos salió de la Península la variedad conocida hoy en día como judeoespañol o **español sefardí**, que hemos mencionado ya en el capítulo 6, y que describiremos su uso moderno en la sección 2.3.

En la distinción de los dialectos modernos del español de España, se emplean el uso diferenciado de ciertas *isoglosas*, o rasgos lingüísticos que sirven para diferenciar dialectos, para hablar de un dialecto centro-norteño y un dialecto andaluz en el territorio español. Sin embargo, en la elaboración electrónica del *Atlas Lingüístico de la Península Ibérica* (www.alpi.csic.es) se ha distinguido una región intermedia entre los dos dialectos más importantes del español peninsular, como se ve en el mapa 1.

Las isoglosas que se emplean en la elaboración del *Atlas Lingüístico de la Península Ibérica* (o el *ALPI*) se encuentran en la figura 7.3.

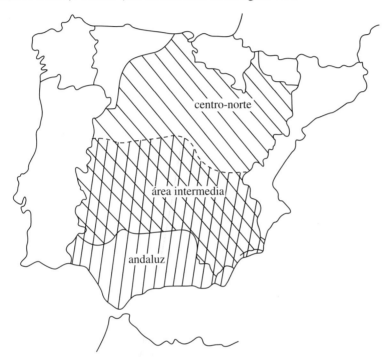

**Figura 7.3** Dialectos del español de España (mapa)

El dialecto *centro-norteño* (o **castellano** en sentido estricto; es decir, la forma de la lengua que se habla en Castilla – lo que en inglés se suele entender por *Castilian Spanish*) se considera a veces la más conservadora de las variedades dialectales de la lengua española. En el nivel FONOLÓGICO, las características más importantes de este dialecto incluyen las siguientes (sirva todo esto de repaso): el empleo de la /s/ ápico-alveolar, que se describió en el capítulo 2, la distinción fonológica entre /s/ y /θ/ en el habla oral y el contraste fonológico entre /j̑/ y /ʎ/ que, como hemos señalado en otros capítulos, no se suele encontrar ya en el habla de las personas más jóvenes.

Por otra parte, este dialecto muestra también características poco conservadoras, como son la tendencia a omitir la /d/ en *-ado* y la tendencia a omitir la /d/ en posición final de palabra: *ciudad* [θi̯uðá], *Madrid* [maðrí], *salud* [salú].

Tabla 7.1 *Isoglosas del* Atlas Lingüístico de la Península Ibérica

| *Isoglosas del Atlas Lingüístico de la Península Ibérica* | *Ejemplos* |
|---|---|
| **elisión de la -*d*- en los sufijos adjetivos -*ado*** | *desbocado > desbocao, trabajado > trabajao* |
| **elisión de la -*d* en posición final de palabra** | *verdad > verdá, usted > usté* |
| **elisión de la -*d*- intervocálica, excepto en el sufijo -*ado*** | *candado > candao, desnudo > desnúo* |
| **aspiración de la -*s*- postvocálica** | *de*[h]*bocado, de*[h]*nudo* |
| **elisión o aspiración de la -*z* en final de palabra** | *cruz > cru*[h] *crú, diez > die*[h] *dié* |
| **pronunciación del fonema /x/: aspirado o no** | *caja > ca*[h]*a o cáa, aguja > agu*[h]*a o agúa* |
| **diferenciación de los fonemas /ʎ/ y /j/** | *poyo* [pójo] y *pollo* [póʎo]; *cayó* [kajó] y *calló* [kaʎó] |
| **elisión de las -*r* en final de palabra** | *ayer > ayé, caer > caé, amor > amó* |
| **elisión de las -*l* en final de palabra** | *baúl > baú, caracol >caracó* |
| **distinción o no de los fonemas /s/ y /θ/** | *casa* [kása] y *caza* [káθa] o [kása] para las dos, *sebo* [séβo] y *cebo* [θéβo] o [séβo] para las dos |

También se encuentra la tendencia a producirla como [θ]: [θi̯uðáθ], [maðríθ], [salúθ]. (Chiste: [salúθ]. Gracias. Digo que apagues esa luz, ¡que no me dejas dormir!). Los rasgos más importantes de este dialecto en el nivel *morfológico* aparecen en la tabla 7.2.

Si bien el dialecto centro-norteño tiende a emplear el leísmo animado, hay zonas en las que existen otros sistemas lingüísticos pronominales. En estas regiones, quién usa qué sistema depende de la región donde viva, de la clase socioeconómica a la que pertenezca, de la edad que tenga la persona, o de su sexo. Por ejemplo, en un estudio sociolingüístico sobre el uso de los pronombres de objeto en Valladolid, Logroño y Soria (en Castilla), Klein (2000) describe varios sistemas de uso (véase la tabla 7.3).

En su estudio, Klein encontró que en Valladolid el uso del leísmo animado masculino (generalmente conocido simplemente como leísmo) y del laísmo es bastante general. Se emplea por hombres y mujeres de todas las clases socio-económicas y no tiene connotación negativa. Klein concluye que estos sistemas de uso pronominal se deben considerar como una característica dialectal de esta región de Valladolid. En Logroño (una región cercana), en cambio, el sistema de caso es el más generalizado, aunque el leísmo animado está empezando a ser empleado más frecuentemente que antes, especialmente por las mujeres de clase alta. Klein encuentra que los sistemas de leísmo inanimado y laísmo no se emplean mucho en Logroño y que los hablantes les atribuyen una connotación negativa. En Soria, otra región cercana, el sistema que predomina es el sistema de caso.

Tabla 7.2 *Rasgos morfológicos del dialecto centro-norteño*

| Rasgos morfológicos | Ejemplos |
|---|---|
| - el empleo del pronombre *vosotros* para la segunda persona plural <u>informal</u> | *Me gustaría invitaros a vosotros a que vinierais a comer con nosotros mañana.* |
| - el empleo de *ustedes* para la segunda persona plural <u>formal</u> | *Gracias a ustedes, estamos aquí.* |
| - *leísmo*: el empleo de "le" para objetos directos de personas de sexo masculino | *Ahí está Juan. <u>Le</u> veo* (pero *el libro <u>lo</u> veo*). |
| - la segunda persona plural del imperativo se forma frecuentemente con el infinitivo | *¡Comed todo!* > *¡Comer todo!* |
| - el empleo del presente perfecto para expresar un pasado reciente o con relevancia para el presente | *Juan vino ayer* (pero *María ha venido esta mañana*). |

Tabla 7.3 *Algunos sistemas de uso pronominal de objeto*

**SISTEMA DE CASO**

| | |
|---|---|
| *Mario vio a Pedro.* | *Mario lo vio.* |
| *Mario vio el coche.* | *Mario lo vio.* |
| *Mario vio a Carmen.* | *Mario la vio.* |
| *Mario vio la casa.* | *Mario la vio.* |
| *Mario le dio la carta a su padre.* | |
| *Mario le dio la carta a su madre.* | |

**SISTEMA DE LEÍSMO ANIMADO (MASCULINO)**

| | |
|---|---|
| *Mario vio a Pedro.* | *Mario le vio.* |
| *Mario vio el coche.* | *Mario lo vio.* |
| *Mario vio a Carmen.* | *Mario la vio.* |
| *Mario vio la casa.* | *Mario la vio.* |

**SISTEMA DE LEÍSMO ANIMADO E INANIMADO (MASCULINO)**

| | |
|---|---|
| *Mario vio a Pedro.* | *Mario **le** vio.* |
| *Mario vio el carro.* | *Mario **le** vio.* |
| *Mario vio a Carmen.* | *Mario la vio.* |
| *Mario vio la casa.* | *Mario la vio.* |

**SISTEMA DE LEÍSMO ANIMADO Y LAÍSMO**

| | |
|---|---|
| *Mario vio a Pedro.* | *Mario **le** vio.* |
| *Mario vio el coche.* | *Mario lo vio.* |
| *Mario vio a Carmen.* | *Mario lo vio.* |
| *Mario vio la casa.* | *Mario la vio.* |
| *Mario le dio la carta a su padre.* | |
| *Mario **la** dio la carta a su madre.* | |

**SISTEMA DE LEÍSMO ANIMADO Y LOÍSMO**

| | |
|---|---|
| *Mario vio a Pedro.* | *Mario **le** vio.* |
| *Mario vio el coche.* | *Mario lo vio.* |
| *Mario vio a Carmen.* | *Mario lo vio.* |
| *Mario vio la casa.* | *Mario la vio.* |
| *Mario **lo** dio la carta a su padre.* | |
| *Mario le dio la carta a su madre.* | |

Los otros sistemas tienen diferente grado de connotación negativa. Es decir, las características sociales de los hablantes de Valladolid, Logroño y Soria (dónde viven, clase social, sexo) determinarán el uso lingüístico y la actitud lingüística que el hablante tendrá hacia los sistemas de uso pronominal. La consideración de las características extralingüísticas de los hablantes nos da una visión más clara de la variación lingüística. Para un estudio más completo del tema, véase Fernández-Ordóñez (1999), así como las publicaciones derivadas del proyecto dirigido por la especialista, *Corpus oral y sonoro del español rural* (http://corpusrural.es).

En otro estudio sobre el español rural del norte de la Península, Holmquist (1985) analizó el habla de Ucieda (en Cantabria, en el norte de España y en el extremo occidental del continuo dialectal que va, por la cornisa costera, de Galicia a la zona de habla vasca), un área predominantemente rural donde se han conservado algunas características regionales arcaicas de lo que debió haber sido el romance local antes de la difusión a esta región de las soluciones del castellano de tipo burgalés (de Burgos). En esta región se tiende a pronunciar como /-u/ la vocal final de las palabras que terminan en /-o/ en castellano normativo. Holmquist encontró que la tendencia a pronunciar como /-u/ la vocal /-o/ en posición final de palabra dependía de quién fuera el hablante. Si el hablante era un hombre mayor que trabajaba en una ocupación tradicionalmente rural (de agricultor, de pastor de animales), había más probabilidades de que en su habla se encontraran más ejemplos como [mánu] y [kaβáʎu]. Por otra parte, los jóvenes que estaban menos interesados en la vida rural y tenían más contacto con zonas urbanizadas, tenían menos ejemplos de /-u/ final en su habla. Otra vez encontramos una relación directa entre las características extralingüísticas de la persona y su uso lingüístico. El autor concluye, entonces, que el uso de /-u/ está en posible vía de desaparición en esta región. Quiénes usan las características propias de una región, entonces, es un factor que influirá en la preservación o no de una característica lingüística dada. Sin embargo, solo el tiempo nos dirá si estamos o no en presencia de un cambio lingüístico.

> **Ejercicio 6.** Empleando transcripción fonética, ¿cómo se pronunciarían las siguientes frases en el dialecto centro-norteño de España?
> *para hacerte feliz pues está destrozado, las llaves de la casa de la salud, con el sudor de todos, el candado está atascado, la mujer de la justicia y la verdad*

El dialecto *andaluz*, el otro dialecto importante de España, se formó en los siglos XIII y XVI a partir del castellano traído por los colonizadores del norte, con posible influencia de otras variedades romances. Entre sus características *fonológicas* más importantes se incluyen las que aparecen en la tabla 7.4.

El **seseo** se emplea en Sevilla, Córdoba y la zona central de Andalucía. En la zona sur de Andalucía y en Almería se emplea el **ceceo**, es decir, se usa [θ] siempre: *casa* y *caza* se pronuncian ambas [káθa] y se escuchan cosas como

Tabla 7.4 *Rasgos fonológicos del andaluz según las isoglosas del ALPI*

| Rasgos fonológicos | Ejemplos |
|---|---|
| el empleo del *seseo* | *casa* y *caza* son pronunciadas [kása] |
| el empleo del *yeísmo* | *vaya* y *valla* son pronunciadas [bája] |
| la omisión de /d/ en posición intervocálica | *crudo* [krúo], *comido* [komío], *pasada* [pasá], *cadena* [kaéna] |
| la aspiración o elisión de la /s/ | *comes* [kómeh], *nos hablamos* [no aβlámo] |
| la aspiración de la /x/ | *ceja* [séha], *ojo* [óho] |
| la elisión de /l/, /r/, /d/ en posición final de palabra | *animal* [animá], *hermandad* [eɾmandá], *señor* [seɲó], *mujer* [muhé] |

[θí θeɲó] por *sí señor*. En el norte de Andalucía (zona intermedia según el *ALPI*), por el contrario, sí se hace la distinción fonológica entre /s/ y /θ/, como en la **variedad dialectal** centro-norteña, aunque la /s/ es generalmente predorsal. La omisión de /d/ en posición intervocálica en la variedad andaluza se emplea en más contextos fonéticos que en el castellano centro-norteño: (Chiste: Van dos exploradores andaluces por la selva y uno grita: "¡Una boa!" Y el otro: "¡Pueh que vivan lo novio!").

Otras características fonológicas del dialecto andaluz son la velarización de la nasal en posición final absoluta, con nasalización de la vocal precedente ([pãŋ]), la conservación de la aspiración en palabras que originalmente tenían /f/ latina (*humo* [húmo], *hambre* [hámbɾe]) (la aspiración también se conserva en zonas de Extremadura y en Cantabria y Asturias, en el norte de España), el debilitamiento de /ʧ/ en /ʃ/ (pérdida del elemento oclusivo de la africada) (*muchacho* [muʃáʃo], *corcho* [kóɾʃo]) y la neutralización de /l/ y /r/ en final de sílaba (*calma* [káɾma]). En partes de Andalucía hay acentuación esdrújula en verbos de primera persona plural en el presente de subjuntivo (*váyamos, véngamos*, en lugar de *vayamos, vengamos*, al igual como el suroeste de los EE.UU., como veremos en el capítulo 8).

Con respecto a las características en el nivel *morfológico*, podemos mencionar como peculiar que en Andalucía se emplea *ustedes* en lugar de *vosotros*, pero alterna la forma verbal: *ustedes podéis / pueden; ustedes se sentáis / sientan aquí*. Como en la zona caribeña, se encuentra el uso de *más* prepuesto a una expresión negativa: *más nada, más nunca* (en lugar de *nada más, nunca más*).

**Ejercicio 7.** Empleando transcripción fonética, ¿cómo se pronunciarían las siguientes frases en el dialecto andaluz de España?
*por el amor de una mujer, su caballo está al lado de ese árbol, estamos cansados, las tazas de la red social, no trajo el pan, el cenicero de mármol*
**Ejercicio 8.** Escuche la canción *Y yo te haría una casita*, escrita y cantada por el grupo español Decai (= De Cádiz) en la internet (*YouTube*) y marque las

características propias de la variedad dialectal que emplean los cantantes en el texto que aparece a continuación (y que también se puede encontrar en línea). Haga un cuadro con los rasgos y compárelo con sus compañeros. ¿Qué características del dialecto andaluz encuentra en su canto?

tú que nunca fuiste una condena
tú que eras para mí la vida entera
y pensar que estabas a mi vera
nunca te saqué de mi cabeza

cada vez que pienso en tu mirada
me hierve la sangre de mis venas
el poder rozar tu piel morena
y besar tus labios de canela

desde el momento en que te vi me
   enamoraste
y me parece mentira todo se fue a la
   deriva
porque tú a mí me decías que no me
   querías

CORO: y yo te haría una casita
al ladito de la mía
para verte todos los días

y tenerte cerca, niña (BIS)
sueño en que algún día tú me quieras
el mostrarte todos mis encantos
poder rodear con tu belleza
niña eres para mí una princesa

mientras soñaba que quería estar
   contigo
tú me decías al oído que me fuera
   al olvido
para dejarme solito e irte por tu
   camino

CORO

En muchos aspectos, la variedad andaluza presenta características lingüísticas más innovadoras que las de la variedad centro-norteña. Lo mismo puede decirse de la variedad canaria y de las muchas variedades hispanoamericanas. Además de la variedad andaluza hay otras variedades meridionales, el dialecto canario y, los dialectos de regiones más pequeñas, el extremeño y el murciano.

Las variedades rurales de una lengua se consideran depósitos de rasgos lingüísticos de etapas anteriores de esa variedad. El proyecto *Coser* de España (*Corpus oral y sonoro del español rural*, Fernández-Ordóñez 2009) está recogiendo datos de las áreas rurales del centro y norte de España. Los informantes tienen una edad promedio de 72.5 años de edad. Algunas de los rasgos lingüísticos que se estudian son el uso del *leísmo* (*a Juan le veo, el libro te le regalo*), del *laísmo* (*a María la doy un libro*), del *loísmo* (*al vino lo echan de todo*), el neutro de materia (uso del masculino con sustantivos femeninos de materia: *lechi blancu*), el empleo del condicional *cantaría* o el imperfecto *cantaba* por el imperfecto del subjuntivo (*las costillas y todas esas cosas se metían en ollas para que se conservarían*), la preferencia por los diminutivos *-in*, *-uco*, *-ico*, *-ete* y sus formas femeninas (Fernández-Ordóñez 2009).

---

**Ejercicio 9.** Analice las siguientes muestras dialectales tomadas del portal del proyecto *Coser* (http://corpusrural.es). ¿Qué rasgos rurales encuentra en cada uno?

1. La lana de las ovejas se esquilaba en . . . junio. En junio, primeros de julio, se esquila la lana, lo venían los laneros por ahí a comprarlo, se lo vendían entonces, entonces se vendía, ahora se venden mal y muy barato.
2. [el bacalao] . . . lo tenías y, y no te se echaba a perder, pero, pero ahora no, porque ahora, como puedes hacerlo y no . . . lo puedes conservarlo en el arcón, pues no te se echa a perder.
3. I: Y la maestra no nos dejaba ir al baile cuando éramos jovencitas . . . y cuando iban los chicos al baile.
   E: ¿Por qué?
   I: Porque no nos dejaba ir al baile, porque no quería que bailaríamos con los chicos . . .

**Ejercicio 10.** ¿Por qué piensa usted que el proyecto *Coser* se centra principalmente en las áreas rurales del centro y norte de España?

---

El dialecto *canario* se emplea en el archipiélago que conforman las siete islas Canarias situadas en el océano Atlántico en frente del noroeste de África. Las ciudades más importantes son Las Palmas de Gran Canaria y Santa Cruz de Tenerife. Tiene muchas semejanzas con los dialectos hispanoamericanos, sobre todo con los del Caribe. Los españoles de los siglos XV hasta el XVIII pasaban por estas islas camino al territorio americano. Muchos canarios emigraron a diferentes partes del Caribe (a las islas y las costas continentales) desde finales del siglo XV. El dialecto canario comparte la mayoría de las características fonológicas que hemos mencionado para el andaluz (seseo, aspiración de /s/ y /x/, yeísmo, velarización de /n/, omisión de /d/ intervocálica). Además se ha notado una fuerte tendencia a la sonorización de las oclusivas sordas intervocálicas: *los zapatos* [losabádoh] y una pronunciación más retrasada (más palatal) de la /tʃ/ que en Castilla, fenómenos que se dan también en Cuba y algunas otras áreas del Caribe. En las Islas Canarias también se emplea *ustedes* en lugar del *vosotros* de la variedad centro-norteña, con **concordancia** verbal como en Latinoamérica.

## 2.2 El español de Hispanoamérica

El español llegó al suelo americano con las carabelas de Colón (siglo XV). El asentamiento de la lengua española en el Nuevo Mundo tuvo lugar progresivamente, pero de manera bastante rápida. En un período que duró unos cien años, los españoles ya habían llegado, por el norte, a lo que hoy es el territorio del suroeste de los Estados Unidos y, por el sur, hasta Chile y el norte de Argentina. Los españoles empezaron a construir asentamientos en el Caribe desde los finales del siglo XV y comienzos del siglo XVI. Florida y lo que hoy es México se empezó a explorar a principios del siglo XVI hasta la fundación de la ciudad de México sobre la capital azteca de Tenochtitlán en 1519, quedado así fundado el Virreinato de Nueva España. Desde la ciudad de México, grupos de españoles se asentaron en lo que hoy es Centroamérica, por el sur, y el suroeste de los Estados Unidos, por el norte. Los españoles siguieron explorando el sur lejano, hasta que subyugaron al jefe del imperio incaico y fundaron la ciudad de Lima (o ciudad de los Reyes), capital del Virreinato del Perú, en 1535. Desde Lima, viajaron y construyeron asentamientos en las regiones que hoy son Chile, Bolivia, Paraguay, Argentina y Uruguay, finalmente fundando el Virreinato del Río de la Plata en 1776. Las diferentes variedades de español que hoy en día encontramos en el continente americano se han visto matizadas, entonces, por una serie de factores: por las diversas características sociopolíticas del momento cuando se pobló cada región, por la distancia que tenían estas regiones a las capitales de virreinato, por los rasgos dialectales que los primeros pobladores trajeron de España y por las características lingüísticas que tenían los grupos originarios con los que se encontraron los españoles en el suelo americano.

Aunque ciertas características lingüísticas, como la falta de distinción entre /s/ y /θ/ y la ausencia del pronombre *vosotros*, son generales en toda Hispanoamérica, hemos visto que estos rasgos también se emplean en el sur de España y en Canarias, por lo que no podemos realmente utilizarlos para distinguir el español latinoamericano del hablado en la Península y en las Islas Canarias. Si bien cada país hispanoamericano presenta diferencias dialectales con respecto a los otros países y variación con respecto a sus regiones internas, simplificando bastante las cosas podríamos diferenciar seis grandes dialectos dentro de Hispanoamérica: el caribeño (que incluye las islas del Caribe y las zonas costeras de los países que lo rodean), el español mexicano/centroamericano (que podríamos también dividir en al menos dos dialectos diferentes, el mexicano y el centroamericano), el español andino (que incluye las zonas altas de Venezuela, Colombia, Ecuador, Perú, Bolivia y norte de Argentina), el español paraguayo, el español argentino/uruguayo y el español chileno. Otras clasificaciones también son posibles. Así, como hemos indicado, algunos autores separan el dialecto mexicano del centroamericano como dialectos principales. Otros cuestionan la existencia de un dialecto centroamericano, dado el grado de variación dialectal que se encuentra dentro de esta región. Por otra parte, algunos estudiosos prefieren agrupar el español paraguayo con el argentino/uruguayo. Todo depende de qué rasgos lingüísticos se empleen para establecer la clasificación dialectal.

La división que presentamos aquí parte de la consideración de tres isoglosas que se emplean en el estudio de los dialectos americanos, combinados con el momento de colonización y la presencia de **lenguas originarias** específicas. Estas isoglosas no se representan nítidamente en el territorio hispanoamericano,

Tabla 7.5 *Los dialectos hispanoamericanos*

| Rasgos | Caribeño | Mexicano | Andino | Paraguayo | Argentino | Chileno |
|---|---|---|---|---|---|---|
| /s/ final | [h] o Ø | se conserva | se conserva | se conserva | [h] u omite | [h] u omite |
| /ɾ/ implosiva | [ɾ], [l] o Ø | [ř] | [ř] | [ɾ] | [ɾ] | [ɾ] |
| /j/ y /ʎ/ | yeísmo | yeísmo | /j/ y /ʎ/ | /j/ y /ʎ/ | yeísmo | yeísmo |
| Lengua originaria | arahuaco (extinta) | náhuatl, maya | quechua, aimara | guaraní | guaraní, mapundungu | mapundungu, aimara |

como es el caso en el territorio español. El español en el territorio americano es lo que se conoce como una *lengua colonial*, una lengua en su diáspora, fuera de su territorio originario. Por esta razón, se emplean los rasgos lingüísticos diferenciadores con cautela y en combinación con otros criterios, como mencionamos ya. Las isoglosas son: la /s/ en posición final de sílaba, la /ɾ/ en posición final de sílaba y la diferenciación entre /j/ y /ʎ/ (cf. Canfield 1981). La /s/ tiene tres variantes en esta posición que son la conservación de [s] (*estás* [estás], *los lunes* [lozlunes]), la aspiración en [h] (*mosca* > mo[h]ca, *inglés* > inglé[h]) y la elisión total (*más o menos* > *má o meno*). La /ɾ/ en posición implosiva tiene también tres realizaciones, la vibrante simple [ɾ], la variante lateral (*carta* > *calta*, *amor* > *amol*) y la variante asibilada [ř] (*ka*[ř]*ta*, *seño*[ř]). Mientras las variedades caribeña, argentina y chilena aspiran o eliden la /s/ con alta frecuencia, las variedades mexicana, **andina** y paraguaya las tienden a conservar. Mientras la variedad caribeña elide o neutraliza la vibrante /ɾ/, las variedades mexicana y andina tienden hacia la asibilación. Tanto la variedad andina como la paraguaya distinguen fonológicamente la /j/ y la /ʎ/. En la tabla 7.5 se encuentran además las lenguas originarias más importantes de cada región dialectal.

En la Figura 7.4 necesariamente se omiten muchos detalles. Así, por ejemplo, los rasgos andinos predominan mucho más en las regiones del interior (zonas altas) de los países indicados que en sus zonas costeras o amazónicas. Colombia presenta igualmente una diversificación dialectal bastante interesante y compleja que queda diluida en este mapa. La variación dialectal en el territorio estadounidense se presenta en el capítulo 8.

A continuación presentamos algunas de las características adicionales que distinguen a los diferentes dialectos hispanoamericanos (cf. Canfield 1981; Lipski 1994; Alvar 1996; Vaquero de Ramírez 1996). Entre las características *fonológicas* que distinguen a ciertas variedades de español en Hispanoamérica están las siguientes:

- La vibrante múltiple se velariza [ʁ] en Puerto Rico, especialmente: *carro* [káʁo], *perro* [péʁo].
- La vibrante simple se lateraliza en el Caribe, especialmente en Puerto Rico y la República Dominicana, en posición implosiva: *verdad* [belðá], *amor* [amól].

**Figura 7.4** Dialectos del español hispanoamericano (mapa)

- Las vocales se nasalizan en contacto con nasal en el Caribe (como en Andalucía).
- La nasal de velariza [ŋ] en el Caribe, el sur de México (zona del Yucatán), Centroamérica y la zona andina, pero no así en el cono sur (Paraguay, Argentina/Uruguay y Chile): *compró pa*[ŋ], *baila muy bie*[ŋ].
- La aspiración de la /h/ proveniente de la /f/ latina se conserva en algunas palabras en Puerto Rico, la República Dominicana y Panamá (y menos en Chile): *harto* [hárto], *hambre* [hambre], *humo* [húmo], *harina* [haɾína] (como en partes de Andalucía, Extremadura, Asturias y Cantabria).
- Las oclusivas sonoras tienden a mantenerse oclusivas tras cualquier consonante o semivocal en partes de Centroamérica, Colombia y la zona andina: [árbol], [déu̯da].

- Las vocales se tienden a perder en sílaba átona, especialmente en México y la zona andina: *todos* [toðs], *pues* [ps].
- Los hiatos muestran una fuerte tendencia a diptongarse en México y en la zona andina, especialmente, si bien es un fenómeno general en casi toda Latinoamérica: *real > rial, poema > puema, peón > pión.* ⚹
- La vibrante múltiple se asibila en la zona andina (y en partes de Centroamérica–Costa Rica y Guatemala). En México se asibila la vibrante en posición final.

En el cono sur:

- La /d/ en final absoluta puede pronunciarse como una sorda [t] en Paraguay: *usted > ustet, ataúd > ataút.*
- La /x/ se pronuncia como [ç] ante las vocales anteriores /e, i/ en el habla de Chile: *gente* [çénte], *mujer* [muçér].
- El yeísmo se expresa mediante [ʒ] (o [ʃ]) en Argentina: *playa* [pláʒa].

Algunas de las características *morfológicas* dialectales más importantes del español latinoamericano son:

- La marca de plural con /-se/ en algunas variedades sociolingüísticas de la República Dominicana: *cafés > cafése, gallinas > gallínase, muchachas > mucháchase, latas > látase.*
- El uso extendido del diminutivo, especialmente en México y la zona andina: *callandíto, corriendito, dositos, ahisito, acasito, estito, unito, ellita.*
- El empleo del pronombre *le* en ciertas expresiones mexicanas con función discursiva (Caccoullos 2002): *híjole, ándale pues, échale, órale.*
- El voseo se percibe como característico de Argentina, aunque tiene una extensión geográfica mucho mayor (Centroamérica, partes de Venezuela y de Colombia, Bolivia, Chile, etc.).
- El empleo de *che* en Paraguay y Argentina: *¿qué tomás, che?*
- El empleo del leísmo animado en la zona andina, en Paraguay y en partes del Caribe: *¿Llamaste a Juan? Me olvidé de llamarle.*
- El empleo del artículo con nombres propios, en Chile (como en la región catalana): *vimos a la Tere en el cine, la Susana me visitó ayer.*
- El empleo ocasional de la terminación /-sen/ con verbos reflexivos en imperativos plurales en el Caribe: *siéntensen, vístansen.* Este fenómeno también se da dialectalmente en España.

Entre las características *sintácticas* más importantes se encuentran las siguientes:

- La tendencia a no invertir el pronombre sujeto en preguntas en el Caribe: *¿qué tú dices?, ¿cómo tú estás?*
- El empleo del verbo en infinitivo con pronombre sujeto prepuesto después de *para* en Venezuela y Panamá especialmente, pero también en el Caribe: *para yo poder venir* ("para que yo pueda venir, para poder venir yo").

- El empleo del posesivo con el artículo indefinido, similar al español antiguo, en Centroamérica: *una mi amiga, un su caballo.*
- El empleo de la preposición *hasta* con función de inicio, en lugar de límite final, en México y Centroamérica: *abre hasta las nueve* ("no abre hasta las nueve"), *empieza hasta la tarde* ("empieza en la tarde").
- El empleo del presente de subjuntivo en oraciones subordinadas que requieren el imperfecto del subjuntivo en otras variedades, se emplea especialmente en México y en la zona andina: *quise que venga* (< *viniera*).
- El empleo del presente del indicativo en oraciones subordinadas que requieren el presente del subjuntivo en otras variedades, se emplea especialmente en México y en la zona andina: *no creo que viene* (< *venga*), *es bueno que viene* (< *venga*).
- La duplicación del objeto directo cuando es animado y determinado en Chile, el dialecto porteño (Buenos Aires y sus alrededores) y la zona andina: *la vi a tu hermana.*
- El empleo de la preposición *en* delante de adverbios de lugar en la zona andina: *en aquí, en su delante.*

Los rasgos distintivos nos ayudan a diferenciar zonas dialectales más específicas dentro de Hispanoamérica. En la tabla 7.6 aparece un resumen de los rasgos fonológicos y morfosintácticos más distintivos de los dialectos hispanoamericanos.

> **Ejercicio 11.** Además de diferencias fonológicas y morfosintácticas, los dialectos hispanoamericanos (y españoles) se diferencian fuertemente en su léxico. Pregunte a personas que estén familiarizadas con diferentes dialectos del español, ¿qué otras expresiones dialectales existen para estas palabras: *autobús, acera, jersey, gafas, chaqueta, palomitas, maíz, automóvil, mujer rubia, limpiabotas, calcetín*?

El léxico hispanoamericano se describe en términos de los americanismos o léxico propio de Hispanoamérica. Estos incluyen el léxico que proviene de las **lenguas amerindias** (*préstamos léxicos*), el léxico que proviene de las lenguas africanas y el léxico que se empleaba en el español de los siglos XV–XVI en España y se continúa empleando en Hispanoamérica, pero ya no en España con el mismo significado. Este tercer léxico se conoce como *arcaísmos*, si bien no están en desuso en Hispanoamérica (es decir, son arcaísmos con respecto al español peninsular). Un cuarto grupo incluye el léxico o expresiones que son propias de ciertas regiones hispanoamericanas y se conocen como regionalismos (o *peruanismos, chilenismos, mexicanismos*, etc.; Moreno de Alba 2006). Algunas expresiones de estos léxicos han entrado al español general o incluso a otras lenguas. En la tabla 7.7 aparecen ejemplos de estos léxicos y algunos regionalismos.

Tabla 7.6 *Rasgos lingüísticos distintivos de los dialectos hispanoamericanos*

| Rasgos | Caribeño | Mexicano/CA | Andino | Paraguayo | Argentino | Chileno |
|---|---|---|---|---|---|---|
| **vibrante** | [ʁ] (PR) | | | | | |
| **nasal** | [ŋ] | [ŋ] (Yuc., CA) | [ŋ] | | | |
| *f* **latina** | [h] | | | | | [h] |
| **vocales átonas** | | reducción | reducción | | | |
| **/x/** | | | | | | [ç] |
| **fric. prepal.** | | | | | [ʒ]~ [ʃ] | |
| *vos* | | *vos* (CA) | | *vos* | *vos* | *vos* |
| **pron. sujeto** | pron. suj. | | | | | |
| **diminutivo** | | frecuente | frecuente | | | |
| **doble OD** | | | doble OD | doble OD | doble OD | |
| *le* | | discursivo (Mx.) | leísmo anim. | leísmo anim. | | |
| **det. doble** | | det. doble (CA) | | | | |
| **prep.** *hasta* | | sgdo. de inicio | | | | |
| **art. + nombre** | | | | | | art. + nom. |

Tabla 7.7 *Léxico hispanoamericano*

| Tipo de léxico | Ejemplos |
|---|---|
| ARCAÍSMOS: | *amarrar, gaveta, mata, botar, alcanzar, calentura, candela, bravo, liviano* |
| PRÉSTAMOS: | |
| arahuaco o taíno | *ají, barbacoa, cacique, hamaca, canoa, maíz, tabaco, huracán, loro, caimán* |
| náhuatl | *cuate, chamaco, elote, tomate, chocolate, chicle, aguacate, cacahuete, tiza* |
| quechua | *papa, palta, puna, chacra, choclo, soroche, cóndor, cancha, ñato, alpaca* |
| mapundungu | *poncho, guata* |
| guaraní | *jaguar, tapioca, petunia, tucán, mangangá* |
| AFRONEGRISMOS: | *banana(o), bemba, cachimbo, mucama, dengue, guandú, milonga, bochinche* |
| REGIONALISMOS: | |
| mexicanismos | *chambear* (trabajar), *alberca* (piscina), *amolar* (dañar), *caco* (ladrón) |
| peruanismos | *calato* (desnudo), *pata* (amigo), *chato* (bajo), *huachafo* (cursi), *ñeque* (tacaño) |
| venezolanismos | *arrecho* (molesto), *chévere* (bueno), *chamo* (muchacho), *cuaima* (ser listo) |
| argentinismos | *barrilete* (cometa), *campera* (chaqueta), *pelado* (calvo), *atorrante* (un vago) |

**Ejercicio 12.** Analice los arcaísmos que aparecen en la tabla 7.7 y provea su significado y otra expresión para el mismo significado.
**Ejercicio 13.** Mire en el diccionario de la Real Academia Española que aparece en línea (www.rae.es) y busque el significado de los indigenismos y afronegrismos que no conozca.

En el español de Latinoamérica también encontramos variación entre los hablantes de una misma zona geográfica, como hemos mencionado anteriormente. Variables como la edad del hablante, su clase socioeconómica e incluso su sexo pueden explicar la variación que existe en el uso de una variable lingüística. Por ejemplo, en un estudio sobre la asibilación de la vibrante en posición final (comer) en Ciudad de México, Perissinotto (1975) encontró que el 68.2% de las veces sus informantes asibilaban la vibrante. Cuando consideró ciertas características sociales de los hablantes, encontró que las mujeres asibilan mucho más que los hombres. Examinando la edad de sus hablantes, encontró que todos los grupos generacionales (I: 16–32 años, II: 33–55 años, III: más de 56 años) empleaban la vibrante asibilada de manera frecuente. Sin embargo, los más jóvenes tendían a asibilar más que los otros grupos. También consideró la clase socioeconómica de los hablantes y encontró, igualmente, que en todas las clases socioeconómicas se asibilaba la vibrante final. Sin embargo, la clase socioeconómica media asibilaba un poco más que los otros grupos.

Sus resultados apuntan a las mujeres y a la clase media como los grupos que más emplean la vibrante asibilada. Estos resultados llevaron a Perissinotto a postular que la vibrante simple asibilada es una característica lingüística que no tiene connotación negativa en el habla de Ciudad de México. Si bien no todos los hablantes de su estudio la empleaban, sus resultados indican que son los más jóvenes los que asibilan más. Este último resultado lleva a Perissinotto a postular que el uso de la vibrante asibilada se está extendiendo en el habla de Ciudad de México.

En otro estudio sobre la asibilación de la vibrante, en este caso tanto en final de palabra como con la vibrante múltiple, que de los Heros (1997) llevó a cabo en la ciudad del Cuzco (Perú, en la zona andina), los resultados son diferentes. En esta región, la vibrante asibilada se emplea especialmente por los hombres y muy poco por las clases altas. En un estudio paralelo de actitudes lingüísticas que hizo de los Heros, encontró que todos los hablantes le asignan connotación negativa a la vibrante asibilada. Estos resultados indican que, en el caso cuzqueño, la vibrante asibilada es percibida de manera diferente a como es percibida en Ciudad de México. Mientras en Ciudad de México el uso de la vibrante asibilada no tiene carga negativa, en la ciudad del Cuzco sí la tiene. Esto parece explicar por qué la vibrante asibilada se está extendiendo en el habla de Ciudad de México y no así en el habla de la ciudad del Cuzco. Éste es otro ejemplo de cómo las variedades del español pueden ser diferentes. Es decir, son diferentes no solo con respecto a las características lingüísticas que presentan, sino también con respecto a quiénes la usan y cómo estas características son percibidas por cada grupo lingüístico.

## 2.3 El judeoespañol o el español sefardí

Como se mencionó en el capítulo 6, los judíos españoles fueron expulsados de España en 1492 mediante un decreto promulgado por los Reyes Católicos (Isabel de Castilla y Fernando de Aragón) si no aceptaban convertirse a la religión católica. Si bien muchos se convirtieron al catolicismo (y se les conoce como *conversos*), entre 50 y 90 mil personas dejaron España. Muchos de ellos pasaron primero a Portugal, pero fueron expulsados también de este reino en 1496. Hubo dos rutas de migración. Un grupo fue a Francia, Italia y los Países Bajos. Otros se establecieron en el norte de África, en los alrededores del Mediterráneo y en los territorios del Imperio Otomano (Minervini 2006). Debido a esta migración, los hablantes del español sefardí entraron en contacto con diferentes lenguas según dónde se asentaron: el turco, el búlgaro, el griego, el serbio, etc., además del hebreo y el árabe, lenguas que también empleaban en la Península. Los hablantes modernos del judeo-español moderno o español sefardí son, pues, descendientes de los judíos españoles de los siglos XV–XVII. Debido a su aislamiento lingüístico de otras variedades del español, el judeoespañol ha tenido una evolución independiente y diferente a la de las otras variedades de español habladas en España y Latinoamérica. En su evolución posterior a la salida de la Península Ibérica, esta variedad ha mantenido rasgos antiguos (arcaísmos), así como ha adquirido rasgos particulares.

Algunas de las características lingüísticas que tipifican el judeoespañol moderno no se encuentran en todas las variedades. Hay una diferenciación dialectal bastante marcada debido a las diferentes regiones en las que se habla (Quintana 2006). Los rasgos más distintivos se presentan a continuación (cf. Penny 2000; Minervini 2006; Quintana 2006; García Moreno 2006). Si bien el judeoespañol emplea el seseo (*brazo* [bráso]) y el yeísmo (*gallo* [gájo]) como las variedades modernas hispanoamericanas, también conserva algunos rasgos que algunos estudiosos consideran como conservación de rasgos del español antiguo. Entre éstos están el empleo de /v/ como fonema, la aspiración de la *f* latina, el empleo del fonema /z/, como en /bézo/, /káza/, el empleo de la africada o fricativa prepalatal sonora /dʒ/ o /ʒ/ (generalmente africada en posición inicial, *djénte* ("gente"), pero fricativa en posición media *mujer, ija* "hija") y la fricativa prepalatal sorda /ʃ/ para la que el castellano medieval empleaba la grafía *x*. Otros rasgos posteriores a la salida de la Península Ibérica que están presentes en algunas variedades de español sefardí son la neutralización de la oposición fonológica entre los fonemas /ɾ/ y /r̄/ en posición intervocálica, el cierre de las vocales medias a vocales altas en posición átona, la reducción del diptongo y la variante con metátesis [-dɾ-] (< [-ɾd-]) de

Tabla 7.8 *Rasgos lingüísticos del judeoespañol moderno*

|  | *Ejemplos* |
|---|---|
| *ARCAÍSMOS:* | *alguenza, munsho, aranya, fígadu, leshos, agora, trusho, azeré, luenga* |
| *PRÉSTAMOS:* | |
| árabe | *alhad* (domingo), *alhajé* (menudillo de res), *alihara* (vestido sobre la ropa) |
| hebreo | *dayyán* (juez), *dor* (generación), *malkhut* (reino), *taqqanah* (ordenanza), *shalom* (paz, hola) |
| turco | *skuralichas* (pendientes), *tachinearse* (mudarse), *paras* (dinero), *chafteyo* (golpear) |
| francés | *orozo* (feliz), *regretar* (lamentar), *jandarme* (policía), *musiú* (señor), *profitar* (aprovechar) |
| *RASGOS:* | |
| *fonema* /v/ | *estávamos* (estábamos), *livro* (libro), *bivian* (vivían) |
| *aspir. f* latina | *hacer, hijos, haver* (haber) |
| /dʒ/ | *djudyó* (judío), *djueves* (jueves), *djurnal* (periódico) |
| /ʒ/ | *mujer, ija* |
| /ʃ/ | *dixe* (dije), *morash* (moras), *bushcar* (buscar), *sesh* (seis) |
| /z/ | *kaza* (casa), *dizirlo* (decirlo), *turkez* (turco), *doze, treze* |
| vibrantes | *perro* [péɾo] = *pero* [péɾo] |
| [e] > [i], [o] > [u] | *rudiya* (rodilla), *muchu* (mucho) (en otras variedades *muncho*), *sinyor* |
| dipt. se elimina | *aristokrasiya* (aristocracia), *djugeves* (jueves), *pleto* (pleito) |
| metátesis -*rd*- | *akodrar* (acordar), *vedri* (verde), *godru* (gordo) |
| Cl-OD + Cl-OI | *me se cumplió mi demanda* |
| pos-or + pos-ido | *de Moíz el padre* (el padre de Moisés), *de la voiture los frenos* (los frenos del automóvil) |
| dim. -*ico* | *ijiko* (hijito), *kazika* (casita) |
| refl. pl. -*sen* | *en biéndosen* (viéndose), *kozersen* (cocerse), *irsen* (irse) |
| posesor plural | *sus kaza* (su casa), *sus padre* (su padre) |
| pretérito -*ar* | *cantí* (canté), *cantimos* (cantamos) |

Estambul que se difundió a todas las variedades de la región este del Mediterráneo (véase la tabla 7.8 para ejemplos).

Algunas características morfosintácticas son la inversión de los pronombres **clíticos** en Cl-OD + Cl-OI, la anteposición del poseedor en la frase genitiva, el empleo de -*ico* para el diminutivo, el empleo de -*sen* como plural del reflexivo, el empleo del posesivo de tercera persona en plural, cuando el posesor es plural y el hecho de que los verbos de la terminación -*ar* en pretérito toman las terminaciones de -*er*/-*ir*. Todos estas características están ejemplificadas en la tabla 7.8 (adaptado de Penny 2000; Minervini 2006; Quintana 2006; García Moreno 2006).

La variedad de judeoespañol en Israel está en contacto con variedades de español latinoamericanas (especialmente sudamericanas). Consecuentemente, esta variedad ha perdido la aspiración de *f* latina, no conserva las dentales africadas y mantiene la oposición entre la vibrante simple y múltiple en posición intervocálica (Quintana 2006).

**Ejercicio 14.** A continuación se presenta un texto en español sefardí moderno tomado de la revista *Lettre Sépharade* que se publica en Europa. Analice el texto, busque los rasgos propios de esta variedad y provea ejemplos para cada rasgo. Los préstamos léxicos y arcaísmos aparecen en una lista con una traducción al español moderno, cortesía del profesor Mahir Şaul de la Universidad de Illinois, Urbana-Champaign.

*La tia de Sulucha i las charukas*
[de *Lettre Sépharade* n. 30, julio 2007, por Renée Martin]

- Sulucha, ya meldates los haberes? Parese ke el prens William se separo de su novia.
- Tia, a mi no me enteresan los dedikodus de la aristokrasiya. Las gazetas siempre bushkan estoryas para ganar kada dia mas paras. Ke los deshen repozados a estos mansevikos, ke dayinda tienen munchos anyos de vida para ser orozos kon otras personas.
- Avlando de separazyón, te akodras de Zelda, la ija de Lina? Tenia un novyo muy bueno, Vitali, un ijiko alto, bruno, enstruido kayadiko i de buena famiya.
- Vitali, inyeto de Nisim el ishportadji, i ijo del avokato Behar?
- Si, el mizmo. Vitali mora en un apartamento kon otros ijikos, i Zelda, komo es doktora, tiene una kaza al lado del ospital.
- Me paresyo ke los novyos de agora bivian endjuntos sin kazarse.
- No, tia, esta era la moda de dies anyos antes. Agora, kada uno bive en su kaza, mizmo si tienen ijos i fitijos.
- I alora, Zelda i Vitali, kuando se enkontravan para estar endjuntos?
- Un fin de semana Zelda iva ande Vitali, i el otro fin de semana, Vitali iva ande Zelda. Kuando estavan ande Vitali, el gizava para los dos, i kuando estavan ande Zelda, eya aparejava la komida. Kada uno tenia unos pokos vistidos, una furcha de dientes i un par de charukas en la kaza del otro.
- Muy ermozo. Ke pekado ke en mis tiempos no teníamos esta alternativa. La mujer penava i lazrava, no solo para el marido i los ijos, sino para la suegra i para las ermanas del marido, ke bivian en la mizma kaza, si no eran kazadas.
- Ya lo se tia, akeyos eran otros tiempos. Bueno, kurto te lo azere: el otro dia, Vitali i Zelda tuvyeron un pleto muy grande ke se estruyo el mundo. Ayer, kuando me fui ande Zelda, un ijiko chafteyo la puerta i trusho un paketo. Kuando Zelda avriyo el paketo, topo sus charukas aryentro.
- I de ayi entendites ke Zelda i Vitali se separaron. Esto es lo ke se yama "la prova de la charuka". Un poko komo la charuka de Cinderella, ama a la rovez!

VOCABULARIO: *meldar* "leer" (arcaísmo), *haberes* "noticias" (turco), *dedikodus* "chismes" (turco), *paras* "dinero" (turco), *orozo* "feliz" (francés), *ishportadji* "vendedor ambulante", *charuka* "pantuflas" (turco), *penava i lazrava* "trabajaba mucho" (*lazrar* es un arcaísmo), *estruyo* "destruyó", *chafteyo* "golpeó" (turco).

## 2.4  El afroespañol

Desde antes que los españoles participaran en el transporte de esclavos africanos, el español entró en contacto con lenguas africanas (Lipski 2005: 17). Los africanos empezaron a llegar al suelo americano con los españoles en el siglo XV. Llegaron especialmente a los puertos de Cartagena de Indias (Colombia), Veracruz (México), Habana (Cuba) y Panamá entre otros. Vinieron especialmente del África occidental y hablaban diferentes lenguas, entre ellas el kikongo, kimbundu, yoruba, igbo y el ewe. Algunas poblaciones donde se encuentran variedades de afroespañol están en Villa Mella (República Dominicana), Portobelo (Panamá), el Chocó (Colombia), la zona de Chincha (Perú), Barlovento (Venezuela), Esmeraldas (Ecuador) y la región de Yungas (Bolivia) (Lipski 1994, 2005, 2006, 2007). Su influencia en el español moderno es especialmente lexical, pero también hay influencia morfosintáctica, especialmente en el Caribe y las costas continentales (Lipski 1994, 2005).

Algunas características del afroespañol (Lipski 1994, 2006, 2007) son el cambio de /y/ y /tʃ/ a [ɲ] (*chato* > *ñato*, *llamar* > *ñamar*), la omisión de /s/ en posición final de palabra (*somos* > *somo*, *mujeres* > *mujere*), la lateralización de /r/ en final de sílaba (*carta* > [kálta]), la omisión de /r/ en verbos en infinitivo (*cantar* > *cantá*), el debilitamiento de /l/ y /r/ en final de palabra (*mal* > *ma*, *mar* > *ma*) y el cambio de /r/ a [d] (*entero* > *entedo*, *ahora* > *ahoda*). Muchos de estos rasgos se encuentran también en el español caribeño y el andaluz. Las características morfológicas más importantes son la doble negación (*nosotros no vamos no*) y la no inversión del pronombre sujeto en interrogativas (*¿qué tu quieres?*).

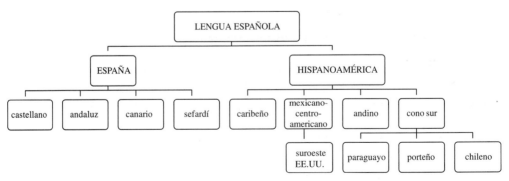

**Figura 7.5** Los principales dialectos del español

**Ejercicio 15.** El siguiente texto es del poeta afroperuano Nicomédes Santa Cruz (1925–92), muy conocido por sus décimas. Analice los dos primeros párrafos del poema *Meme neguito* (1960) y describa los rasgos que encuentra.

*Meme neguito*
A Ignacio Villa
(Bola de Nieve)

| | |
|---|---|
| ¡Ay canamas camandonga! | Su mare no vino ayé, |
| ¿qué tiene mi cocotín? | su mama se fue antianoche; |
| mi neguito chiquitín, | dicen que subió en un coche … |
| acuricuricandonga … | ¡pero tiene que volvé! |
| Epéese a que le ponga | Su maire é buena mujé, |
| su chupón y su sonaja. | -a veces medio marraja-. |
| Meme meme, buenalhaja, | Yo no sé si nos ultraja |
| pepita de tamarindo. | ¡pero si resutta cieito …! |
| Duéimase mi nego lindo: | (Mejó tú no etés despieito) |
| ¡meme meme, há-ha há-ha …! | ¡meme meme, há-ha há-ha …! |

El español también es una de las lenguas oficiales de Guinea Ecuatorial, que es una antigua colonia española en África. La mayoría de los habitantes de este país son hablantes nativos de una lengua africana del grupo bantú y hablan español como segunda lengua.

En el norte de África, además de hablarse como lengua oficial y mayoritaria en las ciudades de Ceuta y Melilla, que pertenecen a España, el español se habla también, como segunda lengua, en el norte de Marruecos, en lo que fue protectorado español (véase Sayahi 2006).

Como mencionamos anteriormente, el español también se encuentra en contacto con otras lenguas tanto en España como en Latinoamérica (y en África). A continuación pasamos a describir este tema del contacto de lenguas.

## 3    El bilingüismo y el contacto de lenguas

Los hablantes de una lengua conviven a veces con hablantes de otra lengua en la misma región o comunidad. Estos casos los conocemos como situaciones de **contacto de lenguas**. Cuando dos lenguas se emplean en un mismo espacio geográfico, ha de haber un grupo de hablantes que sean **bilingües**, es decir, que empleen las dos lenguas, para que podamos hablar de una variedad de contacto que surge de la situación lingüística. El español está en contacto con otras lenguas en diversas regiones de España y de Hispanoamérica. En estas regiones han surgido algunas variedades de español que presentan características lingüísticas propias y derivadas del contacto. Pasamos a describir el contacto de lenguas en España y en Hispanoamérica.

> Antes de seguir: ¿Sabe usted de regiones en España donde se hable más de una lengua? ¿Y de regiones en Hispanoamérica donde se hable más de una lengua? ¿Cuáles son éstas?

## 3.1  El español en contacto en España

En varias regiones de España podemos encontrar lenguas que conviven con el español. Algunas de estas lenguas han sido reconocidas por el gobierno español (el catalán, el euskera o vasco y el gallego) y son cooficiales en las regiones autónomas de España donde se hablan. Otras, como el aranés, el bable asturiano, la fala de Xálima (o fala dos tres lugaris) en un pequeño rincón de Extremadura y la fabla aragonesa (o patués), tienen también cierto reconocimiento oficial en sus zonas respectivas, pero es más simbólico. Otras lenguas que también tienen influencia en el español de España son el portugués en la zona fronteriza, así como el árabe en las ciudades de Melilla y Ceuta, que son posesiones españolas en el norte de África. En todas estas áreas existe un cierto grado de **diglosia** entre las dos lenguas. Es decir, la mayor parte de los hablantes de estas lenguas minorizadas también hablan español, pero emplean las dos lenguas para funciones diferentes. El reparto de funciones varía según la lengua minorizada de que se trate (cf. Fernández Rei y Santamarina Fernández 1999).

> **Ejercicio 16.** La Constitución española establece que saber español es un deber de todos los ciudadanos españoles, mientras que reconoce también la oficialidad de otras lenguas en sus respectivas regiones:
>
> *Artículo 3.*
> 1. *El castellano es la lengua española oficial del Estado. Todos los españoles tienen el deber de conocerla y el derecho a usarla.*
> 2. *Las demás lenguas españolas serán también oficiales en las respectivas Comunidades Autónomas de acuerdo con sus Estatutos.*
> 3. *La riqueza de las distintas modalidades lingüísticas de España es un patrimonio cultural que será objeto de especial respeto y protección.*
>
> Por tanto, los ciudadanos cuya lengua materna no sea el castellano han de ser bilingües de acuerdo con la ley. ¿Qué consecuencias prácticas le parece que pueden derivarse de esta legislación?

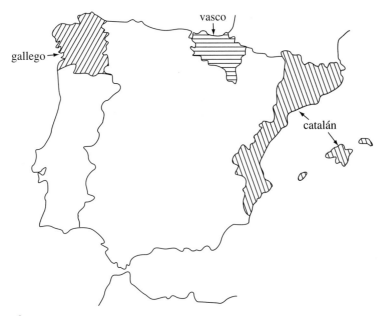

**Figura 7.6** El español en contacto en España (mapa)

En el caso de lenguas que se emplean hoy en día solo en zonas rurales, como lo son las hablas aranesa, asturiana y aragonesa, mientras el español ocupa la función de lengua culta o lengua formal, la lengua propia de la región se emplea en contextos familiares. En el caso de lenguas cooficiales en las regiones autónomas, las circunstancias varían. En el caso de Cataluña, tanto el catalán como el español se emplean en todas las esferas, desde una discusión entre amigos hasta una clase universitaria o un discurso en el parlamento regional. El bilingüismo es alto en esta región, si bien en las zonas rurales predomina el uso del catalán. En el caso del país vasco, la población monolingüe es casi inexistente y existen más hablantes del euskera como segunda lengua que del español como segunda lengua. La lengua y cultura vasca se promueve en las escuelas y su enseñanza varía entre educación toda en euskera (en las *ikastolas*) a educación toda en español con un curso en euskera. Los residentes del País Vasco tienen la opción de elegir la educación que prefieran para sus hijos. El aumento de hablantes de euskera como segunda lengua sugiere que los residentes del País Vasco ven el bilingüismo como una característica de vivir en el País Vasco. En la zona gallega, hay una población monolingüe especialmente en las zonas rurales. Incluso la población autóctona en esta región autónoma es mayor que en Cataluña y el país vasco (Instituto Nacional de Estadística de España 2003). Si bien el bilingüismo está extendido en Galicia, hay menos apoyo económico para la lengua gallega que en las otras dos autonomías.

Estas diferencias sociolingüísticas que encontramos entre las regiones bilingües españolas están relacionadas al estatus político que tiene la lengua minorizada (cooficial o no), así como al poder económico y político que tienen sus hablantes. Otra diferencia también importante entre las regiones bilingües es el número de hablantes monolingües y nativohablantes de la lengua minorizada, así como su enseñanza en las escuelas. En el caso de las lenguas que no son reconocidas oficialmente por el gobierno español (el aranés, el bable asturiano y la fabla aragonesa), éstas no tienen hablantes monolingües ni se enseñan en las escuelas, a menos que sea como un curso especial.

Por otra parte, el contacto de siglos ha influenciado también al español de la región. Por ejemplo, en Asturias y otras zonas del oeste de la Península, el castellano local presenta a veces (de manera variable) características como el llamado neutro de materia (*la leche está frío*), diminutivos en *-ín/a* (*guapina*, *prontín*) o, como vimos anteriormente, el uso de /-u/ final, atribuibles todas ellas a influencia asturiano-leonesa. Pasamos a presentar las características más importantes del contacto del castellano con el catalán, el euskera y el gallego.

### 3.1.1   El castellano en contacto con el catalán

Entre las situaciones de contacto que afectan al español en la Península, la más importante en términos numéricos es, sin duda alguna, el contacto con el catalán (la población residente es de 7.600.267 en el 2019; Institut d'Estadística de Catalunya 2019). El contacto entre estas dos lenguas se da desde la unión de los reinos de Castilla y Aragón llevada a cabo por los Reyes Católicos, Fernando de Aragón e Isabel de Castilla, en el siglo XV. A partir de este momento comienza la ascendencia política de Castilla sobre las otras regiones de España y la imposición progresiva del castellano, que pasa así a convertirse en español. Por el este, es decir, por la antigua Corona de Aragón, que incluía los reinos de Aragón, Cataluña, Valencia y Mallorca, el avance del castellano supone la práctica desaparición del aragonés como lengua independiente y el nacimiento de una situación de bilingüismo castellano/catalán, con el castellano como lengua de prestigio, en áreas que hasta entonces habían sido monolingües en catalán. Después de varios siglos de decadencia lingüística, agravada tras la Guerra de Sucesión a la Corona Española, cuando, por decreto real, el catalán perdió su uso como lengua administrativa y en otras funciones públicas, en el siglo XIX y primeras décadas del XX hay un auge del catalán, que lleva a la elaboración de normas ortográficas y codificación gramatical de la lengua (tareas en que Pompeu Fabra desempeñó un papel fundamental). Como consecuencia de la Guerra Civil española (1936–39), el catalán pierde su estatus oficial, que había recuperado. En los primeros años después de la guerra hay una campaña oficial para "castellanizar" Cataluña. Una fuerte emigración de otras regiones de España a las zonas industrializadas de Cataluña que dura hasta los 70 lleva también a un debilitamiento en el empleo del catalán. Solo tras la muerte de Franco en 1975 y con la subsecuente Constitución española de 1978 obtiene el catalán el rango de lengua cooficial con el español en los territorios donde es la lengua nativa de parte de la población. Hoy en día el catalán se habla y tiene reconocimiento oficial en Cataluña, en Valencia y en las Islas Baleares (Mallorca, Menorca e Ibiza) en el Mediterráneo, así como en una franja de Aragón a lo largo de la frontera con Cataluña. El catalán sobrevive también, en condiciones más bien precarias, al norte de los Pirineos, en la Cataluña francesa (que incluye la comarca del Rosellón). Como recuerdo del pasado colonial de la Corona de Aragón y Cataluña, se conserva el catalán en la ciudad de Alghero (en catalán, l'Alguer), en la isla de Cerdeña, que políticamente pertenece a Italia. Según datos del Institut d'Estadística de Catalunya entre el 85% y el 96% de la población entiende el catalán. Entre las personas menores de 59 años, la gran mayoría habla catalán (entre el 69% y el 88%). El 40% de la población declara tener el español como lengua nativa. La mayoría de los catalanohablantes domina también el castellano.

Su castellano, sin embargo, a menudo presenta rasgos que permiten detectar un "acento catalán". A nivel fonológico, los rasgos más llamativos para los hablantes de otras regiones son la sonorización de la /s/ final de palabra en posición intervocálica (*lo*[z] *unos y lo*[z] *otros, mi*[z]*abuelos*) (al igual que en el catalán), el **ensordecimiento** de la /d/ final, pronunciada como [t] (*amista*[t], *verda*[t], *autorida*[t]), la velarización de la /l/ (*igua*[ł]); en algunas zonas (Valencia, Baleares y Campo de Tarragona) se emplea [v] en palabras con grafía '*v*' ([v]*aca*, [v]*ayamos*); las vocales tónicas se abren más de lo normal y se neutralizan las átonas (coincidiendo con las realizaciones átonas catalanas) (cf. Alvar 1996; García Mouton 1999). Es de notar que algunos de estos rasgos (sobre todo el ensordecimiento de /d/ final), aparecen también en el habla de personas de estas regiones cuya lengua dominante es el castellano.

Entre las características morfosintácticas del español en contacto con el catalán (Galindo Solé 2003), la más interesante tiene que ver con el empleo de los deícticos, es decir, palabras como *aquí, ahí, allí, este, ese, aquel, ir, venir, traer, llevar*, que incluyen ubicación o dirección en su significado. El sistema empleado en el catalán de Cataluña es bastante diferente del que se emplea en castellano. Los hablantes dominantes en catalán suelen emplear el sistema de esta lengua también en castellano, diciendo, por ejemplo: *¿Está la María aquí?* (hablando por teléfono, donde esperaríamos *ahí*); *ya vengo* (en lugar de *ya voy*); *ahora te lo llevo otra vez aquí* (en contextos donde otros hablantes dirían *ahora te lo traigo otra vez aquí*), etc. La mayor diferencia es que palabras como *aquí, este, venir, traer*, que en español general hacen referencia al lugar donde está el hablante, se emplean también con referencia al lugar donde está el oyente en el español de Cataluña. Por el contrario, los hablantes bilingües dominantes en castellano emplean el sistema castellano también en catalán. Otros rasgos que podemos mencionar son el empleo del artículo con nombres propios: *la Montse, el Manuel*, que es la norma en catalán (aunque este uso es normal también en el habla coloquial de muchas otras regiones y en Chile, como vimos anteriormente), la preferencia a emplear el posesivo perifrástico en lugar del uso pronominal con adverbios (*delante mío > delante de mí*), el empleo del *dequeísmo* (*digo de que vengas, creo de que quiere viajar*), el empleo de la construcción *tampoco no* (*tampoco no trajo el libro*) y el empleo preferente de la forma del futuro sintético (*iré a Mallorca de vacaciones*) para tiempo futuro, si bien Blas Arroyo (2008) encuentra que está disminuyendo su uso en la región de Castellón.

En Cataluña se produjo una fuerte inmigración de otras regiones de España (especialmente del sur) durante varias décadas en la segunda mitad del siglo XX. Desde el 2000, sin embargo, la población inmigrante es mayoritariamente de Hispanoamérica. Debido al estatus oficial y el prestigio social del catalán en Cataluña, estas poblaciones hispanohablantes aprenden el catalán, lo que ha llevado a un alto grado de bilingüismo en la población inmigrante también.

**Ejercicio 17.** El periódico *La Vanguardia* (www.lavanguardia.es) de Barcelona es un periódico producido en español, sin embargo acepta cartas del lector en catalán. *El Periódico* es otra prensa que se publica en español (www.elperiodico.com) y en catalán (www.el periodico.cat). Si la mayoría de la población en Cataluña es bilingüe, ¿qué función cumplen estos periódicos?

### 3.1.2   El castellano en contacto con el gallego

El contacto del castellano con el gallego es también antiguo. El gallego es una variedad lingüística estrechamente relacionada con el portugués, hasta el punto que muchos especialistas consideran al gallego como variedad o dialecto de la lengua portuguesa. Sin embargo, en Galicia existe una polémica sobre si el gallego es una variedad del portugués o una lengua aparte. Obviamente, además de los criterios puramente lingüísticos intervienen los criterios emotivos en la evaluación. Después de un período de decadencia en el uso del gallego, en el siglo XIX surgen movimientos culturales a favor de la lengua gallega. Al igual que con el vasco y el catalán, el gallego se convierte en una lengua que se emplea solo en el hogar después de la Guerra Civil y hasta la muerte de Franco en 1975. Con la Constitución española de 1978 el gallego obtiene el rango de lengua cooficial con el español en Galicia (se habla también gallego en zonas limítrofes de Asturias y León) y empiezan los esfuerzos de la recuperación de la lengua. La población residente en Galicia según el censo del 2001 es de 2.695.880 (Instituto Nacional de Estadística de España 2004). La recuperación del gallego por las clases medias urbanas y la normativización de la lengua han traído consigo fenómenos interesantes. Los datos lingüísticos publicados por la Xunta de Galicia (2003) describe que la mayoría (93%) de la población de Galicia habla el gallego. Reporta que el 72% de la población tiene una actitud favorable hacia la lengua y el 66% considera que debería ser la lengua de la escuela. La tabla 7.9

Tabla 7.9 *La lengua habitual por edad en Galicia (tomado del portal de la Real Academia Galega 2004)*

| Años | Solo castellano | Más castellano | Más gallego | Solo gallego |
|------|-----------------|----------------|-------------|--------------|
| 15 a 24 | 24.1% | 29.6% | 18.9% | 19.0% |
| 25 a 34 | 29.4% | 33.7% | 26.1% | 18.9% |
| 35 a 44 | 26.4% | 21.8% | 27.9% | 28.1% |
| 45 a 54 | 20.1% | 14.9% | 27.1% | 34.0% |

tomado del mapa sociolingüístico de la Real Academia Galega muestra el uso lingüístico por edad del hablante.

Mientras que la comparación entre los mayores y los más jóvenes en la columna *solo gallego* parece sugerir el desplazamiento del gallego entre los jóvenes, las columnas medias sugieren que la población está favoreciendo el bilingüismo. Estos resultados muestran que la lengua ha pasado de ser la lengua familiar y de uso predominante en las zonas rurales en la Galicia de antes de 1978, a adquirir progresivamente prestigio social. La revitalización de la lengua gallega se evidencia en los cambios de normas con respecto a la lengua que se emplea (Álvarez Caccamo 1991). En un análisis sociolingüístico del uso lingüístico en las ciudades gallegas, Rei-Doval (2007: 432) encuentra que si bien el uso en las ciudades favorece al español, el gallego es la lengua habitual de los ciudadanos urbanos en el 42.7% de las veces. Rei-Doval concluye que el gallego está ganando terreno en Galicia, pero su avance en las ciudades solo será posible con el apoyo de todos los miembros e instituciones de la comunidad.

En un estudio fonético y fonológico sobre el habla de Vigo, Vidal Figueroa (1997) distingue tres dialectos: (a) el dialecto gallego tradicional de Vigo, empleado sobre todo por personas de cierta edad de las clases sociales menos favorecidas, funcionalmente monolingües; (b) el castellano urbano de Vigo; y (c) el gallego urbano culto, utilizado por hablantes bilingües de las clases medias. La conclusión a la que llega el autor después de comparar los sistemas fonológicos de estos tres dialectos de Vigo es la siguiente:

En vista dos datos expostos en relación coas estructuras fonéticas dos tres dialectos descritos, pódese logo constatar que o vigués tradicional e o castelán son dúas entidades ben diferenciadas, que teñen en común menos da metade dos segmentos considerados (46%), e entre os cales non se pode advertir ningún tipo de interferencia. (Falo, naturalmente, dos falantes unilingües considerados neste traballo.) [. . .] O galego urbano culto, por súa vez, mostra unha paradoxal semellanza co castelán, contra o que sería de esperar en vista das etiquetas que adscriben cada un deles a unha "lingua" diferente, e en consecuencia aparece moi diferenciado do dialecto tradicional (Vidal Figueroa 1997: 329).

Algunas de las características del castellano de Galicia, compartidas también con el de Asturias, son la velarización de /n/ final (*pa*[ŋ], *tambié*[ŋ]) y cierta tendencia a cerrar las vocales medias finales de palabra (*leche* > *lechi*, *mano* > *manu*). En algunas zonas y entre hablantes cuya lengua dominante es el gallego a veces se transfiere al castellano el empleo de la fricativa velar sorda [x] o aspirada [h] en lugar de la /g/ (*gota* > [xóta] o [hóta]), fenómeno dialectal que se conoce como *gheada* en gallego. Las características morfosintácticas son la preferencia por el diminutivo -*iño* (*gatiño*), el empleo del pretérito en contextos donde en Madrid se emplearía el perfecto (*hoy vi a Juan*) y, de modo variable, en hablantes cuya lengua dominante es el gallego, la posición postverbal de los pronombres clíticos (*dijístemelo*). Otra característica del gallego que se encuentra en el castellano de Galicia es el uso de la forma verbal en -*ra* como pluscuamperfecto de indicativo: *Cuando llegué ellos ya terminaran* (= *habían terminado*) (Pollán 2001).

### 3.1.3   El castellano en contacto con el vasco

El contacto del español con el vasco es un caso especial, ya que el vasco es la única lengua viva que se empleaba en la Península antes de la llegada de los romanos. (Es una lengua prerromana.) El contacto entre el español y el vasco existe desde la formación del español, dado que el romance castellano se formó en una zona adyacente a la que era de lengua vasca en la Edad Media. Las primeras fases en castellano que han llegado hasta nosotros, las *Glosas Emilianenses*, fueron escritas por un monje bilingüe, que escribió también un par de glosas en vasco en el mismo texto. Encontramos palabras vascas también en el *Poema de Mio Cid* y en los poemas de Gonzalo de Berceo, nuestro primer poeta culto. Al expandirse el romance castellano más allá de los angostos confines en que nació, sin embargo, el contacto con la lengua vasca dejará de ser un factor importante en su desarrollo lingüístico.

La lengua vasca goza hoy en día de estatus cooficial con el español en la Comunidad Autónoma del País Vasco, que incluye las provincias de Guipúzcoa (Gipuzkoa), Vizcaya (Bizkaia) y Álava (Araba), y también en la zona de habla vasca de Navarra. La población residente total de la Comunidad Autónoma Vasca es de 2.199.088 según el Instituto Nacional de Estadística (2019). La lengua vasca se habla también al norte de los Pirineos, en una pequeña zona de Francia, donde no tiene reconocimiento oficial. Según la encuesta sociolingüística del 2006 (Comunidad Autónoma Vasca (CAV) – Eusko Jaurlaritza 2008), la población monolingüe en castellano (*monolingües erdaldunes*) dentro de lo que es la Comunidad Autónoma Vasca es del 51%, mientras que la población bilingüe es del 30.1% ("*erdaldun*" es una palabra vasca que significa aquí castellano-hablante). El porcentaje restante (18.3%) lo constituye una población también bilingüe, pero pasiva, es decir, entiende pero no habla el vasco o euskera. El territorio de Guipúzcoa tiene la mayor población de bilingües (49.1%), mientras que Vizcaya tiene un 23% y Álava un 14.2%. Sin embargo, en Vizcaya y Álava, la población **bilingüe-pasiva** es cercana o

Tabla 7.10 *Población de 16 años o más por competencia lingüística para el 2006 (tomado de CAV 2008: 21)*

| Grupos de edad | Bilingües | Bilingües pasivos | Monolingües erdaldunes |
|---|---|---|---|
| 16 a 24 | 57.5% | 24.9% | 17.6% |
| 25 a 34 | 37.3% | 26.0% | 36.7% |
| 35 a 49 | 25.7% | 22.0% | 52.3% |
| 50 a 64 | 21.3% | 13.2% | 65.6% |
| Más de 65 | 25.0% | 9.0% | 66.0% |
| Total | 30.1% | 18.3% | 51.5% |

mayor a la población bilingüe (19.4% y 20%, respectivamente). La información sobre la **competencia lingüística** por edad, ilustrada en la tabla 7.10, muestra rotundamente que la población bilingüe está aumentando en la población joven, mientras que el monolingüismo en castellano está disminuyendo. Esta situación de revitalización de la lengua vasca se debe a la política energética del gobierno vasco y al orgullo de la población vasca que reconoce la lengua como parte de su identidad. En Navarra también está aumentado el porcentaje de vascófonos, aunque en menor medida que la CAV (véase Azurmendi et al. 2008).

Según la VI Encuesta Sociolingüística hecha en el 2016, la población del País Vasco entre dieciséis y veinticuatro años habla euskera en un 71.4%, mientras era solo de 25% en la encuesta anterior que se hizo en 1991. Según el reporte general, las actitudes hacia la lengua también son más positivas.

Con respecto a los rasgos lingüísticos de contacto, el caso del contacto del vasco con el castellano es diferente al del contacto del castellano con el catalán y el gallego, ya que es el único caso en el que las dos lenguas no son ambas lenguas romances. Algunas características del español del País Vasco son las siguientes (Urrutia Cárdenas 1995; González 1999; Ciriza 2009):

- Frecuente colocación preverbal del objeto directo y otros complementos del verbo: *Cebollas enteras dice que le metían. Trabajo mucho tiene. Flores compra para su mamá.*
- El empleo del adverbio *ya* en posición preverbal inmediata para afirmar el verbo: *Ya trajo* (= "sí que lo trajo").
- La omisión de pronombres de objeto inanimado: *¿Compraste los sobres? – Sí, compré.*
- El *leísmo animado* con referencia tanto a personas masculinas como femeninas: *A Angélica le vi. Le llamé en la noche* (*a Jorge*), así como su uso doble: *Le veo a Juan en el parque.*
- El empleo del condicional en lugar del imperfecto de subjuntivo en oraciones condicionales: *Si le vería, yo le preguntaría. Si yo tendría dinero, me compraría esa casa. Ojalá vendría.*

Como característica fonológica podemos notar que en el español del País Vasco la distribución de las vibrantes sigue las pautas que encontramos en la lengua vasca. Como en esta lengua, la vibrante que ocurre en posición de neutralización es la múltiple. El empleo de la vibrante múltiple en posición pre- o pos-consonántica (*parte*, *pobre*) es general en el español del País Vasco. En el habla de los bilingües la vibrante múltiple aparece también a veces en posición final de palabra ante vocal: *por eso* [por̄éso].

A raíz del contacto, así como en Cataluña, los hablantes crean discursos en los que se emplean el castellano y el vasco de manera contigua, como en el siguiente ejemplo de Muñoa Barredo (1997).

*tabernariak ze obligazio dauka?* / servicio de bebidas al por menor / *ho- horregatik ordaintzen da* / *besteak* / *tallerrak zer dauka?* / pues arreglo de automóviles o venta de automóviles o . . . "¿Cuál es la obligación de un dueño de un bar? Servicio de bebidas al por menor; eso es por lo que uno paga. El otro, el taller ¿cuál tiene?, pues arreglo de automóviles o venta de automóviles o . . ."

Según Muñoa, el **codeswitching** (o alternancia de códigos) es un fenómeno bastante extendido en el País Vasco, especialmente en contextos informales entre bilingües. En sus datos encuentra que se emplea para funciones pragmáticas como cuando se habla de un tópico específico, para expresar una actitud específica (autoridad), para una función específica de la proposición (broma, seriedad), o para cita directa en la otra lengua.

En el castellano del País Vasco, también se encuentran muchos préstamos léxicos del vasco y algunos sufijos vascos como el diminutivo *-txu* con nombres propios (*Javiertxu*, *Begotxu*) y el gentilicio *-tarra* para indicar origen (*Bilbotarra* "de Bilbao", *Donostiarra* "de San Sebastián").

### 3.1.4   La migración en el territorio español

Las migraciones internas del sur al norte en el territorio español de hace cuarenta años son bastante conocidas. Desde hace veinticinco años, sin embargo, una nueva ola de migraciones proviene de Hispanoamérica que ha sufrido una fuerte emigración debido a las circunstancias políticas y económicas de la región. Los destinos más favorecidos por esta población emigrante hispanoamericana han sido los EE.UU. y España, en segundo lugar, con 744 mil inmigrantes de Hispanoamérica. Otros países que siguen, con menos de la mitad de inmigrantes de los de España son, en orden descendente, Canadá, Japón, Italia y Holanda (Centro Latinoamericano y Caribeño de Demografía 2006). Según la Oficina Nacional de Estadística de España, el país tenía una población inmigrante de casi dos millones en el año 2007, mientras en 1991 llegaba a menos de medio millón. En el período entre el 2000 y el 2005, los inmigrantes hispanoamericanos provenían de Bolivia, Ecuador, Argentina, Colombia y Perú, en orden descendente. Nótese que desde la perspectiva dialectal, la variedad andina es la mayormente representada en la población inmigrante hispanoamericana. Las regiones de destino dentro de España en los mismos cinco años han sido Cataluña, Madrid, Valencia y Andalucía. De las tres autonomías bilingües, el territorio de habla catalana ha sido el destino de la mayor parte de los inmigrantes hispanoamericanos. Según el Ayuntament de Barcelona, en el 2005 los grupos inmigrantes más grandes eran de Ecuador y Perú. Los otros grupos hispanoamericanos, en orden descendiente, son de Colombia, Argentina y Bolivia. Otra vez, desde la perspectiva dialectal, la inmigración hispanoamericana es mayoritariamente de la variedad andina. El censo también muestra que la población inmigrante tiene un promedio de edad mucho más joven que la población local. El grupo etario hispanoamericano más representado está entre los veinte y treinta y nueve años de edad. No sabemos todavía el impacto que tendrá en el español de Cataluña el predominio del dialecto andino en una población inmigrante joven. En un estudio sobre el uso del español y el catalán en dos inmigrantes en Barcelona (una de Venezuela y la otra de Colombia), Marshall (2007) adelanta una característica del uso lingüístico de esta población inmigrante. Encuentra que si bien ambas jóvenes hablan catalán (al igual que sus otros cuarenta y dos informantes), las dos hacen uso de expresiones emotivas del español, como *vaina* y *chévere*, hablando en catalán (*codeswitching*) con la intención de expresar su identidad. Este y otros estudios sobre los ecuatorianos en España sugieren que el contacto de estos grupos perfilará las variedades de español de sus hablantes.

**Ejercicio 18.** ¿Qué semejanzas y/o diferencias hay entre el español catalán y el español andino?
**Ejercicio 19.** ¿Qué factores sociales sería necesarios estudiar para tener un mejor entendimiento de la situación de **contacto de dialectos** en Cataluña?

## 3.2   El español y las lenguas amerindias en Hispanoamérica

Cuando los primeros españoles llegaron a las Américas, encontraron un gran número de lenguas originarias. Después de la llegada de los españoles muchas lenguas amerindias desaparecieron, ya que sus poblaciones fueron exterminadas por las guerras, las epidemias, etc. Esto ocurrió especialmente en la zona antillana (las islas del Caribe): en Cuba, en Puerto Rico y en la República Dominicana, donde se hablaba taíno, y en la región de Panamá y costa del Caribe de Colombia, donde se hablaba chibcha. Sabemos muy poco de las otras lenguas que se hablaban en el continente en el período inicial de la colonia, excepto por las menciones en crónicas y escritos de la época. En algunas regiones del continente americano se encontraban ciudades españolas importantes, como las ciudades de México (1519) y Lima (1535). En estas ciudades se concentraba el poder político, administrativo, educativo y cultural español colonial. Le seguían en importancia otras ciudades como Quito (Ecuador), Potosí (Bolivia), Bogotá (Colombia), Guatemala, Santiago de Chile y Buenos Aires (Argentina). Fuera de estas ciudades y sus zonas de influencia, sobre todo en las áreas de más difícil acceso, se mantuvieron vivas las lenguas originarias.

Si bien el grado de contacto entre la comunidad hispanohablante y las comunidades indígenas ha variado a través de los años y según la región, hoy en día encontramos variedades de español que presentan características muy particulares, debidas a la situación de contacto. Especialmente importantes por el número de hablantes con que cuentan son las variedades de español en contacto con el quechua (la lengua amerindia más hablada en el continente americano), con el guaraní y con las lenguas mayas. Existen otras variedades de contacto con lenguas originarias, debido a que el español es la lengua mayoritaria en los dieciocho países que conforman la región hispanoamericana. Aunque, en teoría, el contacto entre el español y las lenguas originarias existe desde la llegada de los españoles, solo en el siglo XX se han incrementado las poblaciones bilingües considerablemente (Escobar 2004).

La lengua indígena más hablada en el continente americano es el quechua. Se calcula que hay entre ocho y doce millones de hablantes de quechua en un área que va desde el sur de Colombia hasta el noroeste de Argentina y que incluye partes de Ecuador, Perú y Bolivia. Los hablantes de lenguas mayas constituyen el segundo grupo de hablantes de lenguas amerindias, calculándose su número en alrededor de seis millones en las regiones del sur de México (en las regiones del Yucatán y Chiapas) y Guatemala. Sigue en número de hablantes la lengua guaraní que se habla especialmente en Paraguay y en zonas adyacentes de Brasil, Argentina y Bolivia, con aproximadamente cinco millones de hablantes. A continuación tenemos el **aimara** en la zona andina del sur de Perú y Bolivia (alrededor del lago Titicaca), en el noroeste de Argentina y el noreste de Chile, con aproximadamente dos millones de hablantes. Los hablantes de las lenguas náhuatl, de México, incluyen aproximadamente un millón y medio de hablantes. La lengua mapundungu se habla en el sur de Chile, especialmente, y en el suroeste de Argentina, y tiene una población menor del medio millón. Los países hispanoamericanos tienen una presencia bastante variada de lenguas amerindias (México tiene 64 lenguas originarias, Guatemala tiene 24, Perú tiene 43, Venezuela tiene 37, Colombia tiene 65, Ecuador tiene 12, Bolivia tiene 33, Argentina tiene 15, Paraguay tiene 20 y Chile tiene 6). Por otro lado, los países centroamericanos (a excepción de Guatemala) tienen entre tres y ocho lenguas amerindias cada uno, pero los países caribeños y Uruguay no tienen ninguna lengua originaria. Los países con presencia indígena numérica más importante son Bolivia, Guatemala y Perú (Escobar 2004). Aquí vamos a examinar brevemente el contacto del español con las lenguas mayas (en México y Guatemala), con el guaraní (en Paraguay) y con el quechua/aimara (en Perú, Bolivia y Ecuador).

**Figura 7.7** El español en contacto con las lenguas amerindias (mapa)

Además de las lenguas originarias, el español está en contacto con otras lenguas en Hispanoamérica. En México, está en contacto con el inglés. En Guatemala, está en contacto con una **lengua criolla** de base lexical inglesa llamada garífuna (en la costa del Atlántico). En Costa Rica está en contacto con otra lengua criolla de base lexical inglesa llamada criollo limonés (en la costa del Atlántico). En Panamá, está en contacto con el inglés después de una larga presencia estadounidense en la región del canal de Panamá. En la República Dominicana está en contacto con el inglés Samaná y con el criollo haitiano de base lexical francesa, especialmente en la frontera con Haití. En Paraguay, está en contacto con el portugués brasileño y con poblaciones de habla alemana. En Uruguay, está en contacto con el portugués, lo que ha dado origen a una variedad de contacto conocida como el *portuñol*. En Chile está en contacto con el alemán, especialmente en la región de Los Lagos en el sur.

**Ejercicio 20.** Vaya al portal del *Ethnologue* que recoge información y mapas de todas las lenguas del mundo (www.ethnologue.com/country_index.asp? place=Americas). En su sección del continente americano, busque las regiones en las que se concentran las lenguas originarias en México, Guatemala, Colombia, Venezuela, Ecuador, Perú, Bolivia y Argentina. ¿En qué zonas de cada país se concentran los hablantes de lenguas originarias? ¿Pertenecen las lenguas a la misma familia lingüística?

**Ejercicio 21.** Recoja información sobre una de las siguientes lenguas y preséntelo a sus compañeros de clase: el garífuna en Guatemala, el criollo limonés en Costa Rica, el *portuñol* en Uruguay y la variedad de Chiloé. ¿Qué características demográficas y lingüísticas tienen estas variedades?

### 3.2.1   El español en contacto con las lenguas mayas

Guatemala es un país plurilingüe y multiétnico con aproximadamente once millones de habitantes, según el censo del 2002. El 49% de la población tiene menos de dieciocho años de edad y el 41% es indígena. El 42% de la población trabaja en la agricultura (o actividades relacionadas con el campo o con la pesca) y los porcentajes de analfabetismo son los más altos de Hispanoamérica y alcanzan el 60% en las mujeres y el 40% en los hombres (Del Popolo y Schkolnik 2005). Las lenguas indígenas emplean un alfabeto único que se aprobó en 1987. Tanto el gobierno como instituciones indígenas promueven la **educación bilingüe** y el mantenimiento de las lenguas originarias, si bien la diversidad lingüística dificulta el proceso. En Guatemala, veintidós de las veinticuatro lenguas originarias del país son lenguas mayas.

El contacto del español con las lenguas mayas en México se da en el sur, en la zona del Yucatán, de Quintana Roo, Campeche y Chiapas. Las provincias con más porcentaje de presencia indígena en México son las provincias de Yucatán (59%), Oaxaca (48%), Quintana Roo (39%), Chiapas (28%), Campeche (27%) e Hidalgo (24%), e incluyen la región maya. Mientras en Yucatán, Quintana Roo y Campeche hay una concentración de lenguas mayas, en Chiapas están en contacto con otras lenguas originarias. En México hay una serie de programas de educación bilingüe y de apoyo a la mantención y el estudio de las lenguas originarias. Flores Farfán (2007) escribe sobre una iniciativa en la que participa con la comunidad náhuatl haciendo uso de medidas de revitalización *desde abajo* (desde las mismas comunidades indígenas). Consiste en talleres interactivos con alto grado de sensibilidad cultural, entre miembros de la comunidad y promotores, con el fin de recoger géneros orales indígenas y difundirlos mediante diversos medios visuales. El investigador y sus colegas han encontrado que estas iniciativas aumentan la valoración social de la lengua y contribuyen a promover la revitalización de la lengua originaria y minorizada.

Los estudios sobre el español de estas regiones maya proponen las siguientes características como propias de esta variedad de contacto:

- La nasal /n/ se convierte en **bilabial** en final de palabra: *pan* [pám].
- La fricativa /f/ se convierte en /p/ en posición inicial de palabra: *feliz* [pelís].
- La /s/ se tiende a mantener y las vocales tónicas se alargan.

Las características morfosintácticas son:

- La reduplicación de *-ísimo*: *riquisisísimo, pobrisisísimo*.
- El empleo redundante del pronombre posesivo: *su casa de Juan, su tapa de la olla*.
- El empleo del pronombre de objeto de tercera persona de manera redundante: *Lo llamé a Juan. Lo metió el libro en el cajón*.
- El empleo extendido del diminutivo: *callandito, corriendito, dositos, ahisito, acasito, estito, unito, ellita* (como ocurre también en la zona andina).
- El empleo del artículo indefinido antes del posesivo: *un mi sombrero, una mi taza de leche*.

**Ejercicio 22.** Mire en un mapa departamental de México y busque dónde quedan los departamentos de Oaxaca, Hidalgo, mencionados anteriormente con alta población indígena, así como los departamentos que siguen en población de origen amerindio: Puebla (19%), Guerrero (17%), San Luis Potosí (15%) y Veracruz (15%). ¿Dónde está concentrada la mayor parte de la población indígena en México?

**Ejercicio 23.** El garífuna es una lengua mezclada con una lengua amerindia no maya. Mire en el *Etnologue* en internet y busque de qué lengua indígena se trata y dónde más se hablaba esa familia de lenguas.

### 3.2.2 El español en contacto con el guaraní

El español en contacto con el guaraní constituye un caso especial de contacto en Hispanoamérica, porque el 89% de la población paraguaya es bilingüe en español y guaraní (Gynan 2003), si bien se hablan veinte lenguas originarias en el país. El español es la lengua oficial y el guaraní es la lengua nacional. Debido al largo y extenso grado de contacto y bilingüismo, el español de Paraguay presenta características lingüísticas muy definidas que son producto del contacto del español con esta lengua de la familia tupi, sobre todo a nivel léxico. La mayor o menor presencia de rasgos guaraníes en el español (o rasgos españoles en el guaraní) depende del grado de bilingüismo de los hablantes y de las circunstancias de la conversación. Sin embargo existe una variedad mixta de guaraní y español que está extendiéndose en la comunidad, especialmente en el habla de los jóvenes y se conoce como **jopara** (Gynan 2003; Zajícová 2009). Según dónde se hable (en la ciudad o en zonas más rurales) y por quién (jóvenes urbanos o migrantes rurales en la ciudad), el jopara puede tener más influencia del español o del guaraní, respectivamente. Zajícová (2009) encuentra que el jopara se emplea especialmente en el habla oral pero también en la lengua escrita. El castellano jopara escrito incluye expresiones léxicas y gramaticales del guaraní: *La niña ndaje* ("se dice") *no comía más casi dos días voi* ("pues") *y por eso estaba un poco desnutrida, pero el tua ánga* ("padrastro") *igual le pegaba.* Estas expresiones (que otros estudiosos llaman préstamos) están extendidas en el español paraguayo e incluye varios marcadores de discurso: la partícula afirmativa *voi* "pues, luego", el reportativo *ndaje* "se dice, según dicen", el afirmativo pasado *ra'e* "había sido", el enfático *-ite* (*plata en efectivoite* "dinero en efectivo de verdad"), así como el diminutivo *-i* (*virumi* "platita o dinerito"), entre otros.

Los rasgos dialectales del español paraguayo incluyen la asibilación tanto de la vibrante final de palabra como la múltiple. En general, se distinguen /ʎ/ y /j/ en la pronunciación, a pesar de que guaraní carece de la lateral palatal. Característica del español paraguayo es la realización de /j/ como oclusiva o africada palatal en todas las posiciones: *mayo* [máɟo], en lo cual sí que es posible ver influencia de la lengua guaraní. Así, la mayoría de los paraguayos distinguen entre *cayó* [kaɟó] y *calló* [kaʎó]. A nivel morfosintáctico, si comparamos el español paraguayo con el argentino-uruguayo, encontramos tanto coincidencias como diferencias. Un rasgo común es el uso del voseo. Un rasgo diferencial es el empleo del leísmo en Paraguay.

Entre las características morfosintácticas del español en contacto con el guaraní, Granda (1988) señala las siguientes:

- El uso de los artículos *la* para singular y *lo* para el plural: *la señor ministro*.
- El uso redundante del pronombre posesivo: *su casa de Juan, mi casa de mí*.
- El empleo de *todo + ya* para enfatizar el término de algo: *Ya trabajé todo ya. Tu hijo creció todo ya.*
- El uso de la doble negación como refuerzo: *Nada no te dije. Nadie no vino.*
- El uso del subjuntivo en lugar del condicional en las oraciones condicionales: *Si tuviera plata, comprara esa casa.*
- El uso del determinante + posesivo + N: *un mi amigo, ese mi hijo, otro mi hermano.*

El voseo y el uso del *che* porteño también se encuentran en el español paraguayo.

### 3.2.3  El español en contacto con el quechua/aimara

El contacto del español y el quechua se da en varios países como hemos mencionado ya, aunque concentrado fundamentalmente en Ecuador, Perú y Bolivia, con grupos menores en el norte de Argentina y el suroeste de Colombia. En Perú y en Bolivia el quechua y el aimara tienen estatus oficial, aunque especialmente en las regiones donde el quechua es la lengua dominante de la población. En estas zonas predominantemente quechuas (y aimaras), el español ocupa el papel de lengua para comunicación en instituciones gubernamentales y sociales (hospital, banco, colegio). Muchos estudiosos consideran que a pesar de estos esfuerzos el caso de las **lenguas andinas** es hacia el desplazamiento de éstas a favor del español (Adelaar 1991, 2004; King y Hornberger 2004;

Hornberger y Coronel-Molina 2004: 25). Atribuyen esta situación a que el porcentaje de hablantes monolingües en estas lenguas no está aumentando, a la dificultad de comunicación entre hablantes de diferentes variedades de quechua, al empleo del español en muchos hogares andinos y a las actitudes hacia la lengua, que si bien son positivas, son solo afectivas (von Gleich y Wölck 1994). Se agregan los patrones de migración de zonas rurales a zonas urbanas que ha aumentado vertiginosamente en los últimos cincuenta años, especialmente en el caso peruano. Sin embargo, a raíz de las migraciones de las áreas rurales a las ciudades dentro de la zona andina y fuera de la región andina, el quechua, en especial (aunque en algunas áreas el aimara también), se está empleando más extendidamente en las ciudades andinas. Si bien el español y el quechua/aimara están en función diglósica a nivel de la sociedad, en algunas zonas donde hay más hablantes bilingües, las lenguas andinas se emplean también en contextos antes considerados formales. El apoyo gubernamental es actualmente más fuerte y extendido en orden descendiente en Bolivia, Ecuador y Perú. A raíz de los cambios políticos de principios del siglo XXI, favorables a las naciones y comunidades indígenas, los gobiernos de Bolivia y Ecuador han tomado medidas amplias para promover la mantención de las lenguas y las culturas indígenas. En el caso peruano, si bien oficialmente hay un reconocimiento por el mantenimiento de estas lenguas, esta intención no se ha traducido todavía en acciones sociopolíticas significativas.

En los tres países andinos, mencionados anteriormente, el grado de contacto entre el español y el quechua varía según el tipo y el grado de contacto entre los hablantes de estas lenguas y en torno a algunas características lingüísticas propias del español en contacto de cada región. Por ejemplo, mientras en Ecuador se está extendido el uso del marcador de foco -ga, este no es el caso en el Perú. Sin embargo, podemos hablar de ciertas características comunes a los tres países. Las características lingüísticas más importantes del contacto entre el español y el quechua (Escobar 2000), que han dado lugar a que se hable del dialecto conocido como el español andino, son las siguientes:

- La vibrante múltiple se asibila, al igual que en Costa Rica, Guatemala y Paraguay: *risa* [řísa], *salir* [saliř].
- Las vocales se tienden a perder en sílaba átona, al igual que en México: *ahorita* [oríta], *todos* [tóðs], *pues* [ps].
- En el habla de personas cuya lengua dominante es el quechua, las vocales /o/ y /e/ tienden a pronunciarse como [u] e [i] respectivamente: *señor* [siɲúř], *niño* [níɲu] (el quechua tiene únicamente tres fonemas vocálicos).
- El uso extendido del diminutivo: *callandito*, *corriendito*, *dositos*, *ahisito*, *acasito*, *estito*, *unito*, *ellita* (al igual que en México).
- El pronombre de objeto directo redundante (como en el cono sur): *vémelo el asado*, *lo visité a mi papá*.
- El posesivo redundante: *su padre de mi padre*, *mi chacra de mí*.
- La secuencia demostrativo + posesivo + N: *este mi ganado*, *esos mis hijos*.

- El uso del condicional en la prótasis en oraciones condicionales: *Si tendría dinero, compraría esa casa* (como hemos visto que también ocurre en el español del País Vasco).
- La tendencia a mover el objeto, expresiones adverbiales y las frases preposicionales al inicio del enunciado: *Harto hemos correteado. Yo de nada me enojo. Porque poca preparación tiene.*
- La tendencia a omitir el pronombre de objeto: *¿Sabes que el señor Quispe se murió? – No ___ he sabido.*
- El uso del pluscuamperfecto de indicativo para indicar conocimiento indirecto. Para dar un ejemplo, una oración como *Juan había vivido en Lima* puede significar "(he oído que) Juan vivió en Lima".

Algunos estudios (Courtney 1998; Shappeck 2009) han hablado del uso de codeswitching en la zona andina, como en el ejemplo de Courtney (1998):

Pero si rima-nki quechua-ta chay-pi chay-qa capta-ka-nku como castellano-ta hina "Pero si usted le habla en quechua, lo van a entender como castellano".

En las zonas rurales de Perú y Bolivia, especialmente, todavía se encuentran hablantes monolingües de quechua, pero la alta migración hacia las zonas urbanas ha contribuido a un bilingüismo extendido y disperso por todo el país. De igual manera, las características lingüísticas antes atribuidas solamente al español de la zona andina se están extendiendo a otras regiones del país y a las ciudades. En estos nuevos espacios, la cultura andina se encuentra representada especialmente en los clubes regionales, en restaurantes regionales de prestigio, en los medios de comunicación, tanto en las emisoras radiales como en programas de índole popular, entre otros (Escobar 2007). La difusión de las variedades andinas de español es una realidad en los países andinos.

En Latinoamérica el español está en contacto no solo con lenguas amerindias sino también con lenguas de otros orígenes. Si bien no es nuestra intención hacer una presentación exhaustiva de todas las variedades del español en contacto, quisiéramos hacer referencia al contacto del español con el portugués en la frontera entre Uruguay y Brasil. Se conoce esta variedad de español como **fronterizo** (Elizaincín 1992). Algunas de las características fonológicas del fronterizo, que muestran la influencia del portugués, son la presencia de vocales nasales, el empleo del fonema /v/ y de la /z/ sonora. Sin embargo, no existe una sola variedad de fronterizo, sino más bien una serie de variedades que están más cercanas al español o al portugués, según la región y el hablante.

Además del contacto del español con las lenguas indígenas y el portugués, el contacto más importante que existe en el continente americano es el contacto del español con el inglés, especialmente en la zona suroeste de Estados Unidos, que describimos en el capítulo siguiente.

### 3.2.4  Migración interna en Hispanoamérica

Desde finales del siglo XX, Hispanoamérica ha sido testigo de una migración interna de las zonas rurales a las ciudades. Este movimiento poblacional ha llevado a un contacto de lenguas y dialectos más intenso que está cambiando el perfil sociolingüístico de los países hispanoamericanos (Escobar 2007). La correlación entre variedades lingüísticas y regiones se ha visto diluida en estas últimas décadas. Esta migración ha llevado a un incremento de la urbanización en los países hispanoamericanos, llevando a un cambio de países altamente rurales a principios del siglo XX, a países altamente urbanizados. Entre los países con los índices de urbanización más altos se encuentran Argentina (91%), Uruguay (93%) y Chile (88%) (Brasil tiene un índice del 84%). Le siguen México (76%) y Perú (76%), que son países con una población amerindia importante. Otros países andinos y de presencia maya tienen porcentajes más bajos: Ecuador (63%), Bolivia (64%), Paraguay (58%) y Guatemala (47%). El movimiento poblacional en estos países ha llevado consecuentemente a un contacto de variedades monolingües y bilingües de español. El contacto entre hablantes de estas diferentes variedades se da en todos los grupos etarios (piénsese en la escuela y en el trabajo), pero especialmente entre aquellas personas en edad laboral (en su trabajo, en sus quehaceres de la vida diaria). En México (Izazola 2004), la migración es especialmente de los estados del sur (los más pobres y con población indígena más grande) a los estados del centro y el norte, especialmente la Ciudad de México que cuenta con veinte millones de habitantes. Los factores de salida se deben especialmente a razones de trabajo, familia y salud/violencia/seguridad. Según el estudio de Izazola, la población que llega a las diferentes regiones es menor en edad (entre veintidós y veintitrés años de edad) que la que no migra (entre veintisiete y veintiocho años de edad).

Escobar (2007) ha propuesto que estas situaciones de contacto dialectal en países con poblaciones importantes de variedades de contacto sean estudiadas como caso de contacto de lenguas *encubierto*, y no solamente como contacto de dialectos. Esto permitiría considerar de manera más clara la difusión de rasgos lingüísticos que son más semánticos y discursivos, y no solamente de préstamos, rasgos fonológicos y morfosintácticos, que son más transparentes. Entre los ejemplos, para el caso peruano, están: el empleo del pluscuamperfecto para información reportada (como hemos mencionado anteriormente), el empleo del presente perfecto sin restricción temporal pasada para eventos que le ocurrieron o que le afectan emotivamente al hablante (*cuando era niña me ha pateado el gallo, mi padre ha muerto en 1980*), el empleo de *estar* + GERUNDIO con función de presente como en el inglés (*¿en qué parte de Estados Unidos está viviendo Susana?*) y con verbos que marcan un evento cerrado (perfectivo, véase el capítulo de morfología para la definición) (*el sábado estoy saliendo de vacaciones, ¡Espérame! estoy terminando de ver la película y te estoy buscando*) y el *dequeísmo* en contextos nominales (*la razón era de que tenía novia*). En el caso peruano, estas funciones innovativas ya se encuentran en la norma culta limeña (Escobar 2007). El estudio lingüístico del contacto de variedades de español, como en España (y en Estados Unidos, como se ve en el capítulo 8), todavía está en sus comienzos.

**Ejercicio 24.** ¿A qué se hace referencia cuando se dice que las personas en edad laboral tienen más oportunidades de interactuar con otras personas de otras variedades de español? ¿Qué otras situaciones además del trabajo son éstas? ¿A qué hace referencia *quehaceres de la vida diaria*? Provea ejemplos y discuta cómo podrían ser estos encuentros.

La emigración hispanoamericana hacia otros países hispanohablantes (o de otra habla) en las últimas décadas se ha debido a eventos económicos y políticos en los países de origen. El Centro Latinoamericano y Caribeño de Demografía (2014) calcula que en el año 2010 había 28.5 millones de migrantes hispanoamericanos en el exterior. Mientras 18 millones residen en los Estados Unidos, 4 millones residen en países de América Latina y el Caribe, casi un millón reside en España y los restantes residen en otras regiones del mundo. Muchos salieron de sus países de origen en las décadas de 1990 y el 2000. En orden descendiente, estos migrantes provienen especialmente de México, Colombia y el Caribe, pero también de Argentina, Venezuela y los países andinos (Ecuador, Perú y Bolivia). De esta manera la inmigración internacional, como vimos para el caso de España (y veremos para Estados Unidos en el capítulo 8) es de especial relevancia en los países hispanoamericanos.

### 3.3   El español y las lenguas criollas

El español ha dado origen a otro tipo de variedades lingüísticas que se conocen como lenguas criollas a partir del contacto de lenguas europeas con lenguas africanas. Como vimos en el primer capítulo, las lenguas criollas surgen a partir de pidgins en situaciones donde los hablantes no tienen una lengua en común. Muchas de las lenguas criollas que se hablan hoy en día surgieron como consecuencia de la colonización europea en otras partes del mundo a partir del siglo XV (Lipski 2005). En estas sociedades coloniales, los europeos, ya fueran ingleses, holandeses, españoles, franceses o portugueses, a menudo recurrieron al transporte forzoso de seres humanos de un lugar a otro para trabajar en condiciones de esclavitud en explotaciones agrícolas y mineras. De esta manera, grupos de personas que frecuentemente incluían a hablantes de lenguas muy diversas, se veían obligados a trabajar y vivir juntos y, en consecuencia, a crear un medio de comunicación en común en circunstancias muy adversas. Estas variedades, conocidas como **pidgin**, no tienen conjugación verbal (*yo ser de Mandinga*), no hay concordancia de género y número, las oraciones son simples (no hay subordinación), solo hay un grupo de pronombres (*yo, vos*), las sílabas son CV o V, entre otros rasgos (Lipski 1994, 2005; Winford 2003). La lengua de contacto así formada pudo ser adquirida como lengua nativa por los hijos de los primeros esclavos con la consecuente expansión del léxico y, sobre todo, de los medios gramaticales que este proceso conlleva y, convertida así en una lengua natural como cualquier otra, ser transmitida a partir de entonces como lengua de la comunidad. En la mayoría de los casos, el léxico de las lenguas criollas así formadas deriva de la lengua europea de la colonia, mientras que en su sintaxis y morfología podemos encontrar influencia de otras lenguas (sobre todo africanas, en los casos que nos atañen) y también fenómenos atribuibles a tendencias universales.

En el continente americano no hay muchos ejemplos de lenguas criollas que derivan del español. Un ejemplo es el **palenquero**, hablado en el Palenque de San Basilio (cerca de la costa caribeña colombiana en el norte del país), que es la lengua de los descendientes de un grupo de esclavos negros que se escaparon de sus dueños en el siglo XVI y que su mezcla con grupos no africanos ha sido casi insignificante (Schwegler 2011). Schwegler explica que durante varios siglos, los hablantes de esta variedad se mantuvieron aislados de los centros españoles y como consecuencia han mantenido tradiciones culturales propias. Por tanto los hablantes no solo hablan palenquero y español, la lengua del país, pero también una variedad lingüística africana con función ritual. Los estudiosos consideran que a comienzos del siglo XX este aislamiento se empezó a perder debido a la emigración a centros de trabajo cercanos donde se cultivaba el azúcar. El aumento de contacto con el español y la necesidad de hablarlo para poder trabajar ha contribuido a que el palenquero se hable cada vez menos. Por eso muchos estudiosos consideraban que estaba en proceso de desaparecer desde la perspectiva lingüística. Sin embargo, desde la perspectiva cultural, los pocos hablantes, sus descendientes y otros descendientes están promoviendo su lengua y cultura a través de la música (véase el portal que tiene Palenque de San Basilio) y la enseñanza del palenquero en las escuelas. Si bien en el siglo XXI, hay un movimiento fuerte para revitalizar la lengua en la región, Lipski (2016) encuentra que los promotores estarían incluyendo expresiones y estructuras no hispánicas en sus materiales que no son tan frecuentes en el uso oral. Propone que esto merita mayor estudio.

Desde el punto de vista lingüístico, el palenquero es una lengua criolla producto del contacto del español con lenguas africanas, si bien estudios recientes de Schwegler (2011) sugieren que el contacto fue solo con kikongo. Los rasgos morfosintácticos del palenquero, siguiendo la descripción de Schwegler, no incluyen la marca de concordancia de género y número, a diferencia del español, ni la marcación de definido o indefinido, marcado en español con el determinante. A continuación en (a) un ejemplo de Schwegler que se puede interpretar como con un sujeto singular o plural o como definido o indefinido. En (b) hay expresiones adicionales que ayudan a interpretar lo dicho como expresando pluralidad y tiempo pasado.

a. Palenquero: *Muhé  bieho  ri  Palenge  kelé  morí  nu.*
   Glosas:      mujer  viejo  de  Palenque  querer  morir  no
   Español:     "(La/Una) mujer vieja de Palenque no quiere morir." /
                "(Las/Unas) mujeres viejas de Palenque no quieren morir."

b. Palenquero:  ¿*Era*    *ma*                    *mimo*    *kuento*    *ri*    *ante?*
   Glosas:      era(n)   más (definido, plural)   mismo    cuento    de    antes
   Español:     "¿Era(n) las mismas historias de antes?" / "¿Eran las mismas
                historias viejas?"

El español de los hablantes de palenquero también tiene rasgos que lo diferencian de otras variedades de español. Entre ellas su entonación que se asemeja al del español de Guinea Ecuatorial, donde el español está en contacto con lenguas africanas (Hualde y Schwegler 2008). En la morfosintaxis se encuentra la no concordancia de género y número, así como la frecuente omisión del artículo. Un caso singular es la presencia de la negación "no" antes y después del verbo: *no lo entiendo no*, uso que se encuentra en variedades afro-hispanas en el Caribe (República Dominicana), pero no en la región de Cartagena (Schwenter 2011).

Otro ejemplo de una lengua criolla con base española es el **papiamento**, si bien en este caso tenemos más exactamente una lengua criolla con base luso-española y con mucha influencia del holandés. El papiamento es lengua oficial hoy en día, junto al holandés, en las Antillas Holandesas (Aruba, Bonaire y Curaçao). Un ejemplo aparece a continuación:

> *e   buki-nan       ta    riba    mesa*
> los libro-PLURAL está arriba mesa
> "Los libros están sobre la mesa".

**Ejercicio 25.** Consulte la versión de Wikipedia (www.wikipedia.org) en papiamento (*papiamentu*) y haga una lista con cinco características de esta lengua.

El papiamento muestra uso de expresiones léxicas de todas las lenguas base: el participio presente es del español (V-*ando*, V-*iendo*), el pasivo se forma con la expresión holandesa *wordu* "volverse, convertirse" o con *ser* (según la variedad), el *ta* en frases verbales proviene tanto del español como del portugués, si bien hay variación interna entre las variedades de papiamento en cada isla holandesa (Sánchez 2008).

En las Islas Filipinas encontramos también otra lengua criolla de base española, conocida como chavacano (o chabacano) y cuya variedad más importante es el **zamboangueño** que se habla en el suroeste de la isla de Mindanao.

**Ejercicio 26.** Consulte la versión de Wikipedia en *chavacano de Zamboanga* y haga una lista con características lingüísticas que esta lengua comparte con el papiamento y otra con características diferentes.

Además de las lenguas criollas, encontramos *variedades mezcladas* que no han participado en el proceso de criollización. Éstas son **variedades lingüísticas** cuyas palabras de contenido léxico provienen en su mayoría de una lengua, pero cuya estructura gramatical proviene de otra(s) lengua(s). Un ejemplo de esta variedad es la *media lengua* que se habla en San Miguel de Salcedo en Ecuador y ha sido descrita por Muysken (1981, 1985). En esta región, una de las más pobres de Ecuador, viven campesinos, tejedores y trabajadores de construcción que hablan quechua, español y media lengua. Esta variedad tiene un 90% de léxico proveniente del español, aunque las reglas fonológicas y morfosintácticas provienen del quechua. Ni hablantes de quechua de otros lugares ni los hispanohablantes entienden la "media lengua". Es una variedad que solo se usa y solo la entienden los habitantes de San Miguel de Salcedo. Algunos ejemplos de media lengua aparecen a continuación:

a.  Q:    *yalli-da tamia-pi-ga,*          *mana ri-sha-chu*
    ML:   *dimasta llubi-pi-ga,*           *no i sha-chu*
          Mucho lluvia-SUBOR-TOP,          no ir-1FUT-NEG
    Esp:  "Si llueve demasiado, no voy a ir."
b.  ML:   todabia no bien aprendi-naku-n / porke eskwela-bi / anda-naku-n
          todavía no bien aprender-PL-3 / porque escuela-LOC / andar-PL-3
    Esp:  "todavía no aprenden bien porque van (andan) a la escuela"
c.  ML:   *ya i-gri-ni*
          ya ir-INCOA-1s
    Q:    ña ri-gri-ni
    Esp:  "ya me voy"

Vemos, como conclusión, que la lengua española es muy rica con respecto a las diferentes variedades que existen en ella. Aunque solo hemos presentado una descripción general de estas variedades, esperamos haber incitado su curiosidad para aprender más sobre éstas. A continuación agregamos algunos ejercicios que pueden ayudarle a repasar los temas vistos.

**Ejercicio 27.** Diga si las siguientes afirmaciones son verdaderas o falsas. En caso de que sean falsas, explique el por qué.

1. La variedad estándar es una variedad sin prestigio.
2. Los dialectos solo tienen diferencias de pronunciación.
3. El español es una lengua minorizada en Estados Unidos.
4. El judeoespañol es otro nombre para el español sefardí.
5. El dialecto se determina por diferencias sociales.
6. El gallego es una variedad del español.
7. El quechua es la lengua amerindia más hablada en las Américas.
8. El papiamento se habla en las Antillas francesas.
9. El andaluz y el español caribeño tienen muchas características lingüísticas semejantes.
10. El español nació en Sevilla.

11. El español proviene del italiano.
12. El grupo bilingüe español-inglés es la comunidad bilingüe más grande en las Américas.
13. El español también se habla en el África.
14. El judeoespañol tiene características del español antiguo.
15. El papiamento y el palenquero se hablan en el Caribe.
16. El guaraní se habla en Paraguay.
17. El judeoespañol todavía se habla en España.
18. Las lenguas cooficiales en España son el catalán, el gallego, el aragonés y el vasco.
19. El andaluz se habla en España.
20. Todos los hablantes de español hablan igual.

**Ejercicio 28.** Responda a las siguientes preguntas sobre el español y la sociedad hispana.

1. ¿Qué otras lenguas se hablan en España además del español?
2. ¿En cuántos continentes se habla el español?
3. ¿Qué país tiene el mayor número de hablantes de español?
4. ¿En qué consiste el contacto de lenguas?
5. ¿En qué consiste el contacto de dialectos?
6. ¿Cómo se originaron el palenquero y el papiamento?
7. ¿Qué dialecto del español es el más *antiguo*?

**Ejercicio 29.** Elija la definición que mejor describe los conceptos que aparecen a continuación.

| | | |
|---|---|---|
| ___ registro | a. | Variedad histórica |
| ___ dialecto | b. | Conocimiento de dos lenguas |
| ___ sociolecto | c. | Variedad regional |
| ___ bilingüismo | d. | Dos lenguas que se emplean para funciones diferentes |
| ___ norma culta | e. | Variedad no prestigiosa |
| ___ acento | f. | Léxico especializado |
| ___ diglosia | g. | Características fonéticas de una variedad lingüística |
| ___ préstamo | h. | Variedad lingüística según el contexto |
| ___ argot o jerga | i. | Variedad acrolectal |
| | j. | Variedades que se distinguen según factores sociales |
| | k. | Léxico tomado de otra lengua |

**Ejercicio 30.** Responda a las siguientes preguntas sobre las variedades del español.

1. ¿Cuáles son las variedades dialectales de la Península?
2. ¿Cuáles son las variedades dialectales más importantes de Hispanoamérica?
3. Dé un ejemplo de lengua criolla.

4. ¿Por qué no se habla el español sefardí en España?

5. ¿Qué dialectos comparten el empleo del seseo?

6. ¿Qué dialectos mantienen la distinción de /ʎ/ y /y/?

7. ¿Qué rasgos fonológicos comparten México y la zona andina?

8. ¿Qué rasgos comparten Argentina, Chile y la zona andina?

9. Mencione *tres* lenguas con las que el español está en contacto en la Península.

10. Mencione las lenguas originarias más importantes de México y Centroamérica.

**Ejercicio 31.** Análisis morfosintáctico: subraye la característica dialectal que se presenta a continuación, nombre la característica morfosintáctica y nombre los dialectos en los que se emplea.

1. Mi abuelita siempre me preparaba una sopita calientita cuando me resfriaba.

2. Roberto va a ir a Miami para festejar la navidad con su familia. Su madre le llamó ayer para preguntarle cuándo llega.

3. Natalia los llamó a sus padres apenas se enteró que se ganó la beca.

4. Raúl, ¿que tú quieres comer esta noche? ¿carne o pollo?

5. Si miráis por la ventana, veréis el carro nuevo de mi hermano. Es una camioneta azul.

6. Quiero invitarte a comer el sábado. ¿Querés venir?

7. ¿Viste a mi novio con sus padres?

8. Ustedes necesitan devolver el vídeo este viernes.

9. Espérame. Regreso en un ratito.

10. ¡Híjole! ¡Tiene diez hijos!

11. ¿Qué tú quieres que te regale para navidad?

12. La veo a tu hermana todos los domingos en la iglesia.

13. I am not sure si quiere que venga o no.

14. ¿Qué querés, che?

15. Si podría viajar en mayo, te visitaría.

16. ¿Qué tú trajiste de regalo?

17. ¡Qué majo es ese chico!

18. No debería preocuparte el hecho de que no quiera venir.

19. Mis tíos tienen un carro nuevo. Sus carro es de color azul.

20. ¡Llegar temprano!

21. Te digo que Raúl llegó ayer. Le vi en casa de Mario.

**Ejercicio 32.** Análisis fonético: Nombre el dialecto (o dialectos) en el que se emplea este rasgo fonético.

1. harina [haɾína]        7 pan [paŋ]
2. gallina [gaʎína]       8. animal [animá]
3. pues [ps]              9. ceniza [θeníθa]
4. poso [póso]            10. carta [kálta]
5. cayó [kaʒó]            11. gente [çénte]
6. clamor [klamó]         12. Cuzco [kúhko]

**Ejercicio 33.** Análisis fonético: Nombre el dialecto (o dialectos) en el que se emplea cada rasgo fonético de las palabras que se presentan.

1. *calle*      [káʝe]      _____
               [káʎe]      _____
               [káʒe]      _____
2. *vino*       [víno]      _____
               [bíno]      _____
3. *necesario*  [neθesáɾjo]  _____
               [nesesáɾjo]  _____
               [neθeθáɾjo]  _____
4. *humo*       [húmo]      _____
               [úmo]       _____
5. *muerto*     [mu̯élto]    _____
               [mu̯éɾto]    _____
6. *pan*        [pán]       _____
               [páŋ]       _____
7. *carro*      [kár̃o]      _____

**Ejercicio 34.** Analice el siguiente texto tomado de una película. Diga qué características lingüísticas encuentra que son típicas del algún dialecto del español. Nombre el dialecto que emplean los personajes.

A. Verdá que stán lindah.
B. Preciosah.
A. Cuando stoy feliz / compro flores / y cuando stoy triste / también // yo siempre me stoy regalando flore. (RISAS) Ayer stabah muerto.
B. Sí pero hoy stoy vivo.
A. Bueno ... eso é la dialéctica. (RISAS) ¿Para qué tú quiereh saber algo de mí?
B. De tu família ... algo.
A. Viven en Cabaiguán. Yo soy d'allá. ¡Mira qué lindo stá'l mar!
B. ¿Qué día es tu cumpleaños?
A. Yo soy Piscis ¿y tú? ¡No! ¡No! no me diga. Tú ... Tú ereh Virgo.
B. ¡Ey! Y ¿cómo tú lo sabe?
A. ¡Ay! Eso se ve a la legua, muchacho.
B. ¿De verdá?
A. Sí. El hombre Virgo y la mujer Piscis se llevan muy bien. ¿Tú lo sabía?

**Ejercicio 35.** Escuche en línea (*YouTube*) las siguientes canciones de los siguientes cantantes o grupos. (También puede encontrar en línea las letras de las canciones para que le ayude.) ¿Qué rasgos dialectales escucha en cada uno?

1. La canción "Quisiera saber" del cantante canario Pedro Guerra.
2. La canción "Lejos de aquí" del grupo chileno Kudai.
3. Las distintas versiones de la canción "Hasta que vuelvas conmigo" cantada por el compositor y cantante peruano Gian Marco y por el co-compositor y cantante puertorriqueño Marc Anthony.
4. Las dos versiones de la canción "Hoy" por el compositor y cantante peruano Gian Marco y la cantante cubanoamericana Gloria Estefan.
5. La canción "Malo" de la cantante andaluza Bebe.
6. La canción "Me hubiera gustado" del grupo nicaragüense Perrozampopo.
7. La canción "Me siento alegre" (no hay letra en la internet) de la cantante ladina estadounidense Sarah Aroeste.
8. La canción "Nada que perder" o "La flaca" del grupo catalán Jarabe de Palo.

## Resumen

El español es la segunda lengua más importante en el mundo por su número de hablantes nativos. Se habla en cinco continentes y tiene más de 400 millones de hablantes. Debido a la distancia geográfica de las regiones donde se habla, hemos visto que el español ha evolucionado en diversos dialectos o variedades regionales orales. La norma escrita del español es la misma, sin embargo, y las normas orales de los distintos países son bastante cercanas. En el uso diario, la variación lingüística se expresa en diferencias dialectales (de región), sociolectales (sociales) y de registro (según el contexto).

En la diferenciación regional, hemos visto que mientras el castellano (la variedad centro-norteña de la Península Ibérica) se considera la variedad más conservadora, los dialectos andaluz y caribeño presentan rasgos lingüísticos más innovadores. El sefardí moderno, sin embargo, es un caso especial que tiene rasgos arcaicos que ya no se encuentran en otros dialectos del español. La diferenciación de los dialectos hispanoamericanos es más compleja porque en su diversificación a través de la historia han intervenido una serie de otros factores. Entre ellos está el momento de asentamiento poblacional, los orígenes de los primeros españoles que poblaron la región, la distancia de la región con las capitales de los virreinatos (México y Lima) y la presencia de lenguas amerindias. Además de los dialectos hispanoamericanos (el caribeño, el mexicano, el centroamericano, el andino, el paraguayo, el porteño y el chileno), las variedades de **afroespañol** en Hispanoamérica y en otras partes del mundo son evidencia del contacto que el español tuvo (y tiene en Guinea Ecuatorial) con lenguas africanas. El español ha estado en contacto con otras lenguas a lo largo de su historia. Hoy en día, sin embargo, está

**Resumen** *(cont.)*

primordialmente en contacto con el vasco y con lenguas románicas en España (con el gallego, catalán, asturiano, aragonés y portugués). En Hispanoamérica está en contacto con lenguas amerindias (especialmente con el quechua, maya, guaraní, náhuatl y mapundungu), con el portugués (en Uruguay), con lenguas criollas de base románica (con el haitiano en la República Dominicana) y con el inglés (especialmente en el suroeste de los EE.UU.). Hemos visto que todas estas situaciones de contacto han resultado en la emergencia de rasgos léxicos y gramaticales propios de estas regiones.

Los movimientos poblacionales de las últimas dos décadas, debidos a la globalización y el agravamiento de disparidades socioeconómicas en el mundo, han llevado a una nueva etapa de contacto entre hablantes de diferentes dialectos del español en el mundo. Mientras en los siglos XV, XVI y XVII, los hablantes de diferentes dialectos de español de la Península Ibérica entraban en contacto en los nuevos asentamientos urbanos en el territorio americano, hoy en día, los hablantes de diferentes dialectos del español están en contacto en las urbes hispanoamericanas (por migración interna e inmigración), pero, especialmente, en España (Madrid, Barcelona) y los Estados Unidos (Los Ángeles, Nueva York, Chicago, Houston, Miami), así como en otras partes del mundo (Estocolmo, Hamburgo, Sidney). El estudio de la variación lingüística, pues, considera todos los tipos de variación de una lengua y trata de correlacionar los rasgos distintivos de cada variedad con la historia social de sus hablantes.

## Nota bibliográfica

Para mayor información sobre las variedades peninsulares, consúltese el volumen I de Alvar (1996), Zamora Vicente (1985) y el portal del *Atlas Lingüístico de la Península Ibérica* y del *Corpus oral y sonoro del español rural* de la Península Ibérica. Para mayor información sobre las variedades hispanoamericanas, consúltese Lipski (1994), el volumen II de Alvar (1996) y los volúmenes de Vaquero de Ramírez (1996). Para una visión general del contacto en España, consúltese Siguán (1992) y García Mouton (1999). Para una visión general del contacto en Hispanoamérica, consúltese Granda (1989, 1999). Para mayor información sobre las variedades criollas, consúltese Lipski (2005) y Schwegler (2011).

# 8 El español en los Estados Unidos

**Objetivos**

El capítulo hace un repaso de la dinámica social y lingüística del español en los Estados Unidos. Empieza con un recuento sociohistórico de la llegada del español a este territorio con los españoles en el siglo XVI (sección 1). Continúa con una descripción sociodemográfica y lingüística de los diferentes grupos de hispanohablantes e individuos de origen hispano que hoy componen la población latina en los EE.UU. del siglo XXI (sección 2). La tercera sección revisa las características lingüísticas del español representado en los grupos latinos y la cuarta sección introduce a las características lingüísticas derivadas del contacto entre el español y el inglés. Las dos últimas secciones presentan una discusión de los factores macro (sección 5) y microsociolingüísticos (sección 6) que la disciplina ha encontrado como relevantes a la discusión sobre el mantenimiento o pérdida del español en los EE.UU.

## 1    Antecedentes sociohistóricos

El uso del español en el territorio estadounidense tiene una historia que se remonta a principios del siglo XVI, pocos años antes de la llegada de los españoles al territorio que ahora es México. Ya en 1513, Ponce de León llegaba a las costas de Florida y en 1565 se fundaba exitosamente el primer asentamiento español en lo que sería el territorio estadounidense: San Agustín (Saint Augustine), en el noreste del actual estado de Florida. La presencia del español en los EE.UU. está ligada directamente a la colonización española y a la creación del virreinato de Nueva España, cuya sede era la ciudad de México y que incluía el territorio del suroeste estadounidense. El domino español incluía territorios que hoy pertenecen a Florida, Luisiana, Texas, Nuevo México, Arizona, California, Nevada, Utah, gran parte de Colorado e incluso pequeñas partes de Wyoming, Kansas y Oklahoma.

La llegada de los españoles a la región de lo que hoy es el suroeste de los EE.UU. se remonta a un período posterior a la fundación del Virreinato de Nueva España. Algunos de los asentamientos que fundaron los españoles en esta región

433

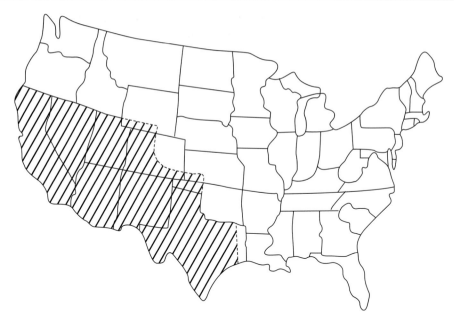

**Figura 8.1** Territorios mexicanos en 1830. (adaptado del mapa compilado por H. George Stoll 1967)

fueron Santa Fe (en Nuevo México, en 1609), Misión (en Arizona, en 1692), San Xavier del Bac (en Arizona, en 1700) y San Antonio (en Texas, en 1718). El territorio de lo que hoy es California se asentó más tardíamente por la distancia que había hasta esa región desde la ciudad de México. Algunos de los poblados fundados en el territorio californiano fueron San Diego (1769), San Francisco (1776) y Los Ángeles (1781).

España perdió Luisiana en 1800 (que pasó primero a Francia y después a los EE.UU.) y Florida fue comprada en 1821 por el nuevo gobierno estadounidense. Los otros territorios españoles pasaron a ser parte del joven país de México luego que aseguró su independencia de España en 1821 (véase figura 8.1).

Los territorios mexicanos norteños del siglo XIX pasaron al control del gobierno estadounidense en tres etapas. En la primera etapa, la república de Texas se formó y se independizó en 1836. Sin embargo, su estatus independiente terminó en 1845 cuando aceptó anexarse a los Estados Unidos. En la segunda etapa, las expansiones territoriales del joven país estadounidense provocaron una confrontación bélica con México en 1846. México perdió gran parte de su territorio a raíz de esta guerra que culminó con el tratado de Guadalupe-Hidalgo en 1848, por el cual México cedía casi la mitad de su territorio a los Estados Unidos. Una pequeña área de disputa, al sur de Arizona, se vendió a los Estados Unidos en 1853, en la tercera etapa. Es solamente en ese año (hace casi 170 años) que queda constituida la frontera moderna entre los Estados Unidos y México. Otro territorio que los Estados Unidos adquirió a finales del siglo XIX fue Puerto Rico, que la corona española perdió en 1898.

Si bien el tratado de Guadalupe-Hidalgo garantizaba los derechos de los antes ciudadanos mexicanos, no había ninguna provisión para el uso de la lengua de los nuevos ciudadanos. Es en estas circunstancias que el inglés entra a todas estas regiones antes únicamente hispanohablantes (aparte de las **lenguas amerindias**). El contacto de lenguas y el conflicto que surge en este tipo de situaciones (cf. Nelde 2001) lleva a que los residentes hispanohablantes de estos territorios antes mexicanos pasen a ocupar un segundo plano en la nueva sociedad estadounidense de la región y del país (Valdés 2000). Durante la segunda mitad del siglo XX (especialmente en el último cuarto del siglo), las olas inmigrantes de otros hispanohablantes perfilarán la situación sociolingüística que encontramos a principios del siglo XXI.

EE.UU. empieza el siglo XX con una población hispanohablante relativamente pequeña a nivel nacional (2%; Macías 2000: 19), sobre todo en comparación con otros grupos lingüísticos minoritarios, mayormente de origen europeo (italiano, irlandés, polaco, alemán), si bien este no era el caso en la región del suroeste. Entre 1901 y 1910, el 92.5% de los inmigrantes eran de origen europeo (Macías 2000: 17). Estos representaban las poblaciones lingüísticas minoritarias más importantes de principios del siglo XX. Sin embargo, a medida que avanza el siglo y entrado el siglo XXI, es la población latina o de origen hispano la que se convierte en la población lingüística minoritaria más importante en los EE.UU.[1] En el censo del año 2000, de todas las poblaciones nacidas fuera del país (i.e. poblaciones inmigrantes), la población de origen europeo representaba el 12.3%, mientras la población latina representaba el grupo más numeroso, con el 54.7% de la población inmigrante.

El aumento porcentual de la población hispanohablante a lo largo del siglo XX hasta nuestros días se explica especialmente por las grandes inmigraciones que se dieron debido a las historias sociopolíticas de los países hispanoamericanos. A principios del siglo XX ocurre una inmigración mexicana incentivada, primordialmente, por la revolución mexicana de 1910. La población inmigrante en esta etapa se caracterizaba por incluir a personas de grupos medios, especialmente, que migraban a regiones que antes pertenecían a México. Después de la depresión económica de los años treinta en los EE.UU., empieza una segunda ola de inmigrantes, especialmente de México, propiciada por el Programa Bracero que otorgaba trabajos manuales (de índole agrícola) a trabajadores temporales. Este programa continuó hasta mediados de los años sesenta, cuando ya no se hizo necesario. Una tercera ola migratoria empezó cuando se creó la ley de Reforma de la Inmigración en 1965. Ésta daba residencia a inmigrantes de cualquier país occidental. Sin embargo, a mediados de los setenta, impuso cuotas,

---

[1] En este capítulo emplearemos el término *latino* para referirnos a personas con ancestro hispano. Esta población incluye, siguiendo a Valdés (2000: 99), inmigrantes recientes y residentes de largo plazo, personas de piel clara y oscura, individuos educados y sin educación, residentes en áreas rurales y urbanas, de familias nucleares y extendidas, católicos y de otras denominaciones, de todas las clases sociales, hablantes **monolingües** de inglés, de español y bilingües.

especialmente para aquellos que venían de México, para estabilizar la inmigración (Valdés 2000: 101). Los latinos de origen mexicano tienen una cultura que se ha nutrido de la herencia española al lado de una herencia indígena. Es el grupo latino con el promedio de edad más joven, de 24.4 años de edad.

El territorio de Puerto Rico pasó a ser colonia de los EE.UU. en 1898 y se mantuvo en ese estatus hasta 1952 cuando se convierte en el *Estado Libre Asociado de Puerto Rico* (oficialmente en inglés, *Commonwealth of Puerto Rico*). Si bien los residentes de Puerto Rico tenían ciudadanía estadounidense desde 1917, es solo después de 1952 que empieza un período de *americanización* que pone a prueba su concepto de nación y de su uso del español (Zentella 2000: 137). La migración puertorriqueña al territorio estadounidense continental empezó a principios del siglo XX. Durante la depresión (finales de los años veinte y comienzos de los años treinta) el porcentaje de migrantes subió, llegando a los porcentajes más altos de emigración de la isla durante la década posterior a la segunda guerra mundial debido a una economía debilitada. Mientras las dos primeras olas de migrantes tuvieron como destino la ciudad de Nueva York, que hoy día concentra el mayor número de puertorriqueños en el territorio continental, la tercera ola prefirió zonas urbanas aledañas (Nueva Jersey, Connecticut, Pennsylvania) o más distantes (Ohio, Illinois, California). La población puertorriqueña se caracteriza por una migración circular, por la cual los residentes del continente viajan a la isla por períodos largos y luego regresan, así como muchos residentes de la isla pasan períodos largos en el continente. Esta migración circular empezó a raíz de un período de crisis económica que hubo en Nueva York en los años setenta, pero ha continuado según las circunstancias económicas de los individuos migrantes. La población latina puertorriqueña es diversa racial, socioeconómica y lingüísticamente. Los puertorriqueños son un grupo con una edad promedio bastante joven, de 27.7 años de edad. Las edades jóvenes de los grupos latinos de origen mexicano y puertorriqueño los sitúan en una edad social que contribuye al alto índice de natalidad en el grupo latino en los EE.UU.

La cercanía geográfica entre Cuba y los EE.UU. promovió una intensa relación social, económica y militar desde que Cuba lograra su independencia de los EE.UU. en 1902. Diversos eventos sociopolíticos de finales del siglo XIX, como la guerra hispano-estadounidense y la invasión de Cuba por los EE.UU., ocasionó las primeras inmigraciones cubanas al territorio estadounidense. Esta primera ola estaba constituida especialmente por individuos ligados a la plantación del tabaco, un producto natural altamente valorado. Una segunda ola migratoria sigue en los años cincuenta, escapando el régimen del presidente Batista, y en 1959, escapando el gobierno comunista de Fidel Castro. Estas dos olas migratorias incluían a individuos con educación y recursos económicos, que se asentaron especialmente en el sur de Florida y en Nueva York. Una tercera gran ola migratoria llega en 1980 cuando el gobierno cubano permite la salida de miles de cubanos que querían partir de Cuba del puerto de Mariel. Esta tercera ola de inmigrantes, conocidos como los *marielitos*, incluía primordialmente a trabajadores manuales que se asentaron en las comunidades cubanas ya establecidas y ocuparon los trabajos de

Tabla 8.1 *Comparación de los tres grupos latinos más numerosos*

|  | MEXICANO | PUERTORRIQUEÑO | CUBANO |
|---|---|---|---|
| Porcentaje, 2006 | 66% | 9% | 4% |
| Concentración regional | suroeste, oeste | noreste | sureste |
| Característica histórica | población originaria | ciudadanos desde 1917 | asilados políticos |
| Olas de migración | principio s. XX, años 1930–60, 1965–76 ley de inmigración | finales del s. XIX y comienzos del s. XX, durante la depresión, después de la segunda guerra mundial | finales del s. XIX y comienzos del s. XX, 1950–58 (Batista), 1959 (Castro), 1980 (Mariel) |
| Tipo de movimiento migratorio | transnacional, circular | circular | no pueden viajar a Cuba |
| Contacto con otros hispanohablantes | alto (California, Houston, Chicago), bajo (resto del Suroeste) | alto (Nueva York, Nueva Jersey, Chicago) | alto (Miami, Nueva York, Chicago) |
| Edad promedio | 24.4 años | 27.7 años | 40.3 años |

servicio. Desde 1961 hasta 1994, el gobierno estadounidense ha considerado a los inmigrantes cubanos como asilados políticos, distinguiéndolos políticamente de los otros inmigrantes latinos. Sin embargo, al igual que los otros grupos latinos en los EE.UU., la población de origen cubano es extremadamente heterogénea tanto racial, como socioeconómica y lingüísticamente. A diferencia de los grupos de origen mexicano y puertorriqueño, la población de origen cubano es el grupo con la edad promedio más alta (40.3 años; U.S. Census Bureau 2004a) y con la media más alta de recursos económicos (Otheguy, García y Roca 2000: 170).

Estos tres grupos latinos, los más numerosos en los EE.UU., se diferencian en una serie de factores sociodemográficos y por la historia de su relación con los Estados Unidos (véase la tabla 8.1). El cuarto grupo numeroso de latinos incluye a todos los otros grupos latinos (los dominicanos, los centroamericanos y los sudamericanos). Desde los años ochenta, pero especialmente en los años noventa, llega a los Estados Unidos una nueva ola de inmigrantes latinoamericanos que escapan de la inestabilidad política y económica de sus países de origen, en busca de trabajo. Se distinguen especialmente los centroamericanos que huían de las guerras civiles que estaban viviendo sus países (Nicaragua, El Salvador, Honduras, Guatemala), la depresión económica (Panamá) o simplemente buscaban oportunidades educativas (Costa Rica). Esta inmigración centroamericana ocurrió especialmente en los años ochenta y noventa, cuando llegaron en altos números al territorio estadounidense.

Según los datos del censo para el 2003 (U.S. Census Bureau 2004b), el grupo hispanoamericano constituye el 53.3% de los nacidos fuera de los EE.UU., seguidos por los asiáticos (25%) y los europeos (13.7%). El influjo de tal porcentaje de hablantes de español como lengua materna es importante en la expansión y el mantenimiento del español en ciertas regiones del país estadounidense como veremos oportunamente.

La diversidad de la población latina en los EE.UU. ha llevado a los estudiosos a considerar los efectos lingüísticos y sociolingüísticos del contacto de las diversas variedades y dialectos del español en las diferentes urbes estadounidenses. El grado de intensidad del **contacto de dialectos** varía y puede llevar a que los hablantes acomoden sus hablas a las variedades con las que están en contacto en su vida diaria. Varios grupos de investigadores han empezado a investigar las consecuencias lingüísticas de este contacto en Nueva York (Otheguy, Zentella y Livert 2007; Otheguy y Zentella 2007), en Chicago (Potowski 2004; Torres y Potowski 2009) y en Houston (Hernández 2002, 2007; Aaron y Hernández 2007). Oportunamente en el capítulo haremos mención de lo que han encontrado estos estudios. Además de estas grandes urbes, hay otros lugares en los EE.UU. donde también se da una interacción intensa entre hablantes de dialectos diferentes de español. En California, la ciudad de Los Ángeles tiene una población de origen mexicano importante (que ha estudiado Silva Corvalán, cf. 1994, 2004), y también están presentes otros grupos latinos (especialmente, grupos de origen salvadoreño y guatemalteco). Lo mismo ocurre en San Francisco y en San Diego (Hidalgo 1986, 1993, 1995) y otras ciudades del estado. Nueva Jersey también presenta contacto entre grupos caribeños (cubanos y dominicanos), mexicanos (Flores-Ferrán 2007a) y andinos (especialmente de origen ecuatoriano; Flores-Ferrán 2007b), si bien este contacto es más reciente. La ciudad de Miami ha sido cuna por varias décadas del contacto entre una población altamente de origen cubano (65% en el condado Dade), con poblaciones de origen dominicano, nicaragüense y sudamericano (especialmente colombianos). La población de origen sudamericano en Florida combina a aquellos que son residentes del estado y a aquellos que regularmente vienen por períodos cortos de vacaciones o de negocios. El flujo constante de este último grupo y la presencia de su variedad lingüística en Miami, Orlando y otras ciudades de Florida es también relevante para el estudio del contacto de dialectos en los EE.UU.

Ante la diversidad de la población hispana en los EE.UU. con respecto a su lugar de origen, a su historia, a sus características sociodemográficas, a su variedad de español y a su grado de competencia del español y del inglés, el término que se emplea para denominar a este grupo diverso es el de *latino*.

Tabla 8.2 *Porcentaje de latinos para el 2005 en regiones que pertenecieron a México y a España*

| ZONA QUE PERTENECÍA A MÉXICO | % DE LATINOS (2005) |
|---|---|
| California | 35.9 |
| Nevada | 24.2 |
| Arizona | 29.1 |
| Utah | 11.5 |
| Nuevo México | 44.7 |
| Colorado | 19.5 |
| Texas | 35.6 |
| ZONA QUE PERTENECÍA A ESPAÑA | % DE LATINOS (2006) |
| Luisiana | 2.8 |
| Florida | 20.1 |

Si bien en algunas regiones y si bien algunos grupos se autodenominan de otra manera, seguiremos empleando este término en este capítulo, como se mencionó en la nota 1.

**Ejercicio 1.** Observe los datos que se presentan en la tabla 8.2, del *Pew Hispanic Center* para el 2005 (tomado del cuadro 12; 2006 de esta publicación). Discuta la representación moderna de latinos en los estados que conformaban las regiones que pertenecían a México y a España antes del tratado de Guadalupe-Hidalgo de 1848.

**Ejercicio 2.** Comente las características de los grupos latinos presentados en la tabla 8.1, especialmente los contactos que tienen con otras variedades de español en diferentes zonas urbanas de los EE.UU.

## 2    Los latinos en el siglo XXI: características sociodemográficas

Los latinos en los EE.UU. del siglo XXI constituyen una población diversa que ha crecido rápidamente, especialmente en los últimos decenios. En 1980 constituía una población de 14.6 millones o el 6.4% de la población total. En 1990 ya había crecido al 9% de la población total del país y en el censo del 2000 representaba el 12.5%. Según los datos de la Oficina de Censos (U.S. Census Bureau 2008a), en julio del 2007, la población latina alcanzó los 45.5 millones o el 15.1% de la población total del país (de 301.6 millones de habitantes), convirtiéndose en la población minoritaria más importante de los EE.UU. El incremento desde 1980 hasta hoy en día corresponde a más del doble, en números porcentuales (de 6.4% a 15.1%), y a un incremento numérico de casi

31 millones de personas (de 14.6 a 45.5 millones). Según la Oficina de Censos de los EE.UU., se proyecta que de cada cuatro personas que vivan en los EE.UU. en el año 2050, una será latina (los latinos representarán el 24.4% de la población total).

La población latina en los EE.UU. también se distingue de las otras poblaciones de origen hispano en el mundo. La población latina estadounidense se ha convertido en la segunda concentración más numerosa de individuos de ascendencia hispana en el mundo, después de México (los datos son tomados de los censos oficiales correspondientes a cada país).

| 1. | México | 119.9 millones | (datos del 2015) |
|---|---|---|---|
| **2.** | **Estados Unidos** | **59.9 millones** | **(estimado para el 2018)** |
| 3. | España | 46.9 millones | (estimado para el 2019) |
| 4. | Colombia | 47.5 millones | (datos para el 2014) |
| 5. | Argentina | 42.4 millones | (estimado para el 2015) |
| 6. | Perú | 31.2 millones | (datos del 2017) |
| 7. | Venezuela | 30.6 millones | (estimado para el 2015) |
| 8. | Chile | 18.7 millones | (datos del 2018) |
| 9. | Ecuador | 16.2 millones | (estimado para el 2015) |
| 10. | Bolivia | 11.3 millones | (datos del 2018) |

Ya en el año 2000, cuando la población latina estadounidense ocupaba el cuarto lugar en el mundo, Villa resaltaba que el poder económico de esta población se había incrementado en un 84.4% (desde 208 mil millones de dólares en 1990) en una década. Mientras España y Latinoamérica representaban un poder económico conjunto de 93.7 mil millones de dólares, la población latina de EE.UU. representaba un poder económico de 383.2 mil millones de dólares en el año 2000 (Villa 2000a: 147–48), más de cuatro veces el poder económico de todos los otros hispanohablantes juntos. Este poder económico se ve reflejado, dentro de los EE.UU., en la inversión que hay en la publicidad de productos para las comunidades hispanohablantes y de origen hispano tanto en los medios de comunicación escrita, como en la visual (televisión, internet) y auditiva (radio).

El incremento de la población latina en los censos de los últimos decenios se debe a varios factores. Además de la inmigración de individuos provenientes de países hispanohablantes, se debe a la juventud de las poblaciones latinas que contribuye al crecimiento rápido, debido a una alta natalidad (véase la tabla 8.3). Mientras la edad promedio de la población total estadounidense era de 22.9 años a principios del siglo XX (U.S. Census Bureau 2002), en el año 2006 ha aumentado a 36.5 años. La edad promedio de la población latina en el año 2006, en cambio, es de 27.3 años (U.S. Census Bureau 2006a).

Esta diferencia en la edad promedio puede tener también influencia en el mantenimiento del español en los EE.UU., como veremos en las secciones 5 y 6. Pasamos ahora a ver las características sociodemográficas y lingüísticas de los

Tabla 8.3 *Edad promedio de los distintos grupos latinos*
(tomados del censo para el 2000; U.S. Census Bureau 2004a: 5)

| ORIGEN ANCESTRAL | | EDAD PROMEDIO (en años para el 2000) |
|---|---|---|
| TOTAL | EE.UU. | 35.4 |
| | Latinos | 26.0 |
| Mexicano | | 24.4 |
| Puertorriqueño | | 27.2 |
| Cubano | | 40.3 |
| Dominicano | | 29.6 |
| Centroamericano | | 29.0 |
| Sudamericano | | 33.0 |
| De España | | 35.8 |
| Otro origen | | 24.8 |

diferentes grupos latinos en el siglo XXI para entender mejor la presencia actual y el futuro del español en los Estados Unidos.

La diversidad de la población latina actual se expresa especialmente en su herencia biológica, cultural y lingüística (europea, indígena y africana), en sus características sociodemográficas, así como en su historia de llegada al (ahora) territorio estadounidense, ya sea de ellos mismos o de sus antepasados. Los grupos latinos por origen representan más de 20 países o regiones del mundo. Las comunidades más importantes, como hemos resaltado, son las de origen mexicano (66%), puertorriqueño (9%) y cubano (4%), que juntos representan el 79% de la población latina en el año 2006 (adaptado del cuadro 6 del Pew Hispanic Center 2008a). Otros grupos que siguen en presencia numérica y que se distinguen son los de origen dominicano (2.8%), centroamericano (8.2%) y sudamericano (6%). El grupo de origen mexicano es el más grande debido a la historia que tiene esta comunidad en el territorio estadounidense, relacionada a su cercanía territorial y, especialmente, a la presencia numérica de la población de origen mexicano en el mundo (tabla 8.4).

Según los datos de la Oficina de Censos para el año 2006, la población latina se encuentra distribuida en todo el territorio estadounidense, si bien el 40% radica en las regiones del sur y el oeste (véase la tabla 8.5). El porcentaje de latinos en el 2018 representa el 18% de la población total del país (www.census.gov).

Según los datos del censo, de aquellos estados que pertenecían a México antes del tratado de Guadalupe-Hidalgo (la región sociolingüística llamada el sur-oeste), el estado de Nuevo México mantiene el porcentaje más alto de latinos desde 1990 (44.7% en el 2006) (véase la tabla 8.6). Todas las regiones que comparten frontera con México tienen los porcentajes más altos de latinos, entre el 29.1% (Arizona) y el 44.7% (Nuevo México). Los estados sin frontera con México, pero inmediatos a estos estados fronterizos, tienen porcentajes también

Tabla 8.4 *Los latinos en los EE.UU. por origen ancestral*
(adaptado del cuadro 5 del Pew Hispanic Center 2008a)

| ORIGEN ANCESTRAL | POBLACIÓN NUMÉRICA | POBLACIÓN PORCENTUAL |
|---|---|---|
| TOTAL de Latinos | 44,298,975 | 100.0% |
| Mexicano | 28,395,997 | 64.0% |
| Puertorriqueño | 3,985,058 | 9.0% |
| Cubano | 1,517,028 | 3.4% |
| Dominicano | 1,217,160 | 2.7% |
| Centroamericano | 3,396,340 | 7.8% |
| Sudamericano | 2,370,101 | 5.4% |
| De España | 372,632 | 0.8% |
| Otro origen | 3,044,659 | 6.9% |

Tabla 8.5 *Porcentaje de la población latina por región*

(adaptado de los datos del censo de los EE.UU. para 1980, 1990, 2000, 2010; para el 2015, Flores, López y Radford 2017)

| | 1980 | 1990 | 2000 | 2010 | 2015 |
|---|---|---|---|---|---|
| Noreste | 5.3 | 7.4 | 9.8 | 14.0 | 14.0 |
| Medio-oeste | 2.2 | 2.9 | 4.9 | 9.0 | 9.0 |
| Sur | 5.9 | 7.9 | 11.6 | 41.0 | 37.0 |
| Oeste | 14.5 | 19.1 | 24.4 | 36.0 | 40.0 |
| TOTAL | 6.4 | 9.0 | 12.5 | 16.0 | 17.6 |

Tabla 8.6 *Porcentaje de latinos en los territorios que pertenecían a México antes de 1848*

(Flores, López y Radford 2017)

| ZONA QUE PERTENECÍA A MÉXICO | % DE LATINOS EN 2015 |
|---|---|
| Nuevo México | 48.1 |
| California | 38.8 |
| Texas | 38.8 |
| Arizona | 30.7 |
| Nevada | 28.8 |
| Colorado | 21.4 |
| Utah | 13.7 |

altos comparados con el resto del país, entre el 11.5% (Utah) y el 24.2% (Nevada) (U.S. Census Bureau 2001; Pew Hispanic Center 2008a).

Otros estados con porcentajes de 10% o más de latinos son Florida (20.1%), Nueva York (16.3%), Nueva Jersey (15.6%), Illinois (14.7%), Rhode Island

(11.2%), Connecticut (11%), Oregón (10.2%) y Idaho (9.9%) (Pew Hispanic Center 2008a). La figura 8.1 muestra más claramente como desde 1980 la población latina ha aumentado en todas las regiones del territorio estadounidense. Si bien la tabla 8.5 y la figura 8.2 parecen sugerir que la población hispana en el medio-oeste es bastante menor y que su crecimiento es más lento, esta región se caracteriza por una densidad geográfica en los condados que incluyen la ciudad de Chicago (Illinois) y sus alrededores (Kenosha en Wisconsin y Gary en Indiana), así como la ciudad y los alrededores de Kansas City (en Missouri) (véase la página electrónica de la Oficina de Censos para detalles por condado y ciudad).

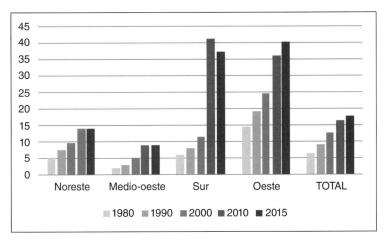

**Figura 8.2** Porcentaje de la población latina por región (adaptado de los datos de los censos de 1980, 1990, 2000, 2010; datos del 2015, Flores, López y Radford 2017)[2]

Escobar y Potowski (2015) proponen mirar el mapa de los EE.UU. diferenciando regiones sociolingüísticas. Es decir, dividiendo el territorio estadounidense según la historia sociolingüística de la población latina en los EE.UU. Según esta división se diferenciarían las siguientes regiones, con la correspondiente población latina según el censo del 2010:

---

[2]   Las diferenciaciones regionales siguen las establecidas en las publicaciones de la Oficina de Censos (2011). La región *noreste* comprende los estados de Connecticut, Maine, Massachusetts, Nueva Hampshire, Nueva Jersey, Nueva York, Pennsylvania, Rhode Island y Vermont. La región *medioeste* comprenden los estados de Illinois, Indiana, Iowa, Kansas, Michigan, Minnesota, Missouri, Nebraska, North Dakota, Ohio, South Dakota y Wisconsin. La región *sur* comprende los estados de Alabama, Arkansas, Delaware, Florida, Georgia, Kentucky, Luisiana, Maryland, Mississippi, Carolina del Norte, Oklahoma, Carolina del Sur, Tennessee, Texas, Virginia y Virginia del Oeste. La región *oeste* comprende los estados de Alaska, Arizona, California, Colorado, Hawai, Idaho, Montana, Nevada, Nuevo México, Oregon, Utah, Washington y Wyoming.

| | |
|---|---|
| Suroeste (56%): | California, Texas, Arizona, Colorado, Nuevo México, Nevada y Utah |
| Noreste (15%): | Nueva York, Nueva Jersey, Pennsylvania, Massachusetts, Connecticut, Maryland, Rhode Island, Delaware, Washington, DC, New Hampshire, Maine, Vermont |
| Sureste (8.4%): | Florida |
| Medio-oeste (8%): | Illinois, Michigan, Indiana, Ohio, Minnesota, Nebraska, Iowa, Dakota del Sur, Dakota del Norte |
| Medio-Atlántico (5%) | Georgia, Carolina del Norte, Virginia, Carolina del Sur, Virginia del Oeste |
| Centro-Sur (4%): | Oklahoma, Kansas, Tennessee, Missouri, Luisiana, Arkansas, Alabama, Kentucky, Mississippi |
| Nor-oeste (3%): | Washington, Oregón, Idaho, Wyoming, Montana |

La división sociolingüística permite ver más claramente los asentamienta-mientos más antiguos (incluso las del suroeste que tenían poblaciones latinas antes de que este se convirtiera en territorio estadounidense) y los más recientes, incluyendo las regiones del Medio-Atlántico, el Centro-Sur y el Nor-oeste.

Un análisis más detallado de estas áreas geográficas muestra que los diferentes grupos latinos han favorecido tradicionalmente ciertas regiones del territorio estadounidense. Mientras los grupos de origen mexicano se encuentran mayor-mente concentrados en el sur y en el oeste del país, la población mexicana también está representada en el noroeste, el medio-oeste (en el área tri-estatal Chicago, Illinois – Gary, Indiana – Kenosha, Wisconsin y la zona suroeste de Michigan) y en el este central (Nueva Jersey, Carolina del Norte y Georgia, que comparten salida al Atlántico). La población puertorriqueña está concentrada en el noreste, especialmente en la ciudad de Nueva York y sus alrededores, Nueva Jersey, Connecticut y Massachusetts. Sin embargo, hay una presencia importante de puertorriqueños en Chicago, Florida, el sur de California y Arizona. La población de ascendencia cubana se concentra especialmente en el estado de Florida, en la ciudad de Nueva York y en Nueva Jersey (Union City). Los dominicanos se concentran especialmente en las ciudades de Nueva York y Miami y sus alrededores. Los centroamericanos se concentran en las ciudades de California (San Francisco y Los Ángeles), Texas (Corpus Christi y Houston – Galveston), el sur de Florida y Carolina del Norte (U.S. Census Bureau 2007b: cap. 3).

La población estadounidense dejó de ser una población básicamente rural en el siglo XX. Mientras en 1910 el 72% de la población vivía en áreas rurales, en el censo del 2000, el 80% de la población era predominantemente urbana, de la cual la mitad vivía en suburbios (U.S. Census Bureau 2007b: cap. 2). Si bien la población latina está asentada especialmente en las urbes estadounidenses, la población latina asentada en las zonas rurales del país se ha duplicado de 1980 al 2000 (de 3% a 5.5%). Se considera que su incremento en estas últimas décadas en las zonas rurales del territorio estadounidense va a contribuir a que la población rural estadounidense no siga disminuyendo (Kandel 2005). Si tomamos en cuenta que el 23% de los latinos vivían en el 2000 en zonas urbanas con menos de un millón de habitantes, notamos un cambio en los patrones de asentamiento latino que eran primariamente hacia las ciudades más grandes de los EE.UU. (Los Ángeles, Nueva York, Miami). Este cambio de lugar de asentamiento es importante si agregamos que según el censo, el crecimiento de la población latina corresponde a la mitad del crecimiento de la población estadounidense. El crecimiento de la población latina en el área rural ha sido del 65% (en el 2006) y, en el año 2025, el censo calcula que será la minoría más grande en estas regiones del país. Estos cambios poblacionales en las áreas rurales y centros urbanos más pequeños del territorio estadounidense traen consigo la necesidad de consideraciones educativas y sociales hacia una población lingüísticamente minoritaria y especialmente joven (véase la publicación para maestros de escuelas del U.S. Census Bureau 2008c). Desde la perspectiva sociolingüística, a mayor diferenciación lingüística y cultural con la población local, se crean contextos sociales en los cuales se pueden establecer redes sociales más estrechas entre los individuos inmigrantes que, a su vez, pueden contribuir directamente al mantenimiento del español en los EE.UU. Analizaremos más estas consideraciones en secciones 5 y 6 de este capítulo.

El porcentaje de latinos de primera generación en los EE.UU. se puede calcular mirando a la población nacida fuera del territorio estadounidense (tabla 8.7) y el año en el que llegaron al territorio estadounidense (cuadro 6 del Pew Hispanic Center 2008a). Según el censo del 2000, el 52% de toda la población nacida fuera de los EE.UU. era de origen latinoamericano. El 36% era de Centroamérica y México, el 10% venía del Caribe y el 6.2% era de Sudamérica.

En la tabla 8.8 se ve un patrón similar con respecto a los grupos latinos que tienen una población más grande de personas que pertenecen a la primera generación. Todos los grupos latinos, excepto el de origen mexicano, tienen alrededor de dos tercios de individuos de la primera generación tanto en el 2000 como en el 2007 (mire a los porcentajes subrayados). El grupo de origen mexicano, sin embargo, solo tiene un tercio de su población nacida fuera de los EE.UU. Como veremos más adelante en el capítulo, en la población de origen mexicano, sobre todo en la que radica en el suroeste, se encuentran hablantes de español en la cuarta y quinta generación. Debido a la presencia de latinos cuyos antepasados radican en el territorio estadounidense desde antes de 1848, se encuentran latinos de origen mexicano de más de cinco generaciones.

Las poblaciones latinas de origen no-mexicano tienden a tener más miembros de la primera generación. Por lo tanto podemos extraer que las comunidades dominicana, centroamericana y (especialmente la) sudamericana son más recientes y tienen, por lo tanto, más hablantes que emplean el español en su vida diaria. La comunidad de origen cubano, por otro lado, es un poco más antigua

Tabla 8.7 *Latinos nacidos fuera de los EE.UU. por origen*

(adaptado del Pew Hispanic Center 2008a, 2008b; U.S. Census Bureau 2004a)

| | 2000 | 2000 | 2006 | 2006 |
|---|---|---|---|---|
| | Nacidos en EE.UU. | Nacidos en el extranjero | Nacidos en EE.UU. | Nacidos en el extranjero |
| Mexicanos | 61.4 | 38.6 | 59.9 | 40.1 |
| Cubanos | 38.2 | 61.8 | 38.9 | 61.1 |
| Dominicanos | 31.8 | 68.2 | 39.9 | 60.1 |
| Centroamericanos | 31.2 | 68.8 | 34.3 | 65.7 |
| Sudamericanos | 31.3 | 68.7 | 28.8 | 71.2 |

Tabla 8.8 *Grupos latinos por año de llegada a los EE.UU.*

(adaptado de la figura 7 del U.S. Census Bureau 2004a)

| | ANTES DE 1970 | DESPUÉS DE 1980 |
|---|---|---|
| Mexicanos | 7.9 | 76.8 |
| Cubanos | 39.6 | 46.5 |
| Dominicanos | 10.4 | 74.8 |
| Centroamericanos | 5.1 | 83.8 |
| Sudamericanos | 11.0 | 74.9 |

que las comunidades latinas no-mexicanas. Por los datos del censo sabemos que el 46.5% de los latinos de origen cubano llegaron después de 1980. Es decir, aproximadamente la mitad (53.5%) de los cubanos nacidos fuera de los EE.UU. llegaron antes de 1980 (nótese los porcentajes subrayados para los otros grupos).[3]

Estas características sociodemográficas de los diferentes grupos latinos tendrán influencia en los patrones de uso del español y del inglés que discutiremos más adelante.

**Ejercicio 3.** Visite la página electrónica de la Oficina de Censos y busque el porcentaje de población de origen hispano que hay en su estado (vaya a "interactive maps" en www.census.gov). ¿En qué condados hay una mayor población hispana? ¿Qué regiones hispanas están representadas en esta población? Compare los resultados del Censo 2020 con lo visto aquí.

**Ejercicio 4.** Los estados en los cuales el porcentaje de crecimiento de la población latina es más rápido según los datos del censo para el 2006 (cuadro

---

[3] Si bien la población *sudamericana* incluye diversos países y variedades dialectales del español, seguiremos la clasificación del censo que, por razones prácticas y numéricas, agrupa a todos los países sudamericanos como un solo grupo.

Tabla 8.9 *Estados que tradicionalmente tienen muy poca población latina y*
en el 2007 tienen más 100,000 latinos (U.S. Census Bureau 2006a)

| ESTADO | INCREMENTO PORCENTUAL |
|---|---|
| Arkansas | 60.9 |
| Georgia | 59.4 |
| Carolina del Sur | 57.4 |
| Tennessee | 55.5 |
| Carolina del Norte | 54.9 |

13 del Pew Hispanic Center 2008a) son Nevada (66%), Arizona (40%), Colorado (31%), Utah (30%) y Idaho (29%). Mire en la página de la Oficina de Censos y busque qué condados de cada estado presentan mayor concentración de latinos y trate de analizar por qué se da esta situación.

**Ejercicio 5.** El censo muestra que desde el año 2000 ha habido un cambio (o movimiento) poblacional de más del 50% de la población latina en los estados que aparecen en la tabla 8.9 (en el ejercicio 6). ¿En qué consiste este cambio? ¿Qué información necesitaríamos buscar para entender este cambio? ¿Cómo está ligado al uso del español?

**Ejercicio 6.** La siguiente tabla 8.9 muestra los estados en los que tradicionalmente no ha habido mucha población latina, si bien en el 2007 se encuentran más de 100,000 latinos. Mire en la página electrónica de la Oficina de Censos (www.fedstats.gov o http://quickfacts.census.gov/qfd/) y busque qué condados en cada uno de estos estados presentan mayor concentración de latinos. Trate de analizar por qué se da esta situación.

**Ejercicio 7.** En la tabla 8.10 aparecen los condados estadounidenses con más de 10,000 latinos que han crecido más rápidamente desde el censo del 2000 (U.S. Census Bureau 2006a). Vaya al mapa de lenguas del MLA (*Modern Language Association*) en la dirección electrónica www.mla.org/map_main, analice qué tienen en común estos condados y cómo se puede explicar este incremento tan rápido.

Tabla 8.10 *Porcentaje de crecimiento de la población latina en condados*
*estadounidenses con más de 10,000 latinos*

| | PORCENTAJE DE CRECIMIENTO |
|---|---|
| Kendall County, Illinois | 203.9 |
| Luzerne Country, Pennsylvania | 175.9 |
| Loudoun County, Virginia | 151.1 |
| Prince William County, Virginia | 146.9 |
| Frederick County, Maryland | 143.7 |

## 3    Características lingüísticas: variación dialectal y sociolectal

Además de la diversidad en la historia social y en las características demográficas de los grupos latinos, encontramos también gran diversidad con respecto a las características del español que emplean. Según los datos del censo del 2000 (U.S. Census Bureau 2003b, 2007b: cap. 8), el 18% de la población estadounidense emplea una lengua que no es el inglés en la casa. De éstos, el 60% emplea el español. Una de las preguntas del censo indaga si los latinos emplean el inglés exclusivamente en casa. Los datos muestran que a nivel nacional el español se emplea en el 50% (aproximadamente) de los hogares latinos, si bien puede ser en combinación con el inglés. En la tabla 8.11 se enfatiza el alto porcentaje de uso del español en las casas latinas, si bien el uso del español no es exclusivo y puede ser empleado junto con el inglés.

Estos datos parecieran sugerir que el español se está perdiendo en las comunidades latinas. Un análisis más detallado, sin embargo, revela una situación más compleja. Si bien en las ciudades fronterizas con México (especialmente en Texas), se pueden encontrar porcentajes de uso del español entre el 68.9% (El Paso) y el 91.3% (Laredo) de la población latina, en otros estados encontramos también porcentajes hasta del 86% (como en el este de Los Ángeles, California) y el 91.9% (Hialeah, Florida). Es decir, cuando se analiza por área específica (por ciudad o por condado) en la que haya una mayor concentración de latinos, el uso del español puede ser incluso más alto.

La tabla 8.12, que corresponde solo a las respuestas de uso de lengua de los latinos según su procedencia regional, incluye información sobre el empleo exclusivo del inglés en los hogares. Si bien hay hogares en todos los grupos

Tabla 8.11 *La población latina mayor de 5 años que emplea el español en casa por región*[4]

(adaptado de los datos del censo para el 2000, U.S. Census Bureau 2001: cuadro 2, 2003b: cuadro 3)

|  | *Población hispana total* | *Pob. latina mayor de 5 años que usa español en casa* | *Porcentaje que usa español en casa* |
|---|---|---|---|
| Noreste | 5,254,087 | 4,492,168 | 85% |
| Medio-oeste | 3,124,532 | 2,623,391 | 84% |
| Sur | 11,586,696 | 9,908,653 | 86% |
| Oeste | 15,340,503 | 11,074,840 | 72% |

[4]    Véase la nota 2 para la diferenciación de las regiones según la Oficina de Censos de los EE.UU.

Tabla 8.12 *Grupos latinos por lengua empleada en el hogar (censo del 2000)*
(adaptado de la figura 8 del U.S. Census Bureau 2004a)

|  | *SOLO ESPAÑOL O LOS DOS* | *EXCLUSIVAMENTE INGLÉS* |
|---|---|---|
| Mexicanos | 78.8 | 21.2 |
| Puertorriqueños | 75.4 | 24.6 |
| Cubanos | 86.3 | 13.7 |
| Dominicanos | 92.9 | 7.1 |
| Centroamericanos | 91.5 | 8.5 |
| Sudamericanos | 89.5 | 10.5 |
| TOTAL LATINOS | 78.6 | 21.4 |

latinos donde el inglés ha entrado al hogar como la única lengua empleada
(especialmente en los hogares mexicanos y puertorriqueños), la presencia del
español es mayor al 75% en todos los grupos latinos.

Estos datos parecen sugerir que los latinos en los EE.UU. no están perdiendo el
español, sino que más bien tienden hacia el bilingüismo. Debido a la alta presencia
de latinos de la primera generación (sobre todo entre los de origen dominicano,
centroamericano y sudamericano), no llama la atención que el uso exclusivo del
inglés en los hogares de estas poblaciones sea menor que en los otros grupos latinos.

El tipo de trabajo que tienen los latinos también sirve de indicador de la
variedad de lengua a la que están expuestos, debido al contacto que hay entre
hablantes de diversas variedades de español en los EE.UU. Si bien este factor nos
da información sobre la variedad de inglés a la que pueden estar expuestos los
latinos en su lugar de trabajo, también nos sirve de indicador de su condición
social y de sus redes sociales. La tabla 8.13 (tomado del censo para el año 2000)
muestra que los latinos dominan tanto **variedades estandarizadas** como no
estandarizadas del inglés en la sociedad estadounidense. Sobre todo en el caso
de los hombres latinos (véase el porcentaje subrayado), la tabla sugiere que ellos
están más en contacto con variedades basilectales del inglés.

Con respecto a las diversas variedades de español, la tabla 8.14 sugiere que los
latinos mayores de veinticinco años emplean diversas **variedades sociolectales**
del español (además de las diversas variedades dialectales o regionales), debido a
las oportunidades que les ofrece una educación más alta.

En un estudio sobre la población mexicana en Texas, Elías-Olivares (1976)
propuso que incluso dentro de este grupo latino había una gran diversidad de
variedades de español. Diferenció entre variedades rurales, variedades regionales
del norte de México, variedades populares y variedades más estandarizadas. A estas
variaciones dialectales y sociolectales del español y del inglés, se suma la variación
del tipo de bilingüismo que exhiben los latinos **bilingües**. Siguiendo a Valdés
(2000), es importante recordar que cuando hablamos del español y del inglés de
los latinos en los EE.UU., debemos diferenciar entre los diferentes niveles de

Tabla 8.13 *Latinos por sexo y ocupación en el censo del 2000*
(adaptado de la figura 1 de U.S. Census Bureau 2004a)

|  | HOMBRES | HOMBRES | MUJERES | MUJERES |
|---|---|---|---|---|
|  | no-latino | latino | no-latina | latina |
| Trabajo profesional o de oficina | 49.3 | 29.4 | 72.9 | 57.7 |
| De servicio, agricultura, construcción o transporte | 50.7 | <u>70.6</u> | 27.1 | 42.3 |

Tabla 8.14 *Los latinos mayores de 25 años por nivel educativo*
(U.S. Census Bureau 2006a)

|  | Con diploma de secundaria | Con estudios superiores |
|---|---|---|
| Mexicano | 53.1 | 8.5 |
| Puertorriqueño | 72.3 | 15.1 |
| Cubano | 74.9 | 24.4 |
| Centroamericano | 50.5 | 10.2 |
| Sudamericano | 82.6 | 31.0 |
| TOTAL LATINO | 59.3 | 12.4 |

**competencia lingüística** que muchos latinos tienen en cada lengua. La autora propone diferenciar primero la competencia del inglés y del español en términos de lo que ella denomina el **rango bilingüe**, que consiste en una mayor competencia del inglés o del español o de una competencia similar en las dos lenguas (especialmente en aquellos individuos que han crecido con las dos lenguas desde la niñez y que han mantenido competencia similar en ambas lenguas). Esta competencia lingüística se mide no solo en términos del conocimiento gramatical y léxico de la lengua, sino especialmente en términos de las funciones discursivas de la lengua y su competencia sociolingüística. Las dos últimas funciones hacen referencia a los usos estilísticos de la lengua (variedades coloquial, más formal, académica) y su uso en diferentes dominios de uso (con temas privados – de la familia, entre amigos – o públicos – en la escuela o el trabajo, en las oficinas públicas).

Silva Corvalán (1994) propuso una categorización para diferenciar los usos lingüísticos de los latinos según sus características históricas y sociodemográficas. Propuso diferenciar a los latinos según la generación a la que pertenecían. Estas generaciones se diferencian según los criterios incluidos en la tabla 8.15: lugar de nacimiento del individuo, lugar de nacimiento de sus padres, edad de llegada a los EE.UU. y tiempo de residencia en los EE.UU. Según las características de sus informantes, Silva Corvalán no incluyó el criterio de educación monolingüe en español, porque, excepto para el primer grupo, la educación escolar se da generalmente toda en inglés para los otros grupos. Debido a los

Tabla 8.15 *Clasificación de generaciones por rasgos sociodemográficos*
(basado en Silva Corvalán 1994; Valdés 2000; Torres 2003; Otheguy, Zentella y Livert 2007)

|  | *PRIMERA GENERACIÓN* | *SEGUNDA GENERACIÓN* | *TERCERA GENERACIÓN* |
|---|---|---|---|
| Lugar de nacimiento | Fuera de EE.UU. | EE.UU. | EE.UU. |
| Lugar de nacimiento de uno o ambos padres | Fuera de EE.UU. | Fuera de EE.UU. | Al menos un padre nacido en EE.UU. |
| Edad de llegada a los EE.UU. | Después de los 11 años | Antes de los 6 años | |
| Tiempo de residencia en los EE.UU. | Más de 5 años para los jóvenes (15–29 años de edad) y más de 15 años para los mayores | Más de 5 años para los jóvenes (15–29 años de edad) y más de 15 años para los mayores | Más de 5 años para los jóvenes (15–29 años de edad) y más de 15 años para los mayores |
| Educación en español (monolingüe) | Más de 3 años | | |
| Competencia lingüística | Mayor en español | Similar en inglés y en español | Mayor en inglés |

pocos programas de **educación bilingüe**, la mayoría de sus informantes no tenían experiencia en programas bilingües, por lo que este criterio tampoco estaba incluido. El criterio de competencia lingüística viene de la propuesta de Valdés y de los resultados de los estudios de Silva Corvalán.

En su estudio sobre el contacto de variedades del español en Nueva York, Otheguy, Zentella y Livert (2007) encontraron que tenían necesidad de hacer una diferenciación mayor entre los individuos de la primera generación. Para estos autores era importante diferenciar entre los *recién llegados* (o aquellos con menos de cinco años en los EE.UU.) y aquellos que habían residido en los EE.UU. más de diez años. Ellos encuentran que, en el grupo con más tiempo de residencia en los EE.UU., la variedad de español que emplean ha cambiado debido a su contacto con otras variedades de español. Otro estudio que compara a estudiantes latinos que residen en Nuevo México y en Illinois encuentra que hay necesidad de diferenciar las generaciones a la que pertenecen estos individuos según se trate de la segunda, la tercera o la cuarta generación (especialmente para el caso del suroeste) y, además, que, ya en el siglo XXI, hay necesidad de diferenciar generaciones según hayan sido expuestas o no a programas de educación bilingüe y/o cursos de español en la escuela, debido al incremento de estos programas en los EE.UU. en la última década (Martínez Mira 2006).

**Ejercicio 8.** Observe los datos de la tabla 8.13 y explique cómo afectarían los tipos de empleos, tanto en hombres como en mujeres latinos (y no latinos), con respecto a las variedades sociolectales a las que estarían expuestos y/o dominan.

**Ejercicio 9.** Entreviste a una persona de origen latino y discuta qué otras características relevantes para la historia sociolingüística de este individuo no están incluidas en la tabla.

### 3.1 Características dialectales

Cuando nos centramos en las características dialectales del español de los latinos en los EE.UU., la diferencia a la que nos referimos es la **variedad dialectal** (o regional) de la que hacen uso los hablantes de la primera generación especialmente. Sin embargo, muchas de estas características también están presentes en el español de los hablantes de la segunda y la tercera generación. Las características dialectales que se encuentran en el español en los EE.UU. corresponden mayormente a los dialectos que están más representados en la población latina en los EE.UU., es decir, los dialectos mexicano, caribeño, centroamericano, andino, etc. Sin embargo, también se incluye aquellas características del español que son propias de las generaciones segunda y posteriores y de individuos de la primera generación que radican en los EE.UU. más de diez años (cf. Silva Corvalán 1994; Otheguy, Zentella y Livert 2007).

En una descripción de la **variación dialectal**, se encuentran características lingüísticas propias de variedades rurales del español. Como la población mexicana incluye un alto número de individuos de la primera generación que provienen de zonas rurales, es generalmente en el contexto de describir el habla de esta población al que se hace referencia cuando se presentan las características rurales (tabla 8.16). Sin embargo, estas características también se encuentran en otras variedades rurales del español de otros países. Estas características incluyen el debilitamiento intervocálico de la /j/, la pérdida de vocales átonas, la variación entre vocales medias y altas, la regularización de participios irregulares y de paradigmas verbales, así como expresiones populares y arcaísmos; todos ejemplificados en la tabla 8.16 (tomado de Espinosa 1911; Sánchez 1983/1994; Silva Corvalán 1994, 2004; Lipski 2008).

Una variedad de español que también mantiene arcaísmos es el llamado **isleño**, que se habla especialmente en Luisiana, en los alrededores de la Parroquia de San Bernardo, cerca a Nueva Orleans. Los isleños son descendientes de inmigrantes españoles que vinieron de las Islas Canarias a finales del siglo XVIII. Debido al aislamiento geográfico, los descendientes pudieron mantener su variedad del español, si bien hoy en día se está perdiendo (Lipski 1990; Coles 1991, 1993; Lestrade 2002). Lestrade encontró en un estudio reciente que si bien la cultura *isleña* se está transmitiendo a una población más joven, la lengua está

Tabla 8.16 *Características lingüísticas de variedades rurales y populares latinoamericanas*

| | EJEMPLOS |
|---|---|
| Debilitamiento intervocálico de /j/ | *gallina* [gaína], *silla* [sía], *calle* [káe], *ellos* [éos] |
| Pérdida de vocales átonas | *acabar > cabar, ahora > ora* |
| Variación de vocales medias y altas | *entender > intender, vivimos > vivemos, minoría > menoría* |
| Desplazamiento del acento | *háblemos, váyamos, cómpremos, puédamos* |
| Cambio de *-ado* a *-au* | *comprado > comprau, trabajado > trabajau, lado > lau* |
| Regularización de participios | *abrir: abrido, escribir: escribido* |
| Regularización de paradigmas verbales | *pudo > pudió, podemos > puedemos* |
| Uso de [x] en lugar de [f] | *jue (fue), juerte (fuerte)* |
| Usos populares | *caiba (caía), haiga (haya), naiden (nadie)* |
| Arcaísmos | *trujo (trajo), mesmo (mismo), asina (así), vido (vió), agora (ahora)* |

perdiendo terreno. En un esfuerzo de los mayores por transmitir su cultura a los más jóvenes, el inglés asumió un rol más importante en estas interacciones. Algunas de las características fonéticas de esta variedad son la omisión esporádica de las oclusivas sonoras en posición intervocálica (*todito > toíto*), alternancia entre [b] y [v], la subida de las vocales medias en posición final átona y características que se encuentran en el español andaluz y canario (aspiración u omisión de la /s/, alternancia o neutralización de la /l/ y /r/). Con respecto a las características morfológicas, se emplea el pronombre *los* para la primera persona del plural (*nos vamos > los vamos*) y la terminación *-nos* por *-mos* (*fuéranos, estábanos*), que también se encuentra en la variedad mexicano-americana. En la sintaxis, se encuentra el uso del pronombre sujeto antes del verbo en preguntas, semejante al que se encuentra en la variedad caribeña (*¿Cómo tú dices . . .?*), así como el infinitivo con sujetos preverbales (*pa un niño nacé, . . .*). Se encuentran igualmente expresiones arcaicas, como las que aparecen en la tabla 8.16 (véase Lipski 2008: 212–14).

Los latinos, especialmente los de la primera generación, tienden a mantener las características dialectales de sus lugares de origen. Las características fonéticas más importantes que diferencian a aquellos hablantes de origen mexicano (que las emplean) de los otros grupos latinos incluyen la pronunciación de /s/ en posición implosiva (*fiesta, lunes*), la conversión de hiatos en diptongos (*cohete* [ku̯éte], *maestro* [mái̯stro], la monodiptongación de diptongos (*tienen > tenen, mueven > moven, pues > pos*), la fricativización de la palatal africada sorda /tʃ/ en [ʃ] (*muchacho* [mutʃatʃo], *mucho* [múʃo], especialmente en la región central de frontera de Nuevo México y Texas y característico del español del norte de México), la aspiración del fonema /x/ (*México* [méhiko], *caja* [káha]), la omisión de /j/ en posición intervocálica, generalmente en contacto con /i/ o /e/ ( *silla* [sía], *calle* [káe]), el empleo de una /e/ epentética al final de sílabas tónicas terminadas en **líquida** (*Isabel* [isaβéle], *comer* [koméɾe], especialmente en el español tradicional de Nuevo México), la aspiración de /s/ inicial de sílaba (*la semana* [lahemána], especialmente en el español tradicional de Nuevo México) y la elevación vocálica de /e/ a [i] después de /tʃ/ (*noche* [nóʃi], *leche* [léʃi]) (cf. Espinosa 1911; Sánchez 1982/1994; Silva Corvalán 1994, 2004). Los arcaísmos se encuentran especialmente en el español de Nuevo México y el sur de Colorado (Espinosa 1911; Ornstein 1975; Bills 1997), donde encontramos también el empleo de /v/ arcaico (*vivo* [vívo], *evitar* [evitáɾ], *había* < esp. ant. *hauia*) junto con una /v/ moderna derivada del contacto con el inglés (*valor, recibir* < ing. "*receive*"; Cacoullos y Ferreira 2000).

Las características morfológicas que distinguen a los mexicanos de los otros grupos latinos incluyen características del dialecto mexicano, así como características que se encuentran de preferencia en el suroeste de los EE.UU. (especialmente las morfológicas). Éstas incluyen el cambio de *-mos* a *-nos* para la primera persona plural del subjuntivo con un cambio acentual (*vayamos* > *váyanos, compremos* > *cómprenos*), el empleo de *-nos* en otras formas verbales de primera persona plural (*íbanos, estábanos, comeríanos*), el uso de *estar* en contextos reservados para *ser* en otras variedades (*está soltero, si mide seis diez está alta*), la conjugación en el pretérito de verbos de *-ir* en *-er* (*salimos* > *salemos*), la regularización de la vocal diptongada en la primera persona plural (*piensamos, sientimos, cuentamos*), el empleo de *-n* en imperativas de primera persona plural cuando le sigue un pronombre (*dénmelo* > *démenlo, vénganse* > *véngasen*), un uso extendido de *estar* + GERUNDIO para expresar **presente** (*estoy oyendo*), el uso del gerundio como adjetivo (*las compañeras enseñando español*) o nominalizado (*lo que hace es comparando precios*), el uso del imperfecto de *ir* + PARTICIPIO con significado de pluscuamperfecto (*había comido* > *iba comido*), el empleo extendido de *qué* en preguntas (*¿qué te llamas?, ¿qué es tu dirección?*), un uso extendido de la estructura pasiva (*Las flores fueron traídas desde lejos. Mis padres fueron muy queridos.*), la omisión de *que* en oraciones subordinadas nominales (*Yo creo Ø inventaron el nombre. Te ruego Ø me lo envíes pronto.*), el empleo de *para* + PRONOMBRE SUJETO + INFINITIVO en oraciones subordinadas (*No hay tiempo para yo poder comprar algo.*), uso del posesivo (*les lavó la cara* > *lavó sus caras*), preferencia en el uso del presente, el pretérito y el imperfecto para marcar las diferencias de tiempo, aspecto y modo y de *ir* + INFINITIVO para marcar futuro, preferencia de uso del imperfecto con verbos de estado (*viví* > *vivía, estuve* > *estaba, pensé* > *pensaba*) y de uso del pretérito con verbos de actividad (*escribía* > *escribió, corría* > *corrió, cantaba* > *cantó*), el empleo de *hasta* para significar el comienzo de un evento (*Los estudiantes vienen hasta las ocho cada mañana.*). El léxico propio de la comunidad mexicana incluye expresiones como *güero* (rubio, de piel clara), *chamaco* (joven, niño), *lana* (dinero), *popote* (caña para tomar, sorbete), *papalote* (cometa), *híjole* (expresión de asombro), *ándale*

(¡vamos!) (cf. Sánchez 1982/1994; Silva Corvalán 1994, 2004; Lipski 2000, 2008; Valdés 2000).[5]

El español de los latinos de origen puertorriqueño comparte características con otras variedades caribeñas, como la de los cubanos y los dominicanos (Morales 2000, 2008; Otheguy, García y Roca 2000; Varela 2000; Zentella 2000; Lipski 2008). Algunas de las características fonéticas incluyen la aspiración u omisión de /s/ (*mismo* [míhmo], *dos* [dó]), la debilitación o aspiración de /x/ (*trabajo, gente, mujer*), la velarización de la /n/ > [ŋ] (*compró pa*[ŋ], *baila muy bie*[ŋ]), la neutralización de /r/ y /l/ o lateralización de /r/ (*por favor* > *pol favol, amor* > *amol*) o la omisión de la líquida (*comer* > *comé, trabajar* > *trabajá*). Los puertorriqueños emplean una vibrante múltiple velarizada [ʁ] (*carro* [káʁo], *perro* [péʁo]). Los dominicanos marcan el plural con /-se/ (*cafés* > *cafése, gallinas* > *gallínase*). Las características morfosintácticas incluyen el uso de pronombres sujeto antes del verbo en interrogativas (*¿qué tú quieres?*), el empleo del verbo en infinitivo con pronombre sujeto prepuesto después de *para* (*para yo poder venir* "para que yo pueda venir, para poder venir yo") y el uso de *más* antes de expresiones negativas (*más nadie, más nunca*).

El español de los centroamericanos (Lipski 2000, 2008) tiene características que comparte con el habla mexicana. En los EE.UU., los centroamericanos están especialmente en contacto con el español mexicano, sobre todo en el suroeste, donde están asentados principalmente (Los Ángeles, Las Vegas, Houston). También están en contacto con otras variedades dialectales del español, como es el caso con el contacto con la variedad cubana y sudamericana en el sur de Florida. Por esta razón, se considera generalmente que emplean el mismo dialecto. Sin embargo, el habla de los centroamericanos tiene características propias que los distinguen. Las características más notorias de los centroamericanos son el uso de *vos* en lugar de *tú* y la velarización de la nasal en posición final ([paŋ], [biéŋ]). Algunas expresiones lexicales propias de los centroamericanos incluyen *chele* (*rubio*), *pisto* (*dinero*), *cipote* (*niño pequeño*). Sin embargo, dentro de Centroamérica también hay diferenciaciones propias de cada región.

Los guatemaltecos, al igual que los mexicanos, pronuncian la /s/ en posición final de sílaba y palabra y, en las regiones altas, reducen la vocal átona cuando ésta está en contacto con la /s/ (*pres(i)dente*). Al igual que los costarricenses, además del empleo del *vos*, los guatemaltecos emplean un pronombre *usted* afectivo en contextos informales, especialmente en las zonas rurales, mientras que en las zonas urbanas emplean más el *tú*. Una característica morfológica que comparten los guatemaltecos con los hondureños y salvadoreños es el empleo de la construcción ARTÍCULO INDEFINIDO + POSESIVO + N (*una mi amiga*).

---

[5]  Cacoullos (2002) propone que *le* ya no es un pronombre en el español mexicano, sino que se ha gramaticalizado como intensificador discursivo que aparece también con verbos intransitivos (*córrele, ándale, échale*).

Algunas expresiones lexicales incluyen *patojo* (niño), *canche* (rubio, de piel clara), *chompipe* (pavo), *chapín* (guatemalteco).

Los salvadoreños se distinguen por algunas características fonético-fonológicas. Entre ellas está la aspiración de la /s/ en posición final de palabra (como en el dialecto caribeño), pero también al principio de palabra ([h]*emana*, [h]*usana*]) al igual que los hondureños. Otras características de los salvadoreños incluyen el uso de la /s/ dentro de la palabra en posición inicial de sílaba pronunciada como [θ] (*casa* > [káθa]). Algunas expresiones propias de los salvadoreños incluyen *cipote* (niño) y *caites* (sandalias).

Los nicaragüenses hacen un uso más alto del *tú* que del *vos*. Aspiran la /s/ en posición final de sílaba y palabra ([pueh]) y aspiran la /x/ (*traba*[h]*o*, mu[h]*er*) al igual que los salvadoreños, los hondureños y los caribeños. Algunas expresiones lexicales propias de los nicaragüenses incluyen *reales* (dinero), *chavalo / chigüín* (joven, niño), *chunches* (cosas).

En el suroeste, también se encuentra una variedad que en origen era propia de hombres jóvenes a quienes se les conocía como los **pachucos**. Esta manera de hablar especial era utilizada sobre todo por hombres jóvenes que compartían también ciertos rasgos no lingüísticos relacionados con aficiones, vestimenta, tipo de vehículo, etc. Hoy en día se extiende el uso a mujeres jóvenes (Galindo 1992, 1996). Ha habido mucha discusión acerca de si las características lingüísticas de este tipo de habla son suficientes para concluir que estamos ante una variedad diferente de español o, por el contrario, nos encontramos simplemente con una **jerga** o **argot** o léxico especializado propio de estos grupos. La diferencia está en que una variedad lingüística (un sociolecto en este caso) tiene características lingüísticas en todos los niveles de la lengua (fonológicas, morfológicas, sintácticas, léxicas, etc.), mientras que una jerga o argot hace referencia solamente al ámbito léxico. Los ejemplos que se presentan para caracterizar el *pachuco*, como se conoce a este uso lingüístico, incluyen especialmente expresiones léxicas, pero no únicamente. Barker (1975), Sánchez (1983) y otros consideran que el pachuco surge como estrategia intragrupal para diferenciarse de otros grupos y para expresar pertenencia al grupo pachuco. A esta variedad social e intragrupal, se la conoce como **caló** o **pachuco** (cf. Barker 1975; Sánchez 1983: 129–30) o *chicano caló* (Ornstein-Galicia 1987, 1995). Si bien está basada originalmente en una variedad romaní (gitana) traída de España (Ornstein-Galicia 1987), la variedad moderna es propia del español de los EE.UU. (García 2005; Lipski 2008: 90). Muchos de los términos del caló provienen de variedades coloquiales del español de México, de Nuevo México y de Texas, así como del inglés. Desde El Paso el caló se extendió al resto del suroeste (García 2005).

Algunas expresiones léxicas del caló son *chante* o *cantón* "casa", *arranarse* "casarse", *borlo* "baile", *estar canicas* "estar enamorado", *ramfla* o *rol* "automóvil", *rolar* "dormir", *flicas* "películas cinematográficas", *bato* "chico", *hacer chillar* "dar problemas" (Barker 1975; Ornstein 1975). Nótese que *chante* (< ing. *shanty*), *rol* (< ing. *roll*), *flicas* (< ing. *flicks, movies*) provienen del inglés.

Tabla 8.17 *Significado en caló de palabras del español general*

| Español general | Significado en caló | Español general | Significado en caló |
|---|---|---|---|
| al alba | "alerta" | alba | "excelente" |
| clavar | "robar" | chupar | "fumar" |
| refinar | "comer" | garras | "ropa" |
| el mono | "la película" | suave | "bueno" |
| carnal | "hermano" | lisa | "camisa" |

También se encuentra léxico que es claramente propio del caló, como son *entacucharse* "vestirse elegantemente", *frajo* "cigarrillo", *gacho* "malo", *liquellar* "mirar" (Barker 1975). Sin embargo, la mayoría del léxico del caló hace referencia a cambio de significado de expresiones del español general como aparecen en la tabla 8.17. Naturalmente ejemplos semejantes (o en algunos casos idénticos) podrían darse para el habla de grupos marginales en otros países y regiones de habla española.

Si bien el componente léxico es importante en el caló, también hay características morfosintácticas. Las características morfosintácticas se asemejan a aquellas que se encuentran en variedades más coloquiales o populares del español del suroeste. Entre ellas se distingue el uso de marcadores discursivos como los que aparecen subrayados a continuación (tomados de Barker 1975: 186).

*Nel pues sabe, carnal, me fue a una cantina, ve.*
*¿Ese [oye], Crow, ónde stá su ramfla?*
*Pues nel ve, Crow, que yo tengo un datile con una chavala que le dicen Dora.*
*Sabe qué, el bato que me la hizo chillar no anda aquí.*

## 3.2 Contacto de dialectos

La inmigración y migración interna de los hispanohablantes en los EE.UU. desde los sesenta y, especialmente desde el 2000, ha llevado al contacto de hablantes de diversos dialectos de español en el territorio estadounidense. En Los Ángeles y Houston, por ejemplo, el contacto entre hispanohablantes del español mexicano y de los países centroamericanos (especialmente de El Salvador y Guatemala; U.S. Census 2007b), ha llevado a que variantes lingüísticas propias de esta región centroamericana (la aspiración de /s/ en posición implosiva, el empleo de *vos* en lugar de *tú*), *compitan* con las características mexicanas (por ejemplo, véase los estudios sobre Houston, Hernández 2002, 2007; Aaron y Hernández 2007). En otros lugares de los EE.UU., se encuentran otras variedades en contacto. Por ejemplo, en Florida (especialmente Miami), la variedad cubana está en contacto con una gran diversidad de variedades sudamericanas y también de variedades centroamericanas (especialmente la nicaragüense y la hondureña; U.S. Census 2000). La influencia que las variedades sudamericanas tienen en la variedad cubana (dialecto caribeño) en Florida no está aún clara, si bien corresponde al segundo grupo dialectal más importante en Florida después de la variedad cubana. En Chicago, la variedad mexicana está en contacto con variedades caribeñas (especialmente la puertorriqueña; cf. Johnson 2000; Potowski 2008a; Torres y Potowski 2009), centroamericanas (especialmente la guatemalteca) y variedades **andinas** (especialmente la ecuatoriana). En Nueva York, las variedades caribeñas, la puertorriqueña y la dominicana se encuentran en contacto con las variedades mexicanas y sudamericanas (especialmente la colombiana) (Otheguy, Zentella y Livert 2007). Las variedades puertorriqueña y mexicana también se encuentran en contacto en ciudades medianas como Lorain, Ohio (Ramos Pellicia 2004, 2007) y Kennett Square, Pennsylvania (Matus Mendoza 2002, 2004), en las que las autoras también encuentran efectos del contacto de dialectos.

El contacto entre dialectos del español en los Estados Unidos está llevando a una **nivelación lingüística** que puede llevar a la formación de una variedad **koinizada** (Otheguy y Zentella 2007). En estos casos, el término *koiné* hace referencia a la formación de una variedad lingüística que no exhibe rasgos dialectales diferenciadores (o marcadoras) de las variedades que la conforman (o nivelación lingüística). Este acercamiento en las características lingüísticas entre los dialectos en contacto, que se conoce en la literatura como **convergencia lingüística**, está en proceso en varias regiones del territorio estadounidense; no solamente en las zonas urbanas importantes, como se mencionó arriba, sino también en las zonas urbanas medianas y las zonas rurales. Silva Corvalán (2004) sugiere que para el caso del suroeste, por la predominancia de hablantes con rasgos más semejantes a la variedad mexicana, los hablantes de las otras variedades dialectales (p.ej. las centroamericanas y sudamericanas) tenderán a converger su habla hacia la variedad mexicana. Sin embargo, Otheguy, Zentella y Livert (2007) estudian los pronombres de sujeto y encuentran que, en Nueva York, en el contacto entre los dialectos caribeños (puertorriqueño y dominicano) y los dialectos no caribeños (mexicano y sudamericanos), ambos grupos dialectales se han visto influenciados con respecto al empleo de los pronombres de sujeto, que los autores estudian. Mientras las variedades caribeñas han disminuido el uso de los pronombres de sujeto (característica típica de la variedad caribeña), las variedades mexicanas y sudamericanas han aumentado su empleo de pronombres de sujeto. En un estudio en Chicago sobre hijos adolescentes y adultos (de la segunda y tercera generación) de matrimonios mixtos mexicano-puertorriqueños, Potowski (2008a) encuentra que si bien el habla de los hijos tiende predominantemente a las características lingüísticas del dialecto materno, su habla también exhibe características de un dialecto híbrido o mezclado. En su estudio analiza diferencias en el uso léxico de variantes mexicanas (*naranja, autobús, aretes, frijoles, plátano, popote*) y puertorriqueñas (*china, guagua, pantallas, habichuelas, guineo, sorbeto*) para las mismas expresiones y de características fonológicas mexicanas (mantención de /s/) y puertorriqueñas (debilitamiento de /s/, lateralización de la /r/, omisión de /r/). Encuentra que si bien los hablantes tienden a favorecer las características fonológicas y léxicas de un mismo dialecto, los hablantes también exhiben rasgos del otro dialecto en su habla.

Motivados por las grandes olas migratorias de las últimas décadas, los estudios de contacto de dialectos en los EE.UU. aumentarán y nos darán más información sobre los procesos de nivelación lingüística que están ocurriendo en las urbes estadounidenses.

**Ejercicio 10.** ¿Cómo dice usted en español las siguientes palabras del inglés? truck, lipstick, trashcan, orange, skirt, popcorn, sweater, bus, sidewalk, glasses, corn.

**Ejercicio 11.** Con la misma lista de palabras del ejercicio 10, pregúntele a dos hablantes de dialectos diferentes del español, cómo traducen estas palabras al español.

## 4 Características lingüísticas: contacto entre el español y el inglés

Al describir las características lingüísticas del contacto entre el español y el inglés de los latinos, hacemos referencia específicamente a las variedades de español (e inglés) de los latinos de la segunda y tercera generación (y subsiguientes). Los estudios que se han realizado reportan características propias del español en los EE.UU. que no se encuentran en otras variedades de español en el mundo. De manera semejante, también se encuentran características típicas del inglés de los latinos en los EE.UU. que los diferencian de otras **variedades etnolectales** del inglés, como son el inglés **vernacular** de los afro-americanos y de los anglohablantes de origen amerindio (cf. Gordon 2000; Wolfram, Carter y Moriello 2004; Wolfram y Schilling-Estes 2005). En algunos casos, estas variedades etnolectales del inglés se conocen como *Hispanic English* (Santa Ana 1993; Wolfram, Carter y Moriello 2004), *Chicano English, Mexican English, Puerto Rican English*, o *Latino English* (Peñalosa 1980; Sánchez 1983/1994; Fought 2006; Roeder 2006), pero no serán discutidas aquí (véase Wolfram y Schilling-Estes 2005: 194–202).

Si bien los fenómenos de contacto lingüístico se encuentran especialmente en los hablantes de la segunda generación y posteriores, los préstamos léxicos se encuentran también en miembros de la primera generación. Los *préstamos léxicos* se definen como vocabulario del inglés que entra al español. Como hemos visto en el capítulo de morfología, historia y variación, los préstamos son un mecanismo muy rico por el cual entran expresiones léxicas nuevas a una lengua. Los préstamos en una lengua reflejan la historia social de contacto lingüístico entre dos grupos de hablantes de lenguas diferentes. Las lenguas de los hablantes toman préstamos entre sí (p.ej. préstamos del vasco, del germánico, del árabe, de las lenguas amerindias, y del inglés, en la historia del español). Los préstamos léxicos se consideran influencia directa de una lengua en otra. Históricamente, los primeros préstamos que entran a una lengua son los llamados **préstamos culturales**. Estos hacen referencia a expresiones que describen variados aspectos culturales que no se encuentran en la otra lengua y cultura. Los préstamos de las lenguas amerindias que entraron al español, después de la llegada de Colón al continente americano, hacen referencia en su mayoría a fauna (*tiburón, caimán, loro, jaguar, cóndor, alpaca, puma*), flora (*cacao, tomate, petunia, chicle, aguacate, yuca, maíz*), objetos de la vida diaria y estructura social indígena (*canoa, barbacoa, poncho, soroche, mate, hule, hamaca, cacique*). Algunos préstamos culturales también se encuentran en el contacto entre el inglés y el español, como los relacionados con la comida: *brownie, pie, biscuit, muffin, nugget, sundae* y con ocupaciones culturales: *boiescaut* (< *boy scout*), *guachimán* (< *watchman*), *cherif* (< *sheriff*), *beibisira* (< *babysitter*). Sin embargo, en situaciones de contacto intenso, como es el caso del contacto entre el español y el inglés, entran también a la lengua otras expresiones que pueden tener su equivalente en la lengua que presta. Algunos ejemplos son *troca* ~ "*camión*", *parquear* ~ "*estacionar*", *rumi* ~ "*compañera de cuarto*", *estrés* ~ "*tensión*", *interbiú* ~ "*entrevista*", *hobby* ~ "*pasatiempo*", *cash* ~ "*efectivo*".

Los préstamos léxicos del inglés han entrado al español con diferente grado de adaptación fonológica y morfológica (Espinosa 1911, 1915; Bowen 1975; Smead y Clegg 1996; Smead 1998; Mendieta 1999; Clegg 2000; Silva Corvalán 2004; Zentella 2004; Lipski 2008). Algunos préstamos mantienen la fonología del inglés (*van, date, junior, brownie, pie*), mientras la gran mayoría exhibe adaptación fonológica (*crismes* < "*Christmas*", *picáp* < "*pickup*", *guachimán* < "*watchman*", *rumi* > "*roomie*") o tanto adaptación fonológica como morfológica (*mapiar* < "*to mop*", *chopiar* < "*to shop*", *brecas* < "*brakes*", *troca* < "*truck*"). Algunos casos menos comunes incluyen combinaciones de las dos lenguas como <u>rock</u> *duro*, <u>homeplato</u> (español de Florida), *taco<u>maker</u>, chicken<u>fajita</u>, carne<u>beef</u>* (español de Puerto Rico). Estas combinaciones se conocen como *loanblends* o *préstamos mezclados* (Winford 2003).[6]

**Préstamo cultural**: *brownie, pie, boiescaut, beibisira*
**Préstamo no adaptado**: *heavy duty, van, date, junior, brownie*
**Préstamo adaptado** fonológicamente: *crismes, guachimán, cartún, polís*
Préstamo adaptado fonológica y morfológicamente: *mapiar, yarda, brecas, troca*

---

[6]  Mientras en el español puertorriqueño de Nueva York, *van* y *brownie* son préstamos no adaptados (Torres 1997), en el español de latinos de origen mexicano del suroeste, estas expresiones sí están adaptadas fonológicamente: [bráuni] [bán] (Isabel Velázquez, c.p.).

**Ejercicio 12.** Indique el proceso de préstamo léxico que representan los siguientes ejemplos.

| | | | |
|---|---|---|---|
| *whiskey* | *> juisque* | *sample* | *> sampliar* |
| *zipper* | *> síper* | *mouse* | *> máus* |
| *babysitter* | *> beibisira* | *homerun* | *> jonrón* |
| *quit* | *> cuitiar* | *shoot* | *> chutar* |
| *partner* | *> parna* | *flirt* | *> flirtiar* |
| *shoe shine* | *> chuchine* | *print* | *> printiar* |
| *surf* | *> surfear* | *mop* | *> mapiar* |
| *flip* | *> flipiar* | *high school* | *> jaiscúl* |
| *roof* | *> rufo* | *lay away* | *> layaway* |
| *painkiller* | *> penquila* | *quarter* | *> cuara* |

**Ejercicio 13.** Sin ayuda del término en inglés, indique el tipo de préstamo léxico que representan los siguientes ejemplos: *cartún, taipiar, mompes, brecas, yúnior, chichine, deit, weikiar, puchar, bipiar, cul, síper, escore, cuitear, liquiar, pipa, tripear, fensa, suichi, viles, jean, bloque, bil.*

Los préstamos también incluyen lo que se conoce como **préstamo semántico** (o *loanshifts*). En estos casos se emplean expresiones del español pero con el significado de la expresión del inglés. Este tipo de préstamo diferencia entre los llamados **calcos** o traducciones literales del inglés (*rascacielos < "skyscraper", escuela alta < "high school", baloncesto "basketball"*) y los **cognados falsos** o expresiones semejantes en el español y el inglés pero que no comparten el mismo significado (*aplicar < "to apply", ministro < "minister", embarazada < "embarrassed"*). Los cognados falsos incluyen expresiones cuyos significados en inglés y en español son cercanos. Algunos estudiosos llaman a estos casos préstamo semántico o de extensión semántica (*introducir a una persona* < ing. *"to introduce someone", presentar a una persona; ir para atrás* < ing. *"to go back", regresar*).

Calcos:

    *rascacielos* ("skyscraper", *edificio alto*)

    *escuela alta* ("high school", *escuela secundaria*)

    *dar quebrada* ("give a break", *darle un descanso*)

    *correr para una oficina* ("run for office", *postular a un puesto político*)

Cognados falsos:

    *aplicar a un trabajo* ("to apply for a job", *solicitar un trabajo*)

    *el ministro de la congregación* ("minister", *el pastor / el reverendo de la congregación*)

    *estar embarazada* ("to be embarrassed", *estar avergonzada*)

    *soportar a los hijos* ("to provide financial support", *mantener a los hijos*)

    *ha entrado al colegio* ("college", *ha entrado a la universidad / escuela superior*)

    *estudiar en la librería* ("library", *la biblioteca*)

Extensión semántica:

> *introducir a una persona* ("to introduce someone", *presentar a una persona*)
> *va para atrás / va p'atrás* ("he goes back", *regresa*)

Estos mecanismos del contacto de lenguas permiten que el español, como otras lenguas, admita nuevas expresiones y usos en la lengua. También contribuye a diferenciar el español de los EE.UU. de otras variedades dialectales del español.

---

**Ejercicio 14.** Traduzca estas expresiones al inglés e indique ¿cómo se dirían en otras variedades de español?

1. *vacumar la carpeta*
2. *correr para senador*
3. *escuela alta*
4. *soportar a la familia*
5. *moverse de casa*
6. *atender a clase*
7. *coger retratos*
8. *llámame p'atrás*
9. *máquina de lavar*
10. *dar quebrada*
11. *dar p'atrás*
12. *yarda de madera*
13. *escribir un papel*
14. *quebrar con su novio*
15. *dar descanso del trabajo*
16. *es 27 años viejo*

**Ejercicio 15.** Analice los ejemplos en el ejercicio 14 e indique el tipo de préstamo que corresponde a cada ejemplo.

**Ejercicio 16.** Analice los siguientes ejemplos de contacto y diga el tipo de préstamo semántico que contiene cada ejemplo. ¿Cómo se dirían estos ejemplos en otras variedades de español?

1. *El bil de la luz ya llegó.*
2. *Espero sacarme buenos grados este año.*
3. *¿Cómo te gusta tu nuevo colegio? – Me gusta mucho.*
4. *Necesitamos hacer tiempo, pues no es la hora.*
5. *Tengo demasiado mucho trabajo.*
6. *¿Tuviste fon este fin de semana? – Sí, tuve un buen tiempo.*
7. *No puedo ir al cine. Estoy quebrada.*
8. *Por fin realicé lo que estaba haciendo mal.*
9. *Ella siempre cambia su mente.*
10. *Felizmente no se molestó. Me dio quebrada.*

---

Además de los préstamos de expresiones léxicas, las lenguas también pueden prestar expresiones con función gramatical que se conocen como **préstamo gramatical**. En otras situaciones de contacto lingüístico, como en el español del País Vasco, los hablantes emplean el sufijo derivativo vasco *-tarra* para crear expresiones gentilicias en español, *Bilbotarra* "bilbaíno, de Bilbao". En otras variedades, como en el español de los Andes, se emplea el sufijo diminutivo quechua -*cha*, como en *mamacha* "mamita/mamacita", y el sufijo quechua de plural -*kuna*, como en *ovejakuna* "ovejas". Igualmente en el español en el Paraguay, se emplea el sufijo diminutivo guaraní -*í*, como en *Joseí*, y el sufijo guaraní de plural -*kuéra*, como en *sus amigokuéra*.

En el contacto del español y el inglés, se encuentra una frecuencia alta del empleo de expresiones con función discursiva como *and, so, y' know, anyway, but, I mean, well* (cf. Torres 2003; Lipski 2005; Montes-Alcalá 2007; Torres y Potowski 2009). Torres estudia específicamente los marcadores discursivos *so, and* y *y'know* en el habla de los latinos de origen puertorriqueño de la segunda y tercera generación de Nueva York (ejemplos tomados de Torres 2003).

*and*       *so* le abrí la puerta y la llevé allí *and the next thing I know* ella no tenía cama
*so*        a los trece años me gradué de sexto, entonces a los católicos vine a séptimo,
            *so* este estaba atrasada
*y' know*   a. pero en ese *hearing* van ellos tienen un equipo muy bueno entonces por eso no pudimos tener ese *hearing* van hasta … cuando fue … mayo, *y'know of* 1989
            *or March* y ya *y'know it's almost the end* casi es el final del año
            b. en el trabajo, por ejemplo, cuando hablo con los jefes hay veces, hay veces, *y'know*, que *I get mad* ¿sabes por qué?

Mientras *and* se emplea sobre todo al inicio de pasajes en inglés, su función es la de conector de dos estructuras. *So*, por otro lado, tiene varias funciones, específicamente para introducir un resultado o una conclusión. La expresión discursiva *y'know* se emplea para señalar la participación del interlocutor en la interacción verbal o para marcar la evaluación del interlocutor sobre lo que se ha dicho. En el español puertorriqueño de Nueva York, Torres encuentra que los marcadores *so* y *y'know* son los más frecuentes. Sin embargo, las frecuencias varían por la generación del hablante. Los informantes de la segunda generación emplean estas expresiones con función discursiva entre el 31% y el 50% de las veces, mientras los informantes de la tercera generación los emplean entre el 49% y el 76% de las veces. Concluye la autora que el grado de dominio del inglés se correlaciona con el empleo de estas expresiones discursivas. En otro estudio de Torres y Potowski (2009), las autoras comparan el uso de *so* y su expresión paralela en español, *entonces*, en el habla dc latinos de Chicago que son mexicanos, puertorriqueños o mexicano-puertorriqueños. Encuentran que si bien la frecuencia del uso de *so* aumenta con la competencia en el inglés (expresado en la generación del hablante), también es más frecuente en el habla de los puertorriqueños y mexicano-puertorriqueños que en la de los mexicanos. Concluyen, sin embargo, que si bien *so* es un préstamo del inglés extendido en el español de los latinos en los EE.UU., se necesitan más estudios para poder argüir si hay diferencia en su uso entre los diferentes dialectos del español en los

EE.UU. y si va a reemplazar a *entonces* en las generaciones con más competencia en inglés. Existen otros estudios que también se han centrado en el uso de estos marcadores discursivos, si bien no consideraron la diferenciación de sus informantes por generación (para el español nuevo-mexicano, Aaron 2004; de diversas variedades de español, Lipski 2005; para el español de Miami, Said-Mohand 2006).

Silva Corvalán (1994) ha llamado la atención a otro tipo de fenómeno de contacto. Se trata de lo que se conoce como *calco gramatical* o *transferencia de patrón de uso* (Heine y Kuteva 2005). En estos casos, ya no se presta una expresión o forma acústica, sino que se prestan reglas o estructuras gramaticales, llamadas también patrones de uso. Las características lingüísticas que incluye Silva Corvalán (1994) en su estudio del español mexicano de Los Ángeles incluyen la omisión de *que*, el uso redundante de pronombres de sujeto, la presencia de posesivos redundantes y el empleo de *ahora* con función discursiva (véase también Silva Corvalán y Lynch 2008). Otros patrones de uso que también se encuentra en el español de los EE.UU. es el uso del gerundio como adjetivo o el gerundio nominalizado, el uso extendido de la estructura pasiva, el empleo de *para* + PRONOMBRE SUJETO + INFINITIVO en oraciones subordinadas, así como la reducción en el empleo del subjuntivo (cf. Sánchez 1983/1994; Silva Corvalán 1994, 2004; Lynch 2000; Lipski 2000; Valdés 2000; Silva Corvalán y Lynch 2008).

| | |
|---|---|
| Omisión de *que*: | *Yo creo () inventaron el nombre* |
| | *Te ruego Ø me lo envíes pronto.* |
| Redundancia del pronombre sujeto: | *Mañana nosotros vamos a visitarte.* |
| Posesivos redundantes: | *nos lavamos nuestras manos antes de comer* |
| *Ahora* discursivo: | *O sea me resfriaba y al tiro me daba amigdalitis.* |
| | *Ahora este año, no tanto así, pero el, cuando chica sí, harto, me daba amigdalitis, eh, me dio, neumonía un verano.* (Silva Corvalán 2001: 224) |
| Gerundio como adjetivo: | *las compañeras enseñando español* |
| Gerundio nominalizado: | *lo que hace es comparando precios* |
| Estructura pasiva: | *Las flores fueron traídas desde lejos.* |
| | *Mis padres fueron muy queridos.* |
| *para* + PRON SUJETO + INFINITIVO: | *No hay tiempo para yo poder comprar algo.* |
| Reducción en el empleo del subjuntivo: | *Me habló como si no pasó (< hubiera pasado) nada.* |

No está claro el grado de la influencia del inglés en la preferencia de estos patrones de uso. Sin embargo, estudios futuros que comparen estos rasgos lingüísticos diferenciando a los hablantes latinos por generación podrán aportar conclusiones más específicas.

La presencia de secuencias del inglés en el discurso en español ha llevado a hablar de codeswitching en el habla de los latinos en los EE.UU. (Lance 1975; Poplack 1980; Peñalosa 1980; Zentella 1982, 1997a, 2004; Sánchez 1983/1994; Torres 2003; Smith 2006; Montes-Alcalá 2007). Poplack y Meechan (1995: 200) definen *codeswitching* como la yuxtaposición de fragmentos u oraciones en lenguas diferentes en el mismo discurso y cada una consistente con las reglas de la lengua en la que están:

The juxtaposition of sentences or sentence fragments, each of which is internally consistent with the morphological and syntactic (and optionally, phonological) rules of its lexifier language.

El fenómeno del *codeswitching* es muy común en las lenguas del mundo. En su estudio pionero, Poplack (1980) distingue entre tres tipos de *codeswitching*. El primero llamado **interoracional** se caracteriza porque el cambio de lengua se da entre cláusulas oracionales. El llamado **intraoracional** puede incluir cualquier fragmento dentro de la oración y, por último, están los llamados *marcadores discursivos*, que colindan entre préstamo y *codeswitching*.

**Interoracional**

*I was saying good night to her, when she asked me* ¿qué te pasa, hija, estás triste? (Montes-Alcalá 2007)

**Intraoracional**

*There was a guy, you know* que *he* se montó. *He started playing with* congas*, you know, and* se montó y empezó a brincar *and all that shit.*
(Poplack 1980/1982: 11)

**Marcador discursivo**

*Y'know*, le pregunté, que cuántos, cuántas botellas te dejaba antes y me dijo que dos (Sánchez 1983/1994: 155)

---

**Ejercicio 17.** Diga si los siguientes ejemplos constituyen ejemplos de *codeswitching* interoracional, intraoracional o de marcador discursivo.

1. And then I asked her *¿qué pasó?*
2. Those cars *chocaron en la esquina.*
3. *Ví una chica que estaba* walking her dog.
4. *Fuimos al cine* and then to the mall.
5. *No quiero hacer mi tarea,* it's too hard.
6. She looked like she was really *triste.*
7. *Mi perrito nuevo es* cute.
8. So *lo único que quería era dinero.*
9. *Estoy* confused.
10. *El chico* the one that broke the window *está en la oficina de la consejera.*

> 11. Walking my dog the other day, I saw Sally. *Me dijo que todo está bien con su vida.*
> 12. *Ya te dije* the whole story.
> 13. I had to tell the students many times, *siéntense en sus sillas, por favor.*
> 14. My mother went to the store and *compró leche.*

Poplack (1980; Sankoff y Poplack 1981) encuentra que para el *codeswitching* entre el inglés y el español en los EE.UU. hay ciertas reglas que rigen el cambio de lengua dentro de la oración. Propone el principio del **morfema libre** (*The free morpheme constraint*) que describe la prohibición de que se mezclen las morfofonologías de las dos lenguas dentro de la misma palabra. Este principio explicaría por qué no se encuentran ejemplos en el español en los EE.UU. como *eat-iando*, en el cual la raíz tiene fonología del inglés y el sufijo tiene fonología del español. Poplack propone una segunda característica del *codeswitching* entre el español y el inglés en los EE.UU. y lo llama *el principio de la equivalencia estructural* (*The equivalence constraint*). Este principio consiste en que el orden de palabras de las dos lenguas sea homólogo o coincida en los puntos del cambio (del *switch*). Algunos puntos estructurales de posible cambio de lengua serían los siguientes.

- entre el sujeto nominal y el predicado (frase verbal)
  My mom *ha cambiado su horario de trabajo.*
- entre la cópula y el adjetivo predicativo
  *Su hijo es* super cute.
- entre el verbo y la cláusula de complemento
  I was playing with the videogame when he yelled *yo también quiero jugar.*
- entre la conjunción subordinante y la cláusula siguiente
  I went to buy some fruit *porque no había en la casa*
- entre el sustantivo y su cláusula relativa siguiente
  *¿Conoces a la chica* who lives with Alex?

Los siguientes ejemplos no serían posibles (Poplack 1980/2000; Lipski 2005, 2008: 232).

| | |
|---|---|
| *pronombre clítico* + Vfinito | *she *lo* wants *lo* / * she wants *lo* |
| *pron suj* + Vfinito | *yo* went to school / *I *fui a la escuela* |
| *aux "haber"* + V participio | *she had *venido ayer* / *ella ha* come yesterday |
| *adv de neg* + Vfinito | *él no* is very friendly |
| *pron interrog* + Vfinito | *¿Cuándo* will you visit us? |

Estas reglas del *codeswitching* ayudan a explicar por qué Poplack (2000) encuentra que el *codeswitching* intraoracional es característico de hablantes que son altamente dominantes tanto en el español como en el inglés.

Muchos estudiosos se han centrado en las funciones que cumple el *codes-witching* en el discurso. Proponen que no es posible proponer una taxonomía por las variadas funciones que cumple. Entre ellas están el cambio de tópico, para resaltar la información, para presentar información reportada, para marcar una información agregada, para clarificar o traducir, o para hacer un comentario metalingüístico (Gumperz 1982; Poplack 1980, 2000; Myers-Scotton 1993).

**Ejercicio 18.** Analice las oraciones del ejercicio 17 e indique dónde se dan los cambios de lengua.

**Ejercicio 19.** Analice el primer párrafo de *El Quijote* traducido al *Spanglish* según Stavans (2003). Marque los fenómenos lingüísticos de contacto y responda a las siguientes preguntas.

1. ¿Qué tipo de fenómenos de contacto léxico (*préstamos no adaptados, préstamos adaptados, cognados falsos, calcos*, etc.) están representados en el texto?
2. ¿Qué tipos de *codeswitching* se encuentran en este texto?
3. Lipski (2007: 213) dice lo siguiente con respecto a este pasaje:

   This text contains numerous syntactic violations of code-switching, together with phonetically unlikely combinations (p.ej. *saddleaba*), and hints of popular or uneducated Spanish (p.ej. *pa* < *para* "for", *verdá* < *verdad* "truth") which implicitly reinforce the notion that only uneducated people speak Spanglish.

   En vista de el análisis en (1), ¿está usted de acuerdo con Lipski? ¿Qué ejemplos constituyen violaciones según Poplack?

### El Quijote

1. In un placete de La Mancha of which nombre no quiero remembrearme, vivía, not so long ago, uno de esos gentlemen who always tienen una lanza in the rack, una buckler antigua, a skinny caballo y un grayhound para el chase.
2. A cazuela with más beef than mutón, carne choppeada para la dinner, un omelet pa' los Sábados, lentil pa' los Viernes, y algún pigeon como delicacy especial pa' los Domingos, consumían tres cuarers de su income.
3. El resto lo empleaba en una coat de broadcloth y en soketes de velvetín pa' los holidays, with sus slippers pa' combinar, while los otros días de la semana él cut a figura de los más finos cloths.
4. Livin with él eran una housekeeper en sus forties, una sobrina not yet twenty y un ladino del field y la marketa que le saddleaba el caballo al gentleman y wieldeaba un hookete pa' podear.
5. El gentleman andaba por allí por los fifty.

6. Era de complexión robusta pero un poco fresco en los bones y una cara leaneada y gaunteada.
7. La gente sabía that él era un early riser y que gustaba mucho huntear.
8. La gente say que su apellido was Quijada or Quesada – hay diferencia de opinión entre aquellos que han escrito sobre el sujeto – but acordando with las muchas conjecturas se entiende que era really Quejada.
9. But all this no tiene mucha importancia pa' nuestro cuento, providiendo que al cuentarlo no nos separemos pa' nada de las verdá.

## 5     Mantenimiento o pérdida del español: factores macrosociolingüísticos

El mantenimiento del español es una discusión constante en el estudio del español en los EE.UU. Silva Corvalán (1994, 2004) ha propuesto que el mantenimiento de la lengua española en el territorio estadounidense se da al nivel social (de las comunidades latinas), pero al nivel de los individuos, se está perdiendo el español a partir de la tercera generación. Otros estudios en el suroeste (cf. Bills, Hernández Chávez y Hudson 1995, 2000; Mejías, Anderson-Mejías y Carlson 2003; Bills 2005; MacGregor-Mendoza 2005), en Nueva York (Zentella 1997a, 2000, 2004), en Miami (Lynch 2000), en Detroit (Cashman 2001) y en Chicago (Potowski 2004, 2008a; Farr 2005; Torres y Potowski 2009) parecen sugerir también esta tendencia, que en cada generación posterior el mantenimiento del español declina.

En su estudio longitudinal de veinte familias en *El Bloque* en la ciudad de Nueva York, Zentella (1997a) encuentra que los patrones de uso verbal de una familia durante la niñez de un individuo tienen repercusión en el uso lingüístico futuro de ese individuo a pesar de la variación lingüística. Aquellos participantes de su estudio cuyos padres hablaban en español entre ellos y les hablaban en español a ellos, se convertían en bilingües con diversos grados de competencia en español. Sin embargo, aquellos individuos cuyos padres hablaban en inglés o en las dos lenguas entre ellos y con el individuo, se convertían en dominantes en inglés o monolingües en inglés. Según el estudio de Zentella, el papel de la lengua en la familia y en las redes sociales inmediatas del individuo y su familia tienen repercusión en el grado de competencia que el individuo adquirirá en cada una de sus dos lenguas. En un estudio en Chicago con hijos de parejas mixtas, de origen mexicano y puertorriqueño, Potowski (2008a, 2008b) encuentra que los hijos (entre quince y treinta y tres años) mantienen características lingüísticas de la variedad dialectal de la madre, si bien con cada generación el mantenimiento del español baja.

Zentella (2000) y Valdés (2000) recalcan que el grado de competencia del español no es el único factor para describir el uso lingüístico de los latinos.

El tipo de variedades lingüísticas que dominan, tanto en español como en inglés, es más relevante y más complejo. Con respecto al español, las variedades pueden incluir una **variedad** más **rural** o popular del español, una variedad más estandarizada o una variedad de *codeswitching*. La variedad de inglés también puede ser de distintos tipos, ya sea una variedad de inglés puertorriqueño o chicano o hispanizado, o una variedad de inglés afro-americano vernacular o una variedad más estandarizada del inglés. La variación lingüística de cada individuo con respecto a estos continuos, así como su competencia lingüística en cada una de sus lenguas, estarán íntimamente ligadas a las redes sociales de cada individuo. Estas redes sociales se refieren a los entornos sociales dentro de la familia, dentro de su comunidad e incluso fuera de su comunidad. Igualmente hacen referencia al contacto que tiene el individuo con las lenguas y sus variedades en la sociedad mayor. Por lo tanto, un análisis de los factores **macrosociolingüísticos** (de la comunidad y la sociedad), así como de los factores **microsociolingüísticos** (del individuo y de su entorno inmediato), son necesarios y relevantes para tener un entendimiento más claro de la situación sociolingüística de los latinos en los EE.UU.

Los estudios muestran que la competencia en español es alta en la población latina que nació en un país hispanohablante fuera de los EE.UU. Este grupo representa el 40% de los latinos y tiene una edad media de 36 años (U.S. Census Bureau 2004b). Sin embargo, debemos recordar que si esta población de latinos llegó a los EE.UU. antes de los 11 años, incluye a los llamados latinos de la segunda generación que tienden a tener un grado de competencia del español bastante cercano al del inglés. Los latinos nacidos en el territorio estadounidense representan el 60% de los latinos (tabla 8.18) y tienen una edad promedio de diecisiete años (cuadro 8, Pew Hispanic Center 2008a).

Los estudios sobre el mantenimiento del español encuentran que los latinos nacidos fuera de los EE.UU. mantienen el español en su mayoría. Sin embargo, la extremada juventud de los latinos nacidos en los EE.UU., es decir, de aquellos que pertenecen a la segunda generación y siguientes generaciones, sugiere que la vitalidad y el mantenimiento del español (junto al inglés) es una realidad bastante probable en la vida de los latinos en los EE.UU. Mejías, Anderson-Mejías y Carlson (2003) hicieron un estudio longitudinal (con veinte años de diferencia; Mejías y Anderson 1988) con jóvenes universitarios de McAllen-Edinburg, Texas, un centro urbano en la frontera con México. Encontraron que los jóvenes eran todos bilingües, con alta competencia en ambas lenguas, y que sus actitudes hacia cl uso de las lenguas no sugerían una división funcional en el empleo de estas lenguas. Hidalgo (2001) también sugiere que se está dando un cambio en la zona de la frontera. Estos hallazgos son relevantes porque desde los estudios de los años sesenta con hijos de inmigrantes de países europeos (especialmente), los estudiosos han propuesto que los bilingües emplean cada una de sus lenguas para funciones diferentes. Esta diferenciación se conoce como **diglosia** (mencionado en el capítulo de variación), término acuñado por Fishman para situaciones bilingües, tomando el término creado por Ferguson (1959) para sociedades en

Tabla 8.18 *Los latinos por lugar de nacimiento*
(adaptado del cuadro 3 del Pew Hispanic Center para los hispanos en el 2008a)

|  | *POBLACIÓN 2000* | *POBLACIÓN 2006* | *% 2000* | *% 2006* |
|---|---|---|---|---|
| Latinos total | 35,204,480 | 44,298,975 | 100.0 | 100.0 |
| Nacido – EE.UU. | 21,072,230 | 26,608,451 | 59.9 | 60.1 |
| Nacido – Otro | 14,132,250 | 17,690,524 | 40.1 | 39.9 |

las que los hablantes emplean dos dialectos de una lengua en sus vidas diarias para funciones diferenciadas (por ejemplo, el alemán estándar y el suizo alemán en Suiza, el griego clásico y el griego moderno en Grecia, el árabe clásico y el árabe regional en Marruecos, Argelia, etc.). Fishman (1966), Fishman et al. (1971) propuso que el bilingüismo perdura solo si hay diferenciación diglósica entre las dos lenguas. El estudio de Mejías y sus colegas encontró que en los EE.UU. el bilingüismo español-inglés es posible en la frontera tejana sin la presencia de diglosia. Explican que los cambios socioeconómicos que han permitido un rápido crecimiento urbano en el área, una situación económica más fuerte de la región, la entrada del español en la política local y regional, en la educación superior, en los periódicos, etc., han llevado a un cambio de actitudes en los hispanohablantes. Mientras en el estudio que hicieron en los ochenta, la mayoría de los estudiantes quería mantener el español solo para fines comunicativos, para interactuar con los abuelos y familia que venía de México, en el 2003, el mantenimiento del español está ligado ya no a fines instrumentales, sino a la lealtad que expresan los jóvenes hacia el español y su herencia lingüística y cultural.

Los estudios sobre el español en los Estados Unidos se han enfocado más en el futuro del español en este país y en la vitalidad del uso del español en la vida de los latinos, especialmente, en el habla de los de la segunda generación y siguientes. Estos estudios encuentran que el mantenimiento del español o la pérdida de su uso depende de una serie de factores extralingüísticos relacionados con las características sociales, demográficas, culturales y las decisiones políticas y político-educativas institucionales, así como las características sociolingüísticas y lingüísticas de los mismos individuos (cf. Grosjean 1982: 107; Silva Corvalán 2004: 233–34). Estos factores representan las presiones al nivel macrosociolingüístico y al nivel microsociolingüístico que afectan (positiva o negativamente) el mantenimiento y la vitalidad del español en los EE.UU.

En el nivel macrosociolingüístico (o de presión institucional o de presión *de arriba > abajo*; véase tabla 8.19), se encuentran las políticas gubernamentales que apoyan o no el uso del español (llamadas *las políticas lingüísticas*) en la educación (la disponibilidad de programas de educación bilingüe), en el gobierno nacional y regional, en los servicios sociales (médicos, bancarios, bibliotecarios, de ayuda social, iglesia, tiendas, etc.), en los medios de comunicación (programas de radio, televisión, prensa escrita, en la internet, etc.), en las cortes

Tabla 8.19 *Características que favorecen el mantenimiento de la lengua minoritaria si ésta se emplea en estos contextos macrosociolingüísticos*
(basado en Grosjean 1982: 107; Grenoble y Whaley 2006: 23, 26, 30)

---

*NIVEL MACROSOCIOLINGÜÍSTICO*
*PRESIÓN DE ARRIBA > ABAJO*

---

- Políticas lingüísticas del gobierno nacional y local
- En la educación: programas de educación bilingüe
- En los servicios públicos: en los hospitales, bancos, de recreación, tiendas, etc.
- En los servicios sociales: uso de español en la iglesia, en oficinas de ayuda social, en la biblioteca pública, etc.
- En los medios de comunicación: con programas en español en la televisión, en la radio, con prensa escrita en español, etc.
- En las nuevas tecnologías: en la internet, con juegos electrónicos, etc.
- En las cortes judiciales: incluyendo la presencia de traductores
- Integración económica del español: que se pueda emplear en el trabajo de sus usuarios
- Actitudes de la comunidad anglohablante hacia el español y sus hablantes

---

judiciales (incluyendo la presencia de traductores), etc. Las presiones macro también incluyen el grado de integración económica que tiene la comunidad hispanohablante; es decir, la posibilidad de emplear el español en el trabajo y a la vez poder proveer económicamente para la familia (Grenoble y Whaley 2006: 23). Las actitudes lingüísticas de la comunidad anglohablante hacia los hispanohablantes es otro factor muy importante desde esta perspectiva.

**Ejercicio 20.** Discuta y reflexione sobre la(s) política(s) lingüística(s) en la ciudad, el condado o el estado en el que usted vive o de alguna región bilingüe.

Las políticas lingüísticas hacia el español en los EE.UU. se han expresado de dos maneras. Las fuerzas que se oponen a la entrada del español a los ámbitos públicos han llevado a lo que se conoce como el movimiento *English-only*. Esta posición consiste en apoyar la propuesta de que el inglés sea la lengua oficial de los Estados Unidos. Esta posición no incluye generalmente apoyo a las lenguas minoritarias. Además de requerir que todos los documentos y transacciones gubernamentalcs, oficiales y públicos sean en inglés, esta campaña tiene como objetivo anglizar a todos los inmigrantes en los EE.UU., así como a sus descendientes (Valdés 1997; Zentella 1997b; Crawford 2007; Baron 2008; de la Cuesta 2008). Cuando los territorios del suroeste pasaron a manos del gobierno estadounidense, no había ninguna provisión con respecto al uso de la lengua española en ámbitos públicos. Mientras la constitución de California de 1849 exigía que todas las leyes se publicaran en español, la nueva constitución, de algunos años después (1878–79), requería que todos los documentos gubernamentales fueran escritos solo en inglés (Crawford 2007). Lo mismo ocurrió en otros estados con otros grupos lingüísticos que tenían representación numérica en su región (p.ej. los hablantes de lenguas amerindias, especialmente en el suroeste, el alemán en Wisconsin, Illinois, Iowa, Ohio, Nebraska y otros estados, etc.).

El propósito de iniciativas como la del *English-only* consiste en que el empleo de las lenguas minoritarias (como es el caso del español en los EE.UU.) quede restringido al hogar, mientras que el inglés ocupa – oficial y únicamente – el rol de ser la lengua de uso fuera del hogar, en la escuela y en todos los otros ámbitos de la vida pública. Esta campaña que se inició en el siglo XIX ganó adeptos a principios del siglo XX incluso en muchas empresas (como la compañía Ford) que obligaban a sus empleados a hablar solo en inglés e incluso les ofrecían clases de inglés (Crawford 2007). El Acta de Educación Bilingüe de 1968 fue la primera ley a nivel federal que proveía ayuda económica del gobierno para que los estados pudieran proveer programas de educación bilingüe para sus residentes que eran hablantes de otras lenguas. En 1974, el caso *Lau* vs. *Nichols*, discutido en la Corte Suprema, sostenía que los hablantes de lenguas minoritarias tenían derecho a recibir educación en su lengua, además de educación en inglés, por tratarse de un caso de equidad educativa. Sin embargo, el acta de *No child left behind* en el 2001, debilitó el mandato anterior y el Acta de Educación Bilingüe. Este debilitamiento se logró mediante un énfasis en evaluaciones en lengua inglesa de todos los estudiantes de las escuelas públicas para ver su progreso académico y así poder tomar decisiones con respecto a la repartición de la ayuda económica federal (Wright 2007).

En el 2008, solo nueve estados de los EE.UU. (Texas, Nueva York, Florida, Illinois, Colorado, Nuevo México, Michigan, Oklahoma y Nebraska) tienen requisitos para proveer programas de educación bilingüe a niños de lengua minoritarias (Crawford 2007). Otros estados que proveen algún tipo de educación en la lengua materna a niños de lenguas minoritarias son Connecticut, Idaho, Kansas, Nueva Jersey y Massachusetts (Kindler 2002). En un país donde el 92% de los residentes hablan el inglés "muy bien" (según los criterios del censo), treinta estados tienen dictámenes legales que otorgan al inglés el estatus de lengua oficial del estado (Kindler 2002; Baron 2008; véase la tabla 8.20).

Según los datos del censo para el 2006, el 20% (10.4 millones) de los niños en edad escolar entre cinco y diecisiete años de edad (de un total de 51.3 millones) habla en casa una lengua que no es el inglés. De las 229 lenguas que se reportan, el 72% (7.5 millones) habla español en su casa. La población estudiantil de origen hispano representa el 20% de la población estudiantil en las escuelas. Sin embargo, en California representa el 50% de la población estudiantil y en los estados de Arizona, Nuevo México y Texas representa más del 40%. La población hispana representa el grupo minoritario más grande en veintidós estados (Pew Hispanic Center 2008c). En vista de lo que se ha presentado antes en este capítulo, no llama la atención que los estados correspondan especialmente a regiones en el suroeste (California, Arizona, Nevada, Nuevo México, Texas), en el medio-oeste (Illinois), en el noreste (Nueva York, Nueva Jersey, Rhode Island) y en el sureste (Florida). Todas estas áreas coinciden con ser áreas donde hay una gran concentración de latinos.

Tabla 8.20 *Estados en los cuales el inglés tiene estatus de lengua oficial*

| | |
|---|---|
| Alabama | Luisiana |
| Alaska | Massachusetts ** |
| Arizona | Mississippi |
| Arkansas | Missouri |
| California | Montana |
| Colorado * | Nebraska * |
| Florida * | Nueva Hampshire |
| Georgia | Carolina del Norte |
| Hawai | Dakota del Norte |
| Idaho ** | Carolina del Sur |
| Illinois * | Dakota del Sur |
| Indiana | Tennessee |
| Iowa | Utah |
| Kansas ** | Virginia |
| Kentucky | Wyoming |

\* Estados que también proveen programas de educación bilingüe.
\*\* Estados que proveen algún tipo de educación en la lengua materna para los niños de lenguas minoritarias.

Alrededor del 70% de los estudiantes de origen hispano hablan español en casa (puede ser además del inglés). Lamentablemente, la presencia de maestros con competencia tanto en inglés como en la lengua minoritaria no va a la par con el porcentaje estudiantil que existe (Bustos Flores, Keehn y Pérez 2002; Potowski 2005a, 2005b; García 2008a). No solo hay una necesidad de maestros bilingües, sino que además los maestros necesitan entrenamiento especial para que puedan tener conocimiento de las diferencias lingüísticas, sociodemográficas y culturales que presentan los niños (y sus familias) de origen latino en los EE.UU. Las diferencias lingüísticas hacen referencia especialmente a las diferencias dialectales, y también a las diferencias en competencia que tienen con respecto al español y a las variedades más formales del español. Las diferencias sociodemográficas y culturales hacen referencia a las diferentes circunstancias que presentan los jóvenes en edad escolar que pertenecen a la primera, a la segunda o a la tercera generación. Según los datos compilados por el *Pew Hispanic Center* con datos del 2006 (2008c), si bien el 87% de la población estudiantil de familias inmigrantes no-latinas pertenece a la tercera generación, la población estudiantil latina es primordialmente 45% de la segunda generación y 16% de la primera generación, siendo solo el 33% de la tercera generación (datos del cuadro A1 del reporte). Es decir, el rol de la lengua española como lengua del hogar es muy importante. Con respecto a la variedad de español, en las tres generaciones, el grupo mexicano es el más numeroso, pero varía con respecto a los otros grupos en cada generación. La tercera generación, que representaría la familia inmigrante más antigua, incluye en su mayoría (después del grupo mexicano) los grupos puertorriqueño y cubano. Las primera y segunda generaciones representan grupos inmigrantes más recientes. En el caso de la población estudiantil, se trata de los grupos dominicano y salvadoreño (cuadro 2, Pew Hispanic Center 2008c).

Esta variación dialectal que los estudiantes traen consigo al salón de clase provoca problemas adicionales relacionados al dialecto de español que el maestro emplea y que debe conocer, así como la variedad de español que se emplea en los textos y que se enseña en la clase, etc. Si bien la norma lingüística escolar que se enseña en los textos puede ser homogénea, los textos y el instructor deben considerar las variaciones lingüísticas mayoritarias de su población estudiantil y de la población hispanohablante en su región y en el país. La juventud de la población latina en los EE.UU. hace que esta situación se considere más relevante por la alta presencia de la población joven latina en los salones de clase. Como ejemplo podemos mirar a la población estudiantil en la ciudad de Chicago. Mientras que el 25% de la población de la ciudad es de origen latino, en las escuelas de la ciudad, el 39.1% de los estudiantes son de origen latino (véase: www.cps.k12.il.us/AtAGlance.html) y en algunas escuelas se puede encontrar entre el 50% y el 90% de estudiantes de origen latino (Potowski 2004). Es decir, los porcentajes de niños que provienen de hogares donde se emplea otra lengua además del inglés no están representados claramente en los datos porcentuales de la población minoritaria a nivel del condado. El desajuste entre los datos poblacionales demográficos y las poblaciones escolares impide que muchos condados tomen en consideración las necesidades en el ámbito escolar.

La variedad dialectal que se prefiera en cada región o ciudad para los otros ámbitos públicos (hospitales, servicios de ayuda social, biblioteca, bancos, etc.) también dependerá de la presencia numérica de la población hispanohablante mayoritaria en esa región o ciudad (cf. Marcos Marín 2008a, 2008b; Marcos Marín y Gómez 2008). Si bien en todos estos ámbitos públicos se espera una variedad de español más formal, las diferencias léxicas tendrán gran influencia en el alcance que tengan estos esfuerzos en la población hispanohablante local. Esta consideración es especialmente importante en el contexto de las cortes judiciales debido a la importancia que tiene el hecho de que los mensajes sean lo más claros posibles. Algunos estudios encuentran que las diferencias dialectales de los clientes y de los trabajadores de las cortes estadounidenses están poniendo a prueba el sistema judicial (Trinch 2007; cf. Segura 2008).

En el año 2000, el 64% de los estudiantes en edad escolar que estudiaban una lengua extranjera en la escuela eligieron el español (88% en la escuela elemental, Center for Applied Linguistics 2008). La presencia del español en todos los niveles educativos escolares se ha extendido a la educación superior (García 2008b; Domínguez 2008). Los programas de español como segunda lengua en las universidades estadounidenses, dirigidos especialmente a los estudiantes anglohablantes se han incrementado en los EE.UU. Según la *Modern Language Association* (www.mla.org), en el 2006, el 52.2% de los estudiantes universitarios de lenguas eligieron el español. Este porcentaje representa un incremento del 10.3% desde el 2002. Muchas universidades tienen o están considerando empezar programas de *lengua de herencia* dirigidos especialmente a los jóvenes latinos que no han tenido la oportunidad de recibir instrucción formal en español durante sus años escolares.[7] Debido a los pocos programas de educación bilingüe que existen en los EE.UU., hay una población numerosa que tiene necesidad de programas de lengua de herencia (cf. Potowski 2005a, 2005b; Carreira 2007). Considerando que el español es la segunda lengua más hablada en los EE.UU. y una de las cuatro lenguas más habladas en el mundo, los jóvenes latinos tienen un conocimiento lingüístico que debe ser alimentado para que ellos también puedan participar en una sociedad global y multilingüe. Los programas de lenguas de herencia dan la oportunidad de expandir los contextos en los que los hablantes de herencia emplean su otra lengua, incluyendo los contextos formales y académicos que les pueden ser útiles en su vida diaria. La importancia del español en los EE.UU. se ha ampliado a incluir ámbitos públicos, además de los privados.

**Ejercicio 21.** Elija un estado en el portal del MLA (Modern Language Association) Language Map e investigue la población latina que vive en ese estado.

El número de emisoras de radio y canales de televisión que transmiten sus programas en español ha aumentado enormemente en los últimos años (cf. Miranda y Medina 2008; Connor 2008). Según el portal del Center for Applied Linguistics hay más de 600 emisoras de radio que transmiten en español y más de 500 periódicos escritos en español que se publican en los EE.UU. (cf. Gómez Font 2008). Las cadenas de televisión que transmiten en español han aumentado. Además de Galavisión que empezó a transmitir en 1979, ahora existen también Univisión y Telemundo, entre otras. Con el acceso a satélite, también están disponibles canales de televisión de España y de los países latinoamericanos (Connor 2008). El impacto de la población latina también se evidencia en las inversiones que se hacen en la publicidad dirigida especialmente a esta población, tanto en la prensa escrita, como en la televisión, en la internet y en la radio (Bernal Labrada 2008). Igualmente la visibilidad de los latinos y del español en los medios de comunicación y en la vida pública representan tendencias que refuerzan la vitalidad del español en los EE.UU. Finalmente, el influjo migratorio de hispanohablantes de todas las clases sociales en la sociedad estadounidense también contribuye a la presencia del español en todas las capas sociales de la sociedad.

---

[7] Con el término *lenguas de herencia* se hace referencia a aquellas lenguas que se hablan en los hogares estadounidenses que no son el inglés.

**Ejercicio 22.** Vaya a la sección de reportes del *Pew Research Center* – *Hispanic Trends* y elija un tema relacionado a los latinos en los EE.UU. para discusión (p.ej. demografía, inmigración, economía, trabajo, educación, política, identidad, envíos monetarios, las elecciones del 2008).
**Ejercicio 23.** Analice la publicidad en la prensa escrita y/o la televisión y radio del lugar donde vive y busque indicadores de publicidad dirigidos a grupos minoritarios. Compárelo y discútalo en clase, enfocándose en aspectos de la lengua y la cultura.

## 6    Mantenimiento o pérdida del español: factores microsociolingüísticos

En el nivel microsociolingüístico (o de presión que parte del individuo y su entorno inmediato, llamado también presión *de abajo > arriba*), se encuentra como factor más relevante la *transmisión intergeneracional* de la lengua en el hogar (véase la tabla 8.21). Este factor enfatizado originalmente por Joshua Fishman y sus colegas en base a sus estudios en los años sesenta y setenta sobre lenguas inmigrantes, ha resultado ser el criterio más importante en el mantenimiento de **lenguas minorizadas**. Si los padres, especialmente la madre como muestran los estudios, transmiten la lengua consistentemente a sus hijos en el hogar, las probabilidades de que este mantenimiento continúe en la vida del joven se incrementan (Evans 1996; Baca 2000; Potowski 2008a, 2008b; Velázquez 2008). Sin embargo, los estudios muestran que otros factores también pueden afectar o intervenir en el mantenimiento o pérdida de la lengua del hogar. Se agregan factores como el grado de *uso del español* dentro del hogar y fuera del hogar. A mayor número de contextos (o dominios) en los que se emplea el español, mejor será para el mantenimiento de la lengua. Una diversidad de contextos en los que se emplee el español implica que la supuesta diferenciación diglósica entre el uso del español y el inglés se debilita, permitiéndose el mantenimiento del español más allá del ámbito del hogar. La presencia significativa de *otros hablantes de español* en la comunidad inmediata, la regional y la nacional son importantes para el mantenimiento del español. Los estudios muestran que no es suficiente que haya un alto número absoluto de hablantes de la lengua minorizada, sino que es necesario también que su representación porcentual en la sociedad sea significativa (Grenoble y Whaley 2006). Finalmente, las *actitudes lingüísticas positivas* de los latinos hacia su propia lengua son altamente relevantes ya que ellos deben ser los primeros promotores del mantenimiento de su lengua. Estas actitudes empiezan en los padres pero deben continuar en los hijos. Los estudios realizados muestran que las actitudes positivas hacia el español deben ser no solamente afectivas y con propósitos comunicativos, sino también con propósitos de

Tabla 8.21 *Características que favorecen el mantenimiento de la lengua minoritaria si ésta se emplea en estos contextos microsociolingüísticos*

(basado en Grosjean 1982: 107; Grenoble y Whaley 2006: 23, 26, 30)

---

*NIVEL MICROSOCIOLINGÜÍSTICO*
*PRESIÓN DE ABAJO > ARRIBA*

---

- Transmisión intergeneracional
- Uso de la lengua en el hogar y en los ámbitos públicos
- Representación numérica de la población hispanohablante
- Porcentaje de la población hispanohablante en la sociedad
- Las actitudes lingüísticas de los latinos hacia su lengua

---

lealtad idiomática (Mejías, Anderson-Mejías y Carlson 2003; Silva Corvalán, Lynch, MacGregor y Potowski 2008).

Considerando que la población latina es joven, y la población nacida en los EE.UU. tiene diecisiete años de edad promedio, no llama la atención que en el 2006 el porcentaje de todos los estudiantes en las escuelas del país de origen latino sea el 20% (y haya aumentado del 12.5% en 1990). El 80% de los niños en edad escolar nacieron en los EE.UU. (93% de los niños en kindergarten y el 86% de los niños en los años escolares 1°–8°; Pew Hispanic Center 2008c). Sin embargo, en algunos estados estos porcentajes son mucho mayores. Según los datos del Pew Hispanic Center (2008c) para el 2006, el 50% de los estudiantes latinos de los EE.UU. en edad escolar estudian en California y Texas. Mientras la población de estudiantes latinos es 50% en California, el porcentaje alcanza el 40% en Arizona, Nuevo México y Texas. Otros estados con alto porcentaje de población latina varían entre el 20% y el 40% de niños latinos en las escuelas (Colorado, Illinois, Florida, Nueva York). Mientras, en la ciudad de Chicago el 25% de la población es latina, y en las escuelas de la ciudad, el 39% de los estudiantes son latinos (Chicago Public Schools 2007–8), como se mencionó anteriormente.

El Pew Hispanic Center (2008c) reporta que el 25% de los estudiantes latinos tiene dificultad con el inglés. Éstos representan el 70% de todos los niños de las escuelas públicas que tienen dificultad con el inglés cuando entran a la escuela y hablan otra lengua en el hogar que no es el inglés. Esta dificultad disminuye según la generación de los niños. Mientras casi la mitad de los niños de la primera generación tiene dificultad con el inglés cuando entran a la escuela, esta dificultad disminuye con la segunda generación (20%) y la tercera generación y subsiguientes (5%). Esta situación ha llevado a que muchos estados (especialmente Texas) decidan proveer programas de educación bilingüe en las escuelas, especialmente del tipo transicional, donde las horas de clase en inglés incrementan cada año, mientras las horas de clase en español disminuyen. Igualmente están aumentando los programas de inmersión de dos lenguas, donde se mezclan

Tabla 8.22 *Distribución de la población latina en edad escolar según la región para el 2006*

(adaptado del cuadro B6, Pew Hispanic Center 2008c)

|  | *1ª generación* | *2ª generación* | *3ª generación* | *No se sabe* |
|---|---|---|---|---|
| Noreste | 13.1% | 37.0% | 42.3% | 7.5% |
| Medioeste | 17.5% | 42.7% | 33.7% | 6.2% |
| Sur | 18.3% | 41.4% | 34.6% | 5.7% |
| Oeste | 14.6% | 50.8% | 28.6% | 6.0% |

un 50% de estudiantes que tienen el español como su lengua del hogar y el otro 50% que tienen el inglés como su lengua del hogar. Según el Center of Applied Linguistics, de los 335 programas de inmersión que hay en los EE.UU. en el 2008, 311 son de español e inglés (www.cal.org/twi/directory/index.html).

**Ejercicio 24.** Analice la tabla 8.22 y discuta su relación con los porcentajes de población latina vistos para las respectivas regiones anteriormente en el capítulo.

Los estudios muestran que el *grado de instrucción de los padres* también es importante para el mantenimiento del español. Mientras el 50% de todos los niños inmigrantes viven con un padre o una madre que no tiene diploma de la escuela secundaria, este porcentaje baja en la segunda generación (42%) y en la tercera generación o subsiguientes (16%). En un estudio longitudinal y a nivel nacional con niños en edad escolar (Páez, Tabors y López 2007), los investigadores encontraron que la educación de los padres (al menos con un diploma secundario) y el mantenimiento del español en casa se correlacionaba positivamente con la alfabetización tanto en inglés como en español. Estos datos juntos nos llevan a relacionar los altos porcentajes de estudiantes latinos con los altos porcentajes de inmigrantes hispanohablantes en edad procreadora en los EE.UU. La juventud de los inmigrantes (la primera generación) y la de los niños latinos en edad escolar, la educación de los padres y el uso del español en casa son todos factores importantes para el mantenimiento del español en los EE.UU., especialmente en las áreas de concentración latina (cf. Fry y Gonzales 2008).

El Pew Hispanic Center presenta para el 2006 que si bien el 23% de inmigrantes latinos reportan que hablan el inglés muy bien, este porcentaje sube al 88% en las poblaciones latinas nacidas en los EE.UU. Mientras solo el 7% de los nacidos fuera de los EE.UU. hablan preferentemente o solamente el inglés en la casa, el 50% de sus hijos adultos lo hacen en casa. Estas situaciones han llevado a que los estudios miren en detalle el uso del español en la casa y consideren *las redes sociales* del hispanohablante (cf. Lutz 2002, 2006; Velázquez 2008). En un estudio sobre el uso del español por jóvenes latinos en California, basándose en datos de encuestas distribuidas en todo el estado, Hurtado y Vega (2004) encuentran que los jóvenes latinos californianos favorecen el uso del inglés, excepto en ciertas relaciones lingüísticas donde prevalece el bilingüismo. Dieron los valores de 1 al empleo único del español y de 5 al empleo único del inglés. Los valores entre el 2 y el 4 fueron considerados como contextos bilingües por las autoras. En sus resultados encontraron que mientras la madre (1.96) y el padre (2.0) se dirigen al joven primordialmente en español, sus hermanos (y hermanas) mayores (2.92) y menores (3.12) se dirigen al joven latino con un mayor uso del inglés, pero empleando ambas lenguas primordialmente. El joven latino responde a sus padres primordialmente en español (2.08 y 2.21, respectivamente) pero usa ambas lenguas con sus hermanos (2.95 y 3.15, respectivamente). Con los amigos empleaban ambas lenguas (3.32) sin que el sexo resultara relevante. Finalmente, solo la iglesia requería un uso mayor del español (1.9), los otros dominios cercanos o personales eran bilingües (Hurtado y Vega 2004: 149).

Mientras los latinos (de todas las generaciones) coinciden en su mayoría en que los nuevos inmigrantes hispanohablantes a los EE.UU. deben aprender el inglés, el uso del español en la casa es un área en la que se centran muchos estudios. Los hogares que incluyen una familia extendida (por ejemplo, abuelos, tíos, primos) que también habla español favorecen el mantenimiento del español en todas las generaciones y en todos los niveles socioeconómicos (Arriagada 2005: 615). En un estudio en Chicago con jóvenes de familia mexicana, puertorriqueña y mixta (mexicana y puertorriqueña), Potowski (2008a) encontró que mientras el grado de mantenimiento del español en la casa variaba, los jóvenes tendían a exhibir rasgos dialectales coincidentes con el dialecto de la madre (véase también Potowski 2008b). El rol de la madre en la transmisión intergeneracional ha sido muy enfatizado desde los estudios de Fishman. Velázquez (2008) comparó la lengua que la madre empleaba con sus hijos mayores y menores en dos comunidades latinas: La Villita en Chicago (un enclave de latinos de origen mexicano) y El Paso, Texas, con un porcentaje del 81% de latinos y con 65% de personas mayores de cinco años que hablan el español en su casa. Velázquez encontró que en los hogares donde las madres promovían el uso del español con sus hijos, las madres empleaban solo el español si el niño no iba a la escuela, pero el inglés empezaba a entrar con los niños que iban a la escuela. La autora diferenció quince dominios de uso por tema (véase la tabla 8.23) y encontró que aquellos temas relacionados con la escuela o no afectivos eran los primeros contextos en los que se empleaba el inglés. Velázquez encuentra que aquellos niños que van a la escuela, emplearán más el inglés cuando le hablan a su madre que aquellos menores que se quedan en casa. Sin embargo, de los niños que van a la escuela, los menores emplearán más inglés con sus padres, pues también emplean esa lengua con sus hermanos mayores.

En los hogares donde la madre hacía uso tanto del inglés como del español con sus hijos, los dominios en los cuales había mayor expresión de emotividad eran aquellos en los que se usaba más el español (para consolar, para

Tabla 8.23 *Uso del español por la madre a su hijo y del hijo a su madre en un hogar donde se promueve el mantenimiento de la lengua*
(adaptados de Velázquez 2008: 189, 190, 196, 197)

| | A-1 | A-1 | A-2 | A-2 |
| --- | --- | --- | --- | --- |
| | *MADRE > HIJO MAYOR* | *HIJO MAYOR > MADRE* | *MADRE > HIJO MENOR* | *HIJO MENOR > MADRE* |
| cariño | español | español | español | español |
| consuelo | español | español | español | español |
| expresión de molestia | español | español/inglés | español | español |
| advertencia/consejo | español | español/inglés | español | español |
| llamada de atención | español | español | español | español |
| rezar | español | español | español | español |
| decir un secreto | español | español/inglés | español | español |
| contar una historia | español | español | español | español |
| bromear | español | español/inglés | español | español |
| pedir dinero/favor | español | español | español | español |
| jugar | español | español/inglés | español | español |
| leer | español | español | español | español |
| cantar | español | español/inglés | español | español |
| dar información | español | español | español | español |
| hacer la tarea | español/inglés | inglés | español | español |

llamar la atención a la conducta del niño, contar un cuento o un chiste) (véase la tabla 8.24).

Velázquez buscó identificar si las fuerzas *de arriba* que promovían el uso del inglés en las sociedades en las que vivían las familias (La Villita y El Paso) afectaban el uso de la lengua en el hogar, específicamente el habla de la madre al hijo(a). Encontró que en ambas comunidades, el dominio lingüístico de la madre en español, su bilingüismo en inglés y una red social variada de hablantes de español (e inglés) eran los criterios más importantes para explicar la transmisión del español al niño. No era suficiente que las madres tuvieran actitudes positivas hacia el mantenimiento del español. Era más bien necesario que la madre también fuera bilingüe y pudiera ofrecer a sus hijos contextos variados en los que podían escuchar y emplear el español (véase también López Morales 2008a; Morales 2008; Silva Corvalán, Lynch, MacGregor y Potowski 2008).

**Ejercicio 25.** Observe los dominios que Velázquez (2008) empleó en su estudio y trate de preguntar a dos personas bilingües sobre su uso de cada lengua en estos contextos. ¿Qué semejanzas o diferencias encuentra? ¿Cómo se explican?

Tabla 8.24 *Uso del español por la madre a su hijo y del hijo a su madre en un hogar donde se emplea tanto el español como el inglés*
(adaptados de Velázquez 2008: 221–23)

|  | *A-1*<br>MADRE ><br>HIJO MAYOR | *A-1*<br>HIJO MAYOR<br>> MADRE | *A-2*<br>MADRE ><br>HIJO MENOR | *A-2*<br>HIJO MENOR<br>> MADRE |
|---|---|---|---|---|
| cariño | español/inglés | español | español | español |
| consuelo | español/inglés | español/inglés | español | español |
| expresión de molestia | español | inglés | español | español |
| advertencia/consejo | español/inglés | español/inglés | español | español/inglés |
| llamada de atención | español | inglés | español | español |
| rezar | inglés | inglés | español/inglés | español/inglés |
| decir un secreto | inglés | inglés | español/inglés | español |
| contar una historia | español/inglés | español/inglés | español/inglés | español/inglés |
| bromear | español/inglés | español/inglés | español/inglés | español |
| pedir dinero/favor | español/inglés | español | español/inglés | español/inglés |
| jugar | español/inglés | español/inglés | español/inglés | español/inglés |
| leer | español/inglés | español/inglés | español | español/inglés |
| cantar | español/inglés | español/inglés | ———— | ———— |
| dar información | español/inglés | inglés | español/inglés | español |
| hacer la tarea | español/inglés | inglés | español | español |

## 6.1   La vitalidad lingüística del español en los EE.UU.

La **vitalidad lingüística** de una lengua en una comunidad se mide mediante instrumentos que se han desarrollado especialmente en el estudio de lenguas con pocos hablantes (con menos de 100,000 hablantes en el mundo) y que corren el riesgo de desaparecer. Considerándose que dentro de los próximos cien años desaparecerán del planeta entre el 60% y el 90% de las lenguas del mundo (Romaine 2007), en el 2003, la Unesco publicó un documento formulado por un grupo de especialistas (de antropólogos y lingüistas) para producir una serie de criterios que se pudieran emplear para medir la vitalidad de una lengua (Grenoble y Whaley 2006 presenta otra versión de este instrumento; Fishman 1991, 2001 produjo otro instrumento que incluye muchos de los mismos criterios). El instrumento de la Unesco consta de nueve criterios que se consideran como relevantes en la determinación de la vitalidad de una lengua (véase la tabla 8.25). Cuatro de los nueve criterios corresponden a aspectos de la macrosociolingüística y los cinco restantes hacen referencia a aspectos de la microsociolingüística o del individuo y su entorno inmediato.

Con respecto a los aspectos macro, el español en los EE.UU. cuenta con programas de educación bilingüe y alfabetización en la lengua minoritaria. Si bien el número de estos programas no es alto y si bien hay movimientos políticos

Tabla 8.25 *Criterios de la Unesco para medir la vitalidad de una lengua (2003): www.unesco .org/new/en/culture/themes/endangered-languages/language-vitality/*

| *Criterios* | *Categoría* | |
|---|---|---|
| Macro | Apoyo institucional | Políticas lingüísticas gubernamentales |
| | | Para programas de educación bilingüe |
| | | Existencia y acceso a materiales escritos |
| | | Uso de la lengua en espacios no tradicionales (internet, medios de comunicación) |
| Micro | Hablantes | Transmisión intergeneracional de la lengua |
| | | Representación numérica de la población hablante |
| | | Porcentaje de la comunidad lingüística en la sociedad mayor |
| | Uso de la lengua | En ámbitos privados (hogar) y públicos (= no diglósico) |
| | Actitudes lingüísticas | Las actitudes lingüísticas de los hablantes de la lengua deben ser positivas, pero no solo afectivas |

contrarios que incentivan una situación lingüística en la que solo el inglés es favorecido, está claro que el español está creciendo en los EE.UU. y que la oferta de programas de educación bilingüe para hablantes de lengua de herencia es un acto de equidad educativa y justicia social que incrementará en el futuro. Hay estados como Illinois que, si bien consideran al inglés como la lengua oficial del estado, proveen programas de educación bilingüe, ofrecen panfletos informativos en las oficinas gubernamentales en inglés y en otras lenguas (especialmente en español) y contratan a individuos bilingües para que ayuden a servir a los clientes de las oficinas gubernamentales de servicios sociales y judiciales. Esta supuesta *contradicción* es indicativa de que el apoyo institucional para hablantes de español, en particular, en los EE.UU. contribuirá al mantenimiento de la lengua en este país. El apoyo en las escuelas a los programas de educación bilingüe también contribuirá a la mayor vitalidad de la lengua. Este apoyo incluye la creación de materiales, el entrenamiento de maestros bilingües, la adquisición de espacios de enseñanza para los programas bilingües y para otros aspectos necesarios en el mantenimiento de los programas de educación bilingüe. Muchas comunidades hispanohablantes fuera del suroeste y de los grandes centros urbanos (como Chicago, Nueva York, Miami) han tomado la iniciativa de crear periódicos comunitarios y/o regionales en español. El acceso a periódicos de más amplia circulación como *El Heraldo*, o revistas en español, como *People en español, Vanidades*, contribuyen indirectamente al mantenimiento de la lengua (cf. Gómez Font 2008). En los últimos años muchas bibliotecas de ciudades medianas han incrementado sus secciones de lecturas en español. La presencia del español en la internet, de *chat-rooms* donde tanto el inglés como el español se aceptan, se unen al acceso cada vez mayor por cable de canales de televisión en español de alcance internacional como son *Univisión, Telemundo* y *Galavisión* (cf. Connor 2008). El rol del español en la música moderna y su popularidad son un tema poco estudiado pero que merece más estudio. La presencia de cantantes que optan por cantar en español (Rigo Luna, Julieta Venegas, Kany García, Marc Anthony) o en ambas lenguas (Lila Downs, Ricky Martin, Kinto Sol, Los hijos de Yayo, Daddy Yankee, Don Omar) son evidencia de que hay un público joven que acepta el uso del español y de las dos lenguas en su vida diaria. Todos estos contextos de acceso a materiales escritos en español, así como a espacios no tradicionales, como son la tecnología y los medios de comunicación mencionados arriba, todos juntos contribuyen a crear un ambiente en el cual el mantenimiento del español es más probable.

> **Ejercicio 26.** Busque en la internet (en *YouTube*) y compare las historias y música de Lila Downs ("Mother Jones", "La niña") y Elan ("Midnight", "Hideaway"), ambas cantantes de origen mexicano. Discuta las semejanzas y diferencias que encuentra entre las dos cantantes.

Los aspectos microsociolingüísticos relacionados con el aumento de la presencia numérica y porcentual de los hispanohablantes en los EE.UU. señalan igualmente un ambiente propicio para el mantenimiento del español. Muchos estudios consideran que el mantenimiento del español en los EE.UU. está fuertemente definido por las intensas olas migratorias provenientes de diversos países hispanohablantes que ha ocurrido en los últimos 10–15 años, especialmente considerando la juventud de esta población inmigrante (cf. Bills 2005; Silva Corvalán 2004: 211). Si bien este es un factor importante, especialmente por el contacto con variedades monolingües de español, queda claro de lo visto anteriormente que este factor solo no es suficiente. Los otros factores macro y micro deben estar presentes también.

El documento de la Unesco enfatiza especialmente la transmisión intergeneracional de la lengua dentro de la familia. Los resultados de los estudios muestran que el rol de la madre en la transmisión de la lengua minoritaria es importante, pero los otros factores de apoyo (macro y micro) son imprescindibles ya que son parte de una misma *dinámica sociolingüística*. El empleo de la lengua por los niños es un indicador de la vitalidad de una lengua. Los datos de la comunidad latina, una población bastante joven, con porcentajes altos de hablantes de español en los grupos etarios más jóvenes, contribuirá igualmente al mantenimiento del español. Los estudios muestran una y otra vez que las actitudes lingüísticas de la población hispanohablante son positivas hacia el español, hacia su mantenimiento y hacia la cultura hispana. Sin embargo, el estudio de Mejías, Anderson-Mejías y Carlson (2003) muestra que no es suficiente que existan actitudes positivas, ya sean afectivas o instrumentales. Las actitudes positivas deben estar relacionadas con la lealtad idiomática, pues éstas contribuyen a que los hablantes lleven su apoyo al español a la acción (cf. Silva Corvalán 2004: 223, 226). Grenoble y Whaley (2006: x, 22) han enfatizado que los estudios de revitalización de lenguas minoritarias muestran que, aunque existan todas las condiciones sociales favorables, esta revitalización solo puede llevarse a cabo cuando los mismos hablantes de la comunidad lingüística minoritaria toman en sus manos las riendas del futuro de su lengua. Es decir, se convierten en agentes del mantenimiento y la promoción de su lengua, primero en su hogar y luego en la comunidad.

**Ejercicio 27.** A continuación se presenta el poema *Bilingual Love Poem* del destacado poeta y escritor chicano José Antonio Burciaga. Luego de leer el poema, responda a las preguntas que siguen.

1. Your *sonrisa* is a sunrise
2. that was reaped from your smile
3. sowed from a *semilla*
4. into the *sol* of your soul
5. with an ardent *pasión*
6. passion *ardiente*,
7. sizzling in a *mar de amar*
8. where more is *amor*
9. in a sea of *sí*
10. filled with the *sal* of salt
11. in the *saliva* of the saliva
12. that gives *sed* but is never sad.
13. Two tongues that come together
14. is not a French kiss
15. but bilingual love.

Preguntas:

1. ¿Quién es el público de Burciaga?
2. ¿Qué usos hace el poeta del español en su poema?
3. ¿Qué expresa este poema?

**Ejercicio 28.** A continuación aparece el poema *Spanish* del muy conocido escritor Gary Soto. Luego de leer el poema, responda a las preguntas que siguen.

1. Spanish is a matter
2. Of rolling *rrrrr*s
3. Clicking the tongue,
4. And placing
5. Your hands
6. On your hips
7. When your little brother

8. Pours cereal
9. Into your fishbowl
10. Spanish is a matter
11. Of yelling, *"¡Abuela,*
12. *Teléfono! Una vendedora*
13. *De* TV Guide."
14. It's a matter
15. Of Saturdays, too.
16. You enter the confessional
17. And whisper
18. To the priest
19. First the sins
20. You did in English,
21. Like screaming at the boy
22. On the blue bike
23. And then muttering
24. Your sins in Spanish,
25. Like when you
26. Put on lipstick
27. And had bad thoughts about Mercedes López,
28. That big show-off in new jeans.
29. Spanish is a matter
30. Of *"¡Ay, Dios!"*
31. When the beans burn
32. Or *"¡Chihuahua!"*
33. When the weakest kid
34. Hits a home run.
35. Spanish is a matter
36. Of your *abuelo*
37. And his *compa*
38. Chuckling about their younger days
39. While playing checkers
40. Under the grape arbor,
41. Their faces lined
42. And dark as the earth
43. At their feet.
44. Spanish words march across
45. A bag of
46. *Chicharrones,*
47. Those salty clubs
48. That could easily hammer a nail
49. Through the wall,

50. They're so hard.
51. You've always known
52. Spanish, even
53. Behind the bars
54. Of your crib
55. When you babbled,
56. *Mami, papi, flor, cocos* –
57. Nonsense in the middle of the night.
58. At school, your friends
59. Have to learn Spanish,
60. Tripping over *gato*,
61. *Y perro*, easy words
62. You learned
63. When you looked out
64. The back window.
65. You're good at Spanish,
66. And even better at math.
67. When you walk home,
68. Dragging a stick
69. Through the rain puddles,
70. Spanish is seeing double.
71. The world is twice the size
72. And, with each year,
73. With one more candle
74. On a crooked cake,
75. Getting bigger.

Preguntas:

1. ¿Qué tipo de referentes conecta el autor con el español?
2. ¿Qué expresa el poema sobre el español?

## Resumen

El español es la segunda lengua más importante en los EE.UU. Su presencia se remonta a cuando el suroeste del país pertenecía primero a la Corona Española y luego a México. Es a mediados del siglo XIX cuando este territorio pasa a ser parte de los EE.UU. y el inglés empieza a incursionar en el territorio. En el siglo XX, hay una migración de hispanohablantes que proviene primariamente de México y el Caribe, principalmente de Puerto Rico y Cuba, pero también de otras regiones hispanohablantes latinoamericanas. Estas nuevas poblaciones han diversificado la demografía y la sociedad hispanohablante de los EE.UU.

## Resumen (*cont.*)

Fuera del suroeste, la migración del siglo XX fue especialmente a zonas urbanas como Nueva York y Nueva Jersey, Chicago y Miami. Sin embargo, desde finales del siglo XX y en el siglo XXI, la migración es a regiones más rurales en todo el país. La diversificación de la población, según la generación a la que pertenece el individuo (migrante o los hijos o nietos de esta primera generación), se reflejará en los rasgos del español que empleen y en la dominancia en cada una de las lenguas. Por lo tanto, estudiar el español hablado en los EE.UU. requiere que se considere esta trayectoria socio-histórica que se refleja en las diferencias entre las generaciones, entre las comunidades en las que viven los hablantes y según la parte del país que se esté estudiando.

El contacto del español con el inglés en los EE.UU. también singulariza las variedades de español que se hablan en el territorio estadounidense. Junto a variedades dialectales que se asemejan a aquellas habladas en los países hispanohablantes, incluyendo rasgos rurales, se encuentra también préstamos léxicos y préstamos semánticos (calcos y cognados) del inglés, así como el uso del *codeswitching*. Además, se encuentra estructuras gramaticales del español que se ven favorecidas y que distinguen el español de los EE.UU. de otras variedades hispanas. Sin embargo, todavía se necesitan más estudios para entender mejor esta variación particular del español de los EE.UU.

Si bien hay mucha discusión en los medios sociales sobre el mantenimiento o pérdida del español en los EE.UU., los estudios muestran que el español está encontrando espacios de uso dentro del país y adquiriendo significancia identitaria dentro de muchos grupos latinos, así como en espacios sociales, como la escuela, las artes (p.ej. literatura y música) y los medios de comunicación.

## Nota bibliográfica

Para información sobre las comunidades latinas, vea las ediciones de McKay y Wong (2000); Finegan y Rickford (2004). Para información sobre las variedades de español en los Estados Unidos, vea Lipski (2008). Para un compendio reciente de artículos sobre el contacto del español con el inglés en los Estados Unidos, vea la edición editada por Ortiz López y Lacorte (2005). Para información sobre diferentes temas relacionados al español en los Estados Unidos, vea la *Enciclopedia de Español en los Estados Unidos* coordinada por López Morales (2008b) y Escobar y Potowski (2015).

# 9 Enseñanza y aprendizaje del español

## Objetivos

En este capítulo estudiamos conceptos básicos sobre la enseñanza y el aprendizaje del español como lengua extranjera o segunda (ELE/S) con la idea de establecer una conexión entre lo que sabemos sobre cómo se aprende una lengua y las decisiones pedagógicas del docente.

Se presenta una breve historia de la enseñanza para contextualizar los principios básicos que guían la pedagogía hoy, conocida como la Enseñanza Mediante Tareas, dentro del Método Comunicativo.

El capítulo dedica especial atención a los tres elementos básicos que tradicionalmente han preocupado al instructor: práctica, corrección de errores y explicación gramatical, su papel en el aula y sus efectos en el aprendizaje.

La sección sobre adquisición describe aquellos factores propios del individuo que afectan los procesos de aprendizaje de una lengua, incluidas la motivación, el género, la experiencia previa y la aptitud, así como los factores externos tales como la frecuencia del *input* y su naturaleza.

En la última sección usamos conceptos de morfología, sintaxis, fonología, variación y cognición aprendidos en este manual para explicar por qué ciertos fenómenos lingüísticos son más difíciles de adquirir que otros, y cómo puede el profesor optimizar su aprendizaje.

A diferencia de los capítulos anteriores, este propone ejercicios de comprensión y de práctica solo al final del capítulo.

## 1   Introducción

Todos sabemos que hay millones de personas en América Latina, en España e incluso en los Estados Unidos que aprendieron el español de sus padres. En total, los hablantes nativos de español son 480 millones, por detrás de los hablantes de inglés y de mandarín (Fernández Vítores 2018). Claro que muchos de estos hispanohablantes no son **monolingües**, es decir, hablan otras lenguas además del español. Por ejemplo, en la zona andina de Latinoamérica muchos niños crecen con el español y el quechua o el **aimara**, en los Estados Unidos con el inglés, y en España hay 11,594,000 **bilingües** que hablan español y **catalán**, gallego, o euskera, la lengua que se habla en el País Vasco (Simons y Fennig

2018). Sin embargo, ¿cuántos niños, jóvenes y adultos hay en los diferentes países del mundo aprendiendo español en las aulas? ¿Cuántos estudiantes de español como lengua extranjera hay en el mundo? Pues en 2018 había 21.8 millones, un número superado únicamente por el número de estudiantes de inglés. Solo en Estados Unidos había casi 8.2 millones de estudiantes de español, y en Europa otros 5.2 millones repartidos por treinta y ocho países. Por supuesto, esos millones de estudiantes no aprenden solitos, sino que lo hacen de la mano de millones de instructores, profesores y maestros.[1] El éxito de los estudiantes de español depende en gran parte de sus profesores, de su nivel de preparación en cuanto a conocimiento de la lengua y efectividad pedagógica. En este capítulo vamos a tratar de entender qué significa aprender una segunda lengua, y cómo puede el profesor hacer que el proceso de adquisición sea más eficaz.

## 2    Enseñanza de lenguas

### 2.1  Perspectiva histórica

El español fue la primera lengua moderna europea que se enseñó en masa, un proceso que se inició con la llegada de Colón a las Américas en 1492. Mientras que lengua y religión fueron herramientas en el proceso de colonización de las Américas por parte de Castilla en los siglos que siguieron a la Conquista, la importancia de la lengua como herramienta de influencia desapareció después. Esta falta de interés posiblemente explique la falta de progreso en los enfoques metodológicos para la enseñanza del español para hablantes de otras lenguas en España, un área en la que los españoles han ido siempre a la zaga de los británicos.

  ¿Cómo ha cambiado a lo largo de la historia la visión de cómo se aprenden y cómo se enseñan las lenguas extranjeras? Idealmente, la pedagogía – los materiales, los programas, las decisiones de los profesores, su formación – está enfocada en ayudar al estudiante a conseguir las metas fijadas. Sin embargo, las metas han ido variando según las necesidades sociales. La enseñanza de las segundas lenguas se remonta a tiempos antiquísimos. ¿Ha oído hablar de la torre de Babel? Por ejemplo, sabemos que los ciudadanos de Roma contrataban tutores que vivían con las familias para enseñar a sus hijos el griego y así poder apreciar el saber de esa cultura que tanto admiraban, igual que más tarde las familias de la aristocracia británica y rusa del siglo XIX contrataban niñeras francesas para educar a sus hijos. Todos esos niños romanos, moscovitas y londinenses convivían con la lengua y la manejaban en el día a día para relacionarse, pero también para leer y aprender de los clásicos. Cuando en la Europa medieval los

---

[1]   Nota: en muchas variedades del español, los *maestros* trabajan en la escuela elemental y media, y los *profesores* en las escuelas de bachillerato y en las universidades. *Instructor* o *educador*, que es una palabra mucho más bonita porque sugiere la formacion total del individuo, se emplea en general para todos los niveles de enseñanza. Otro término común es *docente*.

jóvenes novicios entraban en los monasterios para servir a Dios orando y trabajando, trabajar para muchos de ellos significaba copiar y embellecer los textos antiguos para su conservación y distribución. Estos jóvenes novicios aprendían latín con metas muy diferentes de las que tenían los jóvenes de Londres y Moscú: para unos, la capacidad de reproducir fielmente el latín escrito era esencial, mientras que para otros, poder usar el francés para viajar y conversar era lo importante. ¿Hasta qué punto son esas las mismas metas de nuestros estudiantes hoy? ¿Con qué propósito estudian español como segunda lengua 21.8 millones de estudiantes? La manera más efectiva de enseñar es aquella que se adecúa a los propósitos del estudiante, y por eso la manera de enseñar latín a un novicio en el siglo XIII ha de ser diferente de la manera de enseñar francés a un niño de familia adinerada en el Londres del siglo XIX. ¿Cómo se ha adaptado la pedagogía a los cambios en la motivación para aprender lenguas a lo largo de la historia?

En Europa y en los Estados Unidos, los cambios en la pedagogía de la lengua se produjeron después de la Segunda Guerra Mundial, cuando la educación secundaria se hizo obligatoria y los currículos escolares pasaron a incluir una lengua extranjera, algo que tenía sentido en una sociedad que la guerra había hecho consciente de su globalización. Esta conciencia se agudizó con la Guerra Fría y la consecuente carrera armamentística ligada a los avances tecnológicos, sobre todo en los EE.UU. y la Unión Soviética. Esa nueva sociedad globalizada vio la necesidad de formar a la población para el intercambio comercial y científico, y no tanto para leer los clásicos. A pesar de ese cambio en las metas curriculares, durante unos años el enfoque pedagógico permaneció prácticamente inalterado, concentrándose en preparar a los estudiantes para leer y escribir, a menudo traduciendo los textos del canon literario. El enfoque pues se mantuvo todavía en las habilidades lectoescritoras, el vocabulario formal, la gramática y la literatura, siguiendo la manera en que se enseñaba el latín, que era la otra "lengua extranjera" en las escuelas de los años 50, a pesar de que el latín, en contraste con el español o el francés, era una lengua muerta sin una comunidad de hablantes. La incompatibilidad entre las metas pedagógicas impuestas por una nueva realidad global y el método y práctica pedagógicos eran obvios.

En los Estados Unidos, la solución a este choque entre realidad y práctica pedagógica llegó con la introducción del *Método del Ejército*, que transfería el foco del profesor a los materiales como la pieza fundamental del método, y promovía el desarrollo de materiales "basados en evidencia científica". El *Método del Ejército* se basaba en el estructuralismo y la teoría conductista, que dominaban el campo de la lingüística y la psicología, respectivamente. Este método fue el primero en introducir la tecnología, en este caso la grabadora y el laboratorio de lenguas, que a veces llegaban a reemplazar al profesor. El *Método del Ejército* se llamaba así porque se había desarrollado para formar a miembros de las fuerzas armadas americanas hasta alcanzar niveles equiparables al de un nativo y así poder pasar desapercibidos entre la población de otros países, y también para formar intérpretes. Se trataba pues de aspirantes a niveles muy altos – nativos – de control sobre la segunda lengua, sobre todo a nivel hablado. ¿Cómo conseguirlo? Los estudiantes se seleccionaban con cuidado empleando *tests* especiales según su aptitud para las lenguas, y a los seleccionados se los liberaba de otras responsabilidades para dedicarse a tiempo completo al aprendizaje de la nueva lengua. Los estudiantes trabajaban en grupos pequeños con un profesor y un "informante", que era un hablante nativo de la lengua que actuaba de modelo lingüístico. Se empleaba la repetición de diálogos para introducir nuevo léxico y gramática; el énfasis en la pronunciación correcta era importante. El profesor ejercía un control absoluto sobre cada movimiento de la clase, y el estudiante era una *tabula rasa*, un pizarrón en blanco esperando a que el profesor escribiera en él. El profesor también tenía control sobre la corrección: de hecho, una de las grandes responsabilidades del profesor era corregir todos los errores de sus estudiantes. El énfasis en el control por parte del profesor – control del *input* (los diálogos), del *output* (la repetición), de la corrección – se originaba en la teoría conductista. La teoría conductista equiparaba el aprendizaje con la creación de hábitos; estos hábitos resultaban del condicionamiento, es decir, del entrenamiento por parte del psicólogo, o en este caso el profesor de lenguas, que llevaba a la asociación entre un estímulo y una respuesta a través de la repetición (¿Tal vez ha oído hablar del "perro de Pavlov"?). El material que se enseñaba venía dictado por la lingüística estructural, que proporcionó análisis detallados de las construcciones gramaticales, y la lingüística contrastiva, que por su parte ofreció también excelentes análisis de las semejanzas y las diferencias que resultaban entre las estructuras de las lenguas. De esta forma, los materiales pedagógicos – libros con diálogos y casetes (¡Sí, casetes! Suena prehistórico, ¿verdad?) con grabaciones para usar en el aula y en el laboratorio – se crearon "científicamente", basándose en lo que era común o diferente entre las lenguas, y que se equiparaba con lo que era fácil o difícil de aprender. Los materiales también se basaban en el concepto de productividad. Es decir, se presentaban las estructuras analíticamente, como si se tratara de un rompecabezas, y la práctica consistía en *drills* en los que se ponían y quitaban las piezas de un rompecabezas. Por ejemplo, en el ejercicio que sigue, el profesor modela "Me gusta . . . la sopa". Y sigue, ¿Sue? Y Sue dice "Me gusta la paella". ¿Jason? Y Jason dice "Me gusta la leche". Fíjese que a lo mejor Jason es intolerante a la lactosa, pero eso no importa en este tipo de curso, con esta aproximación pedagógica.

<Me gusta> + [la sopa]        <Me gustan> + [las fresas]
<Me gusta> + [la paella]      <Me gustan> + [los cereales]
<Me gusta> + [la leche]       <Me gustan> + [las uvas]

El uso del término "drill" (en español, *ejercicio mecánico*) no es casualidad. Esta manera de practicar la lengua recuerda a la manera en que los soldados practican repitiendo de manera uniforme y en grupo un movimiento, una estrategia. El ejercicio que implica la práctica repetida, la uniformidad y la falta de individualidad y creatividad es un ejercicio mecánico, un *drill*.

El Método del Ejército, que tan excelentes resultados había dado en la formación de miembros de las fuerzas armadas, no produjo el éxito esperado cuando se transfirió a las escuelas públicas. Hay muchas razones que explican ese fracaso, algunas bastante obvias. En lugar de adultos seleccionados y motivados nos encontrábamos con jóvenes que en muchos casos aprendían la lengua porque era obligatorio, y que sabían que seguramente nunca se encontrarían en la situación de tener que usarla fuera del aula. La ausencia de creatividad y la expresión individual resultaban todavía más desmotivadoras. Los grupos eran numerosos, con un solo profesor, que no solo carecía de un informante, sino que en muchos casos tenía dificultades de expresión en la lengua meta, sobre todo oral, ya que se había formado en el antiguo método tradicional tomado de la enseñanza del latín, con su énfasis en la lectoescritura. Controlar los errores de treinta estudiantes o más era una responsabilidad imposible. Además, la mayoría de las escuelas carecían de un laboratorio de lenguas con capacidad para 20–40 estudiantes, con frecuencia incluso carecían de un aparato que poder tener en el aula con el que los estudiantes pudieran oír los diálogos. Por todas estas razones, después de años de implementar el Método del Ejército en las escuelas, los resultados resultaron ser decepcionantes, y la inmensa mayoría de los estudiantes no salían preparados para manejar la lengua extranjera para comunicarse.

Los profesionales de la enseñanza se encontraban sin saber a dónde ir. Pensemos un poco cuáles eran las opciones que tenían. Por un lado, durante siglos se había empleado el método tradicional para la enseñanza del latín, que, como hemos comentado arriba, se había extendido a la enseñanza de las lenguas modernas. Este método se conoce como *Gramática–Traducción*. Una clase tradicional se podría describir de la siguiente manera. El profesor entraba en clase y explicaba la gramática del día. En la pizarra escribía o dictaba las reglas gramaticales, con ejemplos. Luego escribía ejercicios muy controlados, por ejemplo, de sustitución o de transformación, seguidos de preguntas que requerían una respuesta breve. A veces también empezaba la clase con la explicación gramatical seguida de un texto, con frecuencia literario, que contenía la forma gramatical de ese día. Los estudiantes leían en voz alta y subrayaban las formas gramaticales en cuestión, o traducían. Normalmente, el profesor se dirigía en la lengua materna o primera (L1) de los estudiantes, y los estudiantes también usaban la L1, a excepción de las lecturas en voz alta o los ejercicios, pero raramente hablaban en español si no era para dar una respuesta controlada. Es decir, el español no se empleaba para comunicar información nueva, como una opinión o información personal, sino para leer o para repetir en voz alta en grupo o individualmente, o para leer las preguntas y las respuestas de los ejercicios. La otra opción era el Método del Ejército que explicamos arriba, menos extendido – solo fue popular en los Estados Unidos, e incluso ahí era menos popular que el método tradicional, ya que requería más esfuerzo y preparación y exigía acceso a la tecnología. Esa era la situación en los años 70 del siglo XX, momento en que empezó a ambos lados del Atlántico una revolución pedagógica en lo que concierne a la enseñanza de lenguas extranjeras.

A partir de los 70 se producen una serie de movimientos en pedagogía de lenguas que tenían en común el estar basados en las nuevas necesidades del estudiante y el concepto del lenguaje como un vehículo de comunicación intercultural, abriendo así la puerta al *Método Comunicativo*. A partir de ese momento aumenta la conciencia de que las expectativas de esta sociedad globalizada imponen unas metas donde prima la comunicación, y en especial la comunicación oral, y que las decisiones pedagógicas – programas, actividades, materiales – han de tomar como punto de partida las necesidades del estudiante. Una característica importante que distingue el Método Comunicativo de los métodos anteriores es que por primera vez estaba basado en el conocimiento generado por una nueva disciplina científica conocida como Lingüística Aplicada, ampliamente, o como Adquisición de Segundas Lenguas (ASL) más específicamente.

## 2.2   La nueva pedagogía: el Método Comunicativo y la Enseñanza Mediante Tareas

### 2.2.1   El Método Comunicativo

El llamado *Método Comunicativo* ha sido el más popular durante los últimos treinta años. En este método, el protagonista no son los materiales ni el profesor sino el aprendiz, ahora un participante plenamente activo. Como su nombre indica, el método enfatiza el éxito en la comunicación, en la transmisión de contenido. La forma lingüística no es importante en sí misma, sino que su importancia está en ser la herramienta en el intercambio de información. Las actividades en el aula no versan *sobre* la lengua (conjugar verbos, añadir pronombres) sino que se desarrollan *en* la lengua, con un propósito real, no lingüístico: completar un mapa, llegar a un acuerdo o escribir una solicitud de empleo.

Las características esenciales de este método no son ajenas a teorías formuladas en ASL. Algunos investigadores han sostenido que los aprendices siguen una serie de etapas en su desarrollo gramatical independientemente de las estructuras que se enseñen en clase (Pienemann 1989) en cuyo caso el énfasis pedagógico en la gramática – empezar con una explicación, continuar con ejercicios de sustitución – resulta inútil. Por otra parte, la *hipótesis de la interacción* (Long 1991) defiende que los intercambios lingüísticos en los que participa el aprendiz son vitales para el desarrollo de su segunda lengua (L2). En la interacción, los participantes adaptan su producción lingüística a la medida de sus interlocutores específicos y por ello, la interacción constituye la principal fuente de *input* comprensible para el aprendiz, elemento imprescindible para la adquisición. Igualmente, la hipótesis propone que aquellos procesos de negociación del significado, como la repetición o la reformulación que a menudo simplifica la lengua y que los interlocutores llevan a cabo cuando el aprendiz no entiende o su interlocutor no lo entiende, contribuyen al desarrollo lingüístico del aprendiz. En todo el mundo, el llamado Método Comunicativo (Wilkins 1972) ha sido el método más popular en las últimas décadas. La etiqueta "comunicativo" se ha convertido en una necesidad para cualquier práctica docente o libro de texto.

Su éxito se debe en gran parte a su flexibilidad y a que ha proporcionado una serie de intervenciones sencillas y directrices de sentido común que son atractivos para todos los constituyentes: estudiantes, profesores, padres, y administradores.

A diferencia de los métodos anteriores, el método comunicativo se ajusta a los estudiantes de todas las edades y necesidades. El principal énfasis se sitúa en el alumno, a quien se le considera un participante activo. Un aula comunicativa está centrada en el estudiante; así, lo que se enseña se decide en base a las necesidades de los alumnos. Por ejemplo, el énfasis mayor o menor en la capacidad lecto-escritura en comparación con las habilidades orales, así como la selección de los temas, de los géneros (por ejemplo, descripción, narración) y registros (más o menos formal), vienen determinados por las necesidades del alumno, según este vaya a usar la lengua extranjera para sobrevivir en sus viajes, para estudiar en el extranjero, o para trabajar en empresas multinacionales. O lo preparamos, como ocurre muchas veces con los estudiantes de secundaria, un poco para todo, pero de seguro no para ser lector de los clásicos, exclusivamente. Otro elemento esencial del método es el énfasis en el contenido en lugar de la forma, es decir en lo que se dice, en comunicar contenidos. ¿Se acuerda de Jason, al que parecía que le gustaba la leche? En una clase comunicativa, Jason elige decir lo que le gusta, y no lo que le exige el libro de ejercicios. La forma gramatical es importante porque es un vehículo para comunicar contenido, pero no un fin en sí misma. La comunicación se define como el intercambio de información, lo que supone un mínimo de dos interlocutores, por lo que el trabajo en parejas o en grupos es lugar común bajo este enfoque. Las interacciones tienen un propósito explícito y, en consecuencia, un final claro: los alumnos interactúan para "lograr algo", como completar un mapa, para acordar una decisión, para la preparación de un informe o su presentación.

### 2.2.2   La Enseñanza Mediante Tareas

El Método Comunicativo peca un poco de abstracto. La Enseñanza Mediante Tareas es el nombre oficial del enfoque didáctico y la manifestación concreta más extendida, conocida y mejor investigada de los principios básicos del método comunicativo. Basado en "*tasks*" o tareas diseñadas para la instrucción de lenguas, la Enseñanza Mediante Tareas prima no el método, la técnica, los diálogos, las gramáticas o los materiales como los métodos anteriores, sino la tarea, caracterizada por resultar en un producto al que se llega a través de la lengua, pero que tiene valor en sí mismo. Por eso, las tareas nunca son un puro ejercicio lingüístico. Una tarea integra las cuatro destrezas, y su organización, secuenciación y desarrollo están en el centro del plan de enseñanza, y vienen determinadas por las metas de los estudiantes. La evaluación continua es una parte natural de la enseñanza basada en tareas.

La base de este tipo de instrucción es un análisis de las necesidades de los alumnos: en primer lugar, se determinan las tareas concretas que los estudiantes necesitan ser capaces de realizar en la lengua meta. Por ejemplo, un médico debe ser capaz de entrevistar a un paciente y obtener los datos pertinentes sobre su estado, transmitir el diagnóstico y el tratamiento, y comunicar la información a la persona enferma y su familia. Una vez establecida la lista de tareas, estas se secuencian por orden de dificultad general, no lingüística. Por ejemplo, una tarea que exige que el estudiante lea dos textos sobre una cuestión desde dos puntos de vista diferentes y tenga que defender uno de los dos, o expresar una tercera posición, es más difícil que hacer un resumen o un esquema de uno o incluso de ambos textos. Esta secuenciación forma el programa del curso: las actividades que se realizan en clase son las tareas que los estudiantes aspiran a dominar. La evaluación se basa igualmente en el éxito obtenido por un estudiante en la consecución de las tareas del programa. Si bien los principios de este tipo de instrucción son relativamente fáciles de comprender y tenemos bastante información sobre cómo secuenciar las tareas, es necesario advertir que la evaluación de las tareas (es decir, qué implica que un alumno complete una tarea de forma exitosa) presenta ciertos desafíos que continúan siendo objeto de debate. En la medida de lo posible, este capítulo aporta ideas y ejemplos que guían al lector en la consecución de diseños curriculares, planes de clase y actividades compatibles con los principios del método comunicativo y la enseñanza por tareas.

## 2.2.2.1 Tipos de tareas

Una tarea se caracteriza por tener un vacío comunicativo. Hay tres tipos de vacíos: de información, de análisis y de opinión. Un ejemplo de tarea con vacío informativo es un trabajo en parejas en que los estudiantes tienen diferentes versiones del mismo mapa, cada uno con información parcial, y a través del diálogo llegan a la versión final del mapa que contiene toda la información (por ejemplo, los nombres de los países y las capitales de América Latina). Otro tipo de vacío es el de análisis. Una tarea de este tipo requiere que el producto final transmita información elaborada que no es idéntica a la que contienen los materiales iniciales. Por ejemplo, los estudiantes reciben dos informes, uno con las entradas de dinero de un club universitario (contribución de la administración, donaciones, ahorros de años anteriores), y otra con los gastos, las necesidades del club y sus miembros. Los estudiantes han de trabajar para llegar a un presupuesto que cubra las necesidades, pero no acabe en números rojos. Esta tarea exigirá que los estudiantes discutan y tomen decisiones. Por fin, el último tipo es la de vacío de opinión. Un debate es un ejemplo claro. Los debates pueden hacerse sin preparación previa, o bien con mucha preparación por parte del profesor, que asigna roles con instrucciones concretas sobre posiciones y argumentos, y de los estudiantes, que deben preparar sus roles y argumentos. En cualquier caso, la tarea no se completa cuando se han producido un número concreto de verbos en **presente**, por ejemplo, sino cuando se ha completado el mapa, o el presupuesto, o cuando al final del debate la audiencia, que es el resto de la clase, decide quién ha ganado el debate, quién ha sido más convincente. El centro de la lección es el proyecto, la tarea – el mapa, el debate, el presupuesto. Por supuesto la ejecución de estas tareas necesitará producción y comprensión oral (mapa), además de la lectura (para preparar los argumentos para el debate, y algunas notas escritas también) y la escritura (presupuesto), es decir, que necesitará de la lengua: de ciertos campos semánticos (geográficos, preposiciones de lugar para el mapa), de ciertas estructuras (*creo que, en mi opinión* en el debate), de ciertas reglas pragmáticas (para interrumpir, para contradecir). Pero tanto los maestros como los responsables de los currículos deben ser conscientes de que la atención a la forma, si no es breve y enfocada, distraerá a los estudiantes de la consecución de la tarea. La tensión entre completar tareas *en* la lengua y hablar *de* la lengua siempre está presente. Por una parte, es contraproducente que en el debate, donde la estructura *no creo que + subjuntivo* es común, se permita el uso constante del indicativo, sin nunca corregirlo. Pero también es contraproducente interrumpir cada vez que un participante no use el subjuntivo en esa estructura, o emplee una palabra equivocada. Claramente, el profesor ha de decidir de antemano qué va a corregir, cuándo y a quién. Y lo ha de hacer sabiendo por qué. Más adelante veremos alguna técnica.

### 2.2.2.2   Realización de las tareas

Las tareas siempre tienen tres momentos importantes: antes, durante y después de la tarea. En la medida de lo posible, estos pasos combinados incluyen las cuatro habilidades: hablar, escribir, leer y escuchar. El momento antes de la ejecución de la tarea lo usa el profesor para preparar a los estudiantes. Una manera de hacerlo es haciendo una demostración él o ella mismo (el profesor tiene un mapa y un estudiante tiene otro y conversan) o con un vídeo (de un debate televisivo, por ejemplo) o un texto de modelo (de un presupuesto ya completado). Los estudiantes son responsables de captar – anotando, subrayando – la lengua necesaria, o buscarla en textos o diccionarios si es necesario. En la versión menos estricta, menos "pura" de la Enseñanza Mediante Tareas, el profesor ofrece listas de palabras, aunque siempre es mejor obtenerlas como respuesta; esto es, *elicitarlas* y escribirlas en la pizarra, completando la lista con las que falten. Durante la tarea, los estudiantes normalmente trabajan en parejas o en grupos, mientras que el profesor circula por el aula ayudando, aclarando y animando a los estudiantes. El profesor se comporta como un director de orquesta, mientras que los estudiantes son los músicos. ¿Qué quiere decir esto? Significa que si entramos en un aula en la que se implementa la Enseñanza Mediante Tareas, existe un 80% de posibilidades de que las voces que oigamos sean las de los estudiantes o incluso la del material audiovisual, pero no la del profesor. Una vez completada la tarea, que normalmente resulta en un producto manifestado lingüísticamente – un texto, una grabación, aunque puede ser un dibujo también – los mismos estudiantes entre sí pueden ofrecer **retroalimentación** y hacer revisiones antes de que el profesor las haga. Las tareas pueden ser breves, de veinte minutos, o de una clase, o una semana e incluso meses. Por ejemplo, la edición de un periódico escolar en la segunda lengua sería un ejemplo de una tarea de larga duración. Por supuesto esta tarea es más un proyecto hecho de numerosas tareas menores.

### 2.2.3   El enfoque en la forma dentro del Método Comunicativo

Sin embargo, y a pesar de la popularidad del Método Comunicativo, el profesorado no tardó en reclamar una mayor atención a la forma gramatical y a cuestionar la concentración en el contenido, que percibían como excesiva. Esto llevó al reconocimiento de técnicas englobadas bajo el concepto *enfoque en la forma* (o Focus on Form (FonF), Long 1991). Con estas técnicas, y siempre en el contexto de una clase comunicativa centrada en el intercambio de comunicación, es posible dirigir la atención del estudiante brevemente a la forma lingüística, siempre que sea en respuesta a una pregunta o que surja de los problemas de un alumno para comunicarse y llevar a cabo la tarea. Sin embargo, este breve foco en la forma nunca debe desplazar al contenido como centro de la lección. Por ejemplo, en el ejemplo mencionado arriba del debate y el uso del subjuntivo en frases muy repetidas del tipo *yo no creo que* + subjuntivo, el profesor puede, en la sección previa al debate (la pre-tarea), dar una lista de expresiones útiles que incluya *yo no creo que* + subjuntivo, con algún ejemplo. También puede, al final del debate, escribir en la pizarra algunos ejemplos de errores y pedir que los estudiantes los corrijan. Entre las técnicas de enfoque en la forma se pueden mencionar la reformulación de enunciados problemáticos de un estudiante o el *input resaltado* (con formas destacadas en **negrita** o *bastardilla*, si el *input* es escrito, o por la **entonación**) o el *input manipulado*, es decir, lecturas o textos orales donde la lengua se ha manipulado para aumentar la frecuencia de una forma, o para, si es posible, ponerla al final o principio de las frases porque es más fácil que el estudiante las perciba, por ejemplo. Esta necesidad de atraer la atención del estudiante hacia formas lingüísticas ha sido reconocida en la *hipótesis de la apercepción* (Schmidt 1990), según la cual, para la adquisición de un determinado rasgo lingüístico, es imprescindible que el aprendiz lo perciba con un cierto grado de consciencia. En otras palabras, si el estudiante se da cuenta del error o de antemano percibe la importancia de una cierta forma, es más fácil que la aprenda. Un ejemplo de reformulación sería:

- Estudiante: *Yo no creo que él tiene razón.*
- Profesora: *Yo tampoco creo que tenga razón* (entonación normal) o *tengA razón* (marcando la A con la entonación).

### 3     El estudio de la adquisición de lenguas segundas

### 3.1   La interlengua y los factores que promueven su desarrollo

¿Qué sabemos sobre el aprendizaje de lenguas? Menos de lo que pensábamos, y menos de lo que deberíamos saber. ¿Puedes pensar en un médico que no sepa cómo funciona el cuerpo humano? ¿O puedes imaginarte un técnico que venga a tu casa a arreglar la calefacción y que no sepa cómo funciona la caldera? Qué peligroso en los dos casos, ¿verdad? Sin embargo, no siempre saben los profesores de lenguas extranjeras cómo se aprenden las lenguas. No saben qué es lo que facilita o impide el aprendizaje, cuáles son los factores externos y las variables individuales que están en juego a veces para ayudar, a veces para dificultar el aprendizaje. Cuando decimos "saben" no quiere decir que intuyen o que se han formado una opinión basada en la experiencia propia o las observaciones anecdóticas. Los médicos tienen opiniones y los técnicos intuyen, pero eso no forma una gran parte de su *saber*. *Saber* en este caso quiere decir que están informados, aunque sea de manera básica, sobre los resultados de la investigación y la práctica. En el caso del médico, se tratará más de la investigación, aunque también de la práctica, y en el caso del técnico, se tratará más bien de la aplicación práctica de los avances de la ingeniería, que a su vez está informada por la física y la química. Aunque su formación sea distinta, todos estamos de acuerdo en que la formación es necesaria. Por supuesto que el cuerpo humano es más sofisticado que una caldera, y por eso el médico necesita muchos más años de formación que el técnico en frío y calor. Sin embargo, ambos deben estar al día de los últimos avances en su campo, y por eso asisten a conferencias y talleres de formación. Los profesores de lenguas no son diferentes: también se han de preparar para tomar decisiones – qué corregir, cuándo explicar gramática, qué libro de texto elegir – basadas en la información, y no tanto sobre la intuición o lo que funcionó para ellos cuando aprendieron una lengua extranjera. Este capítulo quiere ayudar al profesor presente y futuro a cruzar ese puente entre lo que sabemos sobre cómo se aprenden las lenguas segundas y la práctica pedagógica: diseñar cursos, elegir materiales, crear lecciones.

Es importante comprender que la relación entre el campo de ASL y la pedagogía no es ni directa ni transparente. Muchos de los resultados obtenidos en ASL no son aplicables o pertinentes al aula y otros requieren considerable tiempo y esfuerzo para ser traducidos a enfoques pedagógicos. Al mismo tiempo, los métodos de enseñanza, por razones pedagógicas y motivos prácticos, rara vez son una encarnación pura de teorías de adquisición. Dicho esto, es cierto que determinadas hipótesis y teorías de ASL o bien han inspirado o bien apoyan métodos de instrucción que se encuentran hoy relativamente establecidos, como la Enseñanza Mediante Tareas.

Según definiciones clásicas, el campo de la Adquisición de Segundas Lenguas (en inglés, SLA) intenta ampliar nuestro conocimiento acerca de la **interlengua** (Selinker 1972), un término que se refiere al conocimiento de la lengua que está representado en la mente del aprendiz de un nuevo idioma. La interlengua se caracteriza por estar en constante evolución, y en eso se parece a cómo los niños aprenden su lengua materna. Sin embargo, hay una diferencia importante entre la adquisición de lenguas maternas y la adquisición de segundas lenguas, especialmente en el aula, y es la diferencia en el nivel de éxito o de fracaso final, ya que, mientras que todos los niños con capacidades normales alcanzan un nivel de lengua que les permite funcionar en la sociedad y sonar como un "nativo" a la edad de cinco años, los aprendices de segundas lenguas necesitan mucho más tiempo y alcanzan ese nivel con mucha menos frecuencia. Por esta razón, los investigadores de la *interlengua* deben dar cuenta de la gran variación inter-individual que se observa en el ritmo del desarrollo de las lenguas no nativas, así como en sus estadios finales. Para comprender la variación en las *interlenguas* se atiende tanto al papel del contexto de adquisición, es decir, el tipo de currículo y la mayor o menor presencia de la segunda lengua en el currículo – programas bilingües, el aula de lengua extranjera o inmersión – tanto como a las diferencias individuales: motivación, aptitud o ansiedad, por ejemplo. Con el tiempo, el campo de ASL ha pasado a incluir no solo la descripción y explicación de los diversos estados de la *interlengua*, sino también los mecanismos mentales que permiten su desarrollo, así como las dimensiones de su uso en el habla.

En el campo de la adquisición en general, la investigación de corte cognitivo en ASL ha otorgado especial importancia a los distintos tipos de conocimiento lingüístico del aprendiz, a las características de la instrucción, y al papel que la atención desempeña en el proceso de aprendizaje. Dentro del **conocimiento lingüístico** podemos distinguir el conocimiento explícito, que es consciente y puede expresarse en palabras, del implícito, que es automático y no verbalizable. Todos los hablantes nativos de una lengua poseen un conocimiento implícito de esa lengua y lo emplean al comunicarse de forma inconsciente. Si esos hablantes asisten a la escuela, seguramente aprenderán qué es un verbo, un sujeto o un complemento, todo lo cual forma parte del conocimiento explícito. Así, todos los nativos tienen conocimiento implícito y pueden usarlo para hablar *en* la lengua, pero solo los escolarizados tienen conocimiento explícito de su lengua materna, es decir, pueden hablar *sobre* la lengua. Un asunto central en el campo de ASL es la posibilidad de que la *instrucción* explícita, es decir, la enseñanza basada en la explicación de reglas gramaticales, conduzca o no al desarrollo de conocimiento implícito de la L2. Este conocimiento implícito es similar al de los hablantes nativos en cuanto a que su acceso es automático y por tanto rápido y correcto. Igualmente importante resulta la cuestión de si el conocimiento explícito puede transformarse en implícito mediante la práctica repetida, en un proceso similar al que se produce con un conductor o un jugador de tenis novatos. Al principio, el conductor se ha de repetir mentalmente las instrucciones para conducir: apretar el acelerador, pisar el freno. Si se trata de un coche con marchas, el número y complejidad de las "reglas" es aún mayor: "aprieta el pedal de embrague, deja el volante y usa la mano derecha para cambiar la marcha". Pero después de una semana de conducir diariamente, o incluso antes, el mismo conductor ya no tiene que pensar en las acciones, las realiza automáticamente. La cuestión en el campo de la adquisición es confirmar que lo mismo ocurre cuando aprendemos una lengua: que a base de la práctica consciente, podemos llegar a adquirir conocimiento inconsciente, rápido, automático y eficaz de la lengua. Es decir, la fluidez. Por otro lado, es posible que los dos tipos de conocimiento, explícito e implícito, deban considerarse como extremos de una sola dimensión, en lugar de categorías separadas, y quizás un aprendiz pueda tener acceso a ambos simultáneamente o en mayor o menor grado, según si tiene tiempo para pensar, como cuando escribe, o no, como cuando habla.

La lectora perspicaz se habrá dado cuenta del uso frecuente del término "atención", y es que es la clave que regula los procesos de aprendizaje, según las teorías más recientes, ya que regula lo que los aprendices extraen del *input* (todo discurso oral o escrito en la L2 al que están expuestos los aprendices). La hipótesis de la *apercepción* (*noticing*, Schmidt 1990) plantea que para que un aspecto del *input* pase a formar parte de la interlengua, el aprendiz debe captarlo conscientemente, siquiera de una manera muy superficial, en el *input*. Cabe examinar si la atención interviene en la creación de conexiones entre forma y significado en la L2 y/o en el uso de conocimiento explícito durante la producción e interpretación lingüísticas. Todos estos asuntos continúan debatiéndose actualmente (Sanz 2016).

## 3.2 El español y la interlengua

Si bien es cierto que, tal y como indica Lafford, el centro de interés en cuanto a áreas lingüísticas comenzó siendo la fonología para después ampliarse a la morfosintaxis y la **pragmática**, algunas cuestiones gramaticales como ser/estar, pretérito/imperfecto, subjuntivo y la **concordancia** de género han recibido atención en casi todo momento. Es natural, ya que éstas son las estructuras sobre las que se hace más énfasis en los cursos de lengua y a pesar de ello son las que más cuestan de dominar. Si uno de mis colegas en el departamento de español va a cometer un error, fuera de la pronunciación, va a ser en una de esas estructuras. No es casualidad que esas estructuras sean no solo problemáticas para los aprendices de L2, sino también para los niños que aprenden castellano como lengua materna, y que en el español bilingüe de zonas tan dispares y lejanas como los Andes, los EE.UU., Cataluña o el País Vasco, tengan en común diferencias que las distinguen del castellano de las zonas monolingües. Hay algo peculiar en esas estructuras que parecen difíciles para los que manejan dos lenguas, o, de otra manera, hay algo en ellas que las hace ser más vulnerables. Remitimos al lector interesado a Antón (2011) para un panorama más detallado acerca de la investigación en diferentes áreas lingüísticas con amplio número de referencias.

En lo relativo al género gramatical, algunos trabajos recientes apuntan a que el masculino es la forma "por defecto" en la adquisición ya que los aprendices cometen menos errores con sustantivos masculinos que llevan marca visible de género y además generalizan el masculino a sustantivos femeninos. Leeman (2003) investigó la concordancia de género entre nombre y adjetivo por parte de los aprendices de español y descubrió que, en la interacción oral con los aprendices, reformular de forma correcta las frases que los aprendices decían con concordancia errónea (es decir, facilitar "evidencia positiva") promovía más el aprendizaje que señalar abiertamente los errores cometidos ("evidencia negativa"). En cuanto al contraste entre pretérito e imperfecto, la investigación muestra que su uso por parte de los aprendices no depende solo de la competencia de estos, sino también de factores como el tipo de narración (Salaberry y

Ayoun 2005). Respecto al uso del subjuntivo, Fernández (2008) comparó los efectos de un tipo de instrucción explícita (que incluía explicaciones de reglas) con otro tipo de instrucción implícita, en términos de interpretación correcta por parte de los aprendices y también del tiempo que los dos grupos invertían en interpretar las formas de subjuntivo. Si bien Fernández no halló diferencias en cuanto al uso correcto, comprobó que el grupo que había recibido instrucción explícita comenzó a interpretar las formas de subjuntivo antes y a mayor velocidad que los otros aprendices. En lo que a *ser* y *estar* se refiere, Geeslin (2003) examinó los factores lingüísticos y sociales que predicen la selección de un verbo frente al otro con ciertos adjetivos, y mostró el grado de solapamiento entre los rasgos predictores en hablantes nativos y no nativos. Finalmente, hoy en día, cada vez más estudios incluyen más de una forma gramatical en su diseño con el fin de generalizar los resultados obtenidos o de comprender mejor las interacciones entre forma gramatical y otros factores en la adquisición. De este modo, Morgan-Short, Steinhauer, Sanz y Ullman (2012) concluyen que las diferencias entre género y estructura argumental, tanto en prominencia en la percepción como en valor comunicativo, son responsables de la mayor dificultad en la adquisición del primero respecto a la segunda.

Gran parte de la investigación del español como segunda lengua (L2) sigue los avances de la psicología cognitiva y comparte planteamientos y, hasta cierto punto, métodos con esta ciencia. Los trabajos empíricos de diseño experimental y cuantitativos, realizados fundamentalmente en Europa y Estados Unidos y publicados mayoritariamente en inglés, constituyen el grueso de esta rama de la investigación. Lafford (2000) presenta un excelente resumen histórico de la investigación. A grandes rasgos podríamos decir que desde que empezó en los años 70 del siglo pasado, el campo ha luchado por encontrar un equilibrio entre los factores externos, como la importancia del *input*, su frecuencia y calidad, y los internos, como la atención y la motivación. Hoy sabemos que mientras que no es posible aprender una lengua sin estar expuesto a ella, y que la cantidad y calidad del *input* determinan el aprendizaje, solo teniendo en cuenta las variables individuales podemos explicar que dos estudiantes en el mismo programa y con las mismas oportunidades aprendan a ritmos diferentes y lleguen a puntos a veces muy distantes en los estadios de adquisición.

## 3.3   Factores externos que condicionan el aprendizaje

### 3.3.1   *Input* e interacción

Otro concepto que ha atraído la atención de los lingüistas aplicados es el papel fundamental del **input** (es decir, todo discurso oral o escrito en la L2 al que están expuestos los aprendices) y los debates sobre la instrucción. Entre los especialistas existe acuerdo absoluto sobre la necesidad del *input* para que exista aprendizaje; lo que se debate es cuánto *input* es suficiente y qué tipo de *input* es importante para la adquisición (Mackey y Abbuhl 2005). Los trabajos sobre el papel del *habla del cuidador* (la lengua que utilizan los adultos cuando se dirigen a los niños) en la adquisición de la lengua materna influenciaron la investigación en la L2. Así pues, los primeros estudios describieron la lengua a la que están expuestos los aprendices de L2 (particularmente inglés): el *habla del profesor* (que los profesores emplean con sus estudiantes) y el *habla de los extranjeros* (que los hablantes nativos emplean con los no nativos). Estos trabajos se centraron en describir los mecanismos que facilitan la comprensión del *input*, sobre todo la simplificación, así como las características que parecen facilitar la adquisición, tales como la prominencia o la frecuencia en el *input* de estructuras o palabras (véase una síntesis excelente en Chaudron 1988).

A partir de estos trabajos, Long (1981) propuso la *hipótesis de la interacción* según la cual la competencia en la L2 de los aprendices crece a partir de la interacción con otros hablantes y la consecuente negociación de significado. ¿Qué quiere decir "la negociación de significado"? Curiosamente, un fenómeno importante en la interacción es el fracaso, la falta de comunicación. ¿Por qué? Pues porque cuando esto ocurre, por su parte el hablante nativo simplifica el *input* para situarlo a un nivel apropiado para el aprendiz, y el aprendiz, por su parte también, se da cuenta de que su expresión está lejos de la norma nativa y repite y reformula su mensaje hasta conseguir que se le entienda. Esta negociación ayuda en cuanto que reajusta el *input* para hacerlo más comprensible y por lo tanto más beneficioso, porque el *input* que no se comprende no alimenta los procesos de adquisición de la lengua. Además, crea en la mente del aprendiz la conciencia de que algo falla, en su interlengua, y lo lleva a generar hipótesis sobre qué es lo que falla, y esto prepara al aprendiz para estar alerta y prestar atención cuando se encuentra de nuevo en el *input* con ese punto gramatical o esa palabra que le han causado problemas. La *hipótesis de la interacción* es de una importancia tremenda, ya que por una parte sentó las bases de la investigación en adquisición de lenguas de las dos décadas siguientes, además de que influyó en la práctica pedagógica fomentando las actividades de conversación en el aula. Es la base de la Enseñanza Mediante Tareas.

También en relación con la importancia de la cantidad y calidad del *input*, se ha realizado una cuantiosa investigación sobre los efectos que estudiar en el extranjero, por ser un contexto de inmersión lingüística y cultural donde el *input* es constante, tiene en el desarrollo de la interlengua. Diversas propuestas teóricas clásicas de ASL como la *hipótesis del input* de Krashen (1985), la *hipótesis de la interacción* de Long (1981), y la *hipótesis de la producción* de Swain (1995) sugieren que estudiar en el extranjero proporciona el contexto óptimo para la adquisición, aunque siempre que se cumplan ciertas condiciones. Sin embargo, contra toda expectativa y a pesar de todas las consideraciones mencionadas anteriormente sobre la importancia del *input* como motor del aprendizaje (Krashen 1985), su calidad y cantidad, así como la importancia clave de la interacción entre el aprendiz y sus interlocutores (Long 1981), la investigación revela a menudo efectos mínimos o nulos de la experiencia de inmersión. Esto es especialmente cierto en aquellos estudios que se enfocan en las estructuras gramaticales más difíciles (Lafford y Collentine 2006), aunque la mayoría sí que encuentra efectos positivos en la fluidez. Resulta difícil realmente llegar a conclusiones claras: los estudios no son muchos y son poco comparables, porque unos examinan programas más cortos, otros más largos, programas de lengua, o de materias como historia o literatura, y en algunos casos los aprendices en esos estudios son principiantes, mientras que en otros son avanzados, viven en familia o no, etc. Por otra parte, los *tests* que emplean los estudios para medir los efectos son muy diferentes. En fin, podemos decir que a menudo comparan manzanas con naranjas, como se dice en inglés, porque además sabemos que el nivel de competencia al inicio del programa, las condiciones de alojamiento, la duración de la estancia y las variables individuales son los condicionantes más significativos. Se refiere al lector a Sanz y Morales-Front (2018) para más investigación sobre el aprendizaje de lenguas en contextos de inmersión.

### 3.3.2   Intervenciones pedagógicas

Los trabajos sobre la importancia del *input*, el tipo de *input* y su frecuencia pueden llevar a una conclusión que para muchos profesores de lengua es extraordinaria: la posibilidad de que un aprendiz adulto alcance la fluidez y la corrección gramatical comparables a la de un hablante nativo únicamente mediante la interacción, en clase o fuera de ella, sin recibir explicaciones gramaticales. En ese caso, los profesores de lengua tradicionales y los materiales en línea ¿pierden el tiempo cada vez que explican gramática? No, porque sabemos que las explicaciones de cómo funciona la lengua, *aunque no son necesarias*, pueden ayudar al estudiante a progresar más rápido y a alcanzar niveles superiores, especialmente cuando el estudiante no está inmerso en la lengua y tiene poco acceso a *input* rico en frecuencia y calidad. Obviamente, esta es una cuestión de suma importancia tanto para los investigadores de L2 como para los profesionales de la enseñanza de lenguas. Los profesores esperan que los especialistas en adquisición les ofrezcan pautas sobre los enfoques pedagógicos más efectivos: qué gramática explicar, qué errores corregir, cuándo, cómo y qué tipo de práctica proporcionar a sus estudiantes. A esto nos referimos cuando hablamos de intervenciones pedagógicas.

Durante aproximadamente cuarenta años, los investigadores de L2 han realizado estudios empíricos sobre **intervenciones pedagógicas** para intentar encontrar respuesta a estas preguntas. Según estos estudios, las intervenciones pueden ser preventivas o reactivas. El programa de enseñanza estructural, basado en la presentación de una secuencia fija de formas gramaticales, y que es todavía hoy mayoritario en las escuelas, es un ejemplo de intervención preventiva: presenta las reglas gramaticales antes de proporcionar a los aprendices práctica con las formas. Es la manera de enseñar tradicional. Las intervenciones pedagógicas reactivas se suelen emplear en los enfoques de aprendizaje más progresistas en la enseñanza de hoy, que son más comunicativos, como la Enseñanza Mediante Tareas. En estos contextos, los estudiantes realizan actividades durante las cuales ciertas formas lingüísticas aparecen como problemáticas. Los instructores reaccionan a estas dificultades con explicaciones muy breves, sobre todo si consideran que los problemas encontrados dificultan demasiado la comunicación. Por ejemplo, si al trabajar juntos en la descripción de un personaje "secreto" que sus compañeros han de identificar, el estudiante repite el error "*él está listo*" en lugar de "*él es listo*". En una tarea de descripción, los verbos *ser* y *estar* seguidos de adjetivo están muy presentes y son clave para completar la tarea con éxito, y por eso el profesor tendrá que intervenir si el error se repite con mucha frecuencia. Ahí sí que está justificado escribir en la pizarra algo muy breve, del tipo: Estar = temporal "*Juan está preparado = está listo*"; ser = esencial "*Juan es listo = es inteligente*", sin más explicación. En general, una intervención pedagógica resulta de combinar la práctica comunicativa con uno o más de los siguientes elementos: presentación de reglas gramaticales, *input* manipulado de alguna manera por el instructor, y retroalimentación. Cada una de estas tres variables, y en consecuencia el tipo de instrucción, puede adoptar una naturaleza más explícita o más implícita: será más explícita cuanto más desplace la atención del significado a la forma, cuanto más se hable en el aula *sobre* la lengua y no *en* la lengua para hablar de cuestiones de interés para los alumnos. Vamos a ver esta cuestión en más detalle en la siguiente sección.

### 3.3.3    Tipo de instrucción: ¿implícita o explícita?

En general, los estudios sobre la **instrucción explícita**, es decir, con reglas gramaticales explicadas por el profesor bien antes de la práctica o durante la práctica (como parte de la retroalimentación) o la combinación de ambas (¡superexplícita!), concluyen que la instrucción explícita es más efectiva que la implícita. Es decir, concluyen que explicar gramática funciona (Norris y Ortega 2000). Sin embargo, estas conclusiones no pueden considerarse definitivas debido a las siguientes limitaciones en la investigación: (1) las pruebas realizadas en los estudios que se han hecho sobre este tema no son comunicativas; son, por ejemplo, de rellenar huecos y no de explicar historias y, por lo tanto, se enfocan en la forma y le dan una ventaja a los resultados de la instrucción explícita; (2) las intervenciones pedagógicas estudiadas son breves, lo que le da también una ventaja a la instrucción explícita, ya que los efectos de la instrucción implícita necesitan más práctica y tiempo; (3) los efectos de las intervenciones explícitas desaparecen después de unos pocos días, pero los estudios solo examinan los efectos inmediatos y no captan los efectos de las condiciones implícitas, que necesitan más tiempo para sedimentarse en la memoria y se retienen mejor.

Además, algunos estudios indican que la presentación de gramática antes o durante la práctica no es necesaria para la adquisición de determinadas formas gramaticales (Sanz y Morgan-Short 2004) y que la explicación gramatical no añade nada a lo que los aprendices obtienen de la práctica y el *input* cuando estos son adecuados. Es más, desde el trabajo de Pica (1983), se han detectado consecuencias negativas de explicar reglas gramaticales: al menos a corto plazo, los aprendices pueden generalizar la regla a contextos en los que no se aplica; por ejemplo, producir todos los verbos en subjuntivo, aunque no toque. Por lo tanto, las intervenciones pedagógicas ¿ayudan, dificultan, o no afectan al desarrollo de la lengua? Los investigadores han avanzado en muchas direcciones, lo que dificulta establecer conclusiones globales. A esto se une el hecho de que los estudiosos se han concentrado en el producto de los distintos tipos de instrucción y no tanto en los diferentes procesos que la instrucción puede generar. La observación de los efectos de la instrucción en los procesos nos permitiría no solo verificar si funcionan o no, sino además entender por qué funcionan mejor o peor o simplemente de manera diferente en la enseñanza explícita e implícita. Por esta razón, algunos especialistas están recurriendo a la neurociencia cognitiva y a técnicas de escáner cerebral para recabar información sobre los procesos mentales que se producen cuando se aprende una lengua practicándola con o sin explicación gramatical (Morgan-Short, Steinhauer, Sanz y Ullman 2012). Esta línea de investigación apunta a que, aunque la instrucción explícita acelera el desarrollo en los estadios primeros de adquisición, los aprendices que reciben cierta cantidad de práctica sin explicación retienen más y sus procesos llegan a ser comparables, a nivel neurocognitivo, a los de los hablantes nativos.

### 3.3.4 La práctica

Otro aspecto de la pedagogía que ha recibido la atención de los investigadores es la cuestión de la **práctica**. Tradicionalmente, el campo de ASL ha prestado más atención a la presentación explícita de reglas, al *input* manipulado y la retroalimentación que a la naturaleza de la práctica en sí. Sin embargo, la tarea o "actividad" es una variable clave. Aunque normalmente todos entendemos práctica como producción, por ejemplo, explicar una historia que se presenta en una tira cómica, la práctica puede también basarse en el *input* como elegir un dibujo que representa lo que se ha leído. Además, la práctica puede ser o no ser esencial en relación a una estructura lingüística. Loschky y Bley-Vroman (1993: 132) definen la cualidad de *esencial* como "la exigencia más extrema que una tarea puede pedirle a una estructura ... la tarea no puede ser llevada a cabo con éxito a menos que se utilice esa estructura". Es importante, porque, como hemos mencionado en el párrafo anterior, algunos estudios han demostrado que si los aprendices reciben práctica esencial con ciertas estructuras lingüísticas, la presentación de gramática antes o durante la realización de la práctica no resulta en ninguna diferencia (Sanz y Morgan-Short 2004). La investigación actual examina cómo la práctica interactúa con otros componentes pedagógicos tal y como la explicación de reglas o la retroalimentación. De la misma forma se persigue entender los efectos de las distintas características que la práctica puede adoptar: basada en el *input* o en la producción, explícita o implícita, esencial o no. En general, la práctica como concepto merece una atención que hasta el momento no ha recibido. Entre los trabajos empíricos notables sobre los efectos de la práctica en el español como L2 figuran Morgan-Short y Bowden (2006) y Toth (2006).

### 3.3.5   La retroalimentación

Además del *input* y la práctica, la investigación en el campo de la ASL se ha centrado en una tercera cuestión: la retroalimentación o *feedback*. Decimos que tenemos retroalimentación cuando "los alumnos reciben información en respuesta a sus esfuerzos comunicativos" (Mackey y Abbuhl 2005: 210). La retroalimentación puede ser positiva para reforzar, o negativa para corregir (*no se dice "yo estoy inteligente", se dice "yo soy inteligente"*). Los investigadores y los profesionales por lo general se refieren a este segundo tipo en sus discusiones. La retroalimentación puede ser proporcionada por otros estudiantes o por el profesor, y también puede ser autogenerada, cuando los estudiantes se corrigen a sí mismos. En este punto, una cuestión a considerar es la norma lingüística y el concepto de lo que es y no es correcto en el lenguaje. El tema es especialmente difícil cuando los estudiantes o profesores son hablantes de herencia, ya que los hablantes de herencia suelen hablar una variedad que puede estar más o menos alejada de la norma general. Por último, la retroalimentación puede ser explícita o implícita.

En el aula tradicional, la retroalimentación suele ser siempre explícita, aunque en diferentes grados: El maestro (1) señala que la estudiante ha producido un error, (2) señala dónde está el error, (3) proporciona la forma correcta, y (4) proporciona una regla gramatical. Estos cuatro pasos no siempre están presentes, pero cuantos más pasos incluya, más explícita se considera la corrección. Una característica clave de la corrección explícita en comparación con la implícita es su enfoque en la forma y no el significado. En el siguiente intercambio:

> E:   *Yo gusto Beyoncé.*
> P:   *Oh, no, no, no ... ¿recuerdas?, se dice me gusta Beyoncé, repite.*

Aunque la profesora no utilizó el error para recordarle al estudiante la regla gramatical, la corrección es todavía explícita. En un ejemplo como el siguiente, sin embargo, el *feedback* es del tipo implícito:

> E:   *Yo gusto Beyoncé.*
> P:   *¿Ah, sí? A mi me gusta Beyoncé también. Me gusta cómo baila. ¿Qué canción de ella te gusta más?*

Observe que el profesor le proporciona al estudiante la reformulación correcta, pero manteniendo el foco en el significado, ofreciendo otro ejemplo (*me gusta cómo baila*) y pidiéndole al estudiante que añada más información usando la misma estructura, en lugar de exigir una pura repetición. La retroalimentación difiere en cuán explícita puede ser, pero no se trata de un contraste en blanco y negro, sino de un continuo de más a menos explícito con mucho gris.

### 3.3.5.1   *La corrección de los errores: argumentos en contra*

Antes de los años 70, y sobre todo en la época en que el Método del Ejército estaba más en boga, corregir era una obligación imperiosa para los maestros. Los profesores lo consideraban su deber: si no lo hacían, el error persistiría hasta quedar "fosilizado", entrando a formar parte de la interlengua de los aprendices para no borrarse nunca. Sin embargo, una de las consecuencias de la revolución chomskiana de la década de los 70 fue cuestionar la capacidad que tiene la corrección de errores de afectar el desarrollo de la interlengua. Los errores empezaron a verse como una parte natural del desarrollo del lenguaje, que viene impulsado desde dentro y no se ve afectado por factores externos, incluyendo la retroalimentación. Otro argumento en contra de la retroalimentación es que durante las interacciones orales, los estudiantes no pueden prestarle atención, dada la presión para responder con rapidez, especialmente en las clases comunicativas, donde la atención se centra en el intercambio de información. Además, la retroalimentación aumenta la ansiedad, eleva el "filtro afectivo" (Krashen 1985) y genera la inhibición, empujando a los estudiantes a "jugar a lo seguro", evitando el riesgo, eligiendo siempre para expresarse estructuras simples que saben que pueden controlar bien. Sin embargo, cuando la retroalimentación es demasiado positiva o inexistente, también es contraproducente. Por otra parte, la retroalimentación puede ser ambigua, y el estudiante puede creer que se le está corrigiendo la pronunciación cuando tal vez se trata de un problema de léxico. Y si para que sea clara se hace muy explícita, entonces se interrumpe la interacción. La toma de decisiones por parte del profesor no viene guiada por el instinto o por lo que han hecho otros, sino por la información.

### 3.3.5.2    La corrección de los errores: argumentos a favor

También hay argumentos a favor de la corrección de errores, ¡por supuesto! Por ejemplo, en inglés, la presencia del sujeto es obligatoria (*he went to the movies* vs. *went to the movies*), mientras que en español es opcional y su presencia suele ser enfática (*fue al cine* vs. *ella fue al cine*), lo que significa que solo a veces está presente. Es difícil que el alumno se dé cuenta de que el sujeto puede estar ausente si no se le corrige y se le dice que suena como un extranjero cuando sigue repitiendo el sujeto en la oración una vez que su identidad ha sido establecida en la conversación. Además, no todos los errores son iguales, y algunos errores son muy persistentes; ahí la corrección puede ser muy eficaz. Por otra parte, aunque a menudo no se observe ningún cambio inmediato después de la retroalimentación (lo que se conoce como *absorción* o *uptake*), y el estudiante sigue cometiendo el mismo error, eso no significa que la retroalimentación sea inútil, es posible que deje un rastro que ayude al alumno la próxima vez que se encuentre con la palabra, o la estructura. Además, si consideramos que el desarrollo del lenguaje es en gran parte la formulación de hipótesis – el aprendiz piensa, *esto se dice así ... creo, voy a probarlo a ver qué pasa* – es decir, que los aprendices generan hipótesis sobre lo que es y lo que no es posible en el lenguaje a medida que avanzan en su proceso de aprendizaje, la retroalimentación puede ayudar a deshacerse de las hipótesis erróneas, y así acelerar el desarrollo. Teniendo en cuenta todos estos argumentos válidos a favor y en contra de la retroalimentación, los debates actuales no se centran en si se debe o no proporcionar retroalimentación al estudiante, sino sobre lo que se debe corregir, cuándo corregirlo, y cómo corregirlo.

### 3.3.5.3   La efectividad de la retroalimentación

Hacia el final del capítulo consideraremos los aspectos más prácticos de la retroalimentación. Aquí vamos a fijarnos solamente en los resultados de los estudios sobre los efectos que tiene la retroalimentación en el aprendizaje de lenguas extranjeras, resultados que no son tan concluyentes como querríamos. En general, parece que aquellos estudiantes que reciben retroalimentación más implícita sin que se les proporcione información metalingüística – por ejemplo, no se les dice dónde está el error, no se les da la regla, sino que se les repite la frase correcta – tienden a retener más de lo que han aprendido que los grupos que han recibido retroalimentación más explícita (Li 2010). Generalmente, los resultados muestran que la forma a la que se dirige la retroalimentación – gramática, léxico, pronunciación – y el contexto de la corrección – cuándo los estudiantes hablan o cuándo escriben – así como la disposición del alumno, pueden desempeñar un papel importante en la explicación de los resultados. Por ejemplo, el impacto de la corrección es mayor cuando se enfoca en palabras más que cuando se enfoca en gramática; también es mayor cuando el estudiante está escribiendo que cuando está hablando. Es importante destacar que la investigación está examinando desde hace poco cómo los diferentes tipos de retroalimentación afectan de manera diferente a grupos de aprendices que varían según la edad, la aptitud u otras diferencias individuales. Por ejemplo, el trabajo de Lenet, Sanz, Lado, Howard y Howard (2011) mostró que los alumnos mayores de sesenta y cinco años se beneficiaban significativamente más que sus homólogos universitarios de la retroalimentación menos explícita; es decir, cuando, sin darles la regla gramatical, se les decía que habían cometido un error y se les ofrecía la posibilidad de responder correctamente, porque de la otra forma se sentían incapaces de procesar toda la información y retenerla.

La efectividad de la retroalimentación también depende de la tarea concreta, de cuándo se ofrece la retroalimentación. Una presentación oral es diferente de un debate o una discusión en clase. Se diferencian en dos formas principales de importancia para nosotros aquí: el grado de preparación previa y la improvisación, y la direccionalidad. A los estudiantes se les da tiempo para preparar presentaciones orales y a menudo lo usan para producir documentos de Power-Point y hojas-volantes, así que tiene sentido pedir esos materiales con antelación y corregirlos, a fin de garantizar que los demás estudiantes reciban los materiales libres de errores, y de que el estudiante que presenta aprenda y además pueda lucirse. En contraste, las conversaciones espontáneas en clase son diferentes, ya que los estudiantes practican sin preparación, además de que se da una bidireccionalidad en los intercambios que no se encuentra en la presentación, que es en realidad un monólogo. Los debates quedan entre estos dos extremos: la información fluye en múltiples direcciones, pero los estudiantes han tenido más o menos tiempo para preparar sus posiciones y sus argumentos. En los tres casos proporcionar retroalimentación mientras fluye la conversación significaría mover el foco del contenido a la forma, de lo que dicen los estudiantes a cómo lo dicen. Para promover la comunicación y evitar la interrupción, los profesores pueden controlar los intercambios, tomar notas y elaborar una lista de los errores que pueden compartir con los estudiantes como una actividad posterior a la tarea. En ese momento, el profesor puede incluir el error y la corrección, o solamente el error y dejar que los estudiantes trabajen en las correcciones antes de que el maestro confirme la solución. De esta manera, la retroalimentación es más consistente y más eficaz, porque los estudiantes pueden prestarle más atención y permanecer anónimos, y por tanto no creamos ansiedad y no desanimamos a los estudiantes que puedan inhibirse para evitar riesgos.

Del mismo modo, las tareas de escritura pueden tener diferentes objetivos. Los blogs construyen un sentido de comunidad entre los estudiantes entre sí y con el profesor, permitiendo compartir ideas incluso con los estudiantes más tímidos. El profesor puede controlar o ser parte de la comunidad, pero no necesita corregir, a menos que sea para facilitar la comprensión. Los blogs son buenas herramientas para promover la fluidez, y un buen contexto para que los alumnos pongan a prueba sus hipótesis sobre la lengua, nuevas palabras o estructuras "que les suenan" y de las que no están muy seguros. Por otra parte, las composiciones son diferentes. Aquí, la precisión es importante. Los estudiantes siempre esperan calificaciones, pero los docentes siempre deben pedir que los estudiantes "digieran" su retroalimentación, produciendo una segunda, incluso una tercera versión de su ensayo que incluya las sugerencias del profesor antes de que éste corrija el producto final. Este enfoque reconoce que la escritura – en la lengua nativa, pero aún más en la segunda lengua – es un proceso. Algunos profesores usan códigos cuando ofrecen este tipo de retroalimentación. Por ejemplo, usan "ort" para marcar un error de ortografía, o "con" para un error de concordancia, y dejan que el estudiante piense en la solución. Una de las características de la retroalimentación escrita es su falta de inmediatez. Pero, a diferencia de lo que puede hacer un profesor, los ordenadores pueden ofrecer retroalimentación inmediata, enfocada en uno o más tipos de errores, y hacerlo de forma individualizada. También pueden hacer buen uso del color y el tipo de letra, añadir comentarios, ofrecer opciones, etc. Todo esto hace que las correcciones sean más fáciles de percibir y tengan así mayor impacto. El ordenador puede decir solo "correcto / incorrecto", añadir una regla gramatical en ejercicios de elección múltiple y puede hacerlo en cuanto el alumno comete el error, mientras que todavía está fresco en su memoria. Estas características hacen que las computadoras sean buenas herramientas para el profesor y tiene mucho sentido asignar tareas para completar en el ordenador.

Aunque las computadoras no toman decisiones sobre lo que deben corregir, los maestros sí que lo hacen. ¿Lo corregimos todo? Muchas veces es imposible, debemos seleccionar: corregimos los errores (1) que son persistentes, (2) que dificultan la comprensión y/o (3) que son el centro de la lección o actividad, como es el caso de "*es listo /está listo*" en la sección anterior. Las computadoras no pueden elegir cómo ofrecer la retroalimentación, pero los profesores deben hacerlo de manera que ayude al alumno a hacerse entender. Ofrecemos *feedback* sin interrumpir el flujo de la comunicación y siempre con cuidado si el estudiante es tímido o no es el mejor (y sus compañeros lo saben). La buena retroalimentación es precisa y coherente, es siempre respetuosa, y reconoce y apoya los esfuerzos de los estudiantes.

### 3.4  Factores internos: diferencias individuales

Hasta aquí hemos revisado las tendencias y conclusiones de la investigación en adquisición de lenguas extranjeras sobre el contexto de aprendizaje, o lo que se llama también el **contexto pedagógico**: naturaleza del *input* y de la práctica, intervenciones pedagógicas, o estudiar en el extranjero. Pero el contexto de aprendizaje no es la única variable que puede explicar el éxito en el proceso de adquisición de una segunda lengua. Si fuese así, todos los estudiantes de una clase aprenderían las mismas estructuras y el mismo vocabulario al mismo ritmo, puesto que todos tienen el mismo profesor y emplean los mismos materiales en las mismas actividades. Lo que explica que unos estudiantes aprendan más o menos rápido y lleguen más o menos lejos en cuanto a su nivel de dominio de la lengua son las diferencias individuales, sociales, cognitivas y el grado y manera en que estas variables que distinguen a los individuos entre sí interactúan con el contexto. Hay trabajos publicados que han examinado cuáles son las características del buen aprendiz de lenguas. Pero sabemos que no hay un "buen aprendiz" modelo, sino que hay estudiantes que funcionan mejor en un entorno o en otro. Por ejemplo, es posible que, asumiendo que todas las otras variables se mantienen constantes, el estudiante extrovertido puede sacar más de la experiencia de inmersión en el extranjero y el introvertido de mente analítica puede obtener más en una clase con tareas bien diseñadas. Por eso es importante para el profesor de lenguas conocer cuáles son las variables individuales a tener en cuenta a la hora de elegir materiales, preparar un curso o una clase, o aconsejar a un estudiante para hacer su propio trabajo más eficaz.

Además de las diferencias individuales, también hay diferencias culturales que influyen en las creencias del estudiante sobre cómo se aprenden las lenguas y sobre su propio papel en el aula. Al ser la educación parte de la cultura de un país, las expectativas de un estudiante sobre su papel y el del profesor en el aula son diferentes según los países también. Así, los alumnos estadounidenses esperan en sus clases una discusión "socrática", un seminario, una clase activa, no una clase en la que solo habla el profesor. El estudiante es activo y para ello sabe que ha de ir preparado a las clases, y demostrar que es autónomo. Por el contrario, en algunos países de Asia, típicamente las clases tienen al profesor como fuente de saber, y la información fluye de él hacia los estudiantes de una manera muy parecida a una conferencia magistral. Este es otro elemento que el profesor de lenguas debe tener en cuenta a la hora de preparar sus cursos. Muy relacionado con las expectativas sobre el papel de profesor y de alumnos están las creencias sobre cómo se aprende una lengua. Para algunos estudiantes, sobre todo de mayor edad, estudiar una lengua es estudiar reglas gramaticales, memorizar listas de vocabulario, e "ir a lo seguro" para cometer el mínimo número de errores posibles.

En contraste con lo que sucede en la adquisición de una primera lengua, conseguir una competencia similar a la de un nativo en una segunda lengua parece la excepción en lugar de la norma. Aunque se han propuesto diversas explicaciones al respecto, existe un consenso general en cuanto al mayor efecto de las **diferencias individuales (DI)** en la adquisición de una L2 que en la lengua materna, aunque es verdad que los hablantes nativos varían también en el grado de fluidez en el que se expresan. A pesar de esto, el campo de ASL, influido por los presupuestos chomskianos, ha dedicado la mayor parte de sus esfuerzos a identificar elementos universales en la adquisición, en detrimento de variables individuales. Además, desde un punto de vista metodológico, la investigación sobre diferencias individuales es difícil de llevar a cabo. Como en otras áreas, los conceptos teóricos no son lo suficientemente precisos para aplicarlos de una manera clara, y los diseños de los estudios que se han hecho para investigar este tema se basan a menudo en correlaciones. Esto implica que se puede establecer una relación entre las diferencias individuales y ciertas medidas de adquisición, pero no es posible demostrar una relación de causa–efecto. Por ejemplo, los estudiantes más motivados suelen adquirir un grado más alto de dominio lingüístico: ¿es que la motivación los ayuda, o es que dominar bien la lengua motiva a estos estudiantes? ¿En qué dirección se establece la relación? Así que la pregunta continúa abierta: ¿qué es universal y qué es individual? Además de esto, la mayor parte de la investigación se ha centrado en los efectos de las diferencias individuales en el producto del aprendizaje, es decir, *cuánto* aprenden, pero ¿cómo afectan las diferencias individuales los procesos de adquisición, el *cómo*?

Se debate hoy en día no solo cuál es la naturaleza de las diferencias individuales concretas, cuántas y cuáles son, sino también el grado en el que estas afectan los aspectos específicos de la adquisición: por ejemplo, parece que la edad afecta en gran manera la adquisición de los rasgos fonológicos en la L2; es decir, la pronunciación, pero no el vocabulario (Bowden, Sanz y Stafford 2005). La lista de diferencias individuales es larga, continúa creciendo e incluye edad, aptitud, motivación, género, ansiedad, capacidad de arriesgarse, empatía, inhibición, tolerancia a la ambigüedad, estilo cognitivo (reflexividad, impulsividad, estilo de aprendizaje auditivo o visual, analítico o "gestaltiano") y experiencia previa, entre otras.

La investigación realizada sugiere tres aspectos de la adquisición de lenguas segundas que deben tenerse en cuenta: la ruta o las etapas que sigue el proceso de adquisición, el ritmo con el que se pasa por las diversas etapas, y el logro final o el nivel más elevado de dominio del idioma que alcanza el aprendiz de lengua. La investigación sugiere que la ruta es impermeable a las influencias externas o internas, incluyendo la edad a la que se aprende la lengua, el contexto de la adquisición – en el aula o en el barrio, por ejemplo –, y la tipología lingüística, es decir, la distancia entre la lengua materna y la segunda. Por ejemplo, en español todos los aprendices adquieren la concordancia de número antes que la concordancia de género, y el indicativo antes que el subjuntivo. Ya hace tiempo que los investigadores en este campo llegaron a esta conclusión, viendo que los errores que producen los aprendices de español, por ejemplo, son los mismos bien sean hombres o mujeres o más o menos motivados, por ejemplo. Lo que cambia es la frecuencia del error y especialmente cuánto tiempo tarda el aprendiz en superar esa etapa. Son el ritmo y el nivel final los que varían en gran medida (Larsen-Freeman y Long 1991), ya que se ven muy afectados por las variables individuales.

### 3.4.1 Edad

Se da por sentado que conseguir una competencia similar a la de un nativo en una L2 requiere aprenderla en la infancia, y sin embargo no es tan obvio. Los primeros escritos sobre este tema se basan en anécdotas y especulaciones. En términos científicos, estos supuestos apuntarían a un **período crítico** que necesariamente incluye un comienzo y un fin. Fuera de este período, es decir, más allá de la pubertad, este presupuesto considera imposible alcanzar la competencia de un nativo. Una versión menos extrema de esta idea – la *hipótesis del período sensible*, pero no crítico – propone que existe una etapa durante la cual un organismo se encuentra particularmente capacitado para el aprendizaje, pero fuera de esta, todavía es posible un aprendizaje completo. Una tercera postura (Birdsong 1999) mantiene que los efectos de la **edad** no se manifiestan en un período concreto sino más bien en una disminución lineal a lo largo de la vida. Trabajos como los de Bowden y colegas (Bowden, Steinhauer, Sanz y Ullman 2013) intentan responder a la pregunta sobre los efectos de la edad desde una perspectiva neurocognitiva, y concluyen que los aprendices que inician el contacto con una L2 después de la infancia son capaces de llegar a procesar la sintaxis, pero no la semántica, de manera similar a un hablante nativo.

Por otra parte, sin embargo, hay casos documentados de individuos que iniciaron el aprendizaje de la L2 con veinte años o más y que lograron alcanzar impresionantes niveles de competencia, hasta el punto que los nativos los confunden por nativos. ¿A qué puede deberse esto? Es posible que estos individuos estén más motivados, debido, por ejemplo, a su convivencia con una pareja hablante nativa, o a la persecución de una meta profesional, factores ambos que pueden ayudar a realizar ese esfuerzo extra que requiere llegar al nivel nativo. Estos casos son menos raros de lo que se había supuesto con anterioridad.

### 3.4.2 Aptitud

La **aptitud** es un rasgo fundamentalmente estable y que, junto con la motivación, es la variable que mejor predice el aprendizaje de L2. La aptitud ha atraído la atención de numerosos investigadores en los últimos años. En particular, se ha puesto énfasis en la noción de "memoria operativa" (Baddeley 1992), entendida como la capacidad de procesar y recordar simultáneamente información lingüística en tiempo real. También ha sido objeto de estudio el lugar donde se retiene y procesa el *input* que alimentará las representaciones mentales del aprendiz.[2] En concreto, se ha observado (Bowden, Sanz y Stafford 2005) que las personas con mayor capacidad de memoria operativa suelen completar con mayor facilidad diversas tareas lingüísticas. De hecho, la memoria operativa parece predecir el éxito en la L2 con más seguridad que el *Modern Language Aptitude Test* (MLAT).

### 3.4.3 Motivación

Sin embargo, el aprendizaje de una L2 es un proceso influenciado no solo por la capacidad cognitiva sino también por factores sociales, psicológicos y culturales (Dörnyei 2005). La **motivación** ha sido, junto con la aptitud, el tema más popular de los estudios sobre las diferencias individuales, y con razón: sus efectos son tan poderosos que en las investigaciones que incluyen diez o más diferencias individuales (por ejemplo, Sanz 2000a), es necesario eliminar la motivación para que otras variables tengan la oportunidad de aparecer como predictores; es decir, la motivación es un factor tan fuerte que en varios estudios sobre este tema anula cualquier otro factor que pueda predecir el éxito en el aprendizaje de una lengua. Durante años, tanto la motivación para aprender como la actitud hacia la lengua meta se veían como rasgos permanentes, y se medían mediante el *Attitude/ Motivation Test Battery* (AMTB) (Gardner y Lambert 1959, 1972). Este test se desarrolló originalmente bajo el Modelo Socioeducativo de la ASL propuesto por Gardner y sus colegas (Gardner 2010) para evaluar las actitudes hacia el francés o el inglés entre los niños matriculados en los programas bilingües de Canadá, un país oficialmente bilingüe. En este modelo, el constructo de la motivación gira en torno a la noción de *integratividad*, es decir, las actitudes que tiene el aprendiz hacia la lengua meta y sus hablantes, así como su deseo de integrarse en tal comunidad. Si bien el AMTB es un instrumento estandarizado que goza de mucho apoyo empírico (véase el metanálisis de Masgoret y Gardner 2003), desde hace un par de décadas se critica su frecuente uso con alumnos universitarios de lenguas extranjeras, ya que este test no se desarrolló ni para poblaciones de esa edad, ni para contextos en los que la lengua de los estudiantes y la lengua meta no están en contacto.

A partir de los años noventa, investigadores como Dörnyei y Ushioda (2013) se han acercado a la motivación como una diferencia individual caracterizada por ser fluida, es decir, que cambia con el tiempo y las circunstancias, incluidas las características propias del aula, tales como el estilo de enseñanza y el diseño de las tareas. Los estudios más recientes emplean métodos micro (por ejemplo, observaciones en el aula) y macro (por ejemplo, cuestionarios) para estudiar mejor la evolución de la relación entre la motivación y la ASL en el individuo, en

---

[2]  Para una discusión más completa sobre el papel que las variables individuales como memoria de trabajo, aptitud, edad y sexo tienen en el aprendizaje de segundas lenguas pueden leer Bowden, Sanz y Stafford (2005).

lugar de emplear datos a nivel de grupo (véase, por ejemplo, Waninge, Dörnyei y de Bot 2014). Como profesores de español, lo que nos interesa es darnos cuenta de lo importante que es elegir materiales, crear tareas y buscar temas que sean motivadores para los estudiantes.

### 3.4.4   Género

Aunque las diferencias de género en el aprendizaje de L2 han atraído relativamente menos atención, la investigación indica que efectivamente existen diferencias en los procesos de aprendizaje entre hombres y mujeres, y que estas diferencias afectan tanto a la lengua materna como a la L2. Por ejemplo, Díaz Campos (2004) encontró que las mujeres universitarias aprendían a pronunciar mejor y más rápidamente que sus colegas varones. Tal vez las mujeres son en general mejores estudiantes de lenguas porque emplean más estrategias, es decir, varían sus estrategias y las usan más a menudo (Gass y Varonis 1986). Algunas de estas diferencias están relacionadas con el constructo social de género y las diferencias de expectativas que este impone, pero otras, tal y como sucede con la edad, parecen estar relacionadas con la presencia de estrógeno, que influye en la memoria y en consecuencia en la adquisición de la L1 y de la L2, en cuyo caso hablamos ya de sexo biológico, y no de género.

### 3.4.5   Problemas de aprendizaje

La creciente presencia de estudiantes con discapacidades o problemas de aprendizaje en el aula de lengua extranjera (Gregg 2007) exige una reevaluación constante de las necesidades de esta población. La posición sobre el tema ha cambiado bastante desde los años 80 y principios de los 90, cuando por lo general estos estudiantes quedaban exentos del requisito de lengua extranjera. Recientemente, la investigación sugiere que estos estudiantes son perfectamente capaces de tener éxito en una clase de lengua cuando los cursos, incluidos los materiales, las actividades y los exámenes se adaptan a sus necesidades (por ejemplo, Skinner y Smith 2011; Sparks 2009). Una cuestión importante planteada por Sparks es si existe lo que se conoce como la "incapacidad para aprender una lengua extranjera". Sparks se basa en la investigación existente sobre el tema cuando asevera que no existe una discapacidad específica para el aprendizaje de lenguas, sino un continuo de capacidades entre los estudiantes con gran capacidad y los de escasa capacidad. Algunas de las estrategias que propone para ayudar al segundo grupo son el refuerzo de las habilidades en la lengua materna y la instrucción explícita en fonología, gramática o vocabulario, es decir, explicarles cómo pronunciar, o cómo funciona la gramática.

### 3.4.6   Experiencia: bilingües y hablantes de herencia

Finalmente, otro rasgo que diferencia a los estudiantes de lengua es la experiencia. Los estudiantes con experiencia previa se pueden separar en dos subgrupos. Por una parte se encuentran los estudiantes con una lengua de herencia, como muchos estudiantes latinos en los Estados Unidos, que asisten a clases de español para reaprender su lengua materna, o para mejorar sus habilidades de lectoescritura. El otro grupo está formado por bilingües, por ejemplo, pero no solo, en Europa, que aprenden una tercera lengua. Estos son los estudiantes en programas bilingües que aprenden una lengua regional (como el catalán) junto con la lengua estatal (el castellano), y que además estudian una o incluso dos de las lenguas de la Unión Europea (como el inglés o el francés). Tenemos evidencia de que los alumnos con experiencia en el aprendizaje de lenguas – en los EE.UU., hispanohablantes que hablan también inglés y que aprenden portugués, por ejemplo – presentan una ventaja cuando se trata de aprender un nuevo idioma, igual que los jugadores de ajedrez o ingenieros de programación con mucha experiencia son más eficientes que cuando comenzaron a practicar el ajedrez o a estudiar programación (Sanz 2000a). Además, la evidencia sugiere que la ventaja es independiente de la relación entre las lenguas del multilingüe; es decir, no importa si las lenguas pertenecen a la misma familia lingüística, como el español y el portugués, o si comparten el mismo sistema de escritura, como el portugués y el inglés frente al mandarín. Contamos con cierta evidencia de que el conocimiento previo, la experiencia, en nuestro caso el dominio de dos lenguas cuando se aprende una tercera, agudiza la capacidad de captar los elementos clave de la lengua meta, especialmente cuando el bilingüismo no se limita a las capacidades orales de hablar y comprender, adquiridas en la casa y el barrio, sino que los bilingües han asistido a clases en la lengua de herencia, bien sea en escuelas o en un programa de **educación bilingüe** (Sanz 2007). En un momento como el actual en que la investigación está ofreciendo evidencia de que crecer y vivir en el bilingüismo comporta ventajas para la cognición en general, no deberíamos sorprendernos de que la experiencia en aprender dos o más lenguas se asocie con una mayor aptitud para el aprendizaje de otras lenguas.

El término **estudiante de lengua de herencia** o *patrimonial*, acuñado por la profesora Guadalupe Valdés de la Universidad de Stanford, describe al estudiante que decide estudiar formalmente su lengua patrimonial. Tal es el caso de un estudiante latino en los EE.UU. que ha crecido en un hogar donde se habla el español y que habla o al menos entiende la lengua y ahora la está estudiando formalmente (Valdés 2000). Los estudiantes de lengua de herencia se diferencian en aspectos importantes de los estudiantes de lengua extranjera tradicionales. Sus necesidades y sus competencias son diferentes, y su relación con la lengua y con la comunidad que la habla también. Por eso es conveniente, si los números lo permiten, ofrecer cursos de lengua diferenciados para estudiantes de la lengua como lengua extranjera, y como lengua de herencia. El American Council for the Teaching of Foreign Languages (ACTFL) ha reconocido oficialmente las necesidades únicas de los estudiantes de lengua de herencia (ACTFL 2006).

Los objetivos de los alumnos que estudian una lengua patrimonial y los que estudian una lengua extranjera pueden diferir en gran medida, aunque ambos grupos tienen en común el interés en el uso futuro de las lenguas con fines profesionales y las posibilidades de ascenso socioeconómico que un mejor futuro laboral supone. Por ello, los programas para estos dos grupos comparten el objetivo final de producir hablantes que puedan comunicarse con éxito en una variedad de contextos sociales, incluidos los más formales. Sin embargo, los estudiantes de lenguas patrimoniales tienen además razones personales o familiares – poder hablar con sus familiares, poder integrarse en la comunidad y trabajar en ella y para ella. Tienen incluso razones ideológicas; algunos quieren prepararse para luchar por los derechos de los miembros de la comunidad en materia de inmigración, o de salud, por ejemplo, aunque por supuesto es posible encontrar estudiantes de hogares anglohablantes con las mismas ansias de luchar por la justicia social.

Otro reto tiene que ver con la variación. Si bien es cierto que en las clases de lengua extranjera los estudiantes difieren entre sí aun y cuando están en el mismo nivel – unos pronuncian mejor que otros, unos escriben mejor que otros – esta variación no es diferente de la que se encuentra en otras asignaturas del currículo escolar. Pero en los cursos de lenguas de herencia, la variación es enorme: algunos estudiantes manejan la lengua con un nivel de sofisticación considerable, con precisión y fluidez, oralmente y por escrito; otros estudiantes manejan bien la lengua oral, pero tienen graves dificultades a la hora de escribir en la lengua patrimonial, y algunos comprenden la lengua hablada, pero no pueden producirla. Por fin, otro reto tiene que ver con las diferencias en las distintas variedades del español: la variedad lingüística que maneja el profesor, la que usan los estudiantes y la que presenta el libro de texto pueden ser muy diferentes entre sí. Es cierto que el español es una lengua que presenta **variación dialectal** – ahí están las diferencias entre el español de México, de Argentina y de Madrid, por ejemplo – aunque las diferencias son básicamente de pronunciación y algunas cuestiones léxicas y son mucho menores que las que encontramos en inglés, por ejemplo. Sin embargo, tanto los textos como los profesores y los estudiantes saben qué variedad es la estándar, es decir, la variedad de los medios de comunicación y de la clase media urbana de esos países. De este modo, aunque las diferencias pueden ser regionales (horizontales), no lo son de registro (verticales). En los cursos de lengua patrimonial, sin embargo, y con la excepción de los estudiantes que hayan sido escolarizados en su lengua patrimonial en escuelas bilingües o bien antes de llegar a los EE.UU., los estudiantes emplean una variedad coloquial, sin prestigio social (Lynch 2003), que los hablantes usan en su comunidad y que como resultado del contacto con el inglés y el aislamiento del país de origen puede ser muy diferente de la variedad original, como se puede observar en el caso del español de los mexicanoamericanos en Los Ángeles (Silva-Corvalán 2004). Por eso Kagan (2005) insiste en que el aprendizaje de lenguas de herencia, para tener éxito, ha de integrar la comunidad, la familia y la educación formal. En comparación, un gran desafío para los programas de lenguas extranjeras es que los estudiantes generalmente no tienen familiaridad previa ni con la cultura ni con la lengua, y el acceso a ambas puede ser muy difícil. Por lo tanto, los programas de lenguas extranjeras por necesidad han de diferir de los programas de lengua patrimonial en cómo se utiliza la lengua y se presenta la cultura.

Es importante que los instructores de cursos de lenguas patrimoniales incorporen elementos de la cultura de sus estudiantes al tiempo que refuerzan sus actitudes hacia su propia lengua y cultura en un intento de ayudarles a encontrar conexiones positivas entre la manera en que hablan y la comunidad de la que provienen.

## 4    Investigación y pedagogía: cómo informa la lingüística las decisiones pedagógicas

Cuando se les pregunta, docentes y estudiantes pueden distinguir con facilidad las formas que son "fáciles" de las que son "difíciles" en español, o, como los investigadores las llaman, "tardías", porque son las últimas en entrar a formar parte de la interlengua del aprendiz. Seguramente, la mayoría de los profesores de español mencionarían la distinción en los usos del imperfecto y del pretérito, también del indicativo y el subjuntivo, y los **verbos copulativos** *ser* y *estar*. Los estudiantes dirán que estas formas son difíciles de aprender, y los profesores, que son difíciles de enseñar. Sin embargo, tanto profesores como estudiantes no parecen tan conscientes de los problemas que los aprendices tienen para procesar el orden de las palabras en español no solo en el nivel intermedio, sino también en niveles avanzados. Por ejemplo, la interpretación de *lo besa María* como *él besa a María*, que por supuesto no es correcta, o errores del tipo *él gusta bailar* o *me gusta las fresas* están presentes todavía a niveles avanzados. La morfología española, siendo mucho más rica que la del inglés, tiende a monopolizar la atención de los maestros, ya que siempre tendemos a pensar que lo más difícil de aprender en la L2 es lo que no existe en la primera lengua. Los problemas más localizados, los morfológicos, también pueden ser más evidentes y más fáciles de recordar. Piensa en esto: "a veces es difícil saber cuándo usar masculino o femenino" vs. "es difícil dejar de usar el sujeto explícito, saber dónde colocar los pronombres de objeto directos y hacer que concuerden con el verbo". Dicho de otra forma, mientras que el primer problema está localizado (elegir una forma u otra), la segunda tiene que ver con las relaciones entre los componentes de la oración, la morfología del verbo y el pronombre, y la ubicación de la última, es decir, la morfosintaxis. Un estudio sobre la lengua que usan los profesores en el aula de español (Sanz 2000b) reveló que los profesores son conscientes de las modificaciones léxicas y morfológicas que hacen cuando se dirigen a sus alumnos. El 100% de los profesores demostró tener consciencia de cómo eligen las palabras más comunes y de que prefieren el presente al pasado al contar una anécdota. Sin embargo, los docentes no son tan conscientes de sus modificaciones sintácticas: solo uno de cada dieciocho profesores mencionó que cambian el orden de las palabras para simplificar y dicen cosas como *esta mañana yo me levanté y entonces yo me duché* con más frecuencia de lo normal, en lugar de *esta mañana me levanté y entonces me duché*.

A pesar de no aparecer en la lista de los más votados, la investigación muestra que las formas relacionadas con el orden de las palabras en español son problemáticas no solo en el nivel intermedio, sino también en niveles avanzados. ¿Qué ocurre en una frase como *La vio Juan*? Lo que ocurre es que el alumno avanza la interpretación incorrecta \*Ella vio a Juan*. Los estudiantes trabajan bajo presión para extraer significado de lo que oyen o ven, empleando sus recursos cognitivos al máximo, lo que los lleva a filtrar las claves de interpretación presentes en el *input*: la forma del pronombre, la concordancia verbal, y la "a" personal que precede a los objetos directos. El filtrar estos elementos – el no ponerlos bajo el foco de atención – explica el retraso en su adquisición. Sabemos por el análisis de datos de niños italianos que hay una relación entre el control del niño sobre la concordancia sujeto–verbo y el abandono paulatino de la producción de los sujetos explícitos, como en "yo fui al cine y yo vi una película que me gustó mucho". De la misma forma, en español como segunda lengua, el uso de pronombres de objeto como sujetos de la oración, como en \*lo estudia español*, en lugar de *él estudia español*, la colocación incorrecta de los pronombres de objeto, como en \*yo quiero lo*, en lugar de *yo lo quiero*; la ausencia del marcador de caso "a" como en \*yo vi Pepe*, en lugar de *vi a Pepe*; el retraso en la adquisición de ciertos verbos que requieren que el sujeto esté en posición postverbal, como en \*yo gusto plátanos* por *me gustan las plátanos*, además del uso excesivo del sujeto explícito (*yo . . . Y entonces yo . . . y también yo . . .*) que ya hemos mencionado, son todos problemas relacionados con la adquisición de los parámetros pertinentes al uso de la morfosintaxis del español con respecto al orden de palabras.

Así pues, la investigación en adquisición de lenguas puede ayudar a los profesores de idiomas a identificar elementos "difíciles" de la gramática de la L2, y esa misma investigación también puede explicar por qué esas formas son difíciles de adquirir, lo que puede serles útil para comprender por qué los alumnos producen ciertos errores, por qué esos errores parecen imposibles de evitar y están presentes en la producción incluso de los mejores estudiantes, a pesar de los esfuerzos de estos y de sus profesores, y puede proporcionarles ideas sobre cómo adaptar mejor su enseñanza para acomodarla a los alumnos, diseñando ciertas tareas o corrigiendo de cierta forma. Como hemos visto ya en el primer párrafo, volvemos aquí a emplear términos propios de los capítulos anteriores en este texto: morfología, morfosintaxis, pronombre, concordancia. A medida que nos adentremos en la explicación del por qué estas formas son difíciles de aprender, se va a hacer evidente que la formación que has recibido en este curso te será muy valiosa, no solo para entender las dificultades que tú puedas haber tenido o quizás aún tienes con el español, sino para ayudar más a tus estudiantes.

¿Por qué resulta difícil comprender correctamente frases como *la vio Pedro* o decir en castellano *she likes them*? Son frases breves y en apariencia sencillas, pero no lo son. Los pronombres de objeto como *lo*, *las*, *le* o **clíticos**, y otros son los últimos restos de un sistema morfológico riquísimo y complejo del latín, en que la terminación de los sustantivos y pronombres no solo indicaba género y número, sino también caso, lo cual marcaba la función gramatical del sustantivo.

*Le* y *lo* se diferencian solo en que *le* sustituye a un nombre que es el objeto indirecto del verbo, y *lo* al objeto directo. Además, *lo* es solo masculino, mientras que *le* puede tener también un referente femenino. En español hay catorce formas diferentes que expresan diferencias en el caso, el género y el número (quince en español peninsular). ¡Son un montón! Además, su referente, la palabra a la que sustituye, como podría ser *Sara* en la frase *la vio Pedro*, puede estar muy lejos del pronombre, varias frases antes en el texto o la conversación. Aún más complicado, los pronombres clíticos (*lo*, *me*, etc.) pueden aparecer en dos posiciones: antes y después del verbo. En algunos casos, el hablante tiene dos opciones, como en *lo voy a ver / voy a verlo*, mientras que en otros la posición es categórica, como en *lo veo*, sin que por ello cambie el significado. La posición en la que aparece el clítico altera el orden de los elementos de la oración, que deja de ser sujeto-verbo-objeto para ser objeto-verbo o sujeto-objeto-verbo (*lo vi* o *yo lo vi*). De hecho, cuando el verbo está conjugado, como en el caso de *lo vi*, el clítico debe aparecer antes del verbo, haciendo que este orden objeto-verbo o sujeto-objeto-verbo sea muy común en español; por esta y otras estructuras, el español tiene un orden de palabras considerablemente más flexible que el de otras lenguas, incluido el francés y el inglés.

Todas estas razones hacen que puramente en términos de complejidad lingüística, los clíticos de objetos en español se puedan clasificar como formas complejas. De hecho, hay evidencia tanto de datos de interpretación como de producción que muestran que los niños que aprenden castellano como lengua materna adquieren los pronombres de objeto tarde, confirmando su dificultad. Aquí hablamos específicamente de complejidad funcional, que se refiere al grado en que la relación forma–función es transparente. Los clíticos, a pesar de tener muchas veces solo dos sonidos (*le*, *l-e*), están cargados de información, en este caso, objeto indirecto, singular, de tercera persona. Si fuera *la*, tendría también marca de género. Además, sus quince formas tienen infinidad de referentes. Se diferencia mucho de la relación 1–1 de, por ejemplo, *aquel*, una palabra que siempre se refiere a algo que está alejado del hablante. De hecho, ¡el sistema clítico español podría ser demasiado complejo incluso para hablantes nativos adultos! Los estudios en variación del español coinciden en indicar que la mayoría de las variedades, incluidas las variedades peninsulares más cercanas al uso normativo más conservador, han perdido una de las distinciones. Ya has leído en este libro sobre el laísmo y el leísmo, que son la consecuencia de la pérdida de distinción de caso. El número también se pierde, a veces. Y cuando el español está en contacto con otros idiomas, como en el País Vasco, la región andina o los Estados Unidos, los clíticos se abandonan en ciertos contextos lingüísticos, incluidos los clíticos dobles en posición preverbal, como en *El lápiz, no me dio* en lugar de *El lápiz, no me lo dio*. En estos casos, es el clítico de objeto directo el que desaparece.

Hemos de considerar también una variedad de factores diferentes que suman a la complejidad de la forma. Algunos factores son internos, mientras que otros están relacionados con las características de la forma o la naturaleza de la información: estrategias de procesamiento, transferencia de la primera lengua, características del *input*, falta de evidencia negativa, la relevancia y frecuencia de las formas, la redundancia semántica, y la dificultad en procesar la forma, entre otros. Vamos a ver cada una de ellas con cierto detenimiento. Pero más que cualquier factor por sí solo, es la combinación de los diversos factores lo que hace que la forma sea más compleja, es como si se hubieran confabulado contra el aprendiz para ponerle las cosas bien difíciles. Los párrafos que siguen tratarán cada uno de estos factores de forma aislada.

Los humanos somos capaces de procesar una enorme cantidad de *input* de manera muy rápida y eficaz gracias al uso de estrategias que hacen más eficiente el proceso. Una de esas estrategias se conoce como estrategia NVN = SVO, en la que el orden de las palabras se usa para asignar funciones a frases nominales a nivel de oración. Al aplicar esta estrategia, los estudiantes asignan la función de sujeto (agente) al sustantivo en posición preverbal y la función de objeto al sustantivo en la posición postverbal. Por lo tanto, ¿qué ocurre en una frase como *La vio Juan*? La respuesta es que la aplicación de la estrategia NVN = SVO hace que el alumno avance la interpretación incorrecta *ella vio a Juan* con el orden sujeto-verbo-objeto y que filtre las claves de interpretación como la forma del pronombre, la concordancia verbal y la "a" personal. Los casos de estructuras como *yo quiero lo*; las dificultades con los verbos del tipo *gustar* mencionados anteriormente como *yo gusto plátanos*, se deben en mayor o menor medida al uso continuado de la estrategia NVN = SVO. ¡Cuidado! Ésta es una estrategia universal, pero como vamos a ver ahora, en el caso de los aprendices de lenguas romances que tienen el inglés como lengua materna, esa estrategia se ve reforzada por la transferencia.

Como hemos mencionado, el inglés es una lengua que sigue el patrón SVO mucho más estrictamente que el español, porque el inglés depende de la sintaxis – esto es, la posición de las palabras en la frase – en lugar de la morfología (las terminaciones de las palabras) para establecer relaciones entre los elementos de una oración. Sin embargo, no es extraño encontrar frases en español que siguen el patrón SVO también. Por ello, el estudiante puede pensar que el español es como el inglés, siempre SVO. Además, por si fuera poco, como patrón no marcado, SVO no solo es común en el *input* estándar, sino que es aún más común en variedades simplificadas, como la variante que usa el profesor en la clase de lengua, especialmente en niveles elementales. Por ejemplo, *para preparar una tortilla española, lavo las patatas, y entonces pelo las patatas, y por fin yo corto las patatas a trocitos pequeños*. Esto hace difícil que el aprendiz se dé cuenta de que su estrategia no funciona en el castellano común. La lengua además se lo pone difícil, porque los clíticos de objeto, debido a su forma y posición en la oración, son difíciles de percibir tanto al oír como al leer, ya que son monosilábicos, átonos, y tienden a aparecer al comienzo de una oración después de una pausa, donde todavía son más difíciles de percibir. Lo mismo puede decirse de los otros morfemas que codifican las relaciones sintácticas, como los morfemas verbales y la "a" personal. La complejidad del proceso de una forma está determinada en parte por cuán perceptible es; claramente, de nuevo, vemos que estamos tratando con formas complejas porque son difíciles de oír – son breves, sin acento. Por otra parte, cuanto mayor es la distancia entre el clítico y su referente, más exige de la memoria operativa. Los clíticos concuerdan en género y número con su referente, lo que significa que la información de género y número sobre el referente debe mantenerse en la memoria operativa desde que aparece el referente en el discurso hasta que aparece el clítico; es decir, desde el momento en que se menciona a Sara en la conversación o el texto, hasta que aparece sustituida por *la* en la frase *no la he visto desde hace días*. Para terminar, está su valor comunicativo; ¿cuán necesarios son los clíticos de objeto para transmitir el significado durante la producción? Los alumnos pueden repetir el pronombre de sujeto y el sintagma nominal completo de objeto directo, *Attila compró una patata y él lavó la patata y entonces él peló la patata y él cortó la patata* ... y así mantener SVO, el orden básico de las palabras, igual que el profesor de lengua que, para hacerse entender, simplifica su habla. Las estructuras resultantes no son las que usaría un nativo en absoluto, y los alumnos no pueden transmitir matices como el cambio de foco, pero para los estudiantes cuyo objetivo es ser entendido en lugar de ser preciso, los clíticos no son necesarios a la hora de expresarse, su valor comunicativo no es muy alto.

¿Cómo se trabajaba la cuestión de los pronombres de objeto en la clase de español? Fíjese en la palabra *trabajaba*. En mi clase de francés en los años 80, la profesora escribió un día en la pizarra las ocho formas de los clíticos de objetos directos. Acto seguido, nos explicó en español – nunca hablábamos francés en clase – con ejemplos para qué servían y cómo se usaban y pasó a darnos ejercicios de sustitución donde el objeto estaba subrayado y nosotras teníamos que reescribir la frase con el pronombre que sustituía a los sintagmas nominales completos, como en *La niña abraza a su mamá* > *la niña __ abraza*. Pocos días después, la profesora repitió la operación, pero esta vez con los objetos indirectos, y en seguida después de la práctica controlada, nos dio una explicación, siempre con ejemplos, sobre cómo combinar ambos pronombres. Es curioso que los clíticos, que por naturaleza existen más allá de la frase, es decir, tienen su referente mucho más lejos en el discurso, se presenten de esa manera tan local en ese tipo de ejercicios. Por otra parte, no es necesario comprender el significado de la frase: en *Pedro compró una tiracapota* > *Pedro __ compró*, no es necesario saber qué es una *tiracapota* (un término inventado), pero es posible elegir *la* porque *tiracapota* termina en -*a* y va acompañado de *una*. Hoy todavía puedo hablar sobre la gramática del francés, y puedo leer y escribir con bastante pericia, pero no lo puedo hablar y me cuesta entender si no me hablan lentamente y en un registro muy formal. Estudié francés desde los seis hasta los dieciocho años. Mis profesoras habían elegido una metodología que no me preparó para lo que el sistema escolar, mis padres y yo queríamos, para necesidades comunicativas básicas.

Hoy, el profesor de español de enseñanza primaria y secundaria se ha de plantear cómo va a preparar a sus estudiantes para que puedan comunicarse en la lengua meta, algo que no se consigue con el método tradicional de mi profesora de francés. No obstante ¿hasta qué punto es posible o tiene sentido planificar un curso en el que se haga hincapié en el uso comunicativo de la lengua sin dirigir la atención del alumno hacia la forma? ¿Sin explicar, sin corregir, facilitando la exposición a *input* rico y variado y a la interacción entre todos en el aula? ¿Es posible pensar que los estudiantes van a adquirir formas complejas como las que nos ocupan en esta sección a través del *input* y la interacción, sin un foco en la forma?

Obviamente, la discusión sobre dirigir la atención del alumno a la forma en el aula supone que el contexto de la enseñanza es comunicativo, una discusión que mi profesora de francés nunca consideró. En un curso donde el docente no es director de orquesta (¿recuerdas?) sino que es el centro de la clase, en un curso guiado por un programa lingüístico, no hay espacio para la pregunta de si se debe enfocar la atención del alumno en la forma, ya que el curso trata de forma y no de significado: ¿qué importa si no sabemos lo que quiere decir *tiracapota*? Sabemos que lleva el artículo *una* y no hace falta más. Solo cuando el foco está en el significado podemos empezar a considerar si el alumno se beneficiaría de cualquier técnica que pudiera cambiar momentáneamente la atención del significado a la forma. Una vez que se ha establecido que el foco en la forma es necesario en algunos casos y eficaz en otros, hay que decidir (1) cuándo hacerlo en el programa en general y en la lección en particular; (2) cómo hacerlo, es decir, qué técnicas usar; (3) con qué frecuencia hacerlo; y (4) qué forma o formas elegir como el objeto de la atención de los alumnos. Por ejemplo, es intuitivamente atractivo hipotetizar que las formas más complejas requieren técnicas más explícitas que las formas más sencillas, y también es posible pensar que según qué formas, es mejor enseñarlas "inundando" al estudiante con ejemplos que se le queden pegados a la memoria, mientras que en otros casos es mejor analizar la forma y presentar la regla.

Ofrecemos aquí una brevísima lista de implicaciones pedagógicas:

A. Explicación gramatical, ¿sí o no?
   1. Sí, porque la explicación gramatical puede:
      a. Crear hipótesis en el estudiante que de otra manera no generaría por sí mismo o tardaría más (aceleramos el proceso de aprendizaje).
      b. Confirmar/rechazar hipótesis formuladas por el estudiante sin necesidad de estar expuesto a grandes cantidades de *input* (aceleramos el proceso).
      c. Enfocar la atención del aprendiz. Recuerda: la atención es limitada, nuestro trabajo es optimizar su uso.
      d. Dejar en la memoria una huella que pone en alerta al estudiante para "pescar" en el *input* la información que necesita.

2. Sin embargo, la explicación no debe darse de manera que interrumpa al estudiante que está hablando, porque el foco de la clase es la comunicación, el mensaje.

3. Reglas de Oro:
   a. En casa, la gramática se estudia y se practica de forma controlada (rellenar huecos, transformaciones).
   b. En el aula, la gramática se usa para transmitir un mensaje, se habla EN la lengua, no DE la lengua.
   c. Si el instructor explica gramática en clase, es por reacción a una pregunta o problema grave y constante.
   d. La explicación debe ser breve.

B. Corregir:
   1. ¿Corregirlo todo? NO.
      a. Corregir errores persistentes.
      b. Corregir errores que impiden la comprensión.
      c. Corregir errores que son el foco de la lección/actividad.
   2. ¿Corregir siempre? NO.
      a. Corregir en actividades de perfeccionamiento (corregir una redacción pero no una intervención en un foro electrónico).
      b. Corregir frecuentemente lo que escriben los estudiantes, pero no corregir mientras hablan.
   3. ¿Cómo corregir?
      a. Implícitamente mejor.
      b. Los estudiantes también pueden corregir.

## Ejercicios de comprensión

**Ejercicio 1.** Responda a estas preguntas sobre el papel del vocabulario en el aprendizaje de una segunda lengua.

1. ¿Es el vocabulario importante? ¿Por qué sí o por qué no?
2. ¿Qué significa "saber" una palabra? Escriba un párrafo explicándoselo a alguien que no tienen experiencia aprendiendo o enseñando lenguas.
3. ¿Se debe enseñar el vocabulario? Si dice que sí, ¿qué (tipo de) palabras se debe enseñar primero?
4. Si un estudiante no sabe una palabra, ¿qué estrategias de comunicación puede emplear para superar este problema?
5. ¿Cómo se enseña el vocabulario? ¿Cuándo en el proceso de aprendizaje se enseña el vocabulario?
6. ¿Qué facilita el aprendizaje de una palabra?

**Ejercicio 2.** Complete este texto sobre la utilización de la tecnología en la enseñanza del español extraído de la entrada de Cristina Sanz en la *Enciclopedia de la lingüística hispánica* publicada por Gutiérrez-Reixach (2016). Para ello, utilice las palabras de la siguiente lista:

posibilidades    tutor              nativos     auténticos    gramófono
simulaciones    comunicación    tecnología    localizar      repetición

## Enseñanza del español como lengua extranjera: pedagogía y tecnología

La _____ no es una recién llegada a la enseñanza de lenguas y los profesores se han servido de avances como el _____, la radio o la televisión. En la década de los sesenta hicieron su aparición las computadoras centrales, empleadas para ejercicios individuales de _____ y práctica de gramática. Durante los años ochenta, con la presencia del ordenador personal, se incluyeron otros usos en los que la computadora actúa más como herramienta que como _____: procesadores de texto, correctores ortográficos y gramaticales así como programas de concordancias, que permiten _____ expresiones lingüísticas en textos reales y observar las características de sus contextos de uso. Igualmente surgieron las _____, en las que los alumnos se enfrentaban a situaciones ficticias planteadas por la computadora. Sin embargo, en esos años las computadoras no ofrecían ni sonido ni gráficos de calidad.

El advenimiento de Internet en los años noventa amplió enormemente las _____. Por un lado, introdujo una gran variedad de materiales _____, susceptibles de servir para muy diversos fines pedagógicos. Por otro, posibilitó la _____ mediada por computadora (CMC): correo electrónico, foros de conversación y salas de chat tanto entre miembros de la clase como con hablantes _____ ajenos al curso.

**Ejercicio 3.** Ahora que ha completado el texto del ejercicio 2 clasifique cada oración como VERDADERA (V) o FALSA (F):

1. En la década de los sesenta se utilizaban las computadoras para ejercicios comunicativos. _____
2. Las prácticas de gramática permitían localizar las expresiones lingüísticas en textos reales. _____
3. Después de los años noventa, el Internet puede ser empleado como otro método comunicativo para practicar la segunda lengua con hablantes nativos. _____
4. Antes de los años noventa, las computadoras podían plantear situaciones reales para los alumnos. _____
5. La computadora fue empleada no como tutor, pero como herramienta, en los años ochenta. _____

**Ejercicio 4.** Cree una lista de factores que intervienen en la adquisición o aprendizaje de una segunda lengua. Divida esta lista en factores internos y externos.

Factores internos                    Factores externos

_____              _____

_____              _____

_____              _____

_____              _____

_____              _____

**Ejercicio 5.** Conteste a las siguientes preguntas de forma breve:

1. ¿Qué caracteriza la relación que existe entre el campo de Adquisición de Segundas Lenguas y la pedagogía? Justifíquelo.
2. ¿Qué es la *interlengua*?
3. Dentro del conocimiento lingüístico, ¿qué diferencias hay entre conocimiento explícito y conocimiento implícito? Ofrezca ejemplos para justificar tu respuesta.
4. Defina brevemente la hipótesis de la apercepción.

**Ejercicio 6.** Asocie el comienzo de cada frase con el final más apropiado:

(a) Como los estudiantes sienten presión al intervenir oralmente en clases con foco en la comunicación ...
(b) Un factor importante a la hora de proporcionar retroalimentación es ...
(c) La corrección de errores es adecuada ...
(d) Algunos estudios demuestran que los alumnos que reciben retroalimentación implícita y no información metalingüística ...
(e) Cuando un instructor interrumpe la intervención de un alumno en clase para ofrecer retroalimentación ...

1. ... cuando es difícil inferir algún uso, cuando un error es constante, o para desmentir alguna hipótesis sobre cómo funciona la lengua que haya deducido erróneamente el estudiante.
2. ... se está cambiando el énfasis del contenido a la forma.
3. ... retienen más información que los estudiantes que han recibido retroalimentación explícita.
4. ... no pueden centrarse mucho en la retroalimentación.
5. ... el tipo de ejercicio que están desarrollando los alumnos, por ejemplo, si es oral o escrito.

**Ejercicio 7.** Ofrezca una definición breve para cada concepto:

1. Método del Ejército
2. Método Comunicativo
3. *Input*
4. Aptitud
5. Motivación
6. Lengua de herencia

**Ejercicio 8.** ¿Qué opina acerca de las relaciones entre los conocimientos gramaticales y la capacidad de usar una lengua? Señale si está o no de acuerdo con las siguientes razones para estudiar la gramática, escribiendo el número correspondiente después de cada frase. Justifique brevemente su respuesta con referencia a la lectura previa.

> 1 = Estoy completamente de acuerdo.
> 2 = Estoy parcialmente de acuerdo.
> 3 = No estoy de acuerdo.

1. Estudio una lengua extranjera para alcanzar el mismo nivel que tienen los hablantes nativos de esa lengua, y para eso he de estudiar gramática. _____
2. La diferencia entre los hablantes nativos y yo es que los primeros no han de estudiar gramática, pero yo, si quiero sonar como ellos, sí. _____
3. Como estudiante de una lengua extranjera, he de tener el mismo conocimiento de gramática que el que tienen los hablantes nativos. _____
4. Estudio gramática porque no hay diferencia entre conocer la gramática de una lengua y ser capaz de utilizarla adecuadamente. _____
5. Al fin y al cabo, estoy convencido de que nadie puede ser capaz de hablar y entender la segunda lengua sin tener conocimientos de gramática. _____
6. Cuanto más alto sea mi nivel de conocimientos gramaticales, mejor hablaré. _____
7. Para desarrollar mis conocimientos gramaticales, necesito aprender las reglas en un contexto formal, es decir, en la clase o a través de programas de ordenador. _____

**Ejercicio 9.** Conteste las siguientes preguntas sobre la relación entre lengua y la cultura en el aula de ELE:

1. ¿Es posible aprender una lengua sin aprender la cultura a la que pertenece? ¿Qué ocurre cuando un estudiante puede hablar una lengua, conoce a alguien del país donde se habla, y no sabe nada de su cultura? ¿Podría producir problemas? Si cree que sí, ¿cuáles?

2. Al final de los cuatro años de escuela secundaria, ¿qué deberían saber los estudiantes de español en cuanto a los siguientes contenidos socioculturales: (a) la vida cotidiana, (b) España vs. Latinoamérica, y (c) temas del mundo de hoy? Haga una lista y compárela con la de un compañero.

3. ¿Añadiría "Latino en los EE.UU." a la categoría (b)? ¿Por qué sí o no?

4. Piense en sus clases de español como lengua extranjera. ¿Ha tenido textos sobre aspectos culturales de un país hispanohablante? ¿Cuáles eran esos aspectos? ¿Le hubiera gustado haber visto más?

5. Al enseñar cultura, ¿qué cosas hay que tener en cuenta? ¿Cuáles son algunas de las dificultades de enseñar cultura en el aula ELE?

**Ejercicio 10.** (adaptado de Sanz 2005: 249) Relacione los diferentes tipos de procesos cognitivos (1–5) con cada una de las descripciones (a–e) sobre diferentes tipos de estudios empíricos sobre los efectos de la instrucción en la adquisición de lenguas. Justifique sus decisiones usando los conceptos expuestos en el capítulo.

1. *Input* explícito
2. *Input* implícito
3. Procesamiento explícito
4. Conocimiento explícito
5. Conocimiento implícito

(a) _____ Los participantes del estudio recibieron las reglas sobre las estructuras de la lengua en cuestión. Los participantes podían consultar las reglas a medida que leían los ejemplos (Robinson 1996).

(b) _____ Se presentaron los ejemplos que contenían la regla que los estudiantes tenían que aprender y se les dijo a los participantes que tenían que memorizar las oraciones. Después de cada oración se les pidió a los participantes contestar preguntas sobre la presencia o ausencia de ciertas palabras en las oraciones previas. De esta manera los investigadores los obligaban a prestar atención (Robinson 1996).

(c) _____ Después de ver un vídeo sobre una breve historia, se pidió a los participantes que escribieran una descripción sobre la historia lo más detallada posible para que los estudiantes de otra clase pudieran seleccionar el vídeo basado en sus descripciones escritas (Sanz y Morgan-Short 2004).

(d) _____ En un experimento se le pidió a los participantes que dijeran en voz alta todo lo que pensaban mientras ponían en orden las palabras de unas frases previamente desordenadas. Las grabaciones de los informes verbales fueron codificadas de acuerdo con el nivel de conciencia. Por ejemplo, un participante que expuso explícitamente la regla fue codificado como conciencia de entendimiento (Rosa y O'Neill 1999).

(e) ____ Una tarea de cuarenta y cinco puntos pedía a los participantes que dijeran si las frases que leían eran correctas o no, y además también se les pedía que corrigieran todas las oraciones que habían juzgado como incorrectas. Se les ofreció todo el tiempo necesario para completar la tarea (de Graaff 1997).

**Ejercicio 11.** (adaptado de Sanz 2005: 130) Parece que los bilingües, en comparación con los monolingües, tienen más facilidad para adquirir una tercera lengua (L3). Sin embargo, dentro del grupo de los hablantes bilingües, también existen diferencias entre los que tienen más facilidad para adquirir una L3. Conteste a las siguientes preguntas para descubrir los factores que más afectan en la adquisición de L3:

1. ¿Cuál de estos factores cree que tiene más efectos positivos en el aprendizaje de L3?
   (a) Sexo/género
   (b) Motivación
   (c) Exposición a la L3
   (d) Estatus socioeconómico
   (e) Actitud
   (f) Cociente intelectual
2. ¿Cree que la edad a la que una persona aprende la L2 tiene consecuencias en la adquisición de la L3?
3. ¿Cree que el orden de aprendizaje de L1 y L2 tiene consecuencias en la adquisición de L3?

**Ejercicio 12.** Lea la siguiente conversación entre un instructor y dos estudiantes. Utilizando este ejemplo conversacional entre un profesor de español y dos estudiantes cuya primera lengua es el inglés, piense en cómo colabora este profesor junto con sus alumnos a la hora de expresar un significado. Están describiendo lo ocurrido en una escena de *Star Trek*. ¿Hay alguna disrupción en la interacción? ¿Por qué? ¿Cómo se soluciona? ¿Hay repetición? ¿Elaboración? ¿Recast? ¿Corrección explícita?

**Extracto:**

ESTUDIANTE 1:     Y después ir a casa.
PROFESOR:        ¿Y después él se va a casa? ¿Estás seguro de que es su casa?
ESTUDIANTE 1:     ¿A lo mejor él ir cuatro holografo de nave espacial? ¿Cuatro?
PROFESOR:        ¿De verdad?
ESTUDIANTE 1:     ¿Y después vuelve a su planeta o cuatro?
PROFESOR:        Entonces eso es más probable. ¿Qué quieres decir con *cuatro*?

| | |
|---|---|
| ESTUDIANTE 2: | ¿De verdad? ¿Es su planeta? ¿Pero es holograma? |
| PROFESOR: | Tiene las mismas casas, pero mira las tres lunas. No es la Tierra. |
| ESTUDIANTE 1: | Tiene casa como la Tierra, ¿hechas de cuatro de holograma? |
| PROFESOR: | Me estás volviendo loca. ¿La Tierra tiene tres lunas? ¿Qué quieres decir con *cuatro*? |
| ESTUDIANTE 2: | La Tierra tiene este tipo casas. Él ir Tierra y más tarde su planeta. |
| PROFESOR: | Explicación alternativa. Creativo. ¿Cuándo va a la Tierra en esta imagen? |
| ESTUDIANTE 2: | Él va durante el descanso ((risas)) |
| ESTUDIANTE 1: | ((risas)) |
| PROFESOR: | Ah, estás intentando volverme loco. Ya veo. Bien, bueno, ¿A dónde va realmente? |
| ESTUDIANTE 1: | Realmente, él va a casa a su planeta por el cuatro holograma. |
| ESTUDIANTE 2: | Él ir a casa pero igual no realista tiene casa como Tierra. |
| PROFESOR: | ¿Quieres decir el cuarto holográfico? ¿La holocubierta? ¿Habitación? Sala? ¿Cuarto? |
| ESTUDIANTE 1: | Quiero decir cuarto, sí, sala, sala holograma habitación cuarto como hotel. |
| PROFESOR: | Me tenías totalmente confundida. De todas formas, no es su planeta; está en su holocubierta. |

**Ejercicio 13.** Con la información del capítulo, complete los huecos de estas oraciones sobre las diferencias individuales en el aprendizaje de segundas lenguas.

1. Las diferencias individuales, _____, y _____ son las razones por las que cada persona aprende una segunda lengua a una velocidad diferente.
2. Para ser eficaz, un profesor tiene que tener en cuenta las diferencias individuales cuando _____ o prepara una clase.
3. Un profesor no solo tiene que considerar las diferencias individuales de los alumnos, sino que también debe valorar las _____ ya que esto ejerce influencias en los alumnos que aprenden una segunda lengua.
4. Las diferencias individuales tienen más consecuencias en el aprendizaje de _____ que de _____.
5. La _____ afecta más el aprendizaje fonológico de la segunda lengua que la adquisición de vocabulario.
6. Son tres los elementos a tener en cuenta en la adquisición de una segunda lengua: _____, _____, y _____.

## Ejercicios de aplicación

**Ejercicio 14.** Considere la siguiente tarea preparada para realizarla en un aula de estudiantes de español de primer semestre (en *bastardilla* se presentan primero las instrucciones para los estudiantes, acompañadas de las instrucciones para el profesor). Después de leer la tarea, imagínese la situación y entonces conteste a estas preguntas a modo de reflexión:

1. ¿Cree que esta tarea parece un "drill" clásico?
2. ¿En qué se parece a un "drill"?
3. ¿Y en qué se diferencia?

Para responder a (2) y (3), usa los siguientes cuatro criterios:

(a) práctica repetida
(b) uniformidad
(c) falta de individualidad
(d) creatividad.

Tarea para estudiantes de español:

*Instrucciones para el estudiante: ponte de pie y circula por el salón de clase, haciéndoles preguntas a tus compañeros. Encuentra un compañero que hace las siguientes actividades, escribiendo su nombre en la segunda columna, donde corresponde.*

| *Encuentra un compañero que ...* | *Nombre:* |
| --- | --- |
| *No vive en una residencia de estudiantes.* | _____ |
| *Es alérgico/a al gluten.* | _____ |
| *Sabe tocar un instrumento.* | _____ |
| *Es hijo/a único/a.* | _____ |
| *Juega algún deporte en equipo.* | _____ |

Instrucciones para el profesor:

(a) Después de repartir las hojas, los estudiantes leen las instrucciones, y entonces, el profesor ofrecerá dar un ejemplo, del tipo *¿Annie, vives en un apartamento o en una residencia de estudiantes?*, y si Annie vive en un apartamento, el profesor apunta el nombre de la alumna al lado de la supuesta frase de la lista.
(b) Se prevé que los alumnos harán preguntas del tipo *sí/no*, por ejemplo: *¿vives en una residencia de estudiantes?, ¿eres alérgico al gluten?, ¿sabes tocar un instrumento?, ¿eres hijo único?, ¿juegas algún deporte en equipo?*, etc.
(c) Para completar el ejercicio, los alumnos deben ponerse de pie, moverse por el aula, y así preguntar al mayor número de compañeros posible.

(d) La actividad debería acabar una vez todos los alumnos hayan conseguido un nombre para cada pregunta, en un máximo de tres o cuatro minutos (es importante darles un tiempo máximo aunque se puede ser flexible).

(e) Una vez hayan finalizado la tarea y se hayan sentado, el profesor debería pedir a algunos voluntarios que digan qué nombre han apuntado al lado de cada frase. Hay que especificar que los alumnos han de crear frases completas, del tipo: *Mary no vive en una residencia de estudiantes.* El profesor también puede seguir con preguntas como *¿Mary, dónde vives? ¿En un apartamento o en una casa? ¿Tienes compañeros?*

**Ejercicio 15.** Después de completar el ejercicio 14, cree un ejercicio para que los estudiantes puedan practicar los pronombres interrogativos como *qué*, *cuándo*, *quién*, *dónde*, etc. Incluya las instrucciones tanto para los alumnos como para el profesor. Mientras crea el ejercicio, tenga en cuenta si lo adecuado es que sea un "drill" clásico, si lo primordial es la comunicación junto con la práctica de las formas estudiadas en tu ejercicio, o el énfasis en material/información ficticio o real.

**Ejercicio 16.** Vuelve a considerar la tarea de *"Encuentra un compañero ..."* del ejercicio 1. De hecho, no es un "drill"; es un ejercicio comunicativo. Si antes habías categorizado este ejercicio como un "drill", contesta ahora a las siguientes preguntas que te ayudarán a categorizarlo como un ejercicio comunicativo:

1. ¿Qué características tiene de un ejercicio comunicativo?
2. Y podría ser una pre-tarea ... ¿Cuál sería el próximo paso?

**Ejercicio 17.**

A. Considere la siguiente actividad preparada para alumnos de español como segunda lengua (presentada en *bastardilla*). Después, teniendo en cuenta que la escritura es una forma de comunicación, evalúe la actividad. Puede utilizar estas preguntas a modo de guía:

1. ¿Es un buen ejercicio de *escritura*?
2. ¿Por qué sí o por qué no?
3. ¿Puede pensar en la manera de transformar este ejercicio para asignarlo de tarea a tus futuros alumnos? ¿Cuál sería la finalidad del ejercicio?

Tarea para estudiantes de español:

*Las instrucciones siguientes están desordenadas. Además, hay un elemento en cada lista que pertenece a la otra lista. Reescriba las dos listas, poniendo los pasos en el orden correcto.*

PARA LAVAR LA ROPA
- Espera a que termine y vacía la lavadora.
- ¡Cuidado con la temperatura!
- Lee las etiquetas de la ropa con cuidado.
- Mételos en la lavadora.
- Clasifica la ropa blanca y la de color.
- Elige la cantidad de agua.
- Elige uno de los dos tipos de ropa.
- Oprime el botón para poner la lavadora en marcha.
- Añade el caldo muy caliente.

PARA PREPARAR UNA PAELLA VEGETARIANA
- Prepara el "sofrito": Frie la cebolla primero hasta que se vuelva blanca, añade el pimiento, y después el tomate.
- Dale unas vueltas para que se mezclen los sabores.
- Cierra la puerta, elige el programa.
- Corta la cebolla, el pimiento y el tomate en trozos pequeñitos.
- Calcula dos tazas de caldo vegetal por cada taza de arroz.
- Deja que el arroz cueza solo hasta que esté seco. No lo cubras y no le des vueltas.
- Echa dos cucharadas de aceite de oliva.
- Añade el arroz de grano redondo al sofrito, no asiático, una taza para cada tres personas.

*PARA LAVAR LA ROPA*                          *PARA PREPARAR UNA PAELLA VEGETARIANA*

- Clasifica la ropa blanca y la de color.
- Lee las etiquetas de la ropa con cuidado.
- Elige uno de los dos tipos de ropa.
- Mételos en la lavadora.
- Cierra la puerta, elige el programa.
- ¡Cuidado con la temperatura!
- Elige la cantidad de agua.
- Oprime el botón para poner la lavadora en marcha.
- Espera a que termine y vacía la lavadora.

B.  ¿Puede crear las instrucciones para el profesor? Tiene un ejemplo arriba, en el ejercicio A. Indique cómo deben sentarse los estudiantes, si van a trabajar en parejas o en grupo, etc., y cuánto tiempo y qué materiales necesitan.

**Ejercicio 18.** Evalúe el siguiente ejercicio (presentado en *bastardilla*) preparado para los estudiantes de español. ¿Cómo podría mejorarlo?

   Tarea para estudiantes de español:

*Instrucciones: En parejas, tu compañero/a y tú van a organizar una fiesta para el fin de semana próximo, y para eso tienen una lista de cosas que hacer. Cada persona tiene la lista con información sobre si ya lo hizo (X) o no. ¡Ojo, no mires la lista de tu compañero/a! Hablen sobre lo que HAY QUE HACER y lo que NO HACE FALTA.*

| | |
|---|---|
| *Ejemplo:* | A: Hay que limpiar el cuarto. |
| | B: No, no hace falta. Ya lo limpié yo. |

| A | B |
|---|---|
| X Comprar algo para comer | Comprar algo para comer |
| Comprar bebidas | X Comprar bebidas |
| Enviar las invitaciones | X Enviar las invitaciones |
| X Decorar el cuarto | Decorar el cuarto |
| Crear una lista de música | X Crear una lista de música |
| X Ir a la tienda para comprar vasos | Ir a la tienda para comprar vasos |

Instrucciones para el profesor:

1. Antes de comenzar el ejercicio, el profesor pondrá a los alumnos por parejas para hacer el ejercicio.
2. Antes de dar paso a los estudiantes, el profesor ofrecerá un ejemplo del ejercicio que tienen que hacer los estudiantes. Por ejemplo, leerá una acción de la lista y pronunciará una frase completa con *hay que hacer* (*Hay que hacer las maletas*). Después haciendo como que se pone en el papel de otra persona (su supuesto interlocutor) y mirando a la otra lista, dirá si ya lo ha hecho o no (*No, no hace falta, ya lo hice*).
3. Los estudiantes tendrán cerca de tres minutos para completar el ejercicio.
4. Una vez terminada la tarea, el profesor pedirá a diferentes parejas que interactúen delante de la clase, tal y como lo han hecho durante la preparación del ejercicio (tendrán que contestar con oraciones completas).

**Ejercicio 19.** Mire estos ejemplos de interacciones entre un estudiante (E) y su profesor (P) y únalos al tipo de retroalimentación que les corresponde de la lista de abajo. Además, cuando haya terminado de unir los tipos de retroalimentación con cada interacción, considere las siguientes preguntas:

1. ¿Qué tipo de retroalimentación es el más implícito? ¿Por qué?
2. ¿Qué tipo de retroalimentación en el más explícito? ¿Por qué?

Tipos de retroalimentación:

(a) Corrección explícita
(b) *Recast/reformulación*
(c) Clarificación
(d) Elicitación
(e) Repetición
(f) Retroalimentación metalingüística

Interacciones entre un estudiante (E) y su profesor (P):

1. E: Yo intereso mucho en el arte . . .
   P: Te interesa el arte – ¡qué bien! A mí también me interesa.
2. E: Tengo una mapa . . .
   P: Hm, ¿es la palabra "mapa" masculina o femenina?
3. E: El agua estaba muy frío . . .
   P: ¿Muy fríO?
4. E: . . . Yo hací algo interesante ayer . . .
   P: No, no se dice "hací"; se dice "hice" . . .
5. E: Uh . . . ¿puedes haces me un favor?
   P: ¿Perdón? No entiendo . . .
6. E: La puerta estaba cerrada, pero yo no tenía una . . . cosa . . .
   P: ¿Una qué? ¿Qué se usa para abrir una puerta? Una lla . . .

**Ejercicio 20.** Lea lo que han escrito estos cuatro estudiantes (a–d) sobre la corrección y conteste a las siguientes preguntas:

1. ¿A quién de estos cuatro estudiantes se parece más? ¿Por qué?
2. ¿Cómo prefiere que le corrijan? Piensa en la frecuencia, el momento y la manera de hacer correcciones.

(a) *Ana:* No me gusta que la gente me corrija. Me preocupa mucho cometer errores, y no participo mucho en clase porque prefiero no decir nada que decir algo mal. Solo hablo cuando tengo tiempo para preparar lo que voy a decir.
(b) *Miguel:* No me preocupa cometer errores. Me gusta que la profesora me corrija porque así aprendo. Quiero que corrija casi todo para que yo no vuelva a cometer el mismo error.
(c) *Noemi:* A veces me gusta que mi profesora me corrija, pero a veces no. Prefiero que me corrija al final de mi oración porque si no, no recuerdo qué quiero decir. Creo que es mejor corregir solo los errores más graves, y no cada cosa.
(d) *Iván:* Aprecio las correcciones que mi profesor me da en mis trabajos escritos que puedo leer en casa, pero me pongo muy nervioso al hablar y me da vergüenza cuando el profesor me corrige en clase.

**Ejercicio 21.** Algunos somos mejores lectores que otros en nuestra propia lengua. ¿Qué hacemos cuando leemos en la L2? Ordene a los siguientes lectores de mejor a peor.

Alex:       Cuando leo, siempre intento conseguir una idea general sobre el contenido del texto antes de leer, por su título, los dibujos (si los hay) u otras pistas, y además cuando no puedo adivinar el significado de una palabra, la busco en un diccionario o en internet.

Josh:       Mientras leo, cuando encuentro una palabra que no conozco, antes de buscarla en el diccionario o en internet, intento entender la palabra por su contexto. Además, me ayuda mucho lo que los profesores me dicen sobre el texto antes de empezar a leerlo.

Elena:      Siempre leo frases enteras y no palabra por palabra. Cuando no entiendo las primeras líneas, dejo de leer, porque como que voy traduciendo el texto a mi idioma mientras leo . . . ¡No termino nunca!

**Ejercicio 22.** Según lo que sabemos sobre la importancia de la interacción entre el aprendiz y los hablantes de la L2 en cuanto a motor de la adquisición de lenguas por su capacidad para proveer *input* relevante, retroalimentación natural y oportunidades para producir lengua, y sin tener en cuenta lo que podría aportar cada individuo en cuanto a capacidad o motivación, por ejemplo, ordena de mejor (1) a peor (5) estos contextos:

- _____ Ellen estudia en Barcelona, vive con una familia que todas las noches cena con ella y va a clases en la segunda lengua de materias que le gustan. Se ha hecho muy amiga de la hija de la familia y sale con su grupo de amigos.

- _____ Tim estudia en Buenos Aires, vive con una familia que no tiene tiempo para él y le deja la comida en el microondas. Tim va a clases de español donde a veces la profesora habla inglés y todos sus compañeros son americanos. Son muy simpáticos y sale con ellos casi cada noche. Le encanta porque se puede relajar al no tener que hablar español.

- _____ Alex estudia español en una universidad norteamericana. Habla en español con sus compañeros de clase y sus profesores, pero tiene la mitad de sus clases en inglés, y vive en un dormitorio con amigos americanos que suelen usar el inglés entre sí.

- _____ David estudia español en una universidad norteamericana y cuando no está estudiando, juega al fútbol en un equipo de chicos latinoamericanos de su departamento que se han convertido en grandes amigos suyos.

- _____ Laura está tomando un año sabático en México antes de empezar su maestría. Vive sola en un piso en un pueblo pequeño donde poca gente habla inglés y va a clases particulares de español una vez a la semana.

**Ejercicio 23.** Adquisición: identifique los errores en esta transcripción y explique la fuente de los errores asignándoles un número según la siguiente leyenda (1–4). Cuando termine, contesta a las dos preguntas que siguen al texto.

1. Uso excesivo de los pronombres de sujeto.
2. Uso del clítico de OD como sujeto.
3. Producción del objeto directo completo.
4. Falta de concordancia.

> El hombre está decidiendo qué quiere comer. Él ( ) decide comer <u>dos patatas</u>. Primero, él ( ) lava las patatas ( ) en la fregadera. Entonces él ( ) pela dos patatas con un cuchillo. Próximo, él ( ) corta las patatas ( ) en pedazos pequeños. Entonces ( ) pone las patatas ( ) en una cazuela y <u>las</u> ( ) calienta por un minuto o algo como eso. El ( ) deja las patatas ( ) en la cazuela para calentar ( ) bien. Entonces él ( ) pone las patatas ( ) en un plato y lo ( ) come. (Sanz 1994)

(a) ¿Cuál es la consecuencia de todos estos errores?
(b) ¿En qué tipo de estructura resulta que es atípica en español?

**Ejercicio 24.** ¿Cómo aprendió el español? ¿Cómo eran tus clases? Intente caracterizar el profesor y su papel, los estudiantes y su papel, el uso de la lengua y los materiales. Emplee los conceptos del capítulo para contestar estas preguntas y luego, compare con un compañero.

**Ejercicio 25.** Reflexione sobre las opiniones que un estudiante puede tener sobre los procesos de comprensión tanto de textos orales como de textos escritos. Para ello, piense en lo que usted hace, la frecuencia con la que lo hace, y los resultados que produce según estos dos grupos de criterios:

| Grupo 1 | Grupo 2 |
|---|---|
| I. Siempre | A. Me funciona muy bien |
| II. Muy frecuentemente | B. Me funciona a veces |
| III. A veces | C. No me funciona bien |
| IV. Raras veces o nunca | D. No la conocía |

1. Creo que escuchar y leer son procesos activos, por eso subrayo, o tomo notas.
2. Si tengo tiempo, pienso en lo que voy a escuchar o leer. ¿Qué sé sobre ese tema? ¿Qué palabras conozco?
3. Tanto al escuchar como al leer, siempre intento entender la idea general, más que entenderlo todo.

4. Me gusta saber más sobre la cultura hispanohablante, por eso, en lugar de ver Harry Potter con subtítulos en español para aprender a leer y escuchar, aunque me ayuda mucho, prefiero ver películas para jóvenes hechas en América Latina, o películas americanas como Coco, que representan bien la cultura de otro país.

5. Me gusta que el profesor me enfrente a todo tipo de textos: publicidad, cuentos cortos, manuales con instrucciones . . . Lo que no me gusta es que me pida que complete tareas sobre esos textos que son demasiado difíciles para mí. Pienso que la dificultad de una grabación, por ejemplo, reside en la tarea, no en la grabación en sí.

6. Me gusta cuando el profesor conoce los gustos de la clase y nos da textos que nos motivan sobre temas que nos gustan porque despiertan mi interés y entiendo más, incluso cuando es más difícil.

**Ejercicio 26.** Reflexione sobre las estrategias que un estudiante puede usar para mejorar su expresión escrita (presentadas abajo del 1 al 8). Para ello, piense en lo que usted hace, la frecuencia con la que lo hace, y los resultados que produce según estos dos grupos de criterios:

| Grupo 1 | Grupo 2 |
|---|---|
| I. Siempre | A. Me funciona muy bien |
| II. Muy frecuentemente | B. Me funciona a veces |
| III. A veces | C. No me funciona bien |
| IV. Raras veces o nunca | D. No la conocía |

1. _____ Cuando veo una palabra que no conocía, la apunto para usar más tarde.

2. _____ Me gusta dejar que alguien edite mis trabajos escritos antes de entregarlos para tener una segunda opinión.

3. _____ Leo algo que escribo muchas veces antes de entregarlo.

4. _____ No solo escribo cosas de clase, sino que escribo en mi tiempo libre también.

5. _____ En clases de lengua extranjera, tomo apuntes en esa lengua.

6. _____ Busco otros textos o ejemplos de cosas que necesito escribir para tener una idea de lo que tengo que hacer.

7. _____ Hago un esquema de lo que voy a escribir antes de empezar.

8. _____ Conozco a gente hispanohablante y a veces nos escribimos por correo o por internet.

**Ejercicio 27.** Una cosa es saber hablar *sobre* la lengua, describirla, y otra es saber hablar o escribir *en* la lengua. ¿Qué opina acerca de esta relación? Complete el texto y discuta con su compañero si está de acuerdo o no con su contenido.

Estas son las palabras para rellenar los huecos:

tema, corrección, ampliar, escribir, transferir, verbalmente, transcripción, hablar, destrezas, fijar, cierto, organizar, fluidez, dominio, estudiantes, instrucciones, errores, circunlocución

............... y ............... son dos cosas distintas; lo que escribimos no es una copia de lo que decimos ..............., excepto si se trata de una ............... , como por ejemplo las que usa la policía y los jueces. Asi pues, tanto hablar como escribir son ............... que poseen técnicas y objetivos propios.

En opinión de muchos expertos, mientras que hablar ayuda a desarrollar la ............... y los recursos comunicativos como la ..............., escribir es fundamental en el aprendizaje de una L2, porque ayuda a ............... la gramática y también a ............... el vocabulario.

No es ............... que alguien que sabe escribir bien en su lengua nativa también escribirá bien en su L2, porque para ............... la habilidad de construir un buen párrafo, o de ............... lógicamente un texto, hay que primero alcanzar un cierto ............... de la L2. El profesor puede ser de gran ayuda a la hora de presentar la tarea de escritura. Es necesario no solo que ofrezca un ............... , la longitud y numero de párrafos, sino que explique el proceso también.

La ............... de las tareas escritas la puede realizar el profesor y/o los otros ............... de la clase, aunque en el segundo caso el estudiante que corrige la tarea escrita necesita tener ............... sobre qué y cómo corregir. Es bueno que los estudiantes se corrijan entre sí: se aprende de los ............... de los otros a no cometerlos.

**Ejercicio 28.** ¿Qué le parecen estas opiniones?

1 = Estoy totalmente de acuerdo
2 = Estoy parcialmente de acuerdo
3 = No estoy de acuerdo

(a) _____ La mejor manera de aprender vocabulario es traducirlo a la L1.

(b) _____ El diccionario es una herramienta útil para aprender vocabulario, pero solo si es en papel, no electrónico.

(c) _____ La gramática y no el vocabulario es la parte esencial del aprendizaje de una lengua.

(d) _____ Es más difícil recordar una palabra cuando se parece en la L1 a la L2.

(e) _____ Es más fácil aprender palabras nuevas en un contexto: en una frase, o con una imagen.

(f) _____ Es posible expresarse en una L2 con un vocabulario limitado.

(g) _____ Google Translate es una herramienta útil para el aprendizaje de vocabulario.

**Ejercicio 29.** Hay muchas preguntas que se necesitan tomar en cuenta en cuanto al uso de los materiales en una tarea de comprensión oral. Por ejemplo, éstas son algunas de las preguntas que se deben considerar:

1. ¿Despiertan en el estudiante la curiosidad de escuchar y entender un mensaje?
2. ¿Son auténticos o se dirigen hacia una audiencia de L2?
3. ¿Apelan a las emociones usando humor, sorpresa, etc.?
4. ¿Incluyen actividades de pre-audición?
5. ¿Proporcionan conocimientos de la vida y cultura hispanohablante de las que habla/de las que viene?

Ahora, evalúe las siguientes tres tareas para estudiantes de español (presentadas en *bastardilla*) y critíquelas según las preguntas de arriba y los principios que las guían.

Tarea 1: *Escucha a tu profesor/a leer las siguientes palabras, fijándote en cuál es la sílaba fuerte:*

*hospi**tal*** *bici**cle**ta* ***á**guila*
***ár**boles* *vaca**ción*** *pa**ta**ta*

*Ahora, escucha las siguientes palabras y ponlas en la columna que les corresponde:*

*Agudas* *Llanas* *Esdrújulas*
. . .  . . .  . . .

Tarea 2: *Escucha el diálogo entre dos amigos que están planeando una fiesta para otro amigo, David, y completa la información:*

*Lugar de la fiesta:* ..........................
*Hora:* ..............................
*Regalo para David:* .......................
*Sabor de tarta de cumpleaños:* .........

Tarea 3: *Mira este vídeo sobre un festival español La Tomatina, y completa la información:*

*La Tomatina: www.youtube.com/watch?v=FEJ0JTUQkQI*
*Fecha del festival:* ...............................
*Hora de comienzo:* .............................
*Comida involucrada:* ........................
*Ropa que lleva la gente:* ...................

**Ejercicio 30.** Saber una palabra es más complejo de lo que parece. ¿Cuándo podemos decir que "Sabemos una palabra"? Al lado de cada categoría añada la descripción de los conocimientos que tenemos sobre una palabra. Le ofrecemos dos ejemplos:

1. Pronunciación: conocer los sonidos que la forman, poder reconocerla y pronunciarla
2. Ortografía: conocer sus letras, saber leerla y escribirla
3. Morfología
4. Sintaxis
5. Pragmática
6. Sociolingüística

## Resumen

Este capítulo ha resumido someramente la situación de la enseñanza del español en el mundo, para continuar con un repaso histórico de los métodos de enseñanza más empleados en los últimos cincuenta años y de los conceptos más importantes en la investigación de segundas lenguas. Le hemos dedicado especial atención al más popular, que tiene además la ventaja de estar informado por los últimos avances en la investigación sobre aprendizaje de lenguas, la Enseñanza Mediante Tareas, dentro del marco del Método Comunicativo, en el que el aprendiz es un participante plenamente activo.

El capítulo ha ofrecido también una visión del campo de la adquisición de lenguas segundas porque es importante que el profesor esté informado sobre lo que la investigación ha demostrado, de la misma manera que un psicólogo clínico necesita saber sobre los mecanismos mentales y conocer bien la estructura cerebral. Una de esas secciones se ha enfocado específicamente en el español como L2 (ELE). Con el tiempo, la definición del campo de la adquisición de lenguas segundas ha pasado a incluir los mecanismos mentales que permiten el desarrollo de la L2. Existe acuerdo absoluto en el campo sobre la obligatoriedad del *input* para que la adquisición sea posible; el debate se centra en cuánto *input* es suficiente y qué tipo de *input* es el mejor. Un asunto central es la posibilidad de que la instrucción explícita – la enseñanza de la gramática – conduzca al desarrollo de conocimiento implícito – que se puede usar para comunicarse, más allá de los ejercicios de clase – de la L2. Asimismo, otro tema central es si el conocimiento explícito – el que se demuestra al verbalizar reglas gramaticales – puede transformarse en implícito – que se usa en la comunicación – mediante la práctica repetida. Y por fin, otra pregunta clave trata de cómo afectan las diferencias individuales los procesos de adquisición. La lista es larga y sigue creciendo, pero en las últimas dos décadas, el campo ha comprendido que las diferencias individuales no se pueden dejar de lado y han de tenerse en cuenta tanto en la investigación como en el aula.

Al final de esta sección, el capítulo ha ofrecido un ejemplo de cómo la lingüística, incluyendo la sintaxis, fonología, morfología, variación

**Resumen** (*cont.*)

**sincrónica** y **diacrónica**, y la psicolingüística, deben formar parte de la preparación académica de los profesores de español en cuanto a que los informa de las dificultades del proceso de aprendizaje y los ayuda a tomar decisiones pedagógicas más acertadas.

## Nota bibliográfica

Para lectura adicional, *The Routledge Handbook of Hispanic Applied Linguistics*, editado por Manel Lacorte, comprende un capítulo introductorio y treinta y seis capítulos temáticos escritos por cincuenta y dos expertos internacionales. Presenta una visión completa y profunda del campo de la lingüística aplicada hispánica, y aporta dos secciones de interés especial para el lector del presente capítulo que tratan las perspectivas del aprendizaje del español y los problemas y el entorno de la enseñanza de español. Otra publicación que proporciona una visión profunda y diversa de ASL y la enseñanza del español es la de la *American Association of University Supervisors, Coordinators, and Directors of Language Programs*. Estos volúmenes, publicados anualmente, son de interés tanto para lingüistas aplicados como para profesores de idiomas y administradores. Especialmente relevantes son los volúmenes sobre las diferencias individuales (Sanz y Lado 2013), los cursos en el extranjero (Wilkinson 2006), el lugar de la literatura en el plan de estudios de lenguas extranjeras (Scott y Tucker 2001), la evaluación (Mills y Norris 2014) y la tecnología (Muyskens 1997). En el *podcast*/programa de radio *While We're on the Topic*, Bill VanPatten y sus co-presentadores hablan de temas lingüísticos relacionados con la adquisición de forma entretenida y dinámica, y ofrecen ideas prácticas para el desarrollo de tareas y diseños curriculares. Por último, se pueden consultar las formas más efectivas de utilizar la tecnología en el aprendizaje de idiomas dirigiéndose a Robert Blake's *Brave New Digital Classroom*, enhanced ebook edition.

# Glosario

**Abreviación**: Acortamiento.

**Acento ortográfico**: Signo diacrítico que se coloca sobre algunas vocales. En español, esta marca va siempre sobre una vocal con acento prosódico. En la ortografía del español se utiliza solo un tipo de acento ortográfico, el llamado acento agudo *é*. En otras lenguas románicas se utilizan también otros dos acentos ortográficos, el grave, *è* y el circunflejo, *ê*.

**Acento prosódico**: Mayor prominencia que se da a una sílaba sobre las demás de la palabra.

**Acrolecto**: Ver **variedad educada**.

**Actitud lingüística**: Las opiniones subjetivas de una persona hacia una lengua y sus hablantes.

**Acto de habla**: Acto que se realiza mediante el uso de la lengua (p.ej. una petición, una promesa, una amenaza, etc.).

**Actuación**: Término lingüístico introducido por Chomsky que describe el uso concreto que el hablante hace de su conocimiento tácito de su propia lengua. Se opone al término **competencia**.

**Acusativo**: Caso del objeto directo. En español solo los pronombres **clíticos** de tercera persona tienen una forma especial morfológicamente marcada para este caso (*la(s)*, *lo(s)*). Otros pronombres clíticos tienen la misma forma para el objeto directo y el indirecto (*me*, *te*, *le(s)*, *nos*, *os*).

**Adjetivo**: Categoría léxica que cuantifica o califica al sustantivo. En español, usando como criterio su distribución, podemos decir que el adjetivo es la parte de la oración que puede aparecer después de *muy* y que a la vez puede variar en género o número: *rojo* es un adjetivo porque en español podemos decir *muy rojo*, *muy roja*, *muy rojos*, etc. Atendiendo a su flexión, en español tenemos dos clases de adjetivos, los que tienen formas diferentes para el masculino y el femenino (como *rojo*) y los que tienen una única forma para ambos géneros (como *difícil*, *valiente*).

**Adjunto**: En el esquema de la X', la posición del "hijo" del nudo sintagma y "hermano a la derecha" de la primera proyección del núcleo. La posición de adjunto corresponde a la tradicional de modificador. Los adjetivos son adjuntos del núcleo nominal y los adverbios lo son del núcleo verbal, por ejemplo.

**Adverbial, oración**: Oración subordinada que desempeña la función de un adverbio o complemento circunstancial. Ejemplo: *Lo hago* [*cuando me apetece*].

**Adverbio**: Categoría léxica que modifica a un verbo u otro adverbio. En español, usando criterios distributivos, el adverbio es la parte de la oración que puede aparecer después de *muy* pero que no puede variar en género o número: *rápidamente* es un adverbio porque en español podemos decir *muy rápidamente* pero no *\*muy rápidamentes* o *\*muy rápidasmente*.

**Afasia**: Cada uno de los trastornos del lenguaje que son el resultado de una lesión cerebral.

- **anómica**: Trastorno del lenguaje que se caracteriza porque los pacientes que sufren de ella no pueden encontrar determinadas palabras que necesitan para expresar sus ideas y tienen que sustituirlas por gestos u oraciones complicadas.

- **de Broca**: Trastorno del lenguaje caracterizado por la dificultad en la producción de oraciones, originado por lesiones en un área determinada del lóbulo frontal del hemisferio izquierdo del cerebro que recibe el nombre de área de Broca.

- **de Wernicke**: Trastorno del lenguaje caracterizado por la dificultad en comprender enunciados y la abundancia de errores semánticos y léxicos en la comprensión de oraciones, pero no en su producción. Este tipo de afasia está originado por lesiones en la porción trasera del hemisferio izquierdo del cerebro que recibe el nombre de área de Wernicke.

- **global**: Afasia que se caracteriza por la pérdida total del uso del lenguaje.

**Afijo**: Morfema que se añade a una raíz para formar otra palabra.

**Africada**: Consonante que empieza con oclusión y termina con fricción.

**Afroespañol**: Variedad de español que exhibe rasgos de lenguas africanas.

**Aguda**: Palabra con acento en la última sílaba.

**Aimara, lengua**: Lengua amerindia de la familia quechuamaran, hablada en la región andina, especialmente en Bolivia, Perú, Argentina y el noreste de Chile.

**Alófono**: Cada una de las realizaciones o variantes de un fonema.

**Alomorfo**: Cada una de las variantes de un morfema. Tanto las **raíces** como los **afijos** pueden tener más de un alomorfo.

**Amerindia, lengua**: Lengua que es nativa al continente americano.

**Andina, lengua**: Lengua que es nativa de la región andina. Incluye a lenguas como el quechua, el aimara, el chipaya, el jaqaru, etc.

**Antecedente**: Sustantivo al que se refiere una oración subordinada de relativo. Por ejemplo, *hombre* es el antecedente de la subordinada *de quien te hablé* en la oración *Ese es el hombre de quien te hablé*.

**Antonimia**: Oposición binaria de significado, sea de manera gradual (*alto – bajo*), complementaria (*vivo – muerto*) o recíproca (*encima de – debajo de*).

**Aproximante**: Consonante en cuya producción los articuladores se acercan, pero dejando suficiente espacio para que el flujo de aire pase a través de ellos sin producir turbulencia o fricción.

**Aptitud**: Un factor interno que consiste en el conjunto de habilidades y capacidades que hace posible el aprendizaje de una lengua.

**Árabe, lengua**. La lengua árabe, perteneciente a la familia semítica, llegó a la Península Ibérica con la conquista musulmana en el año 711 y tuvo una gran importancia durante la Edad Media. El árabe ha contribuido un número importante de préstamos a la lengua española.

**Arahuaco**: Grupo de lenguas habladas en las Antillas y partes de Sudamérica a la llegada de los españoles. Incluye al taíno, que se hablaba en Puerto Rico, y varias lenguas todavía habladas en Venezuela y otras partes de Sudamérica.

**Arbitrariedad del signo lingüístico**: Propiedad que describe la falta de relación natural o intrínseca entre significante y significado. Por ejemplo, no hay nada en la secuencia de sonidos /árbol/ que se asemeje a un "árbol" o que nos lo recuerde.

**Archifonema**: Resultado fonológico de la neutralización de dos o más fonemas.

**Argot**: Léxico perteneciente a un grupo social con fines de que otros no los entiendan. También se le emplea sinónimamente con jerga.

**Argumento**: Cada uno de los sintagmas que está *subcategorizado* o exigido obligatoriamente por un núcleo verbal. El verbo *dar* tiene tres argumentos: quién da, qué da, y a quién se lo da.

**Articulación dual del lenguaje**: Característica que describe a los sistemas de comunicación que se organizan de acuerdo con dos niveles, uno en que los elementos mínimos carecen de significado y otro en que esas unidades se agrupan formando unidades significativas.

**Asimilación**: Proceso fonológico por el que un sonido adquiere características de otro sonido. Generalmente se da entre sonidos en contacto. En español, los procesos de asimilación más importantes son la asimilación en punto de articulación de nasales (antes de otra consonante las nasales toman el punto de articulación de la consonante siguiente), la asimilación también en punto de articulación de laterales (solo en secuencias con consonantes producidas con el ápice o predorso de la lengua) y la asimilación en sonoridad de fricativas.

**Aspecto**: Perspectiva desde la que se considera la acción o evento expresado por el verbo. En español en las formas verbales del pasado tenemos un contraste entre, por una parte, formas con aspecto **perfectivo**, como *canté* y *he cantado*, en que el evento se ve como un todo y, por otra, formas con aspecto **imperfectivo** o durativo, como *cantaba* y *estaba cantando*, en que la acción se contempla en su transcurso o desarrollo.

**Aspiración**: Sonido de [h]. En dialectología española generalmente hace referencia a la realización de /s/ u otros fonemas como [h]. En inglés las oclusivas sordas en ciertas posiciones van acompañadas de aspiración. En este caso hablamos de oclusivas sordas aspiradas.

**Átono**: Sin acento prosódico. Se opone a **tónico**.

**Atributo**: Argumento de un verbo copulativo que no es el sujeto y que puede sustituirse por *lo*. En *Juan y María son abogados*, el atributo es *abogados* (*Juan y María lo son*).

**Base**: Parte de la palabra a la que se añade un **afijo** derivativo. Puede ser una **raíz** o una raíz con algún otro afijo derivativo incorporado. En, por ejemplo, *monstruoso*, el sufijo *-oso* se añade a la base *monstru-* (= la raíz) y en *monstruosidad*, el sufijo *-idad* se añade a la base *monstruos-*.

**Basilecto**: Ver **variedad popular**.

**Bilabial**: Consonante en cuya articulación ambos labios se juntan o aproximan.

**Bilingüe**: El empleo de dos lenguas por un hablante o por una comunidad.

- **pasivo**: Persona que entiende dos lenguas, aunque habla solo una.

**Calco**: Tipo de préstamo semántico por el cual se traduce literalmente una expresión o frase de una lengua en la otra. Un ejemplo es *escuela alta* con el significado de la expresión del inglés *"high school"* ("escuela secundaria").

**Caló**: Término empleado de manera diferente en España y en los Estados Unidos. En España hace referencia al romaní español empleado por los gitanos. En Estados Unidos hace referencia a la variedad empleada por jóvenes del suroeste, especialmente de la región de El Paso. También se le conoce como **pachuco**.

**Campo semántico**: Grupo de palabras cuyos significados comparten varios elementos (p.ej. el campo semántico de los animales, el de las emociones, el de los colores).

**Caribe**: Grupo de lenguas habladas en la parte norte de Sudamérica y antes también en las Antillas.

**Caso**: Forma que adopta una palabra nominal según su función sintáctica. En español (y en inglés, solo los pronombres personales muestran distinciones de caso morfológico. En alemán por el contrario, los sustantivos, adjetivos y artículos muestran también flexión de caso.

**Castellano**: Nombre más antiguo con el que se conoce al idioma español y que hace referencia a que nuestra lengua tiene su origen en la forma de hablar de uno de los territorios en los que estaba dividida la Península Ibérica en la Edad Media, el Reino de Castilla. En la actualidad se prefiere el término *castellano* en algunas regiones (en Perú, Chile y Argentina, por ejemplo) y el término *español* en otras.

**Catalán, lengua**: Lengua romance que es cooficial con el español en la Comunidad Autónoma de Cataluña, en el noreste de España.

**Ceceo**: Pronunciación interdental de las consonantes que corresponden a las grafías *c*, *z* y *s*, sin hacer distinción.

**Celtíbero**. Idioma del grupo celta que se hablaba en el centro de España a la llegada de los romanos.

**Chomsky, Noam** (1928–): Lingüista, filósofo y activista político norteamericano, considerado el padre de la gramática generativa moderna y una de las figuras claves en la revolución cognitiva en el campo de la psicología contemporánea.

**Clítico**: Pronombre átono unido prosódicamente al verbo. En español tenemos clíticos de complemento directo e indirecto: *se* y *lo* son clíticos en las oraciones *se lo dio* y *¡dáselo!* Los clíticos son los únicos elementos que pueden intervenir entre la negación y el verbo, como en *Juan no se lo dio*.

**Codeswitching**: El uso de dos lenguas en el mismo discurso. Se conoce también en español como alternancia de códigos o de lenguas.

- **interoracional**: Cambio de lenguas entre oraciones.
- **intraoracional**: Cambio de lenguas dentro de una oración.

**Cognados**: Palabra del mismo origen. Por ejemplo, el español *pez* y el inglés *fish* son cognados porque ambas palabras provienen de la raíz indoeuropea *\*pisk*.

- **falsos**: Palabras de dos lenguas que fonológicamente son semejantes pero que tienen significados diferentes. Ejemplos son el español *embarazada* y el inglés *embarrassed*.

**Competencia**: 1. Término lingüístico introducido por Chomsky que describe el conocimiento tácito que tiene el hablante de su propia lengua y que le permite cifrar y descifrar enunciados o mensajes. Se opone al término **actuación**.

- **lingüística**: 2. Término empleado en la sociolingüística para hacer referencia al conocimiento de una lengua con respecto a las cuatro habilidades lingüísticas: comprensión, producción, lectura y escritura.

**Complementante**: Elemento que introduce una oración subordinada, como *que* y *si*, y pronombres relativos como *que, quien, el cual, la cual, cuyos*, etc. El complementante es el núcleo de SCOMP (O' u oración subordinada).

**Complemento**: Posición del constituyente que es el "hermano a la derecha" del núcleo en el esquema de la X'. Los elementos subcategorizados por un núcleo son complementos (ver **marco de subcategorización**). Los sintagmas de complemento directo y el indirecto ocupan la posición de complementos del verbo, por ejemplo.

**Completiva, oración**: Oración subordinada que desempeña la función de un sintagma nominal. Por ejemplo en *Creo* [*que lo hará*] la oración subordinada desempeña la función de objeto directo (*Lo creo*) y en *Me molesta* [*que llegues tarde*] la oración subordinada desempeña la función de sujeto (*Me molesta eso*).

**Compuesta, palabra**: Palabra que contiene más de una **raíz**.

**Comunicación icónica**: Aquélla en la que hay motivación o relación directa, no-arbitraria, entre señal y referente. Las comunicaciones animales son icónicas: la frecuencia en el movimiento de la danza de las abejas es icónica puesto que es directamente proporcional a la distancia a la fuente de alimento.

**Conceptualización**: El significado según la percepción del hablante basada en el marco de referencia dentro del cual se interpreta; no siempre corresponde con los hechos del mundo real (p.ej. *tomate* botánicamente es una fruta pero su conceptualización es como una verdura).

**Concordancia**: Coincidencia de formas entre dos categorías gramaticales. En español, por ejemplo, el verbo concuerda con el sujeto en número y persona.

**Condicional contrafactiva**: Estructura condicional que expresa la consecuencia de un evento o situación que no se dio y ya no se puede dar. Por ejemplo: *Si hubiéramos ganado el primer partido ahora seríamos campeones. Si me hubieras hecho caso, no habrías tenido ese accidente.*

**Condicional hipotética**: Estructura condicional que expresa la consecuencia de un evento o situación que puede darse. Por ejemplo: *Si fueras en tren llegarías antes.*

**Conductismo** (traducción del inglés *behaviorism*): Teoría prevalente hasta finales de los años 50, que postula que el lenguaje humano no puede ser descrito mediante la creación de modelos que caractericen estados mentales sino que debe ser descrito simplemente como un conjunto de respuestas a un conjunto concreto de estímulos.

**Conjugación**: (a) Las diversas formas flexivas que adopta un verbo. (b) Clase de verbo según su morfología. En español los verbos se clasifican en tres conjugaciones diferentes, según el infinitivo termine en *-ar*, *-er* o *-ir*.

**Conjunción**: Palabra invariable (sin flexión) que introduce oraciones subordinadas, como, por ejemplo, en *Iremos aunque llueva*, o coordinadas, como, por ejemplo, en *Tocaba la guitarra y cantaba*. Pueden unir también constituyentes intraoracionales como en *Invité a María y a Juan*.

**Conocimiento lingüístico**: Un componente fundamental de la capacidad de usar una lengua que se refiere a los conocimientos que el aprendiz tiene acerca de la L2. Se puede distinguir entre el conocimiento explícito y el implícito.

**Constituyente**: Secuencia de elementos sintácticos que forma una unidad y que no es menor que una palabra ni mayor que una oración. Los constituyentes sintácticos se caracterizan por tres pruebas: movimiento, sustitución y respuesta aislada.

**Contacto de dialectos**: Dícese de dos comunidades de dialectos diferentes que entran en contacto verbal.

**Contacto de lenguas**: Dícese de dos comunidades con lenguas diferentes que entran en contacto verbal.

**Contexto pedagógico**: El contexto del aprendizaje, un conjunto de factores externos que incluyen la naturaleza del *input* y de la práctica, intervenciones pedagógicas y experiencia en el extranjero.

**Continuante**: Sonido producido con paso continuo del aire que sale de los pulmones a través de la cavidad oral.

***Continuum* dialectal**: Hace referencia a la situación en que las hablas de un área determinada van cambiando paulatinamente de un extremo al otro, sin saltos bruscos.

**Convergencia lingüística**: Se dice del proceso por el cual dos sistemas lingüísticos de dos lenguas se asemejan cada vez más estructuralmente debido a la situación de contacto de lenguas en la que se encuentran.

**Coordinada, oración**: Oración compuesta que está formada por dos o más oraciones simples unidas por un nexo sin que una de las oraciones forme parte de otra. Ejemplo: *Canto y bailo*.

**Copulativa, oración**: Oración que contiene un verbo *copulativo*. Ejemplos: *Juan es abogado*; *Juan está loco*; *Juan parece cansado*. Se llaman también oraciones de predicado nominal (o adjetival) porque el verbo copulativo es un simple nexo de unión y lo que se predica del sujeto se expresa mediante un sintagma nominal o adjetival (el atributo).

**Copulativo, verbo**: El que sirve de enlace entre el sujeto y el predicado nominal, como *ser*, *estar* y *parecer*.

**Cortesía lingüística**: Las estrategias lingüísticas que se utilizan para mantener bien la relación entre el hablante y el interlocutor.

**Creatividad del lenguaje**: Propiedad que describe el hecho de que el uso del lenguaje humano no está condicionado por estímulos exteriores ni interiores en la producción de un enunciado. No nos limitamos a repetir frases que ya hemos escuchado, sino que tenemos la capacidad de crear frases nuevas adecuadas a las necesidades cambiantes de cada momento. Y a la inversa, entendemos oraciones que otros producen a pesar de no haberlas leído o escuchado con anterioridad.

**Criolla, lengua**: Lengua formada a partir de un *pidgin*, por elaboración. Según una hipótesis extendida, una lengua pidgin se convierte en lengua criolla como resultado de su adquisición por una generación de niños como lengua nativa. Generalmente en las lenguas criollas la mayor parte del léxico deriva de una lengua concreta pero la morfología y la sintaxis tienen otros orígenes. Por ejemplo, el palenquero (hablado en San Basilio de Palenque, Colombia), el papiamento (Antillas Holandesas) y el zamboangueño (Zamboanga, Filipinas) son tres lenguas criollas cuyo léxico es en su mayor parte de origen español pero cuya gramática es muy diferente de la del español.

**Cuerdas vocales**: Pliegues cartilaginosos a ambos lados de la laringe. Su vibración al pasar por ellas el aire que sale de los pulmones es la fuente de energía de los sonidos sonoros.

**Cultismo**: Palabra transmitida a través de los libros. Los cultismos presentan menos cambios diacrónicos que las palabras patrimoniales.

**Dativo**: Caso del objeto indirecto. En español solo el pronombre de tercera persona tiene una forma especial de dativo, *le*(*s*). Otros pronombres tienen la misma forma para el dativo y el **acusativo**.

- **de interés**: Una forma del dativo (también conocido como *dativo ético*) que se usa para expresar un participante que se ve afectado de manera indirecta o emocional por el evento, aunque no participe directamente en él. Ejemplo: *se me fue*.

- **télico**: Pronombre reflexivo que indica que la acción se ha completado en su totalidad.

**Declarativa, oración**: Oración que provee información. Ejemplo: *No me gustan los garbanzos*.

**Degradación del significado**: Cambio semántico por el que una palabra adquiere un significado en algún sentido peor al que tenía antes.

**Deixis**: Indicación de la orientación o ubicación espacial o temporal de entidades y personas, tomando algún punto de referencia, generalmente el del hablante. Incluye la deixis *personal* (*yo, tú*), *temporal* (*ahora, mañana*), *espacial* (*aquí, allá*) y *textual* (*susodicho, el próximo capítulo*).

**Dental**: Sonido en cuya articulación intervienen los dientes como articulador pasivo.

**Derivación**: Creación de una palabra a partir de otra. Por ejemplo de *teléfono* obtenemos *telefonear* por derivación.

**Derivada, palabra**: Palabra formada a partir de otra, como *elefantíaco* de *elefante*.

**Desplazamiento**: Característica de algunos sistemas de comunicación, como el lenguaje humano, por la cual las señales o signos pueden referirse a eventos lejanos en el tiempo o en el espacio con respecto a la situación del hablante o emisor.

**Determinante**: Categoría gramatical que ocupa la posición de especificador del SN y que sirve para identificar o especificar el referente del sustantivo. Incluye a los artículos (*el*, *la*, *un*) y también a los demostrativos (*este*, *esas*) y posesivos (*mi*, *nuestra*) cuando aparecen en posición inicial en el SN.

**Diacrónico**: A través del tiempo. Se opone a **sincrónico**. Ver también **estudio diacrónico de la lengua**.

**Diagrama sintagmático**: Diagrama en forma de árbol genealógico que usamos para describir la estructura jerárquica de constituyentes de un sintagma.

**Dialecto**: Variedad geográfica de una lengua.

**Diferencias individuales**: Características y rasgos internos que varían de persona a persona y que afectan el proceso de aprendizaje y adquisición. Unos ejemplos son la edad, la aptitud, la motivación y la ansiedad, entre otros.

**Diglosia**: El empleo de dos lenguas o dos variedades dialectales para funciones diferentes en la vida diaria. Una variedad se emplea para funciones formales (en la escuela, en las instituciones gubernamentales, etc.) y la otra para funciones informales (en el hogar, con los amigos, etc.).

**Diptongo**: Secuencia de dos sonidos vocálicos producidos en la misma sílaba.

**Distinción /s/ – /θ/**: En dialectología española se refiere a la existencia de estos dos sonidos como fonemas diferentes. Es parte de la norma lingüística del español peninsular, pero no del español latinoamericano.

**Distribución complementaria**: Situación en que dos (o más) sonidos no aparecen nunca en el mismo contexto. Por ejemplo, el sonido *x* aparece en contextos A y B y el sonido *y* aparece en contextos C y D. Un fonema puede tener distintos alófonos en distribución complementaria.

**Ditransitivo, verbo**: Verbo que tiene dos complementos, uno directo y otro indirecto. *Dar*, *donar*, *mandar* son verbos ditransitivos.

**Edad**: Un factor interno que influye en el aprendizaje, tanto en el modo de aprender como en el nivel de competencia alcanzada. Es el sujeto de las hipótesis del período crítico y del período sensible.

**Educación bilingüe**: Programa educativo en el cual se enseñan dos lenguas.

**Elevación del significado**: Cambio semántico por el que una palabra adquiere un significado en algún sentido mejor al que tenía antes.

**Ensordecimiento**: Fenómeno por el que un sonido sonoro se hace sordo.

**Entonación**: Variación en el tono que se produce al hablar; melodía de los enunciados.

**Enunciado**: Unidad comunicativa producida en un contexto y con un propósito específicos; puede o no corresponder a una oración (p.ej. *hace frío*, *mucho frío*).

**Epéntesis**: Introducción de un sonido que no estaba presente. Por ejemplo en la adaptación del inglés *stress* como *estrés* tenemos epéntesis de una vocal inicial.

**Esdrújula**: Palabra con acento prosódico en la antepenúltima sílaba.

**Español sefardí**: Ver **judeoespañol**.

**Especificador**: Primer elemento que aparece en español precediendo al núcleo sintagmático en el esquema de la X'. Los determinantes ocupan la posición de especificador del núcleo nominal, por ejemplo.

**Estudiante de lengua de herencia**: Un estudiante que se ha criado en un hogar donde se habla una lengua distinta (la lengua de herencia, o "patrimonial") a la lengua dominante/mayoritaria y que decide estudiar formalmente esa lengua.

**Estudio diacrónico de la lengua**: Descripción de una lengua en un momento determinado en el tiempo, sin atender a estadios anteriores en su evolución.

**Estudio sincrónico de la lengua**: Descripción de las distintas etapas históricas de un lengua y de la evolución en el tiempo de las partes que la componen.

**Etimología popular**: Modificación en la forma de una palabra debida a una interpretación incorrecta. Generalmente se debe a un análisis etimológicamente incorrecto de una palabra en morfemas. Por ejemplo, la palabra inglesa *outrage*, que viene del francés (compárese con el español *ultraje*) se pronuncia con frontera silábica entre la *t* y la *r*, porque fue erróneamente interpretada como si estuviera compuesta por los morfemas *out* y *rage*.

**Etnolecto**: Ver **variedad etnolectal**.

**Eufemismo**: Palabra o expresión que se usa para reemplazar otra que se quiere evitar porque se considera demasiado vulgar, ofensiva u obscena o por otros motivos relacionados con el tabú.

**Exclamativa, oración**: Oración que expresa emoción. Generalmente se escribe entre signos de exclamación (¡!). Ejemplo: *¡Qué aburrida (que) es esta novela!*

**Extensión metafórica**: Extensión del significado de una palabra mediante el proceso de la **metáfora** (p.ej. la aplicación del dominio del espacio al tiempo en expresiones como *una semana atrás, el sábado que viene*).

**Fenicio**: Pueblo de la antigüedad originario del actual Líbano. Los fenicios establecieron colonias en el norte de África, incluyendo Cartago, y en la Península Ibérica. La lengua fenicia pertenecía a la familia semítica.

**Flexión**: Cambios en la forma de las palabras para indicar relaciones gramaticales. En español, los nombres y sus modificadores muestran flexión de género y número; los pronombres de género, número y caso; y los verbos de tiempo, aspecto, modo y persona y número del sujeto.

**Fonema**: Sonido contrastivo en un idioma.

**Fonética acústica**: Rama de la fonética que estudia las características de las ondas sonoras correspondientes a cada uno de los sonidos de las lenguas humanas.

**Fonética articulatoria**: Rama de la fonética que estudia los movimientos de los órganos del habla que ocurren en la producción de los sonidos de las lenguas humanas.

**Fonología**: Estudio de las estructura fónicas o sistemas de sonidos de las lenguas humanas. La fonología se ocupa de las relaciones que se establecen entre los sonidos de cada lengua; por ejemplo, si dos sonidos contrastan entre sí o son variantes (**alófonos**) del mismo sonido contrastivo (**fonema**).

**Formalidad**: En los pronombres de segunda persona y formas de tratamiento, grado de familiaridad o deferencia y distancia expresado.

**Formante**: Concentración de energía en una banda de frecuencias. En un espectrograma, los formantes aparecen como bandas horizontales de color intenso.

**Frecuencia fundamental**: Frecuencia más baja con que se repite una onda periódica. La frecuencia es el número de repeticiones por unidad de tiempo. La frecuencia fundamental de una onda sonora se relaciona con el tono: cuanto mayor es la frecuencia fundamental, más alto es el tono que se percibe. Se calcula en ciclos por segundo o Hz.

**Fricativa**: Sonido producido con turbulencia o ruido de fricción. Para que esta turbulencia se produzca tiene que haber una apertura muy estrecha y precisa entre los articuladores por la que se canaliza el paso del aire.

**Fronterizo**: Variedad que presenta elementos del español y del portugués. Se habla en la región oriental de Uruguay.

**Gallego, lengua**: Lengua romance que es cooficial con el español en la Comunidad Autónoma de Galicia, en el noroeste de España.

**Geminada**: Consonante doble, secuencia de dos consonantes iguales.

**General, lengua**: Lengua que tiene amplia difusión de uso.

**Género**: Propiedad inherente de los sustantivos manifestada en la concordancia que requieren con modificadores y pronombres. En español hay dos géneros en los sustantivos, masculino y femenino. Otras lenguas como el alemán y el latín añaden a estos dos un tercer género, llamado neutro. En español solo los pronombres, artículos y demostrativos pueden tener formas para tres géneros. Hay lenguas como el swahili con un número mucho mayor de géneros, que, en este caso, se suelen llamar clases nominales.

**Glotal**: Sonido producido con constricción en la glotis, donde se sitúan las cuerdas vocales.

**Gramática universal**: Conjunto de reglas y principios comunes a todas las lenguas que la **hipótesis innatista** asume están presentes en nuestro cerebro desde el momento del nacimiento.

**Griego**: Lengua de la familia indoeuropea. Los griegos establecieron colonias en la costa del noreste de la Península Ibérica antes de la llegada de los romanos. El latín adquirió también un gran número de préstamos del griego, que han pasado al español.

**Guaraní, lengua**: Lengua amerindia de la familia tupi, hablada principalmente en Paraguay, el suroeste de Brasil y el noreste de Argentina.

**Habla**: En sentido técnico (como traducción del francés *parole*), término lingüístico introducido por Saussure, en contraposición al de **lengua**, que describe el uso concreto de la misma. El término es similar al de **actuación** definido por Chomsky.

**Hiato**: Secuencia de dos vocales pronunciadas en sílabas diferentes.

**Hiponimia**: Inclusión del significado de una palabra en el de otra (p.ej. *gato* es hipónimo de *animal*).

**Hipótesis innatista**: Explicación que propone la escuela chomskyana para dar cuenta de nuestro conocimiento lingüístico. Según esta hipótesis, la mayor parte de lo que sabemos sobre nuestra propia lengua no tiene que ser aprendido porque nacemos con ese conocimiento. Nuestro cerebro está "preprogramado" para adquirir una lengua.

**Homofonía**: Tipo de homonimia que se da entre palabras que se pronuncian de la misma manera pero se escriben de manera diferente, y que representan conceptos distintos (p.ej. *votar*, *botar*).

**Homonimia**: Relación entre palabras que se pronuncian de la misma manera, pero que tienen significados diferentes; se aplica tanto a las palabras con la misma ortografía (p.ej. *vela*,[1] de un barco y *vela*,[2] una candela) como a las que tienen ortografías distintas (en el caso de la **homofonía**) (p.ej. *votar*, *botar*).

**Huella**: Una categoría sintáctica que no se pronuncia, que no tiene realización fonética, pero que está presente en la estructura y que permite que procesemos y analicemos correctamente las oraciones en las que un constituyente se ha desplazado de su posición original: la *h* en la oración *¿Qué quieres (tú)* h? es la huella de *qué* y marca la posición original desde la que este *qué* se ha desplazado.

**Ibero**: Lengua no-indoeuropea que se hablaba en el este y sur de la Península Ibérica antes de la colonización romana.

**Imperativa, oración**: Oración que expresa un mandato o un ruego por parte del hablante. Como sinónimo se usa *oración exhortativa*. Ejemplos: *¡Escribe la tarea! ¡No lo hagas! ¡Cállense, por favor!*

**Imperfectivo**: Ver **aspecto**.

**Implicaturas conversacionales**: Inferencias no explícitas en el contenido semántico de los enunciados que guían al interlocutor en la interpretación de los enunciados.

**Incompatibilidad**: Relación entre palabras que pertenecen al mismo **campo semántico**, el significado de cada una de las cuales excluye el significado de las otras, sin ser opuestas (p.ej. *rosa – clavel – tulipán*; *perro – gato – ratón*).

**Indoeuropea, lengua**: Lengua que pertenece a un grupo genético que incluye la mayor parte de las lenguas habladas en Europa, así como las lenguas de Irán y el norte de la India.

*Input*: Todo discurso oral o escrito en la L2 al que están expuestos los aprendices.

**Instrucción explícita**: La instrucción que se caracteriza por una explicación formal de las reglas gramaticales antes de la práctica o durante la práctica.

**Interdental**: Sonido producido colocando el ápice de la lengua entre los dientes superiores e inferiores.

**Interfijo**: Sufijo sin significado que aparece entre la raíz y un sufijo conocido. Un ejemplo es *-ad-* en *pan-ad-ero* (compárese con *frut-ero*, *libr-ero*, etc.). Este término lo introdujo Yakov Malkiel en el análisis morfológico del español.

**Interlengua**: El conocimiento de la lengua que está representado en la mente del aprendiz de un nuevo idioma en cada estadio del proceso de la adquisición y que está en constante evolución.

**Interrogativa, oración**: Oración que solicita información; pregunta. Se distingue entre *interrogativas totales* o "de sí o no", que preguntan acerca de la veracidad de toda la oración, como *¿Llegaron tus amigos?* e *interrogativas parciales* o pronominales, como *¿Cuándo llegaron tus amigos?*, *¿Quiénes llegaron?*, en que la pregunta se refiere solamente a un constituyente de la oración y pueden contestarse con un fragmento de oración. Estas últimas se llaman también pronominales porque contienen un pronombre interrogativo.

**Intervenciones pedagógicas**: Todos los actos o medidas que toma el instructor con el fin de fomentar el aprendizaje. Se basan en las decisiones del instructor en cuanto a qué enfoques pedagógicos emplear, qué gramática explicar, qué errores corregir, cuándo, cómo y qué tipo de práctica proporcionar.

**Intransitivo, verbo**: El que no admite un complemento directo. Ejemplos son *reír*, *caminar*, *estornudar*, *salir*, etc.

**Isleño**: Variedad de español empleada por los descendientes de españoles de las Islas Canarias que migraron a Luisiana a finales del siglo XVIII y se asentaron en los alrededores de la Parroquia de San Bernardo.

**Itálica, lengua**: Lengua perteneciente a un subgrupo de la familia indoeuropea que incluye el latín así como varias lenguas extintas que se hablaban en la Península Itálica antes de la expansión romana, tales como el osco y el umbro.

**Jerga**: Hace referencia a un léxico especializado. Ejemplos son la jerga periodística, la jerga del fútbol, etc.

**Jopara**: Variedad con elementos del español y el guaraní. Se emplea especialmente por los jóvenes en las ciudades de Paraguay.

**Judeoespañol**: Lengua de origen ibero-románico, de base castellana, hablada por los descendientes de los españoles de religión judía que fueron expulsados de España en los siglos XV y XVI.

**Labiodental**: Sonido en el que interviene el labio inferior como articulador activo y los dientes superiores como articulador pasivo.

**Laísmo**: Uso del pronombre *la* como objeto indirecto. Ejemplo: *A María no la gustan los bombones.*

**Laríngeo**: Sonido producido con construcción en la laringe. Es equivalente a **glotal**.

**Lateral**: Sonido en cuya producción hay constricción en la parte central de la cavidad oral y paso libre del aire por uno o ambos lados.

**Lateralización del cerebro**: Propiedad del cerebro humano por la cual el hemisferio derecho controla las funciones de la parte izquierda del cuerpo y viceversa.

**Leísmo**; Uso del pronombre *le* como objeto directo. Hay dialectos en que este uso se da solo con objetos directo con referente humano (leísmo animado: *le vi a Juan* vs. *el libro lo vi*) y otros donde se da tanto con referentes animados como inanimados.

**Lengua**: En sentido técnico, término lingüístico introducido por Saussure (en francés, *langue*) que describe el sistema de signos que se utiliza en una comunidad de hablantes. Así el español, el francés y el quechua son ejemplos de lenguas diferentes.
- **aimara**: Ver **aimara, lengua**.
- **amerindia**: Ver **amerindia, lengua**.
- **andina**: Ver **andina, lengua**.
- **caló**: Ver **pachuco**.
- **catalán**: Ver **catalán, lengua**.
- **criolla**: Ver **criolla, lengua**.
- **de sujeto nulo**: Ver **sujeto nulo, lengua de**.
- **declarativa**: Ver **declarativa, oración**.
- **fronterizo**: Ver **fronterizo**.
- **gallego**: Ver **gallego, lengua**.
- **general**: Ver **general, lengua**.
- **guaraní**: Ver **guaraní, lengua**.
- **indoeuropea**: Ver **indoeuropea, lengua**.
- **itálica**: Ver **itálica, lengua**.
- **jopara**: Ver **jopara**.
- **maya**: Ver **maya, lengua**.
- **mapundungu**: Ver **mapundungu, lengua**.
- **minorizada**: Ver **minorizada, lengua**.
- **náhuatl**: Ver **náhuatl, lengua**.
- **originaria**: Ver **originaria, lengua**.
- **pachuco**: Ver **pachuco**.
- **palenquero**: Ver **palenquero**.
- **papiamento**: Ver **papiamento**.
- **pidgin**: Ver **pidgin**.
- **quechua**: Ver **quechua lengua**.
- **románica**: Ver **románica, lengua**.
- **vasca**: Ver **vasca, lengua**.
- **zamboangüeño**: Ver **zamboangüeño, lengua**.

**Lenguaje**: En sentido técnico, término lingüístico introducido por Saussure (en francés, *langage*) que define la capacidad que tenemos los seres humanos de aprender y utilizar una o más lenguas.

**Léxico**: Diccionario mental que contiene toda la información fonética, morfológica y sintáctica relevante para cada palabra de una lengua.

**Líquida**: Clase de consonantes que incluye laterales y vibrantes.

**Llana**: Palabra con acento prosódico en la penúltima sílaba.

**Lleísmo**: Pronunciación de la *ll* ortográfica como palatal lateral, diferente del sonido que corresponde a la *y* ortográfica. Los hablantes lleístas distinguen, por ejemplo, entre *calló* y *cayó* en la pronunciación.

**Loísmo**: Uso del pronombre *lo* como objeto indirecto. Ejemplo: *Lo saqué brillo al espejo*. Es mucho más infrecuente que el **leísmo**.

**Lusitano**: Pueblo prerromano de lengua indoeuropea que ocupaba la mayor parte del actual Portugal y regiones vecinas.

**Macrosociolingüístico**: Los aspectos sociales, políticos e institucionales que influyen en una lengua y en el comportamiento verbal de sus hablantes.

**Mapundungu, lengua**: Lengua amerindia que se habla principalmente en el sur de Chile y parte de Argentina.

**Marco de subcategorización**: La información sintáctica relevante contenida en cada entrada en el lexicón para cada palabra de una lengua, que describe su categoría, el número de sus argumentos, y los sintagmas con los que se combina. El marco de subcategorización del verbo *poner* es, por ejemplo:
*poner*, V, [_____ SN [SPrep/SAdv]]

**Maya, lenguas**: Familia de lenguas habladas principalmente en Guatemala, Belice y el sur de México. Se conocen también como lenguas mayenses.

**Mesolecto**: Variedad social de una lengua empleada por la clase media.

**Metáfora**: Caracterización de alguna persona, objeto o evento como alguna otra persona, objeto o evento con que comparte algunas características (p.ej. *una nota de pie de página*, *un diente de ajo*, *un camino serpentino*).

**Metátesis**: Transposición de un sonido. Por ejemplo, si comparamos el español *cocodrilo* con el inglés *crocodile*, vemos que en una de las dos lenguas la *r* ha cambiado de lugar. (La metátesis ha ocurrido en español. El origen de esta palabra es el latín CROCODĪLU.)

**Metonimia**: Figura de dicción que consiste en identificar algo con otra cosa o evento con la que guarda continuidad. Algunas veces el cambio en el significado de las palabras se debe a metonimia.

**Microsociolingüístico**: Los aspectos relacionados con el individuo y su entorno inmediato (en el hogar, en la escuela, en el trabajo, en el vecindario, etc.) que influyen en su comportamiento verbal.

**Minorizada, lengua**: Lengua que se habla en un país y políticamente no tiene estatus oficial.

**Modalidad**: Conceptualización de un evento o situación como algo real, posible, necesario o deseado.

- **contrafactiva**: Expresión de una situación o evento como algo que no ha ocurrido y que no puede ya ocurrir. Ver **condicional contrafactiva**.

- **deóntica**: Expresión de obligación. Por ejemplo en *Juan debe estar en la cama* (*porque se lo ha dicho el médico*) se usa el verbo *debe* para indicar obligación.
- **epistémica**: Expresión del grado de posibilidad o probabilidad. Por ejemplo en *Juan debe estar en la cama* (*porque no contesta el teléfono*) se usa el verbo *debe* para indicar probabilidad.
- **hipotética**: Expresión de una situación o evento como algo que puede ocurrir. Ver **condicional hipotética**.
- **irreal** (o, en latín, *irrealis*). Expresión de una situación o evento como algo que no se sabe si ha ocurrido, ocurre u ocurrirá. En español las formas del subjuntivo y del condicional expresan esta modalidad.
- **real** (o, en latín, *realis*). Expresión de una situación o evento como algo que el hablante sabe o asume que ha ocurrido, ocurre u ocurrirá. Se opone a modalidad irreal. Por ejemplo, la oración *Aunque llueva, iremos de excursión* expresa una modalidad irreal, mientras que *Aunque llueve, vamos a ir de excursión* expresa una modalidad real.

**Modelo conductista**: Ver **conductismo**.

**Modo**: Expresión de la **modalidad** como parte de la morfología verbal.

**Modularidad**: Teoría sobre la estructura y organización de la mente y el cerebro humanos que defiende que tenemos módulos u "órganos mentales" designados para realizar determinadas tareas en modos específicos. De acuerdo a esta teoría, el lenguaje es un módulo: hay una parte de nuestro cerebro cuya función específica es la de procesar, comprender y producir lenguaje.

**Monolingüe**: Persona o comunidad que hace uso de una sola lengua.

**Morfema**: Unidad mínima con significado. Una palabra puede contener un morfema (como *sal*) o varios morfemas (como *sal-es*, *sal-er-o*).
- **derivativo**: Afijo que se usa para formar una palabra a partir de otra.
- **flexivo**: Afijo que interviene en la formación del paradigma de una palabra. Ejemplo: *gat-o*, *gat-a*, *gat-o-s*, *gat-a-s*.
- **gramatical**: Elemento morfológico que expresa relaciones internas a la lengua. Los afijos, sean derivativos o flexivos, son morfemas gramaticales y también lo son palabras como preposiciones y conjunciones.
- **léxico**: Parte de la palabra que expresa su significado básico. Es la raíz de sustantivos, adjetivos, verbos y adverbios.
- **libre**: El que puede aparecer de forma aislada, formando una palabra completa.
- **ligado**: El que aparece siempre unido a otro.

**Morfología**: Parte de la gramática que estudia la estructura y las reglas de formación de las palabras.

**Motivación**: Un factor interno y diferencia individual que consiste en el conjunto de razones que impulsan a una persona a aprender una nueva lengua. Muchas veces, se habla de la motivación intrínseca vs. extrínseca e instrumental vs. integrativa.

**Mozárabe**: Se utiliza este término para hacer referencias al conjunto de variedades románicas empleadas en la Edad Media en la parte de la Península bajo control árabe.

**Náhuatl**: Lengua amerindia hablada por los aztecas. Sigue contando con un número relativamente alto de hablantes en México. Es una de las lenguas nativas de Latinoamérica que más préstamos han aportado al español. Algunas características del español de México se deben a la influencia de esta lengua.

**Nasal**: Sonido en cuya producción el aire sale a través de la cavidad nasal.

**Neurolingüística**: El estudio de las estructuras cerebrales necesarias para procesar y comprender una lengua.

**Neutralización**: Pérdida del contraste entre dos o más fonemas en un contexto determinado.

**Nivelación lingüística**: Se dice del proceso por el cual desaparecen las diferencias dialectales de dos dialectos que están en contacto.

**Nombre**: Ver **sustantivo**.

**Nominativo**: Caso del sujeto.

**Norma culta**: Ver **variedad educada**.

**Núcleo (de un sintagma)**: La posición básica, central, indispensable, de cualquier sintagma en el esquema de la X', ocupada generalmente por una categoría léxica, y de la que todo el sintagma hereda sus propiedades. El núcleo de un SN es un sustantivo, el del SV es un verbo, etc.

**Nudo cíclico**: Constituyente sintáctico que impide que un elemento se mueva o se desplace fuera de él. En general, son nudos cíclicos en español el SN y la O'. Entre una huella y su antecedente no pueden intervenir dos nudos cíclicos: *\*¿De qué autor$_i$ dices [o' que conoces [SN las novelas h$_i$]]?*

**Número**: Categoría gramatical que expresa la cantidad de unidades del referente. En español tenemos una distinción entre singular (uno) y plural (más de uno) que se refleja en la morfología. Además hay algunas palabras como *ambos* que semánticamente tiene valor dual (dos), aunque gramaticalmente es simplemente plural.

**Obstruyente**: Clase de consonantes producidas sea con obstrucción completa o con obstrucción parcial del paso del aire. Incluye a las consonantes oclusivas, africadas y fricativas. Se opone a **resonante**.

**Oclusiva**: Consonante producida con oclusión o bloqueo completo del paso del aire.

**Oración**: Sintagma de concordancia formado por la unión de un SN (el sujeto) y un SV (el predicado) que constituye la unidad mínima de significado completo. La presencia de un verbo conjugado es el requisito único en español para considerar que nos encontramos ante una oración. Así, el verbo *canto* puede constituir una oración por sí mismo.

- **compuesta**: La que contiene más de un predicado. Ejemplos: *Canto y bailo*; *Creo que sueñas*.
- **coordinada**: Ver **coordinada, oración**.

- **exclamativa**: Ver **exclamativa, oración**.
- **imperativa**: Ver **imperativa, oración**.
- **interrogativa**: Ver **interrogativa, oración**.
- **intransitiva**: Aquélla cuyo predicado contiene un verbo intransitivo. Ver también **intransitivo, verbo**.
- **pasiva**: Ver **pasiva, oración**.
- **pasivo-refleja**: Ver **pasivo-refleja, oración**.
- **principal**: En una oración compuesta que contiene una subordinada, la parte de la oración que puede aparecer por sí misma, como oración independiente. En la oración compuesta subordinada *Quiero que vengas* la oración principal es *quiero*.
- **simple**: La que contiene un solo predicado. Un ejemplo: *Mariano canta boleros*.
- **subordinada**: (a) Oración compuesta que está formada por dos o más oraciones simples unidas por un nexo **complementante** de manera que una de las oraciones forme parte de otra. (b) La cláusula que no es la principal en una oración compuesta subordinada. Según la función que desempeñe dentro de la oración principal, podemos tener oraciones subordinadas sustantivas o **completivas**, subordinadas adjetivas o de **relativo** y subordinadas **adverbiales**.

**Originaria, lengua**: Lengua que es nativa a la región de uso.

**Oxítona**: Palabra con acento prosódico en la última sílaba. Un sinónimo es palabra **aguda**.

**Pachuco**: Variedad empleada por jóvenes del suroeste, especialmente de la región de El Paso. También se le conoce como **caló**.

**Palatal**: Sonido producido con constricción en la parte más alta de la boca.

**Palenquero**: Lengua criolla de base española hablada en la región de San Basilio de Palenque en el norte de Colombia, cerca de la costa del Caribe. Tiene muy pocos hablantes.

**Papiamento**: Lengua criolla de base luso-española, con influencia del holandés. Es lengua cooficial con el holandés y el inglés en las islas caribeñas de Curaçao, Aruba y Bonaire frente a la costa de Venezuela.

**Par mínimo**: Dos palabras que se diferencian en un único fonema.

**Paradigma flexivo**: Las diferentes formas que adopta una palabra según su flexión. Por ejemplo, todas las formas que puede adoptar el verbo *cantar* forman el paradigma flexivo de este verbo.

**Parasíntesis**: Proceso por el cual para derivar una palabra de otra se adjuntan simultáneamente un prefijo y un sufijo, como en *a-pedr-e-ar* a partir de *piedra*.

**Paroxítona**: Palabra con acento prosódico en la penúltima sílaba. Como sinónimos se usan también los términos **llana** y grave.

**Pasiva, oración**: Se opone a activa. Toda oración pasiva tiene una oración activa transitiva que le corresponde, de modo que el sujeto de la pasiva equivale al complemento directo de la activa. Por ejemplo, de la activa *La policía* *descubrió el crimen* derivamos la pasiva *El crimen fue descubierto* (*por la policía*) por promoción del objeto directo a sujeto. En la pasiva el sujeto no se interpreta como agente sino como paciente o tema de la acción. La construcción pasiva en español se forma con una forma del verbo *ser* y el participio pasado de un verbo transitivo concordando en género y número con el sujeto: *fueron destruidos*, *será explicada*. El agente, si se expresa, aparece como sintagma preposicional generalmente con la preposición *por*. Otro tipo de construcción pasiva en español es la **pasivo-refleja**.

**Pasivo-refleja, oración**: Oración pasiva construida con *se* en español, en el que el tema de la acción se convierte en sujeto y concuerda por tanto con un verbo en forma activa: *Se descubrió el tesoro en el parque / Se descubrieron los tesoros en el parque*.

**Patrimonial**: Palabra que ha pasado a través de los siglos por transmisión oral directa en el seno de la familia.

**Perfectivo**: Ver **aspecto**.

**Período crítico**: Límite de edad para aprender una lengua materna. La hipótesis del período crítico mantiene que existe un plazo de tiempo determinado para la adquisición del lenguaje, después del cual la adquisición plena de las facultades gramaticales es imposible.

**Persona**: Manifestación gramatical de la distinción entre hablante (1a persona), oyente (2a persona) y otro (3a persona).

**Pidgin**: Lengua artificial desarrollada en la comunicación verbal entre hablantes que no comparten una lengua común y que surge, en general, cuando dos o más personas, culturas o grupos entran en contacto en una situación de intercambio o comercio. En su origen una lengua pidgin no es la lengua nativa de nadie.

**Polisemia**: La existencia de varios significados relacionados en una palabra (p.ej. *simple* en *palabra simple*, *un procedimiento simple*, *una comida simple*).

**Política lingüística**: Grupo de normas y reglas creadas especialmente para influenciar o modificar el comportamiento verbal de una comunidad de hablantes.

**Práctica**: El uso de la L2 en un **contexto pedagógico** que puede estar basado tanto en el *input* como en la producción y que puede ser explícita o implícita y esencial o no.

**Pragmática**: El estudio del significado lingüístico tomando en cuenta el contexto discursivo y la situación del acto de comunicación.

**Prefijo**: Elemento añadido antes de una raíz.

**Prepalatal**: Sonido en cuya producción la mayor constricción es en una zona algo anterior a la región palatal.

**Preposición**: Palabra invariable (sin flexión) que, generalmente, sirve como nexo de unión de un sintagma nominal siguiente, formando con él un sintagma preposicional: *Le di un libro de poemas a mi amigo por su cumpleaños*. Se emplea también como elemento de unión en perífrasis verbales: *Empezó a llover*, *Acaban de llegar*. Las preposiciones forman una clase cerrada. Las principales son: *a*, *ante*, *bajo*, *contra*, *de*, *desde*, *durante*, *en*, *entre*, *hacia*, *hasta*, *mediante*, *para*, *por*, *según*, *sin*, *sobre*, *tras*.

**Preposicional, sintagma**: El encabezado por una preposición. Su estructura es generalmente SP → P SN.

**Preposicional, verbo**: El que requiere un sintagma preposicional con una preposición específica como complemento. Algunos ejemplos: *consistir* (*en*), *depender* (*de*), *soñar* (*con*).

**Presente**: Tiempo verbal que hace referencia al momento del habla.

**Préstamo**: Palabra tomada de otra lengua.

- **adaptado**: Palabra tomada de otra lengua cuya fonología y/o morfología se ha adaptado a la de la lengua que presta.

- **cultural**: Palabra tomada de otra lengua para hacer referencia a referentes para los cuales no hay equivalente en la lengua que presta. Algunos ejemplos son los préstamos de flora (*tomate*, *ají*, *chocolate*) y fauna (*alpaca*, *loro*, *jaguar*) tomados de las lenguas amerindias cuando llegaron los españoles.

- **gramatical**: Expresión gramatical tomada de otra lengua. Ejemplos son el diminutivo vasco *-txu* (*Javiertxu* "Javiercito") en el español del País Vasco y el marcador de cortesía guaraní *-na* (*venína* "vení por favor") en el español paraguayo.

- **no adaptado**: Palabra tomada de otra lengua que mantiene la fonología original de la lengua de la que proviene.

- **semántico**: Significado tomado de la otra lengua para una expresión de la lengua que presta. Ejemplos son el empleo de *aplicar* con el significado de *"to apply"* ("solicitar") del inglés y de *embarazar* con el significado de *"to embarrass"* ("avergonzar") del inglés. Algunos tipos de préstamo semántico son los calcos y los cognados falsos.

**Prevaricación**: Característica del lenguaje humano por la cual podemos emitir mensajes que no sean verdaderos.

**Principio de la cooperación**: La proposición de Grice de que existe un acuerdo tácito entre los interlocutores a colaborar en la interacción, basado en las cuatro máximas de la *cantidad*, *calidad*, *relación* y *manera*.

**Pro**: Pronombre vacío, sin realización fonética, cuyo contenido recuperamos por concordancia con la inflexión verbal. En la oración *Leemos* el sujeto es un pronombre vacío pro, con rasgos de primera persona del plural.

**Productividad**: Característica del lenguaje humano que describe nuestra capacidad infinita para entender y expresar significados distintos, usando elementos conocidos para producir nuevos elementos.

**Proforma**: Palabra única que sirve para sustituir a un constituyente. La categoría de proformas incluye a los **pronombres**.

**Pronombre**: **Proforma** que sustituye a un sintagma nominal.

- **anafórico**: El que refiere a una persona o entidad nombrada anteriormente en el texto (p.ej. *Mi hermano vive en Francia. Él ha vivido allá por dos años.*).

**Proparoxítona**: Palabra con acento prosódico en la antepenúltima sílaba. Como sinónimo se utiliza también **esdrújula**.

**Proto-indoeuropeo**: Lengua reconstruida que se piensa que dio origen a todas las lenguas de la familia indoeuropea.

**Pseudocopulativo, verbo**: Verbos como *quedarse, ponerse, mantenerse,* que sirven de enlace entre el sujeto y el predicado nominal, pero con los que, a diferencia de los auténticamente copulativos, el predicado no puede ser sustituido por *lo* (*Juan se quedó triste* → * *Juan se lo quedó*).

**Quechua, lengua**: Lengua hablada en la región andina, desde el sur de Colombia hasta el norte de Argentina. Es la lengua amerindia con más hablantes. Tiene entre 8 y 12 millones. Se habla principalmente en Perú, Bolivia y Ecuador.

**Raíz**: Morfema básico o más fundamental de una palabra.

**Rango bilingüe**: El grado de competencia que tiene un hablante bilingüe en cada una de sus lenguas.

**Recursividad**: Propiedad de las lenguas naturales por la cual, dado cualquier constituyente u oración, podemos construir uno de mayor longitud o complejidad.

**Referencia**: Interpretación del significado basada en la relación entre una palabra, frase u oración y lo que representa en el mundo, o su **referente**.

**Referente**: La persona, cosa, evento o noción al cual se refiere una palabra, frase u oración.

**Regla de reescritura sintagmática**: Regla que describe la posición y el orden de los elementos que forman parte de un constituyente. Un ejemplo: O→ SN SV.

**Reglas descriptivas**: Reglas que identifican qué construcciones y estructuras se usan en realidad en una lengua dada, no qué construcciones deberían usarse. Un lingüista descriptivo se preocupa en descubrir en qué circunstancias se usan "me se ha olvidado" o "siéntensen", por ejemplo, y en observar que hay distintos grupos sociales que favorecen una u otra expresión en la conversación.

**Reglas prescriptivas**: Reglas gramaticales que nos dice cómo deberíamos hablar una lengua dada, cómo se habla la lengua con propiedad, empleando las palabras adecuadas con su sentido preciso, y con corrección, construyendo las oraciones de acuerdo con el uso normativo de la lengua. Una regla prescriptiva, por ejemplo, es la que nos señala que debemos decir "se me ha olvidado" y no "me se ha olvidado".

**Rehilamiento**: Ver **žeísmo**.

**Relativo, oración de**: Oración subordinada que modifica a un sustantivo y desempeña por tanto la función de un adjetivo. Como sinónimo se usa **oración adjetiva**. Por ejemplo: *Quiero un coche* [*que sea seguro*]. Va encabezada por un pronombre relativo. Se distinguen dos tipos:

- **especificativa (o restrictiva)**: La que especifica o restringe el antecedente. Se pronuncia sin hacer pausa y ortográficamente no va entre comas: *El libro* [*que leí ayer*] *era muy interesante.*

- **explicativa (o no restrictiva)**: La que agrega información que no delimita al antecedente, sino que explica una característica del mismo. Las explicativas se pronuncian con pausa y ortográficamente van entre comas: *Los lingüistas,* [*que son muy aburridos*], *se toman muy en serio a sí mismos.*

**Rema**: Parte de la oración que conlleva la información nueva, y que suele aparecer al final.

**Resonante**: Consonante producida con relativamente poca constricción. Incluye a las líquidas y las nasales. Se opone a **obstruyente**.

**Retroalimentación**: También conocido como *"feedback"*, es un proceso en el que el estudiante recibe información en respuesta a sus esfuerzos comunicativos. Puede ser positiva para reforzar o negativa para corregir, e incluye subtipos como la correción explícita o reformulaciones / "recasts".

**Rizotónico**: Con acento en la raíz.

**Románica, lengua**: Lengua que desciende del latín.

**Saussure, Ferdinand de**: Lingüista suizo (1857–1913) cuyas ideas sobre la lengua como sistema de signos establecieron las bases fundamentales para la lingüística del siglo XX, tanto para la escuela estructuralista europea como para la escuela distribucionalista americana. Sus conceptos y métodos tuvieron también enorme influencia en los campos de la antropología y la crítica literaria.

**Semántica**: Estudio del significado lingüístico de las palabras, frases y oraciones

**Semiconsonante**: Primera parte de un diptongo creciente; por ejemplo, la [i̯] de *tiene.*

**Semivocal**: (a) Segunda parte de un diptongo decreciente; por ejemplo, la [i̯] de *baile.* (b) Elemento más cerrado de un diptongo. En este segundo sentido, que es el que empleamos en este libro, incluye tanto a la semivocales en el sentido de (a) como a las semiconsonantes.

**Sentido**: Relación que tiene una palabra, frase u oración con otros elementos en la lengua.

**Señales analógicas**: Las que forman parte de un sistema de comunicación en el que las unidades se presentan en escalas continuas. Por ejemplo, la duración, el tono o la intensidad de la señal puede variar de manera continua con el grado de la emoción o el contenido informativo que se intenta expresar.

**Señales digitales o discretas**: Las que forman parte de un sistema de comunicación en el que las unidades son claramente separables en elementos distintos.

**Seseo**: En dialectología hispánica se refiere a la existencia de un único fonema /s/ correspondiente a la letras *s, z* y *c(e/i)* ortográficas. El seseo es parte de la norma del español latinoamericano.

**Sibilante**: La [s] y otras fricativas de timbre parecido.

**Significado**: Concepto asociado a una secuencia de sonidos en la formación de un signo lingüístico.

**Significante**: Secuencia de sonidos asociada a un concepto.

**Signo lingüístico**: Unidad básica de la lengua, formada por la unión de un significante y un significado.

**Sílaba**: Grupo de segmentos agrupados en torno a una cumbre de sonoridad.

**Silabificación**: División en sílabas. Un sinónimo es *silabeo*.

**Simple, palabra**; Palabra que tiene solo una raíz con o sin sufijos de flexión.

**Sinalefa**: Agrupación de vocales que pertenecen a palabras diferentes en una sola sílaba.

**Sincrónico**: En un momento concreto. Se opone a **diacrónico**. Ver también **estudio sincrónico de la lengua**.

**Sinéresis**: Reducción de un hiato a diptongo dentro de la misma palabra.

**Sinonimia**: Identidad de significado (p.ej. *habitación – cuarto*).

**Sintagma**: Constituyente oracional. Se clasifican a partir de la identificación de la categoría a la que aparece su núcleo. Así, el constituyente oracional cuyo núcleo es un sustantivo es un Sintagma Nominal.

**Sintaxis**: Parte de la gramática que estudia la estructura de las oraciones y las restricciones sobre la correcta formación de las mismas.

**Sociolecto**: Variedad de una lengua que caracteriza a un grupo social dentro de una comunidad de habla, como pueden ser grupos de edades diferentes, diferentes géneros, diferentes clases socioeconómicas, etc.

**Sonorante**: Sinónimo de **resonante**.

**Sonoridad**: Grado de apertura. Los sonidos se pueden clasificar en una escala de sonoridad, donde en el extremo de máxima sonoridad tendríamos la vocal /a/ y en el otro extremo las oclusivas sordas.

**Sonoro**: Sonido producido con vibración de las cuerdas vocales.

**Sordo**: Sonido producido sin vibración de las cuerdas vocales.

**Subcategorización**: Ver **marco de subcategorización**.

**Sufijo**: Elemento que se añade después de una raíz.

**Sujeto nulo, lengua de**: Lengua que, como el español, permite que el sujeto sea un pronombre vacío o pro, es decir, que permite que el sujeto de una oración no se exprese.

**Sustantivo**: Categoría léxica que sirve como núcleo del sintagma nominal y que representa entidades que figuran en el evento o situación expresado por el verbo. Como sinónimo se usa también *nombre*. En general, un sustantivo en español es la parte de la oración que pueden tomar artículos y otros determinantes y ser modificados por adjetivos. Así, *mesa* es un sustantivo porque ocurre en sintagmas como *la mesa roja* (aunque esta regla no funciona necesariamente con los nombres propios como *Juan*).

**Tartesio**: Pueblo prerromano que habitaba en el suroeste de la Península Ibérica.

**Tiempo**: Expresión gramatical en el verbo de la ubicación del evento o situación con respecto al momento del habla (presente, pasado o futuro) o a otro momento (por ejemplo, futuro con respecto a un momento en el pasado: *Dijo que lo haría después*, etc.).

**Tónico**: Con acento prosódico.

**Tono**: Variación en la altura del habla. Las diferencias de tono resultan de la frecuencia fundamental de vibración de las cuerdas vocales (a mayor frecuencia fundamental, más alto el tono que se percibe). En las lenguas con tono léxico, como el chino, el tono sirve para distinguir palabras. En lenguas como el español y el inglés las diferencias de tono solo tienen valor pragmático. Este uso del tono al nivel del enunciado se conoce como **entonación**.

**Transcripción fonética amplia**: Transcripción en la que solo se indican los detalles fonéticos más importantes.

**Transcripción fonética estrecha**: Transcripción detallada con indicación de muchas diferencias fonéticas que no son fonológicamente contrastivas.

**Transformación**: Regla de movimiento que cambia la posición de un constituyente sintáctico. El movimiento que genera una oración interrogativa a partir de una declarativa es un ejemplo de transformación.

**Transitivo, verbo**: El que permite un complemento directo. Ejemplos son *asesinar*, *beber*, *estudiar*, *mirar*, etc.

**Triptongo**: Secuencia de tres **vocoides** en una sola sílaba. En español los triptongos tienen la estructura semivocal-vocal-semivocal.

**Ultracorrección**: Producción de una forma que no es etimológicamente correcta por el deseo de evitar otra forma que está estigmatizada.

**Uvular**: Sonido con constricción en la úvula. La úvula o campanilla está situada en la parte posterior del velo.

**Variación - dialectal**: Existencia de variantes lingüísticas diferentes en regiones diferentes. Ejemplos son la conservación de /s/ o la aspiración u omisión de ésta según la región.

- **estilística**: Producción de variantes diferentes según la formalidad del contexto.
- **histórica**: Existencia de variantes lingüísticas diferentes en períodos históricos diferentes. Un ejemplo es el empleo de *ser* con participios de verbos intransitivos en el español medieval y su empleo con el verbo *estar* en el español moderno.
- **libre**: Existencia de variantes diferentes que pueden ocurrir en el mismo contexto sin que haya ningún motivo claro por el que el hablante elija una u otra de las variantes en una producción concreta.
- **social**: Existencia de variantes lingüísticas diferentes en grupos sociales diferentes. Ejemplos son la conservación de /s/ en grupos sociales más altos y la mayor aspiración u omisión de ésta en grupos más bajos.

**Variedad**: Cada una de las formas de una lengua según el hablante, el contexto, etc.

- **dialectal**: Variedad de una lengua hablada por un grupo de hablantes que habitan en una misma región y comparten rasgos lingüísticos. También se conoce como **dialecto**.
- **educada**: Variedad de una lengua hablada por el grupo alto y educado de la sociedad. También se conoce como **acrolecto**.

- **estandarizada**: Variedad de una lengua que no muestra rasgos dialectales o sociales. Es la variedad que a la que se hace referencia en las gramáticas y los diccionarios de la lengua española. Tiene normas escritas.
- **etnolectal**: Variedad de una lengua hablada por un grupo de hablantes que pertenecen a un mismo grupo étnico y comparten rasgos lingüísticos. También se conoce como **sociolecto**.
- **histórica**: Variedad de una lengua que se emplea en un período histórico, como el español medieval o el español moderno.
- **koinizada**: Variedad de una lengua que presenta rasgos de otra(s) variedad(es) lingüística(s).
- **lingüística**: Variedad de una lengua empleada por un grupo de hablantes o variedad empleada en ciertos contextos. Puede tratarse de un dialecto, un sociolecto, un etnolecto o un registro. También puede hacer referencia a un tipo de lengua (p.ej. lengua criolla, lengua estandarizada, lengua minorizada).
- **popular**: Variedad de una lengua hablada por el grupo bajo de la sociedad. También se conoce como **basilecto**.
- **rural**: Variedad de una lengua hablada en las zonas rurales de una región.
- **sociolectal**: Variedad de una lengua hablada por un grupo de hablantes que comparten una característica social (clase social, género o edad, etc.) y comparten rasgos lingüísticos. También se conoce como **sociolecto**.
- **vernacular**: Variedad de una lengua empleada por las personas originarias de la región. Hace referencia a una variedad oral.

**Vasca, lengua**: Lengua no-indoeuropea hablada en una zona a ambas vertientes de los Pirineos occidentales, con extensión geográfica variable, desde la época prerromana a nuestros días.

**Velar**: Sonido con constricción en la parte posterior del paladar (paladar blando).

**Velarización**: En dialectología hispánica este término hace referencia a la realización de las nasales finales de sílaba o palabra con punto de articulación velar.

**Ventana de tres sílabas**: Este término hace referencia al hecho de que en español (y otras lenguas como el griego moderno y el árabe) el acento prosódico siempre cae sobre una de las últimas tres sílabas de la palabra.

**Verbo**: Categoría léxica que funciona como núcleo del Sintagma Verbal, que normalmente describe acciones y estados y que se puede modificar (conjugar) para expresar tiempo, voz, modo, persona y número. Sabemos que *cantar* es un verbo porque podemos conjugarlo: *canto, cantaba, cantaré*, etc.

- **copulativo**: Ver **copulativo, verbo**.
- **ditransitivo**: Ver **ditransitivo, verbo**.
- **intransitivo**: Ver **intransitivo, verbo**.
- **preposicional**: Ver **preposicional, verbo**.
- **pseudocopulativo**: Ver **pseudocopulativo, verbo**.
- **transitivo**: Ver **transitivo, verbo**.

**Vibrante**: Consonante producida con uno o más golpes breves del articulador activo contra el pasivo.

**Visigodo**: Pueblo germánico que se estableció en la Península Ibérica a la caída del imperio romano. La contribución del visigodo a la lengua española es relativamente pequeña.

**Vitalidad lingüística**: Dícese de una lengua si tiene hablantes nativos y se transmite a la nueva generación.

**Vocal temática**: Vocal que se añade inmediatamente después de la raíz del verbo y que varía según la conjugación: *habl-a-mos*, *com-e-mos*, *viv-i-mos*.

**Vocoide**: Vocal o semivocal.

**Voseo**: Uso del pronombre *vos* y sus formas verbales correspondientes como segunda persona del singular en tratamiento familiar.

**Voz media**: Voz intermedia entre la voz pasiva y la activa, que se construye con el pronombre *se* en español y que tiene una estructura similar a las **pasivo-reflejas**. La diferencia con estas últimas es que en la voz media no existe la interpretación en la que un agente humano explícito participa en la acción. Un ejemplo es *El barco se hundió* (con la interpretación "El barco se hundió solo, sin ayuda" = *The boat sank*).

**Yeísmo**: Falta de distinción entre los sonidos ortográficamente representados por *ll* e *y*. Hoy en día la inmensa mayoría de los hispanohablantes, tanto en Latinoamérica como en España, son yeístas.

**Zamboangueño**: Lengua criolla de base española que se habla en el suroeste de las Islas Filipinas.

**Žeísmo**: Tipo de yeísmo caracterizado por la realización de *ll* e *y* ortográficas como fricativa prepalatal. El fenómeno se conoce también como **rehilamiento**.

# Bibliografía

## 1 La lingüística: ciencia cognitiva

Alonso-Cortés, Ángel. 1993. *Lingüística general*. 3a ed. Madrid: Cátedra.

Belinchón, M., A. Riviere y J. M. Igoa. 1992. *Psicología del lenguaje. Investigación y teoría*. Madrid: Trotta.

Bergman, A., K. Currie Hall y S. M. Ross. 2007. *Language files*. 10a ed. Columbus: Ohio State University Press.

Bickerton, Derek. 1995. *Language and human behavior*. Seattle: University of Washington Press.

Chomsky, Noam. 1986. *Knowledge of language: Its nature, origin and use*. Nueva York: Praeger.

Cowie, Fiona. 1999. *What's within? Nativism reconsidered*. Oxford University Press.

Curtiss, Susan. 1977. *Genie, a psychological study of a modern day "wild child"*. Nueva York: Academic Press.

Escandell Vidal, María V., V. Marrero Aguilar, C. Casado Fresnillo, E. Gutiérrez Rodríguez y N. Polo Cano. 2011. *Invitación a la lingüística*. Madrid: Editorial Universitaria Ramón Areces.

Fernández Lagunilla, M. y A. Anula Rebollo, eds. 1995. *Sintaxis y cognición: Introducción al conocimiento, el procesamiento y los déficits sintácticos*. Madrid: Síntesis.

Fromkin, Victoria, ed. 2000. *Linguistics: An introduction to linguistic theory*. Malden, MA: Blackwell Publishers Inc.

Fromkin, V. A., R. Rodman y N. Hyams. 2013. *An introduction to language*. Boston: Wadsworth.

Genetti, C. 2014. *How languages work: An introduction to language and linguistics*. Cambridge University Press.

Gutiérrez-Rexach, Javier, ed. 2016. *Enciclopedia de lingüística hispánica*. 2 vols. Londres y Nueva York: Routledge.

Jackendoff, R. 1997. *The architecture of the language faculty*. Cambridge, MA: MIT Press.

Jannedy, S., R. Poletto y T. Weldon, eds. 1991. *Language files*. Columbus: Ohio State University Press.

Jeffrey, Elma L. et al. 1998. *Rethinking innateness: A connectionist perspective on development*. Cambridge, MA: MIT Press.

McGregor, William B. 2009. *Linguistics: An introduction*. Londres: Continuum.

Moreno Cabrera, Juan Carlos. 1991. *Curso universitario de lingüística general*. Madrid: Síntesis.

Moreno Cabrera, Juan Carlos. 2004. *Introducción a la lingüística. Enfoque tipológico y universalista*. Madrid: Síntesis.

Muñoz-Basols, J., N. Moreno, I. Taboada y M. Lacorte. 2016. *Introducción a la lingüística hispánica actual: teoría y práctica*. Londres y Nueva York: Routledge.

Newmeyer, Frederick J. 1983. *Grammatical theory: Its limits and possibilities*. Chicago: University of Chicago Press.

O'Grady, William et al. 1997. *Contemporary linguistics: An introduction*. Nueva York: Longman.

Parker, Frank. 1986. *Linguistics for non-linguists*. Boston: College Hill Press.

Peng, Fred C. C. 2005. *Language in the brain: Critical assessments*. Londres: Continuum.

Pinker, Steven. 1994. *The language instinct*. Nueva York: Harper Collins.

Pinker, Steven. 2013. *Language, cognition, and human nature: Selected articles*. Nueva York: Oxford University Press.

Radford, Andrew et al. 1999. *Linguistics: An introduction*. Cambridge University Press.

Strozer, Judith. 1994. *Language acquisition after puberty*. Washington, DC: Georgetown University Press.

## 2 Los sonidos de la lengua: fonética y fonología

Alarcos Llorach, Emilio. 1965. *Fonología española*. 4a ed. Madrid: Gredos.

Boersma, Paul y David Weenink. 2008. *Praat: Doing phonetics by computer* (version 5.0.38). www.praat.org.

Canfield, D. Lincoln. 1981. *Spanish pronunciation in the Americas*. University of Chicago Press.

D'Introno, Francesco, Enrique del Teso y Rosemary Weston. 1995. *Fonética y fonología actual del español*. Madrid: Cátedra.

Guitart, Jorge. 2004. *Sonido y sentido: Teoría y práctica de la pronunciación del español contemporáneo*. Washington, DC: Georgetown University Press.

Harris, James W. 1969. *Spanish phonology*. Cambridge, MA: MIT Press.

Harris, James W. 1983. *Syllable structure and stress in Spanish*. Cambridge, MA: MIT Press.

Hayes, Bruce. 2008. *Introductory phonology*. Malden, MA: Wiley-Blackwell.

Hualde, José Ignacio. 1999. "La silabificación en español". En Núñez-Cedeño y Morales-Front (1999): 170–88.

Hualde, José Ignacio. 2005. *The sounds of Spanish*. Cambridge University Press.

Hualde, José Ignacio (con Sonia Colina). 2014. *Los sonidos del español*. Cambridge University Press.

Ladefoged, Peter. 1992. *A course in phonetics*. 2a ed. Nueva York: Harcourt Brace Jovanovich.

Ladefoged, Peter. 2001. *Vowels and consonants: An introduction to the sounds of languages*. Oxford: Blackwell.

Ladefoged, Peter y Ian Maddieson. 1996. *The sounds of the world's languages*. Oxford: Blackwell.

Lipski, John M. 1994. *Latin American Spanish*. Londres y Nueva York: Longman.

Martínez Celdrán, Eugenio y Ana M. Fernández Planas. 2008. *Manual de fonética española: Articulaciones y sonidos del español*. Barcelona: Ariel.

Navarro Tomás, Tomás. 1977 [1918]. *Manual de pronunciación española*. 19a ed. Madrid: Consejo Superior de Investigaciones Científicas.

Nuñez-Cedeño, Rafael, Sonia Colina y Travis Bradley. 2014. *Fonología generativa contemporánea de la lengua española*. 2a ed. Washington, DC: Georgetown University Press.

Prieto, Pilar, ed. 2003. *Teorías de la entonación*. Barcelona: Ariel.

Quilis, Antonio. 1981. *Fonética acústica de la lengua española*. Madrid: Gredos.

Quilis, Antonio. 1993. *Tratado de fonología y fonética españolas*. Madrid: Gredos.

Quilis, Antonio y Joseph Fernández. 1985. *Curso de fonética y fonología españolas para estudiantes angloamericanos*. 11ª ed. Madrid: Consejo Superior de Investigaciones Científicas.

Sosa, Juan Manuel. 1999. *La entonación del español*. Madrid: Cátedra.

Zamora Munné, Juan C. y Jorge M. Guitart. 1982. *Dialectología hispanoamericana*. Salamanca: Colegio de España.

# 3 La estructura de las palabras: morfología

Alcoba, Santiago. 1999. "La flexión verbal". En Bosque y Demonte (1999): 4915–92.

Alvar Ezquerra, Manuel. 1993. *La formación de palabras en español*. Madrid: Arco/ Libros.

Alvar, Manuel y Bernard Pottier. 1983. *Morfología histórica del español*. Madrid: Gredos.

Ambadiang, Théophile. 1999. "La flexión nominal. Género y número". En Bosque y Demonte (1999): 4843–914.

Bosque, Ignacio. 1989. *Las categorías gramaticales: Relaciones y diferencias*. Madrid: Síntesis.

Bosque, Ignacio, ed. 1990a. *Indicativo y subjuntivo*. Madrid: Taurus.

Bosque, Ignacio, ed. 1990b. *Tiempo y aspecto en español*. Madrid: Cátedra.

Bosque, Ignacio y Violeta Demonte, eds. 1999. *Gramática descriptiva de la lengua española*. 3 vols. Madrid: Espasa.

Bull, William E. 1990. *Time, tense and the verb: A study in theoretical and applied linguistics, with particular attention to Spanish*. Berkeley: University of California Press.

Casado Velarde, Manuel. 1999. "Otros procesos morfológicos: Acortamientos, formación de siglas y acrónimos". En Bosque y Demonte (1999): 5075–96.

Comrie, Bernard. 1976. *Aspect: An introduction to the study of verbal aspect and related problems*. Cambridge University Press.

Comrie, Bernard. 1985. *Tense*. Cambridge University Press.

Harris, James. 1980. "Lo morfológico en una gramática generativa: alternancias vocálicas en las formas verbales del español". En Jorge Guitart y Joaquín Roy, eds. *La estructura fónica de la lengua castellana: fonología, morfología y dialectología*, 141–200. Barcelona: Anagrama.

Harris, James. 1991. "The exponence of gender in Spanish". *Linguistic Inquiry* 22: 27–62.

Lang, Mervyn. 1990. *Spanish word formation: Productive derivational morphology in the modern lexis*. Londres: Routledge.

Lázaro Mora, Fernando. 1999. "La derivación apreciativa". En Bosque y Demonte (1999): 4645–82.

Malkiel, Yakov. 1958. "Los interfijos hispánicos". En Diego Catalán, ed. *Miscelánea homenaje a André Martinet*, vol. II, 107–99. San Cristóbal La Laguna: Universidad de La Laguna.

Núñez Cedeño, Rafael. 1993. *Morfología de la sufijación española*. Santo Domingo: Universidad Nacional Pedro Henríquez Ureña.

Pena, Jesús. 1999. "Partes de la morfología. Las unidades del análisis morfológico". En Bosque y Demonte (1999): 4305–66.

Piera, Carlos y Soledad Varela. 1999. "Relaciones entre morfología y sintaxis". En Bosque y Demonte (1999): 4367–422.

Portolés, José. 1999. "La interfijación". En Bosque y Demonte (1999): 5041–74.

Rainer, Franz. 1993. *Spanische Wortbildungslehre*. Tübingen: Niemeyer.

Rainer, Franz. 1999. "La derivación adjetival". En Bosque y Demonte (1999): 4595–644.

Santiago Lacuesta, Ramón y Eugénio Bustos Gisbert. 1999. "La derivación nominal". En Bosque y Demonte (1999): 4505–94.

Serrano-Dolader, David. 1999. "La derivación verbal y la parasíntesis". En Bosque y Demonte (1999): 4683–756.

Val Álvaro, José Francisco. 1999. "La composición". En Bosque y Demonte (1999): 4757–842.

Varela, Soledad. 1992. *Fundamentos de morfología*. Madrid: Síntesis.

Varela, Soledad, ed. 1993. *La formación de palabras*. Madrid: Taurus Universitária.

Varela, Soledad y Josefa Martín García. 1999. "La prefijación". En Bosque y Demonte (1999): 4993–5040.

## 4 La estructura de la oración: sintaxis

Alarcos Llorach, Emilio. 1994. *Gramática de la lengua española*. Madrid: Espasa-Calpe.

Alcina Franch, J. y J. M. Blecua. 1982. *Gramática española*. Barcelona: Ariel.

Baker, Mark C. 2003. *Lexical categories: Verbs, nouns and adjectives*. Cambridge University Press.

Bello, Andrés. 1981. *Gramática de la lengua castellana dedicada al uso de los americanos*. Tenerife: Instituto Universitario de Lingüística Andrés Bello.

Bosque, Ignacio. 1989. *Las categorías gramaticales*. Madrid: Síntesis.

Bosque, Ignacio. 2012. "Mood: Indicative vs. subjunctive". En Hualde, Olarrea y O'Rourke (2012): 373–94.

Bosque, I. y V. Demonte, eds. 1999. *Gramática descriptiva de la lengua española*. Real Academia Española. Madrid: Espasa.

Bosque, I. y J. Gutiérrez-Rexach. 2009. *Fundamentos de sintaxis formal*. Madrid: Akal.

Busch, Hans-Jorg. 2017. *A complete guide to the Spanish subjunctive*. Londres: Routledge.

Camacho, José. 2018. *Introducción a la sintaxis del español*. Cambridge University Press.

Campos, Héctor. 1993. *De la oración simple a la oración compuesta: curso superior de gramática española*. Washington, DC: Georgetown University Press.

Carnie, Andrew. 2011. *Modern syntax: A coursebook*. Cambridge University Press.

Eguren, L. y O. Fernández Soriano. 2004. *Introducción a una sintaxis minimista*. Madrid: Gredos.

Fernández Lagunilla, M. y A. Anula Rebollo, eds. 1995. *Sintaxis y cognición: Introducción al conocimiento, el procesamiento y los déficits sintácticos*. Madrid: Síntesis.

Gili Gaya, Samuel. 1972. *Curso superior de sintaxis del español*. Barcelona: Bibliograf.

Hernanz, María L. y José M. Brucart. 1987. *La sintaxis*. Barcelona: Crítica.

Hualde, J. I., A. Olarrea y E. O'Rourke, eds. 2012. *The handbook of Hispanic linguistics*. Oxford: Wiley-Blackwell.

King, L. y M. Suñer. 2008. *Gramática española: Análisis y práctica*. Long Grove, IL: Waveland Press.

MacKenzie, Ian. 2001. *A linguistic introduction to Spanish*. Munich: Lincom Europa.

Olarrea, Antxon. 2012. "Word order and information structure". En Hualde, Olarrea y O'Rourke (2012): 603–28.

Radford, Andrew. 1992. *Transformational grammar*. Nueva York: Cambridge University Press.

Real Academia Española. 1962. *Esbozo de una nueva gramática de la lengua española*. Madrid: Espasa-Calpe.

Seco, Rafael. 1975. *Manual de gramática española*. Madrid: Aguilar.

Zagona, Karen. 2001. *The syntax of Spanish*. Cambridge University Press.

Zubizarreta, María L. 1998. *Prosody, focus, and word order*. Cambridge, MA: MIT Press.

# 5 Historia de la lengua española

Canfield, D. Lincoln. 1981. *Spanish pronunciation in the Americas*. University of Chicago Press.

Corominas, Joan. 1973. *Breve diccionario etimológico de la lengua castellana*. 3a ed. Madrid: Gredos.

Gómez Moreno, Manuel. 1949. *Misceláneas: Historia-Arte-Arqueología*. Madrid: Consejo Superior de Investigaciones Científicas.

Gorrochategui, Joaquín. 1995. "The Basque language and its neighbors in antiquity". En José I. Hualde, Joseba A. Lakarra y R. L. Trask, eds. *Towards a history of the Basque language*, 31–63. Amsterdam y Philadelphia: John Benjamins.

Grupo d'Estudios de la Fabla Chesa. 1990. *De la gramática de lo cheso, fabla altoaragonesa*. Zaragoza: Octavio y Félez.

Harguindey, Henrique y Maruxa Barrio. 1995. *Antoloxía do conto popular galego*. 2a ed. Vigo: Galaxia.

Lapesa, Rafael. 1981. *Historia de la lengua española*. 9a ed. [1a ed., 1942]. Madrid: Gredos.

Lloyd, Paul. 1987. *From Latin to Spanish*. Philadelphia: American Philosophical Society.

Menéndez Pidal, Ramón. 1908. *Cantar de Mio Cid. Texto, gramática y vocabulario*. 3 vols. Madrid: Bailly-Baillière.

Menéndez Pidal, Ramón. 1973. *Manual de gramática histórica española*. 14a ed. [1a ed., 1904]. Madrid: Espasa-Calpe.

Michelena, Luis. 1985. *Fonética histórica vasca*. 3a ed. [1a ed., 1961]. Donostia-San Sebastián: Diputación de Guipúzcoa.

Penny, Ralph. 2000. *Variation and change in Spanish*. Cambridge University Press.

Penny, Ralph. 2002. *A history of the Spanish language*. 2a ed. Cambridge University Press.

Real Academia Española. 2005. *Diccionario panhispánico de dudas*. www.rae.es.

Sinner, Alejandro y Javier Velaza. 2019. *Paleohispanic languages and epigraphies*. Oxford University Press.

Trask, R. L. 1997. *The history of Basque*. Londres y Nueva York: Routledge.

Williams, Edwin. 1962. *From Latin to Portuguese: Historical phonology and morphology of the Portuguese language*. Philadelphia: University of Pennsylvania.

## 6 El estudio del significado: semántica y pragmática

Austin, J. L. 1962. *How to do things with words*. Cambridge, MA: Harvard University Press. 2a ed., 1975.

Brown, Penelope y Stephen Levinson. 1987. *Politeness: Some universals in human language use*. Cambridge University Press.

Croft, C. William y D. Alan Cruse. 2004. *Cognitive linguistics*. Cambridge University Press.

Cruse, D. A. 1986. *Lexical semantics*. Cambridge University Press.

Félix-Brasdefer, J. César. 2019. *Pragmática del español: Contexto, uso, variación*. Londres y Nueva York: Routledge.

Goddard, Cliff. 1998. *Semantic analysis: A practical introduction*. Oxford University Press. 2a ed., 2011.

Grice, H. P. 1975. "Logic and conversation". En Peter Cole y Jerry Morgan, eds. *Syntax and semantics: Speech acts*, vol. III, 41–58. Nueva York: Academic Press.

Gutiérrez-Rexach, Javier, ed. 2016. *Enciclopedia de Lingüística Hispánica*. 2 vols. Londres y Nueva York: Routledge.

Haverkate, Henk. 1994. *La cortesía verbal: Estudio pragmalingüístico*. Madrid: Gredos.

Lakoff, George y Mark Johnson. 1980. "The metaphorical structure of the human conceptual system". *Cognitive Science* 4(2): 195–208.

Leech, Geoffrey. 1983. *Principles of pragmatics*. Londres: Longman.

Levinson, Stephen. 1983. *Pragmatics*. Cambridge University Press.

Lyons, John. 1977. *Semantics*. 2 vols. Cambridge University Press.

Lyons, John. 1980. *Semántica*. Barcelona: Teide.

Márquez Reiter, Rosina y María Elena Placencia. 2005. *Spanish pragmatics*. Nueva York: Palgrave Macmillan.

Portolés, José. 2004. *Pragmática para hispanistas*. Madrid: Editorial Síntesis.

Real Academia Española. *Diccionario de la Lengua Española*. www.rae.es.

Reyes, Graciela. 1995. *El abecé de la pragmática*. Madrid: Arco.

Searle, John R. 1969. *Speech acts*. Londres: Cambridge University Press.

Wierzbicka, Anna. 1996. *Semantics: Primes and universals*. Oxford University Press.

## 7 Variación lingüística en español

Adelaar, Willem. 1991. "The endangered language problem: South America". En R. Robins y E. M. Uhlenbeck, eds. *Endangered languages*, 45–85. Providence, RI: Berg.

Adelaar, Willem. 2004. *The Languages of the Andes*. Cambridge University Press.

ALPI (Atlas lingüistico de la Península Ibérica). www.alpi.csic.ca.

ALPI (Atlas lingüistico de la Península Ibérica). Isoglosas del ALPI. www.jotamartin .byethost33.com/alpi0.php.

Alvar, Manuel, ed. 1996. *Manual de dialectología hispánica*. 2 vols.: vol. I, *El español de España*; vol. II, *El español de América*. Barcelona: Ariel.

Álvarez Caccamo, Celso. 1991. "Language revival, code manipulation and social power in Galiza: Off-record uses of Spanish in formal communicative events". En Carol A. Klee y Luis A. Ramos-García, eds. *Sociolinguistics of the Spanish-speaking world: Iberia, Latin America, United States*, 41–73. Tempe, AZ: Bilingual Press / Editorial Bilingüe.

Ayuntament de Barcelona - Institut d'Estadística de Catalunya (Idescat). 2008. Conocimiento lingüístico para del censo del 2001. www.idescat.cat/es/poblacio/poblcensling.html.

Azurmendi, María José, Nekane Larrañaga y Jokin Apalategi. 2008. "Bilingualism, identity, and citizenship in the Basque Country". En Mercedes Niño Murcia y Jason Rothman, eds. *Bilingualism and identity: Spanish at the crossroads with other languages*, 35–62. Amsterdam: John Benjamins.

Blas Arroyo, José Luis. 2008. "The variable expression of future tense in Peninsular Spanish: The present (and future) of inflectional forms in the Spanish spoken in a bilingual region". *Language Variation and Change* 20: 85–126.

Cacoullos, Rena Torres. 2002. "Le: From pronoun to verbal intensifier". *Linguistics* 40(2): 285–318.

Canfield, D. Lincoln. 1981. *Spanish pronunciation in the Americas*. University of Chicago Press.

CEPAL (Comisión Económica para América Latina y el Caribe). 2014. Tendencias y patrones de la migración latinoamericana y caribeña hacia 2010 y desafíos para una agenda regional. Santiago de Chile: Naciones Unidas. <https://repositorio.cepal.org/bitstream/handle/11362/37218/1/S1420586_es.pdf>.

Ciriza, María del Puy. 2009. The discursive construction of Basque "identities" and "epistemic stance" as an indicator. Tesis doctoral, University of Illinois at Urbana-Champaign.

Comunidad Autónoma Vasca (CAV) - Eusko Jaurlaritza. 2008. *IV Encuesta sociolingüística 2006*. Vitoria-Gasteiz: Comunidad Autónoma del País Vasco.

Courtney, Ellen H. 1998. Child acquisition of Quechua morphosyntax. Tesis doctoral, University of Arizona.

de los Heros, Susana. 1997. Language variation: The influence of speakers' attitudes and gender on sociolinguistic variables in the Spanish of Cuzco, Peru. Tesis doctoral.

Del Popolo, Fabiana and Susana Schkolnik. 2005. Census and indigenous people in Latin America: A regional methodology. www.stats.govt.nz/NR/rdonlyres/9A960348-FA02-4970-8852-A8A738312CB0/0/SESS19ab.pdf.

Elizaincín, Adolfo. 1992. *Dialectos en contacto. Español y portugués en España y América*. Montevideo: Arca.

Escobar, Anna María. 2000. *Contacto social y lingüístico: el español en contacto con el quechua en el Perú*. Lima: Pontificia Universidad Católica del Perú.

Escobar, Anna María. 2004. "Bilingualism in Latin America". En Tej K. Bhatia y William C. Ritchie, eds. *The handbook of bilingualism*, 642–61. Oxford: Blackwell Publishers.

Escobar, Anna María. 2007. "Migración, contacto de lenguas encubierto y difusión de variantes lingüísticas". *Revista Internacional de Lingüística Iberoamericana* 17: 93–107.

Fernández Rei, Francisco y Antón Santamarina Fernández, eds. 1999. *Estudios de sociolingüística románica. Linguas e variedades minorizadas.* Santiago de Compostela: Universidade de Santiago de Compostela.

Fernández-Ordóñez, Inés. 1999. "Leísmo, laísmo y loísmo". En Ignacio Bosque and Violeta Demonte, eds. *Gramática descriptiva de la lengua española*, vol. I, pp. 1317–97. Madrid: Espasa Calpe.

Fernández-Ordóñez, Inés. 2001. "Hacia una dialectología histórica. Reflexiones sobre la historia del leísmo, el laísmo y el loísmo". *Boletín de la Real Academia Española* 81: 389–464.

Fernández-Ordóñez, Inés, ed. 2004. Corpus oral y sonoro del español rural. www.uam.es/coser.

Fernández-Ordóñez, Inés. 2009. "Dialect grammar of Spanish from the perspective of the Audible Corpus of Spoken Rural Spanish (or Corpus Oral y Sonoro del Español Rural, COSER)." *Dialectologia* 3: 23–51.

Flores Farfán, José Antonio. 2007. "Buenas prácticas en la revitalización de lenguas". En Martina Schrader-Kniffki y Laura Mongenthaler, eds. *Ensayos en homenaje a Klaus Zimmermann*, 675–89. Frankfurt y Madrid: Vervuert / Iberoamericana.

Galindo Solé, Mireia. 2003. "Language contact phenomena in Catalonia: The influence of Catalan in spoken Castilian". En Lotfi Sayahi, ed. *Selected proceedings of the first workshop on Spanish sociolinguistics*, 18–29. Somerville, MA: Cascadilla Proceedings Project.

García Moreno, Aitor. 2006. "Innovación y arcaísmo en la morfosintaxis del judeoespañol clásico". *Revista Internacional de Lingüística Iberoamericana* 4 (2): 35–52.

García Mouton, Pilar. 1999. *Lenguas y dialectos de España.* Madrid: Arco/Libros.

González, María José. 1999. Immediate preverbal placement: A sociolinguistic analysis of Spanish in the Basque Country. Tesis doctoral, University of Illinois at Urbana-Champaign.

Granda, Germán de. 1988. *Sociedad, historia y lengua en el Paraguay.* Bogotá: Instituto Caro y Cuervo.

Granda, Germán de. 1989. *Estudios sobre el español de América y lingüística afroamericana.* Bogotá: Instituto Caro y Cuervo.

Granda, Germán de. 1999. *Español y lenguas indoamericanas en Hispanoamérica.* Universidad de Valladolid.

Gynan, Shaw Nicholas. 2003. "Paraguayan attitudes toward standard Guaraní and Spanish". *TRANS. Internet-Zeitschrift für Kulturwissenschaften* 15. www.inst.at/trans/15Nr/06_1/gynan15.htm.

Holmquist, Jonathan C. 1985. "Social correlates of a linguistic variable: A study in a Spanish village". *Language in Society* 14: 191–203.

Hornberger, Nancy y Serafín Coronel-Molina. 2004. "Quechua language shift, maintenance and revitalization in the Andes: The case for language planning". *International Journal of the Sociology of Language* 167: 9–67.

Hualde, José Ignacio y Armin Schwegler. 2008. "Intonation in Palenquero". *Journal of Pidgin and Creole Languages* 23(1): 1–31.

Instituto Nacional de Estadística de España (INE). 2003. Los cambios sociales de los últimos diez años. Cifras INE. Boletín del Instituto Nacional de Estadística. Censos de población y viviendas 2001. www.ine.es.

Instituto Nacional de Estadística de España (INE). 2004. Cambios en la composición de los hogares. Cifras INE. Boletín del Instituto Nacional de Estadística. Censos de población y viviendas 2001. www.ine.es.

Instituto Vasco de Estadística. 2019. www.eustat.eus.

Izazola, Haydea. 2004. "Migration to and from Mexico City, 1995–2000". *Environment and Urbanization* 16: 211. DOI: 10.1177/095624780401600117. http://eau .sagepub.com/cgi/content/abstract/16/1/211.

King, Kendall y Nancy Hornberger. 2004. "Introduction. Why a special issue about Quechua?" *International Journal of the Sociology of Language* 167: 1–9.

Klein, Flora. 2000. *Le/s la/s lo/s: Variación actual y evolución histórica*. Munich: Lincom Europa.

Lipski, John. 1994. *Latin American Spanish*. Londres y Nueva York: Longman.

Lipski, John. 2005. *A history of Afro-Hispanic language contact: Five centuries and five continents*. Cambridge University Press.

Lipski, John. 2006. "El dialecto afro-yungueño de Bolivia: en busca de las raíces del habla afro-hispánica". *Revista Internacional de Lingüística Iberoamericana* 4(2): 137–66.

Lipski, John. 2007. "El cambio /r/ > [d] en el habla afro-hispánica: ¿un rasgo fonético 'congo'?" *Boletín de Lingüística* 19(27): 94–114.

Lipski, John M. 2016. "Palenquero and Spanish". *Journal of Pidgin and Creole Languages* 31(1): 42–81.

Marshall, Steve. 2007. "New Latino diáspora and new zones of language contact: A social constructionist analysis of Spanish-speaking Latin Americans in Catalonia". En Jonathan Holmquist et al., eds. *Selected proceedings of the third workshop on Spanish sociolinguistics*, 150–61. Somerville, MA: Cascadilla Proceedings Project.

Minervini, Laura. 2006. "El desarrollo histórico del judeoespañol". *Revista Internacional de Lingüística Iberoamericana* 4(2): 13–34.

Moreno de Alba, José. 2006. "Unidad y diversidad del español: el léxico". *Nueva Revista de Filología Hispánica* 54(1): 175–89.

Muñoa Barredo, Inma. 1997. Pragmatic functions of code-switching among Basque-Spanish bilinguals. www.euskalnet.net/sjf/basquelinks1.htm.

Muysken, Pieter. 1981. "Halfway between Quechua and Spanish: A case for relexification". En Arnold Highfield y Albert Valdman, eds. *Historicity and variation in Creole studies*, 52–78. Ann Arbor, MI: Karoma Publishers.

Muysken, Pieter. 1985. "Contactos entre quechua y castellano en el Ecuador". En Segundo Moreno, ed. *Memorias del primer simposio europeo sobre antropología del Ecuador*, 377–452. Quito: Ediciones Abya.

Penny, Ralph. 2000. *Variation and change in Spanish*. Cambridge University Press.

Perissinotto, Giorgio Sabino. 1975. *Fonología del español hablado en la ciudad de México. Ensayo de un método sociolingüístico*. México: El Colegio de México.

Pollán, Celia. 2001. "The expression of pragmatic values by means of verbal morphology: A variationist study". *Language Variation and Change* 13: 59–89.

Quintana, Aldina. 2006. "Variación diatópica del judeoespañol". *Revista Internacional de Lingüística Iberoamericana* 4(2): 77–98.

Real Academia Galega. 2004. *Mapa sociolingüístico de Galicia 2004*. Vol. I, Lingua inicial e competencia lingüística en Galicia. Coruña: Real Academia Galega.

Rei-Doval, Gabriel. 2007. *A lingua galega na cidade no século XX: una aproximación sociolingüística*. Vigo: Edicións Xerais de Galicia.

Samper, José Antonio et al., eds. 1998. *Macrocorpus de la norma lingüística culta de las principales ciudades del mundo hispánico*. Las Palmas: Universidad de Las Palmas de Gran Canaria / Asociación de Lingüística y Filología de la América Latina.

Sánchez, Tara. 2008. "Accountability in morphological borrowing: Analyzing a linguistic system as a sociolinguistic variable". *Language Variation and Change* 20: 225–53.

Sayahi, Lotfi. 2006. "Phonetic features of Northern Moroccan Spanish". *Revista Internacional de Lingüística Iberoamericana* 4(2): 167–80.

Schwegler, Armin. 2011. "Palenque (Colombia)". En Manuel Díaz Campos, ed. *The handbook of Hispanic sociolinguistics*, 446–72. Oxford: Blackwell.

Schwenter, Scott. 2011. "Variationist approaches to Spanish morphosyntax". En Manuel Díaz Campos, ed. *The handbook of Hispanic sociolinguistics*, 123–47. Oxford: Blackwell.

Shappeck, Marco. 2009. "Interdiscursive practices of code-switching: Buying and selling in the cigarette/linguistic markets of Cuzco, Peru". American Association for Applied Linguistics, Costa Mesa, CA, April 21–24.

Siguan, Miquel. 1992. *España plurilingüe*. Madrid: Alianza.

Swann, Joan et al. 2004. *A dictionary of sociolinguistics*. Tuscaloosa: University of Alabama Press.

Urrutia Cárdenas, Hernán. 1995. "Morphosyntactic features in the Spanish of the Basque Country". En Carmen Silva-Corvalán, ed. *Spanish in four continents: Studies in language contact and bilingualism*, 243–59. Washington, DC: Georgetown University Press.

Vaquero de Ramírez, María. 1996. *El español de América*. 2 vols.: vol. I, *Pronunciación*; vol. II, *Morfosintaxis y léxico*. Madrid: Arco/Libros.

Vidal Figueroa, Tiago. 1997. "Estructuras fonéticas de tres dialectos de Vigo". *Verba* 24: 313–32.

von Gleich, Utta y Wolfgang Wölck. 1994. "Changes in the use and attitudes of Quechua-Spanish bilinguals in Peru". En Peter Cole, Gabriella Hermon y Mario Daniel Martin, eds. *Language in the Andes*, 27–50. Newark, DE: Latin American Studies.

Winford, Donald. 2003. *Introduction to contact linguistics*. Oxford: Blackwell.

Xunta de Galicia. 2003. Lengua. www.xunta.es/galicia2003/ES/05_03.htm.

Zamora Vicente, Alonso. 1985. *Dialectología española*. Madrid: Gredos.

Zajícová, Lenka. 2009. "Formas del jopara". En Anna María Escobar y Wolfgang Wölck, eds. *Contacto lingüístico y la emergencia de variantes y variedades lingüísticas*, 14–26. Madrid / Frankfurt: Iberoamericana / Vervuert.

## 8 El español en los Estados Unidos

Aaron, Jessi E. 2004. "So respetamos un tradición del uno al otro. So and entonces in New Mexican bilingual discourse". *Spanish in Context* 1(2): 161–79.

Aaron, Jessi E. y José Esteban Hernández. 2007. "Quantitative evidence for contact-induced accommodation: Shifts in /s/ reduction patterns in Salvadoran Spanish in Houston". En Kim Potowski y Richard Cameron, eds. *Spanish in contact*, 329–44. Amsterdam: John Benjamins.

Arriagada, Paula A. 2005. "Family context and Spanish-language use: A study of Latino children in the United States". *Social Science Quarterly* 86(3): 599–619.

Baca, Isabel. 2000. English, Spanish or los dos?: Examining language behavior among four English/Spanish bilingual families residing on the El Paso, Texas/Juarez, Mexico border. Tesis doctoral, University of New Mexico.

Barker, George C. 1975. "Pachuco: An American Spanish argot and its social function in Tucson, Arizona". En Eduardo Hernández-Chávez, Andrew D. Cohen y Anthony F. Bertrano, eds. *El lenguaje de los chicanos*, 183–201. Arlington, VA: Center for Applied Linguistics.

Baron, Dennis. 2008. Official English from the schoolhouse to the White House. www.english.uiuc.edu/-people-/faculty/debaron/essays/ytalk.pdf.

Bernal Labrada, Emilio. 2008. "La publicidad". En *Enciclopedia del español en los Estados Unidos*, 1013–20. Madrid: Instituto Cervantes.

Bills, Garland. 1997. "New Mexican Spanish: Demise of the earliest European variety in the United States". *American Speech* 72: 154–71.

Bills, Garland. 2005. "Las comunidades lingüísticas y el mantenimiento del español en los Estados Unidos. Contactos y contextos lingüísticos". En Luis Ortiz López y Manel Lacorte, eds. *El español en los Estados Unidos y en contacto con otras lenguas*, 55–83. Madrid / Frankfurt: Iberoamericana / Vervuert.

Bills, Garland, E. Hernández Chávez y Alan Hudson. 1995. "The geography of language shift: Distance from the Mexican border and Spanish language claiming in the Southwestern U.S." *International Journal of the Sociology of Language* 114: 9–27.

Bills, Garland, Eduardo Hernández-Chávez y Alan Hudson. 2000. "Spanish home language use and English proficiency as differential measures of language maintenance and shift". *Southwest Journal of Linguistics* 19(1): 11–27.

Bowen, J. Donald. 1975. "Adaptation of English borrowing". En Eduardo Hernández-Chávez, Andrew Cohen y Anthony F. Beltramo, eds. *El lenguaje de los chicanos*, 115–21. Arlington, VA: Center for Applied Linguistics.

Bustos Flores, Belinda, Susan Keehn y Bertha Pérez. 2002. "Critical need for bilingual education teachers: The potentiality of normalistas and paraprofessionals". *Bilingual Research Journal* 26(3): 501–24.

Cacoullos, Rena Torres. 2002. "Le: From pronoun to verbal intensifier". *Linguistics* 40(2): 285–318.

Cacoullos, Rena Torres y Fernanda Ferreira. 2000. "Lexical frequency and voiced labiodental-bilabial variation in New Mexican Spanish". *Southwest Journal of Linguistics* 19(2): 1–17.

Carreira, María. 2007. "Spanish-for-native-speaker matters: Narrowing the Latino achievement gap through Spanish language instruction". *Heritage Language Journal* [*Special Issue on TESOL and Heritage Language Education*] 5(1): 147–71.

Cashman, Holly R. 2001. "Social network and English/Spanish bilingualism in Detroit, Michigan". *Revista Internacional de Lingüística Iberoamericana* 1(2): 59–78.

Center for Applied Linguistics. 2008. World language teaching in US schools. Preliminary results from the national K–12 foreign language survey. www.cal.org/flsurvey/prelimbrochure08.pdf.

Clegg, J. Halvor. 2000. "Morphological adaptation of anglicisms into the Spanish of the Southwest". En Ana Roca, ed. *Research on Spanish in the United States: Linguistic issues and challenges*, 154–61. Somerville, MA: Cascadilla Press.

Coles, Felice Anne. 1991. "The Isleño dialect of Spanish: Language maintenance strategies". En Carol Klee y Luis Ramos-García, eds. *Sociolinguistics of the Spanish-speaking world: Iberia, Latin America, United States*, 312–28. Tempe, AZ: Bilingual Press / Editorial Bilingue.

Coles, Felice Anne. 1993. "Language maintenance institutions of the Isleño dialect of Spanish". En Ana Roca y John Lipski, eds. *Spanish in the United States: Linguistic contact and diversity*, 121–33. Berlin: Mouton de Gruyter.

Connor, Olga. 2008. "La televisión". En *Enciclopedia del español en los Estados Unidos*, 497–504. Madrid: Instituto Cervantes.

Crawford, James. 2007. "Loose ends in a tattered fabric: The inconsistency of language rights in the United States". En J. Magnet, ed. *Language rights in comparative perspective*. Markham, Ontario: Lexis Nexis Butterworths. http://ourworld .compuserve.com/homepages/JWCrawford/.

De la Cuesta, Leonel Antonio. 2008. "La lengua española y la legislación estadounidense". En *Enciclopedia del español en los Estados Unidos*, 541–49. Madrid: Instituto Cervantes.

Domínguez, Carlos. 2008. "La enseñanza del español en cifras". En *Enciclopedia del español en los Estados Unidos*, 429–48. Madrid: Instituto Cervantes.

Elías-Olivares, Lucía. 1976. "Chicano language varieties and uses in East Austin". En M. Reyes Mazón, ed. *Swallow IV: Linguistics and education*, 195–220. San Diego: Institute for Cultural Pluralism.

Escobar, Anna María y Kim Potowski. 2015. *El español de los Estados Unidos*. Cambridge University Press.

Espinosa, Aurelio. 1911. *The Spanish language in New Mexico and Southern Colorado*. Santa Fe, NM: New Mexican Printing Company.

Espinosa, Aurelio. 1915. *Studies in New Mexican Spanish. Part III: The English elements*. Halle: Ehrhardt Karras G.M.B.H.

Evans, Carol. 1996. "Ethnolinguistic vitality, prejudice, and family language transmission". *The Bilingual Research Journal* 20(2): 177–207.

Farr, Marcia, ed. 2005. *Latino language and literacy in ethnolinguistic Chicago*. Mahwah, NJ: Lawrence Erlbaum.

Ferguson, Charles A. 1959. "Diglossia". *Word* 15: 325–40.

Finegan, Edward y John Rickford. 2004. *Language in the USA: Themes for the twenty-first century*. Cambridge University Press.

Fishman, Joshua. 1966. *Language loyalty in the United States*. The Hague: Mouton.

Fishman, Joshua. 1991. *Reversing language shift: Theoretical and empirical foundations of assistance to threatened languages*. Clevedon: Multilingual Matters.

Fishman, Joshua, ed. 2001. *Can threatened languages be saved?: Reversing language shift, revisited: A 21st century perspective*. Buffalo: Multilingual Matters.

Fishman, Joshua, Robert L. Cooper, Roxana Ma et al. 1971. *Bilingualism in the barrio*. Bloomington: Indiana University Press.

Flores, Antonio, Gustavo López y Jynnah Radford. 2017. 2015, Hispanic population in the United States statistical portrait. Pew Research Center, Hispanic Trends, September 18.

Flores-Ferrán, Nydia. 2007a. "Los mexicanos in New Jersey: Pronominal expression and ethnolinguistic aspects". En Jonathan Holmquist et al., eds. *Selected proceedings of the third workshop on Spanish sociolinguistics*, 85–91. Somerville, MA: Cascadilla Proceedings Project.

Flores-Ferrán, Nydia. 2007b. "A bend in the road: Subject personal pronoun expression in Spanish after 30 years of sociolinguistic research". *Language and Linguistics Compass* 1(6): 624–52. DOI: 10.1111/j.1749-818x.2007.00031.x.

Fought, Carmen. 2006. "Language, ethnicity, and social identity". En *Language and ethnicity*. Cambridge University Press.

Fry, Richard y Felisa Gonzales. 2008. *One-in-five and growing fast: A profile of Hispanic public school students*. Washington, DC: Pew Hispanic Center.

Galindo, Leticia. 1991. "A sociolinguistic study of Spanish language maintenance and linguistic shift towards English among Chicanos". *Lenguas Modernas* 18: 107–16.

Galindo, Leticia. 1992. "Dispelling the male-only myth: Chicanas and caló". *Bilingual Review / Revista Bilingüe* 17: 3–35.

Galindo, D. Leticia. 1996. "Language use and language attitudes: A study of border women". *Bilingual Review / Revista Bilingüe* 21(1): 5–17.

García, Mary Ellen. 2005. "Influences of Gypsy caló on contemporary Spanish slang". *Hispania* 88(4): 800–12.

García, Ofelia. 2008a. "El uso del español en la enseñanza. La educación bilingüe". En *Enciclopedia del español en los Estados Unidos*, 417–22. Madrid: Instituto Cervantes.

García, Ofelia. 2008b. "La enseñanza del español como lengua extranjera". En *Enciclopedia del español en los Estados Unidos*, 423–28. Madrid: Instituto Cervantes.

Gómez Font, Alberto. 2008. "La prensa escrita". En *Enciclopedia del español en los Estados Unidos*, 473–81. Madrid: Instituto Cervantes.

Gordon, Matthew. 2000. "Phonological correlates of ethnic identity: Evidence of divergence?" *American Speech* 72(2): 115–36.

Grenoble, Lenore y Lindsay J. Whaley. 2006. *Saving languages: An introduction to language revitalization*. Cambridge University Press.

Grosjean, François. 1982. *Life with two languages: An introduction to bilingualism*. Cambridge, MA: Harvard University Press.

Gumperz, John J. 1982. *Discourse strategies*. Cambridge University Press.

Heine, Bernd y Tania Kuteva. 2005. *Language contact and grammatical change*. Cambridge University Press.

Hernández, José Esteban. 2002. "Accommodation in a dialect contact situation". *Revista de Filología y Lingüística de la Universidad de Costa Rica* 28(2): 93–110.

Hernández, José Esteban. 2007. "Ella me dijo, seguí adelante, sigue estudiando: Social and semantic differentiation in casual form of address variation". *Bulletin of Hispanic Studies* 84: 703–24.

Hidalgo, Margarita G. 1986. "Language contact, language loyalty and language prejudice on the Mexican border". *Language in Society* 15: 193–220.

Hidalgo, Margarita. 1993. "The dialectics of Spanish language loyalty and maintenance on the U.S.–Mexico border: A two-generation study". En Ana Roca y John M. Lipski, eds. *Spanish in the United States: Linguistic contact and diversity*, 47–74. Berlin: Mouton de Gruyter.

Hidalgo, Margarita. 1995. "Language and ethnicity in the 'taboo' region: The U.S.-Mexican border". *International Journal of the Sociology of Language* 114: 29–45.

Hidalgo, Margarita. 2001. "Spanish language shift reversal on the U.S.–Mexico border and the extended third space". *Journal of Language and Intercultural Communication* 1: 57–75.

Hualde, José Ignacio y Armin Schwegler. 2008. "Intonation in Palenquero". *Journal of Pidgin and Creole Languages* 23(1): 1–31.

Hurtado, Aída y Luis Vega. 2004. "Shift happens: Spanish and English transmission between parents and their children". *Journal of Social Issues* 60(1): 137–55.

Johnson, Fern L. 2000. *Speaking culturally: Language diversity in the United States.* Thousand Oaks, CA: Sage Publications.

Kandel, William. 2005. Rural Hispanics at a glance. Economic Information Bulletin No. (EIB-8). www.ers.usda.gov/publications/EIB8/eib8.pdf.

Kindler, Anneka. 2002. *Survey of the states' limited English proficient students and available educational programs and services 2000–2001. Summary Report.* Washington, DC: National Clearinghouse for English Language Acquisition & Language Instruction Educational Programs.

Lance, Donald M. 1975. "Spanish–English code-switching". En Eduardo Hernández-Chávez, Andrew D. Cohen y Anthony F. Bertrano, eds. *El lenguaje de los chicanos*, 138–53. Arlington, VA: Center for Applied Linguistics.

Lestrade, Patricia M. 2002. "The continuing decline of Isleño Spanish in Louisiana". *Southwest Journal of Linguistics* 21(1): 99–117.

Lipski, John. 1990. *The language of the Isleños: Vestigial Spanish in Louisiana.* Baton Rouge: Louisiana State University Press.

Lipski, John. 2000. "The linguistic situation of Central Americans". En Sandra Lee McKay y Sau-Ling Cynthia Wong, eds. *New immigrants in the United States*, 189–215. Cambridge University Press.

Lipski, John. 2005. "Code-switching or borrowing? No sé so no puedo decir, you know". En Lotfi Sayahi y Maurice Westmoreland, eds. *Selected proceedings of the second workshop on Spanish sociolinguistics*, 1–15. Somerville, MA: Cascadilla Proceedings Project.

Lipski, John. 2007. "Spanish, English or Spanglish? Truth and consequences of U.S. Latino bilingualism". En Nelsy Echávez-Solano y Kenya C. Dworkin y Méndez, eds. *Spanish and empire*, 197–218. Nashville, TN: Vanderbilt University Press.

Lipski, John. 2008. *Varieties of Spanish in the United States.* Washington, DC: Georgetown University Press.

Lipski, John. 2016. "Palenquero and Spanish: A first psycholinguistic exploration". *Journal of Pidgin and Creole Languages* 31(1): 42–81.

Lipski, John y Ana Roca. 1993. *Spanish in the United States: Linguistic contact and diversity.* Berlin y Nueva York: Mouton de Gruyter.

López Morales, Humberto. 2008a. "Los cubanos". En *Enciclopedia del español de los Estados Unidos*, 112–23. Madrid: Instituto Cervantes.

López Morales, Humberto, ed. 2008b. *Enciclopedia del español de los Estados Unidos.* Madrid: Instituto Cervantes.

Lutz, Amy. 2002. Bilingualism in the USA: Language outcomes and opportunities for Latinos. Tesis doctoral, State University of New York, Albany.

Lutz, Amy. 2006. "Spanish maintenance among English-speaking Latino youth: The role of individual and social characteristics". *Social Forces* 84(3): 1417–33.

Lynch, Andrew. 2000. The subjunctive in Miami Cuban Spanish: Bilingualism, contact, and language variability. Tesis doctoral, University of Minnesota.

MacGregor-Mendoza, Patricia. 2005. "El desplazamiento intergeneracional del español en los Estados Unidos: Una aproximación". En Luis A. Ortiz López y Manel Lacorte, eds. *El español en los Estados Unidos y en contacto con otras lenguas*, 287–300. Madrid: Iberoamericana.

Macías, Reynaldo F. 2000. "The flowering of America: Linguistic diversity in the United States". En Sandra McKay y Sau-Ling C. Wong, eds. *New immigrants in the United States*, 11–57. Cambridge University Press.

Marcos Marín, Francisco A. 2008a. "Los servicios religiosos". En *Enciclopedia del español de los Estados Unidos*, 975–77. Madrid: Instituto Cervantes.

Marcos Marín, Francisco A. 2008b. "Atención al ciudadano". En *Enciclopedia del español de los Estados Unidos*, 987–1001. Madrid: Instituto Cervantes.

Marcos Marín, Francisco A. y Domingo Gómez. 2008. "Servicios médicos". En *Enciclopedia del español de los Estados Unidos*, 978–86. Madrid: Instituto Cervantes.

Martínez Mira, María Isabel. 2006. Mood simplification: Adverbial clauses in heritage Spanish. Tesis doctoral, University of Illinois at Urbana-Champaign.

Matus-Mendoza, María de la Luz. 2002. *Linguistic variation in Mexican Spanish as spoken in two communities: Moroleón, Mexico and Kennett Square, Pennsylvania*. Lewiston, NY: Edwin Mellen Press.

Matus-Mendoza, María de la Luz. 2004. "Assibilation of /-r/ and migration among Mexicans". *Language Variation and Change* 16: 17–30.

McKay, Sandra Lee y Sau-Ling Cynthia Wong. 2000. *New immigrants in the United States*. Cambridge University Press.

Mejías, Hugo y Pamela Anderson. 1988. "Attitude towards use of Spanish on the South Texas border". *Hispania* 71(2): 401–07.

Mejías, Hugo A., Pamela L. Anderson-Mejías y Ralph Carlson. 2003. "Attitude update: Spanish on the South Texas border". *Hispania* 86(1): 138–50.

Mendieta, Eva. 1999. *El préstamo en el español de los Estados Unidos*. Nueva York: Peter Lang.

Miranda, Marcos y Elinet Medina. 2008. "La radio hispana en los EE.UU." En *Enciclopedia del español de los Estados Unidos*, 482–96. Madrid: Instituto Cervantes.

Montes-Alcalá, Cecilia. 2007. "Blogging in two languages: Code-switching in bilingual blogs". En Jonathan Holmquist et al., eds. *Selected proceedings of the third workshop on Spanish sociolinguistics*, 162–70. Somerville, MA: Cascadilla Proceedings Project.

Morales, Amparo. 2000. "¿Simplificación o interferencia?: El español de Puerto Rico". *International Journal of the Sociology of Language* 142: 35–62.

Morales, Amparo. 2008. "Puertorriqueños". En *Enciclopedia del español de los Estados Unidos*, 284–310. Madrid: Instituto Cervantes.

Myers-Scotton, Carol. 1993. *Duelling languages: Grammatical structure in code-switching*. Oxford: Clarendon Press.

Nelde, Peter Hans. 2001. "Language conflict". En Florian Coulmas, ed. *The handbook of sociolinguistics*, 285–300. Oxford: Blackwell.

Ornstein, Jacob. 1975. "The archaic and the modern in the Spanish of New Mexico". En Eduardo Hernández-Chávez, Andrew Cohen y Anthony Beltramo, eds. *El lenguaje de los chicanos*, 6–12. Arlington, VA: Center for Applied Linguistics.

Ornstein-Galicia, Jacob L. 1987. "Chicano caló: Description and review of a border variety". *Hispanic Journal of Behavioral Sciences* 9(4): 359–73.

Ornstein-Galicia, Jacob L. 1995. "Totacho a todo dar: Communicative functions of Chicano caló along the US–Mexico border". *La Linguistique* 31(1): 117–29.

Ortiz López, Luis y Manel Lacorte, eds. 2005. *Contactos y contextos lingüísticos: El español en los Estados Unidos y en contacto con otras lenguas*. Madrid / Frankfurt: Iberoamericana / Vervuert.

Otheguy, Ricardo y Ana Celia Zentella. 2007. "Apuntes preliminares sobre el contacto lingüístico y dialectal en el uso pronominal del español en Nueva York". En Kim Potowski y Richard Cameron, eds. *Spanish in contact: Policy, social, and linguistic inquiries*, 275–95. Amsterdam: John Benjamins.

Otheguy, Ricardo, Ana Celia Zentella y David Livert. 2007. "Language and dialect contact in Spanish in New York: Toward the formation of a speech community". *Language* 83(4): 770–802.

Otheguy, Ricardo, Ofelia García y Ana Roca. 2000. "Speaking in Cuban: The language of Cuban Americans". En Sandra Lee McKay y Sau-Ling Cynthia Wong, eds. *New immigrants in the United States*, 165–88. Cambridge University Press.

Páez, M., P. O. Tabors y L. M. López. 2007. "Dual language and literacy development of Spanish-speaking preschool children". *Journal of Applied Developmental Psychology* 28(2): 85–102.

Peñalosa, Fernando. 1980. *Chicano sociolinguistics*. Rowley, MA: Newbury House.

Pew Hispanic Center. 2006. *A statistical portrait of Hispanics at mid-decade*. Washington, DC: Pew Hispanic Center. http://pewhispanic.org/reports/middecade.

Pew Hispanic Center. 2008a. *Statistical portrait of Hispanics in the United States, 2006*. Washington, DC: Pew Hispanic Center. http://pewhispanic.org/factsheets/factsheet.php?FactsheetID=35.

Pew Hispanic Center. 2008b. *Statistical portrait of the foreign-born population in the United States, 2006*. http://pewhispanic.org/factsheets/factsheet.php?FactsheetID=36.

Pew Hispanic Center. 2008c. *One-in-five and growing fast: A profile of Hispanic public school students*. http://pewhispanic.org/reports/report.php?ReportID=92.

Poplack, Shana. 1980. "Sometimes I'll start a sentence in English y termino en español". *Linguistics* 18: 581–618. Reimpreso en Jon Amastae y Lucía Elías-Olivares, eds. *Spanish in the United States: Sociolinguistic aspects*, 230–63. Cambridge University Press, 1982. Reimpreso en version ampliada en Li Wei, ed. *The bilingualism reader*, 221–56. Londres: Routledge, 2000.

Poplack, Shana y Marjorie Meechan. 1995. "Patterns of language mixture: Nominal structure in Wolof-French and Fongbe-French bilingual discourse". En Lesley Milroy y Peter Muysken, eds. *One speaker, two languages: Cross-disciplinary perspectives on codeswitching*, 199–232. Cambridge University Press.

Potowski, Kim. 2004. "Spanish language shift in Chicago". *Southwest Journal of Linguistics* 23: 87–117.

Potowski, Kim. 2005a. *Fundamentos de la enseñanza del español a hispanohablantes en los EE.UU*. Madrid: Arco/Libros.

Potowski, Kim. 2005b. *Language and identity in a dual immersion school*. Clevedon: Multilingual Matters Limited.

Potowski, Kim. 2008a. "'I was raised talking like my mom': The influence of mothers in the development of MexiRicans' phonological and lexical features". En Jason Rothman y Mercedes Niño-Murcia, eds. *Linguistic identity and bilingualism in different Hispanic contexts*, 201–20. Nueva York: John Benjamins.

Potowski, Kim. 2008b. "Los hispanos de etnicidad mixta". En *Enciclopedia del español de los Estados Unidos*, 410–13. Madrid: Instituto Cervantes.

Ramírez, Arnulfo G. 1992. *El español de los Estados Unidos: El lenguaje de los hispanos*. Madrid: Mapfre.

Ramos-Pellicia, Michelle. 2004. Language contact and dialect contact: Cross-generational phonological variation in a Puerto Rican community in the Midwest of the United States. Tesis doctoral, Ohio State University.

Ramos-Pellicia, Michelle. 2007. "Lorain Puerto Rican Spanish and 'r' in three generations". En Jonathan Holmquist y Lofti Sayahi, eds. *Selected proceedings of the third workshop on Spanish sociolinguistics*, 53–60. Somerville, MA: Cascadilla Proceedings Project.

Roca, Ana, ed. 2000. *Research on Spanish in the United States*. Somerville, MA: Cascadilla Press.

Roca, Ana y John M. Lipski, eds. 1993. *Spanish in the United States: Linguistic contact and diversity*. Berlin: Mouton de Gruyter.

Roca, Ana y John Jensen, eds. 1996. *Spanish in contact: Issues in bilingualism*. Somerville, MA: Cascadilla Press.

Roeder, Rebecca. 2006. Ethnicity and sound change: Mexican American accommodation to the northern cities shift in Lansing, Michigan. Tesis doctoral, Michigan State University.

Romaine, Suzanne. 2007. "Preserving endangered languages". *Language and Linguistics Compass* 1(1–2): 115–32.

Said-Mohand, Aixa. 2006. Estudio sociolingüístico de los marcadores *como, entonces, tú sabes* en el habla de bilingües estadounidenses. Tesis doctoral, University of Florida.

Sánchez, Rosaura. 1983. *Chicano discourse. A socio-historic perspective*. Rowley, Mass: Newbury House. Reimpreso por Houston: Arte Público Press, 1994.

Sankoff, David, and Shana Poplack. 1981. "A formal grammar for code-switching". *Papers in Linguistics* 14(1–4): 3–45.

Santa Ana, Otto. 1993. "Chicano English and the nature of the Chicano language setting". *Hispanic Journal of Behavioral Sciences* 15: 3–35.

Schwegler, Armin. 2011. "Palenque (Colombia): Multilingualism in an extraordinary social and historical context". En Manuel Díaz Campos, ed. *The handbook of Hispanic sociolinguistics*, 446–72. Oxford: Blackwell.

Segura, Joaquín. 2008. "Traducción y traductores". En *Enciclopedia del español de los Estados Unidos*, 961–72. Madrid: Instituto Cervantes.

Silva Corvalán, Carmen. 1994. *Language contact and change*. Oxford: Clarendon Press.

Silva Corvalán, Carmen. 2004. "Spanish in the Southwest". En Edward Finegan y John Rickford, eds. *Language in the USA: Themes for the twenty-first century*, 205–29. Cambridge University Press.

Silva Corvalán, Carmen y Andrew Lynch. 2008. "Los mexicanos". En *Enciclopedia del español de los Estados Unidos*, 104–11. Madrid: Instituto Cervantes.

Silva Corvalán, Carmen, Andrew Lynch, Patricia MacGregor y Kim Potowski. 2008. "Latinos e hispanohablantes: grados de dominio del español". En *Enciclopedia del español de los Estados Unidos*, 247–83. Madrid: Instituto Cervantes.

Smead, Robert N. 1998. English loanwords in Chicano Spanish: Characterization and rationale. *The Bilingual Review/La revista bilingüe*, 23(2): 113–23.

Smead, Robert N. y Halvor Clegg. 1996. "English calques in Chicano Spanish". En Ana Roca y John Jensen, eds. *Spanish in contact: Issues in bilingualism*, 123–30. Somerville, MA: Cascadilla.

Smith, Daniel J. 2006. "Thresholds leading to shift: Spanish/English codeswitching and convergence in Georgia, U.S.A." *International Journal of Bilingualism* 10(2): 207–40.

Stavans, Ilán. 2003. *Spanglish: The making of a new American language*. Nueva York: Harper Collins.

Stoll, H. George. 1967. U.S. territorial growth 1830. Perry-Castañeda Library: Map Collection. University of Texas at Austin. www.lib.utexas.edu/maps/united_states/us_terr_1830.jpg.

Torres, Lourdes. 1997. *Puerto Rican discourse: A sociolinguistic study of a New York suburb*. Mahwah, NJ: Lawrence Erlbaum.

Torres, Lourdes. 2003. "Bilingual discourse markers in Puerto Rican Spanish". *Language in Society* 31: 65–83.

Torres, Lourdes y Kim Potowski. 2009. "A comparative study of bilingual discourse markers in Chicago Mexican, Puerto Rican, and MexiRican Spanish". *International Journal of Bilingualism* 12(4): 263–79.

Trinch, Shonna. 2007. "Bilingualism and representation: Locating Spanish-English contact in legal institutional memory". *Language in Society* 35: 559–93.

U.S. Census Bureau. 2001. The Hispanic population: 2000. Census 2000 Brief. www.census.gov/population/www/cen2000/briefs/index.html.

U.S. Census Bureau. 2002. Demographic trends in the 20th century. Census 2000 Special Reports (CENSR-4). www.census.gov/population/www/cen2000/briefs/index.html.

U.S. Census Bureau. 2003a. Educational attainment. www.census.gov/population/www/cen2000/briefs/index.html.

U.S. Census Bureau. 2003b. Language use and English-speaking ability: 2000. www.census.gov/population/www/cen2000/briefs/index.html.

U.S. Census Bureau. 2004a. We the people: Hispanics in the US. www.census.gov/population/www/cen2000/briefs/index.html.

U.S. Census Bureau. 2004b. Foreign-born population in the United States, 2003. Population characteristics (Current population reports by Luke J. Larsen). www.census.gov/prod/2004pubs/p20-551.pdf.

U.S. Census Bureau. 2005. American Community Survey: Selected characteristics in the United States. http://factfinder.census.gov/servlet/DatasetMainPageServlet?_program=ACS.

U.S. Census Bureau. 2006a. Hispanics in U.S. Current population survey, Annual social and economic supplement 2006. www.census.gov/population/socdemo/hispanic/cps2006/CPS_Powerpoint_2006.ppt.

U.S. Census Bureau. 2006b. Geographic distribution of the Hispanic population: 2000 to 2006. www.census.gov/population/www/socdemo/hispanic/files/Internet_Hispanic_in_US_2006.ppt.

U.S. Census Bureau. 2007a. The American community – Hispanic – 2004. American Community Survey reports. www.census.gov/prod/2007pubs/acs-03.pdf.

U.S. Census Bureau. 2007b. Census atlas of the United States. Census 2000 special reports. Series CENSR-29. www.census.gov/population/www/cen2000/censusatlas/.

U.S. Census Bureau. 2008a. U.S. Hispanic population surpasses 45 million. www.census.gov/Press-Release/www/releases/archives/population/011910.html.

U.S. Census Bureau. 2008b. Press release for 2008 national projections. www.census.gov/Press-Release/www/releases/archives/population/012496.html.

U.S. Census Bureau. 2008c. A compass for understanding and using American Community Survey data: What high school teachers need to know. www.census.gov/acs/www/Downloads/ACSTeacherHandbook.pdf.

U.S. Census Bureau. 2011. The Hispanic population: 2010 Census briefs [C2010BR-04]. www.census.gov/library/publications/2011/dec/c2010br-04.html.

Valdés, Guadalupe. 1997. "Bilinguals and multilingualism: Language policy in an anti-immigrant age". *International Journal of the Sociology of Language* 127: 25–52.

Valdés, Guadalupe. 2000. "Bilingualism and language use among Mexican Americans". En Sandra Lee McKay y Sau-Ling Cynthia Wong, eds. *New immigrants in the U.S.*, 99–136. Cambridge University Press.

Varela, Beatriz. 2000. "El español cubanoamericano". En Ana Roca, ed. *Research on Spanish in the United States*, 173–76. Somerville, MA: Cascadilla Press.

Velázquez, Isabel. 2008. Intergenerational Spanish language transmission: Attitudes, motivations and linguistic practices in two Mexican American communities. Tesis doctoral, University of Illinois at Urbana-Champaign.

Villa, Daniel. 2000a. Languages have armies and economies too: The presence of US Spanish in the Spanish-speaking world. *Southwest Journal of Linguistics*, 19: 143–54.

Villa, Daniel, ed. 2000b. *Southwest Journal of Linguistics* [special issue: *Studies in Language Contact: Spanish in the U.S.*] 19(2).

Winford, Donald. 2003. *Introduction to contact linguistics*. Oxford: Blackwell.

Wolfram, Walt, Phillip Carter y Beckie Moriello. 2004. "Emerging Hispanic English: New dialect formation in the American South". *Journal of Sociolinguistics* 8(3): 339–58.

Wolfram, Walt y Natalie Schilling-Estes. 2005. *American English*. Oxford: Blackwell.

Wright, Wayne. 2007. "Heritage language programs in the era of English-Only and No Child Left Behind". *Heritage Language Journal* [*Special Issue on TESOL and Heritage Language Education*] 5(1): 1–26.

Zentella, Ana Celia. 1982. "Code-switching and interactions among Puerto Rican children". En Jon Amastae y Lucía Elías-Olivares, eds. *Spanish in the United States: Sociolinguistic aspects*, 354–85. Cambridge University Press.

Zentella, A. C. 1990. "Lexical leveling in four New York City Spanish dialects: Linguistic and social factors". *Hispania* 73: 1094–105.

Zentella, Ana Celia. 1997a. *Growing up bilingual: Puerto Rican children in NYC*. Malden, MA: Blackwell.

Zentella, Ana Celia. 1997b. "The Hispanophobia of the Official English movement in the United States". *International Journal of the Sociology of Language* 127: 71–86.

Zentella, Ana Celia. 2000. "Confronting the linguistic repercussions of colonialism". En Sandra Lee McKay y Sau-Ling Cynthia Wong, eds. *New immigrants in the U.S.*, 99–136. Cambridge University Press.

Zentella, Ana Celia. 2004. "Spanish in the Northeast". En Edward Finegan y John Rickford, eds. *Language in the USA: Themes for the twenty-first century*, 182–204. Cambridge University Press.

## 9 Enseñanza y aprendizaje del español

American Council on the Teaching of Foreign Languages (ACTFL). 2006. *The world-readiness standards for learning languages*. Yonkers, NY: National Standards in Education Project.

Antón, M. 2011. "A review of recent research (2000–2008) on applied linguistics and language teaching with specific reference to L2 Spanish". *Language Teaching* 44(1): 78–112.

Baddeley, A. 1992. "Working memory". *Science* 255(5044): 556–59.

Birdsong, D., ed. 1999. *Second language acquisition and the critical period hypothesis*. Mahwah, NJ: Lawrence Erlbaum Associates.

Blake, R. J. 2013. *Brave New Digital Classroom: Technology and foreign language learning*. 2a ed. Washington, DC: Georgetown University Press.

Bowden, H. W., C. Sanz y C. A. Stafford. 2005. "Individual differences: Age, sex, working memory, and prior knowledge". En C. Sanz, ed. *Mind and context in adult second language acquisition: Methods, theory, and practice*, 105–40. Washington, DC: Georgetown University Press.

Bowden, H. W., K. Steinhauer, C. Sanz y M. T. Ullman. 2013. "Native-like brain processing of syntax can be attained by university foreign language learners". *Neuropsychologia* 51(13): 2492–511.

Chaudron, C. 1988. *Second language classrooms: Research on teaching and learning*. Cambridge University Press.

De Graaff, R. 1997. *Differential effects of explicit instruction on second language acquisition*. Leiden: Holland Institute of Generative Linguistics.

Díaz-Campos, M. 2004. "Context of learning in the acquisition of Spanish second language phonology". *Studies in Second Language Acquisition* 26(2): 249–73. doi:10.1017/S0272263104262052.

Dörnyei, Z. 2005. *The psychology of the language learner: Individual differences in second language acquisition*. Mahwah, NJ: Lawrence Erlbaum.

Dörnyei, Z. y E. Ushioda. 2013. *Teaching and researching: Motivation*. Nueva York: Routledge.

Fernández, C. 2008. "Reexamining the role of explicit information in processing instruction". *Studies in Second Language Acquisition* 30(3): 277–305. doi:10.1017/S0272263108080467.

Fernández Vítores, D. 2018. El español: Una lengua viva. Informe 2018. *Instituto Cervantes*. https://cvc.cervantes.es/lengua/espanol_lengua_ viva/pdf/espanol_ lengua_viva_2018.pdf.

Gardner, R. C. 2010. *Motivation and second language acquisition: The socio-educational model.* New York: Peter Lang.

Gardner, R. C. y W. E. Lambert. 1959. "Motivational variables in second-language acquisition". *Canadian Journal of Psychology* 13: 266–72.

Gardner, R. C. y W. E. Lambert. 1972. *Attitudes and motivation in second language learning.* Rowley, MA: Newbury House Publishers.

Gass, S. y E. Varonis. 1986. "Sex differences in NNS/NNS interactions". En R. R. Day, ed. *Talking to learn: Conversation in second language acquisition*, 327–51. Nueva York: HarperCollins.

Geeslin, K. L. 2003. "A comparison of copula choice: Native Spanish speakers and advanced learners". *Language Learning* 53(4): 703–64. https://doi.org/10.1046/ j.1467-9922.2003.00240.x.

Gregg, N. 2007. "Underserved and unprepared: Postsecondary learning disabilities". *Learning Disabilities Research & Practice* 22(4): 219–28.

Kagan, O. 2005. "In support of a proficiency-based definition of heritage language learners: The case of Russian". *International Journal of Bilingual Education and Bilingualism* 8(2–3): 231–21.

Krashen, S. D. 1985. *The input hypothesis: Issues and implications.* Nueva York: Addison-Wesley Longman Ltd.

Lacorte, M. ed. 2014. *The Routledge handbook of Hispanic applied linguistics.* Londres: Routledge.

Lafford, B. A. 2000. "Spanish applied linguistics in the twentieth century: A retrospective and bibliography (1900–99)". *Hispania* 83(4): 711–32.

Lafford, B. y J. Collentine. 2006. "The effects of study abroad and classroom contexts on the acquisition of Spanish as a second language: From research to application". En R. Salaberry y B. A. Lafford, eds. *The art of teaching Spanish: Second language acquisition from research to praxis*, 103–26. Washington, DC: Georgetown University Press.

Larsen-Freeman, D. y M. H. Long. 1991. *An introduction to second language research.* Londres: Longman.

Leeman, J. 2003. "Recasts and second language development: Beyond negative evidence". *Studies in Second Language Acquisition* 25(1): 37–63. https://doi .org/10.1017/S0272263103000020.

Lenet, A. E., C. Sanz, B. Lado, J. H. Howard Jr y D. V. Howard. 2011. "Aging, pedagogical conditions, and differential success in SLA: An empirical study". In C. Sanz y R. P. Leow, eds. *Implicit and explicit language learning: Conditions, processes, and knowledge in SLA and bilingualism*, 73–84. Washington, DC: Georgetown University Press.

Li, S. 2010. "The effectiveness of corrective feedback in SLA: A meta-analysis". *Language Learning* 60(2): 309–65.

Long, M. H. 1981. "Input, interaction, and second language acquisition". *Annals of the New York Academy of Sciences* 379(1): 259–78.

Long, M. H. 1991. "Focus on form: A design feature in language teaching methodology". En K. DeBot, R. Ginsberg y C. Kramsch, eds. *Foreign language research in crosscultural perspective*, 39–52. Amsterdam: John Benjamins.

Loschky, L. y R. Bley-Vroman. 1993. "Grammar and task-based methodology". En G. Crookes y S. M. Gass, eds. *Tasks and language learning: Integrating theory and practice*, 123–67. Clevedon: Multilingual Matters.

Lynch, A. 2003. "Toward a theory of heritage language acquisition". En A. Roca y M. C. Colombi, eds. *Mi lengua: Spanish as a heritage language in the United States: Research and practice*, 25–50. Washington, DC: Georgetown University Press.

Mackey, A. y R. Abbuhl. 2005. "Input and interaction". En C. Sanz, ed. *Mind and context in adult second language acquisition: Methods, theory and practice*, 207–33. Washington, DC: Georgetown University Press.

Masgoret, A.-M. y R. C. Gardner. 2003. "Attitudes, motivation, and second language learning: A meta-analysis of studies conducted by Gardner and associates". *Language Learning* 53(Supplement 1): 167–210. https://doi.org/10.1111/1467-9922.00227.

Mills, N. y J. Norris, eds. 2014. *Innovation and accountability in language program evaluation*. Boston: Cengage Learning.

Morgan-Short, K. y H. W. Bowden. 2006. "Processing instruction and meaningful output-based instruction: Effects on second language development". *Studies in Second Language Acquisition* 28(1): 31–65.

Morgan-Short, K., K. Steinhauer, C. Sanz y M. T. Ullman. 2012. "Explicit and implicit second language training differentially affect the achievement of native-like brain activation patterns". *Journal of Cognitive Neuroscience* 24(4): 933–47.

Muyskens, J. A. 1997. *New ways of learning and teaching: Focus on technology and foreign language education*. Issues in Language Program Direction: A Series of Annual Volumes. Boston: Heinle and Heinle.

Norris, J. M. y L. Ortega. 2000. "Effectiveness of L2 instruction: A research synthesis and quantitative meta-analysis". *Language Learning* 50(3): 417–528.

Pica, T. 1983. "Adult acquisition of English as a second language under different conditions of exposure". *Language Learning* 33(4): 465–97.

Pienemann, M. 1989. "Is language teachable? Psycholinguistic experiments and hypotheses". *Applied Linguistics* 10(1): 52–79.

Robinson, P. 1996. "Learning simple and complex second language rules under implicit, incidental, rule-search, and instructed conditions". *Studies in Second Language Acquisition* 18(1): 27–67.

Rosa, E. y M. D. O'Neill. 1999. "Explicitness, intake, and the issue of awareness: Another piece to the puzzle". *Studies in Second Language Acquisition* 21(4): 511–56.

Salaberry, M. R. y D. Ayoun, eds. 2005. *Tense and aspect in Romance languages: Theoretical and applied linguistics*. Amsterdam: John Benjamins.

Sanz, C. 1994. Task, mode and the effects of input-based explicit instruction. Tesis doctoral, University of Illinois at Urbana-Champaign.

Sanz, C. 2000a. "Bilingual education enhances third language acquisition: Evidence from Catalonia". *Applied Psycholinguistics* 21(1): 23–44.

Sanz, C. 2000b. "What form to focus on? Linguistics, language awareness, and the education of L2 teachers". En J. Lee y A. Valdman, eds. *Form and meaning: Multiple perspectives*, 3–24. Boston: Heinle and Heinle.

Sanz, C. 2005. *Mind and context in adult second language acquisition: Methods, theory, and practice*. Washington, DC: Georgetown University Press.

Sanz, C. 2007. "The role of bilingual literacy in the acquisition of a third language". En C. Pérez-Vidal, M. Juan-Garau y A. Bel, eds. *A portrait of the young in the new multilingual Spain*, 22–40. Clevedon: Multilingual Matters.

Sanz, C. 2016. "Adquisición del español como segunda lengua: investigación". En J. Gutiérrez-Reixach, ed. *Enciclopedia de lingüística hispánica*, vol. II, 242–52. Londres: Routledge.

Sanz, C. y K. Morgan-Short. 2004. "Positive evidence versus explicit rule presentation and explicit negative feedback: A computer-assisted study". *Language Learning* 54(1): 35–78.

Sanz, C. y B. Lado. 2013. *Individual differences, L2 development & language program administration: From theory to practice*. AAUSC Annual Volume. Boston: Cengage Learning.

Sanz, C. y A. Morales-Front, eds. 2018. *The Routledge handbook of study abroad research and practice*. Londres: Routledge.

Schmidt, R. W. 1990. "The role of consciousness in second language learning". *Applied Linguistics* 11(2): 129–58.

Scott, V. M. y H. Tucker, eds. 2001. *SLA and the literature classroom: Fostering dialogues*. Issues in Language Program Direction: A Series of Annual Volumes. Boston: Cengage.

Selinker, L. 1972. "Interlanguage". *IRAL – International Review of Applied Linguistics in Language Teaching* 10(1–4): 209–32.

Silva-Corvalán, C. 2004. "Spanish in the Southwest". En E. Finegan y J. R. Rickford, eds. *Language in the USA: Themes for the twenty-first century*, 205–29. Cambridge University Press.

Silva-Corvalán, C. 2005. "La adquisición del sujeto en el proceso de desarrollo simultáneo del inglés y el español". *Memorias* 1: 321–29.

Simons, G. F. y C. D. Fennig. 2018. *Ethnologue: Languages of the world*. 21st ed. Dallas, TX: SIL International.

Skinner, M. E. y A. T. Smith. 2011. "Creating success for students with learning disabilities in postsecondary foreign language courses". *International Journal of Special Education* 26(2): 42–57.

Sparks, R. L. 2009. "If you don't know where you're going, you'll wind up somewhere else: The case of 'foreign language learning disability'". *Foreign Language Annals* 42(1): 7–26.

Swain, M. 1995. "Three functions of output in second language learning". En G. Cook y B. Seidlhofer, eds. *Principles and practice in applied linguistics: Studies in honor of HG Widdowson*, 125–44. Oxford University Press.

Toth, P. D. 2006. "Processing instruction and a role for output in second language acquisition". *Language Learning* 56(2): 319–85. https://doi.org/10.1111/j.0023-8333.2006.00349.x.

Valdés, G. 2000. "Introduction". En *Spanish for native speakers*, AATSP Professional
　　　Development Series Handbook for Teachers K–16, vol. I, 1–20. Nueva York:
　　　Harcourt College.

Waninge, F., Z. Dörnyei y K. de Bot. 2014. "Motivational dynamics in language
　　　learning: Change, stability, and context". *The Modern Language Journal* 98(3):
　　　704–23. doi:10.1111/modl.12118.

Wilkins, D. A. 1972. *Linguistics in language teaching*. Cambridge, MA: MIT Press.

Wilkinson, S. 2006. *Insights from study abroad for language programs*. Boston:
　　　Thomson Heinle.

# Índice general